RECLAM-BIBLIOTHEK

Dieses Lexikon stellt über 200 Philosophinnen aus der gesamten Philosophiegeschichte vor, angefangen mit den antiken Pythagoreerinnen, über die mittelalterlichen Mystikerinnen und die aufgeklärten Denkerinnen der Neuzeit bis zu den feministischen Philosophinnen der Gegenwart.

Das Denken der Philosophinnen ist meist nicht vordergründig akademisch-systematisch, sondern getarnt unter literarischen Ambitionen oder versteckt in regen Korrespondenzen. Viele dieser Philosophinnen bewegen sich in Grauzonen und Nischen. Sie benötigen einen weiter gefaßten Philosophiebegriff, der auch ethische Überlegungen zu spezifischen Frauenthemen einschließt.

Philosophinnen-Lexikon

Herausgegeben von Ursula I. Meyer
und Heidemarie Bennent-Vahle

RECLAM VERLAG LEIPZIG

Dieses Buch erschien zuerst 1994 im ein-FACH-verlag,
Aachen. Es wurde für die Taschenbuchausgabe
überarbeitet und erweitert.

ISBN 3-379-01584-9

© 1994, 1996 ein-FACH-verlag, Aachen

Reclam-Bibliothek Band 1584
1. Auflage, 1997
Reihengestaltung: Hans Peter Willberg
Umschlaggestaltung: Oberberg + Puder, Leipzig,
unter Verwendung eines Porträts von Olympe de Gouges
Gesetzt aus Meridien
Satz: abg satz und bild gmbh, Altenburg
Druck und Bindung: Ebner Ulm
Printed in Germany

Inhalt

Vorwort 7
Philosophinnen-Lexikon A–Z 9
Zeittafel 615
Allgemeine Literaturhinweise und Abkürzungen 625
Autorinnen 627
Dargestellte Philosophinnen 634

Vorwort

Gibt es überhaupt Philosophinnen? Diese Frage wird immer häufiger gestellt, sowohl von Studentinnen und Studenten an den Universitäten als auch in der wissenschaftlichen Forschung. Sie gab auch den Anstoß, mit dem nun vorliegenden Philosophinnen-Lexikon eine Antwort zu geben.
Es gab und es gibt Frauen in der Philosophie, nicht nur als Schülerinnen berühmter Männer, sondern als eigenständig denkende und forschende Personen. Zwar hatten sie meist große Kämpfe auszutragen, um ihrem Umfeld und sich selbst zu beweisen, daß sie zu philosophischem Denken fähig sind, trotzdem haben es zahlreiche Frauen geschafft, eigenständige philosophische Gedanken zu entwickeln und zu publizieren; und das, obwohl Frauen erst in unserem Jahrhundert Zugang zur universitären Bildung erhielten.
Bedingt durch die weibliche Sozialisation und Lebenssituation, Familie, Kinder, mangelnde Anerkennung, sind die Lebensgeschichten dieser Philosophinnen oft verschlungene Wege. Auch ihre Bildung und ihr philosophisches Denken sind nicht geradlinig akademisch, wie bei den meisten männlichen Kollegen, sondern getarnt unter literarischen Ambitionen oder versteckt in ihrem regen Briefwechsel; viele dieser Philosophinnen bewegen sich in Grauzonen und Nischen, da ihnen aufgrund ihres Geschlechts der akademische Weg meist versperrt war.
Aus diesem Grund lassen sich auch die Philosophinnen in der Geschichte häufig nicht in das starre Denkschema der männlich geprägten philosophischen Wissenschaft einordnen. Ihr philosophisches Denken schließt ethische Überlegungen zu typischen Frauenthemen, die Auseinandersetzung mit dem Frauenwahlrecht und der weiblichen Selbstverwirklichung ein.
Die hier dargestellten Philosophinnen repräsentieren, jede

für ihre Zeit, die wichtigsten Problemstellungen und Denkansätze, sowohl für die Situation der Frau als auch für den akademischen Diskurs. Allerdings ist unsere Auswahl mit Sicherheit nicht als vollständig zu bezeichnen; bedingt durch die Forschungslage und die Tatsache, daß Philosophinnen jahrhundertelang nicht existent waren und totgeschwiegen wurden, gibt es in den nächsten Jahren noch sehr viel auszugraben und aufzuarbeiten. Da die Frauenforschung zur Zeit gute Fortschritte macht, können wir hoffentlich bald eine noch umfassendere Darstellung weiblicher Philosophiegeschichte liefern.

Die hier aufgeführten Beiträge stellen Philosophinnen aus der gesamten Philosophiegeschichte dar; angefangen mit den antiken Pythagoreerinnen, über mittelalterliche Mystikerinnen und die aufgeklärten Denkerinnen der Neuzeit, bis zu den feministischen Philosophinnen der Gegenwart. Die Artikel enthalten in den meisten Fällen einen kurzen Abriß zum Lebenslauf, Ausführungen zum Werk, die das philosophische Gedankengut umreißen, sowie eine Literaturauswahl für eine weitergehende Beschäftigung mit der jeweiligen Philosophin; im Anhang ist außerdem eine allgemeine Literaturauswahl zu finden.

Wir möchten es nicht versäumen, uns an dieser Stelle für das rege Interesse und die Mitarbeit am Philosophinnen-Lexikon zu bedanken. Vor allem bei unseren Autorinnen, die mit viel Engagement ihre Beiträge erstellt haben. Ein persönliches Dankeschön geht an unsere Autorin Maria Luisa Cavana, die ihre spanischen Kolleginnen für unser Projekt interessieren konnte und zahlreiche Übersetzungen angefertigt hat.

Wir hoffen, daß die Lektüre des Philosophinnen-Lexikons für unsere LeserInnen genauso interessant und spannend wird, wie für uns die Arbeit daran war.

Die Herausgeberinnen

A

Agallis von Kerkyra
griechische Grammatikerin, 3./2. Jh. v.u.Z.

A. lebte und arbeitete in Alexandria; sie war eine Zeitgenossin des Aristophanes von Byzanz.
Wie Athenaios überliefert, verfaßte A. ein Werk über Homer, in welchem sie der Nausikaa, Tochter des Alkinoos, die Erfindung des Ballspiels zuschreibt. In einem anderen Fragment interpretiert sie die Darstellung auf dem Achilles-Schild als Schöpfungsgeschichte Attikas.
Suidas nennt sie *Anagallis*, und Poestion weiß zu berichten, daß Ptolemaios Dschemaluddin, ein arabischer Schriftsteller, ihr sein Buch über Aristoteles widmete. Gemeint war vermutlich jedoch Ptolemaios aus Alexandria, ebenfalls Grammatiker des 2. Jahrhunderts v.u.Z., der Homers Werk kommentierte. A. selbst bezog sich auf Aristoteles.
Agallias aus Kerkyra war nicht ihr Vater, sondern ist eine vermännlichte Entstellung ihres Namens.

Literatur: Athenaios I 14; J.C. Eberti: Eröffnetes Cabinet Deß Gelehrten Frauen=Zimmers, 1706/1990; J.C. Poestion: Griechische Philosophinnen, 1885; Scholiast T zu Homers Ilias VIII, 483ff; Suidas Lexikon *Anagallis*, Bd. I; RE *Agallis*, Bd. I,1.

Maria Nühlen

Aganike → Aglaonike

Aglaonike/Aganike
griechische Astronomin, ca. 6./5. Jh. v.u.Z.

A. war die Tochter des Hegetor von Thessalien oder des Hegemon. Neben Aglaonike wird Aganike als Hegetors Tochter bezeichnet und ist insofern wahrscheinlich mit der erstgenannten identisch. Andere HistorikerInnen unterscheiden zwischen Aglaonike als Tochter Hegemons und Aganike als Tochter Hegetors (Esberg) oder zwischen Aganike, Tochter des ägyptischen Königs Sesostris und Aglaonike, Tochter des Hegetor (Mozans) sowie, als weitere Variante, zwischen Aganike, Hegetors Tochter, und Athyrtia, Tochter des Ägypterkönigs Sesostris (Frauenlob, Hottinger). Da sich aber alle Autoren, die ihre Quellen angeben, auf Plutarch berufen, dieser jedoch nur Aglaonike nennt, scheinen offensichtlich Abschreib- oder Transkriptionsfehler zu Namensverwirrungen geführt zu haben. Alle drei Frauennamen werden in Verbindung mit Astronomie, Astrologie und der Vorhersage von Mondfinsternissen in Beziehung gebracht.

Plutarch berichtet in einer Schrift über die Orakel:»... herabziehen wie die Thessalierinnen der Sage nach den Mond. Ihr schlauer Betrug hat zwar unter den Weibern Glauben gefunden, und Aglaonike, die Tochter Hegetors, eine erfahrene Astronomin, soll immer bei einer Mondfinsternis behauptet haben, sie hole ihn durch ihre Zauberkünste herab« (1).

A. konnte Mondfinsternisse vorausberechnen, galt aber auch als eine zauberkundige Thessalierin, die wegen ihrer Zauberkräfte dem Götterzorn verfallen gewesen sein soll, wie der Scholiast zu Apollonios von Rhodos behauptet. Das Wissen über Sternenkonstellationen, Gesetzmäßigkeiten und Bewegungen von Himmelskörpern sowie die Berechenbarkeit von Mond- und Sonnenfinsternissen kam aus Ägypten und Babylon nach Griechenland. Thales von Milet sagte die Sonnenfinsternis des Jahres 585 v. u. Z. voraus. Schon im 7. Jahrhundert konnten in Babylon Sonnen- und Mondfinsternisse vorhergesagt werden, seit dem 6. Jahrhundert berechnete man den Mondverlauf nach der 18jährigen ›Sarosperiode‹.

Es wäre möglich, daß A. ihr Wissen über die Bewegungsabläufe der Gestirne, insbesondere über die Mondfinsternisse, mit einem alten Mondzauber verband, der für Frauen bedeutungsvoll war. Die Verfinsterung des Vollmondes könnte bei den Frauen Angst vor Unfruchtbarkeit hervorgerufen haben und als Bedrohung empfunden worden sein. A. mag

ihr Wissen benutzt haben, um sich bei den Frauen als zauberkundig auszugeben.
Auch wenn sie ihre astronomischen Kenntnisse von anderen erwarb, so zeichnete sie sich durch ihr Interesse und Wissen als erste Astronomin aus. Die Anfänge der Philosophie in vorsokratischer Zeit können (u. a.) mit den Fragen nach dem Woher der Welt und dem daraus resultierenden Erforschen von Naturgesetzlichkeiten gleichgesetzt werden. A. gehörte offensichtlich zu den Frauen, die sich den ersten philosophisch-naturwissenschaftlichen Fragen stellten und sich entsprechendes Wissen aneigneten. Wie Platon und Horaz schreiben, wurde den Thessalierinnen allgemein Macht über den Mond zugeschrieben.

Literatur: J. C. Eberti: Eröffnetes Cabinet Deß Gelehrten Frauen= Zimmers, 1706/1990; E. Gössmann (Hg.in): Eva – Gottes Meisterwerk, darin: Esberg, Frauenlob, Hottinger, Marinella, 1985; Horaz: Epoden 5.45; G. Menage: The History of Women Philosophers, 1690/1984; H. J. Mozans: Women in Science, 1913/1991; M. B. Ogilvie: Women in Science, 1986; Platon: Gorgias 513a; Plutarch: Moralia, Über Ehevorschriften 48; ders: Die eingegangenen Orakel 13.416 (1); J. C. Poestion: Griechische Philosophinnen 1885; Scholiast zu Apollonios Rhodos IV 59; RE *Aglaonike*, Bd. I,1.

Maria Nühlen

Agnesi, Maria Gaetana
italienische Mathematikerin und Philosophin, *1718, †1799

A. wurde 1718 als ältestes von insgesamt 21 Kindern einer wohlhabenden Familie in Mailand geboren. Sie besaß ein außergewöhnliches Sprachtalent, das nur durch Zufall auffiel, da sie in den Lateinstunden ihres um ein Jahr jüngeren Bruders erstaunliche Lateinkenntnisse erwarb, obwohl sie gar nicht aktiv am Unterricht teilnahm, sondern nur anwesend war. Erst nach diesem Vorfall kam A.s Vater auf die Idee, auch für sie Privatlehrer zu engagieren. So erlernte sie neben dem Italienischen, Französisch, Deutsch, Latein, Griechisch und Hebräisch.

Eine erste Kostprobe ihres Wissens gab sie schon im Alter von neun Jahren, als sie im Salon Agnesi zum erstenmal öffentlich auftrat, um eine später publizierte lateinische Rede zu halten, in der sie für das akademische Frauenstudium Partei ergriff. Ihre Vorführung als ›Wunderkind‹ war von ihrem ambitionierten Vater geschickt und aufsehenerregend inszeniert worden. Die intellektuelle Förderung A.s diente anscheinend ebenso wie die musikalische Ausbildung ihrer talentierten Schwester in erster Linie dazu, das Prestige ihres Vaters zu mehren, der zahlreiche weitere Veranstaltungen arrangierte, um seine hochbegabten Töchter zur Schau zu stellen. Dazu wurden hochrangige Persönlichkeiten des öffentlichen und kulturellen Lebens aus Mailand und Umgebung sowie sich in der Stadt aufhaltende ausländische Wissenschaftler geladen. A. scheinen diese Abendgesellschaften mißfallen zu haben, insofern nicht die Diskussion, sondern das Spektakel im Vordergrund stand. Trotzdem konnte A. auf diese Art und Weise ihre intellektuelle Bildung vervollständigen und sich auch fundierte Kenntnisse in Mathematik, Naturphilosophie und Metaphysik aneignen. Aus den Diskussionen mit Gelehrten im Salon Agnesi ging auch ihre mit zwanzig Jahren publizierte Schrift *Propositiones philosophicae* hervor. Auf den Einfluß ihres berühmtesten Lehrers, Rampinelli, eines Wegbereiters der Analysis in Italien, ist es wahrscheinlich zurückzuführen, daß sie beschloß, ein komplettes Lehrbuch der ›Analysis des Endlichen und Unendlichen‹ auszuarbeiten. 1748 legte sie die ihrem Vorbild, der österreichischen Kaiserin Maria Theresia, gewidmeten *Instituzioni Analitiche* vor. Während deren Entstehung stand sie in Kontakt mit den hervorragendsten Mathematikern ihrer Zeit in Italien. Ihre Arbeit wurde mit Beifall und Begeisterung aufgenommen. A. wäre sicher in die ›Académie‹ berufen worden, wenn es die Statuten zugelassen hätten, eine Frau aufzunehmen. Die Akademie Bologna verweigerte ihr diese Anerkennung nicht und machte sie 1748 zum Mitglied. Vom Papst wurde sie 1750 zur Professorin der Universität in Bologna ernannt, wo sie den Lehrstuhl für reine Mathematik besetzen sollte.

Doch sie brach ihre mathematische Karriere ab und widmete

sich über 50 Jahre ihres Lebens sozial-karitativen Tätigkeiten. Diese Entscheidung traf sie vermutlich nicht nur aus religiösen Gründen, sondern auch wegen ihres Status' als Wissenschaftlerin in einer Gesellschaft, in der sie sich stets als Ausnahmeerscheinung zu exponieren und zu rechtfertigen hatte. Nach dem Tod ihres Vaters 1752 verließ sie ihre Familie, um Alte und Kranke in ihrem Haus unterbringen und pflegen zu können. Später übersiedelte sie in ein Krankenhaus, um ihren Betreuungsaufgaben an Ort und Stelle nachgehen zu können. Dort starb sie 1799.

Mathematisches Werk: Die wichtigsten mathematischen Erkenntnisse des 17. Jahrhunderts sind zweifellos zum einen die Erfindung der analytischen Geometrie, in der Kurven durch Gleichungen ausgedrückt werden, zum anderen die Entdeckung des Infinitesimalkalküls. Die mathematische Forschung des 18. Jahrhunderts konzentrierte sich auf den Ausbau dieser ›Analysis des Endlichen und Unendlichen‹ sowie auf ihre Anwendung in der Mechanik. Zwischen der immensen Bedeutung der Analysis für den Fortschritt der exakten Wissenschaften und der Möglichkeit, diese Disziplin zu studieren, bestand aber eine gewaltige Diskrepanz. Mit ihrem Analysis-Lehrbuch gelingt es A., diese Lücke zu schließen. Sie trägt dadurch wesentlich zum mathematischen Fortschritt bei, indem sie zukünftigen Forschern den Zugang zur Wissenschaft erheblich erleichtert.

Die älteren Geometriebücher beschränken sich auf die cartesianische Auffassung von analytischer Geometrie. A. präsentiert darüber hinaus die auf den Mathematiker Fermat zurückgehende modernere Sichtweise (z. B. an der nach ihr benannten Kurve Versiera). Indem sie viele wichtige Kurven zum erstenmal mit Hilfe des Analysiskalküls untersucht und graphisch darstellt, fördert sie entscheidend die Systematisierung der analytischen Geometrie.

Vor den *Instituzioni Analitiche* erscheinende Lehrbücher des Infinitesimalkalküls werden einem Anspruch auf Vollständigkeit nicht gerecht. Mitte des 18. Jahrhunderts sind sie zudem schon völlig veraltet. Die Integralrechnung wird in ihnen überhaupt nicht oder nur im Ansatz behandelt. Dagegen bringt es A. fertig, die einzelnen Ergebnisse der Analysis nicht nur zusammenzutragen, sondern sie in einer methodischen Ordnung zu präsentieren. Vor allem gelingt es ihr, im Gegensatz zu ihren Vorgängern, die Grundlagen der Analysis zu sichern, indem sie die unendlich kleinen Größen auf eine geometrische Theorie der Irrationalzahlen zurückführt. Ihre unendlich kleinen Strecken sind den unendlich kleinen Größen der 1966 entwickelten Non-Standard-Analysis vergleichbar, da sie ungleich Null, aber kleiner als jede positive rationale Zahl sind. Ihre Behandlung der Integralrechnung und der Differentialgleichungen zeichnet sich durch Erfindungsreichtum und Originalität im Detail aus. Durch geschickte Kunstgriffe des Infinitesimalkalküls kann sie zu einer Zeit, als die Entwicklung allgemeiner Verfahren zur Lösung von Integralaufgaben noch nicht begonnen hat, erstmalig bestimmte komplizierte Integrale ausrechnen und zahlreiche spezielle Differentialgleichungen lösen.

Mit ihrem Analysis-Lehrbuch setzt A. (im Gegensatz zu vielen männlichen Wissenschaftlern, die mehr darauf aus sind, ihr Ansehen zu mehren, als der Wissenschaft wirklich zu nützen) die aufklärerische Forderung nach wissenschaftlichen Grundlagentexten um, die einerseits für den Fortschritt einer Disziplin unentbehrlich und oft noch bedeutender als Neuentdeckungen sind, andererseits dem pädagogischen Verständnis der Aufklärung, welches sich auf die Formel ›Aufklärung durch wissenschaftliche Bildung‹ bringen läßt, entsprechen.

Philosophisches Werk: Die aus 191 Thesen bestehenden *Propositiones philosophicae* umfassen einen erkenntnistheoretischen und einen naturphilosophischen Teil, der sich über die ganze damalige Naturwissenschaft erstreckt. Er ist wiederum in allgemeine (vor allem Mechanik, auch Wärmelehre, Akustik, Optik) und besondere Physik (Astronomie, Meteorologie, Geologie, Chemie, Biologie, Physiologie) unterteilt. In dieser Gliederung kommt A.s Absicht zum Ausdruck, alle sinnlichen Phänomene aus den primären Qualitäten Ausdehnung und Kraft abzuleiten.

Während die Anwendung dieses mechanistisch-dynamischen Paradigmas in der Physik durchaus erfolgreich ist, geht A. darin zu weit, diesen Ansatz direkt auch auf Chemie und Biologie zu übertragen. Trotzdem hat sie aber kein blindes, sondern nur begrenztes Vertrauen in den mechanistischen Ansatz. Sie lehnt es z. B. ab, das Tier auf eine seelenlose Maschine zu reduzieren. Ihr Verdienst besteht darin, daß sie die eindeutige Überlegenheit von Newtons Mechanik, Astronomie und Optik über konkurrierende Theorien schon erkannte, als auf dem Kontinent die Newtonsche Physik noch heftig umstritten war.

Im Sinne der Aufklärung verlangt A. für Wissen, das mit einem Wahrheitsanspruch auftritt, eine Begründung. Auch die Grundbegriffe und Methoden der Naturwissenschaft müssen ihrer Meinung nach daher erkenntnistheoretisch reflektiert werden. Aus diesem Grunde verbindet sie die Newtonsche Physik mit der Metaphysik Malebranches. Insbesondere übernimmt sie die okkasionalistische Annahme, Gott sei unmittelbar die Ursache allen Naturgeschehens. Doch A.s Rückgriff auf Gott, durch den sie vermeintlich noch am Begründungsanspruch der Aufklärung festhält, stellt faktisch einen Verzicht auf rationale Fundierung der Physik dar. In dem auch die Naturgesetze vom Willen Gottes abhängig gemacht werden, gewinnt die Erfahrung im Erkenntnisprozeß an Bedeutung, bis sie zuletzt als einziger ausschlaggebender Faktor angesehen wird. A. muß daher zu den WegbereiterInnen positivistischer Interpretationen der Physik gerechnet werden. Nur insofern sie die Mathematik als Wissenschaftsideal hinstellt, gesteht sie der Vernunft noch einen wichtigen Stellenwert gegenüber der Erfahrung zu.

Werk: Oratio, qua ostenditur: Artium liberalium studia a Femineo sexu neutiquam abhorrere, in: *Discorsi Accademici di varj autori viventi intorno agli Studj delle Donne*, 1729, S. 91–105; Propositiones philosophicae, 1738; Instituzioni Analitiche ad uso della Gioventà italiana, 2 Bde., 1748 (Analytical Institutions: In Four Books, 1801).

Literatur: L. Anzoletti: Maria Gaetana Agnesi, 1900; Artikel XIII, Analytical Institutions, in: *The Edinburgh Review, or Critical Journal* III (Oct. 1803–Jan. 1804), S. 401–410; U. Klens: Mathematikerinnen im 18. Jahrhundert: Maria Gaetana Agnesi, Gabrielle-Emilie du Châtelet, Sophie Germain – Fallstudien zur Wechselwirkung von Wissenschaft und Philosophie im Zeitalter der Aufklärung, 1994 (ausführliche Bibliographie); A. Masotti: Maria Gaetana Agnesi, in: *Rendiconti del Seminario Matematico e Fisico di Milano*, Bd. XIV, 1940; L. M. Osen: Women in Mathematics, 1984; G. Tilche: Maria Gaetana Agnesi – La scienzata santa del settecento, 1984; WomBio; WP.

Ulrike Klens

Aisara von Lukanien (Ἀισάρα)
griechische Pythagoreerin, 3.–1. Jh. v. u. Z.

A. lebte in Unteritalien; ihr Name leitet sich von ihrem Geburtsort an dem Fluß Aisarus ab, wie Harless vermutet. Dieser identifiziert sie mit ›Sara‹, die einem anonymen Biographen zufolge die Tochter des Pythagoras war. Menage und Eberti kennen nur Sara, nicht aber A.; Photios bezeichnet in seiner *Bibliothek* A. als Tochter des Pythagoras. Eine Namensverkürzung von Aisara auf Sara aufgrund eines Abschreibfehlers wäre nicht unwahrscheinlich, wohl aber die historische Zuordnung zu Pythagoras; diese wird durch keine weitere Quelle bestätigt.

Das von A. erhaltene Fragment aus ihrem Werk *Über die menschliche Natur* ist nach Thesleff auf das 3. Jahrhundert v. u. Z. zu datieren. Die Schrift wird gelegentlich auch dem Pythagoreer Aresas zugeschrieben. Die namentliche Verwandtschaft zwischen A. und Aresas ist nicht zu übersehen, kann aber nicht weiter geklärt werden.

A.s Schrift beinhaltet eine Naturgesetztheorie der dreigeteilten menschlichen Seele; der Maßstab für Gesetz und Gerechtigkeit ist in der menschlichen Natur angelegt. Nach rationalem göttlichem Plan verfügt der Mensch a) über den Seelenteil der herrschenden Vernunft, der Urteilsfähigkeit und Denken ermöglicht, b) über den Seelenteil des Mutes, der herrscht und von der Vernunft beherrscht wird und der Kraft/Tapferkeit sowie Geschicklichkeit gewährt, und c) über den Seelenteil des Begehrens/Verlangens, der durch Vernunft und Mut beherrscht wird und die Fähigkeit zu Liebe und Freundschaft gibt. Die Seelenteile stehen in einem angemessenen (Größen-)Verhältnis zueinander, wie es den Anforderungen des Lebens entspricht. Sie sind zweckorientiert angelegt, und zwar sowohl zum Zwecke des (guten) persönlichen als auch des (guten) öffentlichen Lebens, die bei A. als gleichwertige zu betrachten sind. Ein geordnetes harmonisches Zusammenspiel der inneren Kräfte befähigt zu einem ebensolchen Leben; durch Erziehung und Tugend wird der Mensch liebenswert.

Der Inhalt des Fragments läßt deutlich die pythagoreische Lehre der Harmonie und dem nach Gesetzmäßigkeiten verlaufenden Zusammenspiel der inneren Ordnung, die auch äußere Ordnung des Lebens bedeutet, erkennen. Die Dreiteilung der Seele mit ihren spezifischen Vermögen weist auf platonische Einflüsse hin.

Literatur: J.C. Eberti: Eröffnetes Cabinet Deß Gelehrten Frauen=Zimmers, 1706/1990; Ch.F. Harless: Die Verdienste der Frauen um Naturwissenschaft und Heilkunde, 1830; G. Menage: The History of Women Philosophers, 1690/1984; U.I. Meyer (Hg.in): Die Welt der Philosophin I, 1995; Photios bibl. 438b 30B; J. Stobaios: Anthologien 1.49.27, hg. v. K. Wachsmuth/O. Hense, 1958; H. Thesleff (Hg.): The Pythagorean Texts of the Hellenistic Period, 1968; RE *Aisara*, Bd. I,1; *Aresas*, Bd. II,1; HWP; WP.

Maria Nühlen

Akselrod, Ljubov Izaakovna

russische, politische Philosophin, *1868, †1946

A. wurde im Jahre 1868 in Tunimowitze (Brest) in der jüdischen Familie eines Rabbiners geboren. Im Alter von 15 Jahren lernte sie die Teilnehmer des Revolutionszirkels in Poltawa kennen und verließ 1885 ihr Elternhaus, um sich den Revolutionsaktivitäten anzuschließen. Sie lebte in Charkov, Melitopolie und Wilna (Vilnius). Im Jahre 1887, nach dem Verbot der Wilnaer Organisation wegen eines geplanten Komplotts gegen Zar Alexander III., emigrierte sie nach

Frankreich. 1889 trat sie in ein Handelsinstitut in Winterthur/Schweiz ein. Ihre Interessengebiete waren politische Ökonomie und Fremdsprachen. Mangels finanzieller Mittel beendete sie ihr Studium dort nicht.
Im Jahre 1892 schloß sie sich der Gruppe ›Befreiung der Arbeit‹ und den Sozialdemokraten an. 1892–1900 studierte sie an der Philosophischen Fakultät der Berliner Universität. Sie beschäftigte sich mit Philosophie, Recht, Geschichte und Literatur. Das Studium beendete sie mit einer Dissertation zum Thema *Tolstojs Weltanschauung und ihre Entwicklung*. Von 1901–1905 schrieb sie für die Zeitung *Funken* und die Zeitschrift *Dämmerung*. Während dieser Zeit war sie in der Partei sehr aktiv und verfaßte mehrere Aufsätze über Philosophie. 1903 schloß sie sich den Menschewisten an, einer Gruppe um Plekhanow. Nach der Amnestie 1906, kehrte sie nach Rußland zurück und setzte ihre Arbeit in der sozialdemokratischen Partei fort. 1917 wurde sie Mitglied des Zentralkommitees der Menschewisten und der Gruppe ›Einheit‹.
In den Jahren 1917 bis 1920 unterrichtete sie an der Rambowsk Universität; 1920 wurde sie zur Professorin der Staatlichen Moskauer Universität ernannt. Von 1921–1923 leitete sie das Philosophische Seminar im Institut der Roten Professoren. Von 1923 bis in die 40er Jahre war sie am Institut für Wissenschaftliche Philosophie und an der Staatlichen Akademie der Wissenschaften (Soziologische Abteilung) tätig. Sie starb 1946.

In ihrer Philosophie folgt A. den Ansichten von Karl Marx, Friedrich Engels und G. Plekhanov. Die Philosophie des Marxismus erweist sich nach A., so formuliert es auch Engels in *Anti-Dühring*, als die Vollendung des philosophischen Gedankens. Ihre Grundlage bildet der dialektische Materialismus: »nur er [der Marxismus – Y. C.] kann die wissenschaftliche Theorie des Erkennens und die philosophische Weltanschauung wiedergeben«; »er [der Marxismus – Y. C.] als wissenschaftlich-empirisch hat nichts gemeinsam mit der Metaphysik«. Die Bedeutung der Dialektik liegt im Vorhandensein einer Methode, mit Hilfe derer die Realität und ihre Gesetze aufgedeckt werden. Ohne konkrete Erhaltung wird die Realität zur ›sauberen Scholastik‹.

A. sah ihre Aufgabe in der Erforschung und Bekanntmachung der Theorie des Marxismus. Die Geschichte der Philosophie betrachtete sie als »ein Gebiet des abstrakten menschlichen Gedankens«. Sie meint, daß in Rußland »der lebendige philosophische Gedanke sich faktisch auf der gesellschaftlichen Ebene entwickelte«.

Bis zur Oktoberrevolution gehörte sie zur Strömung ›der Orthodoxen‹ um G. Plekhanov. Die Orthodoxen erhoben den Anspruch, die einzigen und richtigen Erklärer des marxistischen Gedankens zu sein. Um eine streng wissenschaftliche Theorie aufzubauen, hielt sie die Kritik der idealistischen Strömungen für unumgänglich. Sie publizierte Aufsätze gegen den philosophischen Realismus, die Theorie des Erkennens von Kant, den Neukantianismus, den Empiro-Kritizismus und den russischen philosophischen Realismus am Anfang des 20. Jahrhunderts. In den 20er Jahren war sie die führende Stimme der ›Mechanisten‹ in Diskussionen gegen die ›Dialektiker‹. Beide Richtungen waren »zertrümmert durch die offizielle Wissenschaft«.

Sie beschäftigte sich auch mit soziologischen Themen innerhalb der Kunst; in ihrer Arbeit *Kritik der Grundlagen der bürgerlichen Gesellschaft* (1925) kritisiert sie die Soziologie und Methodologie von Kant, Spencer und Rickert als bürgerlich.

Werk: O Problemakh Idealizma, 1905; Karl Marks kak Filosof, 1924; Protiv Idealizma, 1924.

Literatur: D. Joravsky: Soviet Marxism and Natural Science, 1917 bis 1932, 1961; WP.

Yvonne Cramer

Amorós, Celia
spanische Philosophin und Feministin, *1944

A. wurde am 18. Mai 1944 in Valencia geboren. Sie begann ihre Lehrtätigkeit als Professorin der Philosophie an der Universität Valencia, wechselte später an die UNED (Spanische

Fernuniversität) und hat seit 1985 an der Madrider Universidad Complutense einen Lehrstuhl für Philosophiegeschichte inne.

A. ist die erste feministische Philosophin Spaniens und verkörpert somit für den spanischen Feminismus zum erstenmal die Möglichkeit eines ernsthaften Dialogs mit der klassischen Philosophie. Gegenstand ihrer frühen Forschungen sind die Werke Sartres und Levi-Strauss', wobei vor allem ersterer das Skelett ihres Denkgebäudes prägte.
Ihre Beiträge zur Theorie des Feminismus gehen von drei verschiedenen Standpunkten aus, und wenn sie auch aus methodologischen Gründen getrennt betrachtet werden können, durchziehen sie doch als ein Ganzes ihr gesamtes Werk: 1. Erkenntnistheorie – die Beziehung zwischen Feminismus, Philosophie und patriarchalem Vernunftprinzip; 2. Ethik und Feminismus; 3. Politik – der Feminismus als soziale Bewegung.
1. A. betrachtet die Philosophie als Nach-Denkprozeß, in welchem verschiedene Formen des Selbstbewußtseins der Gattung ihren Ausdruck finden, wobei sich bedeutende gnoseologische Verzerrungen, Ergebnis einer historischen Begriffsbestimmung, welche den Vernunftbegriff dem patriarchalen ›Logos‹ gleichsetzt, erahnen lassen. Dies ist selbst bei den kritischen, wie den neuzeitlichen Richtungen der Philosophie der Fall, die sich den Begriff des Universalismus zu eigen gemacht haben. Eine weitere Konstante der verschiedenen philosophischen Lehren ist auf konzeptioneller Ebene die Verknüpfung des Begriffs Frau mit Natur und des Mann-Begriffs mit Kultur; ein Umstand, welcher eine folgenschwere ontologische Auswirkung hat: den Frauen wird der (kulturelle) Status der Individualität aberkannt, da sie ein Geschlecht bilden, bei dem Individualitäten unerheblich sind.
2. A. vertritt die Meinung, daß eine feministische Ethik möglich ist, die nicht der für die Frau vorbestimmten Ethik entspricht, sondern vielmehr als eine Ethikkritik aufgefaßt werden muß, welche jenen falschen Universalismus anklagt,

der in verschiedenen Ethiken als epistemologischer und ideologischer Vorsatz dient. Ethiken, die ihre Zielgruppe ausgehend von einer unzutreffenden Abstraktion definieren: der eines Universalismus ohne inhaltliche Determination, eines Inhaltes ohne Universalismus oder der Mystifizierung.
3. In diesem Umfeld bewegt sich A. gegenwärtig, wobei sie Kategorien und Konzeptionen der beiden vorher aufgezeigten Bereiche aufgreift und erweitert. Die Denkerin versteht den Feminismus als in der Aufklärung verwurzelte Emanzipationsbewegung, deren (sowohl theoretischer als auch praktischer) Ursprung in einem Prozeß der radikalen Kritik der Unzulänglichkeiten anderer Emanzipationsbewegungen zu suchen ist. Von diesem Standpunkt aus äußert sie sich zur Debatte zwischen dem Gleichheitsfeminismus (verwurzelt in der Aufklärung) und dem Differenzfeminismus, den sie, vor allem wegen seiner politischen Auswirkungen, mit dem Stoizismus in Verbindung bringt.
Hinzu kommt die Machttheorie, welche sie parallel zu ihren philosophischen Reflexionen über patriarchale Macht aufstellt. In diesem Zusammenhang ist ihre nominalistische Theorie des Patriarchats einzuordnen (inspiriert durch die zweite Periode des Werkes Sartres). Das Patriarchat ist, wie alle Herrschaftssysteme, ein Verbund von bewußten und unbewußten Handlungen und symbolischen Darstellungen, der den Individuen eigen ist. Sie fügen sich darin ein und errichten so ein System, welches wiederum derart prägend und formend auf sie rückwirkt, daß sie eine Reihe von Universalien ›in re‹ hervorbringen und gleichzeitig eine Situation schaffen, der die Minderbewertung und Unterordnung der Frauen zugrundeliegt. Demzufolge ist die Macht keine Wesenheit an sich, sondern eine Verflechtung von Beziehungen; sie gehört nicht den Individuen an, sondern der Gruppe. Daher setzt sich die Macht, seit der Neuzeit, zwischen gleichen, gebildeten und patriarchalen Gesellschaftsformen fest, welche durch ein (metastabiles) Bündnissystem zwischen den männlichen Angehörigen der bestehenden Klassen bestimmt werden. Dadurch bilden diese nicht nur eine Machtgruppe, sondern sind gleichzeitig Individuen. Tatsächlich ist

die Politik der Bereich schlechthin, in welchem solche Bündnisse geschlossen werden. Dies bedeutet, ausgehend von der Neuzeit, daß der Sozialvertrag (als das Gründungsmoment des Politischen) dem Wesen nach ein patriarchales Bündnis ist. Der Vertrag kommt einem Initiationsritus gleich, dessen Charakteristikum die Absonderung des Weiblichen und der Frau ist und aufgrund dessen die politische Körperschaft dem entspricht, was Sartre ›eine verschworene Gruppe‹ nennt. Ausschließlich Männer werden zu Bürgern und nur sie erkennen sich untereinander als Gleichgestellte an, als einzig legitime Vollzugsberechtigte des Sozialvertrages. Für die Frauen ergeben sich aus diesem Herrschaftssystem schwerwiegende Implikationen. Als ›Serie‹ (Gattung–Geschlecht) sind sie Objekt einer Fremdbestimmung, die sie als das wesentlich Nicht-Politische definiert, von welchem sich das Politische abgrenzt. Von einem Gleichheitsprinzip sind sie ausgeschlossen. Außerdem sind sie das Machtobjekt der Männer, sind an sich machtlos, identisch unter sich, da ihnen der Status der Individualität abgesprochen wird. Neben dem Bereich der Gleichen bildet sich das, was A. als ›Bereich des Identischen‹ bezeichnet, heraus.

An diesem Punkt angelangt entwickelt sie eine Reihe von Vorgehensweisen, die mit dem patriarchalen Herrschaftssystem brechen: Seitens des von ihr definierten nominalistischen Feminismus muß die ›fremdbesetzte Identität‹ der Frau abgebaut, ihr Individualitätsanspruch zurückgefordert werden, was zum Teil eine Abwendung von dem (fremdbesetzten) Geschlecht bedeutet, ohne daß dies dazu führen kann und soll, daß wir unseren Ursprung verleugnen. Die Rekonstruktion eines alternativen Geschlechts mittels Bündnisschließung zwischen Frauen sieht A. als einzigen Weg, um zur Machtausübung zu gelangen und sich in ein Subjekt des Sozialvertrages zu verwandeln. Da der vorher als naturalistisches Konzept entworfene Bereich, aus welchem sich die aus dem Bündnis hervorgegangene politische Körperschaft herauslöste, nicht mehr besteht, verliert der Sozialvertrag seine Bedeutung als Initiationsritus.

Gegenwärtig geht A. der Frage nach, ob eine vom Initiationsanspruch freie Politik, ein nicht-ausschließendes Bündnis, möglich ist.

Werk: Hacia una crítica de la razón patriarchal, 1985; Sören Kierkegaard o la subjetividad del caballero, 1987; Mujer. Participación, cultura polític y Estado, 1991; Es nuevo aspecto de la polis, in: *La balsa de la Medusa* 19–22, 1991, S. 119–135.

Angeles Jiménez Perona

Amphikleia/Amphilia
griechische Neuplatonikerin, 4. Jh. n. u. Z.

A. war die Frau des Ariston und die Schwiegertochter des Iamblichos. Menage schreibt ihren Namen *Amphilia*.
Porphyrios schreibt im *Leben Plotins*: »Auch Frauen gehörten zu seinen ergebenen Anhängerinnen, Gemina, in deren Hause er auch wohnte, und deren der Mutter gleichnamige Tochter Gemina; ferner Amphikleia, die Gattin des Ariston, des Sohnes des Iamblichos; sie waren leidenschaftlich der Philosophie ergeben.« (1)
A. hätte Plotin jedoch nicht selbst hören können, denn wahrscheinlich hat Iamblichos, ihr Schwiegervater, Plotin schon nicht mehr erlebt. Philosophisch kann sie allerdings ganz in der Tradition des Neuplatonismus gestanden haben, wie er von Plotin begründet und seinem späteren Schüler Porphyrios sowie dessen Schüler Iamblichos vertreten wurde.
Plotin, von einer ewigen unveränderlichen Wahrheit ausgehend, legt das Wissen Platons und seiner Vorgänger neu aus und bemüht sich in seiner Ontologie um die theoretische Begründung der Lehre von dem Einen, das auch das Gute und Schöne ist und die absolute Einheit.

Literatur: G. Menage: The History of Women Philosophers, 1690/1984; J. C. Poestion: Griechische Philosophinnen, 1885; Porphyrios: Das Leben Plotins, 9 (1); RE *Amphikleia*, Bd. 2, 1894; WP.

Maria Nühlen

Amphilia → Amphikleia

Andreas-Salomé, Lou
russische Schriftstellerin und Philosophin, *1861, †1937

Louise von Salomé wurde am 13. Februar 1861 in St. Petersburg als sechstes Kind und einzige Tochter des Ehepaars Louise und Gustav von Salomé geboren. Kennzeichnend für ihre Jugend war ein enormer Wissensdrang sowie eine auffällige Distanz und innere Unabhängigkeit ihren Eltern, vor allem ihrer Mutter gegenüber. Als Kehrseite der frühen Autonomie quälten das Kind oftmals Gefühle der Leere sowie eine anhaltende Scheu vor physischen Zärtlichkeiten. Zentral für A.s Kindheit war zudem eine außerordentlich starke Verbundenheit zu Gott, dem sie sich in selbsterdachten Gebeten und Gedichten zuwandte.
Von 1866 an besuchte sie zunächst eine englische Vorschule und dann das protestantische Petri-Gymnasium in St. Petersburg. Große Bedeutung für die innere Entwicklung des Mädchens hatte im Jahr 1878 die Begegnung mit dem 37jährigen Pfarrer Hendrik Gillot, der es auf eigenen Wunsch bis zum Jahr 1880 in den Religionswissenschaften, in klassischer Literatur und in Philosophie unterrichtete. Durch die geistige Verbindung zu Gillot verstärkte sich A.s Loslösung von ihrem Elternhaus und ihrer Herkunft. Nach dem Tod des Vaters im Jahr 1879 löste sie sich zunehmend von ihrem christlichen Glaubenshintergrund. Auch mit Gillot brach A., als er ihr einen Heiratsantrag machte und damit der für sie geistigen Schwärmerei eine sexuelle Dimension gab. Nach dieser schmerzlichen Erfahrung entschloß sie sich, zum Studium der Theologie und Kunstgeschichte nach Zürich überzusiedeln. Von hier aus erfolgte ein Jahr später eine Reise nach Italien, wo sie im römischen Heim Malwida von Meysenburgs freundschaftliche Kontakte zu zahlreichen bekannten Persönlichkeiten der damaligen Zeit knüpfte. Sie lernte Paul Rée und Friedrich Nietzsche kennen. Das Projekt eines unkonventionellen gemeinsamen Lebens mit den beiden Män-

nern scheiterte auf Grund von Rivalitäten, die letztlich zum Bruch zwischen Nietzsche und A. führten. Im Jahr 1887 heiratet sie den Orientalisten Friedrich Carl von Andreas, mit dem sie sich in Berlin niederließ. Von hier aus führte A. in den nächsten Jahren ein abwechslungsreiches Reiseleben und begann ihre schriftstellerischen Aktivitäten, zunächst als Literaturkritikerin, dann als Romanautorin (z. B. *Ruth*, 1895 oder *Fenitschka*, 1898) und Porträtistin (z. B. *F. Nietzsche in seinen Werken*, 1894).

In den Jahren 1890–1894 lernte sie zahlreiche berühmte Persönlichkeiten der literarischen und künstlerischen Welt, wie z. B. Arno Holz, August Strindberg, Gerhard Hauptmann und Frank Wedekind kennen. Sie unternahm eine Reise in ihre russische Heimat und begab sich im Jahr 1895 nach Wien, wo sie weitere literarische Kontakte knüpfte und ihre langjährige Beziehung zu dem Arzt Pineles begann. Zwei Jahre später begegnete sie dem jungen Dichter Rilke, mit dem sie ein intensives Liebesverhältnis einging. Gemeinsam unternahmen die beiden zwei Reisen nach Rußland, wo sie Pasternak und Tolstoi kennenlernten.

Nach der Trennung von Rilke erneuerte sich die Beziehung zwischen A. und Pineles, zugleich folgte sie ihrem Mann nach Göttingen, dem sie trotz aller Reisen, Freundschaften und Liebesaffären unauflöslich verbunden blieb.

Die Begegnung mit der Psychoanalyse und mit Freud im Jahr 1911 stellte eine bedeutende Wende in ihrem Leben dar. Zeitlebens stand sie im Briefwechsel mit Freud und widmete ihre geistigen Energien der Psychoanalyse in Theorie und therapeutischer Praxis. 1937 starb A. 76jährig in Göttingen.

Das Leben A.s ist bestimmt von wechselnden Liebesbeziehungen sowie vom geistigen und freundschaftlichen Austausch mit vielen berühmten Männern der Jahrhundertwende. In dieser Rolle als Muse, Freundin und Geliebte männlicher Geistesgrößen ist sie in die Geschichte eingegangen, wobei es an Mythenbildung um ihr ereignisreiches Leben nicht mangelt. Ihr eigenes literarisches und theore-

tisches Werk ist wenig rezipiert, obgleich sie sich mit ihren Publikationen schon zu Lebzeiten dezidiert und durchaus eigenwillig in die psychoanalytische Diskussion einbrachte. Im Vergleich zu ihrem literarischen Schaffen, das primär der Aufarbeitung persönlicher Lebenserfahrung dient und zudem in einem heute befremdlichen Pathos verfaßt ist, sind ihre theoretischen Schriften von weitreichenderem Interesse. Die Beschäftigung mit der Psychoanalyse dient hier weniger dem Zweck der therapeutischen Anwendung als vielmehr dem Ziel, von den Erkenntnissen der psychoanalytischen Erfahrung zu philosophisch-anthropologischen Typisierungen und Grundmustern zu gelangen. Ihr von Kind an bestehendes philosophisches Interesse am Zusammenwirken von Denken und Fühlen im menschlichen Erkennen, bekam durch die Psychoanalyse einen neuen maßgeblichen Impetus. Die Entdeckung unbewußter Prozesse sowie die Analyse kindlicher Erfahrungen als konstitutive Instanzen der Ichentwicklung entsprechen dabei einem Philosophieverständnis, das der rationalistischen Ausrichtung des Subjekts in der abendländischen Philosophietradition entgegensteht: An die Stelle der Idee eines klarumgrenzten, autonomen, sich selbst beherrschenden Vernunftsubjekts tritt die Vorstellung eines dynamischen Ichs, das sich in Abhängigkeit und Wechselwirkung von und mit anderen gewinnt und wieder verliert. Schon vor ihrer Hinwendung zur Psychoanalyse unternimmt A. am Beispiel des Philosophen Nietzsche den Versuch, das Denken selbst als hervorgegangen aus leidvoller Lebenserfahrung zu begreifen. Auch ohne explizite Philosophiekritik wird so der Mythos einer autonomen, sich selbst bedingenden Welt des Gedankens unterhöhlt. Im Kreis der Analytiker wird A. wegen ihrer Fähigkeit bewundert, am Individuellen das Allgemeingültige zutagetreten zu lassen.
Verschiedene Themen beschäftigten A. im Rahmen ihrer ca. acht größeren Veröffentlichungen zur Psychoanalyse. Zu nennen wäre neben spezifischen Fragestellungen der psychosexuellen Entwicklung als durchgängiges Thema vor allem die Narzißmusproblematik. Sie bezieht die Erkenntnisse der Psychoanalyse zudem auf die Religion und beschäftigt sich mit

Männlichkeit und Weiblichkeit als zwei grundlegend verschiedenen Formen der innerpsychischen Triebentwicklung. Obwohl A. der Geschlechterbeziehung in ihren Werken besondere Bedeutung beimißt und obwohl sie in ihrer persönlichen Lebensgestaltung unkonventionell und selbstbestimmt agierte, ist sie nicht als Vorkämpferin der Frauenemanzipation zu begreifen. Sie formuliert zwar in ihrer Altersschrift *Was daraus folgt, daß es nicht die Frau gewesen ist, die den Vater totgeschlagen hat* (1928) auffallend kritische Punkte zur bürgerlichen Ehe, stellt aber generell das Mütterliche als das Sinnbild der weiblichen Psyche dar. Der Versuch der Frau, mit der Produktivität des Mannes durch Differenzierung und Spezialisierung auf ein Ziel hin konkurrieren zu wollen, lehnt sie »als wahres Teufelswerk ... als ungefähr die tödlichste Eigenschaft, die das Weib sich anzüchten kann« ab. Die Wesensmerkmale von Mann und Frau sind nach A. auf Ergänzung hin angelegt. Mehr als andere VertreterInnen dieser Denkweise betont sie aber die Eigenständigkeit und Unabhängigkeit des weiblichen Wesensgesetzes, das sich in einem starken erotischen Empfinden ebenso wie in einer besonderen Geistigkeit niederschlägt. Ihrer Auffassung nach bleiben die Erkenntnisabsichten der Frau immer den vitalen Lebensinteressen verbunden. Sie drängen weniger nach logischer Klarheit als nach existentieller Erlebbarkeit und Verpersönlichung des Abstrakten. A. mißt den Kulturanlagen der Frau eine enorme, auch aktive Rolle im Kulturprozeß der Menschheit zu. Da sie eine vom Männlichen unabhängige Struktur besitzt, muß der Frau in ihrer Persönlichkeitsentfaltung unbedingte Freiheit gelassen werden. A.s Weiblichkeitstheorie stellt somit einen frühen Ansatz dar, Weiblichkeit als fundamental Eigenes psychogenetisch zu erfassen. Die Ausbildung sexueller Identität wird in den Gesamtzusammenhang einer sich in Stadien vollziehenden Ausdifferenzierung von Ich und Objekt eingeordnet. Ich-Werdung bedeutet eine zunehmende Entfernung von einem Urzustand der allumfassenden narzißtischen Befriedigung. Erlebt wird dies einmal als Verlust ursprünglicher Allmachtserfahrung durch Einheit mit der Mutter und zugleich als Anwachsen bewußter Selbstliebe durch Realitätsbewältigung. Im Zuge der sexuellen Beschränkung auf Genitalität bildet sich die Geschlechterdifferenz heraus. In der sexuellen Vereinigung von Mann und Frau partizipiert jede Seite an den Produktivkräften der anderen. Die Wiederherstellung der narzißtischen Einheit von Subjekt und Objekt wird hier erlebbar. Zugleich sucht jedes Geschlecht für sich, in einer ihm zugehörigen Produktivität, auf höherem Niveau zur narzißtischen Befriedigung zu gelangen: der Mann in seinen Werken, die Frau im Kind. Dieses für beide Geschlechter gültige Doppelphänomen des Narzißmus als Ursprung und Ziel der Ich-Werdung bildet das Kernstück der psychoanalytischen Theorie A.s. Narzißmus als Einheit von Geschlechtlichkeit und Ich gilt ihr nicht nur als zu überwindendes Stadium, sondern als dauerhafte Quelle des Schöpferischen. Auch die geistige Produktion des Mannes hebt das Erotische nicht auf, sondern verwandelt es in permanenter Rückerinnerung an die ursprüngliche Allerfahrung. Besonders dem männlichen Künstler attestiert A. eine solche Nähe zum Ursprünglichen.

Werk: Ruth, 1897; Von frühem Gottesdienst, in: *Imago* 2, 1913, S. 457–467; Zum Typus Weib, in: *Imago* 3, 1914, S. 1–14; ›Anal‹ und ›Sexual‹, in: *Imago* 4, 1916, S. 249–273; Das Haus, 1921; Narzißmus als Doppelrichtung, in: *Imago* 7, 1921, S. 361–386; Was daraus folgt, daß es nicht die Frau gewesen ist, die den Vater totgeschlagen hat, in: *Almanach für das Jahr* 1928, S. 25–30; Rainer Maria Rilke, 1929; Mein Dank an Freud, 1931; Die Erotik, 1979; Fenitschka. Eine Ausschweifung, 1983; Friedrich Nietzsche in seinen Werken, 1983; Lebensrückblick. Grundriß einiger Lebenserinnerungen, hg. v. E. Pfeiffer, 1984.

Literatur: I. Weber: Narzißmus: Ursprung und Ziel des Ichs. Gedankengänge von Lou Andreas-Salomé; H. F. Peters: Lou Andreas-Salomé. Das Leben einer außergewöhnlichen Frau, 1964; U. Welsch/M. Wiesner: Lou Andreas-Salomé. Vom ›Lebensgrund‹ zur Psychoanalyse, 1988 (ausführliche Bibliographie); WP.

Heidemarie Bennent-Vahle

Angela von Foligno
mittelalterliche Mystikerin, *1248/49, †1309

Die Mystikerin A. wurde entweder 1248 oder 49 in der umbrischen Stadt Foligno geboren und stammt aus einer wohlhabenden Familie. Sie war verheiratet und hatte mehrere Söhne. Etwa in der Lebensmitte erlebte A. erste mystische Erfahrungen, die durch den Anblick des Kreuzes ausgelöst wurden; diese Bekehrung fand etwa 1285 statt.
Von da an änderte A. ihre Lebensweise grundlegend. Sie wollte ihre Familie verlassen, um sich ganz ihrem Glauben zu widmen. Um diese Loslösung zu erreichen, bat sie Gott um den Tod ihrer Angehörigen, die auch recht plötzlich starben. Für A. war das Frömmigkeitsideal Ehelosigkeit und Askese. In ihrer Askese versuchte sie Christus zu folgen, bot sich ihm nackt dar und gelobte ewige Keuschheit. Ihr Glauben war vom Denken Franz von Assisis geprägt. Sie verteilte ihren Besitz an die Armen und begann Kranke zu pflegen. Nach einer Wallfahrt nach Rom trat sie 1291 dem dritten Franziskanerorden bei. Im gleichen Jahr hatte sie ein religiöses Schlüsselerlebnis, bei dem sie auf einer Pilgerreise von Foligno nach Assisi ein Gespräch mit dem Heiligen führte. Sie bat ihn, ihr Erfahrungen im Umgang mit Christus und die Gnade wahrer Armut zu verschaffen. In der Kirche S. Francesco selbst hatte sie dann eine Erscheinung, angeregt durch das Bild auf dem sog. Engelfenster. Sie erlebte eine Vision, in der sie eine unaufhörliche Verbindung mit Jesus in der Liebe einging.
Da diese Ereignisse in aller Öffentlichkeit stattfanden, wurde A. nach ihrer Rückkehr von ihrem Beichtvater nach ihren Erlebnissen befragt, und er schrieb ihre Mitteilungen in Latein nieder. Auf diese Weise entstand ihre geistliche Autobiographie, die *Memoriale*. Neben diesem geschlossenen Text sind die *Instructiones* überliefert. Sie bestehen aus 36 unterschiedlich langen Texten, die bis zu ihrem Tod am 4. Januar 1309 reichen. Wahrscheinlich wurden ihre Berichte nach dem Tod des Beichtvaters vom Kreis ihrer SchülerInnen und VerehrerInnen weitergeführt.

Die *Instructiones*, umfangreicher als die *Memoriale*, bestehen aus Briefen und Berichten über A.s geistliche Erfahrungen. Was A.s Text auszeichnet, und es ist anzunehmen, daß die Beschreibung wahrheitsgetreu wiedergegeben wurde, ist das hohe Maß an Reflexion, an Willenskraft und der Fähigkeit zur theoretischen Betrachtung ihrer Erfahrungen, womit sie die Mystik ihrer Zeit übersteigt und sich als Philosophin zeigt. Diese Elemente sind auf A. selbst zurückzuführen, nicht auf die, wahrscheinlich gebildeteren SchreiberInnen ihrer Mitteilungen.

Im Zentrum ihrer Frömmigkeit und ihrem Denken stand das Kreuz, es spielte eine so große Rolle, daß eine Übersetzung aus dem Jahre 1696 den Text mit dem Titel *Theologie des Kreuzes Jesu Christi* versah.

A.s Christusverehrung richtete sich nicht in erster Linie auf den Herrscher Jesus, den Sohn Gottes, sondern auf dessen menschlichen Anteil, der am Kreuz für alle gestorben ist. Die Anschauung wurde vor allem im 12. Jahrhundert vom Zisterzienser Bernhard von Clairvaux begründet und ist im 13. Jahrhundert von Franz von Assisi und seinen AnhängerInnen aufgegriffen worden. Wie bei Franz führte auch bei A. das Verlangen nach Gott zur Entäußerung alles Irdischen, zur Lösung ihrer Beziehungen zu Menschen, zur Trennung von Ihren Gütern und sogar von ihrer eigenen Persönlichkeit. So wollte sie einen Weg vollständiger Hingabe an Gott gehen.

Für A. führte der wahre Weg zu Gott über das Kreuz, nicht in erster Linie real wie bei Jesus, sondern im übertragenen Sinn über das Leiden, die Enthaltsamkeit, die Armut.

In ihren Offenbarungen erlebte A. immer wieder ein nahes Zusammensein mit Jesus. So auch am Karsamstag 1294, wo sie sich in einer Vision in dessen Grab wiederfindet; beide liegen nebeneinander und berühren sich. Aus dieser und anderen Offenbarungen des Leidens Christi hat A. in den *Instructiones* die Umrisse einer Theologie des christlichen Schmerzes entwickelt. Ihre Erlebnisse beschränken sich nicht auf Jesus, sondern erstrecken sich auf die gesamte Trinität. In A.s Visionen kann die Dreifaltigkeit in ihre Seele eindringen oder sie befindet sich innerhalb der Trinität. Gott ist dabei in zweifacher Weise sichtbar, indem er in die Seele einkehrt oder indem er die Seele in sich aufnimmt.

In ihren *Memoriale* beschreibt A. den Weg der Buße, den die Seele zu Gott zurücklegt in 30 Schritten. Allerdings sieht der Aufbau der *Memoriale* nur 26 Schritte vor, denen keine klare Richtung in der Annäherung an Gott zugrundeliegt. A. selbst entwickelte wahrscheinlich kein starres Schema, sondern schilderte persönliche Erfahrungen, Abweichungen und Rückschläge auf ihrem eigenen Weg. Deshalb ist es naheliegend, daß eine solche Schematisierung von anderen aufgestellt wurde.

Bereits im Mittelalter wurde A.s Buch kopiert und bis in die heutige Zeit häufig bearbeitet, was die verstreuten Handschriften und Übersetzungen beweisen. Erstaunlich ist, daß ihre Texte nicht nur von katholischer Seite gelesen wurden, sondern auch im Protestantismus Anerkennung fanden.

Werk: L. Thier/A. Calufetti (Hg.Innen): Il libro della Beata Angela da Foligno, 1985.
Literatur: S. Clasen: Angela von Foligno, in: *Theologische Realenzyklopädie* 2, 1978, S. 708–710; U. Köpf: Angela von Foligno. Ein Beitrag zur franziskanischen Frauenbewegung um 1300, in: P. Dinzelbacher/D.R. Bauer (Hg.): *Religiöse Frauenbewegung und mystische Frömmigkeit im Mittelalter*, 1988; U. Köpf: Angela von Foligno, in: J. Thiele (Hg.): *Mein Herz schmilzt wie Eis am Feuer*, 1988.

Ursula I. Meyer

Anscombe, Gertrude Elizabeth Margaret
englische Sprachphilosophin, *1919

Die englische Philosophin A. wurde 1919 geboren. Sie studierte klassische Philologie und Philosophie am St. Hugh's College in Oxford, wo sie 1941 ihr Studium abschloß. Nach ihrer Heirat mit Peter Geach, mit dem sie sieben Kinder hatte, erhielt sie einen Forschungsauftrag in Oxford, später am Newnham College in Cambridge, wo sie Bekanntschaft

mit Ludwig Wittgenstein machte. 1946–70 war sie Mitglied des Somerville College, Oxford; anschließend wurde sie Professorin für Philosophie in Cambridge.
A. ist eine der bekanntesten englischen Philosophinnen und gilt als wichtige Vertreterin der modernen Sprachphilosophie. Ihr Werk steht im Kontext der analytischen Philosophie der Alltagssprache, die in den fünfziger und sechziger Jahren entwickelt wurde. Bekannt wurde A. auch als Übersetzerin und Herausgeberin des Nachlasses von Ludwig Wittgenstein.

Das Denken A.s dreht sich um drei Hauptachsen: 1. die Übersetzung und Herausgabe – zusammen mit G.H. von Wright und R. Rhees – des Werkes von Ludwig Wittgenstein; 2. ihre Studien zur Geschichte der Philosophie, insbesondere in ihrem Text *Three Philosophers*, der sich mit Aristoteles, Descartes und Hume befaßt; 3. ihre Beiträge zu einer analytischen Philosophie der Handlung und des Verstandes.
1957 veröffentlichte sie mit *Intention* einen wichtigen Beitrag zu den Problemen der Handlungsphilosophie, vor allem mit ihrer Analyse der zwei Hauptbegriffe ›Absicht‹ und ›Absichtlichkeit‹. A. nimmt den aristotelischen Vorschlag des praktischen Syllogismus als eines Schemas zur teleologischen Erklärung in dritter Person des Agens der Handlung wieder auf.
Mit diesem Werk hat sie ein Feld zur Reflexion über das menschliche Handeln eröffnet, das von Philosophen wie von Wright oder Donald Davison fortgesetzt wurde.
A. hat ihren Begriff der absichtlichen Handlung auch in ihrer Analyse der moralischen Probleme, wie zum Beispiel im Krieg oder in der Empfängnisverhütung, die sie aus einer katholischen Perspektive betrachtet, verwendet.
In ihrer Einführung zu Wittgensteins *Tractatus Logico-Philosophicus*, *An Introduction to Wittgenstein's Traktatus*, analysiert A. vor allem den frühen Wittgenstein im Kontext seiner logischen Grundlagen und weist vielen seiner Kritiker Fehlschlüsse in ihren Interpretationen nach. Im Vordergrund ihrer Untersuchung steht Wittgensteins Sprachtheorie sowie

seine Methode, die Bedeutung einzelner Satzteile, bzw. deren Fehlen, aufzuzeigen. A.s Text ist immer noch ein Standardwerk für das Studium von Wittgensteins Sprachphilosophie.

Werk: Symposium. The Principle of Individuation, 1953; Intention, 1957, (dt: Absicht, 1986); An Introduction to Wittgenstein's Traktatus, 1959 (mit P. T. Geach); Three Philosophers, 1961; Practical Reason, 1974; Times, Beginnings and Causes, 1975; Intention and Intentionality, hg. v. C. Diamond, 1979; The Collected Philosophical Papers, 3 Bde., 1981; From Parmenides to Wittgenstein, 1981; Metaphysics and the Philosophy of the Mind, 1981; Ethics, Religion and Politics, 1981; Private Ostentive Definition, 1988.
Literatur: WomBio; WP.

Fina Birulés
(Übers. M. L. P. Cavana)

Anthony, Susan B.
amerikanische Feministin, *1820, †1906

A. stammte aus einer bürgerlichen Quäker-Familie. Wie die meisten Suffragetten – so der Historiker Evans – hatte sie einen bürgerlichen Hintergrund und eine liberal-protestantische Ideologie. Sie widmete ihr gesamtes Leben dem Feminismus. Bereits in jungen Jahren kämpfte sie für die Rechte der Frauen und Farbigen an verschiedenen Fronten. Die Frauenwahlrechtsbewegung stand in enger Beziehung zu den Bewegungen gegen die Sklaverei. A., ebenso wie → Elizabeth Cady Stanton oder Lucy Stone, engagierten sich aktiv für die Abolitionisten. Als die Farbigen jedoch das Wahlrecht durchgesetzt hatten, haben sie im Gegenzug die Frauen in ihrem Kampf nicht unterstützt.

Wie viele andere Suffragetten arbeitete A. in zwei verschiedenen Bereichen: einerseits als Journalistin und Intellektuelle, und andererseits als Sprecherin militanter Gruppierungen. Sie veröffentlichte zusammen mit Cady Stanton und M. Cage eine ausführliche Geschichte der Frauenbewegung. Darin beschreiben sie Ereignisse und Erfahrungen der feministischen Bewegung des 19. Jahrhunderts in Amerika. A.

nahm an zahlreichen Versammlungen für die Frauenrechte in verschiedenen Städten der USA teil. Sie sammelte außerdem in New York Unterschriften, um die damaligen Regelungen des Eigentumsrechts von verheirateten Frauen zu reformieren. Nach dem Bürgerkrieg, in welchem sie ihre Kräfte gegen die Sklaverei einsetzte, kämpfte sie noch engagierter für die Frauen. Eine Änderung der Verfassung zugunsten der Frauen wurde abgelehnt, und daraufhin gründete sie mit Cady Stanton die Zeitschrift *Revolution*. Darin diskutierten sie Themen wie Scheidung, Prostitution oder die Lage der Arbeiterinnen.

Als sich 1869 die feministische Bewegung in zwei Richtungen spaltete, übernahm A. zusammen mit Stanton die Leitung der radikalen *National Woman Suffrage Association*. Der andere Teil, die *American Woman Suffrage Association*, der von Lucy Stone und Julia Ward Howe geleitet wurde, entwickelte sich später zu einer konservativen Gruppe, deren Forderungen sich auf das Frauenwahlrecht beschränkten, während A. auch andere politische und soziale Veränderungen verlangte. Trotzdem vereinigten sich beide Gruppen 1890 erneut.

A. kämpfte hartnäckig an zwei Fronten des Feminismus: gegen die wirtschaftliche Ausbeutung der Frau und für das Wahlrecht; ihr wichtigstes Ziel war die Selbstbestimmung der Frauen. Für sie waren beide Fragen untrennbar. Sie schreibt: »Heutzutage als Folge des Kampfes für die Gleichberechtigung hat eine große Revolution in der Wirtschaft stattgefunden. Dort, wo ein Mann einen Dollar anständig verdienen kann, dorthin kann ebenso eine Frau gehen. Deswegen ist es unmöglich den Satz zu widerlegen, daß die Frau dieselbe Macht wie der Mann haben muß, um sich zu schützen. Und diese Macht ist die Stimme. Sie ist ein Symbol für die Freiheit und die Gleichheit, ohne welche kein Bürger sicher sein kann, sein Eigentum bewahren zu können, und noch weniger erwerben zu können, was er nicht hat.«

Eine ihrer größten Bemühungen war es, den Feminismus gegenüber sozialen Problemen offen zu halten. Im Patriarchat, so kritisiert A., werden die Frauen als ›entwertete Arbeitskraft‹ angesehen, und durch ihre Rechtlosigkeit können sie ihr Leben nicht selbst bestimmen. Deswegen fordert A. die Arbeiterinnen dazu auf, sich in Gewerkschaften zu organisieren, um ihre Rechte zu verteidigen.

Werk: The Status of Woman, Past, Present and Future, in: *The Arena*, May 1897; Woman's Half Century of Evolution, in: *North America Review*, December 1902; History of Woman Suffrage, Bd. 4 (mit I. Harper), 1903.
Literatur: C. Morris: Hereos of Progress in America, 1919; F. E. Willard/M. A. Livermore (Hg.): American Women, 1897; Webster's Biographical Dictionary, 1943.

Rosa Cobo
(Übers. Carmen Gonzalez)

Aragona, Tullia de → d'Aragona, Tullia

Arenal, Concepción
spanische Soziologin und Essayistin, *1820, †1893

A. wurde 1820 in El Ferrol geboren. Die vielen Hindernisse, die Spanien im 19. Jahrhundert Frauen in bezug auf jegliche Aktivitäten, die nicht dem weiblichen Geschlecht entsprachen, entgegenstellte, zwangen sie zur autodidaktischen Bildung. Da sie schon seit ihrer Kindheit an der Förderung ihrer geistigen Fähigkeiten Interesse hatte, mußte sie auf verschiedene Tricks zurückgreifen: zum Beispiel auf die Verkleidung als Mann, um an Veranstaltungen der Universität teilnehmen zu können. Solch ein Anschlag auf die ›Kultur‹, deren legitimer Träger das männliche Geschlecht war, bewirkte, daß der Versuch, die eigene Persönlichkeit zu entwickeln als den Frauen nicht angemessen kritisiert wurde. Was ebensowenig dazu beitrug, ihren guten Ruf wiederherzustellen, war das Interesse für und die Beschäftigung mit sozialen Problemen. Es war in gewissen intellektuellen Kreisen üblich, ihr vorzuwerfen, sie sei zu maskulin.

A. gründete zusammen mit Antonio Guerola die Zeitschrift *La voz de la Caridad*, in der sie ungefähr 500 Artikel veröf-

fentlichte. Trotz aller Hindernisse erkannte man nach und nach ihre ausgezeichnete Arbeit als Strafrechtlerin und Soziologin an und auch ihr Bestreben, die Situation der Arbeiterklasse zu verbessern, die Reform des Strafverfahrens voranzutreiben und die Rechte der Frauen zu verteidigen, wurde gewürdigt. Während der Herrschaft Amadeos I. und in der Ersten Republik übernahm sie den Posten der Aufseherin von Frauengefängnissen, den die Regierung speziell für sie 1864 eingerichtet hatte. Sie wurde ihres Amtes einige Jahre später enthoben und zur Aufseherin von Besserungsanstalten für Frauen ernannt. Zu ihren bekanntesten Werken zu diesem Thema zählen: *La beneficencia, la filantropía y la caridad* und *Manual del visitador del pobre*.
A. starb 1893 in Vigo.

A.s Ruf ging über die spanischen Grenzen hinaus und innerhalb Spaniens fand ihr Werk den meisten Beifall bei den Krausisten. Der liberale und tolerante Geist, der Pazifismus und die Sozial- und Erziehungsreform, die stark die geistige Entwicklung dieser Frau geprägt haben, die über ein Jahrhundert ihrer Zeit voraus war, passen zu den Idealen des Krausismus und identifizieren sich mit diesen: Die spanische Nachlässigkeit und den Rückstand von einem Jahrhundert kann man nur mit einem gänzlich reformierten und innovativen Erziehungskonzept überwinden. A. schloß sich aus diesem Grund der Arbeit der ›Institución Libre de Ensenanza‹ an.
Logischerweise führten eine solche Zielsetzung bzgl. einer Erziehungsreform und der Scharfsinn, zu analysieren, wie die soziale Gleichheit, Freiheit und Gerechtigkeit aussehen sollte, A. zu feministischen Überlegungen, die in ihren Veröffentlichungen *La mujer del porvenir* (1861) und *La mujer de su casa* (1881) zusammengetragen sind. Sie entlarvt darin die pseudowissenschaftlichen Argumente der geistigen und moralischen Minderwertigkeit der Frauen, die für das 19. Jahrhundert so charakteristisch sind. Außerdem greift sie die in ihrer Zeit rechtskräftige gesetzliche Herabsetzung der Frau an und rebelliert dagegen, daß der Frau nur ein einziger Bereich, der des Hauses/Haushaltes, zugestanden wird.

Ihre Methode besteht darin, die Widersprüche der patriarchalen Kultur hervorzuheben, in der sich Forderungen, Einschränkungen und Belästigungen der Frauen häufen und in der es an wirklichen Rechten, Chancen und Anerkennung für die Frauen mangelt. Dieses Problem äußert sich am deutlichsten in den beiden einander widersprechenden Gesetzbüchern: dem Bürgerrecht zum einen und dem Kriminalrecht zum anderen. Im ersten sind Frauen unvollkommene Wesen und somit ohne Rechte; im zweiten, im Kriminalrecht, sind Frauen den Männern gleichgestellt, was ihre Pflichten betrifft und erhalten dasselbe Strafmaß, wenn sie ein Verbrechen begehen: »Die Macht der Gewohnheit ist so stark, daß wir alle diese Ungerechtigkeiten mit der Bezeichnung Recht begrüßen ...« Es ist deshalb nicht verwunderlich, daß diese bescheidene Frau, die ihr Leben lang darauf bestand, von Personen und nicht von Männern und Frauen zu reden, forderte, »feierlich auf die geschlechtsbezogenen Privilegien zu verzichten, da sie feststellen mußte, daß diese mehr Mühe kosteten als sie wert sind«.

Werk: La mujer del porvenir, 1861; La mujer de su casa, 1881; La Emancipación de la mujer en España, 1974; Obras completas, 1994.

Alicia Miyares
(Übers. Andrea Volz)

Arendt, Hannah
deutsch/amerikanische Philosophin, *1906, †1975

A. wurde am 14. Oktober 1906 in Hannover geboren. Von 1909 bis zu ihrem Abitur lebte sie in Königsberg. Es war der Ort ihrer Kindheit, der Ort der liberalen jüdischen Familien ihrer Eltern, der Cohns und Arendts. 1923 ging sie nach Berlin. Neben Griechisch und Latein hörte sie Theologie bei Romano Guardini, der über Kierkegaard las. Nach ihrem Abitur 1924 begann sie ihr Studium bei Heidegger und Bultmann in Marburg. 1925 studierte sie bei Husserl in Freiburg und bei

Jaspers in Heidelberg, wo sie 1928 mit der Dissertation *Der Liebesbegriff bei Augustin* (1929) promovierte.
Schon hier setzt sie sich von Heidegger aber auch von Kierkegaard ab, indem sie sich nicht allein dem fragenden Einzelnen und seiner Gottesliebe, die dem weltlichen Begehren konfrontiert ist, sondern der ›vita sozialis‹ und der Möglichkeit der Nächstenliebe zuwendet. Zusammen mit Günther Stern (Anders), den sie 1929 heiratete, verfaßte sie einen Text zum Liebesbegriff bei Rilke und arbeitete über die Romantik. Zu Beginn der 30er Jahre entstand die Biographie *Rahel Varnhagen. Lebensgeschichte einer deutschen Jüdin aus der Romantik*, die erst im Pariser Exil 1938 mit zwei weiteren Kapiteln abgeschlossen wurde. Das Selbstdenken der Aufklärung in der Variante romantischer Reflexion, die Differenz von Geschichts- und Vernunftwahrheit wird am Leben der ›Ignorantin‹ Rahel, an der Zeit der ›gemischten Gesellschaft‹ der jüdischen Salons zum Thema von A.s Überlegungen zur Assimilation, zu Parias und Parvenus. Zur Aufmerksamkeit auf die Zeitmodi – hier der Selbstreflexion, die das ›geboren sein als Jüdin‹ der Bestimmtheit des Vergangenen entzieht – kommt die Frage nach dem Platz in der Welt hinzu. Sie wird buchstäblich entscheidend für die Flüchtlinge und staatenlosen ›displaced persons‹, wenn das Recht, Rechte zu haben, allein den nationalstaatlichen BürgerInnen garantiert scheint.
1933, nach ihrer Mitarbeit in zionistischen Gruppen und einer Verhaftung durch die Gestapo, emigrierte A. nach Paris. Dort fand sie Arbeit bei der ›Jugend-Aliyah‹, die junge Flüchtlinge auf Palästina vorbereitete. Sie traf Walter Benjamin wieder, befreundete sich mit Gershom Scholem und Alexandre Koyré und lernte 1936 Heinrich Blücher, ihren zweiten Mann, kennen. Nach ihrer Flucht aus dem Frauen-Internierungslager Gurs in Südfrankreich gelang ihr und Blücher 1941 die Ausreise (mit Notvisa) nach New York.
Von 1941–45 schrieb A. regelmäßig für die deutschsprachige Zeitschrift *Aufbau*. In ihrer Kolumne *This Means You* setzte sie sich für eine jüdische Armee ein, für die Konzeption eines jüdisch-arabischen Staates als Teil einer europäischen Föderation, und trat gegen den nationalistischen Terror auf.

Artikel erschienen u.a. in *Review of Politics, Partisan Review, Menorah Journal*.
1944–46 leitete A. die Forschungsarbeit der ›Commission on European Jewish Cultural Reconstruction‹. 1946–48 war sie Verlagslektorin von ›Schocken Books‹. In dieser Zeit gab sie Bernard Lazare (*Job's Dung Heap*, 1948), sowie Franz Kafkas Tagebücher heraus. Später wurde sie Herausgeberin von Hermann Broch (*Dichten und Erkennen*, 1955), Karl Jaspers (*The Great Philosophers*, 1962/66) und Walter Benjamin (*Illuminations*, 1968).
1948 bis 1952 war sie Geschäftsführerin der ›Jewish Cultural Reconstruction‹, in deren Auftrag sie 1949 nach Europa fuhr, wo sie Jaspers und auch Heidegger wiedersah.
In *Sechs Essays* (1948), die mit zwei weiteren Texten dieser Zeit in *Die verborgene Tradition* (1976) wiederabgedruckt sind, zeigt A. individuelle Auswege: von Heines Schlemihl und Traumweltherrscher über den ›bewußten Paria‹ Lazares bis zu Chaplin und Kafka. Wie ihr Gegenbild, die gesellschaftliche Assimilation, sind sie in den Rahmen der deutschen und europäischen Geschichte mit ihren politischen Organisationsformen gestellt. Ob es der souveräne Nationalstaat und seine Verwendung des Antisemitismus oder die des kontinentalen Imperialismus und Rassismus ist, jenes ›Allgemeine‹ der Menschenrechte, das Parias in ihrer Weltlosigkeit entdecken, verlangt nach einer politischen Umsetzung der ›Idee der Menschheit‹, die weder der Universalität der Aufklärung noch den Varianten der Geschichtsphilosophie des 19. Jahrhunderts folgen kann. A. konfrontiert diesen Anspruch mit dem neuen Ereignis, an dem alle überlieferten politischen und moralischen Denkkategorien versagen, der totalen Herrschaft und ihren ›Verbrechen gegen die Menschheit‹.
1951 erschien ihr politisch-historisches Hauptwerk *The Origins of Totalitarism* (Elemente und Ursprünge totaler Herrschaft, 1955), das die Konzentrationslager als grundlegende Institution einer in Ideologie und Terror dynamisierten Staatsform begreift. Diese an den Phänomenen orientierte Analyse, die jede kausale wie ideengeschichtliche Kontinuität für die Elemente des Antisemitismus, des Imperialis-

mus und Rassismus verwirft, scheint gerade die Organisation des Verschwindens jeder ›Erscheinungswelt‹ am Projekt Menschen überhaupt ›überflüssig‹ zu machen.

Daß politische Philosophie sich stets von der Pluralität der ›polis‹, des öffentlichen Raums, abgewandt hat und sie, sei es im demiurgisch-handwerklichen Konzept der Herrschaft, sei es in der abstrakten Universalität ›des‹ Menschen, oder aber im arbeitenden Gattungswesen und im totalisierenden Geschichtsprozeß systematisch verfehlt, ist der Einsatz von A.s Gedanken über *Fragwürdige Traditionsbestände im politischen Denken der Gegenwart* (1957). Dieser Band und *Die Krise in der Erziehung* (1958) werden später in die Essaysammlung *Between Past and Future* (1961) aufgenommen.

1958 veröffentlichte A. ihren Entwurf des Politischen mit der Unterscheidung des Handelns, des Herstellens und Arbeitens, *The Human Condition*, als *Vita Activa oder Vom tätigen Leben* (1960), sowie die Schrift *Die ungarische Revolution und der totalitäre Imperialismus* (1958).

A.s Verständnis politischer Freiheit und Macht setzt darin auf das Handeln als Vermögen Neues anzufangen, zu unterbrechen und zu bewahren. Wie sich Befreiung und soziale Gerechtigkeit von der Konstitution politischer Gleichheit aus horizontaler Machtteilung unterscheiden, zeigt *Über die Revolution* (1963).

Daß Einzelne als ›Gebürtliche‹ ein Anfang sind aber verweist jedes Handeln an die Pluralität der anderen, an ihr Urteilen und mögliches Zusammenhandeln und unterscheidet es darin radikal vom einsam beherrschbaren Prozeß des Herstellens und seiner Zweck-Mittel-Kategorien.

Als Faktum der Pluralität nennt A. die Differenz der Geschlechter. Das Denken des ›Du‹ aber verfehlt noch die Vielfalt der Standpunkte und Perspektiven des öffentlichen ›Wir‹, während Philosophieren im Vorrang der Mortalität die Einzelnen ihrer Weltlichkeit, die nur im Miteinander wirklich ist, entzieht. Die ›Selbstischkeit‹ und destruktive Fatalität jeder Rückkehr zur Metaphysik ist skizziert in *Was ist Existenzphilosophie?* (1990).

Daß die Zukunftsorientierung des Handelns zugleich eines in

vielen Geschichten bezeugten Vergangenen bedarf, ist nur ein Hinweis auf A.s Topographie menschlicher Tätigkeiten und die Zurückweisung ihrer hierarchischen Konzeption. Deren Geschichte beschreibt sie in den Umbesetzungen der öffentlichen und privaten Räume vor der Neuzeit. Sie besteht im Verschwinden des Politischen in der Dienstbarkeit an der ›vita contemplativa‹, mit dem Vorrang der ›vita activa‹ aber im Versuch seiner Ersetzung durch den ›homo faber‹ und das ›animal laborans‹. Den Prozeßcharakter des Handelns hat in A.s Sicht die moderne Naturwissenschaft für sich beansprucht, wenn sie, ohne ihr Tun vorweg verstehen zu können, in Natur hineinhandelt. Ein Motiv des Entwurfs eines gleichermaßen von Fatalität wie Hybris entfernten Begriffs politischer Freiheit wird darin sichtbar, daß Kontingenz allein im pluralen politischen Raum als eine Vorraussetzung von Dauerhaftigkeit erscheint.

1961 wird A. als Berichterstatterin des *New Yorker* beim Eichmann-Prozeß der Versuch der vollständigen Vernichtung dieses Raums erneut zum Thema. Zwei Jahre danach erscheint ihr Bericht als Buch und löst eine von Mißverstehen geprägte Kontroverse aus, obgleich *Eichmann in Jerusalem. Ein Bericht von der Banalität des Bösen* (1964) an A.s Überlegungen zum ›radikal Bösen‹, vor dem jedes traditionelle Verstehen aus Motiven und Zwecken versagt, unmittelbar anschließt. Schon 1948 hat sie die bedrohliche ›Normalität‹ des Funktionierens Einzelner bei der ›Fabrikation von Leichen‹ betont, und ähnlich zum ›Spießer‹ Himmler zeichnet sie Eichmanns Gewissenlosigkeit am völligen Fehlen von Denken und Urteilskraft nach. Der Band *Menschen in finsteren Zeiten* (1989) zeigt dagegen in ›exemplarischen‹ Porträts das Handeln und Urteilen Einzelner.

1970 erscheint *On Violence*, ein in Folge der 68er Rebellion geschriebener Band, dessen deutsche Ausgabe im Titel *Macht und Gewalt* (1970) A.s grundsätzliche Unterscheidung eines am Souveränitätsbegriff, an Herstellen und Zerstören orientierten Politikverständnisses, dessen Extrem ›stumme‹ Gewalt ist, von dem positiven Konzept kommunizierter, geteilter und begrenzter Macht wiedergibt. Zu dieser Begrenzung

gehört nicht zuletzt die Rettung der geschichtlichen Tatsachen vor ihrer Transformation in bloße Sichtweisen und vor der Lüge im politischen Raum.
Nach ihrer umfangreichen Lehrtätigkeit an amerikanischen Universitäten seit 1953 und an der New School for Social Research in New York seit 1968, hielt sie 1973 die ›Gifford Lectures‹ in Schottland über ›Thinking‹.
A. starb am 4. Dezember 1975 in ihrer Wohnung in New York an einem Herzschlag.

A.s Freundin, die Schriftstellerin Mary McCarthy, veröffentlichte 1978 die ersten zwei Bände von *The Life of the Mind, Vom Leben des Geistes, Das Denken I, Das Wollen II* (1979). Wenn die Erfahrung des Denkens und jene des Wollens an geschichtlich exemplarischen Positionen vorgeführt wird, so um die Bedingungen und Weisen des Zusammenspiels der Vermögen und Tätigkeiten zu befragen, das sie aufeinander angewiesen sein läßt, ohne ihre Differenz in hierarchisierende Dienstbarkeiten zum einen und in Identifizierungen zum anderen aufzulösen. Das aber kann schon als kantisch-lessingscher Ausblick auf das Urteilen verstanden werden. Der nur fragmentarisch rekonstruierte Band *Das Urteilen* (1985) visiert die Pointe von A.s Denken an, das ›Exemplarische‹ in seiner Einzigartigkeit – im gleichsam ursprünglichen Vertrag seiner von vielen Einzelnen jeweils getragenen Mitteilbarkeit. Der politischen Pluralität vorgängig, zeigt sich das Geschmacksurteil in der Freundschaft. Ein Beispiel dafür geben A.s Briefwechsel mit Karl Jaspers 1926–1969 (1993), mit Kurt Blumenfeld 1933–1963 (1995) und Mary McCarthy 1949–1975 (1995). Auszeichnungen, die A. verliehen wurden, waren u. a. der Lessing-Preis der Stadt Hamburg 1959, die Emerson-Thoreau Medaille der American Academy of Arts and Sciences 1964, der Sigmund-Freud-Preis für Sprache und Dichtung 1967, der Kopenhagener Sonning-Preis für Beiträge zur europäischen Zivilisation 1975.

Werk: Sechs Essays, 1948; Elemente und Ursprünge totaler Herrschaft, 1955; Fragwürdige Traditionsbestände im politischen Denken

der Gegenwart, 1957; Wahrheit, Freiheit und Friede, 1958; Die Krise in der Erziehung, 1958; Rahel Varnhagen, 1959; Vita Activa oder Vom tätigen Leben, 1960; Über die Revolution, 1963; Eichmann in Jerusalem, 1964; Benjamin Brecht, 1971; Walter Benjamin, 1971; Wahrheit und Lüge in der Politik, 1972; Crisis of the Republic, 1972; Macht und Gewalt, 1975; Die verborgene Tradition, 1976; Gespräche mit Hannah Arendt, 1976; The Jewish as Pariah, 1978; Vom Leben des Geistes, 1979; Briefwechsel 1926–1969, 1985; Das Urteilen, 1985; Zur Zeit, 1986; Essays & Kommentare. I. Nach Auschwitz, II. Die Krise des Zionismus, 1989; Menschen in finsteren Zeiten, 1989; Was ist Existenzphilosophie? 1990; Israel, Palästina und der Antisemitismus, 1991; Was ist Politik? 1993; Besuch in Deutschland, 1993; Übungen im politischen Denken I. Zwischen Vergangenheit und Zukunft, 1994; Essays in Understanding: 1930–1954, 1994.
Literatur: D. Barley: Hannah Arendt, 1990; H. Breier: Hannah Arendt zur Einführung, 1992; W. Heuer: Hannah Arendt, 1991; ders. Citizen. Persönliche Integrität und politisches Handeln. Eine Rekonstruktion des politischen Humanismus' Hannah Arendts, 1992; P. Kemper (Hg.): Die Zukunft des Politischen. Ausblicke auf Hannah Arendt, 1993; U. Kubes-Hoffmann (Hg.): Sagen, was ist. Zur Aktualität Hannah Arendts, 1994; I. Nordman: Hannah Arendt, 1994; A. Reif (Hg.): Hannah Arendt. Materialien zu ihrem Werk, 1979; S. Wolf: Hannah Arendt, 1991; E. Young-Bruehl: Hannah Arendt. Leben, Werk, Zeit, 1991.

Gerda Ambros

Arete von Kyrene (Ἀρήτη)
kyrenaische Philosophin, ca. 400–330 v. u. Z.

A. war die Tochter des Aristippos von Kyrene, dem Begründer der kyrenaischen Schule in Athen. Nach der Biographie des Diogenes Laertius versuchte Aristippos seiner Tochter »die besten Grundsätze beizubringen und gewöhnte sie durch strenge Erziehung an Verachtung des Übermaßes« (1). Er schrieb ihr kurz vor seinem Tod einen Brief (bei Hercher). Des weiteren berichtet Diogenes Laertius, daß A. die Schülerin ihres Vaters war, so wie ihr Sohn gleichen Namens wiederum ihr Schüler, der deswegen ›Aristippos, der Metrodi-

dakt (Mutterlehrling)‹, genannt wurde. Wir können hier also von einer Vater-Tochter-Enkel-Tradition der kyrenaischen Philosophie sprechen.
Weitere Angaben über A. stehen auf recht unsicherem Boden. Alten Quellen zufolge hat diese Philosophin 25 Jahre gelehrt, 40 Bücher geschrieben und 110 Schüler unterrichtet. Im Alter von 77 Jahren starb sie, und ihre außergewöhnlichen Leistungen, ihre Begabung und ihre Schönheit wurden in der Widmung auf ihrem Grabstein gelobt. Als älteste Quellen werden von Mozans Boccaccios Werk *De Laudibus Mulierum* (ca. 1350) und von zahlreichen AutorInnen der Rezeptionsgeschichte im 17./18. Jahrhundert Theodor Zwinger *Theatrum vitae humanae* angegeben.
A. hat diesen Überlieferungen zufolge sowohl Moralphilosophie als auch Naturlehre und Naturgeschichte unterrichtet. Ihr Werkverzeichnis umfaßte wahrscheinlich die Schriften: *Vom Ackerbau der Alten, Von den Wundern des Berges Olympus, Von der Bienenzucht, Von der Kindererziehung, Von den Mühseligkeiten des Alters, Von den Kriegen der Athenienser, Vom Leben des Sokrates, Von der Unglückseligkeit der Frauen, Von der Eitelkeit der Jugend, Von der sokratischen Republik, Von der Tyrannei, Von der Vorsorge der Ameisen.*
Die kyrenaische Philosophie ist eine auf dem Hedonismus beruhende Lehre. Lustvolle und unlustvolle Empfindungen, bzw. die im dazwischenliegenden Bereich, die eine indifferente Bewegungslosigkeit verursachen, bilden die Gewißheit des Lebens. Ziel ist es, zu einer durch Einsicht gewonnenen Lust zu gelangen.

Literatur: Clemens Alexandrinus: Teppiche (Stromata) IV 19,122; Diogenes Laertius: Leben und Meinungen berühmter Philosophen, II, 1967 (1); J.C. Eberti: Eröffnetes Cabinet Deß Gelehrten Frauen=Zimmers, 1706/1990; E. Gössmann (Hg.in): Eva – Gottes Meisterwerk, 1985; Ch.F. Harless.: Die Verdienste der Frauen um Naturwissenschaft und Heilkunde, 1830; R. Hercher: Epistolographi Graeci, 1873; G. Menage: The History of Women Philosophers, 1690/1984; J.C. Poestion: Griechische Philosophinnen, 1885; C. Themistios: Orationes I, 21.244b; RE *Arete*, Bd. II,1; HWP; WomBio; WP.

Maria Nühlen

Argia

griechische Dialektikerin, um 300 v. u. Z.

A. war die Tochter des Diodoros Kronos und die Schwester der → Theognis, → Artemisia, → Pantakleia und der → Menexene.

Zwei Quellen überliefern uns die Namen der fünf Töchter des Diodoros Kronos, die als Philosophinnen der dialektischen Methode bekannt wurden. Clemens Alexandrinus, sich auf die Schrift *Menexene* des Dialektikers Philon, Schüler des Diodoros Kronos, berufend, nennt ihre Namen und ähnlich schreibt auch Hieronymus: »Der Sokratiker Diodoros hat gesagt, daß er fünf Töchter von auffallender Tugendhaftigkeit habe, die Dialektikerinnen seien. Über diese hat Philo, der Lehrer des Karneades, eine vollständige Geschichte geschrieben« (1). Das Geschichtswerk ging leider verloren, so daß wir kein Zeugnis der philosophischen Arbeiten dieser Frauen besitzen.

Ursprünglich sprach man von der Philosophenschule der Megariker, wozu auch A. und ihre Schwestern gezählt wurden. Nach neueren Untersuchungen der Fragmente durch Döring (1972) wird heute zwischen den Schulen der Megariker, der Eristiker und der Dialektiker unterschieden.

Diodoros Kronos als Hauptvertreter der Dialektik befaßte sich mit der These, daß nichts möglich ist, was nicht ist oder sein wird, weil aus einem Möglichen nicht ein Unmögliches werden kann (externe Wahrheitsbedingung). Ist aus zwei sich ausschließenden Möglichkeiten die eine real geworden, so ist die andere nicht möglich (Aussagenlogik). Wäre sie möglich gewesen, so wäre aus einem Möglichen ein Unmögliches geworden. Sprachphilosophisch vertrat er die Auffassung, daß »kein Wort bedeutungslos oder mehrdeutig sein [könne – M.N.], da jeder, der es gebrauche, etwas ganz Bestimmtes damit bezeichnen wolle, auch wenn ein anderer etwas anderes darunter verstehe.« (2)

Literatur: Clemens Alexandrinus: Teppiche (Stromata) IV 19.121 (1); Hieronymus: Adversus Jovinianum, in: *Patrologia Latina* Bd. 23,

I.42.285f; G. Menage: The History of Women Philosophers, 1690/1984; J.C. Poestion: Griechische Philosophinnen 1885; LAW *Diodoros Kronos*, Bd. 1, 1990 (2); WP.

Maria Nühlen

Arignote von Samos ('Αριγνώτη)
griechische Pythagoreerin, um 500 v. u. Z.

A. war die Tochter der →Theano von Kroton und des Pythagoras, deren Schülerin sie war; außerdem war sie die Schwester von → Myia, → Damo, Telauges und Mnesarchos.
Über das Leben A.s ist uns nichts weiter bekannt, außer daß sie entsprechend den Vorschriften der pythagoreischen Lehre lebte und zur Familie der Theano und des Pythagoras gehörte, also eine der ersten Pythagoreerinnen war. Immerhin wurden uns einige Titel ihrer philosophisch-mystischen Werke überliefert, von denen allerdings keine Zeile erhalten blieb.
Clemens Alexandrinus berichtet, daß sie die ›Schrift über Dionysos‹ verfaßte. Nach Suidas schrieb sie ›Bakchias‹ (griechischer Versfuß) über die Mysterien der Demeter, Epigramme über Heilige Worte, eine Schrift über die Einweihung in die Dionysos-Mysterien und andere philosophische Arbeiten.
Porphyrios (3. Jh. n. u. Z.) gibt in seinem *Leben des Pythagoras* an, daß ihre pythagoreischen Schriften noch zu seiner Zeit erhalten waren.

Literatur: Clemens Alexandrinus: Teppiche (Stromata) IV 19.121; J.C. Eberti: Eröffnetes Cabinet Deß Gelehrten Frauen=Zimmers, 1706/1990; G. Menage: The History of Women Philosophers, 1690/1984; Porphyios: Vita Pythagorae 4; H. Theslff: An Introduction to the Pythagorean Writings of the Hellenistic Period, 1961; RE *Arignote*, Bd. 3, 1895; Suidas Lexikon *Arignote*, Bd. I; WP; HWP.

Maria Nühlen

Arrhia → Arria III

Arria die Ältere (I)
römische Stoikerin, †42 n. u. Z.

A. war verheiratet mit Caecina Paetus; sie war die Mutter von → Arria der Jüngeren. Berühmt wurde A. durch ihre heroische Haltung beim Tode ihres Sohnes und ihres Mannes. Sie ging dem Suizid ihres Mannes, der nach einem mißglückten Aufstand in Dalmatien in Rom hingerichtet werden sollte, durch ihren eigenen Freitod voraus, indem sie sich selbst den Dolch in die Brust stieß und ihn Caecina Paetus mit den Worten »Paete, non dolet« (Paetus, es schmerzt nicht) weiterreichte.

Menage weiß zu berichten, daß »Arria, die Frau des Caecina Paetus, und Arria, seine Tochter, Frau des Thraseas, und Fannia, Tochter des Thraseas und Frau des Helvidius, tatsächlich stoische Philosophen waren, obgleich nicht von Berufs wegen. Ihre Geschichten sind zu gut bekannt, um sie hier erzählen zu müssen.« (1)

Da die philosophische Ausrichtung der Stoa durch keine weitere Quelle bestätigt wird, könnte die heroische Haltung von Mutter, Tochter und Enkelin bei Menage als stoische Geisteshaltung ausgelegt worden sein. Kennzeichnend für die frühe römische Kaiserzeit war allerdings die Verquickung von stoischer Philosophie und Politik.

Literatur: D. Balsdon: Die Frauen in der römischen Antike, 1979; J.C. Eberti: Eröffnetes Cabinet Deß Gelehrten Frauen=Zimmers, 1706/1990; Ch.F. Harless: Die Verdienste der Frauen um Naturwissenschaft und Heilkunde, 1830; G. Menage: The History of Women Philosophers, 1690/1984; Plinius: Briefe III 16, VI 24, S. 46, 79f (1); W. Schuller: Frauen in der römischen Geschichte, 1992; LAW *Arria maior*, Bd. 1, 1990; RE *Arria die Ältere* (39), Bd. 3, 1895; WP.

Maria Nühlen

Arria die Jüngere (II)

römische Anhängerin der Stoa, *vor 30, †nach 96 n.u.Z.

A. war die Tochter von → Arria der Älteren. Sie war verheiratet mit P. Clodius Thrasea Paetus und ist die Mutter der → Fannia.
Ähnlich wie ihre berühmte Mutter wurde auch A. durch ihren Heroismus bekannt. Als ihr Mann im Jahre 66 aus politischen Gründen zum Tode verurteilt wurde, wollte sie dem Beispiel ihrer Mutter folgen, wurde aber durch ihren Mann vom Suizid abgehalten. Domitian verbannte sie mit ihrer Tochter Fannia (um 93/94) und erst nach dessen Tod kehrte sie nach Rom zurück.
A. war mit dem Dichter Persius Flaccus verwandt und mit Plinius dem Jüngeren befreundet.

Literatur: D. Balsdon: Die Frauen in der römischen Antike, 1979; Plinius: Briefe III 11, 16; IX 13; RE *Arria, die Jüngere* (40), Bd. 3, 1895; WP; weitere Literatur → Arria I.

Maria Nühlen

Arria III/Arrhia

griechische Platonikerin, Ende 2./Anfang 3. Jh. n.u.Z.

A. lebte als Griechin in Rom und ist möglicherweise identisch mit Arria, der Frau des Konsuls M. Nonius Macrinus und Mutter des Arrius, Konsul Ordinarius im Jahre 201.
A. war nicht nur mit den römischen Kaisern Septimius Severus und dessen Sohn Caracalla befreundet, sondern auch mit Galen, der in seiner Abhandlung über *Theriaca* (medizinische Heilmittel und Gegengifte) von A. »als seine von ihm besonders hochgeschätzte Zeitgenossin und als ein dem Studium der platonischen Philosophie mit großem Eifer ergebenes Frauenzimmer« spricht (1). Ihm sei A. als »eine sehr ausgezeichnete Forscherin im Gebiet der Philosophie anempfohlen« worden (1). Galen heilte sie von einem schweren Magenleiden.

Nicht gesichert, dennoch durchaus möglich, ist A. mit der Frau identisch, der Diogenes Laertius sein Werk über *Leben und Meinungen berühmter Philosophen* widmete, so Menage. Die Philosophen-Biographie wäre demnach in die 1. Hälfte des 3. Jahrhunderts zu datieren, wie dies auch vom neuen Herausgeber Klaus Reich angenommen wird. Die einleitende Widmung mit Namensnennung ging leider verloren, aber in der Biographie Platons spricht Diogenes Laertius zu dieser Frau: »Da du, und zwar mit vollem Recht, eine Liebhaberin des Platon bist und es an Eifer in Durchforschung der Lehren des Philosophen mit jedermann aufnimmst, so habe ich es für notwendig erachtet, dir einen Umriß zu geben von der Eigenart seiner Lehrweise und der Ordnung seiner Dialoge ... Denn es hieße, nach dem Sprichwort, Eulen nach Athen tragen, wollte ich dir alles ins einzelne hinein vorführen.« (1)
Eberti, sich auf Frauenlob berufend, spricht von A. als einer in der Arzneikunst gelehrten Frau, wie Galen geschrieben haben soll und weshalb Harless sie in seine Abhandlung aufnahm.

Literatur: Diogenes Laertius: Leben und Meinungen berühmter Philosophen, III 1967; J. C. Eberti: Eröffnetes Cabinet Deß Gelehrten Frauen=Zimmers, 1706/1990; J. Frauenlob: Die Lobwürdige Gesellschaft Der Gelehrten Weiber, in: *Eva – Gottes Meisterwerk*, hg. v. E. Gössmann, 1985, S. 46–83; Ch. F. Harless: Die Verdienste der Frauen um Naturwissenschaft und Heilkunde, 1830 (1); G. Menage: The History of Women Philosophers, 1690/1984; J. C. Poestion: Griechische Philosophinnen, 1885; RE *Arria* (42), Bd. 3, 1895; WP.

Maria Nühlen

Artemisia
griechische Dialektikerin, 3./2. Jh. v. u. Z.

A. war die Tochter des Diodoros Kronos und wird bei Hieronymus namentlich erwähnt. Sonstige Quellen sind nicht überliefert. → Argia

Asklepigeneia

griechische Neuplatonikerin und Anhängerin der Theurgie, 5. Jh. n. u. Z.

A. war die Tochter von Plutarch dem Jüngeren von Athen. Von ihrem Großvater Nestorios und ihrem Vater Plutarch wurde sie in die Theurgie eingeweiht, die ›Wissenschaft‹ vom göttlichen Handeln und Wirken. Sie selbst lehrte Philosophie und Theurgie an der Akademie ihres Vaters in Athen, wo auch Proklos zu ihren Schülern zählte. »He [Proclus – M. N.] learned their [die religiösen Praktiken – M. N.] significance and use from Asclepigenia, the daughter of Plutarch; for she alone had preserved from (her grandfather) Nestorius, and through the intermediary of her father, the knowledge of the (religious) origines and the whole theurgic science.« (Er lernte ihre Bedeutung und ihren Gebrauch von A., der Tochter des Plutarch; denn sie alleine hat von Nestorius, und durch die Vermittlung ihres Vaters, das Wissen um die Ursprünge und die ganze theurgische Wissenschaft bewahrt.) (1)

Philosophisch stand A. in der Tradition der (Neu-)Interpretation und Erklärung aristotelischer und platonischer Werke mit synkretischem Ansatz, wie der Neuplatonismus von Plotin begründet und von Porphyrios, Plutarch und Proklos vermittelt wurde.

Literatur: Marinos: Vita Procli 28, hg. v. J. F. Boissonnade, 1814; Marinus: Life of Proclus, in: L. J. Rozän: *The Philosophy of Proclus*, 1949 (1); J. C. Poestion: Griechische Philosophinnen, 1885; Der Kleine Pauly *Plutarchos* (3), *Proklos;* Bd. 4, 1979; RE *Asklepigeneia*, Bd. II, 2; WP.

Maria Nühlen

Aspasia von Milet (Ἀσπασία)

griechische Rhetorikerin, ca. *470, †410 v. u. Z.

A. wurde in Milet als Tochter des Axiochos geboren, kam nach Athen und lernte dort den Staatsmann Perikles kennen, unter welchen Umständen, ist nicht sicher zu bestimmen. Sie wurde

Perikles' zweite Frau, da sie aber keine athenische Staatsbürgerin war, wurde die Ehe nicht als vollgültige anerkannt und ihr gemeinsamer Sohn galt nicht als Vollbürger Athens. Perikles selbst hatte einige Jahre zuvor die Regelung verfügt, daß nur Kinder aus der Ehe Athener StaatsbürgerInnen die volle Anerkennung der Bürgerrechte erlangen konnten. Nun wurde er selbst Opfer seines Erlasses.

A. nahm politischen Einfluß auf ihren Mann und ihr wurde sogar vorgeworfen, den samischen und peloponnesischen Krieg mit veranlaßt zu haben. Im Haus des Perikles und der A. fand sich häufiger ein Freundeskreis von Philosophen zusammen, der das sophistisch-philosophische Gespräch und den politischen Austausch pflegte. Plutarch schreibt in seiner Biographie des Perikles: »Die einen behaupten, Perikles habe Aspasia nur wegen ihrer Weisheit und politischen Einsicht umworben. Denn auch Sokrates besuchte sie zuweilen mit seinen Schülern, und ihre Freunde brachten oft die eigenen Gattinnen zu ihr, damit sie ihr zuhören könnten ... daß diese Frau den Ruhm besaß, wegen ihrer Beredsamkeit von vielen Athenern aufgesucht zu werden.« (1)

Aber die Gegner des Perikles benutzten die so außergewöhnlich auftretende Frau, um den politischen Einfluß Perikles' zu schwächen, und klagten A. der Gottlosigkeit und Kuppelei an. »... sie nehme freigeborene Frauen, welche mit Perikles verbotenen Umgang hätten, bei sich auf. Des weiteren brachte Diopeithes den Antrag vor das Volk, es sei unter Anklage zu stellen, wer nicht an die Götter glaube und sich in wissenschaftlichen Vorträgen mit den Dingen über der Erde befasse.« (1) Nur mit Mühe konnte Perikles, der sie nach Athener Recht als Vormund vor Gericht vertrat, A. retten. Nach dem Tode des Perikles heiratete sie den Schafzüchter Lysikles, der aber schon bald starb. Über ihr weiteres Leben haben wir keine Nachricht.

Von der zeitgenössischen Komödiendichtung wird A. als Hetäre bezeichnet. Diese Zuschreibung ist wahrscheinlich darauf zurückzuführen, daß A. eben keine Athener Bürgerin war, sondern aus Milet stammte und daß sie sich als Frau in der damaligen Zeit in ihrem freien Umgang mit Männern recht ungewöhnlich verhielt und vor allem durch ihre Bildung und Eloquenz auffiel. Einer Athener Staatsbürgerin wäre die Art des Auftretens A.s nicht erlaubt gewesen.

Neben dem Bericht des Plutarch gibt vor allem der platonische Dialog *Menexenos* einen Einblick in A.s Redekunst. In diesem Dialog stellt Sokrates A. als seine Lehrerin der Rhetorik vor (wie in ähnlicher Weise → Diotima seine Lehrerin in der Eros-Rede im *Symposion* war) und betont, daß sie auch andere zu vortrefflichen Rednern ausgebildet habe. Im *Menexenos* geht es um den kunstvollen Aufbau einer Beerdigungsrede, die, von den Vorfahren ausgehend, Leben und Taten des Toten würdigen soll, Ermahnungen zum tugendhaften Leben an die Angehörigen richten und den Hinterbliebenen Trost spenden soll. Ob die von Sokrates vorgetragene Rede der A. tatsächlich inhaltlich von dieser verfaßt wurde, ist umstritten. Immerhin wird ihr »neben dem eigenartigen weiblichen Esprit zugleich ein feines Verständnis und Urteil für rednerische und philosophische Probleme aus ihrer ionischen Heimat« (2) zugestanden.

Aus Ionien kamen die Einflüsse der Aufklärungsphilosophie nach Athen und wurden vor allem von Sokrates aufgegriffen und weiterentwickelt. Da der junge Sokrates häufiger das Gespräch mit A. suchte, wie in zahlreichen Quellen erwähnt wird, könnte sie sehr wohl eine derjenigen gewesen sein, die die Aufklärungsphilosophie nach Athen brachte und den ›sokratischen Dialog‹ in ihrem Hause mit dem philosophischen Freundeskreis pflegte.

Literatur: Athenaios: Deipnosophists XIII 589ff; Clemens Alexandrinus: Teppiche (Stromata) IV 19.122; J.C. Eberti: Eröffnetes Cabinet Deß Gelehrten Frauen=Zimmers, 1706/1990; Ch.F. Harless: Die Verdienste der Frauen um Naturwissenschaft und Heilkunde, 1830; E. Kornemann: Große Frauen des Altertums, 1947; G. Menage: The History of Women Philosophers, 1690/1984; U.I. Meyer (Hg.in): Die Welt der Philosophin I, 1995; Platon: Menexenos; Xenophon: Memorabilien II.6 und Oikonomikos 3.14; Plutarch: Perikles, in: *Von großen Griechen und Römern*, übers. v. K. Ziegler, 1991 (1); J.C. Poestion: Griechische Philosophinnen, 1885; S.B. Pomeroy: Frauenleben im klassischen Athen, 1985; RE *Aspasia* (I), Bd. II,1 (2); Suidas Lexikon *Aspasia*, Bd. 1; WP.

Maria Nühlen

Astell, Mary
englische Philosophin und Feministin, *1666, †1731

A. wurde 1666 geboren und wuchs in bürgerlichen Verhältnissen in der Provinzstadt Newcastle-upon-Tyne auf. Die intellektuelle Förderung von seiten ihrer Eltern war eher gering. Den größten Einfluß übte der ältere Bruder ihres Vaters, Ralph Astell, aus, der die geistige Entwicklung seiner Nichte entscheidend förderte und ihr täglich Privatstunden erteilte. Nach Abschluß ihrer schulischen Ausbildung 1688 ging A. nach London mit dem Ziel, ihr Leben dem Geist und der Wahrheit zu widmen. Sie heiratete nie und stand in sehr engem Kontakt und Austausch mit ihren Freundinnen in Chelsea: Lady Catherine Jones, Lady Ann Coventry und Lady Elizabeth Hastings. Diese förderten später auch ihre Publikationen und unterstützten sie in ihrer Arbeit. A. verkörperte einen neuen Frauentypus, der selbständig und unabhängig lebte.

A.s erstes Buch, *A Serious Proposal to the Ladies*, erschien 1694 und wurde unter dem Pseudonym *A Lover of her Sex* veröffentlicht. Das Buch wurde ein Bestseller; es machte sie über Nacht berühmt und ihre Thesen zum Tagesgespräch. 1701 wurde bereits die 5. Auflage gedruckt. Auch heute noch gilt *A Serious Proposal* als ein Meilenstein in der Frauengeschichte. A. befaßt sich darin mit einem auch damals sehr wichtigen Frauenthema, der Bildung. Sie fordert die intellektuelle Bildung für Frauen und entwickelt den Plan einer speziellen Bildungseinrichtung. Diese wird als ›protestantisches Kloster‹ beschrieben und kann etwa zwischen einem Frauencollege und einem Kloster angesiedelt werden. A. wollte dieses Konzept auch in die Realität umsetzen, und obwohl die Finanzierung des Projekts gesichert war, wurde es von der anglikanischen Kirche verhindert und man warf A. Papismus vor, da die Colleges Ähnlichkeit mit katholischen Klöstern hätten. 1697 erschien der zweite Teil *A Serious Proposal to the Ladies Part II. Wherein a Method is Offer'd for the Improvement of Their Minds,* den A. der späteren englischen Königin Anne widmete.

Diesen beiden feministisch orientierten Werken folgte im Jahre 1700 ein drittes und letztes, in dem A. die Praktiken des bürgerlichen Heiratsmarktes kritisiert. In *Some Reflections upon Marriage* befaßt sie sich mit der Ehe als Institution und ihren Konsequenzen für eine junge Frau.

Neben feministischen Themen beschäftigte sich A. seit ihrer Jugend mit philosophischen Problemen. Ihr Interesse galt vor allem der menschlichen Natur, der Seele und dem Körper, deshalb setzte sie sich mit der damals sehr populären Naturphilosophie, wie sie Descartes und Bacon entwickelt hatten, auseinander. Außerdem beschäftigte sie sich intensiv mit den Ethiken von Hobbes und Locke und vor allem mit deren Theorien zum Thema Natur. Eng verbunden mit ihren philosophischen und metaphysischen Betrachtungen war auch die Frage nach der Natur, der Intelligenz und der Seele der Frau und damit setzte sie auch die Diskussion um die Rechtmäßigkeit ihrer Unterdrückung in Gang.

Neben dem intellektuellen Austausch mit ihren Freundinnen führte A. auch einen langdauernden Briefwechsel mit dem Philosophen John Norris. Er galt als der beste Platonkenner seiner Zeit und für A. war die Korrespondenz mit ihm Anregung für ihr abstraktes Denken und ihren Intellekt. Ihr Briefwechsel wurde 1695 unter dem Titel *Letters Concerning the Love of God* veröffentlicht. Ähnlich Norris kritisierte auch A. den Philosophen John Locke, vor allem wegen seines Antichristentums. Sie publizierte ihre Auseinandersetzung damit in dem 1705 erschienenen Buch *The Christian Religion*, das sie unter dem Pseudonym *Profess'd by a Daughter of the Church* schrieb. Das Buch ist als Brief an ihre Freundin Catherine Jones gestaltet und sie entwickelt darin eine Gegenargumentation zu Lockes *Reasonableness of Christianity*. *The Christian Religion* ist A.s Manifest zu der Frage, was praktizierter Glaube bedeuten sollte. Auf etwa 400 Seiten mit Thesen und Erklärungen in über 100 Paragraphen befaßt sie sich mit der Grundlage einer natürlichen Religion und mit den daraus abzuleitenden Handlungen. Dazu gehören die Pflichten gegenüber Gott, den Nachbarn und sich selbst. Ziel ihres Buches war es auch, den gläubigen Frauen eine solide Glaubensbasis zu geben, durch die sie nicht zu leicht dem Skeptizismus verfallen könnten.

In den Jahren 1703–1709 beteiligte sich A. rege an parteipolitischen und öffentlichen politischen Debatten. 1704 publizierte sie das politische Traktat *An Imperial Enquiry into the Causes of Rebellion and Civil War in this Kingdom*. Darin befaßt sie sich mit der Exekution von Charles I. und liefert ein Manifest für den Royalismus. Außerdem publizierte sie weitere zwei Traktate zu ähnlichen Themen. Damit war sie die erste Frau ihres Landes, außerhalb der königlichen Familie, die sich mit Politik beschäftigte. In der regen Auseinandersetzung mit den politischen Akteuren und Publikationen ihrer Zeit schuf sie ein neues Rollenverständnis der Frau und wirkte als Vorbild für das Auftreten von Frauen in der Öffentlichkeit. Förderlich für ihre politische Arbeit war auch die Tatsache, daß England zu dieser Zeit von einer Königin regiert wurde. Auch ihre Argumentation baute sie auf dieser Tatsache auf. So fragte sie, wenn die Dominanz des Mannes über die Frau natürlich sei, wieso es dann keine Sünde sei, wenn eine Königin über ein Land herrscht.

In ihren späteren Jahren zog sich A. stärker aus dem öffentlichen Leben zurück und übernahm die Leitung der Charity School in Chelsea. 1731 erkrankte sie an Brustkrebs und starb mit 65 Jahren an den Folgen einer Brustoperation.

Obwohl A.s Arbeiten zu ihren Lebzeiten sehr bekannt waren, wurde sie in der Folgezeit meist ignoriert oder höchstens in Fußnoten erwähnt. Ihre letzte Publikation erschien 1916 und in den Standardwerken der englischen Literaturgeschichte wird sie nicht erwähnt.

A. gehört zu den ersten feministischen Theoretikerinnen der westlichen Welt. Ihre Hauptaussage besteht in der Feststellung, daß Frauen über genausoviel Rationalität und Vernunft verfügen wie Männer. Die Unterschiede zwischen beiden Geschlechtern führt sie in erster Linie auf die Erziehung zurück und fordert deshalb die gleiche Förderung und Bildung für Frauen.

Natürlich sind A.s Ansichten nicht gleichzusetzen mit denen moderner Feministinnen. Sie war eher konservativ, loyal gegenüber ihrer Klasse und der politischen Autorität. Trotzdem wehrte sie sich vehement gegen die Unterdrückung der Frauen im häuslichen Leben. Ihre feministische Kritik richtet sich in erster Linie gegen den besitzergreifenden Individualismus der bürgerlichen Gesellschaft. Dieser ermöglicht den Männern eine Machtposition gegenüber Frauen, die zu deren Unterwerfung und zur politischen Tyrannei und Sklaverei führt. Zwar unterstützt A. die Monarchie, sieht aber deren Umsetzung in der Kleinfamilie als problematisch an. In einer Monarchie werden die Pflichten der Einzelnen vom König festgelegt und dieselbe Loyalität, die ein König fordert, fordere auch der Ehemann. Durch die Heirat werde die Herrschaft des Mannes über die Frau legitimiert. Den Ehemann bezeichnet sie als ›Monarch fürs Leben‹ und stellt fest, daß die Tyrannei in der Ehe weitaus schlimmer sei, als in der Politik »100.000 Tyrannen sind schlimmer als einer«.

A. ist die einzige DenkerIn ihrer Zeit, die mit dem Blickwinkel einer Frau die gesellschaftlichen und politischen Gegebenheiten untersucht. Sie sieht die Rechte und Pflichten der Frau als Politikum und prangert die Diskrepanz zwischen den Rechten des Mannes und denen der Frau an. Außerdem zeigt sie auf, daß die Rechte des Individuums und die Theorien des Bewußtseins, wie sie in ihrer Zeit hervorgebracht wurden, keine Anwendung auf die Frauen finden. Eine zentrale Fragestellung ihres feministischen Ansatzes ist: »If all Men are born free, how is it that all Women are born slaves?« (Wenn alle Männer frei geboren sind, wie kann es sein, daß alle Frauen als Sklaven geboren wurden?) Die Frauen fordert sie auf, sich nicht mehr mit ihrer untergeordneten Position zufriedenzugeben, sondern nach Höherem zu streben. Trotzdem argumentiert sie nicht für die Frau in der Öffentlichkeit.

Ihr Ziel war nicht, daß Frauen politische Ämter oder Machtpositionen in der Wirtschaft einnehmen sollten. Sie sollten vor allem ihre schmückende Rolle im Privatleben der Männer aufgeben und ein eigenes Selbst entwickeln. Den Männern wirft sie vor, die Frauen über Jahrhunderte in Dummheit und Ignoranz gestürzt zu haben und sie zu tyrannisieren.

A.s philosophisches Interesse gilt in erster Linie der cartesianischen Philosophie. Descartes fordert ein radikales Bewußtsein des Selbst, ein Prinzip, das A. auch auf die Frauen anwendet. Die Philosophie Descartes' eignet sich, so A., besonders deshalb für Frauen, da sie keine Anhäufung von Wissen oder bestimmte Erfahrungen voraussetzt, sondern vom Bewußtsein selbst ausgeht.

Das Thema der weiblichen Erziehung und Bildung ist ein zentrales Element in A.s feministischem Ansatz. Die Ausbildung von Frauen war zu ihrer Zeit besonders problematisch, da seit der Schließung der Klöster durch die Reformation, bzw. die anglikanische Kirche, die klassischen Frauen-Bildungsstätten nicht mehr existierten. Für die Frauen aus besseren Schichten gab es nun keine Alternative zur Heirat, und die Forderung nach eigener Bildung für Frauen wurde immer lauter. In dieser Zeit waren gebildete Frauen selten, sie wurden für Hausarbeiten ausgebildet und lernten oft nicht einmal lesen. A. entwickelt eine Lösung dieses Problems auf der Grundlage der Schwesterlichkeit, durch die sich Frauen gegenseitig unterstützen können. In dieser spezifischen Form der Gemeinschaft von Frauen sieht sie ein gelungenes Arrangement von häuslicher und schulischer Arbeit. Die Frauen sollten eine komplette Ausbildung erhalten und nicht nur für einzelne Dienstleistungen erzogen werden. Ein wichtiges Element innerhalb dieser Schulen sollte die religiöse Bildung sein, worin A. eine Möglichkeit sieht, die Krankheiten ihrer Zeit zu heilen. Für sie war akademische Arbeit vor allem Intellekt und dieser sollte für den Glauben und das Verstehen Gottes eingesetzt werden. Frauen sind für A. in erster Linie rational und unabhängig und sie hält das Klosterleben für die beste Garantie, diese Qualitäten zu erhalten. Die Frauen sollten sich von dem Zwang ihres biolo-

gischen Geschlechts befreien und Ehe und Familie verweigern. Wenn eine Frau keine Kinder habe, so habe sie mehr Zeit sich mit philosophischer Forschung zu befassen.
Ihre Zielgruppe waren nicht alle Frauen, sondern die unzufriedenen sensiblen Frauen, denen sie vernünftiges Denken nahebringen wollte. Gerade die Frauen aus besseren Kreisen, die durch ihr Vermögen genügend Zeit hatten, sollten sich ihre Rationalität erhalten und die Früchte ihres Denkens publik machen. Sie erklärte abstrakte Zusammenhänge und setzte ihnen den von Männern geführten Diskurs von Glauben, Wissen und Wahrhaftigkeit auseinander. Dabei schwebte A. keine klassische Bildung nach dem Vorbild von Oxford oder Cambridge vor. Für sie war die Gemeinschaft mit anderen Frauen der Garant für Autonomie und Selbstverwirklichung. Die Energie für eine intellektuelle Bildung müsse aber in erster Linie von den Frauen selbst ausgehen. A. fordert sie auf, sich weiterzubilden und liefert mit ihren Büchern das entsprechende Material. Sie vergleicht die bürgerlichen Ehefrauen mit Blumen und provoziert sie mit Fragen wie: »How can you be content to be in the World like tulips in a Garden, to make a fine shew and be good for nothing?« (Wie kann es euch genügen auf der Welt zu sein wie Tulpen im Garten, um einen hübschen Anblick zu bieten und für nichts nützlich zu sein?)

Werk: A Serious Proposal to the Ladies, Teil I, 1694, Teil II, 1697; Letters Concerning the Love of God, 1695; Some Reflections upon Marriage, 1700; Moderation truly Stated, 1704; A Fair Way With the Dissenters and their Patrons, 1704; An Imperial Enquiry into the Causes of Rebellion and Civil War in this Kingdom, 1704; The Christian Religion, 1705; Bart'lemy Fair: Or, An Enquiry after Wit, 1709; B. Hill (Hg.in): The First English Feminist. Reflections Upon Marriage and other writings by Mary Astell, 1986.
Literatur: A. Perry: The Celebrated Mary Astell, 1986 (Bibliographie); HWP; WomBio; WP.

Ursula I. Meyer

Athenais → Eudoxia

Aubry, Marie → Gouges, Olympe de

Axiothea von Phlius ('Αξιοθέα)
griechische Schülerin Platons, um 350 v. u. Z.

Als Schülerinnen des Platon wurden → Lastheneia von Mantineia und A. bekannt; nach Platons Tod besuchten sie die Akademie weiter, und Platons Nachfolger Speusippos wurde ihr Lehrer. Wie Dikaiarch, auf den sich Diogenes Laertius bezieht, berichtet, trugen beide Frauen Männerkleidung, wenn sie die Akademie betraten und Platon hören wollten.
Einer Erzählung des Themistius zufolge gelangte A. zufällig an einen platonischen Dialog (was historisch sehr unwahrscheinlich ist!), der sie für das Studium der Philosophie begeisterte und sie nach Athen gehen ließ. Eine weitere Legende hatte ihre Intelligenz zum Thema. Bei Eberti heißt es: »Plato hat sie so hoch aestimiret [geachtet – M. N.], daß er öffters in ihrer Abwesenheit nicht lesen wollen, sondern auff befragen, warum dieses geschehe, geantwortet: Der Verstand, welcher es verstehen solte, wäre noch nicht gegenwärtig.« (1)
Die Legendenbildungen sind vermutlich auf die bemerkenswerte Tatsache zurückzuführen, daß zwei Frauen in Männerkleidung zu Platons Hörerschaft zählten und dies für das Athen jener Zeit sehr ungewöhnlich war.

Literatur: Clemens Alexandrinus: Teppiche (Stromata) IV 19,122; Diogenes Laertius: Leben und Meinungen berühmter Philosophen, III+IV, 1967; J. C. Eberti: Eröffnetes Cabinet Deß Gelehrten Frauen= Zimmers, 1706/1990 (1); E. Gössmann (Hg. in): Eva – Gottes Meisterwerk, 1985; Ch. F. Harless: Die Verdienste der Frauen um Naturwissenschaft und Heilkunde, 1830; G. Menage: The History of Women Philosophers, 1690/1984; J. C. Poestion: Griechische Philosophinnen, 1885; Themistius: Orationes I 23.295 c; RE *Axiothea*, Bd. II,2; WP.

Maria Nühlen

B

Babelyka von Argos
griechische Pythagoreerin

Iamblichos erwähnt B. in seiner Aufzählung der 17 Pythagoreerinnen.
→ Habroteleia von Tarent

Badinter, Elisabeth
französische Schriftstellerin und Philosophin, *1944

B. wurde 1944 in Boulogne Billancourt, Frankreich, geboren. Sie ist Professorin für Philosophie, Schriftstellerin und Leiterin eines Seminars für Geschichte und Psychologie der Familie an der Ecole Polytechnique in Paris.

Bekannt wurde B. durch ihre Essays über das Thema der Geschlechtsidentität: *L'amour en plus. Histoire de l'amour maternel XVII–XX, L'Un est l'autre, Des relations entre hommes et femmes* und *XY. De l'identité masculine.* Sie hat außerdem historische Biographien wichtiger Personen des 18. Jahrhunderts verfaßt, wie z.B. *Condorcet: un intellectuel en politique* und *Emilie, Emilie: l'ambition féminine au XVIII*, in welchem sie den Ehrgeiz zwei ganz verschiedener Frauen – Madame du Châtelet und Mme d'Epinay – untersucht. Die Leitidee der drei genannten Essays ist die Frage: »wer bin ich?«
B.s philosophischer Gedankengang setzt an bei der Verneinung der traditionellen Ideen von der Frau als Mutter in *L'amour en plus*. In diesem Text zeigt sie, daß die Französinnen der oberen Schichten des Ancien Régime, und in Anlehnung an sie, auch die bürgerlichen Frauen, mütterliche Aufgaben ablehnten, die dann von Ammen verrichtet wurden. Sie

ignorierten ihre Kinder vollkommen, was scharfe Kritik von Philosophen und Politikern auslöste, da man die zunehmende Kindersterblichkeit auf ihr Verhalten zurückführte. Im 18. Jahrhundert entstand dann ein Diskurs zur Verherrlichung der Mutterschaft, der die Frauen aufforderte, die Stimme ihrer Natur zu hören und ihre Kinder selbst zu stillen. Die nachdrückliche Identifizierung der Frau mit der Mutter entstand, gerade weil sie diese Aufgabe nicht spontan erfüllen wollte. So zeigt B. in ihrer Geschichte der Mutterschaft, daß der sogenannte ›Mutterinstinkt‹ unter den Frauen nicht existieren kann.

In *L'un est l'autre* untersucht B. auf der Grundlage zahlreicher anthropologischer Daten und der Religionsgeschichte die Hauptzüge der patriarchalen Gesellschaften, die die ursprüngliche Gleichheit der Geschlechter in Hierarchie und Ausschluß des Weiblichen verwandelten. B. erklärt die Frauenfeindlichkeit zu einer ›Krankheit‹, einem sozialen und psychologischen Problem, entstanden aus der Beziehung zur eigenen Mutter, die zu einer Politik der Herrschaft wird.

Diese These entwickelt sie weiter in ihrem Werk *XY. Sur l'identité masculine*, die von der männlichen Chromosomenformel ausgeht, um zu behaupten, daß die Entwicklung der Männlichkeit einen komplizierten und zerbrechlichen Prozeß darstellt, der die Trennung von der ursprünglichen Weiblichkeit des Fötus und von der Abhängigkeit der Mutter fordert. Sie gründet ihre These auf die biologischen Arbeiten von Alfred Jost und Robert Stoller, die der freudschen Theorie der angeborenen Männlichkeit widersprechen: Es ist nicht das Mädchen, das Hindernisse aufheben muß, um ihre Identität zu entwickeln, sondern der Junge. ›Die Männlichkeit ist sekundär‹ und wohnt der Differenzierungsphase gegenüber der Mutter inne. Für B. hat das Patriarchat einen biologisch-psychologischen Ursprung: die männliche Angst vor den weiblichen passiven Bestandteilen, die jeder Mann verdrängen muß, um die Autonomie gegenüber der Frau, von der er in der Kindheit abhängig war, zu erlangen.

B. untersucht zahlreiche Beispiele des von Männern verfaßten zeitgenössischen Romans und stellt Zeichen einer männlichen Identitätskrise fest. Sie vertritt eine gemäßigte feministische Position – B. versteht sich als eine Nachfolgerin von → Simone de Beauvoir – und akzeptiert die Geschlechterdifferenz als eine notwendige Phase in der Entwicklung des Individuums. Deshalb solle man Kindern und Jugendlichen erlauben, ihre Geschlechtsidentität auszudrücken, auch wenn sie es in Form von Stereotypen tun.

Erst später entwickeln sich Männer und Frauen in Richtung auf eine Androgynität, wie B. in *Ich bin Du* beschreibt. Sie definiert hier Androgynität als ›Ähnlichkeit‹ und nicht als Identität, da sie von ›subtilen Differenzen‹ zwischen den Geschlechtern ausgeht. Eine solche Entwicklung ist erst heute möglich, da durch die Forderung nach Gleichberechtigung, die Diskriminierung der Frau beseitigt werden kann. Um eine ausgeglichene Entwicklung der Menschen zu ermöglichen und keinen Teil der Persönlichkeit (das ernährende Weibliche oder das unternehmende Männliche) zu verdrängen, ist es notwendig die Fürsorge der Kinder und die Hausarbeit zwischen Mann und Frau zu teilen. Die Anwesenheit des Vaters ermöglicht dem Jungen, sich mit ihm zu identifizieren und sich aus dem Mutter-Dilemma (Symbiose oder Schuldgefühl) zu lösen. Auf diese Weise behandelt B. in diesem Text Aspekte der Mutterschaft, die in ihrem *L'amour en plus* nicht berücksichtigt wurden.

Werk: L'amour en plus: Histoire de l'amour maternel du XVIIe au XXe siècle, 1980 (dt: Die Mutterliebe, 1981); Les Goncourts, Romanciers et Historiens des Femmes, Vorwort in: *La femme au XVIII siècle des Goncourt*, 1982; Emilie, Emilie: L'ambition féminine au XVIIIe siècle, 1983 (dt: Emilie, Emilie, 1984); Les Remontrances de Malesherbes (1771 bis 1775), 1985; L'un est l'autre: Histoire des relations entre hommes et femmes en Occident, 1986 (dt: Ich bin Du, 1987); Die Frau im 18. Jahrhundert, 1986; Condorcet, un intellectuel en politique (mit R. Badinter), 1988; Correspondance inédite de Condorcet et de Mme de Suard (1771–1791), 1988; Vorwort zu: Qu'est-ce qu'une Femme? Débat entre Thomas, Diderot et Mme d'Epinay, 1989; Vorwort zu: Les Contre-Confessions de Mme d'Epinay, 1989; (Hg. in) Paroles d'hommes (1790–1793), 1989; XY. De l'identité masculine, 1992.

Alicia Puleo
(Übers. M. L. P. Cavana)

Bäumer, Gertrud
deutsche Theoretikerin und Politikerin, *1873, †1954

B. wurde 1873 in Hohenlimburg geboren und stammte aus einer protestantischen Theologenfamilie. Nach dem frühen Tod des Vaters erlebte B. die Finanznot ihrer Mutter als Folge weiblicher Unselbständigkeit. B. erlernte daher zunächst den für Frauen akzeptablen Beruf der Lehrerin. Ab 1892 unterrichtete sie an Mädchenvolksschulen; dort erfuhr sie das soziale Elend ihrer Zeit. Sie suchte Abhilfe und engagierte sich im Lehrerinnenverein Helene Langes (ADLV), durch den sie mit der Frauenbewegung in Berührung kam. Intellektuell unbefriedigt zog sie 1898 zu weiterer Ausbildung nach Berlin. 1900 bestand B. die Oberlehrerinnenprüfung und durfte das Studium der Philosophie und Theologie aufnehmen. Gleichzeitig assistierte sie der erkrankten Lange; aus dem engen Arbeits- und ›Führungsverhältnis‹ entstand eine erfüllende Freundschaft und langjährige Lebensgemeinschaft der beiden Frauen. B. konzipierte nun ihr Studium (u.a. bei Dilthey und Harnack) als Vorbereitung eines Lebens für die Frauenbewegung; die rein akademischen Aspekte empfand sie zunehmend als beengend. In ihrer Autobiographie erwähnt sie 1904 ihre Promotion bei Sering über Goethes *Satyros*. Ihre Arbeitskraft konzentrierte sie aber auf die Frauenbewegung; sie publizierte mehrere Überblickswerke.

Nach Abschaffung der Vereinsgesetze 1908, durch die Frauen von der Parteipolitik ausgeschlossen wurden, begann ihre Zusammenarbeit mit Friedrich Naumann. 1910–1919 Vorsitz des Bundes deutscher Frauenvereine; durch die Herausgabe der Verbandszeitschrift *Die Frau* (1916–1944) prägte sie auch danach den Kurs der bürgerlichen Frauenbewegung. Den Ausbruch des Ersten Weltkriegs erlebte B. als unlöslichen ›Bund mit dem Volk‹; aus diesem Erleben, aber auch als Leistungsbeweis der Frauenbewegung, inszenierte sie den Nationalen Frauendienst zur sozialen Unterstützung der Kriegswirtschaft.

1918 mit Naumann Gründung der DDP, deren Vorstand sie angehörte und die sie als Abgeordnete von 1919–1933 im

Reichstag vertrat. Ab 1920 war sie Ministerialrätin für Jugendwohlfahrt und Schulfragen. Während des Nationalsozialismus verlor sie diese Stelle, publizierte aber weiter. Sie schrieb Romane über mittelalterliche Gestalten und in der *Frau* Artikel zur moralischen Unterstützung der Frauen im Krieg. 1946 versuchte sie mit der Schrift *Der neue Weg der deutschen Frau* noch einmal auf eine Organisation von Frauen hinzuwirken. 1949 gehörte sie zu den MitbegründerInnen der CSU, konnte aber mit ihren schwindenden Kräften keinen Wiedereinstieg in die Politik finden. B. starb 1954 in der Nähe von Bielefeld.

B. war enorm produktiv. Neben der Herausgabe von Zeitschriften umfaßt ihr Werk Themen aus Tagespolitik, Religion, Geschichte, Volkswirtschaft und Philosophie. Gemeinsame Ziele ihrer Schriften sind pädagogische ›Menschenbildung‹ und politische Emanzipation innerhalb eines deutsch-nationalen Bezugssystems. In B.s Theoriebildung vermischen sich religiöse Elemente mit idealistischer Philosophie. Kreuzungspunkte entnimmt sie der neuhumanistischen Theologie Harnacks und der Philosophie Fichtes, der sie besonders nahe steht. Auf Fichte gründet sie ihre naturrechtlichen Emanzipationsvorstellungen, übernimmt aber auch seine Geschichtsphilosophie mit den Konsequenzen einer Nationalerziehung und der Kulturmission des deutschen Volkes. Fichte, Goethe und Platon bezeichnet sie als ›religiöse Führer‹ zu ›objektiven Kulturwerten‹. In ungelöster Spannung zu ihrem Wunsch nach ›Ewigkeitswerten‹ steht B.s Emanzipationsinteresse, das sich auf Aufklärung und Liberalismus stützt und einen neuen Frauentypus entwickeln will.
Diese Problematik wird an B.s Frauenbild deutlich. Orientiert an der Tradition der Aufklärung nimmt B. für Frauen und Männer eine gemeinsame Menschlichkeit als ›ewige Substanz‹ an. Sie gründet Rechte und Bildungsanspruch für Frauen auf das »Ideal Kants und Fichtes von der sittlichen Selbstbestimmung des innerlich freien Menschen«. Unter Betonung der Gleichwertigkeit beider Geschlechter weicht B. jedoch vom generalisierenden Humanismus ab. Im An-

schluß an die Geschlechterphilosophie ihrer Zeit nimmt sie eine geschlechtsspezifische ›Tönung‹ der Menschlichkeit wahr, die sie in *Die Frau und das geistige Leben* ausführlich diskutiert. Obwohl sie die Gefahr des Fehlschlusses aus der Empirie sieht, versucht sie eine Interpretation von Weiblichkeit als Idee im platonischen Sinne. B. deutet das ›Ewig-Weibliche‹ als Gegenpol zum konkreten Männerstaat; ausgestattet mit mütterlichen Qualitäten symbolisiert es den Erlösungsgedanken, wie ihn Goethes *Iphigenie* repräsentiert. Die konkrete geschichtliche Gestalt des ›weiblichen Prinzips‹ hängt jedoch von äußeren Bedingungen ab. Für die ›Kulturmission‹ der Frau ist daher die politische und intellektuelle Emanzipation Voraussetzung. Der durch die Emanzipation entstehende neue ›Kulturtypus‹ der Frau trägt weiterhin polare Geschlechtsmerkmale. Er ist aber nicht an körperliche Mutterschaft gebunden: »Weiblichkeit ist die geschlechtsbedingte innere Haltung zur Kulturwelt.« Mit der idealistischen Deutung von Weiblichkeit widersetzt sich B. Definitionen der Frau als reines Geschlechtswesen, mit denen die geschlechtliche Arbeitsteilung begründet wurde. B. fordert spezifisch weibliche Formen der Mitwirkung auf allen Gebieten. Diesen emanzipatorischen Ansatz schränkt sie aber normativ ein: als konkretes Kulturideal hat das ›Ewig-Weibliche‹ nationalen Charakter und gibt einen Rahmen geschlechtsgemäßen Verhaltens vor. Geschlechtsgemäß für Frauen ist die Wahrung der Sittlichkeit; B. warnt vor den Extremen ›überladener Weiblichkeit‹ und ›Selbstverleugnung‹. Selbst Mütterlichkeit versucht sie von ihrem körperlichen Kontext zu befreien, indem sie auf das ›germanische Ideal‹ reiner Kameradschaft zwischen den Geschlechtern verweist; Zeugung ist darin ein Opfer für die ›Gattungspflicht‹. Naturanlage und Instinkte, auf die sich B. beruft, greifen bei Frauen erst bei Pflege und Sorge ein. Weibliche Sexualansprüche lehnt sie als ›Verletzung der Frauenwürde‹ ab. Diese Haltung wird in der ›Sexualitätsdebatte‹ der Frauenbewegung als ›lebensfeindliche alte Moral‹ angegriffen (→ Stöcker), ist aber auch Antwort auf die Diskriminierung und Ausbeutung von Frauen gerade aufgrund ihrer Sexualität. Immer wieder fordert B. eine Desexualisierung der Gesellschaft zum Schutz der Frau.

Mit der Krise der Weimarer Republik und der Desillusionierung über die Wirkungsmöglichkeit von Frauen verstärken sich Spannungen und Widersprüche in B.s Schriften. Noch 1930 versucht sie in *Neuer Humanismus* eine Adaption des humanistischen Ideals an die moderne Lebenssituation. Dort hält sie die von Industrialisierung und Rationalisierung ausgelöste Krise für überwindbar durch eine Humanisierung der Rationalität. Sie hofft auf die Kraft der übergeschlechtlichen humanistischen Persönlichkeit und auf eine Einigung Europas auf der Grundlage der gemeinsamen Kultur. Obwohl sie die Gefahren des Antirationalismus erkennt und kritisiert, fühlt aber auch B. sich von der modernen Rationalität bedroht. Sie stimmt in der *Frau* in die Rationalitäts- und Kulturkritik ein und sucht Lösungen in der Rückwendung zu Natur, Instinkt und Volk. B.s Ambivalenz bestimmt ihre Position zur nationalen Opposition: Als Reichstagsabgeordnete und Frauenrechtlerin ist sie der demokratischen Republik verbunden; trotzdem setzt sie große Erwartungen auf die nationalsozialistische ›Erneuerung Deutschlands‹. Gerade für Frauen erhofft sie von dem propagierten volks- und familienbezogenen Staat die Möglichkeit, mitgestaltend wirken zu können. Sie erarbeitet Vorschläge für eine ständische Verfassung, in der Frauen mit festem Anteil vertreten sind. Andererseits erkennt und kritisiert sie die Frauenfeindlichkeit der Nationalsozialisten und distanziert sich von offener Gewalt. B. spricht vom »großen Konflikt der vaterlandsgebundenen Frau mit ihrer dem Frieden verpflichteten Mütterlichkeit«. Lösungen sucht sie aber nicht mehr in einer weiblichen Kultur, sondern in einer Volksgemeinschaft, die sie als ›deutsch‹ und ›germanisch‹ kennzeichnet. Nach Kriegsende setzt sie sich in *Der neue Weg der deutschen Frau* aus humanistisch-religiöser Perspektive mit dem Nationalsozialismus auseinander. Ihre Kritik richtet sich vor allem gegen dessen Antifeminismus sowie die Ablehnung des Individuums und religiöser Rückverbindung; persönliche Schuldfragen oder menschliches Bedauern finden sich nicht. Trotz

Humanismus und Religiosität empfindet B. Anteilnahme und Trauer lediglich für das eigene Volk.

B. hat über Jahrzehnte Programm und Theorie des Hauptstroms der bürgerlichen Frauenbewegung geprägt. Viele Topoi ihrer Theorien sind hochaktuell. In der neuen Frauenbewegung wird ›Weiblichkeit‹ und die Beziehung zu Mutterschaft neu diskutiert. Die Forderung nach einer weiblichen Kultur als Gegenpol zum Männerstaat ist noch immer aktuell. B.s Ambivalenz gegenüber dem Nationalsozialismus und ihre mangelnde Einsicht nach dem Krieg haben aber die Rezeption ihrer Schriften und die Anknüpfung an die bürgerliche Frauenbewegung ungemein erschwert. Selbst in den Bereichen feministischer Theoriebildung, in denen sie starke Vorarbeit geleistet hat, wird heute selten auf B. Bezug genommen.

Werk: Die soziale Idee in den Weltanschauungen des 19. Jahrhunderts, 1910; Die Frau und das geistige Leben, 1911; Die Frau in Volkswirtschaft und Staatsleben der Gegenwart, 1914; Fichte und sein Werk, 1921; Neuer Humanismus, 1930; Goethe/überzeitlich, 1932; Der neue Weg der deutschen Frau, 1946; (Hg.in) Die Frau. Monatsschrift für das gesamte Frauenleben unserer Zeit, 1/1892–52/1944; WomBio.

Barbara Helm

Barbapiccola, Giuseppa Eleonora
italienische Philosophin, *ca. 1702

B. war die Nichte des Dominikanermönchs T. Maria Alfani und lebte wahrscheinlich in Neapel. Ihre genauen Lebensdaten sind nicht bekannt. Neben dem Italienischen beherrschte sie mindestens noch die griechische, lateinische und französische Sprache. In ihrem philosophischen und wissenschaftlichen Denken war sie beeinflußt vom Gedankengut der ›Accademia Arcadia‹, einem Kreis von Intellektuellen und KünstlerInnen, in dem Frauen gleichberechtigt waren und der die Erneuerung des gesamten Wissens anstelle von verfestigten Lehrmeinungen beabsichtigte. Nachdem B. sich mit ihrer Descartes-Übersetzung in der ›Literatenrepublik‹ einen guten Namen gemacht hatte, erhielt sie Zugang zum Hause des Geschichtsphilosophen Giambattista Vico, wo ein liberaler Geist herrschte. B. wurde eine Freundin Luisa Vicos, Tochter des Giambattista Vico.

B. verfaßte die erste und vor allem wissenschaftlich vorbildliche italienische Übersetzung der *Principia philosophiae* von Descartes, die zuerst 1644 im Original in lateinischer Sprache erschien und dann 1647 in französischer Übersetzung. Als Vorwort wird von B. ein etwa zwanzigseitiger Brief der Übersetzerin an die LeserInnen vorangestellt. Darin ergreift sie Partei für das ›philosophierende Frauenzimmer‹. Sie findet es lächerlich, Frauen auf traditionell weibliche Beschäftigungen zu beschränken. Schließlich gäbe es unter den Frauen genau so viele oder wenige, die einen klaren Verstand besäßen, wie unter den Männern. Den Beweis führt sie mit einer eindrucksvollen Liste gelehrter Frauen von der Antike bis zur Gegenwart.

Ihr Motiv für eine Übersetzung der *Principia* ins Italienische war, das Werk vor allem bei Frauen noch bekannter zu machen. Descartes selbst habe in einem Brief geschrieben, die Frauen eigneten sich für das Studium seiner Philosophie besser als die Männer. Außerdem habe er → Elisabeth von Böhmen, sein Werk gewidmet, weil er der Ansicht war, sie sei die einzige, die seine Philosophie wirklich verstanden hätte.

Wie schon im Untertitel ihrer Übersetzung, *Tradotti dal Francese col confronto del Latino in cui l'Autore gli scrisse*, angedeutet, legt B. besonderen Wert auf den Vergleich ihrer italienischen Übersetzung mit der lateinischen Originalausgabe. An der französischen Übersetzung übt sie deutliche, wenn auch diskret vorgetragene Kritik. Daß Descartes selbst sie dem Leser und der Leserin als seriöse Arbeit empfiehlt, kann sie sich nur mit seinem im Vordergrund stehenden Interesse an Verbreitung und Popularisierung seiner Philosophie erklären.

Obwohl Descartes, eingeschüchtert durch den Galilei-Prozeß 1633, schon im Vorfeld einige Passagen der *Principia* entschärft hatte, um einen offenen Konflikt mit der katholischen Kirche zu vermeiden, wurde das Werk 1663 in Italien verboten. Auch 78 Jahre nach der ersten Ausgabe der *Principia* war die Verteidigung des cartesianischen Denkens in Italien immer noch eine heikle Angelegenheit. Mit diesen schwierigen Rahmenbedingungen dürfte auch die fingierte Druckortangabe Turin in B.s Übersetzung zusammenhängen, obwohl das Werk in Wirklichkeit in Neapel erschienen ist.

B. fordert in ihrer einleitenden Epistel die katholische Kirche auf, die cartesianische Philosophie erst vorurteilslos zu studieren, bevor sie verkünde, sie stünde im Gegensatz zu ihren Lehren. Denn die beste Art der Bekämpfung einer Irrlehre sei deren argumentative Widerlegung und nicht deren Diskreditierung oder deren Verbot. Darüber hinaus wehrt sich B. gegen eine Christianisierung der antiken Philosophie und fordert, zu den klassischen Quellentexten selbst zurückzugehen und nicht die Interpretationen der Kommentatoren ohne Prüfung zu übernehmen.

Werk: I principi della filosofia di Renato Descartes. Tradotti dal Francese col confronto del Latino in cui l'Autore gli scrisse, 1722.
Literatur: B. Croce: Bibliografia vichiana, accresciuta e rielaborata da F. Nicolini, 1947; E. Grillo: Barbapiccola, in: *Dizionario Biografico degli Italiani*, Bd. 6, 1964 (ausführliche Bibliographie); U.P. Jauch: Damenphilosophie & Männermoral, 1990; G. Vico: L'autobiografia, il carteggio e le poesie varie, a cura di B. Croce/F. Nicolini, 1929 (The Autobiography of Giambattista Vico, 1944); G. Vico: Scritti vari, a cura di F. Nicolini, 1940; WP.

Ulrike Klens

Barnes, Hazel Estella
amerikanische Philosophin, *1916

B. wurde am 15. Dezember 1916 in Wilkes-Barre (USA) geboren. Ihre Ausbildung bis zum Bachelor of Arts (1937) absolvierte sie am Wilson College; bis 1941 studierte sie in Yale und promovierte dort. Sie wechselte dann an das Women's

College in Greensboro, wo sie von 1941–43 unterrichtete; 1943–45 war sie Assistenz-Professorin am Queens College. 1945–48 ging sie als Dozentin nach Athen. 1948–51 arbeitete sie als Assistenz-Professorin an der Universität von Toledo. 1951–53 wechselte sie an die Ohio State University und anschließend an die University of Colorado; dort war sie von 1961–77 Professorin für ›integrated studies‹, ab 1977 Professorin für Geisteswissenschaften.
B. ist Mitglied in verschiedenen amerikanischen PhilosophInnen-Vereinigungen und Mitherausgeberin der Zeitschrift *Philosophy and Literature*.

In erster Linie bekannt ist B. durch ihre zahlreichen Arbeiten zum Existentialismus und durch ihre englische Übersetzung von Sartres *L'être et le néant* (1956) und *Question de méthode* (1963). Sie gilt als profunde Kennerin von Sartres Philosophie und seiner phänomenologischen Grundlagen, was ihre verschiedenen Publikationen belegen.
Neben ihren Übersetzungen und Analysen zu Sartres Existentialismus und der Rezeption des französischen Existentialismus im allgemeinen, hat sich B. auch durch ihre ethische Theorie einen Namen gemacht. Sie entwickelt eine spezifische existentielle atheistische Ethiktheorie, die auf den Grundlagen von Sartres Existentialismus steht und eine Weiterentwicklung von *Das Sein und das Nichts* darstellt. In ihren Arbeiten über Sartre zeigt B. auf, daß seine fiktive, literarische Auseinandersetzung mit ethischen Dilemmas sehr viel dichter an seiner philosophischen Ontologie anzusiedeln ist, als die Rezeption es bisher auslegte. B. ist der Meinung, daß Sartre bereits Kriterien aufgestellt hat, die ethisches Handeln in seinem Sinne definieren. Für B. gibt es eine existentielle Wahl, die als Ethik definiert werden kann und welche das private und individuelle Wertesystem des Existentialismus integrieren kann. Im Gegensatz zur traditionellen Ethik basiert die existentialistische Ethik auf der eigenen Rechtfertigung und Begründung einer Handlung. Sie schließt unterschiedliche Sichtweisen und Wertmaßstäbe ein, ohne eine übergeordnete ethische Richtschnur zu liefern.

B.s Ziel ist es, die ethischen Grundlagen von Sartres Ansatz in seinen Humanismus aufzunehmen und, ergänzt durch eine Ontologie der radikalen Freiheit, die Eckpfeiler einer normativen Ethik zu entwickeln. Dargestellt werden diese in erster Linie in ihrem Buch *An Existentialist Ethic*, in dem sie aufzeigt, daß der Existentialismus, basierend auf der individuellen Entscheidung, den gängigen ethischen Theorien vergleichbar ist. Sie bezeichnet ethisches Leben als Selbst-Rechtfertigung, die Wahl ist damit eine willentliche Entscheidung für das, was die/der einzelne für gut hält. Allerdings, so räumt die Kritik ein, muß die Tatsache, daß die eigene Freiheit einen Wert hat, nicht notwendig den Respekt vor der Freiheit der anderen einschließen.

Vorangestellt ist B.s Untersuchungen zur existentialistischen Ethik der Begriff des humanistischen Existentialismus, dem sie vor allem drei PhilosophInnen zuordnet: Jean-Paul Sartre, → Simone de Beauvoir und Albert Camus. Sie sieht alle drei als unabhängige AutorInnen und hebt auch hervor, daß Beauvoir nicht nur eine Interpretin Sartres war. Alle drei haben in ihren philosophischen Texten ethische Dilemmas beschrieben, in denen sich Menschen befinden und haben deren metaphysische und psychologische Handlungsmöglichkeiten aufgezeigt. Diese Art der Literatur bezeichnet B. als ›Literatur der Möglichkeit‹ und definiert sie als kreativen Text, der Philosophie und Psychologie reflektiert, ihre Voraussetzungen und ihre Auswirkungen thematisiert. Diese Literatur bedeutet etwas, sie beschreibt ein fiktives Sein, das sich in einer Welt der Werte bewegt und so die Vorgaben für eine existentialistische Ethik liefert.

Den existentiellen Humanismus bezeichnet B. auch als aggressiv, in einem positiven und einem negativen Sinn. Gott existiert nicht mehr, das Universum ist unsicher geworden, der Atheismus ist ein Grundprinzip und Grundthema in dieser Literatur. Das Individuum muß sich eigene moralische Regeln schaffen nach denen es leben kann und die seinem Leben Bedeutung und Sinn geben. Auf eine Unterstützung von außen kann es nicht mehr zählen.

Für Sartre und Beauvoir gleichermaßen ist die metaphysi-

sche Freiheit eine Realität und für alle Individuen notwendig. Innerhalb eines existentiellen Humanismus wird die Frage des menschlichen Schicksals gestellt, nichts ist mehr feststehend oder gegeben, alles ist möglich. Was der Mensch aus sich selbst und was die Gemeinschaft aus sich macht, ist völlig offen. Jeder ist für alles verantwortlich.
Die Arbeiten von Sartre, Beauvoir und Camus siedelt B. zwischen dem Vernunftbegriff der Erkenntnistheorie und der Unvernunft an. Da die Gefühle nicht vom Verstand kontrolliert werden können, unterliegen sie nur einer relativen Logik, einer Logik des Absurden, welche die Grenzen des Menschen und seiner Handlungen markiert. Camus mehr als Beauvoir und Sartre, räumt den Emotionen eine Priorität über dem Verstand ein, wogegen Sartre und Beauvoir letztlich nur eine leidenschaftliche Wahl zulassen, die aber eine rationale Bewertung möglich machen muß.
B. definiert den Existentialismus als Humanismus, da es eine Theorie von Menschen für Menschen ist. Er zeigt anhand von Dilemmas die Bedürfnisse des Menschen auf und daß er sie nicht erreichen kann. Ebenso wie ihre ProtagonistInnen, existiert auch die Literatur des existentiellen Humanismus in Situationen. Die Bedeutung des humanistischen Existentialismus sieht B. in erster Linie in der daraus entwickelbaren ›Psychologie der Freiheit‹, deshalb auch Literatur der Möglichkeit, der Möglichkeit der Freiheit. Allerdings bedeutet diese Freiheit der eigenen Person und die der anderen im Existentialismus immer auch Konflikt miteinander.
Als ethisches Ziel des Existentialismus gibt B. die Harmonie zwischen zwei Menschen an und nicht die Dominanz der/des Einen über den/die Andere. Sie sieht im humanistischen Existentialismus eine Chance für die Zukunft des Subjekts und der Gemeinschaft. Frau und Mann können ihre Geschichte gemeinsam bestimmen und sich frei entscheiden, dadurch sind beide für die Zukunft verantwortlich. Wie die traditionelle Ethik, enthält auch die existentielle Ethik die Fragen nach Regeln zur Unterscheidung von gut und böse und das Problem für sich selbst Sinn zu finden und ein befriedigendes Leben zu führen. Wenn die traditionelle Ethik

die Antworten auf die Fragen von einem Gott als letztem Grund des Handelns abhängig machte, so macht sie die existentielle Ethik von der freien Entscheidung des Menschen und seinem Respekt vor den anderen abhängig, aus dem dann die selbstgesetzten normativen Handlungsregeln resultieren.

Werk: The Literature of Possibility: A Study in Humanistic Existentialism, 1959; An Existentialist Ethic, 1967; The University as a New Church, 1970; Sartre, 1973; Sartre and Flaubert, 1981; Beauvoir and Sartre: The Forms of Farewell, in: *Philosophy and Literature* 19, 1985, S. 21–40.
Literatur: WP.

Ursula I. Meyer

Barth, Else Margarete
norwegische Logikerin und Kulturphilosophin, *1928

B. wurde 1928 in Bergen (Norwegen) geboren. Sie studierte Mathematik, Physik, Psychologie, Philosophie und Logik in Oslo, Trondheim und Amsterdam bei Arne Naess, Haakon Wergeland, Arend Heyting und Evert Willem Beth, promovierte an der Reichsuniversität Leiden bei Gabriël Nuchelmans und erhielt für ihre Dissertation *The Logic of the Articles in Traditional Philosophy* das Judizium cum laude. Zwischen 1971 und 1977 hatte B. den Lehrstuhl für Logik an der Reichsuniversität Utrecht inne. Von 1977 bis 1993 war sie Professorin für Logik und analytische Philosophie an der Reichsuniversität Groningen. Sie ist Mitglied der Königlich Niederländischen Akademie der Wissenschaften und der Norwegischen Akademie der Wissenschaften, außerdem Vorsitzende der E. W. Beth-Stiftung.

B.s wissenschaftliche Arbeit erstreckt sich über folgende Gebiete: Philosophie der Logik, Dialoglogik und Argumentationstheorie, logische Grundlagen philosophischer Systeme sowie analytische feministische Philosophie. Gemessen an dem jetzigen Stand der Philosophie der Logik sind B.s Auffassungen als außergewöhnlich zu bezeichnen. Logik als akademische Disziplin wird im allgemeinen so aufgefaßt, als seien für ihre Entwicklung ausschließlich kognitive Fähigkeiten nötig. B. bekämpft diesen strikten Rationalismus unter anderem indem sie für eine systematische Verbindung zwischen einerseits der empirischen Forschung (wobei Ideengeschichte mit einbezogen werden muß) und andererseits der logischen Forschung plädiert. B. stellt sich entschieden gegen die Annahme der Existenz einer einzigen logischen Doktrin. Zeitgenössische akademische Logik wird zu Unrecht als ausschließlich mathematische Beweistheorie betrachtet; jede weitere Forschung der Logik wäre damit nur eine Weiterführung, Alternative oder Anwendung dieser Theorie. In diesem Zusammenhang weist B. auf die philosophische Bedeutung, die in der Erkenntnis der Existenz mehrerer Logiken liegt. Diese Erkenntnis wird unter anderem dazu führen, daß ein logisches System nicht länger durch eine Begründung gerechtfertigt wird, sondern daß es sich aufgrund seiner größeren Angemessenheit in Hinsicht auf intellektuelle Probleme logischer Art legitimiert. Damit bekämpft B. Fundamentalismus und Essentialismus in logisch-philosophischen Diskussionen zugunsten einer komparativen Betrachtung logischer Systeme. Die empirische Logik, die B. vertritt, besteht in jedem Fall aus folgenden Komponenten: der Pragmatisierung logischer Systeme und Modellstrukturen (Herstellung einer engeren Verbindung zwischen theoretischer Logik einerseits und empirischer Forschung und praktischem Leben andererseits); der gewissenhaften Beschreibung einflußreicher konzeptueller Strukturen (Ansammlungen von kognitiven Ordnungsprinzipien, die im Zusammenhang Denk- und Sprechweisen bestimmen); dem Inventarisieren und Ordnen ›dialektischer Felder‹ (die in heiligen Schriften geäußerten Auffassungen über verbale Rechte und Pflichten in kritischen Diskussionen).

B.s philosophische Arbeit findet hauptsächlich Raum in ihrem Programm der empirischen Logik. Dialoglogik kann als praxisorientierte Rekonstruktion axiomatischer Logik verstanden werden. B. will Logik primär als Instrument für rationale Diskussionen einsetzen. Damit baut sie auf der Arbeit von Lorenzen, Lorenz und Beth auf. Elementare moderne Logik kann zu einer Ansammlung von Regeln umgestaltet werden, in der Rechte und Pflichten ausgedrückt werden, die für TeilnehmerInnen einer kritischen Debatte verbindlich sind. Im Gegensatz zur deduktiven Logik, in der nur ein/eine DenkerIn aktiv ist, werden in der Dialoglogik zwei Rollen vorausgesetzt, und zwar die des Opponenten und die des Proponenten. Es besteht eine deutliche Verbindung zwischen axiomatischer Logik und Dialoglogik und den zwei Phasen, die B. bei der wissenschaftlichen Aktivität unterscheidet. In der ersten Phase, der Vorbereitungsphase, geht es um ›eine‹ Rolle wobei der Unterschied ›wahr/unwahr‹ wichtig ist. In der zweiten Phase, der Arenaphase, geht es um den Austausch ›verschiedener‹ Intelligenzen, wobei die genannten Wahrheitswerte ersetzt werden durch ›einverstanden/nicht-einverstanden‹. Aus B.s Sicht ist Dialoglogik das Zentrum, um das sich Argumentationstheorien bilden sollten. Mit ihrer pragmatischen Analyse der Montague-Grammatik macht B. den Weg frei um Argumentationstheorie, Dialoglogik und die logische Grammatik Richard Montagues zu verbinden.

B.s Forschung des logischen Paradigmas der deutschen idealistischen Philosophie des 19. Jahrhunderts ist repräsentativ für das Studium konzeptueller Strukturen. Anhand einer Theorie aus der idealistischen Heilkunde, nämlich der der homöopatischen Schule, stellt B. die Ordnungsprinzipien dar, die diesem Denken zugrunde liegen. Sie zeigt, daß idealistische Philosophie und Heilkunde, die im selben Sprachgebiet und in dem selben historischen Zeitraum (Deutschland, Beginn 19. Jahrhundert) entstanden sind, ein in großen Zügen übereinstimmendes kognitives Skelett vorweisen. So wird in beiden Theorien vorausgesetzt, daß Qualität und Quantität sich umgekehrt proportional zueinander verhalten. In beiden Fällen gilt Qualität als wertvoll und Quantität als wertlos. Dieses Qualitäts-Quantitätskontinuum korrespondiert mit einem Kontinuum von Diversität zu vollständiger Identität und zwar fällt Quantität zusammen mit Diversität und Unterschied und reine Qualität mit strikter Identität. Auf niedrigem empirischem Niveau ist Sprache von abstoßenden, auf hohem Wesensniveau von anziehenden Kräften. Indem wertlose Quantitäten einander abstoßen entsteht eine Tendenz in Richtung der in ihnen anwesenden wertvollen Qualität. Es handelt sich dabei um einen fließenden Übergang von Diversität zu strikter Identität. Letztere schließt Mehrzahl und Zählbarkeit aus. Ein allgemeiner Begriff, wie zum Beispiel ›der Mensch‹ gehört in dieser Logik zur selben semantischen Kategorie wie der Begriff des Individuums. B. weist auf den Verband dieses logischen Paradigmas mit anti-individualistischen Einstellungen und der Akzeptanz oder gar der Verherrlichung von Gewalt hin, so lange es nicht durch extra-logische Moralprinzipien erweitert wird, die Respekt vor den Individuen fordern.

Im Dezember 1992 widmete die *Norsk Filosofisk Tidsskrift* eine Ausgabe ausschließlich der empirisch-logischen Studie, die B. über das amateur-philosophische Werk des norwegischen Nazis Vidkun Quisling (1887–1945) durchgeführt hatte. Quislings Manuskript wurde davor noch niemals systematisch untersucht. Das erklärt zum Teil, warum Quislings philosophisches System, der ›Universismus‹, als intellektuelle Leistung auf höchstem Niveau in die Geschichte eingehen konnte. Dabei streicht B. gerade den sehr unprofessionellen Charakter von Quislings Arbeit heraus. Die Bedeutung seiner Philosophie zeigt sich nur in den politischen Folgen seines Denkens. Ziel dieser Studie ist es, tiefere Einblicke zu bieten in extremistische Denkweisen im allgemeinen und in faschistisches Denken im besonderen. B. bedient sich dabei der Methode der ›occurence-analysis‹. Sie sucht Textstellen heraus in denen Quisling Worte und Ausdrücke verwendet, die allgemein als politisch relevant gelten oder kennzeichnend für sein Denken sind. Aus diesen Passagen hat sie eine Auswahl zusammengestellt: 1. Worte, die ständig wieder auftauchen oder die auf ein zentrales Thema zu verweisen scheinen; 2. deren ›semantische Felder‹ (politisch relevante Ausdrücke im Kontext dieser Worte); 3. besonders auffallende Begriffe. B. unterscheidet einige wichtige Themen in Quislings Philosophie, nämlich seine Identifikation mit Gott, seine Blutmystik, sowie seine Verherrlichung des Krieges. Daraufhin stellt sie die kognitiven repräsentativen Formen bloß, die die Basis für Quislings politisches Denken bilden. Dabei bezieht sie sich auf Quislings explizite Aussagen über Logik, sowie auf einige kuriose logische Kennzeichen in Quislings Schriften, wie zum Beispiel die hohe Frequenz mit der er das Wort ›zwei‹ gebraucht oder die Weise mit der er sich der Begriffe ›Kontrarität‹ und ›Opposition‹ bedient. Nach B.s Meinung entwickelt Quisling eine stark fundamentalistische Logik, die in der neuplatonisch-fichteschen Tradition wurzelt und die für extremistische politische Denker nicht ungewöhnlich ist.

In ihrer analytisch-feministischen Arbeit stellt sich B. kritisch gegen das feministisches Differenzdenken. Dieser Zweig der feministischen Philosophie hat seinen Ursprung, so B., in einer seinstheoretisch orientierten Logik, einer Denkform, in der alles zu Identität und Differenz reduziert wird. Dies führt bei VertreterInnen des Differenzdenkens zu einer Fixation auf die Unterschiede zwischen ›dem Mann‹ (im Wesen) und ›der Frau‹ (im Wesen). Das diese Philosophie kennzeichnende Denkpatron ist schon lange durch die moderne Logik überholt. Anstelle einer Ontologie der Geschlechter zu erstreben, befürwortet und praktiziert B. eine feministische Philosophie, die Patriarchatsanalyse und Forschung nach sexistischen Wurzeln von Philosophie und Wissenschaft als Grundlage hat. Dabei ist die Leitfrage nicht »Wie ist die Frau/das Weibliche«, sondern »Wie wird in einem patriarchalen System Macht den Frauen vorenthalten, wie wird Diskriminierung von Frauen legitimiert, und welche Strategien können dagegen eingesetzt werden?«

Im Jahr 1992 vollendete B. eine umfassende Bibliographie philosophischer Werke, die von Frauen verfaßt wurden.

Werk: The Logical Paradigm in Dialectical Philosophy and Science-Constants of Homeological Thought, in: *Erkenntnis*, 1977, S. 291 bis 322; From Axiom to Dialogue. A Philosophical Study of Logics and Argumentation (mit E. C. W. Krabbe), 1982; Problems, Functions and Semantic Roles. A Pragmatists‹ Analysis of Montague's Theory of ›Sentence Meaning‹ (mit R. T. P. Wiche), 1986; Women Philosophers. A Bibliography of Books through 1990, 1992.

Else de Jonge

Bassi Verati, Laura Maria Caterina
italienische Philosophin, *1711, †1778

B. wurde 1711 als Tochter des Rechtsanwaltes Giovanni Bassi und Rosa Maria Cesaris in Bologna geboren. Nachdem sie mit Hilfe hervorragender Lehrer die französische und lateinische Sprache erlernt hatte, wurde sie als Zwölfjährige, sie galt schon als besonders talentiertes Mädchen, von dem Medizinprofessor Tacconi in Logik, Metaphysik und Naturphilosophie eingeführt.
Die überragenden Ergebnisse dieses sieben Jahre dauernden intensiven Unterrichts wurden am 17. April 1732 einer illustren Öffentlichkeit präsentiert. B. hatte in lateinischer Sprache 49 Thesen zur Logik, Metaphysik, Physik und Physiologie gegen die kritischen Einwürfe von fünf Universitätsprofessoren zu verteidigen. Die anwesenden Wissenschaftler, Gelehrten und kirchlichen Würdenträger waren so beeindruckt von ihrer wissenschaftlichen Befähigung, daß sie beschlossen, B. zur Doktorprüfung zuzulassen, die sie ebenfalls mit großem Erfolg ablegte. Ihre Promotion wurde in ganz Bologna als spektakuläres Ereignis gefeiert. Am 29. Oktober 1732, gerade einundzwanzigjährig, nahm sie als Professorin die Lehrtätigkeit an der Universität von Bologna auf und begann Vorlesungen zu halten.
Einige Jahre später heiratete sie den Mediziner Guiseppe Verati. Von den acht Kindern, die sie zur Welt brachte, erreichten nur vier Söhne und eine Tochter das Erwachsenenalter. Von mehreren Biographen wird lobend hervorgehoben, sie habe ihre ›weiblichen‹ sprich hausfraulichen und erzieherischen Pflichten trotz ihrer wissenschaftlichen Tätigkeit nicht vernachlässigt. Daß B., wegen dieser zeitaufwen-

digen familiären Aufgaben neben ihren sie stark beanspruchenden umfangreichen Lehrverpflichtungen sowie der intensiven Betreuung ihrer Schüler, nicht mehr die nötige Zeit fand, ihre Forschungsergebnisse auch zu publizieren, wird dabei allerdings gerne übersehen.

B. stand im ständigen Briefwechsel mit den berühmtesten europäischen Wissenschaftlern ihrer Zeit. Daß sie in akademischen Kreisen hohes Ansehen genoß und über einen bedeutenden Einfluß verfügte, wird z.B. an Voltaires Anfrage deutlich, sich für ihre Aufnahme in die renommierte ›Accademia delle Scienze di Bologna‹ einzusetzen, die sie auch erreichte.

In ihrem Spezialgebiet, der Experimentalphysik, stellte B. eine Kapazität dar. Wie alle AufklärerInnen glaubte sie an den Fortschritt durch die neuen Wissenschaften. Was die öffentliche Hand nicht zu leisten vermochte, versuchte B. durch ihre private Initiative auszugleichen. 1755 gründete sie eine Schule für Experimentalphysik, deren Leitung ihr nicht nur hohen persönlichen Einsatz, sondern auch eine Reihe finanzieller Opfer abverlangte. Zu den in ihrer Wohnung abgehaltenen Kursen kamen nicht nur junge Leute, sondern schon bewanderte Personen, oft sogar gewichtige Ausländer. Ihre prominentesten Schüler waren der Biologe Spallanzani, der u.a. nachwies, daß in abgekochtem und vor Berührung mit atmosphärischer Luft geschütztem Wasser keine Mikroorganismen entstehen, und der Physiker Volta, dem bahnbrechende Arbeiten auf dem Gebiet der Elektrizität sowie die Konstruktion verschiedenster elektrischer Geräte zu verdanken sind.

B.s zahlreiche Verdienste um die Entwicklung des Naturstudiums und die Förderung des wissenschaftlichen Nachwuchses wurden schließlich 1776 mit der Übertragung des Lehrstuhls für Experimentalphysik belohnt. Obwohl sie in Italien damit, wenn auch erst im Alter von fünfundsechzig Jahren, die ihr gebührende Anerkennung erhielt, blieb sie doch eine Ausnahmeerscheinung, die wegen ihrer erfolgreichen Karriere nicht nur geschätzt, sondern auch angefeindet wurde.

1778 starb B. plötzlich und unerwartet an einer Herzattacke.

B. veröffentlichte nur wenige Schriften. Ihre wissenschaftliche Bedeutung liegt in erster Linie in der Weitergabe ihrer Erkenntnisse an ihre Schüler durch ihre unermüdliche Lehrtätigkeit oder an andere Forscher im wissenschaftlichen Austausch.

Bisher existiert keine ausführliche wissenschaftsgeschichtliche Untersuchung der *Philosophica studia*, die 49 Thesen enthält: davon 6 zur Logik, 16 zur Metaphysik (Sein/Ursachen/Gott/Engel), 18 zur Physik (Materie/Bewegung/Naturerscheinungen auf der Erde), 9 zum Menschen, die B. gegen die Gegenargumente der anwesenden Gelehrten im April 1732 zu verteidigen hatte. Die metaphysischen Thesen sind wesentlich von Aristoteles beeinflußt (z. B. These III/VII). Erkenntnistheoretisch knüpft B. aber auch an Descartes an (z. B. VI). In den naturphilosophischen Teil über die Materie in physikalischer, chemischer, biologischer Hinsicht, die Bewegung und die Gravitation gehen Newtonsche Auffassungen ein. Die Physiologie des Menschen sowie die Funktion seiner Sinnesorgane versucht B. mechanistisch zu erklären. Die cartesianische Trennung von Körper und Seele lehnt sie ab (I/III/IX).

Aus einer systematischen Reihe von Experimenten über die Kompression von Luft, so berichtet Zanotti, folgert B. zu einer Zeit, als die Zustandsgleichung der Gase noch nicht bekannt ist, daß das Volumen von Luft sich temperaturabhängig nicht umgekehrt proportional zum Druck ändert. In ihrer kurzen Abhandlung *De problemate quodam hydrometrico* behandelt sie außerdem Probleme von Öffnungen in Flüssigkeiten, indem sie hydraulische Prinzipien anwendet.

In dem Aufsatz *De problemate quodam mechanico* nimmt sie sich vor, die Bewegung des Schwerpunktes von zwei oder mehr Körpern, die sich nach bekannten Gesetzen auf Bahnen in einer Ebene bewegen, zu bestimmen. Wenn auch die Behandlung des Themas nicht erschöpfend ist, kann B. daraus als Spezialfall ein von Newton schon 1687 erwähntes Theorem deduzieren, welches besagt, daß die Bewegung des Schwerpunktes zweier Körper in gleichförmiger Bewegung auf Geraden in einer Ebene geradlinig gleichförmig sei.

Werk: Philosophica studia (49 Thesen), 1732; De problemate quodam hydrometrico und De problemate quodam mechanico, in: *De Bononiensi scientarum et artium Instituto atque Academia Commentarii,* IV, 1757, S. 61-79; F.M. Zanotti: De aeris compressione, in: ibid, II, 1745, S. 347-353; Epistolario di Laura Bassi Verati, edizione critica, introduzione e note a cura di Elio Melli, in: *I cento anni dell'Istituto magistrale;* Laura Bassi, in: *Studi e inediti per il primo centenario dell'Istituto magistrale* L.B., 1960, S. 53-187 (74 Briefe, davon 40 unveröffentlicht).

Literatur: Bassi Verati, in: *Dizionario Biografico degli Italiani,* Bd. 7, 1965 (ausführliche Bibliographie); G.B. Comelli: Laura Bassi e il suo primo trionfo, in: *Studi e Memorie per la storia dell'Universitá di Bologna,* 1912, S. 197-256 (inklusive 48 Thesen); G. Fantuzzi: Elogio della dottoressa Laura Bassi, 1778 (Neuabdruck in: ders: *Notizie degli scrittori bolognesi,* I,1781, S. 384-391; G. Jäger: Geliebte cara Laurina, in: *Emma,* Februar 1988; H.J. Mozans: Woman in Science, 1913/1978; W.G. Wilson: Laura Bassi (1711-1778): Doctor of Natural Philosophy, in: *Life and Letters,* June 1947, S. 194-20; HWP; WP.

Ulrike Klens

Bazan, Emilia de Pardo → Pardo Bazan, Emilia de

Beatrijs von Nazareth
niederländische Mystikerin, *um 1200, †1268

B. wurde in Tienen bei Löwen in einer begüterten, bürgerlichen Familie geboren. Nach einer kurz nach 1268 entstandenen, lateinisch geschriebenen *Vita* eines unbekannten Verfassers, wurde B. als sehr junges Mädchen von ihrem Vater zu den Beginen nach Zoutleeuw geschickt. Dort unterrichtete man sie in allen christlichen Tugenden und auch in den sieben ›freien Künsten‹ (artes liberales). Nach dem ersten Jahr in Zoutleeuw wurde sie ›oblata‹ in dem von ihrem Vater gestifteten Zisterzienserkloster Bloemendaal bei Waver. Schon 1215 wurde sie dort Novizin. Nach Beendigung des Noviziats wurde B. zum Kloster Rameia bei Gent geschickt, wo sie die ›ars scriptoria‹ (Kalligraphie) erlernen sollte. Hier hatte sie ihre erste Vision und sah die Trinität mit den Augen ihrer Seele. Auch machte sie hier Bekanntschaft mit der Mystikerin Ida von Nivelles, die für längere Zeit zu ihrer spirituellen Führerin wurde. Um 1217 kehrte B. nach Bloemendaal zurück und verfiel in ernsthafte Depressionen, von denen sie am Tag der Erhebung des Kreuzes durch die Gnade Gottes geheilt wurde.

Die Jahre 1217–1225 waren für B. Jahre der inneren Erleuchtung. In dieser Zeit bereitete sie sich auf ihre mystische Begegnung mit Jesus Christus vor. 1221 zog sie mit einigen anderen Nonnen in das neugegründete Kloster Maagdendaal. Hier hatte sie 1225 eine mystische Christuserfahrung. Während der Kommunion wurde sie in die Arme Jesu Christi erhoben.

Im November 1231 erreichte sie den ›status proficientium‹ (Zustand derjenigen, die Fortschritte machen). Ihr wurde in der sogenannten seraphischen Vision Teilhabe am himmlischen Chor der Seraphim gewährt. Diese Vision befreite B. endgültig von allen Ängsten ihrer Seele, welche sie trotz ihres spirituell orientierten Lebens bisher nicht hatte überwinden können. Nach dem Bericht in der *Vita* hat B. einige Zeit später den ›status perfectionis‹ (Zustand der Vollkommenheit) erreicht. In den darauffolgenden Jahren wurde ihr Teilhabe an mehreren Christuserfahrungen und Visionen der Trinität gewährt, die ihr einen Einblick in den Willen und die Gerechtigkeit Gottes gaben.

Im Mai 1236 übersiedelte B. ins Zisterzienserkloster Nazareth in der Nähe von Lier, wo sie im Juli Priorin wurde. Auch in Nazareth hatte sie noch viele Visionen und blieb dort bis zu ihrem Tode 1268. Sie beschreibt das mystische Leben in ihrer Schrift *Seven Manieren van Minne*.

Die Handschriften von B.s Werken und auch die Handschrift ihrer Biographie befinden sich in Brüssel; eine Handschrift ist in Gent und noch eine weitere in Wien. Nur die Schrift *Seven Manieren van Minne* ist vollständig überliefert, obwohl die Beschreibung der siebten mystischen Stufe wahrscheinlich von einem Kopisten interpoliert worden ist. Der Verfasser der

Biographie nennt weiterhin acht andere Abhandlungen und zwei Gebete. Nach seiner Beschreibung handelt es sich um die folgenden Schriften: *De frequentatione et exercitio temporis* (Über die intensive Benutzung der Zeit); *De triplici exercitio spiritualium affectuum* (Über die dreifache Übung spiritueller Affekte); *De duabus cellis quas in corde suo constituit* (Über die zwei Zellen, die sie in ihrem Herzen gegründet hat); *De quinque speculis cordis sui* (Über die fünf Spiegel ihres eigenen Herzens); *De monasterio spirituali* (Über das spirituelle Kloster); *De orto fructifero cordis suo* (Über den fruchtbaren Garten in ihrem eigenen Herzen); *De eo quod ad cognitionem sui ipsius omnimodam aspiravit* (Über ihr Streben nach Selbsterkenntnis); *De quadam ordinatione vitae spiritualis quam aliquantotempore exercuit* (Über die Regel des spirituellen Lebens, die sie während einiger Zeit gehalten hat).

Die obengenannten Abhandlungen und auch die Schrift *Seven Manieren van Minne* zeigen, daß B. in ihrer asketischen Lebensweise die Tradition der Zisterzienser fortgesetzt hat, aber in ihrer Mystik einen viel größeren Wert auf den Intellekt und dessen Benutzung beim mystischen Aufstieg der Seele gelegt hat, als von Bernhard von Clairvaux, dem Gründer des Zisterzienserordens, gestattet worden war.

Mit *Seven Manieren van Minne* steht B. am Anfang der mittelniederländischen Literatur. Als erste benutzt sie die Volkssprache für ein religiös-literarisches Werk. Die Mystik B.s in dieser Schrift ist Christus-Mystik. Sie handelt von der göttlichen Liebe, die von Gott kommt und zu Gott wiederkehrt.

B. erzählt in der ersten Weise ihrer Schrift, wie die göttliche Minne eine reinigende Liebe in die Seele hereinführt und wie demzufolge die Seele sich nach ihrer ursprünglichen Reinheit sehnt, die sie als Bild Gottes besaß. Wie Augustinus hat B. mit der Wiederherstellung des Bildes Gottes in der Seele nicht nur die Reinheit und Aufrichtigkeit des Willens, sondern auch die Erleuchtung der Vernunft gemeint. Sie erwähnt, daß in der ersten Weise die Seele mit einem freien Gewissen und einem klaren Verstand Gott dienen will. Sie weist darauf hin, daß in der zweiten Weise die Seele die Minne sucht und ihr dienen will, ohne Lohn zu empfangen.

Unter dem Einfluß provenzalischer Liebeslyrik vergleicht sie die Seele mit einem Mädchen adliger Geburt, das ihrem Herrn mit großer Liebe dient. Die dritte Weise ist nach B. die Weise, in der die Seele versucht, Gott über alles zu lieben und mit Schmerzen erfährt, daß sie dazu ohne die Gnade Gottes nicht fähig ist. In der vierten Weise wird die Seele aber von der Gnade Gottes überwältigt. Sie bleibt ganz passiv und wird von Gott gefressen. Jetzt findet das ›gherinen‹ (berühren) statt. Die Seele wird von Gott berührt, was nicht nur Genuß und Freude, sondern auch spirituelles und körperliches Leiden bedeutet. Sogar den Verlust der Körperbeherrschung kann das ›gherinen‹ mit sich bringen. Die vierte Weise geht über in den Zustand des Liebesorkans (orewoet). In dieser fünften Weise leiden die Seele und der Körper unter der Gewalt der göttlichen Minne. Die Seele fürchtet, den Verstand zu verlieren, aber sie wird von der Minne ernährt und geistig erhoben. In der sechsten Weise gibt die Seele sich völlig der siegenden Minne hin. Jetzt ist sie imstande, Gott in Frieden und Sicherheit zu genießen (gebruken) und erreicht eine größere Einsicht in die Liebe Gottes. Es ist »ein Leben wie das Leben der Engel Gottes, das nur durch das ewige Leben, das Gott uns allen geben möge, fortgesetzt werden kann«. Die siebte Weise der Minne ist die des ›cupio dissolvi‹, wenn die Seele sich sehnt, den Körper verlassen zu dürfen und für immer im Himmel vereinigt zu werden mit der göttlichen Minne. Wieder überwältigt ein Liebesorkan die Seele.

Aufgrund des dritten Buches der *Vita* darf man annehmen, daß B. im Gegensatz zu Bernhard von Clairvaux die mystische Kontemplation Gottes schon im irdischen Leben für möglich gehalten hat. Ihre im dritten Buch erwähnten Visionen bestätigen, daß sie tatsächlich die höchste Stufe der Kontemplation Gottes, welche immer von Frieden und Ruhe begleitet wird, erreicht hat. Um so mehr ist auffällig, daß in der siebten Weise diese höchste Kontemplation Gottes fehlt. Diese Tatsache läßt sich nur dann erklären, wenn man annimmt, daß der Kopist der ursprünglichen Handschrift den Originaltext der siebten Weise geändert hat in eine Version, die besser mit den Ansichten der Zisterzienser vereinbar war.

Die Philosophie B.s läßt sich am besten an ihrem Bild des Menschen erläutern, das am engsten mit ihren Auffassungen über Gott, die Seele und die Welt verbunden ist. Die menschliche Seele ist ursprünglich ein Bild Gottes. Zu den naturgegebenen Begabungen der Seele gehören eine scharfsinnige Vernunft und ein edler Stolz, damit die Seele sich vom Übel fernhalten sollte und sich auf das Höhere, das heißt auf Gott, der in neuplatonischer Weise, nach dem Vorbild des Augustinus‹ das höchste Gut genannt wird, richten sollte. Auch Freundlichkeit, Großzügigkeit und der Wille, den/die Nächsten zu schonen, sollen zu den naturgegebenen Begabungen der Seele gehören. Mit Gottes Hilfe sollte der Mensch im asketischen und spirituellen Leben diese Begabungen aufs neue benutzen. Gerade dazu sei der Mensch auf Erden. In der Mystik B.s hat der/die Nächste seinen rechtmäßigen Platz. Die göttliche Liebe erfordert den Dienst an den Nächsten.

Werk: Seven Manieren van Minne, 1927; Vom göttlichen Reichtum der Seele, hg. v. J. O. Plassmann, 1951 (enthält dt. Übers.).
Literatur: Bernardi opera, hg. v. Migne, in: *Patrologiae cursus completus*. Series Latina, Bände I–IV, 1854; Codex Vindobonensis S.N. 12707; Codex Gandavensis 165; Codex Bruxellensis 4459 4470; R. de Ganck: Beatrice of Nazareth in her Context, 3 Bde, 1991; U. I. Meyer (Hg. in): Die Welt der Philosophin I, 1995; J. Van Mierlo/S. Roisin: L'hagiographie cistercienne dans le diocèse de Liège au 13e siècle. s. l., s. d; Vita Beatricis, hg. v. L. Reypens, 1964; HWP; WP.

Cornelia Wolfskeel

Beauvoir, Simone Bertrande de
französische Schriftstellerin und Philosophin, *1908, †1986

B. wurde am 9. Januar 1908 in Paris geboren. Sie wuchs in großbürgerlichen Verhältnissen auf, durch die sie frühzeitig eine Förderung ihrer geistigen Interessen und Fähigkeiten und kultureller Werte erfuhr. Nach Abschluß ihrer Schulzeit begann B. 1925 mit dem Studium und ging an die Sorbonne.

1928 beendete sie ihr Studium mit einer Abschlußarbeit über Leibniz. Während dieser Zeit lernte sie auch ihren späteren Lebensgefährten Jean-Paul Sartre kennen.

In den folgenden Jahren arbeitete B. als Lehrerin in Marseille, Rouen und später in Paris. Sie begann mit ersten schriftstellerischen Versuchen und schrieb einen Roman, der unveröffentlicht ist. Während der Kriegsjahre arbeitete sie intensiv an ihrem Erstlingswerk, *L'invitée* (Sie kam und blieb). Im Mittelpunkt dieser Geschichte steht das Problem der Anderen, die durch ihre Anwesenheit das Dasein der Protagonistin in Frage stellt und deren ›metaphysische‹ Eifersucht provoziert.

Bereits während der Kriegsjahre, nachdem Sartre 1941 aus der Gefangenschaft zurückgekehrt war, begann B. ihren nächsten Roman *Le sang des autres* (Das Blut der anderen). Er wurde erst 1945 veröffentlicht und gilt als einer der wichtigsten Resistance-Romane. Nach der Befreiung von Paris im Jahre 1944 wurde B. Gründungsmitglied der Zeitschrift *Les Temps Modernes*, und blieb bis zu ihrer Einstellung ständiges Redaktionsmitglied.

Die Zeit nach dem Zweiten Weltkrieg war für B. geprägt von theoretischen Arbeiten, sie selbst bezeichnete sie als moralische Phase. 1947 veröffentlichte sie eines ihrer wenigen philosophischen Essays *Pour une morale de l'ambiguité* (Für eine Moral der Doppelsinnigkeit). Zur gleichen Zeit begann sie mit der Arbeit an *Le deuxième sexe* (Das andere Geschlecht). Dieses Buch, das ursprünglich ihr eigenes Frausein zum Thema hatte, geriet ihr zu einer umfassenden Darstellung der Lage der Frau in unserer Gesellschaft. Unterbrochen wurden ihre Studien durch mehrere USA-Reisen und ihr daraus entstandenes Buch *L'Amérique au jour le jour* (Amerika – Tag und Nacht), das 1948 erschien. Im Jahr 1949 wurde *Das andere Geschlecht* veröffentlicht. B., die sich seit dem Krieg nur noch ihrer schriftstellerischen Arbeit widmete, erlangte durch den Erfolg dieses Buches im In- und Ausland große Popularität. In der Folgezeit wandte sich B. der Arbeit an ihrem bekanntesten Roman *Die Mandarins von Paris* zu. Darin beschreibt sie die intellektuelle Oberschicht im Nachkriegs-

Paris, deren Personen zum großen Teil an ihren direkten Freundeskreis angelehnt sind. Es erschien 1954 und wurde mit dem begehrten Prix Goncourt ausgezeichnet.

Mitte der 50er Jahre begab sich B. mit ihrer schriftstellerischen Arbeit auf ein neues Gebiet, die Autobiographie. Seit 1958 erschienen in loser Folge ihre vierbändigen Memoiren: *Mémoires d'une jeune fille rangée* (Eine Tochter aus gutem Hause), *La force de l'âge* (In den besten Jahren), *La force des choses* (Der Lauf der Dinge) und *Tout compte fait* (Alles in allem).

Daneben beschäftigte sich B. vor allem mit dem theoretischen Hintergrund des Themas Alter. Ihr Essay *La vieillesse* (Das Alter) kam 1970 heraus. Zu dieser Zeit hatte sie die Schwerpunkte ihrer politischen Arbeit bereits auf die Frauenbewegung konzentriert. Sie nahm an Demonstrationen teil und unterschrieb das Manifest 343, in dem sie sich zur illegalen Abtreibung bekennt. Sie hatte Kontakte zur Frauenbewegung in Amerika und in Deutschland und wurde 1974 zur Vorsitzenden der Frauenrechtsliga ernannt.

Der Tod Sartres 1980 riß B. für kurze Zeit aus ihrer engagierten Arbeit. In den folgenden Jahren widmete sie sich der Aufarbeitung ihrer Beziehung zu Sartre, die sich in den Büchern *La cérémonie des adieux* (Die Zeremonie des Abschieds) und *Lettres au Castor et à quelques autres* (Briefe an Simone de Beauvoir und andere) niederschlug. B. starb am 14. April 1986 in Paris.

B.s philosophisches Werk fußt auf den Inhalten des französischen Existentialismus, der von ihrem Lebensgefährten Jean-Paul Sartre geprägt wurde, und auf den B. in Diskussionen großen Einfluß nahm. Sie hat ihre philosophischen Gedankengänge in mehreren Aufsätzen niedergelegt, in denen sie sich vor allem auf Fragen der Moral und Ethik konzentriert, die der Existentialismus nur am Rande thematisiert. Im Mittelpunkt ihres Ansatzes steht das Handeln, das sie als einzige Möglichkeit zur Verwirklichung des Ichs definiert. Da der Mensch nicht ist, sondern existiert, muß er sich in jedem Augenblick als Existenz verwirklichen und seinen

Selbstentwurf permanent erneuern und überarbeiten und dadurch selbst überschreiten. Deshalb befindet sich das Subjekt immer in Bewegung, transzendiert die Gegenwart durch die zukünftigen Projekte. Menschsein bedeutet für B. in erster Linie Handlung und das Ziel der Handlung ist die Freiheit. Diese sieht B. nicht als absoluten Wert, sondern als etwas, das errungen werden muß. Jeder Mensch muß der eigenen Freiheit einen konkreten Inhalt geben. Deshalb ist die Freiheit eine Aufgabe und eine Form der Kommunikation mit dem/der Anderen. Die Freiheit der anderen sieht B. nicht als Einschränkung der eigenen Freiheit, sondern als Bedingung der eigenen Situation und Voraussetzung für die eigene Freiheit. Aus diesem Grund erklärt es B. zur Aufgabe aller Menschen, die Freiheit der anderen zu sichern und jede Unterdrückung radikal abzulehnen.

Diese philosophischen Grundlagen spiegeln sich auch in B.s feministisch-theoretischem Hauptwerk, *Das andere Geschlecht*, wider. B. bezeichnet es als existentialistische Ethik, in der sie die Weiblichkeit als kulturelles Konstrukt entlarvt, wodurch Frausein kein individuelles, sondern ein gesellschaftliches Problem wird. B.s Ausgangspunkt sind zwei zentrale Fragestellungen: Was ist eine Frau? und Warum ist die Frau die Andere? Sie beschreibt die Randposition der Frau in der Gesellschaft, ihren Ausschluß aus dem allgemeinen Menschsein und liefert eine umfassende Studie ihrer physiologischen, psychologischen und ökonomischen Realität sowie der gesellschaftlichen und privaten Unterdrückungsmechanismen. Den existentialistischen Anspruch einer absoluten Freiheit der Existenz können die Frauen nicht einlösen, da sie sich immer in einer unterdrückten Situation befinden. Die freie Wahl ist für sie keine lebbare Realität. B. definiert das weibliche Geschlecht als einen Ort, bereits vorgefundener und selbstimitierender kultureller Bedeutungen. Sie sieht es als Schicksal der Frau unfrei zu sein und durch die Unterdrückung von seiten der Männer diesem ausgeliefert zu werden.

Dieser vorgegebenen gesellschaftlichen Konditionierung unterlegt B. die Begriffe von Transzendenz und Immanenz. Sie sind hierarchisch angeordnet, wobei die Transzendenz stellvertretend für geistige und intellektuelle Aspekte und die Immanenz für Körperlichkeit steht. Übertragen auf die Geschlechterbeziehung wird die Transzendenz zum Attribut des Mannes, während die Frau Repräsentantin der Immanenz ist. Von dem eigentlichen Menschsein, das B. mit Aktivität gleichsetzt, bleibt die Frau ausgeschlossen. Sie ist dem Bereich der Immanenz verhaftet, der durch Passivität, Wiederholung und Unproduktivität gekennzeichnet ist.

Mit ihrer Feststellung »Wir werden nicht als Frauen geboren, wir werden dazu gemacht« deckt B. die patriarchale Falschmeldung auf, die Frau müsse, aufgrund ihrer biologischen Fähigkeiten auch ihre Unterdrückung in Kauf nehmen. Sie definiert die geschlechtliche Arbeitsteilung als patriarchales Dogma und thematisiert die Differenz zwischen dem biologischen und dem sozialen Geschlecht. Ein wesentliches Moment der Unterdrückung sieht B., neben der typisch weiblichen Sozialisation, in den Determinanten Mutterschaft und Hausfrauendasein. Beide gelten nicht als schöpferische Akte, sondern unterstützen die passive Rolle der Frau. Die patriarchale Verherrlichung der Mutterrolle und die damit einhergehende Annahme eines Mutterinstinktes bei allen Frauen lehnt B. radikal ab. Sie entmythisiert die Mutterrolle, indem sie die patriarchalen Zwänge dieser Funktion verdeutlicht.

In Übereinstimmung mit dem existentialistischen Ziel der Selbstverwirklichung macht B. den Frauen den Vorwurf, sich der patriarchalen Definition des Weiblichen selbst unterzuordnen. Sie fordert die Frauen auf, ebenso wie die Männer den Bereich der Transzendenz zu erobern und die Immanenz ihrer Körper zu überwinden. Die Möglichkeit zur Befreiung der Frau aus ihrer unterdrückten Lebenssituation sieht B. in erster Linie im Kampf für die gesellschaftliche und politische Gleichstellung und die wirtschaftliche Unabhängigkeit. Als eigentlichen Akt der Emanzipation kennzeichnet sie die Abkehr von der als natürlich verstandenen Weiblichkeit. Sie schlägt ein Konzept der Gleichheit der Geschlechter vor, wonach die Frau die Hausarbeit ablehnen soll, um berufstätig zu werden. Sie soll wie ein Mann verantwortliche Positionen anstreben, sich von den Normen einer traditionellen, patriarchal geprägten Weiblichkeit befreien und eigene Ziele verfolgen, um sich selbst zu verwirklichen und dadurch ihre eigene Immanenz zu überschreiten. Die Gleichheit von Frau und Mann ist für B. dann realisiert, wenn gegenseitige Anerkennung und Respekt in den Beziehungen möglich sind.

Werk: Die Mandarins von Paris, 1955; Das andere Geschlecht, 1968; Memoiren einer Tochter aus gutem Hause, 1968; In den besten Jahren, 1969; Der Lauf der Dinge, 1970; Das Alter, 1972; Alles in Allem, 1976; Soll man de Sade verbrennen? 1983; Die Zeremonie des Abschieds, 1986; Auge um Auge, 1987.
Literatur: D. Bair: Simone de Beauvoir, 1990; M. Evans: Simone de Beauvoir. Ein feministischer Mandarin, 1986; U.I. Meyer: Einführung in die feministische Philosophie, 1994; Ch. Zehl Romero: Simone de Beauvoir, 1978; Barth; WP.

Ursula I. Meyer

Beecher, Catherine Esther
amerikanische Philosophin und Frauenrechtlerin, *1800, †1878

B. wurde am 6. September 1800 auf Long Island (USA) geboren. Sie war die Tochter des calvinistischen Theologen Lyman Beecher und dessen Frau Roxana. Die Mutter starb früh, und ihr Vater heiratete seine zweite Frau, Harriet Porter. B. erhielt eine typisch puritanische Erziehung; sie bestand aus religiösen Studien, der Beschäftigung mit lateinischer und englischer Poesie, mit amerikanischer Literatur, Mathematik und anderen Wissenschaften sowie spezieller Frauenarbeit wie Hausarbeit, Kindererziehung u.ä. B. wurde in der Familie dazu angehalten ihre schulische Arbeit durch häusliche Studien zu ergänzen, sie mußte viel lesen, schreiben und diskutieren.

1822 eröffnete sie, zusammen mit ihrer Schwester Harriet, eine Schule in Connecticut. Beide waren als Lehrerinnen sehr erfolgreich; sie hatten über 160 Schülerinnen und führten die Schule 10 Jahre lang. Da sie die vorhandenen Lehrbücher für ungeeignet hielt, verfaßte B. selbst Schulbücher für Arithmetik, Theologie und Moralphilosophie. Ihr war das körperliche und moralische Training ihrer Schülerinnen genauso wichtig wie die Ausbildung ihrer intellektuellen Fähigkeiten.

Zusammen mit ihrer Schwester Harriet Beecher Stowe hat B. auch das Buch *The American Woman's Home* verfaßt. Darin untersuchen sie die Dienstbotenfrage und entwickeln ein Modell, wie eine Familie ohne Angestellte ihren Haushalt führen solle.

1832 ging B. mit ihrem Vater nach Cincinnati und eröffnete dort ein Frauenseminar. Ihr Ziel war es, den Frauen körperliche, soziale, intellektuelle und moralische Bildung zu vermitteln. 1847 gründete sie zusammen mit William Stach *The National Board of Popular Education* und 1852 die *American Women's Educational Association*. Darin bildete sie junge engagierte Lehrerinnen aus. Sie organisierte Gemeinschaften für Lehrerinnen, entwickelte Pläne wie das ganze Land mit guten Lehrerinnen versorgt werden könnte, schrieb, diskutierte und reiste herum, um ihre Ideen zu verbreiten. Außerdem gründete sie das *Quincy College* in Illinois sowie das *Milwaukee Female Institute* in Wisconsin.

B. starb am 12. Mai 1878 in Elmira (New York).

B. gehört zu den profiliertesten amerikanischen Autorinnen philosophischer und erziehungstheoretischer Texte. In den meisten ihrer Schriften befaßt sie sich mit Moral, Religion, sozialer und politischer Philosophie. Ihre philosophischen Arbeiten basieren auf religiösen und speziellen ethischen Theorien. Sie verbindet Einflüsse der schottischen ›Common Sense Philosophie‹ mit den puritanischen Tugenden Selbstverleugnung und Opferbereitschaft. Dabei vertritt sie die Auffassung, daß sich die Geschlechter ergänzen und hat eine bestimmte Vorstellung von der weiblichen Natur, die durch ihre calvinistische Erziehung beeinflußt wurde. B. verfaßte drei Texte zur Religionsphilosophie: *Letters on the Difficulties of Religion*, *An Address to the Protestant Clergy of the United States* und *An Essay on Cause and Effect in Connection with the Difference of Fatalism and Free Will*, in denen sie sich mit dem Calvinismus auseinandersetzt. Besonders kritisiert werden die geistigen und sozialen Grenzen, die der neuenglische Puritanismus den Frauen setzte.

B. ist die erste amerikanische Vertreterin einer ›Common Sense Philosophie‹. Ihr Ansatz basiert auf einer Revision der puritanischen Ethik und auf dem moralpsychologischen Ansatz des Common Sense Vertreters Reid.

Da die puritanischen Tugenden Unterwerfung, Selbstverleugnung und Opferbereitschaft immer als typisch weibliche definiert werden, plädiert B. in ihrer Arbeit *The Elements of Mental and Moral Philosophy, Founded upon Experience, Reason, and the Bible* dafür, diese Tugenden für beide Geschlechter zur Zielsetzung zu erklären, besonders wichtig seien sie für gesellschaftliche Führungspersonen. B. übernimmt hier die rationalistische Haltung, daß der Geist die Quelle für seine eigenen Gesetze und moralischen Grundlagen sein muß und ergänzt sie durch Gedanken der utilitaristischen Perspektive: der Geist, der in einem Mitglied eines sozialen Systems existiert, hängt mit dem Geist der anderen zusammen. Nur indem man die Tugenden in den anderen fördere, könne man die Entwicklung der sozialen Gleichberechtigung beschleunigen.

In einem weiteren philosophischen Werk mit dem Titel *Common Sense Applied to Religion, or the Bible and the People*, befaßt sich B. kritisch mit dem Thema Sünde bei Augustinus. Für sie liegt die wirkliche moralische Herausforderung nicht darin, nicht zu sündigen, sondern in der Welt zu leben, und ein Teil von ihr zu sein, und trotzdem den Versuchungen zu widerstehen. Die Leistung für die einzelne/den einzelnen sieht B. nicht darin zu entscheiden, was richtig ist, sondern darin, im Kampf zwischen gut und böse aufgrund der Tugenden zu bestehen.

In *An Appeal to the People on Behalf of their Rights as Authorized Interpreters of the Bible* verbindet B. ihre soziale und politische Philosophie mit ihren moralischen und religiösen Vorstellungen. Darin wird auch ihre calvinistische Sichtweise deutlich, die dazu anleitet, Bedürfnisse zu kontrollieren. Ihre Vorstellung von Nützlichkeit ist es auch positive Pflichten für das Individuum zu erfüllen und nicht nur die Pflichten der Gemeinschaft und des Staates. Es ist die Pflicht das zu tun, was für die meisten den meisten Nutzen bringt. B. ist der Meinung, daß nicht nur der Calvinismus und die utilitaristische Philosophie das moralische Handeln der Menschen beeinflussen, sondern auch religiöse Grundsätze, wie Gutherzigkeit in das Handeln einfließen sollten. Sie bezeichnet dieses Prinzip als Redlichkeit. Darunter versteht sie persönliche Opfer für das Wohl der anderen, die verbunden sind mit dem Bestreben, soziale Fehler zu berichtigen und soziale Gerechtigkeit zu leben. Ihr Ansatz ist somit eine Verbindung von utilitaristischer Sozialpraxis mit den Notwendigkeiten von Recht und Gerechtigkeit. Deshalb ist es das Prinzip der Redlichkeit, daß eine Handlung nicht nur positive Konsequenzen haben und selbstaufopfernd sein muß, sondern auch von dem Bestreben, Gerechtigkeit zu praktizieren, bestimmt werden muß. B. bezieht diesen Ansatz vor allem auf die Sklaverei.

In ihrer Schrift *An Essay on Slavery and Abolitionism with Reference to the Duty of American Females* formuliert B. zwei moralische Prämissen: eine Handlung ist dann moralisch richtig, wenn die moralische Führung die Tugenden der anderen fördert, eine moralische Führung muß falsch Handelnde mit Sorge anleiten und diejenigen Tugenden herausstellen, die mißachtet wurden. So sieht sie es als eine weibliche Pflicht, die Abschaffung der Sklaverei zu unterstützen, trotzdem setzt sie sich auch kritisch mit einigen Vertreterinnen der abolitionistischen Position, wie Angelina Grimké, auseinander.

B. bezeichnet die Frauen in ihrem Essay als moralisches Vorbild für die Männer und für die Nation. Sie spricht sich für die Toleranz gegenüber unterschiedlichen Meinungen, für ihre gewaltlosen Demonstrationen, als Instrument des Aufstands und für ihre Arbeit gegen die Schwierigkeiten, die um die Bewegung der Abolitionisten entstand, aus. Sie stellt fest, daß Freiheit für alle nützlich ist und alle Menschen glücklich macht, deshalb ist die Abschaffung der Sklaverei nicht nur nützlich, sondern auch tugendhaft.

B. hat noch zwei weitere Arbeiten speziell zur Frauenproblematik verfaßt: *The Duty of American Women to their Country* und *The Evils Suffered by American Women and American Children: The Causes and the Remedy*. Darin argumentiert B. für die spezifisch weibliche Pflicht, andere zu erziehen und ein positives moralisches Beispiel hinsichtlich menschlicher Tugenden zu geben. Die weibliche Natur liegt für B. in ihrer Rolle bei der Geburt, der Kindererziehung und bei Sozialreformen. Die Frauen schaffen ein Heim und die Familie ist ein Mikroorganismus im Staat. B.s Grundhaltung gegenüber den Pflichten der Frau ist bestimmt durch ihr calvinistisches Erbe. Aber sie überschreitet es, indem sie die Frau nicht nur auf ihr Ehefrau- und Mutterdasein reduziert. Ihre Pflichten gehen über ihren privaten Lebensraum hinaus in die sozialen Belange des Staates, welche die Frauen mitbestimmen sollen, um ihren häuslichen Aufgaben gerecht werden zu können. Darin wird auch B.s Verknüpfung von Calvinismus und Common Sense Philosophie deutlich. Die Frauen sollen die Welt zu einem tugendhaften Ort machen, an dem sie tugendhafte Kinder erziehen können. Sie sollen andere durch ihr Vorbild, durch Unterricht und durch Beeinflussung zu tugendhaftem Handeln bewegen. Um diese Aufgabe zu unterstützen verfaßte B. noch einige Schriften, die an Lehrerinnen, Dienstbotinnen u.a. gerichtet waren. Sie macht deutlich, daß Frauen von Natur aus tugendhafter sind als Männer. Deshalb müssen sie ihre Fähigkeiten auch außerhalb des Hauses einsetzen, um die Sozialpraxis zu reformieren, welche von Männern etabliert wurde und deren Moral und Tugendhaftigkeit unsicher sei. Obwohl B. die moralische Überlegenheit der Frauen gegenüber Männern vertrat, war sie der Meinung, daß Männer den Staat regieren sollten; moralisch schwache Männer sollten dabei von Frauen unterstützt werden.

Werk: The Elements of Mental and Moral Philosophy, Founded upon Experience, Reason, and the Bible, 1831; Letters on the Difficulties of Religion, 1836; The Duty of American Women to their

Country, 1845; An Address to the Protestant Clergy of the United States, 1846; The Evils Suffered by American Women and American Children, 1846; The True Remedy for the Wrongs of Women, 1851; Common Sense Applied to Religion, or the Bible and the People, 1857; An Appeal to the People on Behalf of their Rights as Authorized Interpreters of the Bible, 1860; The American Woman's Home, or Principles of Domestic Science, (mit H. Beecher Stowe) 1869; Woman's Profession as Mother and Educator with Views in Opposition to Woman Suffrage, 1872.
Literatur: K.K. Sklar: Catherine Beecher. A Study in American Domesticity, 1973 (ausführliche Bibliographie); HWP; WomBio; WP.

Ursula I. Meyer

Bendemann, Margarete von → Susman, Margarete

Bender, Hedwig
Philosophin, Schriftstellerin und Frauenrechtlerin, *1854, †um 1918

B. wurde am 22. Februar 1854 in Luxemburg geboren. Ihr Vater war ein preußischer Oberstleutnant, ihre Mutter eine geborene von François (verwandt mit dem bei Spichern gefallenen General v. François und den Schriftstellerinnen Klothilde v. Schwarzkoppen, geb. v. François, und Louise v. François). B. lebte von 1854–59 in Luxemburg, 1859–66 in Glatz/Schlesien und 1866–77 in Bad Oynhausen, Hannover, Bückeburg, Preußisch-Minden und Dresden. Sie besuchte private Mädchenschulen und in Hannover die Städtische Höhere Mädchenschule. Dort bestand sie 1872 das Lehrerinnen-Examen, ohne danach jemals in diesem Beruf zu arbeiten. Zunächst versuchte sie sich in Landschafts- und Blumenmalerei. Angeregt durch Schriften von Herder und Goethe beschäftigte sie sich mit Philosophie. Ihre Arbeiten erschienen in verschiedenen Zeitschriften *(Zeitschrift für Philosophie und philosophische Kritik, Westermanns Monatshefte, Nord und Süd)*. Ab 1877 lebte sie unter wechselnden Adressen in Eisenach, wo sie wahrscheinlich während des Ersten Weltkrieges starb.

Ihre eigenen Lebenserfahrungen und die in Deutschland erstarkende Frauenbewegung ließen B. zu einer aktiven Kämpferin für die Selbstverwirklichung der Frau werden. Sie arbeitete sowohl im Allgemeinen Deutschen Frauenverein (gegr. 1865) mit als auch im Allgemeinen Deutschen Lehrerinnen-Verein (gegr. 1890).

Im Juni 1886 erschien ihr erstes philosophisches Werk *Zur Lösung des metaphysischen Problems*. In vier Abschnitten (Die Substanz als Ding an sich, Über die Idealität von Raum und Zeit, Die Atomenlehre, was sie leistet und was ihr fehlt und Substanzialität, Kausalität und Wechselwirkung die einzigen ursprünglichen Kategorien) liefert sie »eine Neubegründung der großen einheitlichen Weltanschauung Spinozas unter Zuhülfenahme der Atomistik und einer freien selbständigen Auffassung der Kantschen Lehren von der Idealität des Raumes und der Zeit.« (1)

1890 schreibt sie ein Lebens- und Charakterbild von *Giordano Bruno*. Sie würdigt ihn als größten Philosophen Italiens und der Renaissance, als Schöpfer der modernen pantheistischen Weltanschauung, »die in Spinozas Lehre ihre konsequenteste wissenschaftliche Ausgestaltung und in Goethes Poesie ihre herrlichste dichterische Verkörperung fand.« (2)

1891 folgt der Artikel *Märtyrer des freien Denkens aus alter und neuer Zeit*. 1893 berichtet sie in dieser Reihe (Sammlung gemeinverständlicher wissenschaftlicher Vorträge) über die englische Schriftstellerin → George Eliot und über ihre Verwandte mütterlicherseits, die deutsche Schriftstellerin Louise von Francois.

1891 erschienen ihre Arbeiten zur Frauenfrage: *Die Frauenbewegung in Deutschland* und *Frauenwünsche und Frauenbestrebungen*. Im Vergleich zu England, Frankreich und den USA ist die Frauenbewegung im Deutschland dieser Zeit eine soziale Strömung, die »langsam, aber stetig im Wachsen begriffen ist ... immer energischer und zielbewußter auftritt.« (3)

B. begründet, warum sie keine politischen Rechte, insbesondere kein aktives und passives Wahlrecht für Frauen fordert: dem Mann gebühre die Vorherrschaft im öffentlichen (staatlichen und kommunalen) Leben, der Frau der Vorrang im geselligen Leben und die Herrschaft im Haus, wobei jeder Teil die Interessen und Bedürfnisse des anderen Teils beachten muß. »In allen, rein persönliche Angelegenheiten betreffenden Punkten dagegen müßten beide Parteien einander gesetzlich vollkommen gleichstehen und durchaus in jeder Beziehung das Recht der freien Selbstbestimmung besitzen.« (3) Mit ihren Forderungen – nach 1. einer der Frau würdigen und gerechten gesetzlichen Stellung, 2. einer ihrem Stande entsprechenden allgemeinen Bildung und 3. zahlreichen Gelegenheiten zur Ausbildung für alle möglichen Berufe – gehört sie zum gemäßigten Teil innerhalb der bürgerlichen Frauenbewegung. Unter dem Aspekt der Berufstätigkeit der Frau setzt sie sich als Ideal für Frauenhochschulen ein bzw. als Mindestforderung für besondere Mädchengymnasien mit Zugangsberechtigung zu allen Universitäten, um Ärztin, Lehrerin, Juristin u. ä. zu werden.

1894 fragt sie in ihrer philosophischen Arbeit *Über das Wesen der Sittlichkeit* nach dem letzten Ziel sittlichen Verhaltens (= Allgemeinwohl) und bestimmt auf der Grundlage von Kants *Kritik der praktischen Vernunft* einen präzisen Rechts- und Sittlichkeitsbegriff sowie die ihnen verwandten Begriffe vom Guten und Bösen. Gilt für Kant nur die subjektive Seite der Sittlichkeit, so wurzelt sie nach B. in objektiv realen Verhältnissen und hat ihren Grund in der Stellung, die der einzelne/die einzelne innerhalb der Gesamtheit einnimmt. Subjektiv betrachtet entspringt sie aus der Einsicht in die aus diesem Verhältnis erwachsenden Verpflichtungen und bedingt so die auffallende Differenzierung in der Geschichte der Völker. Allein die menschliche Vernunft ist »in Wahrheit die einzige und alleinige Urheberin aller wahren Sittlichkeit«. (4)

1897 erscheint ihr Werk *Philosophie, Metaphysik und Einzelforschung: Untersuchungen über das Wesen der Philosophie im allgemeinen und über die Möglichkeiten der Metaphysik als Wissenschaft und ihr Verhältnis zur naturwissenschaftlichen Forschung im besonderen.* In Abgrenzung sowohl vom Vulgärmaterialismus als auch von der idealistisch-spekulativen Naturphilosophie beweist sie an historischen Beispielen (Prinzip der Krafterhaltung bzw. Energieerhaltungssatz von Helmholtz, Mayer und Joule und Darwinsche Entwicklungstheorie), daß sich Philosophie und Naturwissenschaft funktional bedingen; »die Resultate einer jeden sind unvollständig, so lange sie nicht an denen der andern die Ergänzung finden, die ihnen fehlt.« (5) Die bisher zufällige und spontane Wechselwirkung zwischen beiden Disziplinen bringt wertvollere Resultate bei einem systematischen und zielbewußten Zusammenwirken, wenn jede Disziplin die Selbständigkeit der anderen in ihren Grenzen respektiert.

Werk: Zur Lösung des metaphysischen Problems: Kritische Untersuchungen über die Berechtigung und den metaphysischen Werth des Transzendental-Idealismus und der atomistischen Theorie, 1886 (1); Giordano Bruno: Ein Märtyrer der Geistesfreiheit. Sammlung gemeinverständlicher wissenschaftlicher Vorträge 102, 1890 (2); Märtyrer aus alter und neuerer Zeit. Sammlung gemeinverständlicher wissenschaftlicher Vorträge 132, 1891; George Eliot. Sammlung gemeinverständlicher wissenschaftlicher Vorträge 170, 1893; Louise von Francois. Sammlung gemeinverständlicher wissenschaftlicher Vorträge 208, 1894, S. 595–630; Die Frauenbewegung in Deutschland, 1891; Frauenwünsche und Frauenbestrebungen, Deutsche Zeit- und Streitfragen. Flugschriften zur Kenntnis der Gegenwart 91, 1891 (3); Über das Wesen der Sittlichkeit und den natürlichen Entwicklungsprozeß des sittlichen Gedankens, 1891 (4); Philosophie, Metaphysik und Einzelforschung: Untersuchungen über das Wesen der Philosophie im allgemeinen und über die Möglichkeit der Metaphysik als Wissenschaft und ihr Verhältnis zur naturwissenschaftlichen Forschung im besonderen, 1897 (5).

Karin Aleksander

Benhabib, Seyla
türkisch/amerikanische Feministin und Philosophin, *1950

B. wurde am 9. September 1950 in Istanbul (Türkei) geboren. Sie hat seit 1989 die amerikanische Staatsangehörigkeit. Mit ihrer Dissertation *Natural Right and Hegel. An Essay in Modern Political Theory*, promovierte sie an der Yale Univer-

sity. Sie war ›Visiting Professor‹ an verschiedenen europäischen und amerikanischen Universitäten und ›Professor of Political Science and Philosophy‹ an der Graduate Faculty, New School for Social Research (New York, 1991–93). Zur Zeit ist sie Professor of Government am Department of Government der Harvard University und Mitherausgeberin der Zeitschrift *Praxis International*.
B.s Forschungsgebiete liegen in der sozialen und politischen Philosophie des 19. und 20. Jahrhunderts in Europa, insbesondere im deutschen Idealismus (Hegel, Marx, Weber, Arendt), in der feministischen Theorie (aus einer historischen und analytischen Perspektive), in der Geschichte der modernen politischen Theorie (von Hobbes bis Mill), in der Grundlegung der Ethik (in zeitgenössischen neuaristotelischen und neukantianischen Theorien), und auch in den Problemen der Philosophie und Methodologie der Sozialwissenschaften.

B. sieht sich in der Tradition der kritischen Sozialtheorie, obwohl sie auch von einem hegelianischen Standpunkt aus die Kritische Theorie in Frage gestellt hat. In *Critique, Norm and Utopia* macht sie auf die materiellen Bedingungen der Möglichkeit des Formalismus aufmerksam, insofern sie auf einem bestimmten Typus von universalistischer, postkonventioneller Subjektivität basieren. Sie lehnt also die pragmatisch-universalistische Form von Rechtfertigung der diskursiven Ethik ab, denn »... Die ideale Sprachsituation ist eine zirkuläre Konstruktion, die die Normen, deren Geltung bewiesen werden müßte, voraussetzt« (1).
Andererseits verweist B. auf die Gefahr, daß das diskursive Modell in seiner kantianischen Inspiration das Gebiet der juristischen Beziehungen gegenüber anderen Formen der sozialen Beziehungen bevorzugt. Sie betont die Fähigkeit der diskursiven Situation, die Interessen zu beleuchten und sie neu zu interpretieren, darin besteht eigentlich ihr Emanzipationspotential. Wie auch andere Philosophinnen, die die männliche Prägung der Vorstellung der Vernunft in ihrer illusorischen Ontogenese – wie etwa → Luce Irigaray aus ganz anderen Voraussetzungen – kritisieren, weist B. darauf

hin, daß eine ständige Selbstreflexion über die Bedingungen der Möglichkeit der Vernunft notwendig ist; die Vernunft kann diese Bedingungen niemals ganz bestimmen. Damit warnt sie vor dem »... rationalistischen Fehlschluß, der die Vernachlässigung der Kontingenzen des Diskurses mit sich bringen würde, und der annehmen würde, daß das ethisch-kommunikative Ideal nicht an die Kontingenzen der Lebenszusammenhänge gebunden ist.« (1)

B.s Anliegen ist es, die Grenzen einer rationalistischen Interpretation der kommunikativen Ethik aufzuzeigen und die materialen Bedingungen der Möglichkeit der kommunikativen Situation zu betonen. Auch in ihrem Werk *Situating the Self* finden wir diese Tendenz zur Kontextualisierung in bezug auf das Subjekt vor. Sie hat das Ziel, die Möglichkeit des Projekts eines ›interaktiven‹ Universalismus, der in der Lage ist, die Herausforderungen des Kommunitarismus, Postmodernismus und Feminismus zu vereinigen, zu beweisen.

B. geht von der feministischen Kritik an der Trennung privat-öffentlich aus und stellt Habermas' Trennung zwischen Gerechtigkeit und gutem Leben in Frage, insofern sich beide Bereiche aus den jeweiligen Geschlechtskontexten überlappen. Da die diskursive Methode für die Ziele des Feminismus sehr geeignet ist, untersucht B. von ihr aus die Konsequenzen der bekannten Arbeiten von Carol Gilligan über die Universalität des sogenannten Kohlberg-Paradigmas der moralischen Entwicklung. B. ist der Meinung, daß von einer feministischen Perspektive aus, die empirischen Arbeiten Gilligans nicht im Sinne einer ›weiblichen Ethik der Fürsorge‹ als Alternative zu der universalistischen Orientierung der Ethik interpretiert werden sollen. Eine für das Leben der modernen Gesellschaften geeignete Ethik fordert – nach B. – eine universalistische Charakterisierung der Idee von Unparteilichkeit und des ethischen Standpunktes. Aus dieser Charakterisierung entsteht jedoch keine Abgrenzung des ethischen Bereiches – als Bereich der Gerechtigkeitsfragen – gegenüber den Fragen des guten Lebens, die man wiederum als ›persönlich‹ betrachten würde. B. wirft Habermas und Kohlberg vor, den Standpunkt einer universalistischen Ethik mit einer genauen Definition des in der Gerechtigkeit zentrierten moralischen Bereiches zu verwechseln. Darüberhinaus zeigt sie, daß unter dieser Abgrenzung ein Geschlechtersystem liegt, das die Perspektive des erwachsenen Mannes privilegiert; wobei vernachlässigt wird, daß wir alle einmal Kinder waren, und daß die Abhängigkeits- und Fürsorgebeziehungen grundlegend sind für die Entwicklung der ethischen Kompetenz der autonomen Individuen. Weder die Gerechtigkeit noch die Fürsoge haben die Oberhand. Der Vorschlag B.s, die von der Moderne gefestigten Grenzen zwischen Gerechtigkeit und gutem Leben flexibler zu machen, ist aus einer stark kritischen Perspektive formuliert worden, die die Geschlechtsprägungen in der Ethik hervorhebt. Daher stellt ihre Stellungnahme eher einen kohärenten und sehr anregenden Vorschlag als einen rein eklektischen dar.

B. befaßt sich auch kritisch mit den ungeprüften Voraussetzungen der Vertragstheorien von Hobbes bis Rawls, insofern sie eine nicht kohärente Abstraktion darstellen, die sie mit dem Begriff des ›verallgemeinerten Anderen‹ zum Ausdruck bringt. Demgegenüber schlägt B. die Idee des ›konkreten Anderen‹ vor, um die weißen Flecken und Grenzen der klassischen Vertragstheorien zu beleuchten. Das Geschlecht und das ›Ich‹ sind wiederum Forderungen der feministischen Theorie insofern sie eine kritische Sozialtheorie darstellt, die die Geschlechterproblematik sichtbar macht. Aus diesem Grund ist es nicht verwunderlich, daß B. die Beziehung zwischen Feminismus und Postmodernismus als eine ›schwierige Allianz‹ bezeichnet, denn ihre jeweiligen Kritiken an der Modernität tendieren in verschiedene Richtungen. Sie schlägt daher als Alternative eine schwache Version vom Tod des Subjekts vor, die die männlichen Prägungen filtriert und die Autonomie, die für die Ziele des Feminismus unabdingbar ist, aufrechterhält.

Zur Zeit arbeitet B. an mehreren Büchern: eines behandelt den Feminismus und das Subjekt in der Zeit der Postmoderne, ein weiteres die Beziehung zwischen den Modellen von Rationalität und den Paradigmen der demokratischen Legitimierung.

Werk: Critique, Norm and Utopia: A Study of the Foundations of Critical Theory, 1986 (dt: Kritik, Norm und Utopie, 1992); Feminism as Critique. Essays on the Politics of Gender in Late-Capitalist Societies (mit D. Cornell), 1987; Situating the Self. Gender, Community and Postmodernism in Contemporary Ethics, 1992; Selbst und Kontext, 1992; The Reluctant Modernism of Hannah Arendt, Sage Publications, 1993; The Communicative Ethics Controversy (mit F. Dallmayr); Der Streit um Differenz, 1993; zahlreiche Artikel in amerikanischen und deutschen Zeitschriften.
Literatur: U.I. Meyer: Einführung in die feministische Philosophie, 1994.

Celia Amorós
(Übers. M.L.P. Cavana)

Berenike
römische Philosophin, *28 n.u.Z.

B. war eine jüdische Prinzessin, die Tochter des Agrippa I. von Judäa und die Schwester von Agrippa II. Sie war verheiratet mit dem römischen Imperator Titus, dem sie nach Rom folgte. Da sie dort großen Anfeindungen ausgesetzt war, trennte sie sich wieder von ihm.
Photius erwähnt B. in seiner *Bibliotheca* als Philosophin, von der Stobaeus ein Apothegem entlehnte.

Literatur: G. Menage: The History of Women Philosophers, 1690/1984; WP.

Ursula I. Meyer

Besant, Annie
englische Theosophin und politische Aktivistin, *1847, †1933

B. wurde als Annie Wood 1847 in London geboren. Sie stammte aus einer englisch-irischen Familie. 1867 heiratete sie den protestantischen Priester und Theologen, Frank Be-

sant, trennte sich jedoch 1873 aus ideologischen Gründen von ihm und bekannte sich zum freigeistlichen Denken.
Gemeinsam mit Charles Bradlaugh verteidigte sie den Atheismus und die Geburtenkontrolle. Sie war Mitherausgeberin des *National Reformer*, und wegen ihres Atheismus wurde sie 1874 zur Vizepräsidentin der National Secular Society gewählt. Aufgrund der Veröffentlichung eines verbotenen Bändchens von Ch. Knowltons *Fruits of Philosophy* wurde sie 1877 verurteilt und verlor die Vormundschaft über ihre Tochter. Im selben Jahr erschien ihr Buch *The Gospel of Atheism*. Später studierte sie an der Universität London und wurde zu einer aktiven sozialistischen Kämpferin. 1885 verband sie sich mit Fabian Party und entfernte sich daher ideologisch von Bradlaugh. 1888 organisierte sie den großen Streik von Arbeiterinnen der Streichholzindustrie.
B. war auch Mitglied des London School Board (1887–90) und kämpfte für eine Schulreform. Sie wirkte weiterhin an den *Fabian Essays* mit, die George Bernard Shaw 1889 veröffentlichte. Im gleichen Jahr wurde sie durch den Einfluß von → Helena Blavatska zur Theosophie bekehrt und verteidigte von nun an mit Leidenschaft diesen Glauben. 1907 wurde sie Präsidentin der Theosophical Society, nachdem H. S. Olcott Mitbegründer und erster Präsident der Gesellschaft, gestorben war. Die Lehren dieser Gesellschaft betonen den Dienst an der Menschheit im Rahmen eines spirituellen Evolutionismus, der aus der esoterischen Ost-West-Philosophie und aus den übernatürlichen Meistern der Weisheit stammt. B. eignete sich das theosophische Gedankengut an und ihre zahlreichen Bücher und Artikel werden auch heute noch als die besten Darstellungen der theosophischen Lehre angesehen. B.s Schriften handeln von Religion und Philosophie, insbesondere vom Tod und von der Wiedergeburt, wie zum Beispiel *Esoteric Christianity*.
Während ihres Aufenthaltes in Indien 1898 gründete sie das Hindu College in Benares. Sie lernte Sanskrit und übersetzte die *Bhavagad Gita*. Außerdem engagierte sie sich in der indischen Politik und kämpfte für die Unabhängigkeit des Landes. Sie wurde Herausgeberin der Zeitung *New India* in Madras.

Darüberhinaus gründete und leitete sie die Home Rule India League (1916). 1917 wurde B. zur Präsidentin des Indian National Congress gewählt, sie übte dieses Amt bis 1923 aus.
B. unterstützte Srinivasa Sastri bei der Bildung der National Constitutional Convention (1924) und förderte den spirituellen Führer Jiddu Krishnamurti.
Sie starb 1933 in Adyar, Madras (jetzt Tamil Nadu, Indien).

Werk: An Autobiography, 1893; Die Aufgabe der theosophischen Gesellschaft, 1909; Die Aufgabe der Politik im Leben der Völker, 1909; Das Geheimnis der Entwicklung, 1909; Die Hüter der Menschheit, 1909; Hâtha-Yoga und Râja-Yoga oder geistige Entwicklung nach altindischer Methode, 1909; Die Gesetze des höheren Lebens, 1909.

Mercè Otero Vidal
(Übers. M.L.P. Cavana)

Birgitta von Schweden
Mystikerin, *1302, †1373

B. wurde im Jahre 1302 als Tochter einer adeligen Familie in Finstad, in der Nähe von Stockholm, geboren. Ihr Vater Birgerus war ›Lagman‹, ein Landvogt der schwedischen Provinz Uppland und stammte aus dem Geschlecht des berühmten Königs Sverker I. (1134–1156). Auch ihre Mutter Ingeborg war mit dem schwedischen Königshaus verwandt. Aus politischen Gründen wurde B. bereits als vierzehnjährige mit Olaf Gudmarsson, dem Landvogt der Provinz Närke verheiratet. Im Laufe der 28 Jahre dauernden Ehe brachte B. acht Kinder zur Welt, welche sie alle überlebte, mit Ausnahme ihrer Tochter Caterina und ihres Sohnes Birgerus.
Auf einer Pilgerfahrt nach Santiago de Compostela (1341 bis 1343) entschlossen sich B. und ihr Gatte, die Ehe nicht mehr zu vollziehen. Olaf zog sich 1343 in das Zisterzienserkloster Alvastra zurück, wo er 1344 starb. Nach dem Tode ihres Ehemannes begab sich auch B. nach Alvastra. Hier wurde sie von ihren wichtigsten Visionen überwältigt. So wurde sie im

Jahre 1346 in einer ekstatischen Vision von Maria beauftragt, einen neuen Orden zu gründen. König Magnus Eriksson kam ihr zur Hilfe und stiftete das Landgut Vadstena, in dem das erste Kloster des neuen Ordens, das Erlöserkloster, gegründet wurde. Hier konnten 60 Schwestern und 25 Brüder nach den von B. veröffentlichten Regeln, allerdings in zwei unterschiedlichen Höfen unter der Führung einer Äbtissin leben. Die Äbtissin galt als Vertreterin Marias.
1349 machte B. sich auf nach Rom, wo sie, nur unterbrochen durch eine 1372 stattfindende Pilgerfahrt ins Heilige Land, bis zu ihrem Tod 1373 den Rest ihres Lebens verbracht hat. Sie starb nach einem Leben voller geistlicher und praktischer Tätigkeit. Im Jahre 1391 wurde sie heilig gesprochen (kanonisiert).

B. ist eine Mystikerin des vierzehnten Jahrhunderts, die, wie sich aufgrund ihrer Schriften feststellen läßt, auch als Philosophin anerkannt werden sollte. Ihre philosophische Arbeit war, wie ihre politische Tätigkeit als kritische Beraterin vieler fürstlichen Personen, eng mit ihrer Mystik verbunden. Sie verdankt ihre Einsichten im Bereich der Philosophie und Theologie und in dem der Politik den Visionen, welche sie seit ihrer Kindheit, und besonders nach dem Jahr 1346, empfangen hat. Sie war imstande, das kontemplative Leben einer Seherin mit einem aktiven Leben in der Welt zu verbinden.
B.s Leben ist geprägt von einem sehr starken, fast übertriebenen Asketizismus. Darin wurde sie unzweifelhaft beeinflußt durch den Asketizismus des heiligen Franziskus von Assisi.
Als sie von 1335–1338 ihrem Stande gemäß als Hofmeisterin am schwedischen Königshof wirkte, protestierte sie bereits gegen die unmoralischen Zustände am Hof. Sie hat sich nicht gescheut, Königin Blanka (Blanche von Namur) wegen ihres Leichtsinns zu tadeln. Sie kritisierte das ausschweifende Leben am Hof und ersparte auch dem König ihre Zurechtweisungen nicht. Sie nahm Stellung gegen die Eintreibung erhöhter Steuern, die der König hatte einführen wollen, um

seine Schulden zu bezahlen. Auch warnte sie vor dem Eroberungskrieg gegen Rußland, was jedoch vergeblich war.
B. besaß eigenes Vermögen, das sie meist zur Pflege der Armen und Kranken verwendete. Sie selbst arbeitete als Krankenschwester, wobei sie auch vor der niedrigsten Arbeit nie zurückschreckte. Nur im intellektuellen Bereich war ihr Asketizismus milder. In ihren Klöstern sollte man Geld für Bücher ausgeben, denn sie betrachtete intellektuelle Bildung als einen von Gott gewollten Auftrag des Menschen, durch den er bessere Kenntnisse von sich selbst und von Gott erhalten sollte. Sie selbst hat auch unter der Führung von Nicolaus Hermansson die lateinische Sprache studiert. Meister Matthias, der spätere Erzbischof von Linköping, hat sie in der Theologie unterrichtet.
Auch die Kirchenpolitik ließ sie nicht unbeteiligt. Aufgrund einer Offenbarung hat sie bereits im Jahre 1350 Papst Clemens VI., der damals in Avignon war, in einem Brief aufgefordert nach Rom zurückzukehren. Sie verlangte außerdem von ihm, er möchte den Krieg zwischen England und Frankreich beenden und das Jahr 1350 zu einem Jubeljahr erklären. Nur diese letzte Bitte hat der Papst ihr erfüllt. Später versuchte B. durch ihre Beziehungen zu Nicolo d'Orsini, dem Stadthalter des Papstes in Perugia (Umbrien), Papst Urbanus V., der 1367 von Avignon nach Rom übergesiedelt war, an der Rückkehr nach Avignon zu hindern. Sie teilte dem Papst viele ihrer Offenbarungen mit, in der Hoffnung ihn politisch beeinflussen zu können und durch ihn und besonders durch seine Anwesenheit in Rom, die ihrer Meinung nach notwendige sittliche Erneuerung der Kirche initiieren zu können. Ihre Bemühungen blieben ohne Erfolg. Der Papst folgte dem Rat seiner Kardinäle und ging 1370 endgültig nach Avignon zurück.
Auch B.s Versuche einer geistlich-sittlichen Erneuerung der Kirche scheiterten, denn Urbanus V. fehlten die Kräfte, die richtigen Maßnahmen in dieser Hinsicht zu ergreifen. Aufgrund einer ihrer Offenbarungen sprach B. in Rom mit Kaiser Karl IV. Sie tadelte vergebens seine unsittliche Lebensweise, war aber erfolgreich in ihren Versuchen, Frieden zwi-

schen dem Kaiser und dem Papst zu stiften; er wurde noch im selben Jahre beschlossen.

Auch an die weltlichen Fürsten, wie die Königin von Zypern und den Prinzen von Antiochien wandte sich B. mit ihren kritischen Ratschlägen. Die Königin von Neapel tadelte sie wegen ihrer Eheschließungen, die im Widerspruch zu den Gesetzen der Kirche standen. B.s politische Tätigkeit hinsichtlich Staat und Kirche setzte ihre Mystik voraus. In ihren politischen Ansichten war sie dem Partikularismus Ockhams zugetan: Nach dem Willen Gottes sollte die Welt von zwei unterschiedlichen Mächten regiert werden: Durch die weltliche Autorität der Könige und durch die spirituelle Autorität der Kirche. Die Könige und auch ihre Frauen sollten gerecht sein und moralisch gut leben, da böse Könige mit Dieben und Mördern gleichgesetzt werden könnten.

Die *Revelationes* (= Uppenbarelser, = Offenbarungen) B.s sind von ihrem Sekretär, Petrus von Alvastra, aufgezeichnet und ins Lateinische übersetzt worden. Später hat Alfonso von Jaen auf die Bitte B.s hin die lateinische Übersetzung korrigiert. Er unterteilte die *Offenbarungen* in acht Bücher. Petrus von Alvastra fügte noch das Buch der *Revelationes Extravagantes* hinzu. Die *Revelationes Extravagantes* wurden nicht von berühmten Kirchenlehrern wie Meister Matthias und Alfonso überprüft, ihre Echtheit wurde nur von Petrus von Alvastra und von B.s Tochter, der heiligen Caterina, bestätigt. Nach dem Tode B.s wurden alle ihre Offenbarungen auf Befehl des Papstes Gregor XI. und später auf Befehl des Papstes Urbanus VI. untersucht. Kardinal Torquemada, der zur Zeit des Konzils von Basel (1410) mit der Untersuchung beauftragt war, kam zu der Schlußfolgerung, es handele sich um Offenbarungen, welche von einer sehr frommen Frau überliefert wären. Die *Offenbarungen* B.s stellen eine Wirklichkeit dar, die ihr in besonderer Weise zuteil wurde, aber weil die Offenbarungen von ihr empfangen wurden, haben sie auch mit ihren seelischen und körperlichen Veranlagungen zu tun.

Nach der Einteilung des Alfonso Torquemada in der Einleitung zum 8. Buch der *Revelationes* sind B.s Offenbarungen teils spirituelle, teils intellektuelle und teils körperliche

Visionen. Diese Einteilung trifft auch auf die Visionen in dem sogenannten *Sermo Angelicus* und in den *Orationes* (Gebete) zu. B.s Schriften erörtern ihre Mystik und ihre damit verbundenen philosophischen und theologischen Lehrsätze. Ihre Schriften sind der Niederschlag ihrer Offenbarungen.

B. betont die Einheit des ewigen dreieinigen Gottes. Sie sagt, in der Trinität gebe es drei Personen, den Vater, den Sohn und den Heiligen Geist, und eine vollkommene Gottheit; die drei Personen seien aber wesensgleich und jede Person sei in jeder anderen Person anwesend, denn in allen drei Personen seien ein Wille, eine Weisheit, eine Kraft, eine Tugend, eine Liebe und eine Freude. Im Gegensatz zu Augustinus *(De Trinitate)* setzt B. nicht im besonderen die Weisheit dem Sohne Gottes, dem ewigen Logos gleich, oder die Kraft dem Vater. Der Logos ist in ihrer Auffassung von Ewigkeit mit Gott, dem Vater, und dem Heiligen Geist verbunden. Sie sagt weiter, auch in dem Menschen Jesus Christus sei der ewige Logos mit dem Vater und dem Heiligen Geist verbunden. B. betont, daß Gott Himmel und Erde und besonders den Menschen nur aus Liebe und aus keinem anderen Grund geschaffen habe. In dieser Hinsicht unterscheidet sie sich vom späteren Meister Eckhart, der eine gegenseitige Abhängigkeit von Gott und der Welt annahm. Nach B.s Auffassung war das einzige Ziel der Schöpfung, daß die Menschheit an der Freude Gottes teilhaben würde. Wie bei Augustinus *(De Diversis Quaestionibus 83)*, Thomas von Aquin *(Summa Theologiae)* und Eckhart, treffen wir bei B. einen expliziten Exemplarismus an. Gott habe alles nach den in ihm selbst von Ewigkeit her anwesenden Archetypen geschaffen. Alles Geschaffene sei in seiner ungeschaffenen Form ewig vor dem Antlitz Gottes anwesend gewesen. Die Menschen seien von Gott geschaffen worden, nachdem einige Engel durch Mißbrauch ihres freien Willens in Sünde gefallen wären. Die Engel seien ursprünglich von Gott als körperlose Geister mit einem freien Willen geschaffen worden, vor der Schöpfung der Zeit und der materiellen Welt. Da einige Engel ihren freien Willen nicht in Einklang mit dem Willen Gottes ausgeübt hätten, habe Gott diese sündhaften Engel durch die Schöpfung des Menschen ersetzen wollen.

Der Mensch sei von Gott geschaffen worden als ein Wesen mit einem sterblichen Körper und einer unsterblichen, vernunftbegabten Seele. Die Natur der Seele sei der Natur der Engel gleich und übersteige die Natur des Körpers. Der Mensch sollte mit dem ihm gegebenen freien Willen in Einklang mit dem Willen Gottes leben und arbeiten und in dieser Weise die Ehre verdienen, welche ursprünglich den Engeln zuteil wurde. Den Körper habe der Mensch zu seiner Hilfe empfangen, denn ohne Körper hätte er nicht arbeiten können. Nach dem Sündenfall Adams sei jeder Mensch Träger der Erbsünde. Die Taufe mache den Menschen frei von der Erbsünde, so daß er nur für die eigenen Sünden bestraft werde und sterbe. Sehr junge Kinder, getauft oder ungetauft, die noch nicht zur Vernunft gekommen seien, würden alle ohne weiteres die Gnade Gottes erhalten. Alle anderen Menschen müßten ihre eigene Wahl zum von Gott gewollten Leben treffen, damit sie ins Paradies kommen können. Durch seine Menschwerdung, sein Leiden und Sterben für die Sünden der Menschheit habe Christus dies den Menschen ermöglicht. Der augustinischen Tradition folgend, betont B. weiter, daß sich nicht alle Menschen für das richtige Leben entscheiden würden. Von der Ewigkeit her sind die Auserwählten und die Nicht-Auserwählten prädestiniert.

In ihrer Mariologie ist B. ihrer Zeit weit voraus. Die Jungfrau Maria erscheint nicht nur als Jungfrau-Mutter, sondern auch als ein Wesen, das von Ewigkeit her im Geiste Gottes schon vor der Schöpfung existierte und in sich die vier Urelemente vereinigte, aus welchen die Schöpfung hervorgehen sollte. Sie sei Königin des Himmels und über alle Engel erhaben. Sie wurde ohne Erbsünde geboren, habe nie gesündigt und würde nach ihrem Tode nach 15 Tagen im Grab körperlich zum Himmel aufgenommen. Die Lehre der ›immaculata conceptio‹ (der unbefleckten Empfängnis) wurde erst im Jahre 1854 und die Lehre der Maria Himmelfahrt erst im Jahre 1950 von der katholischen Kirche zum Dogma erklärt. Zur Zeit B.s war die theologische Diskussion über diese beiden Lehren noch in vollem Gange. Die sündenfreie Jungfrau-Mutter Maria, das höchste Wesen in der ganzen Schöpfung, sei auch ›magistra apostolorum‹ (Lehrerin der Apostel), Beraterin und Trösterin aller Gläubigen. Nach der Himmelfahrt ihres Sohnes sei Maria auf Erden geblieben, damit sie die Jünger unterrichten konnte.

Die Betonung der intellektuellen Funktion Marias, die auch Mutter der Weisheit genannt wird, ist bemerkenswert. Damit übersteigt B. das Frauenbild des Mittelalters und besonders das Frauenbild der damaligen kirchlichen Tradition, die im allgemeinen den weiblichen Intellekt als dem männlichen untergeordnet betrachtete. In der Auffassung B.s empfing Maria den Heiligen Geist vor den Aposteln. Sie sei im höchsten Himmel, wo auch die Trinität sich befinde, und sei von Gott geliebt, noch bevor sie von ihm geschaffen würde. B. nennt Maria auch ›salvatrix‹, womit sie die Hochwürdigkeit Marias betont. Mit dieser Lehre steht sie im Widerspruch mit den Auffassungen der Scholastik und mit der offiziellen Lehre der Kirche.

Werk: Leben und Offenbarungen der heiligen Birgitta, hg. v. L. Clarus, 1888ff; Revelationes Extravagantes, hg. v. L. Hollman, 1956; Revelationes S. Birgittae, hg. v. E. Wess. Corpus Codicum Suecicorum Medii Aevi, Auspicis Regis Sueciae Gustavi Adolphi, Vol. XIII, 1952; Die Offenbarungen der heiligen Birgitta, hg. v. Sven Stolpe, 1961; Offenbarungen an die Heilige Birgitta von Schweden, hg. v. E. Schmöger, 1982.

Literatur: K. Adalsten: Licht aus dem Norden (die heilige Birgitta von Schweden), 1951; R. Beyer: Die andere Offenbarung. Mystikerinnen des Mittelalters, 1989; A. M. Landgraf: Dogmengeschichte der Frühscholastik II, 1952; U. I. Meyer (Hg. in): Die Welt der Philosophin I, 1995; HWP.

Cornelia Wolfskeel

Bitale (Βιτάλη)
griechische Pythagoreerin, um 480 v. u. Z.

B. ist die Tochter der → Damo und die Enkelin der → Theano von Kroton und des Pythagoras; sie war verheiratet mit Telauges, einem späten Sohn des Pythagoras.

Nach der Überlieferung übergab Damo die Aufzeichnungen des Pythagoras ihrer Tochter B. und ihrem Schwiegersohn Telauges. Mehr als diese knappe Aussage läßt das Quellenmaterial nicht zu. Da die Originalschriften des Pythagoras nie gefunden wurden, ist es umstritten, ob er überhaupt Schriftliches hinterließ. Die Fragmente unter seinem Namen werden auch seinen SchülerInnen zugeordnet.

Interessant ist m. E., daß die besagten Aufzeichnungen an die Tochter und anschließend an die Enkelin weitergereicht wurden, also in der weiblichen Erbfolge, obwohl Pythagoras auch zwei Söhne hatte.

Literatur: Iamblichos: Pythagoras 28.146; RE *Bitale*, Bd. III,1; WP.

Maria Nühlen

Blackwell, Antoinette Louisa Brown → Brown Blackwell, Antoinette Louise

Blavatska, Helena Petrovna
russische Theosophin, *1831, †1891

B. wurde 1831 als Tochter von Helena Hahn, einer Schriftstellerin, die für die Frauenemanzipation kämpfte, und dem russischen Oberst van Hahn, in Jekaterinoslav (jetzt Dnjepropetrovsk, Ukraine) geboren. Schon in ihrer Kindheit zeigte sie außergewöhnliche Begabungen. Als B. siebzehn war, heiratete sie einen betagten russischen General, von dem sie sich nach wenigen Monaten trennte. Anschließend ging sie nach Konstantinopel und reiste dann mit einer russischen Freundin nach Ägypten. Dort wurde sie von einem alten Kopten in Magie unterrichtet. Sie reiste jahrelang durch die Türkei, Griechenland, Amerika, Indien und Tibet. Besonders interessierte sie sich für den dortigen Spiritualismus und Okkultismus.

Zwischen 1867 und 1870 lebte sie im Osten und schloß ihre okkultistische Ausbildung ab. 1871 gründete sie in Kairo die

Societe Spirituelle. 1873 erhielt sie die nordamerikanische Staatsangehörigkeit, ließ sich in New York nieder und widmete sich der Verbreitung der theosophischen Lehren in Amerika und Europa. Sie veröffentlichte einige Artikel in der *New York Tribune*, der *Sun* und der *Times*.

1875 begründete sie mit dem Kommandanten H.L. Olcott die ›Theosophic Society‹, die zum Ziel hatte, die tiefen Kräfte, die die Menschheit verbinden, zu erforschen sowie die Essenz und die Wahrheit der verschiedenen Religionen zu entdecken. Die Gesellschaft verstand sich als eine Fortsetzung alter okkultistischer Traditionen, des Pythagoreismus, Platonismus, Gnostizismus, Mystik und insbesondere des Hinduismus, Buddhismus und des islamischen Sufismus.

Die Theosophie versucht eine menschliche Gemeinschaft aller Rassen, Religionen und Geschlechter herzustellen und fördert die vergleichenden Studien der Religion, der Philosophie und der Wissenschaft, um die unerklärlichen Gesetze der Natur und die latenten Potentiale des Menschen zu erforschen. Ihr Ziel ist ein pantheistisches philosophisch-religiöses System zu entwickeln und zu erhalten. Die Lehren der Theosophie waren sehr umstritten und obwohl die ›Society for Psychical Research‹ bewies, daß viele der außergewöhnlichen psychischen Phänomene B.s trügerisch waren, fand ihre spirituelle Bewegung eine sehr große AnhängerInnenschaft in England und USA.

1875 begann sie ihr Buch *Isis Unveiled*, das sie 1877 beendete. In diesem Werk kritisiert sie Wissenschaft und Religion und behauptet, daß Mystik und theosophische Lehre die richtigen Mittel sind, um die spirituelle Wahrheit zu erreichen.

Am 26. April 1891 erkrankte B. und starb wenige Tage später in London.

Werk: The Secret Doctrine, 1888 (dt: Die Geheimlehre, 1975); The Voice of Silence, 1889; The Key to Theosophy, 1889; Grundlehren der esoterischen Philosophie, hg. v. I.H. Hoskins, 1981; Rätselhafte Volksstämme, 1982; Unheimliche Geschichten, 1986.
Literatur: WomBio.

Mercè Otero Vidal
(Übers. M.L.P. Cavana)

Boio von Argos
griechische Pythagoreerin

B. wird bei Iamblichos als eine der 17 Pythagoreerinnen erwähnt.
→ Habroteleia von Tarent

Braun, Lily
deutsche Schriftstellerin und Politikerin, *1865, †1916

Als Tochter des späteren Generalleutnants Hans von Kretschman wurde B. am 2. Juli 1865 in der Garnisonsstadt Halberstadt geboren. Ihre Erziehung war mehr auf standesgemäßes Auftreten und eine entsprechende Eheschließung ausgerichtet als auf Persönlichkeitsentwicklung und Wissenserwerb. Aber Wißbegier, Skepsis und frühes Aufbegehren gegen die Doppelbödigkeit gesellschaftlicher Konventionen ließen sie auch ohne Anleitung nach Zusammenhängen suchen. Sie bemühe sich, »in den Abgrund meines Innern ein Buch nach dem andern hinab zu werfen«, schrieb die Dreiundzwanzigjährige. Goethe und Nietzsche, Ibsen und Sudermann, Schopenhauer und J.F. Fries, Lessing und Dostojewski waren die selbstgewählten Lehrer der jungen Autodidaktin. In den Bannkreis Goethes wurde sie vor allem durch die Großmutter mütterlicherseits, Jenny von Pappenheim, gezogen, einer illegitimen Tochter von Jerôme Bonaparte, des Königs von Westfalen, die ihre Jugend am Weimarer Hof verbracht hatte.
Die Zwangspensionierung des Generals von Kretschman durch den jungen Kaiser Wilhelm II. im Jahr 1890 bedeutete für die Familie den sozialen Absturz. Für B., die plötzlich für sich selbst sorgen mußte, beschleunigte der kaiserliche Willkürakt das Ausbrechen aus vorgezeichneten Bahnen. Sie begann, sich als Schriftstellerin durchzuschlagen.
In Berlin kam B. mit der politischen, literarischen und wissenschaftlichen Avantgarde in Berührung. Entscheidenden

Einfluß hatte die Begegnung mit Georg von Gizycki, der an der Berliner Universität Philosophie lehrte und wegen seiner gesellschaftskritischen Auffassungen zu den ›Kathedersozialisten‹ gerechnet wurde. Mit ihm verband sie die Kritik am konventionellen Christentum, das Mißbehagen an den sozialen und politischen Zuständen und die Suche nach einer auf Wahrhaftigkeit gegründeten Ethik. Als Gizyckis Schülerin, Mitarbeiterin und – während seiner letzten Lebensjahre, 1893–1895 – als seine Ehefrau vertiefte sie ihre Kenntnisse und festigte ihre Haltung zu den Problemen, die fortan ihr Leben bestimmen sollten: Sozialismus und Feminismus. Der Sozialismus zog sie an, weil er als einzige politische Kraft die Vision einer geschwisterlichen Gesellschaft freier und gleicher Menschen vertrat.

Die Abhängigkeit und Rechtlosigkeit der Frauen im Kaiserreich, denen das Wahl- und das Versammlungsrecht vorenthalten wurde, und das Elend der Proletarierinnen waren die Ausgangspunkte für die lebenslange Auseinandersetzung B.s mit den Bedingungen weiblicher Existenz. Sie schloß sich zunächst dem radikalen Flügel der ›bürgerlichen‹ Frauenbewegung an. Mit Minna Cauer gründete sie 1884 die Zeitschrift *Die Frauenbewegung*. Als sie sich Ende 1895 offen zur SPD bekannte, war sie bereits als Autorin zahlreicher Veröffentlichungen zur Arbeiterinnenfrage hervorgetreten. Sie schien keine Schwierigkeiten zu haben, sich auf die offizielle Parteitheorie einzulassen, die noch rigoros auf den Aussagen von Karl Marx beruhte: Der kapitalistische Konzentrationsprozeß und die mit ihm einhergehende Verelendung der Massen seien als Voraussetzung der Revolution unabwendbar. Erst die Revolution mache den Weg zum Sozialismus frei. Reformen hielten in dieser Sicht den revolutionären Prozeß nur auf.

In der SPD wurde B. mit offenen Armen aufgenommen. → Clara Zetkin, die mächtige Sprecherin der sozialistischen Frauenbewegung, trug der profilierten neuen Mitstreiterin die Mitherausgeberschaft der SPD-Frauenzeitung *Die Gleichheit* an. Als B. jedoch selbst Führungsansprüche stellte, war der Konflikt mit Zetkin vorprogrammiert. Die persönliche Rivalität wurde vertieft durch entgegengesetzte Haltungen im

sogenannten Revisionismus-Streit, der die Vorkriegs-SPD als Ganze zu spalten drohte. Während Zetkin dafür sorgte, daß die Frauen in der SPD nicht von der dogmatischen Linie des Erfurter Programms abwichen, fand B. sich binnen kurzem auf der Seite der ›RevisionistInnen‹, deren Bereitschaft zu Reformen schließlich auf dem Dresdner Parteitag 1903 in Acht und Bann getan wurde. B. gehörte mit Eduard Bernstein und Heinrich Braun, mit dem sie seit 1896 verheiratet war, zu den VerliererInnen dieses erbitterten Streits um den richtigen Weg der Sozialdemokratie im wilhelminischen Deutschland.
Nach der großen Beachtung, die sie in den Jahren nach ihrem Beitritt in der SPD gefunden hatte, nach schier unzähligen Artikeln und Flugschriften, nach spektakulären Erfolgen als politische Agitatorin, nach vergeblichen Versuchen, Mehrheiten für ihre Positionen in der Partei und in der Frauenorganisation der SPD zu gewinnen, sah B. sich schon Ende der 90er Jahre an den Rand gedrängt. Trotz ihres sachkundigen Eintretens für die entrechteten Frauen – Industriearbeiterinnen, Hausangestellte, Heimarbeiterinnen, Prostituierte – blieb sie eine Außenseiterin. Ihre zum Teil weitsichtigen Vorschläge für die innerparteiliche Arbeit und für Gesetzesinitiativen wurden abgelehnt. Die Parteiführung ging auf Distanz, und Clara Zetkin unterzog B.s Reformprojekte höhnischer Kritik. Während B. die Spalten der *Gleichheit* von 1900 an verschlossen blieben, konnte sie immerhin noch bis 1906 politische Schriften im Vorwärts-Verlag veröffentlichen.
1901 publizierte B. den ersten Teil ihrer auf zwei Bände angelegten Studie *Die Frauenfrage*. Gemäß ihrer in umfangreichen Forschungen gewonnenen Überzeugung fächert sich das Gesamtproblem in drei miteinander verbundene Aspekte auf: Aus der »Erkenntnis der wirtschaftlichen Ursachen der Frauenfrage, die an der Hand der Geschichte gewonnen wird ... entwickelt sich erst die rechtliche und aus beiden die sittliche Seite der Frauenfrage« (1). Trotz dieser Einsicht, und obwohl bereits die Inhaltsplanung des zweiten Bandes zu rechtlichen, ethischen und psychologischen Problemen feststand, blieb es beim ersten Band. In das mit stupender Sach-

kenntnis verfaßte Buch – nach A. G. Meyer »a milestone in the study of the political economy of the female work force« (ein Meilenstein in den Forschungen zur politischen Ökonomie der weiblichen Arbeitskraft) – sind historische Quellen und neueste Forschungen aus Frankreich, England, den Vereinigten Staaten, den skandinavischen Ländern und natürlich Deutschland eingearbeitet. Unter anderem beinhaltet es eine Geschichte der Mädchenbildung. Es geht der Entwicklung der proletarischen Frauenarbeit und der mit ihr verbundenen Erniedrigung nach. »Die Folgen dieser Ausbeutung im einzelnen darzustellen, hieße ein Buch schreiben, dessen Bilder in ihrer Grauenhaftigkeit die Phantasie eines Höllenbreughel weit hinter sich ließen« (1). Sehr klar wird die Ambivalenz von Arbeit und Emanzipation festgehalten: »Während die bürgerliche Frau die Arbeit als die große Befreierin sucht, ist sie für die Proletarierin zu einem Mittel der Knechtung geworden« (1). Daß arbeitende Mütter eines besonderen gesetzlichen Schutzes bedürfen und daß Kinder Rechte haben, daß deshalb eine »tiefgreifende Veränderung der Arbeitsbedingungen, der Wohnungs- und Hauswirtschaftsverhältnisse und der Formen des Familienlebens« (1) ansteht – in diesen Einsichten zeichnen sich bereits die Optionen ab, die B. nach ihrer schrittweisen Trennung von der SPD vorrangig verfolgen wird. Als besonders brisant erwiesen sich die Vorstellung gemeinschaftlichen Wirtschaftens (Ein-Küchen-Häuser) und die Forderung nach sexueller Unabhängigkeit der Frauen. B. hat nicht mehr erlebt, daß gerade diese Vorstellungen über den Tag hinaus reichten; u.a. wurden sie von → Alexandra Kollontai und von Lebensreformern der 20er Jahre wieder aufgegriffen.

Ihre Erfahrungen in der deutschen Sozialdemokratie inspirierten B. zu ihrem wohl bekanntesten Werk, den 1908 und 1911 in zwei Bänden veröffentlichten *Memoiren einer Sozialistin*. Die Verfremdung von Personen und Orten war nicht nur für ZeitgenossInnen leicht zu entziffern; noch heute sind die mit genauer Beobachtungsgabe erfaßten Zustände und Personenbeschreibungen fesselnd.

Als B. am 8. August 1916 starb, wurde sie in vielen Nachrufen geehrt. Ihre Bücher erreichten bis Mitte der 20er Jahre hohe Verkaufszahlen. Dann fiel sie dem Vergessen anheim. Über lange Zeit wurde sie allenfalls als (gescheiterte) Antagonistin von Clara Zetkin erwähnt. Erst die Erforschung der deutschen sozialistischen Frauenbewegung durch angelsächsische Wissenschaftler warf neues Licht auf ihre Rolle bei der Entwicklung einer modernen Konzeption der Frauenbefreiung.

Lily von Kretschman, Lily von Gizycki, Lily Braun – die Namen stehen für die ungewöhnliche Entwicklung der Generalstochter zur Frauenrechtlerin und Sozialistin. Die Widersprüche, die sich in B.s Person und in ihrer Biographie aufdrängen, durchziehen auch ihr Werk. Aristokratie und Revolution, Individualismus und Kommunismus, Friedenssehnsucht und das Pathos des Heldischen, politische Agitation und ästhetische Bedürfnisse sind schwer auf einen philosophischen Nenner zu bringen. Den Eklektizismus teilte sie mit vielen denkenden Menschen, die im weltanschaulichen Umbruch der Jahrhundertwende nach einem tragfähigen Grund für zukunftsorientiertes Denken suchten und sich dabei der Philosophie als eines Ideenreservoirs bedienten.
Maßgeblich für B.s Denken waren die Revolte gegen alle Formen der Entfremdung und die Überzeugung, daß Aufklärung und sittliches Handeln den Fortschritt des Menschengeschlechts ermöglichten. Ihr Sozialismus folgte – trotz der sich an Marx und Engels orientierten Diktion ihrer im Umfeld der Sozialdemokratie entstandenen Schriften – kommunitären Mustern, wie sie z.B. bei Frühsozialisten und bei den englischen Fabiern (zu denen sie gute Beziehungen unterhielt) anzutreffen sind. Er spielte indes gegenüber dem Feminismus, wie B. ihn in ihren späteren Jahren ausformte, nur eine untergeordnete Rolle.
In ihrer feministischen Theorie sieht sie die Frauen als vielfach Entfremdete. Sie sind sich selbst entfremdet, weil sie ihre Sexualität nicht frei ausleben können und damit jeder Spontaneität und Kreativität beraubt sind. Für diesen existentiellen Identitätsverlust machte B. in erster Linie das Christentum verantwortlich. – Sie sind sich in der Arbeit ent-

fremdet, weil der Kampf ums Überleben sie in die Fabriken treibt und sie zwingt, ihre Kinder sich selbst zu überlassen. So zerstört der Kapitalismus die Weiblichkeit. – Sie sind sich in einer Gesellschaft entfremdet, in der die Bürgerrechte den Männern vorbehalten sind.

Frauen, argumentierte B., werden erst dann befreit sein, wenn ihnen die volle Entfaltung ihrer Persönlichkeit zugestanden ist. Frauen haben andere Bedürfnisse, Talente, Fähigkeiten und Gefühle als Männer. Mit der politischen Gleichstellung sei die Frauenfrage noch nicht gelöst. Die Emanzipation durch Arbeit und Beruf erschwere die ›Emanzipation durch Mutterschaft‹, die für B. seit der Geburt ihres Sohnes von eminenter Bedeutung war. Die gebotene doppelte Befreiung sei in der Regel nur auf Kosten der Kinder möglich. B. bot keine Lösungen für die von ihr analysierten Konflikte, sie entwickelte keine schlüssige Theorie, aber sie trug die Elemente für die Gestalt einer neuen Frau in einer ›Neuen Gesellschaft‹ zusammen. (*Die Neue Gesellschaft* war der programmatische Titel der von Heinrich Braun und B. 1905 gegründeten Zeitschrift.)

Werk: Die Frauenfrage, ihre geschichtliche Entwicklung und ihre wirtschaftliche Seite, 1901/1979 (1); Memoiren einer Sozialistin, 2 Bde., 1908+1911/1985; Gesammelte Werke in 5 Bänden, hg.v. J. Braun, 1923; Selected Writings on Feminism and Socialism, hg.v. A.G. Meyer, 1987.
Literatur: I. Jung: Lily Braun. Eine Revisionistin im Spiegel ihrer Briefe, 1891–1903, Diss. Hannover, 1987; A.G. Meyer: The Feminism and Socialism of Lily Braun, 1985.

Ruth Schlette

Breitling, Gisela
deutsche Malerin, Kunsttheoretikerin und Essayistin, *1939

B. wurde 1939 in Berlin geboren. Nach einer Lehre als Musterzeichnerin studierte sie an der Hochschule für Bildende Künste in Berlin; seit 1965 zahlreiche Gruppen- und Einzel-

ausstellungen in Deutschland und im Ausland. 1993 hat sie in ihren Bildern für den Turm der St. Matthäus-Kirche in Berlin die Behandlung der Frauen in der Kirche und Bibel kritisch zum Ausdruck gebracht.
Ebenso wichtig wie ihre Tätigkeit als Malerin sind ihre Veröffentlichungen. B. ist in Deutschland eine der bedeutendsten Theoretikerinnen, die sich mit den Fragen der Identität der Künstlerinnen, der männlichen Ästhetik und darüberhinaus des Geschlechterverhältnisses aus feministischer Perspektive beschäftigt hat.
In ihrem Buch *Die Spuren des Schiffs in den Wellen. Eine autobiographische Suche nach den Frauen in der Kunstgeschichte* beschreibt B., wie sie in ihrem Werdegang als Malerin mit der Unmöglichkeit konfrontiert wurde, im patriarchalen System Frau und Künstler, d.h. Künstlerin zu sein. Denn Genius, Kunst, Qualität und Ästhetik überhaupt sind nicht ›geschlechtsneutral‹, sondern absolut von Männlichkeit geprägt worden, Männlichkeit wird jedoch mit Menschlichkeit identifiziert. Die theoretischen Analysen B.s im Bereich der Kunstgeschichte und der Kunsttheorie sind ebenso präzise und genau wie ihre Malerei und lassen sich auf alle Gebiete der Kultur, der Wissenschaft und der Politik übertragen. B. hat die Doppelstrategie des Androzentrismus durchschaut und folgendermaßen erklärt: die erste falsche Prämisse ist, »daß alles, was allgemein-menschlich ist, männlich sei. Die zweite besagt, daß alles was männlich ist, allgemein-menschlich sei. Damit erreicht man zweierlei: man schlägt allein dem männlichen Zuständigkeitsbereich alles zu, was tatsächlich geschlechtsübergreifend und eben deswegen gerade ›nicht männlich‹ ist, womit das Männliche für sich beansprucht, was beiden Geschlechtern gemeinsam ist. Auf diese Weise wird der Anteil der Frau am allgemeinen negiert und ihr Anspruch darauf mit dem Vorwurf der Vermännlichung, d.h. Perversion, zurückgewiesen. Zum zweiten aber deklariert man als allgemein und normativ, was faktisch gerade ›nicht allgemein‹, sondern bloß spezifisch männlich ist.«
Diese Unterscheidung des Männlichen vom allgemein Menschlichen ist unabdingbar für die feministische Wissen-

schaftskritik und Epistemologie, denn ohne sie besteht die Gefahr, in irrationalistische oder mystische Positionen zu geraten. B. kritisiert den Essentialismus des Gegensatzpaares ›männlich – weiblich‹, und enthüllt dieses als Bezeichnung für Machtverhältnisse: »Die Definitionen von ›weiblich‹ und ›männlich‹ beschreiben keine polaren oder gleichwertigen Zuordnungen, sondern behaupten Herrschaft und Unterordnung als Geschlechtseigenschaften, d. h. als biologische Konstanten.« Sie definiert treffend die Kultur als Männerbund, in welchem sich Männlichkeit aus der ›Minderwertigkeit des Weiblichen‹ konstituiert, Frauen sind nur als Hintergrund für die männliche Identität notwendig. Unsere Kultur ist nach B. »eine männliche Ansicht, eine Mono-Logik, eine männliche Monokultur«, die »den weiblichen Selbstentwurf, die weibliche Weltsicht, den weiblichen Entwurf des Mannes« nicht zuläßt.

B. geht auch auf die Frage »ist die Kunst der Frauen ›anders‹?« ein. Ausgehend von ihren Kenntnissen und Erfahrungen als Malerin stellt sie fest, daß »alle bildnerische Erfindung der Menschen nach den Maßgaben ihres eigenen Bildes geschieht«, »der Mensch kann gar nichts anderes als sich selbst entwerfen«.

Nur sind es bisher Männer, die nach den Maßgaben ihres ästhetischen Körpergefühls das Überlieferungswerte kanonisieren, bewerten und interpretieren. Aber »sowenig weibliches Selbst in der Kultur etabliert ist, sowenig findet sich in ihr ein, der weiblichen Körperlichkeit entsprechender Proportionenkanon.« Für B. ist evident, daß die Fragen, die die Frauen sich stellen, ihre Interessen andere sind als die der Männer, aber nicht etwa wegen unterschiedlicher ›Geschlechtseigenschaften‹, sondern weil im Patriarchat die Stellung von Frauen und Männern grundsätzlich verschieden ist: »die Frau lebt in einer Welt, in der sie als Fremde, als Andere, als Geschlecht, als Objekt vorkommt, wogegen der Mann in einer Welt und in einer Kultur lebt, die er sich in Jahrtausenden nach seinen Bedürfnissen eingerichtet hat«. Auch die Antworten der Frauen sind daher notwendigerweise anders als die der Männer, gerade unter der Voraussetzung, daß der »Gestaltungswille und das Interesse an der Welt« bei Frauen nicht anders sind als bei Männern, d. h. sie sind menschlich-allgemein. Mit ihren Unterscheidungen leistet B. einen wichtigen und fruchtbaren Beitrag zur aktuellen und meistens unglücklich geführten Diskussion zum Thema ›Gleichheit‹ oder ›Differenz‹ als Ziele des Feminismus.

Werk: Die Spuren des Schiffs in den Wellen. Eine autobiographische Suche nach den Frauen in der Kunstgeschichte, 1980/1986; Der weibliche Leonardo, in: *Das Emma-Buch*, hg. v. A. Schwarzer, 1981; Verkehrte verkehrte Welt und Über die Abwesenheit der Männer in der erotischen Kunst von Frauen, in: *Körper Liebe Sprache – über weibliche Kunst, Erotik darzustellen*, hg. v. A. Täne, 1982; Sprechen und Stummsein – die künstlerische Rede, in: *Die Horen* 132/83; Malerei und Bildhauerei, in: *Frauenhandlexikon*, hg. v. F. Lamott, 1983; Die Landschaft meines Gesichts, in: *Die ungekannte Freiheit meines Lebens – Frauen zwischen Jugend und Alter*, hg. v. A. Joschko/H. Huntemann, 1984; Speech, Silence and the Discourse of Art, in: *Feminist Aesthetics*, hg. v. G. Ecker, 1985; Ein Fest fürs Auge. Edith Krulls Untersuchung über Kunst von Frauen, in: *Tendenzen* 152, Sept. 1985; Kunst und Geschlecht – weibliche Subjektivität und männliche Objektivität als patriarchalische Normen, in: *Frauenforschung sichtbar machen*, hg. v. P. Schmid, 1985; Kultur im Patriarchat, in: *Frauenwiderspruch*, hg. v. M. Jansen, 1986; Der verborgene Eros. Weiblichkeit und Männlichkeit im Zerrspiegel der Künste, 1991; Porträt der Anna Charlotte Nettlinger, in: *Profession ohne Tradition*, 1992; Zur Rede gestellt und zur Sprache gebracht, hg. v. E. Quistorp, 1992; Libertà e Arte, in: *La Ragione Possibile*, 1993.

Maria Luisa P. Cavana

Brown Blackwell, Antoinette Louisa
amerikanische Metaphysikerin und Theologin, *1825, †1921

B. wurde 1825 in Henrietta, New York, als siebtes der zehn Kinder von Abby und Joseph Brown geboren. Sie war tief religiös und erstrebte das Prediger-Amt. Doch die Ordination, wie das Recht auf öffentliche Redefreiheit für Frauen generell, waren Anathema. B. erhielt eine höhere Schulbildung und wurde 1846 zu Oberlin College's Literary Curriculum für Frauen (ohne akademischen Grad) und später zum theologischen Studium zugelassen; das Lizenziat wurde ihr als Frau verweigert (1850). 1852 wurde B. ›first woman minister‹ der Orthodox Congregationalist Church; daneben war sie Aktivistin der Frauen-, Temperance- und Anti-Sklaverei-Bewegung.

Durch Lucy Stone, die bekannte Radikalfeministin, wurde B. in vieler Hinsicht politisiert, doch ihr Glaube, ihr Amt, ihre Metaphysik und ihre sehr lange Ehe mit Samuel Blackwell (sieben Kinder) standen konsequentem politischem Denken und Handeln im Wege. Stone hatte längst erkannt, daß religiöse Indoktrination sich nicht mit feministisch-politischer Opposition vereinbaren lassen. B. unterstützte den Kampf für Redefreiheit, The Married Women's Property Act, das Frauenwahlrecht und das Recht auf bezahlte Arbeit, aber sie war gegen Scheidung, Kleiderreform und die Trennung von Feminismus und Religion, die die Führerinnen der Bewegung, vor allem → Elizabeth Cady Stanton, vertraten.

B. scheiterte mit ihrem Versuch, (antifeministischen) Calvinismus und Feminismus zu versöhnen: Ihr Glaube, »that the Bible did not mandate female oppression« (daß die Bibel nicht den Auftrag zur Unterdrückung der Frau gibt), war für die feministische Bewegung unakzeptabel; andererseits waren ihr partieller Feminismus und ihr Abweichen von orthodoxem Calvinismus für ihre Gemeinde ein Skandal: sie ging durch eine schwere geistige Krise und mußte ihr Amt aufgeben, hielt aber am Glauben und der Kirche fest.

Sie wandte sich in verstärktem Maße der Philosophie, besonders der Metaphysik zu. Außerdem arbeitete sie ehrenamtlich in den Slums und Gefängnissen von New York und schrieb darüber in der *New York Tribune*. Nach 1856, durch Kinder ans Haus gebunden, widmete sie sich ihren philosophischen Schriften, setzte aber auch ihre Pastorinnen-Tätigkeit, nun in der Unitarian Church fort. Sie predigte bis 1915. B. starb wahrscheinlich 1921 in New York.

B.s Metaphysik »allowed for mind and matter to be explained in terms of natural laws within a god-created universe. The breadth of her work is revealed through discussion of her views of metaphysics, truth, perception, time, God, immortality, the mind/body problem, and the nature of the sexes.« (ermöglicht es, Geist und Materie in Begriffen der Naturgesetze innerhalb eines von Gott geschaffenen Universums zu erklären. Die Bedeutung ihrer Arbeit wird durch die Diskussion ihrer Ansichten über Metaphysik, Wahrheit, Wahrnehmung, Zeit, Gott, Unsterblichkeit, das Leib-Seele-Problem und die Natur der Geschlechter enthüllt.) (1) Ihr philosophisches Denken bleibt dem Glauben und der dualistischen, aristotelisch-scholastischen Tradition verhaftet. Infolge ihrer Überzeugung sollte Metaphysik völlig im Zentrum des Philosophierens stehen. Ein metaphysisches System (sie vertritt die Ansicht, es könne schließlich nur ein einziges wahres geben) sieht sie bedroht durch Logik: »logic patches and patches, until at last, some vital breach is made, and the system drops in pieces«. (logische Stücke und Stücke denen schließlich einige lebenswichtige Verletzungen beigebracht wurden führen dazu, daß das System in Einzelteile zerfällt.) (2) Intuition und Observation, nicht Logik, sollten Methoden des Philosophierens sein.

Ihr Glaube an »God as a Rational Designer, Establisher of the mechanized universe« (Gott als ein rationaler Planer, Errichter eines bewegten Universums), als omnipotenten und omnipräsenten Sozialingenieur, führt sie zu Evolutions- und Fortschrittsglauben an automatisch und mit Sicherheit eintretende gesellschaftliche Harmonie. Diese religiöse Überzeugung steht im Widerspruch zu ihrem gleichzeitigen politischen Engagement für Frauenrechte, in eklatanter Weise insofern, als sie sogar Eugenik moralisch und politisch akzeptabel findet. In dieser Hinsicht folgt sie unkritisch den von vielen Wissenschaftlern und Politikern propagierten eugenischen Programmen.

In *The Sexes Throughout Nature* (1875) entwickelt sie eine dezidierte Kritik an Darwins Evolutionsideen und an Spencers Ideologie, daß Frauen in ihrer Entwicklung ›zurückgeblieben‹ seien: beide mißbrauchen die Naturwissenschaften für ihre reaktionäre Hypothese, daß Männer Frauen geistig und physisch überlegen sind. Sie selbst betrachtet die Geschlechter als anthropologisch und ethisch ›equal but distinct‹ (gleich aber unterschiedlich) und stellt zwei Reihen von Qualitäten auf: darin konfrontiert sie jede ›entwickelte‹ männliche Eigenschaft mit einer gleichermaßen entwickelten weiblichen.

Stark beeinflußt von John St. Mills und → Harriet Taylors Gleichheitstheorie plädiert B. für allseitige Koedukation und gleichberechtigte Partizipation von Frauen am ›gesellschaftlichen Leben‹. Sie widerspricht dezidiert der weitverbreiteten Behauptung, daß geistige Produktivität für Frauen gesundheitsschädlich und im Interesse der Gattungserhaltung unzulässig sei.

Ihr langjähriges politisches Engagement, u. a. in der ›Association for the Advancement of Women‹, veranlaßt sie auch zu aktuellen ökonomisch-theoretischen Reflexionen, die sie auf den jährlichen Kongressen vorträgt: *Relation of Woman's Work in the Household to the Work outside*, 1873 (Neuabdruck in: *Up from the Pedestal*, hg. v. A. S. Kraditor, 1968); *How to Combine Intellectual Culture with Household Management and Family Duty*, 1874; *Marriage and Work*, 1875; *Where is the Work of Women equal, where superior, where inferior to that of Men?* 1888.

B. bleibt bis zum Ende ihres langen Lebens verwickelt in theoretische und praktische Widersprüche: Trotz ihres dezidierten Anspruchs auf gleichen Status, »Blackwell believed that women had a duty to serve reproduktive and domestic interests, but that justice demandes that men also be responsible providers, and that monogamy was dictated by the laws of nature and was a sign of human advancement.« (Blackwell glaubte, daß die Frau die Pflicht hat, den Interessen der Reproduktion und des Haushalts zu dienen, aber daß die Gerechtigkeit verlangt, daß Männer ebenfalls verantwortliche Ernährer sind; sie glaubte auch, daß die Monogamie von den Naturgesetzen vorgeschrieben wird und ein Zeichen menschlichen Fortschritts ist.) (1)

Werk: Shadows of our Social System, 1855; Studies in General Science, 1869 (2); The Sexes throughout Nature, 1875/1985; The Physical Basis of Immortality, 1876; Philosophy of Individuality. Or, the One and the Many, 1893; The Social Side of Mind and Action, 1915; The Making of the Universe, 1914.
Literatur: E. Caszden: Antoinette Brown Blackwell, 1983; M.E. Waithe (Hg.in): A History of Women Philosophers, 1991 (1); WP.

Hannelore Schröder

Bucca, Dorothea
italienische Medizinerin und Philosophin, *ca. 1360, †1436

B. wurde um 1360 in Italien (wahrscheinlich in Bologna) geboren. Ihr Vater war Professor für praktische Medizin und Moralphilosophie an der Universität Bologna. Auch B. selbst wurde darin ausgebildet und schloß beide Fächer als ›Laureata‹ ab.
Nach dem Tod ihres Vaters wurde B. zur Professorin an der Universität Bologna ernannt und unterrichtete ab 1390 in seiner Nachfolge die Fächer Medizin und Moralphilosophie. Durch ihre Gelehrtheit und Eloquenz brachte sie zahlreiche Studenten aus ganz Europa an die Universität. Sie lehrte 40 Jahre in Bologna und starb dort 1436.

Literatur: K. Campbell Hurd-Mead: A History of Women in Medicine, 1973; P.H. Labalme: Beyond their Sex. Learned Women of the European Past, 1984; H.J. Mozans: Woman in Science, 1913/1978; M.B. Ogilvie: Women in Science, 1986; WP.

Ursula I. Meyer

C

Cady Stanton, Elizabeth
amerikanische Feministin, *1815, †1902

C. wurde am 12. November 1815 in Johnstown (New York) geboren. Sie war die Tochter des späteren Richters Daniel Cady und seiner Frau, Margaret Livingston Cady. Bereits als Kind fiel C. durch ihre Intelligenz auf, und ihre gebildeten Eltern bemühten sich um ihre Ausbildung. Sie besuchte Kurse an der Akademie in ihrer Heimat und ging später in das Seminar von Emma Willard, wo sie 1832 graduiert wurde.

Schon in ihrer Jugend führte sie im Büro ihres Vaters Diskussionen über die Gesetzgebung. Sie lernte früh, gegen die Ungerechtigkeiten eines Systems aufzubegehren, das nur zum Vorteil der Männer gemacht war. Allerdings machte sie dabei auch die Erfahrung, daß es sehr schwierig war, diese ungerechten Gesetze abzuschaffen.

C.s Kenntnisse umfaßten Latein und Griechisch, und trotz ihrer umfangreichen Bildung wurde ihr, im Gegensatz zu ihrem Bruder, der Zugang zum Union College verwehrt. Diese Enttäuschung und das immer stärker werdende Bewußtsein der engen Grenzen ihres Daseins als Frau führten zu massiven körperlichen Beschwerden.

Nachdem C. das Seminar abgeschlossen hatte, lebte sie noch sieben Jahre bei ihrer Familie und verbrachte ihre Zeit mit Schreiben, Studieren, Malen und Reiten. 1840 heiratete sie Henry Brewster Stanton, einen Gegner der Sklaverei, Journalisten und Autor. Gemeinsam reisten sie nach London und nahmen an der ›World's Anti-Slavery Convention‹ teil. Bei dieser Gelegenheit knüpfte C. Kontakte zu Lucretia Mott und den wenigen anderen anwesenden weiblichen ReformerInnen.

Nach ihrer Rückkehr ließen sich die Stantons in Boston nieder,

wo ihr Mann als Anwalt arbeitete. Da ihm das rauhe Klima nicht bekam übersiedelte das Paar nach Seneca Falls (New York), wo am 19. und 20. Juli 1848 in der Wesleyan Chapel die erste Versammlung für die Rechte der Frau stattfand. C. war die Initiatorin dieser Zusammenkunft, sie faßte die Forderungen der Frauen zusammen und formulierte die Resolution.
Durch ihre führende Rolle bei der ›Seneca Falls Erklärung‹ wurde C. zu einer Leitfigur der Frauenbewegung in den USA. Gemeinsam mit Lucretia Mott initiierte sie 1853 eine ähnliche Veranstaltung in Cleveland. 1854 richtete sie eine Note mit Forderungen für die Rechte verheirateter Frauen an die Regierung. 1866 kandidierte sie für den Kongreß, erhielt aber nur 24 von 23 000 möglichen Stimmen. 1867 sprach sie vor der Regierung des Bundesstaates und forderte den Staat auf, die Verfassung zu reformieren, beide Geschlechter als Bürger anzuerkennen und beiden das Wahlrecht einzuräumen. Im gleichen Jahr reiste sie durch Kansas, 1874 durch Michigan, wo sie die Themen der Frauenbewegung in öffentlichen Versammlungen diskutierte.
Bereits 1868 hatte C. mit Anthony die Zeitschrift *The Revolution* gegründet, ein Journal, das sich an die Pioniersfrauen richtete. Sie blieb für mehrere Jahre eine der HerausgeberInnen. Die Zeitschrift wurde schließlich in dem unitarischen Blatt *The Liberal Christian* aufgelöst.
Als C. 1902 starb, hatte sie ihr ganzes Leben dem Kampf für die Rechte der Frauen und der Frauenbewegung gewidmet. Sie hatte zahlreiche Bücher und Artikel zur Frauenbefreiung verfaßt und war über 20 Jahre lang die erste Präsidentin der National Women Suffrage Association.

C. nimmt in der Geschichte der feministischen Bewegung einen herausragenden Platz ein, und das hauptsächlich aus zwei Gründen: Erstens gehört sie zu den Förderinnen und Organisatorinnen der ›Seneca Falls Erklärung‹, in welcher sie die Entscheidung für das Frauenwahlrecht herbeiführte, und zweitens war sie die Herausgeberin der *Bibel der Frauen*.
C. stammte, ebenso wie → Susan B. Anthony – mit der sie einige Texte verfaßte – aus der amerikanischen Mittelklasse.

Aufgrund ihres Temperaments und ihrer Ideologie gehörte sie immer zur Avantgarde des Feminismus. Die wichtigsten Merkmale dieser Feministin waren ihr literarisches Talent und ihre intellektuelle Sensibilität. Obwohl C. kein großes Werk im akademischen Sinn hinterlassen hat, ist sie doch durch ihre ständige intellektuelle und journalistische Tätigkeit in Artikeln und Vorträgen bekannt geworden. C. hat zwei wichtige Werke hinterlassen: *Die Bibel der Frauen*, die Ende des 19. Jahrhunderts von einer Gruppe feministischer Theologinnen verfaßt wurde. Das Buch enthält exegetische Kommentare zum traditionellen christlichen Diskurs über die Beziehung Mann/Frau und den Platz der Frau innerhalb der Gesellschaft.

Das zweite Werk, *Geschichte der Frauenwahlrechtsbewegung* (1881), die sie zusammen mit Anthony und Matilda Gage herausgegeben hat, ist eine Geschichte des Feminismus im 19. Jahrhundert.

1848 kann als Jahr der Gründung der nordamerikanischen feministischen Bewegung angesehen werden. An C.s Wohnort Seneca Falls waren Frauenrechtlerinnen aus dem ganzen Land zusammengekommen, um »die sozialen, bügerlichen und religiösen Bedingungen und Rechte der Frauen« zu analysieren. Daraus entstand die sogenannte *Seneca Falls Erklärung*. Der Text wurde von C. und Lucretia Mott verfaßt und ist an die Unabhängigkeitserklärung der Vereinigten Staaten angelehnt.

Die ›Erklärung‹ basiert auf dem Naturrecht und dem Naturgesetz, das »überall und in allen Zeiten Pflicht ist, kein menschliches Gesetz kann gültig sein, wenn es ihm widerspricht«. Von diesem Rechtfertigungsprinzip her wird die Gleichberechtigung gefordert und gegen das Ehe- und Scheidungsrecht gekämpft. Zum einen, weil sie die Frauen als unverantwortliche Wesen betrachtet, zum zweiten, weil sie die Überlegenheit und Herrschaft des Mannes voraussetzt. Der Text kritisiert darüberhinaus die Kirche und verteidigt das ›heilige Wahlrecht‹.

Die theoretische Grundlage dieser Erklärung entstammt aus den ethischen und politischen Prämissen der Aufklärung. C.

konstatiert das gegensätzliche Interesse von Männern und Frauen an dem »unterentwickelten Zustand der Menschheit, in welchem wir uns befinden«. Sie fordert für die Frauen das Wahlrecht und Gleichheit vor dem Gesetz: »Wolle Gott, daß ihr [Männer – R.C.] endlich merkt, mit welcher Empörung die Seele der Frauen überfallen wird, wenn sie eure Gesetzbücher durchblättert und sieht, daß ihr, liberale Männer, eure Frauen so behandelt, als ob ihr feudalistische Barone wäret ...«

Die feministische Bewegung Amerikas spaltete sich in zwei Gruppen: in die von C. und Anthony geleitete ›National Woman Suffrage Association‹, die nicht nur das Frauenwahlrecht, sondern auch eine Reform der Bildung, den Zugang der Frauen zur bezahlten Arbeit u. ä. forderte. Sie schlug auch vor, »daß Frauen vor einem Gericht von Frauen verurteilt werden« sollten. Die weniger radikale ›American Woman Suffrage Association‹ setzte sich nur für das Wahlrecht ein.

Werk: Eighty Years and More: Reminiscences (Autobiographie) 1815–1897, 1897/1971; The Woman's Bible, 1898; Force on Women and Religion, 1974; History of Woman Suffrage, 3 Bde. (mit S.B. Anthony/M. Gage) 1881–1886; Elisabeth Cady Stanton as Revealed in her Letters, Diary, and Reminiscences, 2 Bde., hg. v. T. Stanton/ H.S. Blatch, 1992.
Literatur: E.C. Adams/W.D. Foster: Heroines of Modern Progress, 1921; L. Banner: Elizabeth Cady Stanton, 1980; C. Morris: Heroes of Progress in America, 1919; J.M. Wheeler: A Biographical Dictionary of Free Thinkers, 1889; WomBio.

Rosa Cobo
(Übers. Carmen Gonzàlez)

Caerellia
römische Gelehrte, *ca. 45 v. u. Z.

Über die Lebensdaten C.s ist sehr wenig bekannt. Überliefert ist sie als Philosophin und als langjährige Freundin Ciceros, der sie in seinen Briefen an P. Servilius und an Atticus erwähnt. Er spricht von ihr als jemand, die die Philosophie liebe und bemerkt, daß er ihr die Kopie seines Textes *De Finibus* bereits vor der Veröffentlichung übergeben habe.

Die moderne Forschung vermutet, C. sei besonders am eklektischen Platonismus der neuen Akademie interessiert gewesen, deren Schüler auch Cicero war.

Literatur: L. Austin: The Caerellia of Cicero's Correspondence, in: *Classical Journal*, April 1946, S. 305–309; G. Ménage: The History of Women Philosophers, 1690/1984; WP.

Ursula I. Meyer

Calkins, Mary Whiton → Whiton Calkins, Mary

Camps, Victoria
spanische Philosophin, *1941

C. wurde 1941 in Barcelona geboren. Sie promovierte zur Doktorin der Philosophie an der Universidad Central in Barcelona und hat derzeit den Lehrstuhl für Ethik an der Universidad Autónoma in Barcelona inne. Außer Artikeln und verschiedenen Publikationen über philosophische Themen, die hauptsächlich in Fachzeitschriften und Sammelwerken erschienen, veröffentlichte sie die Bücher: *Los teólogos de la muerte de Dios* (1969), *Pragmática del lenguaje y filosofía analítica* (1976), *La imaginación ética* (1983), *Ética, Retórica y Política* (1988) und *Virtudes Públicas*. 1990 wurde ihr die Auszeichnung ›Premio Espasa Mañana de Ensayo‹ verliehen. Außerdem leitet sie den Verlag Crítica/Filosofía und ist Herausgeberin eines Buches zur Geschichte der Ethik, *Historia de la Ética*.

Das philosophische Gedankengut C.s bewegt sich immer zwischen zwei großen Paradigmen: der Ethik als Theorie und der angewandten Ethik einer pluralistischen Gesellschaft, die ständig versucht, die absoluten Definitionen, die Abhandlungen über den Ethikbegriff eigen sind, abzuschwächen. In diesem Sinn ist ihre Kritik an den allzu geschlossenen und allzu optimistischen Theorien der Moralphilosophen zu verstehen, denen sie vorwirft die Konflikte und Probleme des menschlichen Verhaltens nicht zu lösen. Da die praktischen Erfahrungen nicht mit der Theorie übereinzustimmen scheinen, müsse sich Ethik von der transzendentalen Perspektive lösen. Denn deren absolute Definitionen des Guten und des Bösen können die nicht vorbereitete Gesellschaft weder durchdringen noch von ihr verstanden werden. Geht man davon aus, daß die Vernunft unrein ist, müsse die Ethik im Gegenzug erfindungsreich sein, und die Unsicherheit und Vorläufigkeit ihrer eigenen Behauptungen akzeptieren.

Den Platz der Ethik beschreibt C. als »Ort der Spannung zwischen der Perfektion bzw. der Harmonie, die wir nicht kennen, und der Unordnung und Verwirrung, in der wir uns befinden«. Die Moralphilosophie muß die unabänderliche Distanz zwischen dem universellen Prinzip und der Besonderheit des Konfliktes ansprechen. Die moralische Handlung ist das Resultat eines Kampfes und einer Spannung zwischen feststehenden Polen, so daß der Absolutheitsanspruch der Ethik leer bleibt, wenn wir nicht in der Lage sind, diesen zu füllen. Freiheit, Gerechtigkeit und Glück können nur dann verstanden werden, wenn es gelingt, diese Konzepte in die Praxis umzusetzen. C. kommt zu dem Schluß, daß Ethik nur im Austausch entwickelt werden kann, daß sie unvollendet ist, eine Hoffnung, die sich selbst genügt. Außerdem spricht sich C. gegen eine Trennung zwischen öffentlicher und privater Moral aus und stellt fest, daß es allgemeine Tugenden geben müsse. Nur so könne eine Moral entstehen, die Handlungen und Entscheidungen, die die Gemeinschaft betreffen, regeln kann. Das Ziel dieser Moral ist nicht mehr das transzendentale Gute, das sich von der göttlichen oder menschlichen Autorität befreit. Es ist im Gegenteil die Gerechtigkeit, die zweifellos mit dem demokratischen Fortschritt verbunden ist. Tugenden, wie Solidarität, Verantwortung und Toleranz, die einer privaten Moral zugerechnet werden, werden durch den demokratischen Prozeß aus ihrem einschränkenden Rahmen gelöst und in gemeinschaftliche Aufgabenstellungen umgewandelt.

Die von C. angestrebte öffentliche Moral muß die Autonomie des Individuums garantieren, dann würde diese Ethik individuelle und allgemeine Handlungen betreffen und das gemeinschaftliche Leben gerechter und würdiger gestalten. Persönliche Identität wird nicht dadurch erreicht, daß das Gemeingut zugunsten des Privaten in den Hintergrund tritt – das bedeutete, dem Konflikt einer sich ändernden Welt zu entfliehen – sondern sie entsteht aus dem Kompromiß des Individuellen mit einem Menschheitsideal.

Mit diesem Entwurf einer öffentlichen Moral vervollständigt C. ihre Moralphilosophie. In ihrer Abhandlung über die Moral distanziert sie sich von vorgefertigten absoluten Zielen, die einer von der Realität entfernten Ethik eigen sind und bevorzugt Ziele, die sich durch ihre Verwirklichung verändern und definieren, das heißt den ihnen adäquaten Mitteln folgen. Für C. ist »Ethik zweifellos Recht und Wille der Gerechtigkeit, aber auch Kunst, die jeden Tag von neuem gelernt wird«.

Werk: Los teólogos de la muerte de Dios, 1969; Pragmática del lenguaje y filosofía analítica, 1976; La imaginación ética, 1983; Ética, Retórica y Política, 1988; Virtudes Públicas; (Hg. in) Historia de la Ética.

Alicia Miyares
(Übers. Andrea Volz)

Cavendish, Margaret/Duchess of Newcastle
englische Naturphilosophin, *1623, †1673

Margaret Lucas wurde 1623 als jüngstes von acht Kindern einer adligen Grundbesitzerfamilie in Essex geboren. Obwohl ihr Vater starb, als sie zwei Jahre alt war, scheint sie eine sorglose Kindheit gehabt zu haben, wie sie in ihrer Autobiographie schreibt. Anders als ihre Brüder, die in Cambridge studierten, bekam C. häuslichen Unterricht, der jedoch über Grundkenntnisse in Rechnen, Schreiben, Lesen, dazu Musizieren und Tanzen, nicht hinausging. Dieses Defizit an intellektuellem Training thematisierte sie in ihren Werken immer wieder und führte die methodischen Mängel ihres Denkens darauf zurück. Mit 20 Jahren wurde die extrem schüchterne C. Hofdame bei der englischen Königin Henrietta Maria und floh bei Ausbruch des Bürgerkriegs mit dem Hofstaat ins Exil nach Frankreich. Dort heiratete sie den 30 Jahre älteren Grafen (später Herzog) von Newcastle, William Cavendish, ihren lebenslangen Freund und Förderer, der bewundernde und ihre Autorenschaft verteidigende Epigramme in ihre Bücher druckte. Durch ihn – Initiator und Förderer des ›Newcastle-Circle‹ – wurde sie mit den zeitgenössischen Strömungen der englischen und französischen Naturphilosophie vertraut. Der Newcastle-Circle spielte in England um 1630 eine wichtige Rolle in dem Streit um die Ablösung des scholastischen Aristotelismus durch die Erneuerung des antiken Atomismus. Im französischen Exil versammelte sich dieser Kreis erneut um William Cavendish und seinen Bruder Charles. Die Mitglieder, unter ihnen Walter Charleton und Thomas Hobbes, hatten Kontakte zu Gassendi und Descartes. Nach der Rückkehr aus dem Exil 1660 lebte C. mit ihrem Mann auf ihrem Landgut in Welbeck, wo sie ein zurückgezogenes Leben in – selbstgewählter – fast klösterlicher Einsamkeit führte und sich ganz ihren Studien widmen konnte. Daß sie immer wieder versuchte, in Kontakt mit den Gelehrten ihrer Zeit zu kommen, zeigt die Einladung der ›Royal Society‹, die auf ihr Drängen zustandekam und der sie 1667 bei einem ihrer wenigen Besuche in London folgte. Der Besuch war der erste einer Frau, und erhöhte zweifellos C.s Ruf, eine Exzentrikerin zu sein. 1673 starb sie nach einem erfolglosen Versuch, sich selbst zu kurieren, in Welbeck.

Die Naturphilosophin C. gehört zur kleinen Zahl derer, die Kritik an der mechanistischen Naturkonzeption und den Methoden der ›Neuen Wissenschaft‹ übten. Sie entwickelt ein utopisch-kritisches Gegenmodell, in dem die Natur durch eine Komplexität charakterisiert ist, die das menschliche Vorstellungsvermögen bei weitem überschreitet und sich nicht auf mechanische Gesetze reduzieren läßt, wie es die Protagonisten der ›Neuen Wissenschaft‹ verkündeten. Dagegen versucht sie, die eigenständige Würde der Natur mit der Entwicklung eines antihierarchischen Naturbegriffs, der sich aus der Allebendigkeit des Kosmos herleitet, neu zu begründen und damit ihrer ethischen Intention des Verbots einer Ausbeutung und Zerstörung der Natur ein philosophisches Fundament zu geben.

Vom Ausschluß der intellektuell interessierten Frauen aus der Gemeinschaft der Gelehrten, den sie mit Kühnheit und Witz als bloße Rollenzuschreibung einer patriarchalen Gesellschaft analysiert und anklagt, war sie trotz ihres hohen sozialen Ranges selbst betroffen. Aber unbeirrt durch Spott und Denunziation veröffentlichte sie in einer Zeitspanne von knapp 20 Jahren zahlreiche Werke mit einer erstaunlichen Themenvielfalt, darunter fünf naturphilosophische Abhandlungen, zwei Bände mit Theaterstücken und eine Biographie ihres Mannes.

In ihren ersten Büchern *Poems and Fancies*, *Philosophical Fancies* und *Philosophical and Physical Opinions* setzt sich C. mit der Naturtheorie Epikurs, dem Atomismus, in einer poetisch-phantastischen Weise auseinander, die ihr den Vorwurf des Atheismus einbrachte. Nach C. gibt es im Universum nur unvergängliche Materie und leeren Raum. Die Materie besteht aus kleinsten, unteilbaren Einheiten, den Atomen, die sich in diesem Raum bewegen und durch Kontakt zueinander die Gegenstände unserer sinnlich wahrnehmbaren Welt bilden. Die Entstehung der Welt als einmaliger, endgültiger Schöpfungsvorgang wird aufgelöst in einen ewigen Weltprozeß, einen kosmologischen Tanz, der in seiner Dauer die Ordnung der Welt garantiert: die Bewegung ist die Musik, zu der die Atome tanzen. Diese konsequent materialistische Position wird nach C.s Rückkehr aus dem französischen Exil zunehmend aufgebrochen; in den späteren Werken *Philosophical Letters* (eine Auseinandersetzung mit Descartes, Hobbes, More und van Helmont) und *Grounds of Natural Philosophy* ist die korpuskulare Materie in einen organischen Bezugsrahmen integriert. Die Natur wird als ›geschlossenes System‹ der Zu-

sammenhanglosigkeit einer atomisierten Materie gegenübergestellt und wird so zugleich zum neuen Ordnungsprinzip, nämlich dem lebendigen Organismus (body of nature).
Mit der Konzeption einer aktiven, beseelten Materie, die den Schöpfungsprozeß aus eigener Kraft, ohne Eingreifen Gottes, nach ihrer immanenten Gesetzlichkeit vollzieht, steht C. im Gegensatz zu den mechanistischen Naturphilosophen ihrer Zeit. Aus der hylozoistischen Struktur der Materie leitet sie den Selbstzweckcharakter der Natur ab, der einen normativen Handlungsrahmen begründet. Gegen den Machtanspruch der mechanistischen und experimentellen Philosophie im Umkreis der Royal Society verteidigt sie die Eigenständigkeit und Würde der Natur, die sich aus ihrer unendlichen Potentialität heraus dem vollständigen Zugriff des Menschen entzieht *(Observations upon Experimental Philosophy)*. Der Mensch ist als materielles Wesen wie alles Seiende Teil des Universums; mit seiner Existenz ist er in den Zusammenhang eingebunden. Ein Eingriff in diese Harmonie – durch Technik, durch Experimente – ist deshalb nicht nur eine Verletzung der ästhetischen Vollkommenheit, sondern zerstört das Ganze, hat also existentielle Bedeutung.
Als Mäzenatin von Colleges und Universitäten wurde C. mit Lob überschüttet, heimlich bezeichnete man sie jedoch als ›atheistical philosophraster‹. Ihre Kritik blieb aber nicht folgenlos. Für die nachfolgende Generation von philosophisch interessierten Frauen hatte ihr Beispiel Vorbildfunktion: C. gilt heute als erste einer ganzen Reihe von ›scientific ladies‹, die im ausgehenden 17. und im 18. Jahrhundert Interesse an der ›Neuen Wissenschaft‹ bekundeten und Beiträge dazu leisteten. Ihre scharfe gesellschaftliche Analyse der Benachteiligung der Frauen wurde von den nachfolgenden Feministinnen (Batsua Makin, → Mary Astell) aufgegriffen.

Werk: Poems and Fancies, 1653/1972; Philosophical Fancies, 1653; The Worlds Olio, 1655; The Philosophical and Physical Opinions, 1655 (erweiterte Fassung von Philosophical Fancies); Natures Pictures, drawn by Fancies Pencil to the Life, 1656; Plays written by the thrice Noble, Illustrious and Excellent Princess, the Lady Marchioness of Newcastle, 1662; Orations of Divers Sorts, Accomodated to Divers Places, 1662; CCXI. Sociable Letters, 1664/1969; Philosophical Letters: or, Modest Reflections upon some Opinions in Natural Philosophy, maintained by several famous and learned Authors of this Age, expressed by way of Letters, 1664; Observations upon Experimental Philosophy. To which is added The Description of a New World, called The Blazing World, 1666; The Life of the thrice, High and Paissant Prince William Cavendish, Duke, Marquess, and Earl of Newcastle; Earl of Ogle; Viscount Mansfield ... 1667/1906; De Vita et Rebus Gestis Nobillissimi Illustrissimique Principis, Guillielmi Ducis Novo-castremnis, commentarii, 1668; Grounds of Natural Philosophy, 1668; Plays, never before printed, 1668.

Literatur: M. Alic: Hypathia's Heritage, 1986; D.T. Bazeley: An Early Challenge to the Precepts and Practice of Modern Science: The Fusion of Fact, Fiction, and Feminism in the Works of Margaret Cavendish, Duchess of Newcastle (1623–1673), Diss. University of California, 1990; D. Grant: Margaret the First: A Biography of Margaret Cavendish, Duchess of Newcastle, 1957; R.H. Kargon: Atomism in England from Hariot to Newton, 1966; S.H. Mendelson: The Mental World of Stuart Women, 1987, S. 12–61; G.D. Meyer: The Scientific Lady in England, 1650–1760, 1955, S. 1–15; U.I. Meyer (Hg. in): Die Welt der Philosophin II, 1996; L.T. Sarasohn: A Science Turned Upside Down: Feminism and the Natural Philosophy of Margaret Cavendish, in: *Huntington Library Quarterly* 47, 1984, S. 289–307; H.L. Smith: Reason's Disciples. Seventeenth-Century English Feminists, 1982, S. 75 bis 114; E. Strauß: Organismus versus Maschine: Margaret Cavendish‹ Kritik am mechanistischen Naturmodell, in: *Das sichtbare Denken*. Modelle und Modellhaftigkeit in der Philosophie und den Wissenschaften, hg. v. J.F. Maas, 1993, S. 31–43; V. Woolf: The Duchess of Newcastle, in: dies. *The Common Reader*, 1929, S. 98–109.

Elisabeth Strauß

Cereta, Laura
italienische Gelehrte, *1469, †1499

C. wurde Ende August/Anfang September 1469 als ältestes von sechs Geschwistern, zwei Schwestern und drei Brüdern, geboren. Ihre Eltern, Silvestro Cereta und Veronica di Leno, stammten aus alten Adelsfamilien in Brescia.

C. erlebte eine glückliche Kindheit, als kleines Mädchen begleitete sie ihren Vater auf seinen Geschäftsreisen. Mit sieben Jahren wurde sie in einen Konvent geschickt, in dem sie neben Lesen und Schreiben, Gehorsam und Selbstdisziplin erlernte. Nach zwei Jahren kehrte sie nach Hause zurück und wurde dort von ihrem Vater unterrichtet. Von ihm erhielt sie erste Unterweisungen in Mathematik, Astrologie, Grammatik, Rhetorik und Philosophie. Einige klassische Zitate in ihren Briefen deuten darauf hin, daß sie neben dem klassischen Latein auch einige Kenntnisse der griechischen Sprache erlangte. Ihr Hauptinteresse galt der Astrologie, sie erstellte Horoskope, untersuchte den Einfluß der Sterne auf den Menschen und den Einfluß der Planeten auf die Heilwirkung der Pflanzen; zudem versuchte sie den Abstand zwischen den Planeten zu errechnen.

Nach dem deutschen Krieg von 1487 befand sich Brescia 25 Jahre lang im Frieden, was ein Aufblühen der Kultur und das Entstehen kleinerer Literaturkreise zur Folge hatte. Auch C. pflegte Kontakte zu anderen Gelehrten. Neben dem Kloster Santa Chiara besuchte sie mit einem ihrer Brüder die ›Academia Mondella‹, einen Humanistenzirkel, der sich im Hause des Arztes Alois Mondella traf.

Gegen Ende des Jahres 1484 heiratete die Fünfzehnjährige den Kaufmann Pietro Serina aus Brescia, der nach nur 18 Monaten Ehe an der Pest starb.

Entgegen anderen Humanistinnen jener Zeit hörte C.s literarische Karriere nicht mit ihrer Heirat auf. Nach Erledigung ihrer Hausarbeit setzte sie abends ihr Studium fort. Die Behauptung, C. habe sieben Jahre lang an der Universität zu Padua Philosophie gelesen, läßt sich allerdings aus zeitgenössischen Quellen nicht belegen.

Nach dem Tode ihres Mannes schrieb sie mehreren unbekannten Bürgern aus Brescia, aber auch bekanntere Namen, wie z.B. Bonifacio Bembo, Ludovico Cendrata und → Cassandra Fedele tauchen in ihrer Korrespondenz auf. Mit Ausnahme einiger Briefe des Fra Tommaso aus Mailand blieben fast alle ihre Briefe unbeantwortet. Die Dauer ihrer Korrespondenz betrug nur eine kurze Zeit.

C. wehrte sich gegen einen Vorwurf des Fra Tommaso, sie würde sich nur mit heidnischen Themen auseinandersetzen und hielt dem entgegen, daß sie ein intensives Studium der Kirchenväter Augustinus und Hieronymus betreibe. Fra Tommaso beklagte sich über C.s beißende Kritik und ihren Stolz und riet ihr, statt sich dem Humanismus zu weihen, ein demütiges Leben zu führen. C. nahm seinen Ratschlag an und widmete sich in ihren letzten elf Lebensjahren ausschließlich dem Glauben.

1488 veröffentlichte sie ihre Briefsammlung aus den Jahren Juli 1485–März 1488 und widmete diese Kardinal Maria Asciano Sforza. Indem sie sich unter sein Patronat stellte, erhoffte sie durch seinen berühmten Namen Unsterblichkeit zu erlangen. Nur sechs Monate nach dem Erscheinen ihrer Briefsammlung starb ihr Vater, der ihr engagiertester Förderer war. Das Ausbleiben seiner Unterstützung, der gesellschaftliche Druck und das Verlangen nach einem kontemplativen Leben nach dem Tode ihres Mannes dürften der Grund sein, warum C. nach 1488 bis zu ihrem Tode nichts mehr veröffentlichte.

Mit 30 Jahren starb sie plötzlich und wurde 1499 in San Domenico in Brescia beigesetzt.

C.s Briefe, die 1488 ediert wurden, sind teilweise kopiert und von Bischof Giacomo Filippo Tommasini unter dem Titel *Laurae Ceretae epistolae* 1640 in Padua neu aufgelegt worden.

In seiner 1978 erschienenen Biographie über C. zählt Rabil über 80 Briefe. Als Datierung sind Tag und Monat angegeben, während das Erscheinungsjahr fast immer fehlt. Eine Ausnahme bildet eine spöttische Grabrede zu Ehren eines Esels und der Prolog zu ihrer Briefsammlung.

Eine gute Datierungshilfe gibt uns das Todesjahr ihres Mannes. Während sie sich vor 1486 besonders für die klassische Literatur und Astrologie interessiert hatte, nimmt dieses Interesse nach Pietros Tod ab und eine stärkere Hinwendung zum Glauben und die Auseinandersetzung mit dem Tod bestimmen fortan ihre Schriften. Auch gängige moralphilosophische Themen wurden von ihr behandelt. So finden wir in ihrem

Werk Abhandlungen über die Unsicherheit des Schicksals, die Ehe, die Vor- und Nachteile eines zurückgezogenen Lebens, den Tod, den Krieg und seine Ursachen und die Habsucht.
Berühmt wurde sie durch ihre Schmähschriften zur Verteidigung der Frauenbildung. Allein fünf Briefe widmete sie dieser Thematik. In einem Brief an Bibulus Sempronius, ein erfundener Name, der soviel wie Trunkenbold bedeutet, enttarnt sie die verlogene Schmeichelei der Männer als Herablassung gegenüber ihrem Geschlecht. Bibulus vergleicht sie mit den gelehrtesten Männern ihrer Zeit und bezeichnet ihre Gelehrsamkeit als einzigartig. Dieses Lob empfand sie als eine Beleidigung, da jede Frau in der Lage ist, ihre geistigen Fähigkeiten auszubilden. Die Einmaligkeit ihres Intellekts widerlegt sie mit einer Auflistung berühmter gelehrter Frauen. Die Ursache, warum es weit mehr gebildete Männer als Frauen gibt, sucht sie in der Erziehung, die das Interesse der Frau von klein an auf Äußerlichkeiten lenkt. Wissen erlangt man jedoch nur durch ein intensives Studium, demzufolge Bildung keine besondere Begabung der Männer ist. Beide Geschlechter sind in der Ausbildung ihrer Talente gleichberechtigt. Da die Frauen aber von Natur aus schwächer seien, bräuchten sie mehr Unterstützung beim Lernen.
Auch im Brief an Augustinus Aemilius, der etwa sechs Monate nach dem Tod Pietros geschrieben wurde, reflektiert C. die Situation der Frau. Sie entschuldigt sich für ihr Geschlecht, und dafür, daß Frauen allgemein größeres Interesse an Äußerlichkeiten als an einem Studium zeigten. Sie erwähnt allerdings auch, daß Frauen, die ihr Leben dem Studium widmen, sozialem Druck ausgesetzt sind. Sie selbst wurde mehrmals auf das Heftigste angegriffen. Einige behaupteten sogar, ihre Briefe stammten von ihrem Vater. Sogar ihre Geschlechtsgenossinnen diffamierten sie, was C. besonders verärgerte. In einem äußerst aggressiven Brief an Lucilia Vernacula, was soviel wie ›gemeiner Sklave‹ bedeutet, richtet sie sich gegen dumme Frauen, die gebildete Frauen herabsetzen. Diese Frauen verunglimpfen dadurch nicht nur sich selbst, sondern ihr ganzes Geschlecht. Sie rät den Frauen sich selbst zu befreien, indem sie ihr Leben durch ein Stu-

dium verbessern. Im Lernen ist die Frau dem Manne nicht mehr untergeordnet, sondern gleichberechtigt.

C.s Briefe demonstrieren, daß sie die Rhetorik beherrschte. Viele ihrer Briefe sind Invektiven (Schmähschriften) und in Reden gekleidete Traktate über gängige Themen des Humanismus. Klassische Zitate werden von ihr nicht direkt verwendet, aber Anspielungen auf klassische Texte treten in ihren Briefen gehäuft auf und bekunden ihre Kenntnisse der klassischen Literatur.

Obwohl die Moralphilosophie eine bedeutende Rolle in ihrem Leben besaß, ist Epikur der einzige Philosoph, der namentlich von ihr erwähnt wird. Sie sieht in ihm weniger einen Verfechter der Lust, als vielmehr einen Philosophen der Mäßigung auf der Suche nach dem Lebensglück.

C.s Stil ist sehr komplex, ihr Latein ist kompliziert und überstilisiert. Wie für so viele andere HumanistInnen war auch ihr Vorbild Petrarca, dessen Stil sie kopierte. Erst in späteren Jahren orientierte sie sich an den Kirchenvätern Augustinus und Hieronymus.

Eigentlich scheint es überraschend, daß eine Frau, die in ihren Schriften ein aktives Leben, das dem Studium gewidmet ist, befürwortet, in ihren letzten Jahren ein beschauliches Leben bevorzugt. Dennoch entspricht es dem damaligen Zeitgeist, ein kontemplatives Leben als selbstgewählten Weg zur Selbstverwirklichung zu führen. In C.s Fall wird jedoch ihre Isolation als gelehrte Frau und der Neid der Gesellschaft ihren Beitrag zu dieser Entscheidung geleistet haben.

Werk: A. Rabil: Laura Cereta. Quattrocento Humanist, 1978 (enthält englische Übersetzungen einiger Briefe).
Literatur: W. Boulting: Woman in Italy, 1910; K. Fietze: Spiegel der Vernunft. Theorien zum Menschsein der Frau in der Anthropologie des 15. Jahrhunderts, 1991; H.-B. Gerl: ›Der vermessene Mensch‹, Mann und Frau in der Anthropologie der Renaissance. Eva – Verführerin oder Gottes Meisterwerk? in: *Hohenheimer Protokolle* 21, 1987, S. 73–100; M. L. King/A. Rabil: Her Immaculate Hand. Medieval and Renaissance Texts and Studies 20, 1983; U. I. Meyer (Hg.in): Die Welt der Philosophin II, 1996; K. M. Wilson (Hg.in): Medieval Women Writers, 1984; WP.

Larissa Reinold

Châtelet-Lomont, Gabrielle-Emilie du
französische Mathematikerin und Philosophin, *1706, †1749

Ch. wurde 1706 in Paris in eine aristokratische Familie hineingeboren. Obwohl sie – für ein Mädchen außergewöhnlich – Privatunterricht in Latein und Philosophie erhielt und von der Aufgeschlossenheit gegenüber Dichtern und Denkern in ihrem Elternhaus profitieren konnte, war ihre intellektuelle Ausbildung zufälliger und sporadischer als die ihrer meisten männlichen Kollegen. Nicht nur durch ihre standesgemäße Heirat 1725 und die Geburt ihrer drei Kinder, sondern vor allem durch vielfältige gesellschaftliche Zerstreuungen abgelenkt, nahm sie ernsthafte Studien erst wieder auf, als sie 1733 ihren zukünftigen Freund Voltaire kennenlernte, mit dem sie von 1734 bis 1748 auf Schloß Cirey in der Champagne zusammenlebte.

Ende 1733 studierte Ch. intensiv Englisch und ließ sich von Maupertuis in Mathematik unterrichten. 1734 las sie die Schriften Lockes. 1735 beschäftigte sie sich ausgiebig mit der Newtonschen Physik. 1736 übersetzte sie Mandevilles *Fable of the Bees* und eignete sich Italienischkenntnisse an.

Ch.s wissenschaftliche Tätigkeit war durch weitgehende Isolation gekennzeichnet: Sie hatte wenig direkten Kontakt zu anderen Gelehrten, was sie zutiefst bedauerte. Die kurzen Besuche von Algarotti, Maupertuis, Clairaut, Samuel König und Johann Bernoulli auf ihrem Landsitz in Cirey waren selten, ihre eigenen Reisemöglichkeiten als Frau sehr beschränkt. Über ihre Korrespondenz stand sie jedoch in Verbindung mit den berühmtesten Wissenschaftlern ihrer Zeit. Dennoch hatte sie immer wieder Schwierigkeiten, geeignete Lehrer zu finden.

Eine Ausnahme bildete in gewisser Hinsicht Voltaire. Zwischen beiden entwickelte sich in der intellektuellen Atmosphäre von Cirey eine enge Zusammenarbeit in vielen Bereichen, die sich in den in dieser Zeit verfaßten Schriften Voltaires und Ch.s zu denselben Themen widerspiegelt. Da ihr aber auf den Gebieten der Metaphysik und der Naturwissenschaft eindeutig die Führungsrolle zugesprochen werden muß, war Voltaire kein Ersatz für wissenschaftliche Partner, mit denen sie gleichberechtigt über philosophische und mathematische Probleme hätte debattieren können. Erst als sie in ihren letzten Lebensjahren an ihrer Übersetzung von Newtons *Principia* ins Französische arbeitete, stand ihr als ständiger wissenschaftlicher Berater Clairaut zur Seite.

Darüberhinaus war Ch. natürlich als Frau benachteiligt, da sie nicht soviel Zeit für ihre wissenschaftliche Arbeit erübrigen konnte, wie sie es sich wünschte, sondern außerdem bestimmte Pflichten zu erfüllen hatte, die mit einem erheblichen Zeitaufwand verbunden waren. So hatte sie einen jahrelangen kräftezehrenden Prozeß in Brüssel für ihre Familie zu führen. Als Adelige mußte sie sich zwar nicht unmittelbar um die Erziehung ihrer Kinder kümmern, war aber grundsätzlich für alle sie betreffenden Belange zuständig. Durch Voltaire wurde sie zeitlich zusätzlich in Anspruch genommen: Sie erledigte während seiner häufigen hypochondrischen Krankheitsphasen seine Korrespondenz und unterstützte ihn tatkräftig in seinen zahllosen literarischen und politischen Affären. Außerdem beaufsichtigte sie seine schriftstellerische und wissenschaftliche Arbeit.

Ein weiteres Handikap ihrer Forschung bestand darin, daß ihr im allgemeinen die Anerkennung versagt blieb. Die einzige offizielle Wertschätzung ihrer Verdienste um die Wissenschaft war ihre Aufnahme in die ›Accademia delle Scienze di Bologna‹ 1746. Für sie war ihre wissenschaftliche Arbeit kaum mit einem höheren Ansehen und noch weniger mit einer adäquaten professionellen Stellung verbunden.

Nachdem Voltaire und Ch. sich auseinandergelebt hatten, begann Ch. 1748 eine Liebesbeziehung zu dem Armeeoffizier Saint-Lambert. Als sie 1749 erneut schwanger wurde, befürchtete sie, die Geburt des Kindes nicht zu überleben und tatsächlich starb sie im gleichen Jahr am Kindbettfieber.

Ch. spielte sowohl bei der Durchsetzung der Newtonschen als auch der Leibnizschen Physik in Europa eine bedeutende Rolle. Sie war maßgeblich und federführend an der Ausarbeitung der *Eléments de la philosophie de Newton* (1738)

Voltaires beteiligt. Dieses Werk stellt, erstmalig auf dem Kontinent, wo noch die cartesianische Physik vorherrschte, die Newtonsche Gravitationstheorie und Optik in einer für ein breiteres Publikum verständlichen Art und Weise dar. Zur Unterstützung dieser Abhandlung schrieb Ch. eine anonyme Rezension *Lettre sur les éléments de la philosophie de Newton* (1738). Da diese populäre Fassung der Newtonschen Mechanik und Astronomie ihren gehobenen wissenschaftlichen Ansprüchen später aber nicht mehr genügte, übersetzte sie von 1745 bis 1749 Newtons Hauptwerk, die *Philosophiae naturalis principia mathematica*, aus dem Lateinischen und ergänzte sie durch zwei umfangreiche erläuternde Kommentare.

Aber auch für die Leibnizsche Dynamik, die im Gegensatz zur cartesianischen stand, ergriff Ch. Partei. In ihren *Institutions physiques* (1740) favorisiert sie den Leibnizschen Kraftbegriff, der dem heutigen Begriff der mechanischen Energie entspricht, und proklamiert das Prinzip der mechanischen Energieerhaltung. Dadurch und durch ihre Replik auf Mairans Stellungnahme zu ihrer Position beteiligte sie sich an der sogenannten ›vis-viva-Kontroverse‹.

Ihr zentrales Anliegen, welches sich in ihren *Institutions physiques* niederschlägt, war neben der Verbreitung der modernsten Erkenntnisse der damaligen Physik auf dem Kontinent die Systematisierung und wissenschaftstheoretische Fundierung dieser Physik. In ihrer Wissenschaftsphilosophie bemüht sie sich, dem Zusammenhang von Theorie und Experiment gerecht zu werden, indem sie Leibnizsche Erkenntnisprinzipien zur Begründung der Newtonschen und Leibnizschen Physik heranzieht, aber auch die Rolle der Erfahrung nicht vernachlässigt. Erkenntnistheoretisch ist Ch. auf der Suche nach einem Mittelweg zwischen einem vorpositivistischen Empirismus auf der einen und einem Systemrationalismus auf der anderen Seite. Mit der Durchführung dieses schwierigen Projekts, dessen Synthese erst Kant zu vollbringen vermochte, war sie ihrer Zeit voraus. Ihre Originalität liegt darin, diese wegweisende Fragestellung aufgeworfen zu haben, während ihre Zeitgenossen entweder in einer Fehlinterpretation der Newtonschen Physik das Experiment ganz und gar in den Vordergrund stellten oder, noch mit Berufung auf die cartesianische Physik, der Vernunft den absoluten Vorrang gegenüber der Erfahrung einräumten. Durch Ch. wurde erstmalig in Frankreich die Leibniz-Wolffsche Philosophie rezipiert. Ihr entscheidender Einfluß manifestiert sich nicht zuletzt in den Artikeln zu diesem Themenbereich in der berühmten *Encyclopédie*, die zum Teil (ohne Quellenangabe!) wortwörtlich den *Institutions physiques* entnommen sind.

Ch. erweist sich als ›Aufklärerin‹ in mehrfacher Hinsicht: Sie erfüllt erstens konkret die aufklärerische Forderung nach vernünftiger Selbständigkeit, wenn sie Theorien wie die aus England stammende, zu ihrer Zeit auf dem Kontinent bekämpfte Newtonsche Physik oder die in Deutschland dominierende, in Frankreich aber vollkommen unbekannte Leibnizsche Metaphysik kritisch würdigt, indem sie sich über nationale Vorurteile hinwegsetzt. Zweitens setzt Ch. das Motto ›Aufklärung durch wissenschaftliche Bildung‹ durch ihr Physik-Kompendium direkt um und drittens macht sie sich auch den aufklärerischen Begründungsanspruch zu eigen.

Daß sie auch imstande war, originäre Forschung zu betreiben, zeigt ihre 1737 verfaßte *Dissertation sur la nature et la propagation du feu*. Mit dieser Arbeit über das ›Feuer‹ beteiligte sich Ch., wie auch Voltaire, an einem von der ›Académie des Sciences‹ ausgeschriebenen Wettbewerb. Ihre auf der experimentellen Vorgehensweise Newtons basierenden (und wahrscheinlich deshalb abgelehnten!) Untersuchungen erhielten wenigstens eine ehrenvolle Erwähnung und wurden zusammen mit den drei noch cartesianischer Methodologie folgenden Preisschriften publiziert. Die Idee einer Teilnahme stammte ursprünglich von Voltaire. Anlaß für Ch.s eigenen Beitrag war die fehlende Übereinstimmung mit Voltaire bei der Auswertung der gemeinsam durchgeführten Experimente. Ch. erliegt nicht wie Voltaire der Gefahr, die experimentelle Methode Newtons positivistisch zu überziehen, sondern vertritt einen rationalistischen Ansatz, der ein ausgewogenes Verhältnis von Vernunft und Erfahrung intendiert.

Werk: Dissertation sur la nature et la propagation du Feu, in: *Receuil des pièces qui ont remporté les prix fondez dans l'Académie Royale des Scien-*

ces, Bd. 4, 1752, S. 87–170; Lettre sur les éléments de la philosophie de Newton, in: *Journal des sçavans*, Dez. 1738, S. 458–475; Institutions physiques, 1740/1988; Mémoire touchant les forces vives adressé en forme de lettre à M. Jurin, in: *Memorie sopra la fisica e istoria naturale*, Bd. 3, 1747, S. 75–84; Principes mathématiques de la philosophie naturelle de Newton, 2 Bände, 1756/1966; Discours sur le bonheur, hg. v. R. Mauzi, 1961; Les lettres de la marquise du Châtelet, hg. v. Th. Bestermann, 1958.

Literatur: E. Badinter: Emilie, Emilie – Weiblicher Lebensentwurf im 18. Jahrhundert, 1984; W. H. Barber: Mme du Châtelet and Leibnizianism: The Genesis of the *Institutions de physique*, in: *The Age of Enlightenment*, hg. v. Barber, 1967, S. 200–222; E. Ehrmann: Mme du Châtelet, 1986; C. Iltis: Madame du Châtelet's Metaphysics and Mechanics, in: *Studies in History and Philosophy of Science* 8, 1977, S. 29–48; U. Klens: Mathematikerinnen im 18. Jahrhundert: Maria Gaetana Agnesi, Gabrielle-Emilie du Châtelet, Sophie Germain – Fallstudien zur Wechselwirkung von Wissenschaft und Philosophie im Zeitalter der Aufklärung, Pfaffenweiler 1994 (ausführliche Bibliographie); R. Vaillot: Madame du Châtelet, 1978; I. O. Wade: Voltaire and Madame du Châtelet – An Essay on the Intellectual Activity at Cirey, 1941; HWP; WP.

Ulrike Klens

Christina von Schweden
schwedische Königin und Gelehrte, *1626, †1689

Geboren wurde Ch. am 8. Dezember 1626 in Stockholm, als Tochter von Gustav Adolf II. und Maria Eleonore von Hohenzollern. Sie tat sich sehr früh mit einem regen Verstand und großer Wißbegierde hervor. Diese wurden durch eine ausgezeichnete Allgemeinbildung in verschiedenen Fachgebieten und durch die Beherrschung von mehr als einem halben Dutzend Fremdsprachen gestillt. Wie ein Mann erzogen, verachtete sie das weibliche Geschlecht dermaßen, daß sie mit einer ihr angeblich eigenen männlichen Seele prahlte, während sie sich von den Schwächen der eigenen weiblichen Natur abwandte (wie sie in ihren *Memoiren* schrieb).

Der Lebensweg der außergewöhnlichen Königin ist gewiß komplex und ihre Persönlichkeit vielseitig, sogar in vielen Begebenheiten widersprüchlich. Doch ihre intellektuellen Fähigkeiten und vor allem ihre kulturellen Interessen waren maßgebend für die Gesellschaft ihrer Zeit. Als Ch. 1644 an die Macht kam, verwandelte sie ihr Königreich in eines der angesehensten des europäischen Geisteslebens. Von dem Wunsch beseelt, von Weisen und Literaten umgeben zu sein, lud sie viele berühmte Persönlichkeiten an ihren Hof ein, unter denen sich René Descartes (der sich 1649 in Stockholm niederließ) hervorhob. Der Philosoph und die Königin traten bereits früher in Verbindung, die der Stellvertreter des französischen Botschafters in Stockholm, P. Chanut, herstellte. Diesen Boten der Philosophie nutzte Ch., um von Descartes Antworten auf ihre Fragen zu erhalten – so z. B. auf die Frage, welche Leidenschaft, die Liebe oder der Haß, schlimmere Folgen für das Leben hätte. Jene Frage beantwortete Descartes ausführlich in einem umfangreichen Schreiben, in dem er darlegte, daß die Liebe »uns zu großen Exzessen führt und damit einen Schaden dem Rest der Menschheit zufügt ... denn, sie [die Liebe – R. G. M.] hat natürlich mehr Macht und Kraft als der Haß« (Brief an Chanut, 2. Februar 1647). Diese Antwort überraschte Ch. und machte sie auf die Grundgedanken der einschlägigen Theorie neugierig. Schließlich schrieb Descartes, auf ihr Verlangen hin, direkt an sie und erklärte seine Auffassung vom höchsten Gut. Anscheinend schätzte die Königin an Descartes auch den Mechaniker und Erbauer von Automaten und einfachen Maschinen. Bezüglich seiner Metaphysik war sie vor allem an dem Problem der Essenz interessiert sowie an der inneren Struktur der ›Zirbeldrüse‹, in der Descartes den Sitz der Seele und den bevorzugten Treffpunkt von Leiblichem und Geistigem vermutete.

Doch der Aufenthalt von Descartes in Schweden wurde für den Philosophen nicht so angenehm, da Ch. keine große Eile zeigte, das cartesianische System zu begreifen. Als sie sich endlich dazu aufraffte, war es zu spät: Der frühe Tod des Philosophen im Februar 1650 infolge eines strengen schwedischen Winters vereitelte den Wunsch der Königin nach

Erklärungen. Trotz seines kurzen Aufenthaltes in Schweden setzte sich Descartes' Philosophie auf Kosten der Scholastik in allen kultivierten Kreisen des Landes durch. Abgesehen von den philosophischen Anstößen veränderte Ch.s Kulturpolitik, die sie in ihrer zehnjährigen Herrschaftszeit betrieb, nicht nur das äußere Erscheinungsbild der Stadt Stockholm mit dem Entstehen schöner klassischer Gebäude, sondern ermöglichte auch – aufgrund der Einzahlung großer Summen in die Staatskasse – die Ansammlung von unschätzbar wertvollen Manuskripten, Gemälden, Juwelen usw.

Nach ihrer Bekehrung zum Katholizismus dankte sie im Jahre 1654 ab. Anschließend bereiste Ch. Europa und verbrachte etwa ein Jahrzehnt in zügelloser Lebensart. Auf einer ihrer Reisen besuchte sie → Anna Maria van Schurman in Utrecht, die dem hohen Besuch ihre Dankbarkeit erwies, obwohl sie mit der weltlichen Richtung und dem Religionswechsel Ch.s nicht einverstanden war. In den letzten zwanzig Lebensjahren verschrieb sie sich in Rom künstlerischen, kulturellen und intellektuellen Aktivitäten. In diesem Zusammenhang gründete sie 1668 die ›Accademia Clementina‹, die 1674 zur ›Königlichen Akademie‹ wurde, mit dem Hauptziel, die Entstellung der italienischen Sprache zu verhindern. Nach ihrem Tod in Rom, am 19. April 1689, wurde die sogenannte Akademie in ›Accademia dell' Arcada‹ umbenannt. Diesen Namen behielt sie bis in unsere Zeit.

Doch das Engagement der ehemaligen Königin war umfassender: sie gründete auch eine Akademie für Physik, Naturgeschichte und Mathematik und fast gleichzeitig 1669 ein Theater, in dem die weiblichen Rollen nicht mehr von Kastrierten, sondern von Frauen besetzt wurden. Ferner widmete sie sich der Bereicherung ihrer Gemälde- und Manuskriptsammlungen, die nach ihrem Tod größtenteils im Vatikan eingelagert wurden.

In den letzten Jahren ihres Lebens schrieb sie ihre berühmten *Memoiren (Autobiographie dem Gott gewidmet)*, die sie jedoch unvollendet hinterließ.

Literatur: J. Arckenholtz: Mémoires concernant Christine de Suède, 1751–1760; R. Descartes: Oeuvres, 1964–74; W. Friese: Christina,

Königin von Schweden, in: *Europäische Hofkultur im 16. und 17. Jahrhundert*, hg. v. A. Buck et. al., 1981, Bd. III, S. 475–482; S. Grabner: Christina von Schweden, 1992; P. de Luz: Christine de Suède, 1951; G. Masson: Christina von Schweden: Königin zwischen Stolz und Tragik, 1983; A. Neumann: La reine Christine de Suède, 1936; B. Quilliet: Christine de Suède, un roi exceptionnel, Presses de la Renaissance, 1982; J. Peter: Christina von Schweden. Legende durch Jahrhunderte, 1992; HWP (Kristina Wasa); WP.

Rosa García Montealegre

Cixous, Hélène
französische Philosophin und Literaturwissenschaftlerin, *1937

C. wurde am 5. Juni 1937 in Oran (Algerien) geboren. Sie stammt aus einer jüdischen Familie, ihre Mutter war Deutsche. Bereits in ihrer Kindheit waren ihr zwei Formen der Unterdrückung präsent, die des französischen Imperialismus in Algerien und die des Antisemitismus. Nach dem Tod ihres Vaters blieb die Familie in Algerien, wo C. ihre schulische Ausbildung 1954 beendete. Ein Jahr später ging sie nach Frankreich, heiratete und begann als Lehrerin am Lycee de Sceaux zu arbeiten. Ihre Studien setzte sie fort und schloß 1958 mit dem Doktorgrad in englischer Literatur ab. Von 1959–64 unterrichtete sie in Arachon und später in Bordeaux. 1964 trennte sie sich von ihrem Mann und lebte mit ihren Kindern im Südwesten Frankreichs. 1965 erhielt sie eine Stelle als Assistentin an der Sorbonne. 1967 wechselte sie nach Nanterre, wo sie in die Studentenunruhen im Mai '68 verwickelt war. 1967 erschien auch ihre erste Publikation unter dem Titel *Le Prénom de Dieu*, in der sie sich mit verschiedenen AutorInnen, darunter auch Hoffmann, Kleist und Poe befaßt.
In der Folge etablierte C. einen Kurs für experimentelle Literatur an der Universität in Vicennes und habilitierte sich als Professorin für englische Literatur; ihr Thesenpapier hatte den Schriftsteller James Joyce zum Gegenstand. In *L'Exil de James Joyce* (1968) geht sie kritisch auf die Beziehung

zwischen seinem Leben und seinem Schreiben ein und unterstreicht, daß Joyce anti-phallozentrische Texte verfaßt habe. Außerdem stellt sie fest, daß er sein Leben schrieb, statt es zu leben und deshalb biographische und literarische Texte eng verquickt seien.

1969 erschien ihr erster Roman *Dedans*, für den sie mit dem Prix Medici ausgezeichnet wurde. Im gleichen Jahr war sie entscheidend an der Gründung der neuen literarischen Zeitschrift *Poetique* beteiligt. Außerdem ist sie Gründerin des Zentrums für Frauenstudien an der Université Paris VIII in Vicennes.

Als Professorin für Anglistik betreut sie seit Jahren Forschungsarbeiten über Weiblichkeit, die auf die Analyse und Praxis des Schreibens ausgerichtet sind. Zusammen mit Catherine Clement ist sie Herausgeberin der Reihe *Feminin Futur*, die sich mit Analysen der weiblichen Geschichte befaßt.

C. war auch Sprecherin der radikalen französischen Frauengruppe *Psych et Po* (Psychologie et Politique) und ist langjährige Autorin des Verlages *Des Femmes*, der aus dieser Gruppe hervorging. Dort wurden in den siebziger und achtziger Jahren ihre zahlreichen Romane, Essays, theoretischen Arbeiten und Theaterstücke herausgebracht.

C. ist eine zeitgenössische französische Schriftstellerin, Kritikerin und feministische Theoretikerin. Ihr Werk umspannt eine Reihe von Genres und diskutiert ein weites Problemfeld. In ihren Arbeiten befaßt sie sich vor allem mit der Verbindung von Psychoanalyse und Sprache und der Problematik von Schreiberin und Leserin innerhalb eines literarischen Textes. In Frankreich ist sie auch bekannt als Autorin einer Reihe von Avantgarde-Romanen und Erzählungen und durch Theaterstücke. Ihre ersten Arbeiten stehen im Kontext des ›noveau roman‹. Von ihren Texten wurde nur ein kleiner Teil, vor allem die theoretischen Arbeiten, ins Deutsche oder Englische übersetzt.

C.s Arbeiten sind von zwei Schwerpunkten gekennzeichnet: der Entwicklung eines weiblichen Schreibens ›écriture féminine‹ und der Auseinandersetzung mit der weiblichen Sexualität. Ähnlich wie → Luce Irigaray und → Julia Kristeva setzt sie beide zueinander in Beziehung. Beispielhaft für diese Verknüpfung sind die Texte *The Laugh of the Medusa* und *Sorties* (1975) in denen C. das Veränderungspotential des Schreibens und die Verbindung von Sexualität und Text diskutiert. In der Vergangenheit, so stellt C. fest, wurden die Frauen mit Gewalt von ihrem Selbst und von ihrem Körper entfernt. Aber durch ein spezifisch weibliches Schreiben können sie sich wieder in den Text, in die Welt und in die Geschichte einbringen. Dabei unterscheidet sich der weibliche Text grundsätzlich vom vorherrschenden männlich-patriarchalen. Er unterwirft sich nicht den semantischen und syntaktischen Vorgaben der Männer. Er ist ohne Schluß, was ihn schwer lesbar macht. Der weibliche Text unterscheidet sich vom bekannten System der Repräsentationen und er liegt jenseits der Grammatik. Er setzt sich immer fort und beginnt ständig. Er ist in Bewegung und läßt Symbolisches und Archaisches sichtbar werden. Dennoch ist die weibliche Schrift für C. ein Schreiben in der Gegenwart und nicht in der Vergangenheit.

Der weibliche Diskurs hat keinen starren Faden, er braucht Unruhe, Fragen, Zerstörung und Aufbau. Den weiblichen Text beschreibt C. als subversiv, er erhebt sich vulkanartig auf der patriarchalen Kruste. Die Frau schreibt sich, erfindet ein neues aufständisches Schreiben und vollzieht durch ihre Befreiung die Veränderung ihrer Geschichte. Weibliches Schreiben ist der Ausdruck der Differenz, die in weiblichen Texten verarbeitet wird, um die phallozentrische Logik zu untergraben. Es läßt die Wirkung der Weiblichkeit in den Text einfließen und bietet deshalb eine Möglichkeit den Phallozentrismus zu überwinden.

Weibliches Schreiben ist eine Praxis der Entschleierung des bestehenden Weiblichkeitsbildes und vermittelt eine positive Identifikation der Frau. C. versteht es als das Schreiben des weiblichen Selbst; es muß über Frauen schreiben und diese zum Schreiben bewegen. Es ist nicht nur ein Akt, der die Beziehung der Frau zu ihrer Sexualität und zu ihrem Sein darstellt, sondern es kann ihr eine natürliche Kraft geben. Es soll ihr das Gute, die Freuden, ihren Körper zurückgeben, der bisher eingesperrt war. Das weibliche Schreiben will sie von ihren übermächtigen Schuldgefühlen befreien, sie von den wissenschaftlichen Methoden, den Analysen entfernen. Dadurch soll sich die Frau emanzipieren zu dem Text, der sie selbst ist und durch den sie lernen kann zu sprechen.

Das weibliche Schreiben versteht C. als ein Schreiben durch den weiblichen Körper, den sie als wichtiges Ausdrucksmittel definiert. Eine Frau kann ihre Rede durch ihren Körper vermitteln. Ihre Stimme spricht durch ihren Körper, sie drückt physisch aus, was sie denkt, was sie durch ihre Rede bedeutet. Genauso müssen Frauen durch ihren Körper schreiben, sie müssen eine unauslöschbare Sprache sprechen, die Gruppen, Klassen, Rhetorik und Semantik über Bord wirft. Eine Frau muß durch ihren Körper kämpfen. Sie darf sich nicht auf ein Schattendasein in der männlich definierten Weiblichkeit reduzieren lassen, sondern muß diese falsche Weiblichkeit enttarnen. Dadurch wird das weibliche Schreiben auch zum politischen Akt, der die Frau von ihren alten Mustern befreit. Metapher für die Loslösung der Frau ist das ›fliegen‹ und ›stehlen‹, d. h. die Frau muß sich von der dominierenden Kultur stehlen, was sie braucht und dann wegfliegen, an einen Ort, wo neue Bilder, Geschichten und Subjektivitäten geschaffen werden können. Sie muß sich jenseits der Grenzen des bekannten patriarchalen Systems bewegen.

Dabei konzipiert C. keinen einheitlichen weiblichen Diskurs, sondern stellt fest, daß es tausende von Formen des weiblichen Sprechens und Schreibens gibt. Darunter seien sowohl Codes für allgemeine Kommunikation als auch eine Reihe von subversiven Diskursen. Insgesamt ist die weibliche Praxis des Schreibens für C. nicht definierbar, da die Feminität im Schreiben vor allem durch die Stimme spürbar wird. Schreiben und Stimme sind verflochten und stehen in wechselseitigem Austausch.

Allerdings räumt C. ein, daß schreibende Frauen nicht unbedingt weibliche Texte produzieren. Im Gegenteil: viele

Schriftstellerinnen stehen in der Tradition des männlichen Schreibens und tradieren die klassischen Darstellungen von Weiblichkeit. Frauen, die schreiben, bedenken meist nicht, daß sie auch als Frauen schreiben und nicht eine neutrale Schrift produzieren. Sie nehmen die sexuelle Differenz nicht wahr und gehen davon aus, daß es keinen Unterschied zwischen weiblichem und männlichem Schreiben gibt. Doch C. weist nach, daß die Frauen die männliche Schrift als Norm akzeptieren und nur die Schrift der anderen, der Männer, imitieren. Deshalb sei nicht alles, was Frauen schreiben, weibliches Schreiben. Im Gegenzug können nach C.s Definition auch Männer ›weibliche Texte‹ verfassen und lesen. Offensichtlich geht es C. mit ihrem Begriff des weiblichen Schreibens nicht um die klassischen Kategorien des empirischen Geschlechts, sondern um eine spezifische Art des Schreibens, die vom natürlichen Geschlecht losgelöst ist.

Beispielhaft für das weibliche Schreiben sind für C. die Novellen der brasilianischen Schriftstellerin Clarice Lispector, die sie als eine der wichtigsten Vertreterinnen einordnet. Sie befaßt sich mit der Beziehung zwischen Subjektivität und Schreiben und bewegt sich dabei über die Dekonstruktion hinaus, um eine neue alternative Ökonomie zu kreieren. Charakteristisch ist ihre Entdeckung der Subjektivität, das Aufstellen alternativer Beziehungen zur Anderen, ihr besonderer minimalistischer Stil und die ethischen Problemstellungen, die sie in ihren Arbeiten diskutiert.

C. selbst schreibt als Frau für Frauen, sie spricht von ›frau‹ im Gegensatz zum konventionellen ›man‹ und von einem universellen weiblichen Subjekt, das den Frauen Sinn und Bedeutung vermittelt.

Werk: Schreiben und Begehren, Schreiben, Feminität, Veränderung, Die Frau als Herrin? in: *Alternative Zeitschrift für Literatur und Diskussion* 8/9, 1979; Weiblichkeit in der Schrift, 1980; Die unendliche Zirkulation des Begehrens, 1977; Prénomes de personnes, 1974; L'heuse de Clarice Lispector, 1989; Le livre de Promethea, 1983; Writing Differences, hg. v. S. Sellers, 1988; Reading with Clarice Lispector, 1990; Déluge, 1992; Readings: The Poetics of Blanchot, Joyce, Kafka, Kleist, Lispector and Tsvelayeva, 1992; Three Steps on

the Ladder of Writing, 1993; The Hélène Cixous Reader, hg. v. S. Sellers, 1994; L'histoire, 1994.
Literatur: M. Shiach: Hélène Cixous. A Politics of Writing, 1991; WomBio.

Ursula I. Meyer

Clea
griechische Priesterin, 1.–2. Jh. n. u. Z.

Plutarch erwähnt C. als Priesterin der Isis und des Dionysos. Er widmete ihr sein Buch über die Tugend der Frauen. Plutarch schreibt, er habe ein ausführliches philosophisches Gespräch mit C. geführt, nachdem Leontides (vielleicht ihre Mutter oder Schwester) gestorben war.

Literatur: G. Menage: The History of Women Philosophers, 1690/1984; WP.

Ursula I. Meyer

Cockburn, Catherine Trotter → Trotter Cockburn, Catherine

Comnena, Anna
byzantinische Gelehrte und Philosophin, *1083, †1148

C. wurde am 1. Dezember 1083 geboren und war die Lieblingstochter des Kaisers Alexius I. Sie erhielt die bestmögliche Bildung im damaligen Byzanz und zeigte schon früh eine Vorliebe für die Literatur und die griechische Philosophie.
Der Name Comnena deutet daraufhin, daß ihre Familie italienischer Herkunft war. Ihre Mitglieder hatten den Thron des byzantinischen Reiches von 1057 bis 1204 besetzt und herrschten von 1204 bis 1461 in Trebisonda (Türkei).

Bereits in jungen Jahren wurde C. mit Constantine Doukas verlobt, der jedoch vor der Heirat starb. Sie heiratete dann den Adligen Nicephorus Bryennius. Einige Zeit nahm sie intensiv an den Intrigen des byzantinischen Hofes teil, den sie aber später verließ, um sich dem Studium der Literatur und Philosophie zu widmen. Nach dem Tod ihres Mannes 1137 zog sich C. in ein Kloster zurück und entwickelte ihre intellektuellen Fähigkeiten weiter. Sie starb 1148.

C.s Hauptwerk ist die in griechischer Sprache geschriebene *Alexiade*, eine Geschichte der Regierung ihres Vaters mit dem Titel: *Annae Comnenae Alexiadis Libri*; sie besteht aus 15 Büchern. Es handelt sich um ein sehr fundiertes und rhetorisch ausgefeiltes Werk, das wichtigste Buch der byzantinischen historischen Sammlung. Hervorzuheben ist, daß sich ihre Version vom Einmarsch des Kreuzheeres in Byzanz von den erhaltenen lateinischen Erzählungen unterscheidet.

Die *Alexiade* wurde zum erstenmal 1610 in Augsburg veröffentlicht, später 1839 in zwei Bänden in Bonn mit einer lateinischen Übersetzung von Schopen. 1868 bis 1871 wurde sie nochmals in drei Bänden von Oster herausgegeben.

Die *Alexiade* enthält neben historischen Darstellungen auch wichtige Informationen zu den damaligen Philosophen. Zum Beispiel beschreibt C. im 5. Buch Johannes Italos, Schüler von Michael Psellos (1018–1096), der über Platon, Porphyrios, Iamblichos und Psellos schrieb, und Kommentare zu den *Topica* und *De Interpretatione* verfaßte. C. unterstützte auch zahlreiche Philosophen, die eine bedeutende Zahl von Kommentaren zu den Werken des Aristoteles' verfaßten.

Die Position der Philosophie in Byzanz war sozusagen optimal, denn man trennte nicht zwischen Antike und Mittelalter, wie es das Abendland tat. Die philosophische Tradition zeigte zwei Hauptlinien: das ethisch-politische Denken Platons und das logisch-biologische Aristoteles'. Unterbrochen wurde sie nur durch die Ermordung → Hypatias und das Ende der Akademie in Athen (529).

Ein Mitglied des Kreises um C. war der neuplatonische Kommentator der *Nikomachischen Ethik*, Eustratius aus Nicaea, den sie in der *Alexiade* erwähnt, weil er Alexis mit seinen Argumenten gegen die Manichäer aus Philoppopolis unterstützt haben soll. Andere Mitglieder des Kreises waren Michael aus Italien, George und Demetrio Tornikes, Urheber eines Lobes auf C. (1154–55), Johannes von Venedig, und Irene und ihr Mann Bryennius. Eines der wichtigsten Mitglieder war Michael von Ephesus, dessen Kommentare den Westen sehr beeinflußten. Durch ihn wurden zwei aristotelische Werke, *Bewegung* und *Progression der Tiere*, im Abendland bekannt.

C. hatte auch religiöse Interessen und unterstützte – so Tornikes – den christlichen Aristotelismus, der auch neuplatonische Züge hatte. Sie forschte außerdem im Bereich der Medizin, leitete das Krankenhaus in Konstantinopel und schrieb ein Traktat über die Gicht.

Werk: The Alexiad of the Princess Anna Comnena, 1928.
Literatur: R. Browning: An unpublished Funeral Oration on Anna Comnena, Proceedings of Cambridge Philological Society 188, 1962; G. Buckler: Anna Comnena, 1929; Encyclopedia Britannica *Anna Comnena, Comnena, Bryennius*; J. Darrouzes: Georges et Demetrios Tornikes, Lettres et Discours, 1970; A. Preus: Aristote and Michael of Efesus: On the Movement and Progression of Animals, 1981· WP

Maria Luisa Femenías
(Übers. M.L.P. Cavana)

Conrad-Martius, Hedwig
deutsche Phänomenologin, *1888, †1966

C. wurde als Kind einer bekannten Medizinerfamilie in Berlin geboren. Sie gehörte zu den ersten Frauen, die in Deutschland ein Universitätsstudium aufnahmen. An der Universität München besuchte sie Seminare von Moritz Geiger und wurde so in den Kreis von Schülern Theodor Lipps' eingeführt, die – unter dem Eindruck von Edmund Husserls *Logischen Untersuchungen* – geschlossen zur ›Phänomenologie‹

übergetreten waren. 1910 wechselte C. nach Göttingen. Dort hatte Husserls Lehrtätigkeit einen stetigen Zustrom von Studierenden hervorgerufen, die sich als ›Philosophische Gesellschaft‹ organisierten und zu informellen Zusammenkünften und Diskussionen trafen. C. wurde bald nach ihrem Eintreffen Vorsitzende dieser Gesellschaft.

1912 wurde ihre Arbeit *Über die erkenntnistheoretischen Grundlagen des Positivismus* von der Philosophischen Fakultät Göttingen preisgekrönt und von Alexander Pfänder in München als Dissertation angenommen. Im selben Jahr heiratete C. ihren Studienkollegen Theodor Conrad. Eine akademische Karriere war damals für eine Frau aufgrund der fehlenden Habilitationsmöglichkeiten – auch ihre Göttinger Kolleginnen → Edith Stein und → Gerda Walther hatten darunter zu leiden – noch unzugänglich. Daher versuchte die Familie ihren Lebensunterhalt durch eine Obstplantage zu bestreiten, mit der Hoffnung, dadurch genügend freie Zeit für philosophische Forschungen zu behalten. Der Krieg machte diese Idee zunichte, und die folgenden Jahre blieben geprägt von wirtschaftlichen Schwierigkeiten. Erst ab 1930 konnte C. wieder kontinuierlich philosophisch arbeiten. Ihr Versuch zur Habilitation, die jetzt auch Frauen offen stand, schlug jedoch fehl: Aufgrund eines jüdischen Großelternteils wurde sie 1933 aus der ›Reichsschrifttumskammer‹ ausgeschlossen. Uneingeschränkte wissenschaftliche Forschungs- und Publikationsmöglichkeiten ergaben sich für C. erst wieder nach Ende des Zweiten Weltkrieges.

1949 wurde sie Dozentin für Naturphilosophie an der Universität München. 1955 erhielt sie eine Honorarprofessur für Philosophie. Im Laufe zunehmender Publikationstätigkeit gelang ihr in den fünfziger Jahren der Durchbruch zu weitreichenderer Beachtung und Öffentlichkeitswirksamkeit. Ihr Name ist jedoch durch Zeitschriftenartikel und Vorträge bekannter geblieben, als durch die Rezeption ihres philosophisch-systematischen Werkes im Gesamtzusammenhang.

C. zählt zu den wichtigsten Mitgliedern der phänomenologischen Bewegung in Deutschland. Kernstück ihres Werkes ist eine Ontologie des Realen, die als Fundament für Untersuchungen zur Naturphilosophie, Kosmologie, Anthropologie, Zeit und Raum dient. Darüber hinaus werden in ihrer Philosophie erkenntnistheoretische Fragen, Probleme der Ästhetik, Sprache und Logik behandelt.

Im Zentrum des Denkens von C. steht die Auseinandersetzung mit dem Realitätsproblem. Schon ihre frühen Werke *Die erkenntnistheoretischen Grundlagen des Positivismus* (1912) und *Zur Ontologie und Erscheinungslehre der realen Außenwelt* (1916) leiten in die Problematik ein, die in ihren Werken *Realontologie* (1923) und *Das Sein* (1932) detailliert weitergeführt wird. Sowohl die von ihr als ›transzendental-idealistisch‹ bezeichnete Phänomenologie Husserls als auch der in ihren Augen ›existentialistische‹ Zugriff Heideggers werden dem Phänomen des Realen nicht gerecht. C. entwickelt daher eine eigene Theorie phänomenologischer Forschung, die sie als ›ontologische‹ oder ›realistische‹ Phänomenologie verstand. Husserls transzendentale Reduktion ist in ihren Augen zwar als methodisches Hilfsmittel, um den Zugang zu einer zweifelsfreien Region reinen Bewußtseins zu gewinnen, erkenntnistheoretisch sinnvoll und legitim, ontologisch jedoch ein unfruchtbarer Standort. Wird transzendentale Reduktion als einziger Zugang zum Sein überhaupt verstanden, so wird Sein zu einseitig vom Sein des Bewußtseins her bestimmt. Anstatt in der transzendentalen Reduktion die im Bewußtsein liegende Wirklichkeitsbejahung einzuklammern, fordert C. gerade den umgekehrten Weg zu gehen: das wirkliche Sein der Welt soll nicht hypothetisch eingeklammert, sondern hypothetisch als wirklich gesetzt werden. Ein in bezug auf seine Wirklichkeitsbejahung untersuchtes reines Bewußtsein weist, so C., von sich selbst aus über sich hinaus und eröffnet die Erkenntnis, daß Bewußtsein nicht als Maß alles Seienden und allen Seins dienen kann.

Nach C. haben Gegenstände der realen Welt, respektive Naturgegenstände, in zweifacher Weise am Sein teil: Zum einen besitzen sie kategoriales Sein, welches sich durch ihre Zugehörigkeit zum endlichen Sein in Raum und Zeit ergibt, und auch der allgemeinen phänomenologischen Einstellung zugänglich ist. Zum anderen aber sind Naturgegenstände in einer Weise »in sich selbst hineingesetzt und gewurzelt«, die keine Analogie mehr mit den Existenz- und Seinsweisen idealer oder kategorial-realer Gegebenheiten besitzt. »Naturentitäten ... sind in das eo ipso dunkle Substrat ihrer irrationalen Selbstheit eingehüllt. Sie wurzeln unaufhebbar in der realen Dimension als solcher ... Sich mit ihnen einzulassen, heißt sich auch irgendwie mit ihnen subjektiv zu verstricken, sie aus ihrem eigenen dunklen Seinsabgrund ... zu bewältigen versuchen.« (1)

Alles naturhafte Sein ist, so C., eingebettet in vorgegebene undurchsichtige Dimensionen der Realität, aus denen es durch seine eigene Seinsmacht, das »eigene Seinkönnen seines Seins« erwächst. In der Fähigkeit des In-sich-selbst-gegründet-sein-Könnens des Seienden liegt nach C. der Ursprung aller schöpferischen Kraft des Wirklichen.

Diese ontologische These bildet auch das Zentrum für C.s Naturphilosophie, die in ihren Werken *Ursprung und Aufbau des lebendigen Kosmos* (1938), *Der Selbstaufbau der Natur* (1944), *Naturwissenschaftlich-metaphysische Perspektiven* (1948), *Bios und Psyche* (1949) und kritisch in *Utopien der Menschenzüchtung* (1955) entwickelt wird. Sie erhält ihren spezifischen Charakter durch C.s realontologisch-phänomenologische Vorarbeiten, durch welche sie eine Ausrichtung auf die philosophische Durchdringung der gesamten natürlichen Wirklichkeit erhält. Die Phänomenologie versteht C. im Sinn der Anfänge der phänomenologischen Bewegung als ›Wesenslehre‹ und als eine Methode, Unterscheidungen zu treffen: In der ehrfurchtsvollen »... Distanz gegenüber den Sachen, der leichten Hand, dem allseitig offenen Blick, dem nicht und nirgends konstruktiv Festgelegtsein ...« muß der echte Phänomenologe/die Phänomenologin nach der »... eigensten Artung, die jedem kleinsten und größten Seinsbestand seine unverwechselbare und auf nichts anderes zurückführbare Stelle, seine Sinnstelle gibt« (2) suchen. Überträgt man diese Auffassung von Phänomenologie auf die philosophische Betrachtung der Natur, so ergibt sich, daß der Philosoph/die Philosophin sich nicht nur mit der Interpretation empirischer

Gesetzmäßigkeiten zufrieden geben darf, sondern die Seins- und Sinngesetze der ›Seinsgestalten‹ der natürlichen Wirklichkeit selbst in ihrer Ganzheit erforschen muß. Mit ihrer Naturphilosophie auf phänomenologischer Basis vertritt C. damit gegenüber dem Selbstverständlichkeitscharakter der Ockham'schen *Lex Parsimoniae* das Recht der Sachen selbst: ›entia non sunt diminuenda sine necessitate‹ (die Sachen sollen nicht ohne Notwendigkeit zerschlagen werden).

Werk: Zur Ontologie und Erscheinungslehre der realen Außenwelt, 1916; Die erkenntnistheoretischen Grundlagen des Positivismus, 1920; Realontologie, 1924; Ursprung und Aufbau des lebendigen Kosmos, 1938; Der Selbstaufbau der Natur, 1944; Naturwissenschaftlich-metaphysische Perspektiven, 1948; Bios und Psyche, 1949; Die Zeit, 1954; Utopien der Menschenzüchtung, 1955; Das Sein, 1957; Der Raum, 1958; Die Geistseele des Menschen, 1960; Schriften zur Philosophie, 3 Bde, 1963–1965; Vorwort zu A. Reinach: Gesammelte Werke, 1921 (1); Vorwort zu A. Reinach: Was ist Phänomenologie, 1951 (2).

Literatur: E. Ave-Lallemant: Hedwig Conrad-Martius, in: *Zeitschrift für philosophische Forschung* 30, Heft 2, 1977 (ausführliche Bibliographie); ders.: Hedwig Conrad-Martius: Phenomenology and Reality, in: *The Phenomenological Movement*, hg. v. H. Spiegelberg, 1982; ders.: Die Antithese Freiburg-München in der Geschichte der Phänomenologie, in: *Die Münchener Phänomenologie*, hg. v. H. Kuhn et.al., 1975; U. Ave-Lallement: Hedwig Conrad-Martius, in: *Jahrbuch der Evangelischen Akademie Tutzing* 1965/15; W. Behler: Realität und Existenz, 1956; I. Habel: Die Sachverhaltsproblematik in der Phänomenologie und bei Thomas von Aquin, 1960; J.G. Hart: Conrad-Martius‹ Ontological Phenomenology, 1969; J. Hering: Das Problem des Seins bei Conrad-Martius, in: *Zeitschrift für philosophische Forschung* 13, Heft 3, 1959; H. Krings: Zeit und Sein, in: *Hochland* 47, Heft 2, 1954; F. G. Schmücker: Phänomenologie als Methode der Wesenserkenntnis, 1954; Festschrift für Conrad-Martius, in: *Philosophisches Jahrbuch* 46, 1958.

Angelika Sander

Conway, Anne Finch → Finch Conway, Anne

Cornaro Piscopia, Elena Lucrezia
italienische Gelehrte, *1646, †1684

C. wurde 1646 als fünftes von insgesamt sieben Kindern einer außerordentlich reichen und bedeutenden Adelsfamilie in Venedig geboren, die allerdings durch die Herkunft von C.s Mutter aus einer unteren sozialen Schicht und einen politischen Skandal an Ansehen eingebüßt hatte.
Von ihrer frühesten Kindheit an verweigerte sich C. der für sie vorgesehenen Frauenrolle. In einer Stadt wie Venedig, in der Gesetze erlassen wurden, um den exzessiven Gebrauch von Juwelen und kostbarster Garderobe einzuschränken, lehnte C. jeglichen Luxus ab und trug weder wertvollen Schmuck noch aufwendige Kleider.
Sie zog es vor, nicht zu heiraten, obwohl sie wegen ihrer adligen Abstammung und ausgestattet mit einer großzügigen Mitgift, mit einer sehr guten Partie rechnen konnte. Statt dessen schloß sie sich dem Benediktinerorden an, jedoch ohne als Nonne ins Kloster zu gehen.
Möglicherweise war C. in ihren Studien mehr von dem Wunsch geleitet, das Prestige ihrer Familie zu steigern, als durch ein besonderes Interesse an Wissenschaft und Erkenntnis motiviert. Vielleicht war auch die Entdeckung ihrer genialen Begabung und die Idee ihres ambitionierten Vaters, dieses erstaunliche Talent für seine Zwecke auszunutzen, der Grund, C. in ihrer intellektuellen Entwicklung zu fördern. Tatsache ist jedenfalls, daß C. von ihrem siebten Lebensjahr an privat in den alten und modernen Sprachen sowie in den ›freien Künsten‹ (Grammatik, Rhetorik, Dialektik, Arithmetik, Geometrie, Astronomie und Musik) unterrichtet wurde. Im Laufe ihres Lebens lernte sie Latein, Griechisch, Hebräisch, Arabisch, Chaldäisch sowie Französisch, Englisch und Spanisch. Sie studierte Theologie und aristotelische Philosophie. Unterstützt wurde sie dabei von berühmten Gelehrten und Wissenschaftlern.
Ihre Fähigkeiten demonstrierte sie bei Gelegenheit in akademischen Debatten vor ausgewähltem Publikum im ›palazzo‹ ihres Vaters. Am 30. Mai 1677 waren zu einem solchen An-

laß das ganze Kollegium der Universität und die meisten Mitglieder des Senats versammelt, um in C. ein ungewöhnliches Beispiel venetianischer Weiblichkeit zu bestaunen. Nach dieser herausragenden Veranstaltung war sich die Öffentlichkeit sicher, daß C. die Doktorwürde der Universität von Padua erhalten würde.

Wie alle italienischen Universitäten besaß auch die Universität von Padua keine theologische Fakultät, sondern ein unabhängiges theologisches Kolleg, in dessen alleinige Verantwortung es auch gestellt war, Prüfungen zu arrangieren und Titel zu verleihen. Als C.s Vater für seine Tochter bei diesem Institut die Zulassung zum Doktorexamen in Theologie beantragte, wurde seine Anfrage von Barbarigo, Bischof von Padua und Kardinal in Rom, mit der Begründung abgelehnt, die ›laurea‹ schlösse die kirchliche Lehrerlaubnis ein, die Frauen aber verwehrt werden müsse, da die Frau nach Paulus zu schweigen habe. Schließlich konnte ein Kompromiß gefunden werden und C. wurde die Prüfung im Fach Philosophie vorgeschlagen. Am 25. Juni 1678 erhielt sie in Anwesenheit ihrer Professoren, zahlreicher kirchlicher und universitärer Würdenträger sowie der bedeutendsten Persönlichkeiten der Stadt als erste Frau den Doktortitel in Philosophie, nachdem sie je eine These aus der aristotelischen Logik und Physik, die ihr am Tag vorher angezeigt worden waren, mit Erfolg verteidigt hatte. C.s Graduierung erfüllte alle Formalitäten, die von den Statuten vorgeschrieben waren. Die inhaltlichen Anforderungen bewegten sich vollkommen im konventionellen Rahmen.

Angesichts der versammelten Zuschauermenge schwand C.s Selbstvertrauen und sie soll gesagt haben: »Questo io non posso, perchè in fine sono una zitella.« (Das kann ich nicht, weil ich eigentlich nur eine alte Junger bin.) Tatsächlich war sie weder eine verheiratete Frau noch eine Nonne, sondern ›nur‹ eine Jungfrau. So fand sie sich selbst in einer unbekannten und undefinierten Rolle, die sie in den ihr noch verbleibenden sechs Lebensjahren nicht auszubauen vermochte. Sie nahm niemals eine Lehrtätigkeit auf, hinterließ keine Schriften größeren Umfangs. Ihre Werke, von denen die meisten

1688 in Parma gedruckt wurden, bestehen hauptsächlich aus Reden, Briefen und Gedichten in Italienisch und Latein sowie einigen wenigen Gedichten in Griechisch und anderen Sprachen. Sie korrespondierte und empfing wichtige Gäste, die ihre Gelehrsamkeit auf die Probe stellen und bewundern wollten. Sie nahm an Diskussionen und Disputen der Akademien teil, die sie aufgenommen hatten.

Ihre große Bedeutung für die Frauen liegt darin, daß sie einen Präzedenzfall schuf, indem sie ihre geistigen Fähigkeiten akademisch sanktionieren ließ, was eine beeindruckende Leistung war.

Werk: Helenae Lucretiae (quae et Scholastica) Corneliae Piscopiae ... Opera quae quidem haberi potuerunt, hg. v. B. Bacchini, 1688 (mit Biographie).
Literatur: R. Derosas: Corner, in: *Dizionario Biografico degli Italiani*, Bd. 29, 1983; A. de Santi: Elena Lucrezia Cornaro Piscopia. Nuove ricerche, in: *La Civiltà cattolica* 17, IV+V 1898+1899; N. Fusco: Elena Cornaro Lucrezia Piscopia, 1975 (ausführliche Bibliographie); P. O. Kristeller: Learned Women of Early Modern Italy: Humanists and University Scholars, in: *Beyond Their Sex: Learned Women of the European Past*, hg. v. P. H. Labalme, 1980, S. 91–116; P. H. Labalme: Woman's Roles in Early Modern Venice: An Exceptional Case, in: *Beyond Their Sex*, hg. v. P. H. Labalme, 1980, S.129–152; F. L. Maschietto: Elena Lucrezia Cornaro Piscopia, prima donna laureata nel mondo, 1978 (ausführliche Bibliographie); M. Pynsent: The Life of Helena Lucrezia Cornaro Piscopia, 1896; HWP; WP.

Ulrike Klens

Craven Nussbaum, Martha
amerikanische Philosophin, *1947

C. wurde am 6. Mai 1947 in New York geboren. Sie studierte bis zum BA 1969 an der New York University. Anschließend wechselte sie nach Harvard, wo sie 1971 den MA und 1975 den PhD erwarb. Bis 1980 war sie dort ›Assistent Professor‹ für Philosophie und alte Sprachen; 1980–83 ›Associate Professor‹. 1983 und 84 war sie als ›Visiting Professor‹ für Grie-

chisch und Latein am Wellesley College, anschließend als
›Associate Professor‹ für Philosophie und alte Sprachen an
der Brown University tätig. Von 1985–87 lehrte sie dort als
Professorin für Philosophie, alte Sprachen und vergleichende
Literaturwissenschaft. Von 1987–89 hatte sie die David
Benedict Professur für diese Fächer inne; außerdem hatte sie
mehrere Gastprofessuren in Europa und gehört verschiedenen Wissenschaftsvereinigungen an. C. lehrt heute als Professorin in Providence und gehört zu den bekanntesten zeitgenössischen Philosophinnen der USA.

C.s Veröffentlichungen sind geprägt von einem großen Interesse für die antike Philosophie und vor allem für deren Lehren vom guten Handeln. So steht Aristoteles im Mittelpunkt ihrer Publikationen *Aristotle's De Motu Animalium* und *Essays on Aristotle's De Anima*. Zur Zeit arbeitet C. an zwei Untersuchungen über die menschlichen Emotionen: *The Therapy of Desire. Theory and Practice in Hellenistic Ethics* und *The Literary Imagination in Public Life*.
Bekannt wurde C. über die Grenzen Amerikas hinaus durch ihren Essayband *Love's Knowledge* (eine Übersetzung ins Deutsche ist gerade in Arbeit). Diese Essays über Philosophie und Literatur, erschienen 1990, ist eine Sammlung verschiedener Artikel, die C. innerhalb von 10 Jahren verfaßt hat. Gegenstand ist immer die Beziehung zwischen Literatur und Philosophie, vor allem der Moralphilosophie. Ihr geht es darum, grundsätzliche Aussagen über die Verbindung von Philosophie und Literatur zu treffen, wobei vor allem die Beziehung zwischen Stil und Inhalt auf einem ethischen Hintergrund dominiert. C. spricht sich für ein ethisches Verstehen aus, das sowohl emotionale als auch intellektuelle Komponenten hat und die Wahrnehmung der Menschen mehr bestimmt als abstrakte Regeln.
Ihrer ausführlichen Einleitung zu *Love's Knowledge* mit dem Titel *Form and Content, Philosophy and Literature* stellt C. die Frage voran, »Wie sollte man schreiben, welche Worte sollte man wählen, welche Formen, Strukturen und welche Organisation, wenn man verstanden werden will?« Welche Aus-

drucksmöglichkeiten der literarische Stil hat, zeigt sie im weiteren anhand ihrer Analysen von Autoren wie Henry James, Marcel Proust, Dostojewski und anderen auf. Sie weist nach, daß die Literatur und auch der philosophische Text nicht nur durch den Inhalt Wirkung dem Leser oder der Leserin gegenüber erzielen können. Dieser kann noch so spannend sein, ohne die richtige Form, bleibt der Text flach und uninteressant. Das Interesse am Text durch einen interessanten Stil und eine ansprechende Form zu wecken ist in der Literatur geläufig, doch fordert C. diesen Schritt auch für den philosophischen Text. Sie stellt fest, daß in der anglo-amerikanischen Philosophie die Beziehung zwischen Form und Inhalt meist vernachlässigt wird, und man davon ausgeht, daß Stil eine eher dekorative Komponente sei, die in einem philosophischen Text nichts zu suchen habe. Er wirke vor allem durch seinen Inhalt, der so klar für sich spreche, daß er keiner stilistischen Schnörkel bedürfe. Dem widerspricht C. und weist die Bedeutung des Stils auch für den nicht-erzählerischen philosophischen Text in ihren detaillierten Analysen nach.

Werk: Aristotle's De Motu Animalium, 1978; The Fragility of Goodness, 1986; Love's Knowledge, 1990; (Hg.in), mit R. Rorty: Language and Logos, 1982; Essays on Aristotle's De Anima, 1992.
Literatur: Who's Who in America.

Ursula I. Meyer

Cudworth Masham, Damaris
englische Philosophin, *1659, †1708

C. wurde am 18. Januar 1659 in Cambridge geboren. Sie war die Tochter von Ralph Cudworth, einem bekannten Mitglied der Cambridge Platonist School.
C. erhielt eine anspruchsvolle Erziehung, was für eine Frau ihrer Zeit ungewöhnlich war. Außerdem wurde sie von ihrem Vater in den klassischen Wissenschaften unterrichtet und konnte früh an philosophischen Diskussionen teilnehmen. 1682 lernte sie den Philosophen John Locke kennen,

mit dem sie nach einer kurzen Zeit der Verliebtheit, aus der noch Liebesbriefe erhalten sind, eine langjährige Freundschaft verband.
1685 heiratete C. Sir Francis Masham. Sie hatten einen Sohn bei dem C. das von Locke entwickelte Erziehungssystem anwandte. Ihr Kontakt zu Locke blieb bis zu dessen Tod sehr eng und freundschaftlich. Er lebte ab 1691 in ihrem Haus in Essex, wo er 1704 starb. Durch den Aufenthalt Lockes machte C. auch die Bekanntschaft mit Newton, van Helmont und → Anne Finch Conway.
C. starb am 20. April 1708.

C.s Werk umfaßt neben ihrer Korrespondenz mit Locke und einem Briefwechsel mit Leibniz auch die Werke *A Discourse Concerning the Love of God* (1696) und *Occasional Thoughts in Reference to a Virtuous or Christian Life* (1705).
Ihr Briefwechsel mit Locke war freundschaftlich geprägt, er würdigte ihre Bildung, ihren Intellekt und ihr Urteilsvermögen. Mit Leibniz korrespondierte C. vor allem über philosophische Themen, außerdem schickte sie ihm das unvollendete Werk ihres Vaters *The True Intellectual System of the Universe* zur Begutachtung zu.
C.s philosophisches Interesse richtete sich vor allem auf christliche Theologie, Erkenntnistheorie und Moralphilosophie, mit Metaphysik befaßte sie sich nur am Rande. In *Occasional Thoughts* stellt C. die Verbindung von Vernunft und Glauben her. Sie argumentiert gegen die Ansicht, das Christentum sei Fanatismus oder Skeptizismus und definiert Religion als Unterstützung für die Tugend auf einer göttlichen Grundlage. Religion ist dann das Wissen, Gott zu gefallen.
Die christlichen Gebote sind für C. moralische Normen, die von der Vernunft bestimmt werden und Menschen helfen sollen, sich nicht von ihren Leidenschaften überwältigen zu lassen.
C. befaßt sich in ihren Arbeiten auch mit der Situation der Frauen. Sie kritisiert die typisch weibliche Erziehung, welche die Frau zur Unterlegenen mache und außerdem verhindere, daß Frauen ihre Kinder gut erziehen können. Das wiederum

mache die Kinder zu Ungläubigen und Ungebildeten, da sie nicht im wahren christlichen Glauben erzogen seien. Der Frau werde eine intellektuelle Bildung vorenthalten, und als Ersatz werden junge Frauen der besseren Schichten in soziale Verpflichtungen gedrängt, so daß sie ihre Fähigkeiten zum Verstehen im philosophischen Sinn nicht ausnutzen könnten. Auch aufgrund ihrer eigenen Geschichte, in der durch ihren Vater intellektuelle Bildung möglich war, kommt C. zu dem Schluß, daß die Möglichkeiten der Frauen von der Unterstützung und dem Wohlwollen der Männer abhängig sind und kritisiert, daß die Männer selbst wenig gelernt hätten, da sie von ungebildeten Frauen erzogen wurden.

C. zeigt auch die Doppelmoral der bürgerlichen Gesellschaft auf, die als weibliche Tugend vor allem die Reinheit und Keuschheit propagiert. Dies sei in erster Linie ein Mittel die Frauen einzuschränken, um sie auf einer geistig niederen Stufe zu halten, damit sie dem überlegenen Mann gegenüber williger sind.

Wahre Tugend ist für C. Handeln unter dem Gesichtspunkt der Vernunft. Dabei geht es nicht darum, nur den christlichen Regeln zu folgen, sondern um das Verständnis ihrer Bedeutung und die Akzeptanz ihrer Notwendigkeit.

C.s Buch *A Discourse Concerning the Love of God* ist in erster Linie eine Erwiderung auf John Norris *Practical Discourse*, der wiederum auf den *Principles* von Malebranche basiert. Sie kritisiert vor allem Norris' These, man müsse nicht alle Kreaturen lieben, da dies nicht mit der Liebe zu Gott zu vereinbaren wäre. C. sieht genau umgekehrt in der Liebe zu den Kreaturen die Voraussetzung für die Liebe zu Gott. Er solle nicht nur als Schöpfer geliebt werden, sondern als das Gute schlechthin und als Quelle menschlicher Glückseligkeit.

Werk: A Discourse Concerning the Love of God, 1696; Occasional Thoughts in Reference to a Virtuous or Christian Life, 1705.
Literatur: G. Ballard: Memoirs of Several Ladies of Great Britain, 1752/1985; S. O'Donnell: Mr. Locke and the Ladies: The Indelible Words on the Tabula Rasa, in: *Studies in Eighteenth Century Culture* 8, 1979, S. 151–164; D. M. Stenton: The English Women in History, 1957; WP.

Ursula I. Meyer

D

Dacier Lefèvre, Anne
französische Kritikerin, Gelehrte und Humanistin, *1654, †1720

D. wurde 1654 in Saumur geboren; sie war die Tochter des berühmten Humanisten Tanneguy-Lefèvre, der die tiefen Erkenntnisse der Antike mit den neuen Ideen seiner Zeit zu vereinigen wußte. Tanneguy-Lefèvre erkannte bald die große Begabung seiner Tochter für die klassischen Sprachen und gab ihr die beste Bildung im Lateinischen und Griechischen. Als ihr Vater 1672 starb, wurde D. von seinen Freunden Chapelain und Huet unterstützt. Sie ging nach Paris, wo der Herzog von Montausier ihr die Ausgaben einiger Klassiker in Auftrag gab ›ad usum delphini‹, was sie schnell und mit Gelehrsamkeit erledigte.

1674 wurde sie bekannt durch ihre Ausgabe von Callimaque, begleitet von griechischen Scholien, einer lateinischen Übersetzung mit kritischen Noten. Mit der Veröffentlichung von Florus, Aurelius Victor und Eutrop übertraf sie alle ihre männlichen Kollegen. Durch diese Arbeiten verdiente sie sich die Gratifikationen des Königs und eine Pension. Daraufhin folgten andere kommentierte Ausgaben von verschiedenen Autoren: Terenz, Plautus, Aristophanes, der zum ersten Mal ins Französische übersetzt wurde.

1683 heiratete sie M. Dacier, einen ehemaligen Schüler ihres Vaters. Nach langen Arbeiten veröffentlichte sie (1699 bis 1711) ihr berühmtestes Werk: die Übersetzung der *Iliade* begleitet von Noten und mit einer langen, wichtigen Vorrede. Diese Übersetzung verbreitete sich schnell in ganz Europa und brachte ihr hohes Ansehen; sie wurde in der Akademie der Ricovrati in Padua aufgenommen, und → Königin Christina von Schweden versuchte vergebens, sie an ihren Hof zu holen.

D. gehörte zu den wichtigsten Gelehrten ihrer Zeit, die versuchte, durch Übersetzungen die antike Kultur zu verbreiten und bekannt zu machen, denn die lateinischen Kenntnisse des Publikums wurden immer geringer, und das Griechische war so gut wie unbekannt.

D. hatte jedoch auch Streit mit anderen Intellektuellen ihrer Zeit, wie zum Beispiel mit La Motte und mit dem Abbé Terrasson wegen ihrer Übersetzung der *Odyssee* und mit Hardouin wegen ihrer Vorstellungen von der Antike.

Der Einfluß ihrer Arbeiten hielt bis ins 19. Jahrhundert an. Sie wurde von Racine bewundert und in England von Addison und Pope. (Von Kant kann man das nicht sagen.) Der deutsche Philosoph fand solche hervorragenden Leistungen ›unweiblich‹ und schrieb: »Ein Frauenzimmer, das den Kopf voll Griechisch hat, wie die Frau Dacier ... mag sie nur immerhin noch einen Bart dazu haben; denn dieser würde die Miene des Tiefsinns noch gründlicher ausdrücken, um welchen sie sich bewerben.« (Kant: Beobachtungen).

Erwähnenswert ist auch, daß durch D. das Interesse an Sappho und an den griechischen Poetinnen in England und Frankreich geweckt wurde.

Sie wird in allen Geschichten von berühmten Frauen erwähnt: von Mme Lambert, von Hippel und von → Amalia Holst.

Werk: (Hg. in) Callimachi: Hymni, cum notis et indice, 1674; (Hg. in) Flori: Historia Romana, 1674; (Hg. in) Sexti Aurelii Victoris: Historiae Romanae Compendium, cum interpretatione et notis, 1681; Les poésies d'Anacréon et Sapho, (Übers.) 1681; (Hg. in) Eutropii: Historiae Romanae Breviarium etc., 1683; Trois comédies de Plaute (Amphitryo, Rudens, Epidicus), (Übers. mit Anmerkungen), 1683; Diclys Cretensis et Dares Phrygius, 1684; Deux comédies d'Aristophane (Plutus, Nubes), 1684; Les comédies de Terence, 1688; (Hg. in) Deux vies de Plutarque; L'Iliade d'Homère, 4 Bde. (Übers. mit Anmerkungen), 1699–1711; Des Causes de la corruption du goît, 1714; Homère défendu contre l'Apologie du pére Hardouin, 1716; L'Odyssee d'Homère, (Übers. mit Anmerkungen), 1716.

Literatur: J. F. Bodin: Recherches historiques sur la ville de Saumur, ses monuments et ceux de son arrondissement II, 1814; P. Travaillé: Etude sur la vie de Madame Dacier, Société des lettres, sciences et arts du Saumurois 74, 1935; P. Mazon: Madame Dacier et les traductions d'homere en France, 1936; E. Malcovatti: Madame Dacier: Una Gentildonna filologa del gran secolo, 1952; F. Farnham: Madame Dacier. Scholar and Humanist, 1976; WP.

Maria Luisa P. Cavana

Daly, Mary F.
amerikanische Feministin und Philosophin, *1928

D. wurde am 16. Oktober 1928 in Schenectady (N.Y.), USA geboren; sie besuchte das katholische College St. Rose (BA 1950) und die Catholic University of America (MA 1952). Danach studierte sie in Europa, an der Universität von Fribourg in der Schweiz, wo sie zwei Doktorgrade erwarb; einen (1963) in katholischer Theologie mit einer Arbeit über Thomas von Aquin *The Problem of Speculative Theology* und einen (1965) in Philosophie mit einer Dissertation über den Neu-Thomisten Jacques Maritain *Natural Knowledge of God in the Philosophy of Jacques Maritain*, in der sie dessen Vermischung von Theologie und Philosophie kritisiert. Das erste Mal beschäftigte D. sich 1965 mit Sexismus und Religion, aufgrund von Beobachtungen, die sie am Vatikanischen Konzil machte. Ihr erstes kirchenkritisches Buch veröffentlichte sie 1968 *The Church and the Second Sex* (Kirche, Frau und Sexus). Seit 1966 arbeitet D. am Boston College, 1969 wurde sie zur Associate Professorin für Theologie dort ernannt.

Mit *Beyond God the Father*, 1973 (Jenseits von Gottvater, Sohn & Co.) distanziert sich D. deutlich und endgültig vom katholischen Glauben, was erhebliche Schwierigkeiten für ihre Lehrtätigkeit an einem katholischen College mit sich brachte. Nur durch massive Proteste von Studierenden konnte erreicht werden, daß sie ihre Anstellung behielt. Sie arbeitet bis heute am Boston College und unterrichtet dort feministische Ethik.

1978 erschien ihr bekanntestes Werk *Gyn/Ecology* (Gyn/Ökologie. Eine Meta-Ethik des radikalen Feminismus); 1984 folgte *Pure Lust* (Reine Lust. Elemental-feministische Philosophie). Unter Mitarbeit von Jane Caputi verfaßte sie 1987 das *Hexikon: Webster's First New Intergalactic Wickedary*. 1993 erschien das autobiographische Buch *Outercourse*.

Die radikalfeministische amerikanische Philosophin D. weist in ihrem Lebenslauf eine außerordentliche Wandlung auf: Von katholischer Theologie wandte sich ihr Interesse immer mehr feministischen Fragen zu, bis sie zur gynozentrischen Radikalfeministin wurde. Ihr erstes feministisch zu nennendes Werk – *Kirche, Frau und Sexus* – beinhaltet moderate Kritik an der katholischen Kirche und ihrer zweischneidigen ›Frauenverehrung‹ sowie Reformvorschläge, wie die gleichberechtigte Zulassung von Frauen zum Priesteramt. D. lehnt sich z.T. an → Simone de Beauvoirs Werk *Das andere Geschlecht* an und fordert wie diese gleiche Erziehung als wichtige Voraussetzung zur Gleichberechtigung von Frauen, hält aber im Gegensatz zu Beauvoir die katholische Kirche für reformierbar und reformwürdig.

Im nächsten Buch, *Jenseits von Gottvater, Sohn & Co.*, geht D.s Kritik an der Kirche schon wesentlich tiefer. Nicht mehr die Organisationsform, sondern wesentliche Glaubensvoraussetzungen des Katholizismus werden in Frage gestellt. So zum Beispiel die Christolatrie, die implizit die Überlegenheit des männlichen Geschlechts transportiert, die Zuweisung der Erbsünde an die Frauen und die phallische, vernunftzentrierte Moral. Das Ideal, das D. hier vorschwebt, ist eine androgyne Seinsform jenseits von Zweiteilung, Rollenzuweisung und Hierarchie. Die Schwesternschaft als Antikirche soll eine feministische Revolution ermöglichen, indem sie am Rande der Institutionen für eine Umwertung der Werte, für eine neue, ›dionysische‹ Moral und gegen die Opferrolle der Frauen arbeitet. Die Einheit von Macht, Gerechtigkeit und Liebe bildet das Kernstück dieser neuen Moral. Der Feminismus als ›letzte Ursache‹ ist treibende Kraft und Ziel zugleich, nicht statisch, sondern eine Bewegung auf eine androgyne Ganzheit zu.

Das wohl bekannteste Werk D.s ist *Gyn/Ökologie*, das erste

gynozentrische Buch, das sie veröffentlicht. Nicht mehr Androgynität oder Versöhnung des Männlichen mit dem Weiblichen stehen im Mittelpunkt, sondern die weiblichen Werte, die ›Biophilie‹, darunter versteht D. u.a. Leben, Schöpfung und Entwicklung, Freundschaft (erotisch und geistig) und Solidarität.
Die Frau, wie sie in unserer Gesellschaft in Erscheinung tritt, wird nicht mehr als mangelhaftes Wesen angesehen, sondern ihre Eigenschaften werden als positiv und notwendig für das Menschsein erachtet. Eine ›Meta-Ethik des radikalen Feminismus‹ bezieht ihre Werte deshalb auch nicht aus den Wertvorstellungen der patriarchalen Kultur, sondern kritisiert diese: D. zeigt auf, wie die herrschenden Formen der Moral, z.B. die christliche, zu Unterdrückung und Grausamkeit führen, da sie zulassen, daß das biologische ›Mannsein‹ verbunden mit den kulturellen Stereotypen des ›Männlichen‹ eine Grundvoraussetzung für das ›Gut-Sein‹ ist, sind sie per se parteiisch und deshalb grausam, weil sie die Hälfte der Menschheit von ethischer Vervollkommnung ausschließen. Durch radikale Darstellung und mangelnde historische Begründung für die ›Opferrolle‹, in der Frauen sich befinden, verfällt dieses Buch zum Teil geschlechtsessentialistischen Zuordnungen, die D. sonst in ihrem Werk vermeidet. Es veranschaulicht jedoch beeindruckend die kraftvolle Aufbruchstimmung des radikalen Feminismus, der Kompromißhaltungen und Versöhnungsversuche hinter sich läßt, um sich ohne ›patriarchalen Ballast‹ ganz den positiv eingeschätzten Werten des Weiblichen zu widmen. In diesem Buch beginnt D. auch mit der Entwicklung einer neuen Sprache, die diesen Werten Ausdruck verleihen soll, dafür bedient sie sich etymologischer Rekonstruktionen und Assoziationen, zu deren Gunsten historische oder kausale Analyse in den Hintergrund tritt. Die Zusammenhänge sollen nicht mehr durch patriarchale Muster, sondern durch weibliches Erleben und Erfahrung hergestellt werden (so z.B. die Formen des Sado-Rituals).
Reine Lust führt die gynozentrische Richtung 1984 weiter; D. baut die Konzepte von Biophilie und Nekrophilie aus und

vermeidet essentialistische Zuordnungen zum Geschlecht. Biophilie wird nicht länger als eine selbstverständliche Eigenschaft jeder Frau angesehen, sondern ist eine Lebenseinstellung, die Menschen unserer Zivilisation sich erst wieder erwerben müssen. Biophile Geschöpfe müssen hinter den Schleiern einer nekrophilen Welt den Zugang zur Natur, Spiritualität und Lebenslust wiederfinden.

Mit den Konzepten von Vordergrund und Hintergrund wird die Bewußtseinsveränderung durch feministisches Consciousnessraising beschrieben; die Form des Werkes spiegelt dieses ›Reisen‹ wieder. Nach der Beschreibung patriarchaler Zustände aus gynozentrischer Perspektive folgen Entwicklungsmöglichkeiten für Frauen und wünschenswerte Alternativen (›Hintergrund‹).

Das *Wickedary* (der Begriff wurde gegen den patriarchal assoziierten Begriff des ›di(c)ktionary‹ eingeführt) systematisiert die D.sche Sprache und bietet kritische Definitionen patriarchaler Begriffe und, teilweise von D. und anderen neu entwickelte, teilweise neu interpretierte und umgewertete feministische Begriffe. Die Wichtigkeit genauen Sprachbewußtseins wird in diesem Werk von D. besonders hervorgehoben. Es enthält auch trotz aller Kritik an der antifeministischen Gegenbewegung der 80er Jahre optimistische Einschätzungen für die Entwicklungsmöglichkeiten des radikalfeministischen Separatismus in eine ›13. Stunde‹.

In ihrem neuesten Buch *Outercourse* veröffentlicht D. ihre Erinnerungen aus dem ›Logbuch‹ einer radikalfeministischen Philosophin.

Werk: Kirche, Frau und Sexus, 1970; Jenseits von Gottvater, Sohn & Co. Aufbruch zu einer Philosophie der Frauenbefreiung, 1973; Reine Lust. Elemental-feministische Philosophie, 1984; Hexikon: Webster's First New Intergalactic Wickedary of the English Language, 1988; Gyn/Ökologie. Eine Meta-Ethik des radikalen Feminismus, 1984; Outercourse. The Be-Dazzling Voyage, 1993.
Literatur: M. Fröse (Hg.in): Utopos – kein Ort. Mary Daly's Patriarchatskritik und feministische Politik, 1988; U.I. Meyer: Einführung in die feministische Philosophie, 1994; WomBio.

Ursula Stickler

Damo (Δαμώ)

griechische Pythagoreerin, um 500 v. u. Z.

D. war die Tochter der → Theano von Kroton und des Pythagoras, die Schwester der → Arignote und → Myia sowie von Telauges und Mnesarchos. Sie ist die Mutter der Pythagoreerin → Bitale.
Über das Leben D.s, die immerhin zum engsten Familienkreis des Pythagoras und der Theano zählte, wissen die Quellen nichts zu berichten.
Einem Brief des Lysis zufolge vertraute Pythagoras seine Aufzeichnungen der Tochter D. zur Aufbewahrung an, mit der Bitte, die Niederschriften »niemandem zu übergeben, der nicht zum Hause gehöre« (1). Menage kritisiert, daß Diogenes Laertius den Zusatz »und dies, obschon nur ein Weib!« dem Brief des Lysis am Ende beigefügt habe, obwohl der Zusatz im Originalbrief, wie er in der Sammlung des Henricus Stephanus geschrieben steht, nicht enthalten gewesen sei.
D. gab die pythagoreischen Aufzeichnungen ihrer Tochter Bitale weiter. Es ist umstritten, ob Pythagoras selbst Schriftliches verfaßte oder das Überlieferte aus seinem SchülerInnenkreis stammt. Über Teile der pythagoreischen Lehre wurde strengste Geheimhaltung geübt, die vielen Gebote und Verbote der auch als Sekte bezeichneten AnhängerInnenschaft wurden nur mündlich tradiert. Frauen gehörten ebenso zum engsten AnhängerInnenkreis wie Männer. Asketisches Leben sowie strenge Sittlichkeit und Religiosität waren kennzeichnend für die PythagoreerInnen.

Literatur: Diogenes Laertius: Leben und Meinungen berühmter Philosophen VIII 42. (1); J. C. Eberti: Eröffnetes Cabinet Deß Gelehrten Frauen=Zimmers, 1706/1990; E. Gössmann (Hg.in): Eva – Gottes Meisterwerk, 1985; Iamblichos: Pythagoras 28.146; G. Menage: The History of Women Philosophers, 1690/1984; RE *Damo*, Bd. IV/2; WP.

Maria Nühlen

d'Aragona, Tullia
italienische Dichterin und Philosophin, *1508/10, †1556

D. wurde 1508 oder 1510 in Rom geboren. Sie stammte aus einem adligen Haus, ihr Vater, so vermutete sie, war Pietro Tagliavia von Aragon, Erzbischof von Neapel und Kardinal, der Geliebte ihrer Mutter Giulia Ferrarese, die mit Costanzo Palmieri verheiratet war. Als Kind lebte sie in gesicherten finanziellen Verhältnissen, die ihr auch wissenschaftliche Studien ermöglichten. Bereits in jungen Jahren erstaunte sie die Gelehrten mit ihren Kenntnissen in Latein und Italienisch, die sie in ihren Abhandlungen bewies. Auch ihr Aussehen, ihr Auftreten in der Gesellschaft und ihre musischen Fähigkeiten wurden gerühmt, so daß sie zahlreiche Verehrer hatte. Von vielen Männern wurde sie wegen ihres Intellektes und ihrer ausgefeilten Gesprächsführung verehrt. Bekannte Dichter gehörten zu ihrem Freundeskreis, wie Guilio Camillo, Francesco Maria Molza, Kardinal Hypolitos von Medici, Ercole Bentivoglio, Filippo Strozzi, Lattanzio Benucci, Benedetto Varchi sowie Girolamo Muzio und Pietro Manelli.

D. gilt als eine der berühmtesten Kurtisanen der Renaissance. Ihre umfangreiche Bildung umfaßte Literatur, Philosophie und mehrere Sprachen. Die meiste Zeit ihres Lebens verbrachte sie in Ferrara und Rom, wo sie während ihrer Ehe wohnte. Auch nach dem Tod ihres Mannes nahm sie aktiv am öffentlichen gesellschaftlichen Leben der Patrizier in Florenz, Siena, Rom, Ferrara und Venedig teil, im Gegensatz zu ihren verheirateten Geschlechtsgenossinnen, die davon ausgeschlossen waren. Als Witwe begab sie sich unter den Schutz der Herzogin von Toledo, mit deren Unterstützung sie ein Buch mit Versen und Gedichten herausbrachte, die zum Teil von ihr und ihren Verehrern verfaßt worden waren. Außerdem schrieb sie ihr heute bekanntestes Werk, den Dialog *Über die Unendlichkeit der Liebe*. 1547 erschien der Text zum erstenmal in Florenz, er war Cosimo I. de Medici gewidmet und wurde von Benedetto Varchi, einem bekannten Humanisten, der Vorlesungen an der Akademie in Florenz hielt, durchgesehen. Varchi ist auch der wichtigste Ge-

sprächspartner D.s in diesem Gespräch. Im *Dialog* wird D.s Bestreben deutlich, in ihrem Haus in Florenz (zwischen 1545 u. 46) eine neue Form der akademischen Gesellschaft unter weiblichem Vorsitz zu etablieren. Ihr Plan, dies zu einer festen Einrichtung zu machen, mißlang jedoch.
Zeitweise war D. mit ihren Gedichten, *Rime*, und ihrem *Dialog* recht erfolgreich und bekannt, dennoch starb sie 1556 schließlich verarmt als Prostituierte in Rom.

Die Dialogform war im 16. Jahrhundert eine sehr beliebte literarische Disziplin, mit der Inhalte, aber auch das Wissen der TeilnehmerInnen dargestellt wurden. D.s Dialog *Über die Unendlichkeit der Liebe* erfüllt die zentralen Bedingungen eines guten Dialogs, nämlich lehrreich und unterhaltsam gleichzeitig zu sein und gehört somit zum Bereich der Kunst der Unterhaltung. Inhaltlich bezieht sich D.s *Dialog* auf Platons *Symposion* und den *Phaidros*, ebenso auf die zeitgenössischen Autoren Marsilio Ficino, Sperone und Kardinal Bembo. Vor allem Bembo hatte großen Einfluß auf D.s Werk, er selbst griff mit seiner Lyrik auf Petrarca und die Neuplatoniker zurück. Der *Dialog* nimmt nicht nur die zu D.s Zeit bekannten Gedanken und Autoren auf, sondern stellt übergreifende Überlegungen zum Verhältnis von Rhetorik und Logik, zur Verbindung zwischen platonischem und aristotelischem Denken und zur Diskussion der Begriffe Unendlichkeit und Unsterblichkeit sowie zum Liebesideal Petrarcas an.
Der *Dialog* gibt ein reales oder fiktives Gespräch zwischen D. und dem Philosophen Varchi wider, ein weiterer Teilnehmer im Hintergrund ist Muzio Lattanzio Benucci. Sie selbst schreibt sich die Rolle der Schülerin zu, die Fragen stellt, die dann von Varchi beantwortet werden. Allerdings durchzieht diese Rollenverteilung nicht starr den gesamten Text, sondern wechselt. Auch wird nicht versäumt, die Gelehrsamkeit D.s herauszustellen, und die Bedeutung Varchis als Philosoph deutlich zu machen.
Inhaltlich greift D. die Frage nach dem Schönen und Guten in Verbindung mit der Liebe auf und reflektiert in platonischer Manier auf das Verhältnis zwischen geliebtem und

liebendem Teil. Ansatzpunkt ist die Frage, ob Liebe unendlich sein müsse, oder ob es möglich sei, mit Maß und Grenze zu lieben. Varchi wird von D. als Fachmann in dieser Frage angesprochen. Den Beweis, daß Liebe kein Ende kenne, führt Varchi, indem er auf den Unterschied zwischen dem Substantiv ›Liebe‹ und dem Verb ›lieben‹ reflektiert. Anhand grammatikalisch-logischer Überlegungen kommt D. zu dem Schluß, daß Liebe als Substantiv, dem Verb lieben gegenüber eine höhere Stellung zukomme. Damit stimmt sie mit Varchi der aristotelischen Theorie von der Überlegenheit der Substanz (Nomen) über das Akzidenz (Verb) zu.

Ein entscheidendes Umdenken erfolgt hinsichtlich der platonischen Bewertung, daß dem Liebenden der höhere Rang als dem Geliebten zukomme. D. räumt dem Geliebten den höheren Wert ein und belegt dies am Beispiel Gottes, der Liebender und Geliebter zugleich ist. Da der Geliebte nicht allein als Wirkursache wie die Liebenden, sondern auch als Zweck und Ziel verstanden wird und das Ziel als edelster Grund angesehen wird, räumt D. dem Geliebten den höheren Rang ein.

Verschiedene Exkurse führen das Gespräch zu den Fragen, ob die Seele allein oder zusammen mit dem Körper als edler einzustufen sei und wie die Liebe zu definieren sei. Den Begriff der Liebe versucht D. als das »Verlangen, sich der Gemeinschaft dessen zu erfreuen, der entweder in Wahrheit schön ist oder dem Liebenden doch so scheint.« (1) Sie definiert somit die Schönheit als Ursprung der Liebe, als deren Mutter, die Vaterstelle wird der Erkenntnis dieser Schönheit zugeschrieben.

Zentral bleibt die Kernfrage D.s an Varchi, ob die Liebe endlich sein könne. Er antwortet, daß die Liebe kein Ende und Ziel hätte, daß Liebe und Lieben nur der Zeit, nicht der Substanz nach unterschiedlich seien und daß die Liebe die Ursache des Liebens sei. D. räumt ein, daß es Liebende gäbe, die lieben, um ein Ziel zu erreichen, und wenn sie dies geschafft haben, aufhören würden zu lieben. Varchi entgegnet ihr, daß dies keine Liebenden und keine Liebe sei, und nur die unendliche als Liebe bezeichnet werden könne. D. resümiert schließlich, daß es zwei Arten von Liebe geben müsse: »die eine nenne ich gemein und unehrenhaft; die andere aller Ehre würdig oder tugendhaft.« (1) Die erstere Form, wird durch das Verlangen hervorgerufen, den Gegenstand der Leidenschaft zu besitzen. Diese Liebenden vergleicht D. mit wilden Tieren, die nur nach ihren Leidenschaften leben. Wer auf diese Weise liebt, hat ein Ziel vor Augen, wenn es erreicht wird, verwandelt sich die Liebe häufig in Haß. Die ehrenvolle und tugendhafte Liebe dagegen gesteht sie nur edlen Geistern zu, die sich durch »Tugend und Adel der Gesinnung« auszeichnen. Eine solche Liebe wird auch nicht durch Leidenschaften hervorgerufen, sondern durch die Vernunft. Das erste Ziel der Liebenden besteht darin, sich in den Gegenstand der Liebe zu verwandeln, um so zu einer Verschmelzung zu gelangen. Diese Vereinigung findet aber auf einer rein geistigen Ebene statt, da die tugendhafte Liebe keine körperlichen Leidenschaften zuläßt. D. übernimmt hier das platonische Ideal der Liebe, betont aber, im Gegensatz zu Platon, daß auch Frauen zu einer solchen unendlichen Form der Liebe fähig seien. Mit Varchi ist sie der Meinung, daß die Annahme, Frauen seien zu einer tugendhaften Liebe nicht fähig falsch sei und argumentiert, daß Frauen, würden sie nicht ebenso wie die Männer eine vernunftbegabte Seele besitzen, wohl kaum derselben Gattung angehören könnten.

Werk: Dialogo dell'Infinita' d'Amore, Rime, 1547; Über die Unsterblichkeit der Liebe, 1988 (1).
Literatur: U.I. Meyer (Hg.in): Die Welt der Philosophin II, 1996; M. Rullmann (Hg.in): Philosophinnen, 1993.

Ursula I. Meyer

Démar, Claire
französische Philosophin, *ca. 1801, †1833

Von D. ist nur bekannt, daß sie sich am 5. August 1833 in Paris, zusammen mit ihrem Freund, das Leben nahm; man weiß weder ihr genaues Geburtsdatum noch ihren Namen: Emilie d'Eymard oder Claire Démar.

D. gehörte zu den Saint-SimonistInnen, und zwar zu der feministischen Frauengruppe, die sich innerhalb der ›Iglesiade‹ der Saint-SimonistInnen gründete. Diese waren VertreterInnen der Lehre Saint-Simons, des französischen – nach Engels – ›sozial-utopischen‹ Denkers und des Gründers – so Durkheim – des soziologischen Positivismus. Seine Nachfolger und Nachfolgerinnen gründeten die saint-simonistische Kirche, eine Sekte, die wirtschaftliche, soziale und moralische Alternativen in der industriellen Gesellschaft zu schaffen versuchte. Unter ihnen befanden sich Bazard und Enfantin, die auch für die Interessen der Frauen kämpfen wollten. Sie nannten sich ›die Partner der Frau‹ und waren der Meinung, daß die Frau die »Vermittlerin zwischen der Stadt und Gott« war.

D. stellte ihre Auffassung der Welt und der Gesellschaft in folgenden Werken dar: *Appe d'une femme au peuple pour l'affranchissement de la femme* (1833) und *Ma loi d'avenir* (1834), die nach ihrem Tod von Suzanne Voilquin, der Herausgeberin der Zeitschrift der Saint-Simonistinnen, veröffentlicht wurden. Wir finden ihre Philosophie auch im unveröffentlichten Briefwechsel (17 Briefe) an Enfantin.

D. gehörte zu einem radikaleren Teil von Saint-SimonistInnen, gegenüber denjenigen, die eine eher christliche Einstellung hatten, wie etwa Clara Bazard. Die Hauptgedanken D.s sind der Individualismus und das Recht, glücklich zu sein. Sie kritisierte die Idee der zwei Naturen, der beständigen und der unbeständigen, Enfantins, denn sie war der Meinung, daß eine solch strenge Teilung der Naturen nicht vertretbar wäre. Das Problem bestand darin, eine allgemeine Theorie der Integrierung von sexuellen und affektiven Trieben zu entwickeln.

Aufgrund ihrer individualistischen Auffassung kritisierte sie das Christentum, von dem sie dachte, daß es für starke und fröhliche Temperamente ungeeignet sei. Sie stimmte der saint-simonistischen Maxime »Das soziale Individuum ist das Paar« zu, und vertrat die Auffassung, daß »das soziale Individuum weder der Mann alleine noch die Frau alleine« wäre. Sie behauptet, daß die Frauen so wie die Männer, frei geboren sind, obwohl sie gesellschaftlich lediglich ihre Ehefrauen, Schwestern oder Mütter sind. Sie versucht diesen Mangel an Rechten zu verändern, indem sie eine ›weibliche Gerechtigkeit‹, die als Liebe, Stärke und Überzeugung verstanden wurde, vorschlägt.

Diese Gerechtigkeit wird durch Weisheit, Stärke und Glückseligkeit gekennzeichnet. Diese drei Aspekte machen die universelle Liebe aus.

D. kritisiert in ihren Werken die Ehe und sogar die Partnerschaft. Sie schrieb, daß die Vaterschaft immer unsicher und unmöglich zu bestätigen ist. In der Zeitung *La femme libre* verteidigte sie das Recht der Frauen, sich an der Gesetzgebung zu beteiligen, und insbesondere das Ehegesetz abzuschaffen. Die Ehe ist die Ursache der Sklaverei. Die Kritik an der Ehe war eine Konstante des damaligen Feminismus, wie man auch in den Schriften von → Harriet Taylor Mill und J. S. Mill feststellen kann.

Ein anderes Problem der Sozialphilosophie, das D. behandelt, ist die Frage, wie Frauen mit Kindern ihre Unabhängigkeit bewahren können. Ihr Vorschlag war, daß diese Aufgaben wie ein Beruf ausgeübt werden sollten. Ihre Idee einer ›sozialen Mutter‹ (mère sociale, nourrice fonctionnelle) war eine theoretische Leistung in Richtung Emanzipation der Frau, obwohl D. diese Idee nicht vollständig ausgearbeitet hatte.

Werk: Textes sur l'afranchissement des femmes (1832–1833), 1976.
Literatur: P. Ansart: Sociologie de Saint-Simon, 1970; N. Campillo: Razón y Utopía en la Sociedad Industrial. Un estudio sobre Saint-Simon, 1992; S. Charlety: Historia del sansimonismo, 1969; Ch. Plantée: Les feministes Saint-Simoniennes (Bibliographie ab 1965), in: *Regards sur le Saint-Simonisme et les Saint-Simoniens*, hg. v. J. R. Derre, 1986; J. Walch: Bibliographie du Saint-Simonisme, 1967.

Neus Campillo
(Übers. M. L. P Cavana)

Dinnerstein, Dorothy

Psychologin und feministische Philosophin, *1923, †1992

D. wurde 1923 in Nordamerika geboren. Sie war Professorin für Psychologie an der Rutgers Universität in New Jersey. Ihr bekanntestes Buch *The Mermaid and the Minotaur. Sexual Arrangements and Human Malaise*, 1977 erschienen, ist ein wichtiger Beitrag zur feministischen Theoriebildung. Außerdem hat sie zahlreiche Artikel und wissenschaftliche Arbeiten zur kognitiven Psychologie verfaßt.

D.s Werk basiert auf zwei Ideen, die vom Feminismus der siebziger Jahre entwickelt worden sind: a) die Unterdrückung der Frau kann nicht verstanden werden ohne eine Theorie, die die weibliche Identität in bezug zur Mütterlichkeit bringt. Mütterlichkeit wird dabei als das Verhältnis zwischen vorigen und darauffolgenden Generationen von Frauen definiert und b) ein solches Verhältnis muß in einem breiteren Rahmen untersucht werden, innerhalb der wirtschaftlichen, politischen, emotionalen und symbolischen Strukturen von Familie und Gesellschaft, d.h. von einem interdisziplinären Standpunkt aus.

In der Psychoanalyse wurde die Beziehung Mutter–Tochter am ausführlichsten erforscht: insbesondere hat man die spezifische Entwicklung des Mädchens gegenüber der des Jungen untersucht und die Wirkung dieser Unterschiede auf die Geschlechterbeziehungen und auf die Beziehungen zwischen Frauen analysiert.

D.s Theorie basiert auf dem Ödipus-Paradigma Freuds und auf dem Neu-Freudianischen Ansatz der Objektbeziehungen innerhalb der Psychologie. Andere Autorinnen, die von der Thematik her in eine ähnliche Richtung arbeiten, sind: Jean Baker Miller: *Toward a New Psychology of Women* (1976); Jane Flax: *The Conflict between Nurturance and Autonomy in Mother/Daughter Relationships and within Feminism* (1978) und vor allem, Nancy Chorodow: *The Reproduction of Mothering* (1978).

D. fragt nach dem Ursprung und Fortbestehen der männlichen Herrschaft und benutzt die psychoanalytische Theorie um diese Hierarchie zu erklären, nicht jedoch um sie zu rechtfertigen. Der Ursprung liegt, so D., in der Tatsache, daß die Frauen die ersten und die wichtigsten Bezugspersonen der Kinder in einer vorödipalen Zeit sind. Als Folge daraus entsteht – sowohl in Mädchen als auch in Jungen – eine psychologische Angst vor der enormen Macht, die die Mütter in ihrer Kindheit annehmen. Dies bewirkt, daß wenn sie erwachsen werden, beide Geschlechter lieber dem Mann die Macht übergeben, der psychologisch weniger bedrohlich scheint als es die Mutter ist. Das bedeutet, daß das Patriarchat vordergründig ein Schutz gegen die Macht der Mutter darstellt. Die unterschiedliche Rolle, die der Mann beim Erwachsenwerden erhält, verursacht, daß er die kindliche Wut und die Hilflosigkeit gegenüber der Mutter als Hindernisse zu seiner Verwirklichung im öffentlichen Bereich betrachtet. Aufgrund eines Abwehrmechanismus' fühlt er sich gedrängt, alles, was ein ›weibliches Prinzip‹ repräsentiert, zu entwerten. D. definiert dies als einen unbewußten Prozeß, der während der ödipalen Phase stattfindet. Das Patriarchat wird zur Reaktion gegen die weibliche Macht in der Kindheit.

Mit diesem Schema erklärt D. die Gründe für den Ausschluß der Frauen in der Geschichte und ihren Ausschluß aus der heutigen Gesellschaft. Die Frau stellt ›die Andere‹ dar, denn sie ist ›die Mutter‹. Die von D. und auch später von Chorodow vorgeschlagene Lösung liegt in der Verteilung der Erziehungsaufgaben. Die Väter sollten sich ebenso um die Kinder kümmern wie die Mütter, um diese Ausschließlichkeit der Mütterlichkeit zu brechen.

Wenn zur Zeit die Geschlechterrollen vehement in Frage gestellt werden, so habe das seine Gründe nicht nur in der Unterdrückung der Frauen, sondern in der Bedrohung, die sich von der männlichen Macht auf die Weltintegrität richtet. Hierbei wird auch der ökofeministische Aspekt von D.s Ansatz deutlich.

Andere AutorInnen hatten bereits die Idee entwickelt, daß der Vorrang der Mutter Identitätsprobleme bei Männern bewirken könnte. Es ist jedoch D.s Verdienst, die männliche

Herrschaft aus dem Vorrang der Mutter zu erklären, und damit neue Möglichkeiten hinsichtlich der psychologischen Aspekte des Sexismus zu eröffnen. Dieser bedeutende Beitrag wurde auch kritisiert. D. wird vorgeworfen, dadurch zu einer einseitigen Erklärung des Patriarchats zu tendieren, wobei allerdings ihre Pionierarbeit im Feminismus unbestritten bleibt.

Werk: The Mermaid and the Minotaur, 1977 (dt: Das Arrangement der Geschlechter, 1979).

Raquel Osborne
(Übers. M.L.P. Cavana)

Diotima von Mantinea
griechische Priesterin und Philosophin, um 400 v. u. Z.

Der erste und einzige Bericht über D. findet sich in Platons Dialog *Symposion*. Darin erzählt Sokrates, die Priesterin D. sei nach Athen gerufen worden, um durch Opferhandlungen die drohende Pest zu bekämpfen. Es sei ihr auch gelungen die Seuche 10 Jahre lang zu verhindern, bis zum Beginn der Peloponnesischen Kriege.
Durch historische Quellen ist keine Priesterin D. überliefert und in der Rezeption gibt es grundsätzlich verschiedene Meinungen zu ihrer Historizität. In *Der kleine Pauly* wird sie als poetische Fiktion beschrieben, die Platon aus rhetorischen Motiven eingeführt habe, um Sokrates den Begriff der Liebe zu vermitteln.
Im Gegensatz dazu votiert Waithe in ihrer *History of Women Philosophers* für die historische Person D. Dafür spricht, daß sich D.s Konzept der Liebe grundlegend von dem des Sokrates und Platons unterscheidet. Außerdem stellt Waithe fest, sei die historische Existenz D.s jahrhundertelang nicht bezweifelt worden und es sei auch plausibel, daß Sokrates eine Priesterin aufgesucht habe, da er auch das delphische Orakel befragt hätte. Weiterhin verweist Waithe auf die Bronzeauf-

lage aus dem 4. Jahrhundert, die Sokrates und D. darstellt und sich auf einer Kassette befand, die das *Symposion* enthielt.

Im *Symposion* berichtet Sokrates von einem Gespräch mit D., der die Liebe zum Gegenstand hat. D.s Umgang mit Sokrates ist von ihrer Überlegenheit geprägt, sie erklärt ihm seine Fehler und rügt ihn, wenn er etwas nicht versteht.
D. leitet Sokrates zur Erkenntnis des wahren Eros an; sie macht ihm deutlich, daß Eros kein Gott sei, sondern ein Dämon, ein Wesen, das zwischen den Göttern und den Menschen steht. Durch ihn können die Götter mit Sterblichen Umgang haben. D. erklärt die Herkunft des Eros mit der Sage wie Penia, seine Mutter, ihn empfangen habe. Zum Begleiter der Aphrodite wurde Eros, da die Empfängnis bei einem Fest stattfand, das ihr zu Ehren veranstaltet wurde.
Eros ist in D.s Konzept der Liebe ein Symbol für das menschliche Streben nach dem Vollkommenen. Nicht nur dem Schönen zugewandt, steht er für das Verlangen nach der Entstehung des Schönen.
Ausgehend vom Wesen des Eros, den D. als Liebenden bezeichnet, erklärt sie den Begriff der Liebe. Sie wird definiert als eine Geburt des Schönen, in geistiger und körperlicher Hinsicht. Es sei das Ziel der Menschen, ihre Natur zu reproduzieren, was nur im Schönen möglich ist. Diese Geburt des Schönen ist dann eine göttliche Sache, die dem sterblichen Leben etwas Unsterbliches verleiht. Auch die Liebenden streben nach Unsterblichkeit, die sie durch die Schaffung des Schönen erreichen. Das geschieht auf der geistigen Ebene durch die Reproduktion der einen Seele in der anderen. Unsterblichkeit wird erreicht durch die Ideen, Tugenden und die Weisheit der PartnerIn. Damit geht es den Liebenden nicht mehr um Vereinigung mit dem Schönen, sondern um dessen Reproduktion. Das Ziel der Liebe ist die Wiedergeburt der eigenen Seele in dem/der Anderen durch die Idee des Schönen.
Damit vertritt D. nicht, wie Platon, die Meinung, daß die Seele wiedergeboren wird, sondern sie wird unsterblich durch Qualitäten, die die Liebe in der Seele der Partnerin/des

Partners hinterläßt. Sie kann also nicht übergehen in ein anderes Wesen, sondern sie hinterläßt durch die Vereinigung in der Liebe eine Spur, die sie unsterblich macht.

Der Weg zur Erkenntnis des Schönen führt die Liebenden über mehrere Stufen »Von den schönen Gestalten zu den schönen Sitten und Handlungsweisen, und von den schönen Sitten zu den schönen Kenntnissen, bis man von den Kenntnissen endlich zu jener Kenntnis gelangt, welche von nichts anderem als eben von jenem Schönen selbst die Kenntnis ist.« (1) Dabei bleibt der dem Eros verbundene Mensch nicht auf der irdischen Ebene stehen, sondern vollzieht den Aufstieg in das Reich der Erkenntnis, die ihn zu größerer Objektivität und Vergeistigung führt.

D.s Begriff des Schönen ist vergleichbar mit dem Schönen in anderen platonischen Dialogen. Allerdings ist es nicht mit den platonischen Ideen gleichzusetzen, da es nicht universell ist. Es ist nicht in sich geschlossen, sondern mündet in ein individuelles Glück.

Literatur: W. Kranz: Diotima, in: Die Antike II, 1926, S. 313–327; U.I. Meyer (Hg.in): Die Welt der Philosophin I, 1995; H. Neumann: Diotimas Concept of Love, in: *American Journal of Philology* 86, 1965, S. 38ff; Platon: Symposion, 1983 (1); Der kleine Pauly *Diotima*, 1979; HWP; WP.

Ursula I. Meyer

Dohm, Hedwig
deutsche Philosophin, *1831, †1919

Marianne Adelaide Hedwig Schlesinger wurde am 20. September 1831 in Berlin geboren. Sie erhielt die für Mädchen damals übliche anspruchslose Schulausbildung. 1853 heiratete sie Ernst Dohm, den Redakteur der satirischen Zeitschrift *Kladderadatsch* und bekam dadurch Zugang zu den gebildeten Kreisen Berlins.

1872 trat sie zum erstenmal als Frauenrechtlerin an die Öffentlichkeit mit ihrem Buch *Was die Pastoren von den Frauen denken.* Sie verfaßte zahlreiche theoretische Schriften, Romane, Theaterstücke usw. bis zu ihrem Tod am 1. Juni 1919.

D. war eine unermüdliche Kämpferin für die Rechte und die ›Menschwerdung‹ der Frau. Schon in ihren ersten Büchern leistete sie die ›Sisyphusarbeit‹: »die Hauptgründe der Männer gegen die politische Wirksamkeit der Frau zu erörtern und die Sophistik und Unhaltbarkeit derselben darzulegen.« (1)
Ihr Programm war es, die tradierten Vorurteile gegen die Frauen zunächst als solche zu entlarven, um dadurch ihre ideologische Basis, d.h. die rein egoistisch männlichen Interessen, außer Kraft zu setzen. In diesem Sinne war sie eine Denkerin der Aufklärung, denn sie bekämpfte mit Hilfe der Vernunft den ›metaphysischen Aberglauben‹ der ›Bestimmung der Frau‹. Zuerst polemisierte sie gegen Theologieprofessoren, die behaupteten, daß »die Bestimmung des Weibes ausschließlich die Ehe sei«, dann in ihrem Buch *Die wissenschaftliche Emanzipation der Frau* in dem ihre Gegner meist Professoren waren, die sich gegen das Frauenstudium aussprachen. In *Der Frauen Natur und Recht* wendet sie sich gegen die Psychologen, die die Seele der Frau bestimmen wollten, und gegen diejenigen, die den Frauen keine Rechte zubilligen wollten. In ihrer Streitschrift *Die Antifeministen* systematisiert D., nicht ohne Ironie, die verschiedenen Arten von Antifeminismus und ihre angeblichen Argumente.
D. kritisiert heftig die traditionelle Mädchenerziehung, die darauf abzielt, diese möglichst wenig zu unterrichten, so daß sie – im Sinne Rousseaus – den ›Reiz der Unwissenheit‹ bewahrten, Reiz für die Männer, versteht sich. Für D. war diese Vorstellung unvereinbar mit der Würde des Menschen: »nur der Sklave ist um des Andern Willens da.« Ausdrücklich beruft sie sich auf die Worte von John Stuart Mill, daß die Frau den Zweck ihres Daseins in sich selbst habe.
D. kam nach der Analyse der Frauensituation in verschiedenen Ländern (Frankreich, England, Nordamerika) zu dem Ergebnis, »daß unter den Frauen aller zivilisierten Nationen die deutschen Frauen die ungünstigste Stellung einneh-

men«. Sie selbst hatte große Schwierigkeiten als Frau an Forschungsmaterial zu kommen, da die öffentlichen Bibliotheken nur mit »einem unverhältnismäßigen Aufwand von Energie und Unbescheidenheit« zu benutzen waren. So bezog sich D. in ihren Untersuchungen hauptsächlich auf französische und englische Zeitschriften.

Es ist der Verdienst D.s, den zynischen pseudowissenschaftlichen Diskurs der damaligen akademischen Autoritäten (Juristen, Philosophen, Mediziner usw.) in bezug auf die notwendige untergeordnete Stellung der Frau völlig entkräftet zu haben. Sie ließ sich nicht von den hochtrabenden ›hochpoetischen‹ Worten dieser Antifeministen beirren, die die weibliche ›zarte Constitution‹ und ›Schamhaftigkeit‹ als Gründe gegen das Frauenstudium oder die Frauenarbeit anführen. D. beweist sachlich, »daß zwei Grundprinzipien bei der Arbeitsteilung zwischen Mann und Frau klar und scharf hervortreten: die geistige Arbeit und die einträgliche für die Männer, die mechanische und die schlecht bezahlte für die Frauen«; in den unteren Ständen gelte sogar der Grundsatz: »je gröber, je anstrengender die Arbeit, desto besser für die Frauen.« (2)

Hervorzuheben ist auch ihre scharfe Kritik an der sogenannten Polaritätstheorie, nach welcher Mann und Frau ›von Natur aus‹ völlig verschiedene Wesen sind, die sich ›gegenseitig‹ ergänzen. Die Geschlechter, wie sie vorkommen – so D. – sind das Produkt der patriarchalen sozialen Verhältnisse und vor allem, der unterschiedlichen Erziehung: Mädchen werden grundsätzlich zur Abhängigkeit erzogen.

Der Kampf D.s für das Recht auf Studium, auf Beruf und auf politische Gleichberechtigung würde erst enden – so schreibt sie – »wenn die Frau das allen menschlichen Wesen angeborene Recht erobert hat: Mensch zu sein«.

Werk: Was die Pastoren von den Frauen denken, 1872/1986; Der Jesuitismus im Hausstande. Ein Beitrag zur Frauenfrage, 1873; Die wissenschaftliche Emanzipation der Frau, 1874/1977 (2); Der Frauen Natur und Recht, 1876/1986 (1); Die Antifeministen, 1902/1976; Die Mütter, Beitrag zur Erziehungsfrage, 1903; Erziehung zum Stimmrecht der Frau, 1909; Die sexuelle Moral der Frau,

in: *Die Frauenfrage in Deutschland 1865–1915*, hg. v. E. Frederiksen 1981.
Literatur: H. Brandt: Die Menschenrechte haben kein Geschlecht. Die Lebensgeschichte der Hedwig Dohm, 1989 (vollständige Bibliographie).

Maria Luisa P. Cavana

Druskowitz, Helene
österreichische Philosophin und Dramatikerin, *1856, †1918

D. wurde am 2. Mai 1856 als Helene Maria Franziska Druschkovich in Hietzing bei Wien geboren. »Künstlerische sowohl wie wissenschaftliche Talente kündigten sich früh bei mir an, und wurde die Entwicklung derselben von seiten meiner Mutter (der Vater wurde mir früh durch den Tod entrissen) stets gefördert«, heißt es in einer 1891 erschienenen Selbstdarstellung D.s, die nach Klostererziehung, einer Klavierausbildung am Wiener Musikkonservatorium und anschließendem Privatunterricht 1874 als Externe die Matura am katholischen Piaristen-Gymnasium in Wien ablegte. Im gleichen Jahr zog sie zusammen mit ihrer Mutter nach Zürich und begann das Studium der Philosophie, klassischen Philologie, Archäologie, Orientalistik, Germanistik und modernen Sprachen, das sie 1876 beendete und 1878, als zweite Doktorin in Philosophie überhaupt, mit einer Promotion *Über Byrons ›Don Juan‹*, abschloß.
Selbstbewußt versuchte D. in den folgenden Jahren, sich durch rege Publikationstätigkeit einen Namen als Philosophin und Schriftstellerin zu machen, wobei sie ihr weibliches Geschlecht hinter männlichen Pseudonymen bzw. hinter dem orthographisch vereinfachten, vor allem aber geschlechtsneutralen ›Dr. H. Druskowitz‹ verbarg. Neben ersten, jedoch erfolglosen dramatischen Versuchen veröffentlichte sie zunächst eine Biographie des Dichters Shelley (1884) sowie den Essayband *Drei englische Dichterinnen* (1885), bevor sie sich ganz der Philosophie zuwandte.

1884 lernte sie Nietzsche kennen, von dem sie sich nach der Lektüre seines *Zarathustra* jedoch sehr schnell wieder abwandte und ihn in ihrem Buch *Moderne Versuche eines Religionsansatzes* (1886), mit spöttischem Unterton zwar, für seine schriftstellerischen Fähigkeiten und sein ›geniale(s) Reproduktionsvermögen‹ lobt, ihm als Philosophen jedoch jede Originalität abspricht. Neben Nietzsche setzte D. sich hier außerdem mit den religionskritischen Ansätzen von August Comte, Feuerbach, Spencer u.a. auseinander, um darauf aufbauend in ihrem 1888 erschienenen Buch *Zur neuen Lehre. Betrachtungen* eigene Überlegungen zu einer auf moderner Philosophie und Naturwissenschaft basierenden Weltanschauung, die zukünftig anstelle der Religion treten solle, vorzustellen (Unter dem Titel *Zur Begründung einer neuen Weltanschauung*, 1888 wiederveröffentlicht). 1887 erschien ihr Essay *Wie ist Verantwortung und Zurechnung ohne Annahme der Willensfreiheit möglich?*, in dem sie sich mit verschiedenen ethischen Ansätzen beschäftigt und scharf gegen Kant und Schopenhauer Stellung bezieht. Im gleichen Jahr läßt D. sich in Dresden nieder, wo sie, wie sie später gegenüber Anstaltsärzten angab, in ›sexuellem Verkehr‹ mit der seinerzeit bekannten Opernsängerin Therese Malten gestanden habe.

1888 erschien D.s Studie über den von ihr sehr geschätzten Eugen Dühring, wobei sie sich weniger mit Dührings Materialismus und Antisemitismus, sondern vor allem mit seiner Kritik an der Religion, am Bildungssystem und seinem Eintreten für die (Aus-)Bildung von Frauen auseinandersetzte. Nicht zuletzt aufgrund des Scheiterns ihres Versuches, als Philosophin Anerkennung zu finden und mit ihren wissenschaftlichen Publikationen, trotz positiver Besprechungen, Geld zu verdienen, begann sie 1888 Dramen zu verfassen. In kurzer Folge entstanden die Stücke *Aspasia* (1889, unter dem Pseudonym Adalbert Brunn), ein Jahr später zusammen mit drei Einaktern unter dem Titel *Die Emancipations-Schwärmerin* und *Dramatische Scherze* (1890) und ihrem richtigen Namen wieder neuaufgelegt *International* (1890), *Die Pädagogin* (1890) und das vermutlich nicht mehr veröffentlichte Drama *Leonie* (1891).

1891 wurde D. aufgrund bislang nicht ganz geklärter Umstände – die spätere psychiatrische Diagnose lautet: ›halluzinatorischer Irrsinn‹ – in das Dresdner ›Irren- und Siechenhaus‹ zwangseingewiesen. Die folgenden 27 Jahre bis zu ihrem Tode verbrachte sie mit Unterbrechungen weiterhin schriftstellerisch tätig, in den österreichischen ›Irrenanstalten‹ von Wien, Ybbs und Mauer-Öhling. In Selbstdarstellungen für AutorInnen- und Personenlexika erklärte D. sich zur ›Doktorin der Weltweisheit‹, führt als Pseudonyme so vieldeutige Namen wie ›H. Foreign, H. Sakkorausch, H. Sacrosankt‹ an, gab sich zwischenzeitlich auch den Titel ›Dr. med.‹ und 1903 schließlich verlieh sie sich den Adelstitel. Als Publikationen nannte sie zahlreiche mystische, philosophische und feministische Titel. 1905 erschien ihre vermutlich letzte Arbeit *Pessimistische Kardinalsätze. Ein Vademecum für die freiesten Geister von Erna* (Dr. Helene von Druskowitz). Der Wahl dieses Pseudonyms ist das Scheitern ihres Versuches, sich als Frau um 1900 einen Namen zu machen, eingeschrieben. D. starb am 31. Mai 1918 in der Nervenheilanstalt Mauer-Öhling (Niederösterreich).

Philosophie bedeutet für D. wesentlich Religionskritik, verbunden mit der Aufgabe, der Religion die Begründung einer (nicht-religiösen) Weltanschauung entgegenzusetzen.
In den, in polemischem Ton gehaltenen *Pessimistischen Kardinalsätzen* knüpft D. an ihre früheren religionskritischen bzw. Religion ablehnenden Überlegungen an, die sie im Rahmen einer Patriarchatskritik radikalisiert. Die Religion sei »ein erbärmliches männliches Machwerk, voll von Schädlichkeit, insbesondere für die Frauenwelt« und »die gesamte Historie ist, mit wenigen Ausnahmen, einfach ›Männergeschichte‹ und deshalb roh bis zum äußersten …«
Ihren Optimismus, daß der Mensch sich, in Anlehnung an den Darwinschen Evolutionsgedanken, auch psychisch wie geistig weiterentwickeln könne und wolle, revidiert sie zugunsten eines von ihr ehemals heftig attackierten Pessimismus. Das Nichtsein sei dem Sein vorzuziehen, gibt sie ihren eigenen Überlegungen aus der Zeit vor 1891 zur Antwort.

Hatte D. früher zwar in deutlicher aber moderater Form auf weibliches Schaffen einerseits und die Benachteiligung von Frauen andererseits verwiesen, plädiert sie nun für einen pessimistischen und separatistischen Feminismus als »das heiligste Ideal der modernen Zeit«. Die Aufgabe des in ihren Augen in jeder Hinsicht höher entwickelten, ›adeligen‹ Geschlechts der Frauen bestehe darin, »daß sie als Führerinnen in den Tod erscheinen, indem sie das Endesende [der Menschheit – S. T.] vorbereiten«.

Abgeschlossen wird dieses Pamphlet mit ›Normalsätze(n) für das männliche Geschlecht‹ und ›Maximen für Frauen‹, in denen sie den Männern empfiehlt, Selbstkritik zu üben und die Unwürdigkeit ihres Geschlechts zu erkennen. Als Lohn verspricht sie ihnen ein reines Gewissen und einen klaren Himmel. Den Frauen rät die »die Teilung der Städte nach den Geschlechtern«, die Ehelosigkeit, den Kampf für Gleichberechtigung, die Männer zu hassen und »in Sympathie für das eigene Geschlecht« zu leben.

Werk: Sultan und Prinz, 1882; Der Präsident vom Zitherclub, 1883/4 (verschollen); Percy Bysshe Shelley, 1884; Drei englische Dichterinnen, 1885; Moderne Versuche eines Religionsersatzes, 1886; Wie ist Verantwortung und Zurechnung ohne Annahme der Willensfreiheit möglich? 1887; Zur neuen Lehre. Betrachtungen, 1888; Zur Begründung einer neuen Weltanschauung (Zur neuen Lehre) 1889; Eugen Dühring. Eine Studie zu seiner Würdigung, 1889; Aspasia, 1889; Die Emancipations-Schwärmerin und dramatische Scherze (Aspasia) 1890; International, 1890; Die Pädagogin, 1890; Leonie, 1890; Philosophischer Rundfragebogen 1903; Flüsternde Wände. Eine wahre mystische Geschichte, 1903; Pessimistische Kardinalsätze 1905 (unter dem Titel: Der Mann als logische und sittliche Unmöglichkeit und als Fluch der Welt, 1988 neuaufgelegt); Neulicht. Neue Prädikte, ca. 1910.
Literatur: H. Hacker: Frauen-Liebe-Männer-Haß. Ein Exkurs zu Helene von Druskowitz, in: *Frauen und Freundinnen. Studien zur weiblichen Homosexualität am Beispiel Österreich 1900–1938*, hg. v. H. Hacker, 1987, S. 165–171; H. Gronewold: Die geistige Amazone. Helene von Druskowitz 1856–1918, in: *Wahnsinns-Frauen*, hg. v. S. Duda/ L. Pusch, 1992, S. 96–122.

Susanne Thiessen

Dupré, Marie
französische Naturphilosophin, 17. Jh.

D.s genaue Lebenszeit ist unbekannt. Sie war die Nichte des im 17. Jahrhundert bekannten Humanisten Roland Desmarets, eines Mitglieds der Académie Française. Unterstützt von ihrem Onkel studierte D. Griechisch, Latein, Italienisch, Rhetorik und Philosophie und beherrschte diese Disziplinen schließlich sehr gut.

Während ihrer Studien wuchs ihr Interesse am Werk Descartes' und sie gehörte zu den Cartesienne, denen auch → Anne de Lavigne, → Louise-Anastasia Serment, → Elisabeth von der Pfalz zugerechnet werden. Als seine Schülerinnen verteidigten diese Frauen Descartes' Werk leidenschaftlich gegen jede Kritik.

D. verfaßte auch eigene Texte, allerdings keine wissenschaftlichen, sondern poetische, die sie unter dem Pseudonym *Isis* veröffentlichte. Zwei ihrer Werke sind überliefert: *Responses d'Isis à Climène* und *Recueil des vers choisis*. Außerdem stand sie im Briefwechsel mit Madeleine de Scudéry.

Werk: Responses d'Isis à Climène; Recueil des vers choisis.
Literatur: Biographie universelle, Bd. 12, Nouvelle Biographie générale, Bd. 15; M.B. Ogilvie: Women in Science, 1986.

Ursula I. Meyer

Echekrateia von Phliasien
griechische Pythagoreerin, 4. Jh. v. u. Z.

Menage vermutet, daß E. die Tochter des Echekrates von Phliasien gewesen sei, einem der letzten Pythagoreer zur Zeit des Aristoxenos (4. Jh. v. u. Z.). Dies wird auch von Stähelin für möglich gehalten, der des weiteren angibt, daß sie sicher

die Frau des Skopaden Kreon und die Mutter des Skopas war.
→ Habroteleia von Tarent

Literatur: Diogenes Laertius: Leben und Meinungen berühmter Philosophen VIII 46; Iamblichos: Pythagoras 36.265; G. Menage: The History of Women Philosophers, 1690/1984; RE *Echekrateia*, Suppl. Bd. III, 1918; WP.

Maria Nühlen

Ekkelo von Lukanien (Ἐκκελώ)
griechische Pythagoreerin

Nach Iamblichos Katalog der bedeutendsten Pythagoreerinnen ist E. die Schwester der → Okkelo und der Lukaner Brüder Okkelos und Okkilos. Menage vermutet, sie sei die Tochter des Ekkelos, was er jedoch nur aus der einen Textstelle bei Iamblichos interpretiert. Daß es sich bei Ekkelo(s) um den Namen eines Mannes handelt oder bei den vier Namen Ekkelo/Okkelo/Okkelos/Okkilos um nur eine historische Person, wird oftmals angenommen.

Bei anderer Lesart des griechischen Textes wären Okkelos und Ekkelos die Brüder der Byndakis. Dann würde der Katalog allerdings nicht, wie am Ende angegeben, 17 Frauen aufzählen. Da aber die Namen Okkelos und Okkilos, nicht aber Ekkelo(s), im ›Männerkatalog‹ des Iamblichos erwähnt werden, ist m. E. die erste Lesart mit E. und Okkelo als Frauennamen wahrscheinlich. Eine eindeutige Klärung der Lesart ist aber nicht möglich.

Stobaios überliefert ein Fragment aus der Schrift *Über Gerechtigkeit*, die vom Pythagoreer Ekkelos verfaßt worden sein soll, und nach pythagoreischer Lehrart von der Harmonie der Seele und der Tugend der Gerechtigkeit handelt. Da im Wortgebrauch des Textes häufig der Mann (oder der Mensch) gewählt wurde, stammt diese Abhandlung wahrscheinlich nicht aus der Feder einer Frau.
→ Habroteleia von Tarent

Literatur: Iamblichos: Pythagoras 36.267; G. Menage: The History of Women Philosophers 1690/1984; J. Stobaios: Anthologien 3.9.51, hg. v. K. Wachsmuth/O. Hense, 1958; H. Thesleff (Hg.): The Pythagorean Texts of the Hellenistic Period, 1968; RE *Okellos*, Bd. 34, 1937; WP.

Maria Nühlen

Eliot, George/Evans, Mary Ann
englische Schriftstellerin und Philosophin, *1819, †1880

Mary Ann Evans, die ihre Romane unter dem Pseudonym George Eliot veröffentlichte, wurde 1819 als jüngstes von 5 Kindern bei Coventry in Warwickshire geboren. Ihre Mutter, Christiana Pearson, war die zweite Frau des angesehenen Landvermessers Robert Evans. Mit ihrem drei Jahre älteren Bruder Isaac war E. in ihrer Kindheit eng verbunden. E. ging zunächst in Nuneaton und später in Coventry zur Schule. In Mrs. Wallingtons Boarding School in Nuneaton kam sie mit dem Evangelismus in Berührung, dessen strenge Religionsauffassung ihre Jugend stark prägte.

1835 kehrte E. nach Hause zurück, und ab 1837 führte sie nach dem Tod ihrer Mutter und der Heirat der älteren Schwester ihrem Vater das Haus. Sie bildete sich im Selbststudium und durch Sprachunterricht weiter und lernte das Ehepaar Bray kennen, die sie in ihren intellektuellen Zirkel einführten. E. wandte sich in dieser Zeit zunehmend vom Kirchenglauben ab.

Durch Bekannte der Brays wurde sie mit der Übersetzung von David Friedrich Strauss' Buch *Das Leben Jesu* beauftragt, einer Untersuchung der historischen Person Jesu. Die Übersetzung wurde 1846 veröffentlicht. 1854 erschien in England ihre Übersetzung von Ludwig Feuerbachs *Das Wesen des Christentums*.

Im Haus der Brays lernte sie auch den Verleger John Chapman kennen, für den sie von 1851–1854 in London als Mitherausgeberin der *Westminster Review* arbeitete. Während dieser Zeit lernte sie u. a. den Philosophen Herbert Spencer sowie George

Henry Lewes, den Kritiker und Naturphilosophen, kennen, mit dem sie von 1854 bis zu seinem Tod 1878 zusammenlebte. Lewes lebte von seiner Frau getrennt, konnte sich aber nicht scheiden lassen. Ihr Zusammenleben mit einem verheirateten Mann traf in der viktorianischen Gesellschaft vielfach auf Unverständnis; vor allem ihr Bruder Isaak brach jeden Kontakt zu E. ab. In ihrem Roman *The Mill on the Floss*, der deutliche autobiographische Bezüge zeigt, schildert E. eine Beziehung zwischen Bruder und Schwester, die an dem angeblich unmoralischen Verhalten der Frau zerbricht.

Zwischen 1854 und 1857 schrieb E. regelmäßig Essays und Rezensionen für die *Westminster Review* sowie einige Artikel für den *Leader*, der von Lewes mitgegründet worden war. Erst spät wandte sie sich dem Schreiben von Romanen zu, durch die sie national wie international bekannt wurde. 1859 erschien ihr erster Roman *Adam Bede*, 1861 *Silas Marner*, 1866 *The Mill on the Floss*, 1871/72 *Middlemarch* und 1876 *Daniel Deronda*.

Nach Lewes Tod heiratete E. 1880 John Cross, einen langjährigen Freund. Sie starb noch im selben Jahr.

E. hat sich durch ihre Übersetzungen, in ihren Essays und Romanen nicht nur mit der literarischen Produktion ihrer Zeitgenossen beschäftigt, sondern immer auch mit den zeitgenössischen philosophischen Werken. So finden sich unter den Rezensionen, die sie für die *Westminster Review* und den *Leader* schreibt auch solche zu philosophischen Publikationen. Vor allem aber prägt E.s philosophische Grundeinstellung ihr literarisches Schaffen. Die Romane spiegeln ihre alltägliche Auseinandersetzung mit den philosophischen, literarischen und politischen Fragestellungen der Zeit wider, ohne dabei aber plakativ philosophische Thesen zu formulieren oder irgendeine Form von systemphilosophischem Anspruch zu erheben. Im Gegenteil zeigt sich E. gerade gegenüber der Systemphilosophie, wie sie sie z.B. in der deutschen idealistischen Philosophie verkörpert sieht, äußerst kritisch. E. zieht die empiristische Philosophie mit ihrer streng aposteriorischen Denkweise vor. Diese entspricht auch ihrer am Realismus orientierten Schreibweise, die zwar besonders in ihren späteren Werken abgemildert ist, in ihrem Grunde jedoch Bestand hat.

Einer der Schwerpunkte von E.s Interesse an der Philosophie zeigt sich bereits in ihrer Übersetzungsarbeit. Ihre Übersetzungen der religionskritischen Werke von Strauss und Feuerbach deuten auf ein Thema, das nicht nur in ihren Essays, sondern auch in ihren Romanen eine wichtige Rolle spielt: die Auseinandersetzung mit der christlichen Religion und hier vor allem mit ihren moralphilosophischen Grundgedanken. Nach der von einer enthusiastischen Kirchenreligion geprägten Jugend wurde ihr späterer Skeptizismus immer von einem Festhalten an den ethischen Grundlagen der christlichen Religion begleitet. Wie Feuerbach in seinem *Das Wesen des Christentums*, betrachtet auch sie den Gottesglauben als die höchste Manifestation der moralischen Kraft des Menschen, der die moralischen Ideale in eine außer ihm liegende persönliche Gottesgestalt projiziert. Mitgefühl und altruistisches Handeln sind Werte, die E. ihre ProtagonistInnen immer wieder verkörpern und erlernen läßt. Diese Werte ergeben sich nicht aus einem engen Kirchenglauben, sondern werden als allgemein menschliche Ideale dargestellt, die es zu fördern gilt. Hier zeigt sich eine Verbindung von Überzeugungen und Handlungen, die von der viktorianisch moralistischen Umwelt als radikal empfunden werden, mit einem zutiefst konservativen Werteverständnis, die sich nicht nur durch E.s Leben zieht, sondern auch in den verschiedenen Bereichen ihres Schaffens immer wieder thematisiert wird.

Dies äußert sich u. a. in E.s politischer Überzeugung, die eng mit ihren Ansichten zur Entstehung und dem Erhalt von gesellschaftlichen Strukturen verbunden ist. Für E. stellt die Gesellschaft einen Organismus dar, der sich langsam entwickelt hat und nicht in kurzfristigen gesellschaftlichen Umwälzungen gefahrlos verändert werden kann. Zwar müssen die gesellschaftlichen Mißstände abgeschafft werden, dies ist E.s Ansicht nach aber keinesfalls durch politisches Handeln, das auf schnelle Ergebnisse abzielt, zu erreichen, sondern muß durch geduldige Erziehungsarbeit über Generationen hinweg bewegt werden. Die Gefahren, die sie in den politischen Massenbewegungen ihrer Zeit sieht, verdeutlicht E. vor allem in dem Roman *Felix Holt, the Radical*. In *Middlemarch* zeigt sie die organische Struktur der Gesellschaft anhand einer kleinen Stadt mit ihren vielfältigen Zusammenhängen und Abhängigkeiten sowohl auf inhaltlicher wie formaler Ebene.

Die Verwurzelung der Personen in Vergangenheit und Umgebung verweist auf eine kausale Determiniertheit menschlichen Handelns, wie sie in einigen der natur- und gesellschaftswissenschaftlichen Theorien der Zeit angenommen wurde. E. beschreibt und verdeutlicht zwar diese Bestimmtheit, zeigt durch ihre Charaktere aber gleichzeitig auch die Möglichkeit und Notwendigkeit der freien Entscheidung und damit auch der ethischen Verantwortlichkeit auf.

Die Situation der Frauen in der viktorianischen Gesellschaft muß, E.s Ansicht nach, ebenfalls über die langfristig wirkende Erziehung und Bildung verbessert werden. In dem Artikel *Margaret Fuller and Mary Wollstonecraft* nimmt sie deutlich zu einigen Themen der Erziehung und Moral von Frauen Stellung. E. argumentiert mit → Fuller und → Wollstonecraft für die Verbesserung der Frauenbildung und -erziehung, nicht nur, weil sie ungebildete Frauen der Langeweile ausgesetzt sieht, sondern auch, weil sie deren negativen Einfluß auf die Männer als eine Gefahr für das Gemeinwohl fürchtet. Auch in ihren Romanen zeigt E. Frauen, die aufgrund ihrer Erziehung und gesellschaftlichen Position unfähig zu sinnvoller Betätigung und wertvollem gesellschaftlichem Handeln sind und deshalb ihre Verwandten und Freunde tyrannisieren, unglücklich machen oder zur Mittelmäßigkeit verurteilen, so z. B. Rosamund in *Middlemarch*.

Aufgrund der mangelhaften Erziehung von Frauen konstatiert E. ihre faktische Unterlegenheit gegenüber den Männern, gerade auch in moralischer Hinsicht. Diese wird aber keinesfalls als naturbedingt verstanden, sondern auf die Unterdrückung der Frauen zurückgeführt. Speziell argumentiert E. dagegen, daß Frauen eine Überlegenheit in moralischer Hinsicht zugewiesen wird, da eine solche Überlegenheit als Argument für eine fortzusetzende Unterdrückung benutzt werden könnte. Statt dessen fordert sie eine Verbesserung der Erziehung der Frauen, was ihrer Ansicht nach einen Schritt auf dem Weg zur Gleichheit von Männern und Frauen darstellen wird.

Werk: Scenes of Clerical Life, 1858; Adam Bede, 1859 (dt: Adam Bede, 1987); The Mill on the Floss, 1860 (dt: Die Mühle am Fluß, 1983); Silas Marner, 1861 (dt: Silas marner, 1994); Romola, 1863; Felix Holt, the Radical, 1866; The Spanish Gypsy, 1868; Middlemarch, 1871/2 (dt: Middlemarch, 1995); The Legend of Jubal and Other Poems, 1874; Daniel Deronda, 1876 (dt: Daniel Deronda, 1994); Impressions of Theophrastus Such, 1879.
Literatur: F. Bonaparte: Will and Destiny. Morality and Tragedy in George Eliot's Novels, 1975; G. S. Haight (Hg.): The George Eliot Letters, Vol. I–IX, 1954+5/1979; ders.: George Eliot: A Biography, 1968/1985; B. Hardy: Particularities. Readings in George Eliot, 1982; W. Myers: The Teaching of George Eliot; 1984; Th. Pinney (Hg.): Essays of George Eliot 1963; HWP; WomBio.

Ursula Faubel

Elisabeth von Böhmen/von der Pfalz
deutsche Gelehrte, *1618, †1680

E. wurde am 27. November 1618 geboren. Ihr Vater, der Kurfürst von der Pfalz, Friedrich V. (1596–1632), wurde einige Monate nach ihrer Geburt 1618 in Heidelberg zum König von Böhmen gekrönt. Kaum war jedoch der Winter 1620 vergangen (deswegen nennt man ihn ›Winterkönig‹), verlor er seine Krone und den Kurfürstenrang und mußte mit seiner Familie in die Niederlande fliehen. E.s Mutter, Elizabeth Stuart (1596–1662), Tochter von Jakob I., vermittelte ihrem Geschlecht die Thronfolge in England, ohne selbst davon profitieren zu dürfen.

In gewissem Sinne kann man das Leben E.s als ›unglücklich‹ bezeichnen, zumal sie wie der große Teil ihrer Familie aufgrund wechselhafter Schicksalsschläge entmachtet und gezwungen war, längere Zeit des Lebens bis zu ihren letzten Tagen in relativer Armut im Exil zu verbringen. Trotz aller familiären Umstände, die zweifellos ihren Charakter prägten, war E. von Natur aus mit einer außerordentlichen Intelligenz versehen und genoß eine ausgezeichnete Erziehung. Sehr früh war sie dem Studium stark zugeneigt. Sie beherrschte mehrere Sprachen. Leidenschaftliches Interesse für die Philosophie und die Naturwissenschaften machten aus ihr eine ›zerstreute‹ Gelehrte – wie ihre Schwester → Sophie in ihren *Memoiren* schrieb.

1643 lernte E. den Philosophen René Descartes kennen, dessen Werke sie bereits früher mit großem Eifer studierte. Von diesem Zeitpunkt an begann ein tiefgründiger und intensiver Briefwechsel zwischen den beiden, so daß die Prinzessin nicht nur zu einer der treuesten Schülerinnen Descartes', sondern auch seine vertrauteste Freundin wurde.

E.s akribische Verarbeitung der cartesianischen Philosophie, die Zweifel und die scharfsinnigen Fragen, die sie an den französischen Philosophen richtete, motivierten diesen, einige Aspekte seines Systems zu ergänzen und zu erklären: Descartes fühlte sich dadurch verpflichtet, einen schwachen Punkt in seiner Philosophie, nämlich die Beziehungen zwischen Leib und Seele, gründlicher zu durchdenken und ausführlicher darzulegen. Diese Überlegungen führten ihn dazu, eine Abhandlung über die Leidenschaften der Seele (1649) zu verfassen, in der das Problem der Leib-Seele-Wechselwirkung veranschaulicht wurde.

Descartes' Anerkennung seiner philosophischen Freundin, zeigte sich bereits 1644 in der an sie gerichteten Widmung seines Werkes *Principia Philosophiae*, in dessen Einleitung ihre hochragenden, moralischen Tugenden sowie ihre große Intelligenz gepriesen werden – mit der Betonung, daß sie besser als irgend jemand die Gesamtheit seines Denkens verstanden habe.

Von größerem Interesse ist vermutlich die von E. forcierte Diskussion über die Grundlagen der Moral, die ab 1645 in einem regen Briefwechsel geführt wurde. Die Prinzessin war nicht nur an der Erörterung der theoretischen Prinzipien der Ethik, sondern auch an der Ableitung der daraus resultierenden Folgen für die praktische Anwendbarkeit der Handlungsmaximen hinsichtlich ihres eigenen Lebens interessiert. In diesen Briefen wurden schwierige und ewig gültige Fragen zur Glückseligkeit, zur menschlichen Freiheit, zur dornenreichen Versöhnung dieser mit der göttlichen Allmacht und sogar zum Thema des Opferns, das angesichts ihrer Lebensumstände für E. von großer Bedeutung war, behandelt. Der Gedankenaustausch führte zu einem hohen philosophischen Niveau. Unter Berücksichtigung der konkreten Wirklichkeit, in der man sich entwickeln muß, entschieden sich beide für die von der Vernunft getragenen Lösungen. Andererseits, als eine Art Trost, beklagte Descartes die politische Betriebsamkeit und die Unannehmlichkeiten, die diese mit sich bringt, und freute sich gleichzeitig darüber, daß E. und ihre Familie nicht darunter zu leiden hatten.

1646 mußte sie wegen eines familiären Dramas (einer ihrer Brüder ließ den Geliebten ihrer Schwester Louise Hollandine ermorden) die Niederlande verlassen und nach Deutschland umsiedeln, wo sie bei ihrer Tante, der Kurfürstin von Brandenburg, lebte. Später zog sie sich nach Herford in Westfalen in ein lutherisches Kloster zurück, in dem sie 1667 zur Äbtissin ernannt wurde und bis ans Ende ihrer Tage 1680 verweilte. Während dieser Zeit bot E. ihrer Jugendfreundin → Anna Maria van Schurmann Asyl in Herford, als die Labadie-Gemeinde aus Holland ausgewiesen worden war. Trotz des Krieges und der damit einhergehenden Verwüstung und des Elends sowie der Armut und des Aberglaubens im Lande, bemühte sich E., Descartes' Philosophie bekannt zu machen und gründete zu diesem Zweck eine Art Akademie, die zur ersten cartesianischen Schule wurde.

Ihr Wissen und ihre Entschlossenheit, eine rationalistische Philosophie wie den Cartesianismus selbst unter schwierigsten Bedingungen, nämlich allgemeine Unwissenheit und die immer noch vorherrschende Lehrmeinung der Scholastik, zu verbreiten, machten E. zu einer einzigartigen Frau und einer wichtigen intellektuellen Persönlichkeit ihrer Zeit. Doch ihre unersättliche Wißbegierde führte sie nicht nur zur cartesianischen, sondern auch zu anderen philosophischen Theorien. In diesem Zusammenhang ist ihre Beziehung zu dem Theosophen Mercurius van Helmont bemerkenswert, der im Dienste ihres Bruders Karl Ludwig in Heidelberg stand und ein Freund ihrer Schwester Sophie war. Er diskutierte nicht nur mit E. über die Kabbala und die Seelenwanderungslehre, sondern fuhr auch in ihrem Interesse 1670 nach England (wo er → Lady Conway kennenlernte), um für E. eine lebenslängliche Rente zu verlangen; zehn Jahre später stand er an ihrem Sterbebett.

Literatur: R. Descartes: Oeuvres, 1964–74; R. Descartes: Lettres sur la morale, correspondance avec la prinzesse Elisabeth, Chanut et la reine Christine, 1935; E. Gogel: Descartes y su tiempo, 1945; G.E. Guhrauer: Elisabeth, Pfalzgräfin bei Rhein, Äbtissin von Herford, in: *Raumer's Historisches Taschenbuch* 3, Folge I, S. 1–150, II: S. 417–554, 1850; M. Neel: Descartes et la princesse Elisabeth, 1946; HWP; WP.

Rosa García Montealegre

Enckendorff, Marie Luise → Simmel, Gertrud

Erxleben, Dorothea Leporin → Leporin Erxleben, Dorothea

Eudokia/Athenais
Schriftstellerin und römische Kaiserin, *ca. 401, † ca. 460 n. u. Z.

E. wurde um 401 n. u. Z. in Athen als Tochter des Rhetoriklehrers Leontios geboren und erhielt hier ihre griechisch geprägte Ausbildung. Auf welchen Wegen sie nach Konstantinopel kam, läßt sich nicht mit Gewißheit recherchieren. Jedenfalls wurde sie durch Pulcheria, der Schwester des römischen Kaisers, diesem vorgestellt, ließ sich auf den Namen Eudokia taufen und heiratete im Jahre 421 Kaiser Theodosius II. Nach der Geburt ihrer Tochter Eudoxia wurde sie zur Augusta ernannt.
Die sehr religiöse E. löste 438 ein Gelübde ein, pilgerte nach Jerusalem und kehrte mit den Reliquien des heiligen Stephanus nach Konstantinopel zurück. Aus welchen Gründen

sie eine zweite Pilgerreise nach Jerusalem unternahm und bis zu ihrem Tode dort blieb, ist nicht sicher zu ermitteln, vielleicht wurde sie das Opfer eines Intrigenspiels am kaiserlichen Hof. In Jerusalem verstärkte sie ihre schriftstellerische Tätigkeit, ließ aber auch Bauvorhaben verwirklichen, so die Errichtung der Stephanuskirche und die Wiederherstellung der Stadtbefestigung. Sie sympathisierte mit den dort ansässigen Monophysiten (Christen, die die doppelte Natur Christi als menschliche und göttliche abstreiten), kehrte aber auf Anraten verschiedenster zum orthodoxen Christentum zurück. Im Jahre 460 starb sie in Jerusalem.

Zahlreiche Legenden bildeten sich um E.s Leben, besonders um ihr Verbleiben in Jerusalem. Menage hat eine Reihe von Legenden und Geschichten zusammengetragen, die jedoch einer historischen Überprüfung nur in geringen Anteilen standhalten.

E.s Schriften sind z. T. fragmentarisch erhalten; sie faßte alle Werke in griechischer Versform ab. Ihr erstes Gedicht entstand nach dem Sieg ihres Mannes über die Perser. Ein drei Bücher umfassendes Gedicht hatte das Leben der Märtyrer Cyprian und Iustina zum Thema. In den *Homerocentonen* erzählte sie vom Leben Christi.

Weitere, nicht erhaltene, Dichtungen von ihr sind: Eine *Lobrede auf Antiochia*, eine in Versen abgefaßte Übersetzung des *Pentateuch* und der Bücher *Josua, Richter* und *Ruth* und in gleicher Form geschriebene Übersetzung des Propheten Zacharias und Daniels.

E. zeichnet sich in ihren Schriften nicht durch Originalität aus, denn sie lehnt sich teilweise an ältere Vorlagen an. Ihr kommt mehr die Bedeutung zu, daß sie sich durch ihre griechische Bildung und ihre Frömmigkeit auswies und sich als Frau der schriftstellerischen Tätigkeit hingab.

Werk: Eudociae Augustae: De Sancto Cypriano, in: *Migne* PG 85.
Literatur: E. Gössmann (Hg. in): Eva – Gottes Meisterwerk, 1985; A. Jensen: Gottes selbstbewußte Töchter, 1992; G. Menage: The History of Women Philosophers 1690/1984; Photios bibl. cod. 183, 184, in: *Migne* PG 103; J.C. Poestion: Griechische Philosophinnen, 1885;

Sokrates Scholastikus: Kirchengeschichte VII. 47, in: *Migne* PG 67; T. Zahn: Cyprian von Antiochien und die deutsche Faustsage, 1882 (darin Teile ihrer Dichtung); RE *Eudokia*, Bd. 11, 1907; LAW *Eudokia*, Bd. 1; Der Kleine Pauly *Eudokia*, Bd. 2, 1979; WP.

Maria Nühlen

Eurydike von Illyrien
römische Philosophin, 1.–2. Jh. n. u. Z.

E. wird bei Plutarch als Frau erwähnt, die philosophisch geschult war. Er widmete ihrem Mann Pollianus seine *Conjugalia Praecepta*. Plutarch erwähnt auch, daß E. sehr fremdartig gewesen sei und sich besonders für die Erziehung ihrer Kinder einsetzte.
Eines ihrer Epigramme ist im letzten Werk Plutarchs *De Liberis Educandis* erhalten.
Literatur: G. Menage: The History of Women Philosophers, 1690/ 1984; WP.

Ursula I. Meyer

Evans, Mary Ann → Eliot, George

F

Fairfax, Mary Somerville → Somerville Fairfax, Mary

Fannia
römische Philosophin, 1. Jh. n. u. Z.

Über F. sind nur wenige Quellen erhalten. Sie war Römerin und lebte im 1. Jahrhundert. F. war die zweite Frau von Helvidius Priscus und befreundet mit Plinius dem Jüngeren, der sie in seinen Episteln erwähnt. Ihre Eltern, → Arria die Jüngere und Clodius Thrasea, waren AnhängerInnen des kynischen Philosophen Demetrius. Allerdings gibt es nur indirekte Quellen, die F. mit dem Kreis des Demetrius in Verbindung bringen.

Demetrius stand mit seinen Theorien den Stoikern, insbesondere Epiktet, nahe. Er betonte den Begriff der Anstrengung und diskutierte über das Wesen der Seele und ihre Trennung vom Körper. Seneca, der von ihm beeinflußt wurde, bezeichnet ihn als einen der besten Männer seiner Zeit. Demetrius sagte zu Arria II, sie sollte weiterleben und auf ihre Tochter F. aufpassen, als diese mit ihrem Mann, der im Jahr 66 n. u. Z. verurteilt wurde, sterben wollte.

Politisch folgte F. der republikanischen Tradition ihrer Eltern und Großeltern, → Arria die Ältere und Caecina Paetus, und war gegen den Kaiser Claudius eingestellt. Domitian verbannte sie aus Rom wegen ihrer Nähe zu den Republikanern, sie kam jedoch unter der Regierung von Nerva zurück.

Literatur: Cassius Dio, LX.16.6; Martial: Epigramme, I.XIII; Plinius, der Jüngere: Episteln III.16, VII.19; Seneca: Episteln an Lucilius LXII; Tacitus: Annales, XVI; WP.

Maria Luisa Femenías
(Übers. M. L. P. Cavana)

Fedele, Cassandra
italienische Gelehrte, *1465, †1558

1465 wurde F. in Venedig geboren. Ihre Eltern, Barbara Leoni und Angelo Fedele, stammten aus adligen Mailänder Familien, die nach dem Fall der Visconti nach Venedig geflohen waren.

Wie schon andere Humanistinnen der damaligen Zeit wurde F. zuerst von ihrem Vater gefördert. Mit zwölf Jahren sprach sie ausgezeichnet die lateinische Sprache und wurde zudem von Gasparo Borro in Theologie, Griechisch, Rhetorik und Philosophie unterrichtet.

Berühmt wurde sie durch eine Rede an der Universität Padua,

in der sie nach damaliger Sitte einen Verwandten der philosophischen Fakultät empfahl. Auf dem Höhepunkt ihrer Karriere luden Ludwig XII. von Frankreich, Papst Leo X. und Königin Isabella von Spanien sie an ihren Hof ein, jedoch verbat der Doge ihre Ausreise, da er nicht auf F., die inzwischen als Stadtberühmtheit galt, verzichten wollte.
Aus dieser Zeit, 1491, stammt auch die Lobrede des Florentiner Poeten und Humanisten Angelo Poliziano, in der er F. mit Gelehrten wie Pico della Mirandola gleichsetzt.
Mit den Jahren wurde sie nicht länger als Wunderkind angesehen, so daß F. sich 1497 gezwungen sah, die Ehe mit einem Physiker aus Vicenza, Giammaria Mappelli, einzugehen. Seit ihrer Heirat litt sie an einem chronischen Leiden, das sie 17 Jahre von ihren Studien abhielt. Erst 1514 richtete sie sich mit einer theologischen Frage über die Erlösung der Menschheit durch die Menschwerdung Jesu an Fra Girolamo Monopolitano.
1521, nach dem Tod ihres Gatten, mit dem sie in Rhetino auf Kreta gelebt hatte, kehrte F. nach Venedig zurück, verlor jedoch bei der Überfahrt fast ihr ganzes Hab und Gut. Da sie folglich in ärmlichen Verhältnissen lebte, richtete sie sich 1521 in einem Brief an Papst Leo X. und bat um finanziellen Beistand, der ausblieb. Erst 26 Jahre später, im Alter von 82 Jahren hoffte sie erneut auf Hilfe durch Papst Paul III., der sie zur Leiterin des Waisenhauses der Kirche San Domenico di Castello in Venedig ernannte. Hier starb sie 11 Jahre später am 26. März 1558.

Obwohl F. als kinderlose Witwe gute Voraussetzungen hatte, ihre literarischen Studien zu vervollkommnen, erreichte sie in ihren letzten 60 Lebensjahren nie mehr die künstlerische Qualität ihrer ersten literarischen Erfolge. Abgesehen von ihrem letzten öffentlichen Auftritt, zwei Jahre vor ihrem Tod, anläßlich eines Aufenthaltes der Königin von Polen, enthielten ihre Briefe nur Geldgesuche.
Von ihrem Werk sind uns drei Reden, einige Briefe und drei in ihren Schriften erwähnte Abhandlungen *De scientiarium ordine, Digressioni morali, Elogi degli uomini illustri*, die nie voll-

endet wurden, erhalten. Außerdem machte sie sich als Poetin einen Namen, was einige an Papst Paul III. gerichtete Verse dokumentieren.
Laut Cavazzana existiert in der Münchner Staatsbibliothek ein Brief aus dem Jahre 1488, der an F. adressiert ist und von dem Nürnberger Humanisten Peter Danhauser, später Professor für römisches Recht in Wien, stammte. Sein Freund Hartmann Schadel, der bei ihrer Rede in Bologna zugegen war, machte ihn auf sie aufmerksam. In seinem Brief bittet er F. um einige Gedichte.
Aus ihren Briefen geht hervor, daß sie Kontakte zu berühmten Humanisten der damaligen Zeit pflegte, wie u.a. Ludovico Cendrata, Mateo Bosso, Adriano Cappelli, Papst Leo X., Papst Paul III. und Ludovico Sforza, Herzog von Mailand. Allgemein sei gesagt, daß ihre Reden im konventionellen Humanistenlatein verfaßt wurden und sich nicht durch Originalität auszeichnen.
Ihren Ruhm erlangte F. 1487 durch ihre Rede an der Universität zu Padua, in der sie ihren Verwandten Bertuccio Lamberti, der in die philosophische Fakultät aufgenommen wurde, anpries. Diese Rede, die sie vor dem venezianischen Volk, dem Dogen und etlichen Professoren hielt, besitzt viele klassische römische wie griechische Zitate. F. vertritt darin die moralphilosophische These, daß man durch das Studium der Philosophie sein Leben verbessern könne. Die Rede wurde noch im selben Jahr gedruckt.
Eine ähnliche These vertrat sie auch in einer anderen Rede, in der allgemein die Literatur verehrt wird. Zum Schluß dieser Rede weist sie darauf hin, daß den Frauen in ihrem Studium Grenzen gesetzt werden und befürwortet das Lernen als Selbstzweck.
Auch unter ihren Kolleginnen war F. äußerst geschätzt. Alessandra Scala bat F. um Rat, ob eine Heirat dem Studium vorzuziehen sei. Sie empfiehlt diplomatisch, sich für das einem Wichtigere zu entscheiden. Es handelt sich hier um ein typisches Frauenproblem der damaligen Zeit, da eine Heirat oft auch das Ende der Studien bedeutete.
Abschließend sei erwähnt, daß F. eine Sonderstellung inner-

halb der Humanistinnen der Renaissance einnahm. Sie durfte ihr Wissen in der Öffentlichkeit preisgeben und wurde sogar von staatlichen Autoritäten zur Sprecherin ernannt.

Literatur: W. Boulting: Women in Italy, 1910; M.A. Cannon: The Education of Women during the Renaissance, 1916/1981; C. Cavazzana: Cassandra Fedele: erudita veneziana des Rinascimento, Ateneo veneto 29, 1906; M.L. King/A. Rabil (Hg.Innen): Her Immaculate Hand. Selected Works by and about the Women Humanists of Quattrocento Italy. Medieval and Renaissance Texts and Studies 20, 1983; U.I. Meyer (Hg.in): Die Welt der Philosophin II, 1996; H. Simonsfeld: Zur Geschichte der Cassandra Fedele, in: *Studien zur Literaturgeschichte*, 1893, S. 97–108; K. Wilson (Hg.in): Medieval Women Writers, 1984; WP.

Larissa Reinold

Finch Conway, Anne
englische Philosophin, *1631, †1679

F. (ab 1650 Lady Conway, aufgrund ihrer Ehe mit dem Viscount Edward Conway) wurde am 14. Dezember 1631 in London als Tochter des Kammerabgeordneten Heneage Finch und der Elizabeth Cradock Benet geboren und starb in Ragley Hill am 23. Februar 1679, nachdem sie eine mystische Bekehrung zu den Quäkern erfahren hatte. Die plötzliche Abwendung von der intellektuellen Kreativität und die Hinwendung zum Mystizismus läßt sich bei einigen philosophierenden Frauen des 17. Jahrhunderts beobachten (→ Anna M. van Schurmann). Vielleicht ist der Schluß zulässig, daß männlich dominiertes Rollenverständnis schließlich doch internalisiert wurde.

F. war Autorin nur eines bekannt gewordenen Werkes *The Principles of the Most Ancient and Modern Philosophy*, das sie in ihren reifen Jahren (1671–1679) verfaßte. Sie wurde vom neuplatonischen Zirkel des Henry More und Ralph Cudworth (→ Lady Mashams Vater) sowie vom Paracelsischen und kabbalistischen Theosophen Mercurius van Helmont beeinflußt. Aber dieser Einfluß hinderte sie keineswegs am eigenständigen Denken, und so entwickelte sie eine eigene und originelle Theorie, welche Leibniz' Bewunderung erweckte und ihn zur Übernahme des von ihr geprägten wichtigen Begriffs ›Monade‹ bewegte.

Nach den Worten von Marjorie Nicolson war F. eine außerordentlich selbstbewußte Frau, die uns »wahrscheinlich eines der originellsten philosophischen Dokumente, das jemals von einer Frau geschrieben wurde, hinterließ« (1). *The Principles* waren in Englisch geschrieben und kaum vollendet und überprüft, als F. starb. Van Helmont ließ das Werk ins Lateinische übersetzen (Principia philosophiae antiquissimae et recentissimae de Deo, Christo et creatura, id est, de spiritu et materia in genere) und veröffentlichte es 1690 zusammen mit anderen eigenen Werken, was dazu führte, daß *The Principles* van Helmont zugeschrieben wurden. 1692 wurde der Text vom Lateinischen ins Englische übersetzt. In beiden Sprachen wurde es 1982 von Loptson herausgegeben.

Aufgrund dieser wechselhaften Übersetzungen von *The Principles* ist das Werk von Nicolson über F.s Korrespondenz bis heute als einzige direkt veröffentlichte Quelle zum Studium des Lebens und Wirkens F.s von Bedeutung. In einer Gesellschaftsordnung, in der die intellektuelle Arbeit der Frau nicht gut angesehen war, mußte F. ihre Wißbegierde und ihren regen Verstand autodidaktisch befriedigen: Ihr fünf Jahre älterer Bruder John lieh ihr Bücher aus und eignete sich zusammen mit seiner Schwester Kenntnisse an, so daß sie sehr früh Französisch und Latein (später auch Griechisch und Hebräisch) lernte und somit alle philosophischen Abhandlungen, die ihr in die Hände kamen, mit großem Interesse las. Ab 1645 (als John Finch in das Christ's College eintrat) profitierte F. von Henry More, dem Lehrer ihres Bruders. Dieser schenkte ihr ein Exemplar seiner philosophischen Gedichte und besuchte sie immer öfter in Kensington House, um sie in die Philosophie Aristoteles', Plotins, in die Scholastik und in den englischen Humanismus einzuführen. Ferner vermittelte er ihr die Auffassungen des sogenannten ›Cambridge-Platonismus‹; zu dieser Zeit entdeckte und studierte More Descartes, doch bald entfernte er sich von cartesianischen Standpunkten, obwohl er niemals auf den Dualismus verzichten konnte.

Ende 1670 reiste van Helmont nach England, um von der englischen Regierung eine lebenslange Pension für → Elisabeth von der Pfalz zu erlangen. Diesbezüglich hatte er vor, höchstens einen Monat dort zu bleiben. Doch nachdem er die Bekanntschaft F.s gemacht hatte, verweilte er bei ihr in England bis zu ihrem Tode, neun Jahre lang. In dieser Zeit leistete er ihr nicht nur ärztlichen Beistand, da sie an unerträglichen Kopfschmerzen litt (ein merkwürdiger Fall, der sogar in medizinischen Büchern erwähnt wurde, siehe z.B. Owen), sondern war ihr auch Partner für höchst interessante philosophische Gespräche.

In ihrem Werk versuchte F., wie bereits aus dem Titel hervorgeht, zwei entgegengesetzte Kräfte einander anzupassen: die Emanationslehre und den Vitalismus der Antike (vor allem der Griechen, der Kabbalisten und des Philon von Alexandria) mit der mechanistischen Weltanschauung der Moderne und beides mit der christlichen Theologie. Am Anfang ihrer Abhandlung nimmt sie die Existenz Gottes als selbstverständlich (ohne Beweisprobe) an und betont Christus' Rolle als vermittelnd zwischen Gott und den Geschöpfen im emanativen Prozeß der Schöpfung.

Die *Prinzipia* wurden in neun Kapitel unterteilt, von denen nur das erste neben der dazugehörigen Inhaltsangabe mit *Über Gott und seine göttlichen Eigenschaften* betitelt wurde, während die restlichen Kapitel jeweils nur mit einer Inhaltsangabe versehen und alle möglichen metaphysischen Themen nach Paragraphen verzeichnet sind. Im letzten Kapitel wurde, um ihre Philosophie von derjenigen Descartes', Hobbes' und Spinozas unterscheiden zu können, in einer Art Zusammenfassung ihrer wichtigsten Prinzipien folgender These besonderer Nachdruck verliehen: Seele und Leib sind in ihrem ursprünglichen Wesen gleich. Ihrer Meinung nach hatte Descartes wertvolle Beiträge zur Erklärung der natürlichen Bewegungen geleistet, jedoch außer acht gelassen, daß die Körper ihren eigenen Bewegungsgrund in sich selbst haben; es handelt sich um lebendige Leiber mit Wahrnehmungsfähigkeit. Aufgrund materialistischer Ansichten verwechselten Hobbes und Spinoza den Schöpfer mit den Geschöpfen. Nach F. können sich alle Arten von Geschöpfen ineinander verwandeln, aber Gott und die Geschöpfe können kein einziges Wesen bilden. Demzufolge gibt es eine Kette von Lebewesen, deren Glieder zu allen möglichen Verwandlungen untereinander fähig sein können (vom Stein bis zum Menschen als der höchsten Stufe), aber niemals kann eine Verwandlung zu Gott führen oder diesen selbst betreffen, da Gott unveränderlich, während die Natur der Geschöpfe veränderlich ist.

Dies ist die ursprüngliche eigene Lehre F.s, wobei sie unter vielen neuplatonischen und kabbalistischen Metaphern den cartesianischen Dualismus aufhebt: Die Gesamtheit der natürlichen Wesen, die von Gott durch Emanation hervorgebracht und daher Geister sind, bilden eine einzige Substanz oder ein einziges Wesen, ›das Geschöpf‹, dessen differenzierende Eigenschaft die Veränderlichkeit ist. Aber die Individuen, die ›das Geschöpf‹ bilden, sind nicht nur untereinander verschieden, sondern auch unvergänglich und unveränderlich, wie es die intelligible und moralische Ordnung der Schöpfung fordert. Seinerseits benötigt jeder Geist eine Art von Widerstand oder Körper, den er selbst aus seinem Inneren heraus, mit seiner plastischen Kraft (in Übereinstimmung mit dem Wahrnehmungs- und Bewegungsgrad) erzeugt. Körper zu sein ist infolgedessen keine wirkliche Eigenschaft der Dinge im Unterschied zum Geist, sondern nur ein Erscheinungsbild geistiger Aktivität; demnach gibt es in der Welt keine zwei Arten von realen Substanzen (res extensa/res cogitans), denn alle Körper sind fühlende Geister in einem bestimmten Grad der Vergeistigung/Verdichtung.

Wegen der Kürze ihres Werkes wird F. nicht zu den bedeutendsten PhilosophInnen gerechnet, was allerdings nicht heißt, daß ihr Werk unwichtig ist. Aus der Tatsache, daß ihre Theorien maßgeblich zur Entstehung der Leibnizschen beitrugen, und zwar nicht nur, was den von ihr geprägten Begriff ›Monade‹ angeht (siehe Orio de Miguel, der auch eine spanische Ausgabe der Principia angefertigt hat), kann gefolgert werden, daß die Arbeit F.s auch einen würdigen Platz in der Geschichte der Philosophie verdient.

Werk: Principia philosophiae antiquissimae et recentissimae de Deo, Christo et creatura, id est, de spiritu et materia in genere, 1692; The Principles of the most Ancient and Modern Philosophy, hg. v. P. Loptson, in: *Archives Internationales d'Histoire des Idées*, 1982.
Literatur: J. Duran: Anne Viscountess Conway: A Seventeenth Century Rationalist, in: *Hypatia*, Sonderheft: The History of Women in Philosophy 4, 1, 1989, S. 64–79; A. Gabbey: Anne Conway et Henry More. Lettres sur Descartes (1650–1651), in: *Archives de Philosophie* 40, 1977, 379–404; G. W. Leibniz: Die philosophischen Schriften, hg. v. C. J. Gerhardt 1978; C. Merchant: The Vitalism of Anne Conway: its impact on Leibniz's concept of Monad, in: *Journal of History of Philosophy* 17, 1979, S. 255–269; U. I. Meyer (Hg. in): Die Welt der Philosophin II, 1996; M. Nicolson: Conway Letters. The Correspondence of Anne Viscountess Conway, Henry More, and Their Friends, 1642–1684, 1930; B. Orio de Miguel: La filosofía de Lady Anne Conway. Un Proto-Leibniz (unveröffentlicht); G. Owen: The Famous Case of Lady Anne Conway, in: *Annals of Medical History* 9, 1937; WP.

Concha Roldán

Fonte, Moderata/Modesta da Pozzo
italienische Dichterin und Gelehrte, *1555, †1592

Die italienische Gelehrte F. wurde 1555 in Venedig geboren. Sie stammte aus einer großbürgerlichen Familie, ihre Mutter gehörte einem einflußreichen Haus an und ihr Vater war ein bekannter Jurist. Im Alter von einem Jahr verlor F. beide Eltern und wurde zusammen mit ihrem Bruder bei Verwandten der Mutter aufgenommen. Die Grundlage ihrer Bildung erwarb F. im Kloster, wo sie durch ihre Gelehrigkeit auffiel. Sie konnte bereits nach einmaligem Lesen einen Text fehlerfrei wiedergeben und wurde deshalb zum Wunderkind erklärt, das man als Sehenswürdigkeit vorführte.

Mit neun Jahren kehrte sie in die Familie der Verwandten zurück, wo sie ihre Vorliebe für die Dichtkunst entdeckte

und erste Werke verfaßte. Da Mädchen keine akademische Bildung zugänglich war, partizipierte F. am Wissen ihres Bruders, den sie nach allem ausfragte, was er in der Schule gelernt hatte. Ihre so erworbenen Lateinkenntnisse konnte sie in der Bibliothek ihres Onkels vervollkommnen.
Nach der Heirat ihrer Kusine, der sie sehr nahestand, verließ F. das Haus ihres Onkels und lebte mit ihrer Kusine und deren Mann; er wurde später der Autor ihrer Biographie. Sie verfaßte und publizierte nun erste Werke Sonette, Canzone oder Madrigale, z. B. *Il Poema del Floriodoro* und *La Passione di Christo*, die dem Adel Venedigs vorgetragen wurden. F. benutzte seit dieser Zeit ihr Pseudonym Moderata Fonte (übers. gebändigter Strom).
Auch nach ihrer Heirat mit Filippo d'i Zorzi und trotz mehrerer Schwangerschaften und Kindererziehung verfolgte F. ihre schriftstellerische Arbeit weiter. Als ihr wichtigstes Werk gilt heute die Schrift *Il Merito delle Donne* (Die Verdienste der Frauen), die sie während ihrer letzten Schwangerschaft verfaßte. F. starb einen Tag nach der Fertigstellung des Dialoges, am 2. November 1592, bei der Geburt ihres vierten Kindes. Erst acht Jahre später wurde der Text von Ehemann, Tochter und Sohn veröffentlicht.

Ein zentrales Element in F.s Werken ist die Forderung nach Unterricht und Bildung auch für Frauen; sie wird beispielsweise in dem Gesang *Canti del Floridoro* verarbeitet. Damit setzt sie auch ihre eigenen Erfahrungen mit den Schwierigkeiten um, die man intelligenten Mädchen beim Erwerb ihrer Bildung machte.
Als F.s Hauptwerk gilt ihre Schrift *Il Merito delle Donne* (Die Verdienste der Frauen), ein Dialog, der gleichzeitig unterhaltend und belehrend sein will. Der gesamte Dialog hat den Zweck, die umfangreiche Bildung der beteiligten Damen zu zeigen, die sich auch über Kosmologie, Ornithologie, Ichtyologie, Zoologie, Botanik, Heilkunst, Malerei, Bildhauerei und anderes austauschen und ihr Gespräch mit zahlreichen Beispielen unterlegen.
Teilnehmerinnen des Gespräches sind sieben Freundinnen,

die sich im Haus der Witwe Leonora treffen und dort ein mehrere Tage dauerndes Gespräch führen. Den Frauen werden sehr unterschiedliche Charaktere zugeschrieben, so daß aus dem Dialog eine sehr spannungsgeladene Auseinandersetzung wird. Beteiligt sind neben Leonora auch Adriana, der die Rolle der Vorsitzenden zukommt, außerdem Verginia, ein junges Mädchen im heiratsfähigen Alter, Lucrezia, die schon lange verheiratet ist, Cornelia eine junge Ehefrau, Corinna eine unverheiratete Intellektuelle und Helena, die gerade auf Hochzeitsreise ist.

Corinna nimmt in dem Gespräch eine gewisse Schlüsselposition ein, da sie sehr provozierende Bemerkungen über die Ehe und über Männer macht. Sie selbst hat sich im Gegensatz zu den Freundinnen zur Unabhängigkeit entschlossen, um sich nicht von einem Mann beherrschen und versklaven zu lassen. Männer beschreibt Corinna als aggressiv, sie überlisten, berauben und zerstören einander und versuchen selbst ihre Geschlechtsgenossen zu erniedrigen. Nur so seien Kriege, Morde und andere Gewalttaten zu erklären. Aber noch übler als ihrem eigenen, setzen sie dem anderen Geschlecht zu; mit einem ganz besonderen Haß auf ihre Schönheit, ihren Willen und ihre Fähigkeiten verfolgen sie die Frauen. Sollte ein Mann doch etwas sittlich Gutes in sich haben, so sei das immer auf eine Frau, ob Mutter, Schwester oder Ehefrau zurückzuführen.

Diese Einschätzung der Männer wird von der Mehrzahl der beteiligten Frauen geteilt, nur die unerfahrenen Helena und Verginia stimmen nicht zu. Verginia ist hier als Gegenbild Corinnas zu verstehen. Sie repräsentiert Jungfräulichkeit, und ihre ruhige Passivität steht im Gegensatz zu den lautstarken Forderungen der Freundin. Zwar sieht auch Verginia die Schwierigkeiten, die Frauen mit ihren Männern haben, gibt aber die Schuld daran vor allem den Frauen selbst.

Dagegen argumentieren Corinna, Cornelia und Leonora, indem sie die Tugend der Frauen und ihre Unentbehrlichkeit für die Männer betonen. Ihre Dienste für den Ehemann beginnen mit der Mitgift, die der Frau allein ein sorgenfreies Leben ermöglichen würde. Für die Frau bedeutet die Ehe

den Verlust ihres Eigentums, die Strapazen mehrerer Schwangerschaften und einen despotischen Ehemann, für den Mann dagegen wird die Ehe durch die Mitgift sogar zu einem guten Geschäft.
Auch politische Ämter sehen sie als Instrument der Ausbeutung und Unterwerfung der Frauen. Da politische Ämter ausschließlich von Männern besetzt werden dürfen, sind auch alle Gesetze von diesen erdacht und zu deren Gunsten umgesetzt worden. Der politische Verwaltungsapparat Venedigs, der damals in Europa große Anerkennung fand, ist für die Frauen nur ein weiteres Instrument der Tyrannei.
Kritisiert wird auch das Bild, das die Wissenschaften von den Frauen zeichnen. Männer sind sich einig darüber, daß Frauen kalt und phlegmatisch sind, wodurch sie schwächer und von Natur aus leichtgläubiger würden. Die Frauen selbst sehen sie als menschlicher, sanfter und weniger geneigt ihren Trieben nachzugeben als Männer. Männer hingegen werden von cholerischen Impulsen bestimmt, weshalb sie auch häufiger irren und ihre Begierden nicht beherrschen können. So ist es die Schwäche der Männer, ihren Verstand den Sinnen zu unterwerfen und ohne Vernunft zu handeln. Frauen dagegen, so erläutert Corinna, sind von besserer Natur, sie lassen sich vom Verstand leiten, vermeiden das Böse und bemühen sich um das Gute. Allerdings ist diese Vernunftbegabtheit der Frau nicht allein ihrer Natur zuzuschreiben, sondern Produkt ihrer Selbstbeherrschung, mit der sie ihre Begierden im Zaum hält. Obwohl dem Mann mehr Kraft zugesprochen wird, Versuchungen zu widerstehen, ist es die Frau, die trotz ihrer natürlichen Leidenschaftlichkeit besser widersteht. Trotzdem die Bibel die Frauen für alles Schlechte in der Welt verantwortlich macht, sind die Freundinnen der Meinung, die Welt profitiere von ihnen. Frauen schreiben sie Weisheit, Tugend und Güte zu. Außerdem verfügen sie über körperliche Schönheit, Anmut und seelische Stärke. Deshalb verdienen es die Frauen von den Männern besonders geliebt und nicht gehaßt und ausgebeutet zu werden, wie es die Realität zeigt.
Auch über die Frage, warum Frauen Männer überhaupt lieben würden, obwohl sie deren Schlechtigkeit kennen, wird

von den Freundinnen philosophiert. Corinna führt dazu drei mögliche Gründe an: sinnliche Verliebtheit, Unkenntnis der Schlechtigkeit des Mannes und den Einfluß des Himmels, der die empfindsameren Frauen beeinflußt. Außerdem sei den Frauen die Freundschaft sehr wichtig, und sie würden sich von der Ehe auch eine lebenslange Freundschaft mit dem Ehemann versprechen. Die Bedeutung der Freundschaft für die Frauen zeige sich auch daran, daß Frauen untereinander mehr und längerdauernde Kontakte pflegten. Männer die sich selbst keine Freunde sind, seien deshalb auch nicht fähig, die anderer zu sein. Um wahre Freunde zu sein, müßten sie ohne Heuchelei und Hintergedanken zueinander stehen und den Freund wie den eigenen Bruder oder Vater behandeln. Durch Belege aus der Antike machen die Freundinnen deutlich, daß eine Freundschaft zwar alles fordern, aber trotzdem die Großzügigkeit der anderen/des anderen nicht übermäßig beanspruchen dürfe. Man solle Freunde wählen, die einen zum Guten beeinflussen.

Zum Abschluß ihres Gesprächs kommen die Freundinnen zu dem Ergebnis, daß sich Frauen und Männer in ihrem Wesen gar nicht so unähnlich sind, daß aber die Männer sich sehr anstrengen müßten, um den weiblichen Vorstellungen von Menschlichkeit zu entsprechen. Deshalb sei es auch für Frauen wichtig, Männer zu leiten und ihnen Hilfestellung zu geben. Den Abschluß des Dialoges bildet ein Gedicht F.s, das die Liebe zum Thema hat. Die Dichterin warnt ihre Geschlechtsgenossinnen davor, sich auf die oft unehrlichen Beteuerungen und Liebesschwüre der Männer einzulassen und fordert die Frauen auf, sich selbst Bildung anzueignen und eine eigenständige Persönlichkeit zu entwickeln, um so nicht mehr auf Männer angewiesen zu sein.

Werk: Il Merito delle Donne, hg. v. A. Chemello, 1988; Il Merito delle Donne (Textauszüge), in: E. Gössmann (Hg.in): *Ob die Weiber Menschen seyn, oder nicht?* 1988.
Literatur: M.L. King: Frauen in der Renaissance, 1993; U.I. Meyer (Hg.in): Die Welt der Philosophin II, 1996; M. Rullmann (Hg.in): Philosophinnen, 1993.

Ursula I. Meyer

Fox Keller, Evelyn

amerikanische Philosophin und Feministin, *1936

F. wurde 1936 in New York geboren. Sie gilt heute als eine der führenden Denkerinnen der feministischen Wissenschaftskritik. Nach dem Studium der Physik und Molekularbiologie an der Harvard University (USA), trat sie zunächst mit molekularbiologischen Arbeiten hervor. Mitte der 70er Jahre vollzog sie einen Wandel in ihrem Verständnis von Naturwissenschaft und begann deren stillschweigende Voraussetzungen zu hinterfragen. Ihre kritischen Analysen gehen von erkenntnistheoretischen, wissenschaftshistorischen, psychoanalytischen und linguistischen Voraussetzungen aus.

F. war von 1987–1988 Mitglied des Institute of Advanced Study in Princeton, 1988–1992 Professorin für Women Studies in Berkeley und ist seit 1992 Professorin am Massachusetts Institute of Technology (MIT), wo sie im Bereich Science, Technology and Society lehrt. Sie ist Ehrendoktorin der Universität Amsterdam und Mitglied einer Reihe nationaler und internationaler Wissenschaftsgesellschaften.

Ausgehend von den wissenschaftstheoretischen Untersuchungen T. S. Kuhns, der die soziologischen Hintergründe für die ›Paradigmenwechsel‹ in der Geschichte der Wissenschaft beleuchtet hatte, bezog F. die Geschlechterkategorie in die Frage nach dem Erkenntnisvorgang ein: »In welchem Maße ist die Beschaffenheit der Wissenschaft mit der Vorstellung von Männlichkeit verknüpft, und was würde es für die Wissenschaft bedeuten, wenn dies anders wäre?« Mit dieser Frage reflektiert F. die herkömmlichen Geschlechterpolaritäten, wonach Objektivität, Verstand und Geist als männlich, Subjektivität, Gefühl und Natur als weiblich definiert werden. Damit seien Frauen bzw. die angeblich weibliche Subjektseite aus dem Wissenschaftsdiskurs ausgeschlossen. Die daraus folgende strikte Subjekt-Objekt-Trennung betrachte das zu Erforschende als reine Sachzusammenhänge und dies führe zu jenen Modellen in der Wissenschaft, die auch den lebenden Organismus als mechanisches Produkt chemophysikalischer Prozesse behandelt. F.s erstes kritisches Buch würdigt ihre Fachkollegin und Nobelpreisträgerin Barbara McClintock, die das mechanistisch/hierarchische Modell in der Molekularbiologie verwirft und an dessen Stelle die lebendige Beziehung zwischen genetischem Code und Umwelt setzt. Ihre Entdeckung der ›Transposition‹, d. h. der Möglichkeit einzelner Gene, ihre Plätze zu wechseln, erkannte McClintock als Zeichen für die aktive und nicht vorausberechenbare Mitgestaltung des Organismus an seiner Entwicklung.

Entscheidend für ihre nächsten Denkschritte war F.s Beschäftigung mit der Psychoanalyse, besonders mit deren feministischen Vertreterinnen wie Nancy Chodorow, → Dorothy Dinnerstein u. a. und die daraus hervorgehende Frage an die Subjekte der Wissenschaften: Warum bevorzugen sie das Modell starrer Gesetze in der Natur und warum wehren sie sich gegen die Vorstellung einer lebendigen Beziehung zwischen den Organismen wie auch gegen die Möglichkeit der Einfühlung des Forschers (der Forscherin) in den Organismus? Gegen die übliche Beteuerung, die Zurückhaltung des Betrachters (der Betrachterin) diene nur der möglichst objektiven Wiedergabe der Wirklichkeit, setzt F. die psychoanalytische Einsicht, daß der Forscher (die Forscherin) auch ein subjektives Interesse daran habe, die eigene Spontaneität und Emotionalität zu verdrängen, um sich auf die ›Objekte‹ seiner Forschung emotional nicht einlassen zu müssen. Den Hintergrund dafür bildet die spezifische Sozialisation des Mannes innerhalb der Struktur unserer Kleinfamilie, in der die Mutter die erste und entscheidende Bezugsperson für die Kinder darstellt. Während sich aber das Mädchen, um erwachsen zu werden nur teilweise ablösen muß und seine Identifikation mit der Mutter qua Geschlecht behalten kann, konstelliert sich für den Jungen ein lebenslanges Autonomieproblem, sobald er sich seines Geschlechts bewußt wird: Von da an bedeutet Ich-Sagen für den Jungen Nein-Sagen zur Identifikation mit der Mutter und Abkehr von der emotionalen Nähe zu ihr. D. h. der Preis für seine

Männlichkeit ist die Leugnung emotionaler Bedürfnisse, und dies macht u.a. die psychische Affinität des Mannes zur sogenannten ›objektiven‹ Wissenschaft plausibel. F. nennt diese subjektive Prädisposition die ›emotionale Substruktur‹ der Wissenschaft und die geforderte Subjekt-Objekt-Spaltung ›objektivistisch‹. Damit wird die vermeintliche Objektivität zum Teil als unbewußt subjektives Interesse nach emotionaler Abschirmung entlarvt und zugleich der Begriff der Objektivität, der ja eine möglichst angemessene Erfahrung der Wirklichkeit meint, neu definiert. Mit McClintock ist F. der Auffassung, daß ein authentisches Erfassen der Welt nicht am ehesten gelingt durch die Ausschaltung des Subjekts, sondern durch ein dynamisches Verhältnis zwischen erkennendem Subjekt und zu erkennendem Gegenstand. Dieses wechselseitige Verhältnis würde statt zu Naturgesetzen, denen die Natur gehorcht, zur Auffindung einer Naturordnung führen, welche die Beziehungen aller Dinge zueinander in ihrem Fließgleichgewicht verstehen lernt, bzw. die Fähigkeit (capacity) der Natur, ein solches Gleichgewicht herzustellen. Demgegenüber sind die durch das naturwissenschaftliche Experiment aufgefundenen ›Gesetze‹ nur partielle Antworten auf sehr eingeschränkte Fragen.

Zur Psychosoziologie der Erkenntnis, wie F. ihren wissenschaftskritischen Ansatz selbst nennt, gehört wesentlich auch die historische Dimension. Mit ihren wissenschaftshistorischen Studien, die bei Platon beginnen und über Bacon zur Entstehung der modernen Naturwissenschaft führen, zeigt F. die enge terminologische Verknüpfung zwischen den Definitionen des Erkennens und denjenigen erotisch-sexuellen Begehrens. Sowohl Platon als Vater der abendländischen Philosophie als auch Bacon als Begründer der experimentellen Methode drücken sich in Sprachbildern aus, die ganz unverhüllt sexuelle Relationen reflektieren. Sind sie bei Platon homoerotisch gefärbt und ist bei ihm das Emotionale noch eng mit dem Erkenntnisakt verbunden, ja besteht dieser geradezu aus der liebenden Vereinigung mit dem Gegenüber, so schilt Bacon dieses Verhältnis des Philosophen zur Welt als kraftlos und weibisch. Dagegen ruft er die Forscher seiner Zeit dazu auf, sich die Natur untertan zu machen, eine Natur, die in seinen Sprachbildern eindeutig weiblich erscheint. Bacons experimentelle Methode, die er mit der Hexenfolter vergleicht, soll den Forscher dazu ermächtigen, in die innersten Räume der Natur einzudringen und sie zu seiner Sklavin zu machen. Hier wird der Erkenntnisakt mit der Vergewaltigungsmetapher umschrieben und zugleich als eine Art Initiationsakt des Mannes, wenn Bacon ›die männliche Geburt‹ seiner Zeit beschwört, die eine »gesegnete Rasse von Helden und Supermännern« hervorbringen werde. Bei den Nachfolgern Bacons treten die machistischen Sprachbilder zugunsten einer von aller Libido gereinigten, abstrakten Diktion zurück, womit aber gleichzeitig die Natur entseelt und als totes Objekt der mechanistisch-technischen Ausbeutung ausgeliefert wird. Beide Haltungen entstehen aus psychoanalytischer Sicht nicht aus eigentlicher Ich-Stärke, sondern aus der unsicheren Selbstidentität des Mannes heraus, die ihn vor die Alternative zu stellen scheint, entweder vom Objekt beherrscht zu werden oder es selbst zu beherrschen.

Seit den 80er Jahren gilt F.s Interesse erneut der Sprache der Wissenschaft in einem noch umfassenderen Sinn. In ihren Ausführungen zu den *Schlüsselworten der Evolutionsbiologie* (1992) stellt sie heraus, daß hier Begriffe wie Konkurrenz und Wettbewerb einerseits und Knappheit der Ressourcen andererseits einseitig den ›Kampf ums Dasein‹ betonen, während alle kooperativen Formen des Zusammenlebens, insbesondere die Formen der sexuellen Interaktion ignoriert werden.

F.s jüngstes Buch *Secrets of Life, Secrets of Death* reflektiert die untergründigen Zusammenhänge zwischen Gentechnologie und (militärisch relevanter) Atomtechnologie. Beide Disziplinen beschäftigen sich scheinbar mit völlig gegenteiligen Inhalten, die eine mit Methoden zur Steigerung des Lebens, die andere mit der Perfektionierung des Tötens. Das Gemeinsame sieht F. in der Suche nach dem Geheimnis des Lebens als solchem, begleitet von der Hoffnung, eines Tages auch das Geheimnis des Todes zu ergründen. Nachdem ursprünglich das Geheimnis des Lebens das Geheimnis der Frauen war, das sich den Männern entzog, hält F. den Ehrgeiz der Molekularbiologen, die Geheimnisse der lebendigen Natur zu enträtseln, für die letzte Zuspitzung eines Dramas, das sich zwischen weiblicher Prokreativität und männlicher Produktivität abspielt. Mit der Entdeckung der DNA sehen heutige Forscher die letzten Geheimnisse des Lebens in ihren Händen und feiern dies als Triumph der (männlichen) Wissenschaft. Gleichzeitig war und ist der Fortschritt der nuklearen Technik das bestgehütete Geheimnis der physikalischen Labors und der daran interessierten Militärkreise. In Anlehnung an Brian Eslea (*Väter der Vernichtung*, 1986) zitiert F. die interne Sprechweise der Atomphysiker, die ihre Bomben als ›babies‹ und deren erfolgreiche Zündung als Geburt eines Jungen (it's a boy) bezeichneten. Hiermit werde die weibliche Prokreativität tatsächlich kopiert, nur daß sich dabei das Geheimnis des Lebens in das Geheimwissen vom Tod verwandle. Weibliche Fruchtbarkeit werde durch Virilität ersetzt, die an ihrer Potenz zu töten gemessen wird.

F. zieht aus ihren Analysen u. a. den höchst bedeutsamen Schluß, daß nicht erst die technischen Anwendungen der Wissenschaft für unseren bedenklichen Weltzustand verantwortlich sind, sondern schon die Motive der ›reinen‹ Wissenschaft, welche die Richtungen bestimmen, in denen die Entwicklung der Technik voranschreitet.

Werk: A Feeling for the Organism: The Life and Work of Barbara McClintock, 1983; Reflections on Gender and Science, 1985 (dt: Liebe, Macht und Erkenntnis, 1986); (Beide Bücher wurden in mehrere europäische Sprachen und ins Japanische übersetzt); Body/Politics: Women and the Discourse of Science, hg. mit M. Jacobus/S. Shuttleworth, 1990; Conflicts in Feminism, hg. mit M. Hirsch, 1990; Keywords in Evolutionary Discourse, hg. mit E. Lloyd, 1992; Secrets of Life, Secrets of Death, 1992.
Literatur: E. Donini: Conversazioni con Evelyn Fox Keller, 1992; U. I. Meyer: Einführung in die feministische Philosophie, 1994.

Carola Meier-Seethaler

Fuller Ossoli, Sarah Margaret
amerikanische Feministin und Philosophin, *1810, †1850

F. wurde am 23. Mai 1810 in Cambridgeport (Massachusetts) als ältestes von 10 Kindern geboren. Sie stammte aus einer intellektuellen unitarischen Familie, ihr Vater hatte in Harvard studiert, war Anwalt und gehörte zeitweilig dem Repräsentantenhaus an. Trotz des intellektuellen Hintergrunds war die Familie puritanisch, calvinistisch und hatte strenge Moralgrundsätze. Die Eltern widmeten sich intensiv der Erziehung und Bildung ihrer Kinder. F. erhielt bereits früh Unterricht in den klassischen Sprachen und interessierte sich für Literatur.
1821 verließ F. ihre Familie, lebte bei ihrem Onkel in Boston, wo sie verschiedene Privatschulen besuchte und als Protegée in die Harvard Society aufgenommen wurde. 1826 ging sie zur Familie zurück. Sie baute sich einen intellektuellen FreundInnenkreis auf, mit dem sie sich regelmäßig traf. Dort diskutierten sie über Literatur und Philosophie. Neben F. gehörten dieser Gruppe auch William Henry Channing, James Freeman Clarke und Elizabeth Peabody an. F. interessierte sich in dieser Zeit besonders für deutsche Literatur, vor allem für Goethe und die Romantiker. Sie lernte Deutsch und konnte bald Texte im Original lesen.
1834 veröffentlichte sie ihre erste Arbeit, eine Antwort auf einen Artikel von George Bancroft über Brutus; im darauffolgenden Jahr schrieb sie weitere Artikel zu verschiedenen SchriftstellerInnen. Sie interessierte sich für den damals als Pfarrer tätigen Ralph Waldo Emerson. Während deren Amerika-Rundreise lernte sie → Harriet Martineau kennen, die sie schließlich mit Emerson bekannt machte. F. wurde Mitglied des ›American Transcendentalist Literary and Philosophical Movement‹ zu dem auch Alcott und Thoreau gehörten. Sie fand in Emerson den Lehrer und Mentor, den sie suchte und beide pflegten einen intensiven intellektuellen Austausch. Emerson gab später auch den Nachlaß der früh verstorbenen F. heraus.
Der individualistische Grundgedanke des Transzendenta-

lismus bot für F. gute Ansätze, um aus ihrer klassischen Frauenrolle auszubrechen, gegen die sie schon immer rebelliert hatte. Allerdings stimmte sie mit den religiösen Grundsätzen dieser Richtung nicht immer überein, für sie stand der Gleichheitsgedanke im Vordergrund.
Zwischen 1836 und 38 unterrichtete F. an verschiedenen Schulen in Boston und Providence. Da sie die Arbeit als Lehrerin nicht befriedigend fand, begann sie ihre rhetorischen Fähigkeiten stärker auszubauen. Sie selbst war sehr gewandt in Gesprächen und Diskussionen, stellte aber fest, daß dies vielen ihrer Geschlechtsgenossinnen fehlte. Aus diesem Grund begann sie in Boston mit einer Serie von seminarartigen Gesprächskreisen, *Conversations*, für Frauen. Teilnehmerinnen waren einige Freundinnen wie Elizabeth Peabody und andere Frauen der besseren Gesellschaft. F. wollte die Frauen nicht unterrichten, sondern ihnen das herrschende Frauenbild nahebringen, um es kritisieren und verändern zu können. Vorbild war sie selbst, eine unabhängige intellektuell gebildete Frau, deren Sozialverhalten nicht mit der klassisch weiblichen Rolle korrelierte. F.s *Conversations* dauerten über fünf Jahre, galten als brillant und wurden mit den platonischen Dialogen verglichen. Die Themen waren breit gefächert, sie reichten von Erziehung über Ignoranz und Gesundheit bis zu den Schönen Künsten. Allerdings wurde nur eine Serie dieser Gespräche publiziert, die eine Teilnehmerin aus ihren Notizen rekonstruieren konnte.
1840 übernahm F. die Redaktion der neugegründeten Zeitschrift *Dial*, eines transzendentalistischen, literarischen und philosophischen Journals. Darin publizierte sie neben Emerson und Thoreau auch eigene Beiträge und befaßte sich intensiv mit Literaturkritik. 1842 gab sie die Redaktion des *Dial* an Emerson weiter, veröffentlichte aber weiterhin Beiträge darin, z. B. 1843 ihren wichtigen Artikel *The Great Lawsuit: Man vs. Man, Woman vs. Woman*. Neben ihrer Arbeit für den *Dial* übersetzte F. auch Texte aus dem Deutschen, z. B. Teile der Korrespondenz zwischen Bettina Brentano und Karoline von Günderrode.
Im Sommer 1843 unternahm F. zusammen mit ihrer Freun-

din Susan Clarke eine Reise in den damaligen Nordwesten der Staaten, die Gegend um die Großen Seen. Sie verfaßte sehr detaillierte Aufzeichnungen unter dem Titel *Summer on the Lakes*. Darin liefert F. nicht nur eine persönliche Reisebeschreibung, sondern arbeitet auch die Geschichte dieser Gegend auf. Schwerpunktthema ist die Situation der Frauen, sowohl die der weißen Siedlerinnen als auch der Indianerinnen.

Nach ihrer Rückkehr begann sie mit einer ihrer wichtigsten Arbeiten *Woman in the Nineteenth Century*, das 1845 erschien. Zur gleichen Zeit ging F. nach New York und begann als Journalistin bei der *New York Tribune* zu arbeiten. In ihren Berichten vergaß F. niemals, die Position der Frauen zu berücksichtigen; sie setzte sich für die Beschäftigung von Frauen ein, für die Schaffung von Kindertagesstätten, öffentlichen Waschhäusern und Bädern. Sie schrieb auch weiterhin Literaturkritiken und entwickelte darin einige Standards, die sie in *Essays on Critics* zusammengefaßt hat. 1846 begann sie einige ihrer Artikel aus dem *Dial* und der *Tribune* zusammenzustellen und als *Papers on Literature and Art* zu publizieren.

Nach zwei Jahren bei der *Tribune* begann sie als Auslandskorrespondentin zu arbeiten und reiste nach Europa. Sie schiffte sich 1846 auf einem Segelschiff nach Liverpool ein, bereiste England, besuchte Harriet Martineau und fuhr anschließend nach Frankreich und Italien. Während ihrer Rundreise durch Italien lernte sie Giovanni Angelo Ossoli kennen, den sie im Dezember 1847 heiratete.

F. blieb in Italien und schrieb weiterhin Artikel für die *Tribune*, in denen sie sich überwiegend mit sozialen Themen befaßte; außerdem setzte sie ihre Arbeit an der seit langem geplanten Goethe-Biographie fort. Während dieser Zeit spitzten sich die politischen Verhältnisse in Italien drastisch zu. Viele Städte revoltierten gegen die adelige Führungsschicht und die zaghaften Vermittlungsversuche des Papstes waren erfolglos. 1849 wurde die römische Republik ausgerufen, die kurz darauf von Frankreich wieder gestürzt wurde. F. berichtete vor Ort von der Revolution und den Kriegshandlungen, in die auch ihr Mann verstrickt war. Nach der Besetzung

Roms lebte F. mit ihrer Familie, sie hatte inzwischen einen Sohn, in Florenz. Aufgrund ihrer finanziellen Schwierigkeiten beschlossen sie nach Amerika überzusiedeln und schifften sich 1850 ein. Kurz vor der amerikanischen Küste geriet das Schiff in einen Sturm, lief auf Grund und alle drei kamen ums Leben.
Insgesamt schrieb F. neben ihren Büchern über 350 Artikel, Essays und Gedichte; die meisten sind unveröffentlicht.

In ihrem Hauptwerk *Women in the Nineteenth Century* geht F. von dem Grundsatz aus, daß alle Seelen und damit auch alle Menschen gleich sind. Dabei geht sie sowohl auf die Problematik der Menschenrechte für Frauen, als auch auf Sklaverei und männlich dominierte Gesellschaften ein. Sie kritisiert die Unterdrückung der Frauen im allgemeinen und die Rechtlosigkeit der Frau in der Ehe im speziellen. Auf diesem Hintergrund fordert sie eine gesetzliche Unterstützung für Frauen, durch die das Sklaventum der Frauen beseitigt werden kann. Da sich Reformen von seiten der Männer nie für die speziellen Belange der Frauen einsetzen, sei es notwendig, daß Frauen ihre Rechte selbst vertreten. Aktuelle politische Forderungen wie das Frauenwahlrecht und politische Arbeit von Frauen spricht sie kaum an, da sie mehr auf Eigeninitiative und Individualismus setzt.
Außerdem argumentiert F. gegen das Vorurteil der geistigen Unterlegenheit der Frauen, wobei sie das Desinteresse der Frauen ebenso kritisiert wie die Vorurteile der Männer. Sie macht den jahrhundertealten Kreislauf sichtbar, durch den das weibliche Selbstverständnis von den Männern vorgegeben und von vielen Frauen angenommen wird, obwohl es nicht mit ihrer Situation und ihren Bedürfnissen korreliert. Sie fordert die Frauen auf, ihre eigenen Werte zu entwickeln und das patriarchale Frauenbild zu verwerfen.
F.s Arbeit ist beispielhaft für ein transzendentalistisches Philosophieren, in das sie die Metaphysik einbezieht. Wichtig war für sie der transzendentalistische Ansatz des Individualismus und der Selbstsicherheit und die Idee, daß die Seele kein Geschlecht habe. Frauen müssen, so F., ihre Selbst-

sicherheit aus eigener Kraft erreichen, sie sollten sich nicht von wohlgesonnenen Männern unterstützen lassen, da selbst diese letztendlich von der Unterlegenheit der Frauen überzeugt wären. Auch würden intellektuell gebildete und begabte Frauen Männer häufig verunsichern, und diese wären nicht bereit deren Fähigkeiten anzuerkennen. Sie geht davon aus, daß kein Mann, egal welcher Schicht, die Interessen und Bedürfnisse von Frauen verstehen könne, und deshalb müßten sich die Frauen verbinden und gegenseitig helfen. Modell ist die Idee der Schwesternschaft, eine gegenseitige Hilfe, die auch Klassenschranken überschreiten müsse, so sollten sich Frauen der besseren Schichten auch um Prostituierte kümmern. Allerdings geht es F. nicht nur um die gegenseitige Hilfe, die Frauen sollten auch lernen sich selbst zu helfen. Um zu zeigen, welche Kraft und Macht Frauen entwickeln können, beschreibt sie historische Persönlichkeiten wie → Aspasia, Königin Elizabeth, Lady Godiva und Madame Pompadour. Sie will damit ein Beispiel für junge Frauen vermitteln und die Möglichkeiten der Frau dokumentieren.

F. formuliert auch konkrete Forderungen wie gleiche Chancen für die Frauen im Berufsleben, Aufhebung der geschlechtsspezifischen Arbeitsteilung, finanzielle Unabhängigkeit, intellektuelle Schulbildung für Mädchen, Förderung ihrer geistigen Fähigkeiten und keine Ausrichtung auf typisch weibliche Haushaltspflichten. Sie fordert die Frauen auf, auf Mutterschaft und Ehe zu verzichten, solange sie keine eigenständigen Personen sind, die ihre Position auch verteidigen können. In moralischer Hinsicht solle die Frau in erster Linie für ihren Gott leben und nicht einen normalen Mann zu ihrem Halbgott erheben. Liebe sollte für Frauen nicht mehr sein, als für Männer.

Woman in the Nineteenth Century hatte das Ziel, daß Frauen sich selbst aus ihrer Abhängigkeit von Männern befreien, es ist ein Aufruf zum Handeln, ein Frauenmanifest. Aber es überschreitet auch die Belange der Frauenrechte und wird so zu einem philosophischen Manifest für die Unabhängigkeit aller Menschen. F.s Arbeit hatte breiten Erfolg, denn 3 Jahre nach dem Erscheinen gründete sich die Frauengruppe in Seneca Falls, die eine *Erklärung der Unabhängigkeit der Frau* verfaßte.

Werk: Conversations with Goethe, 1839; Summer on the Lakes, 1844; Women in the Nineteenth Century, 1845/1980; At Home and Abroad, 1856; Papers on Literature and Art, 1856; Life without and Life within, 1859.
Literatur: K. Anthony: Margaret Fuller. A Psychological Biography, 1920; P. Blanchard: Margaret Fuller. From Transcendentalism to Revolution, 1978; J. Myerson: Margaret Fuller. A Descriptive Bibliography, 1978; M.B. Sterne: The Life of Margaret Fuller, 1942; M. Venderhaar Allen: The Achievement of Margaret Fuller, 1979; WomBio; WP.

Ursula I. Meyer

G

Galindo, Beatriz
spanische Gelehrte und Philologin, *1475, †1534

G.s Geburtsdatum ist nicht gesichert. Ihre Eltern stammten aus Zamora, lebten in bescheidenen Verhältnissen und hatten ihre Tochter für das Kloster bestimmt, ein Plan, der jedoch nie umgesetzt wurde. Schon mit 16 Jahren studierte G. an der Universität Salamanca und erlangte ein so ungewöhnliches Bildungsniveau, daß ihr Ruf bis zur Königin Isabella von Kastilien drang, die sie an den Hof berief, um bei ihr Lateinunterricht zu nehmen. Die Beziehung zur Königin muß sehr freundschaftlich gewesen sein, denn Isabella konsultierte sie offenbar auch in zahlreichen nicht-philologischen Belangen. Überdies gab sie G. eine fürstliche Mitgift zur Hochzeit mit Francisco Ramírez, ›el artillero‹, einem in hohem Ansehen stehenden General, der wegen seines tapferen Einsatzes v.a. beim Kampf um Granada 1492 ausgezeichnet worden war. Ramírez war gleichzeitig persönlicher Sekretär Fernandos von Aragon, so daß beide Eheleute auf vertrautem Fuß mit dem katholischen Königshaus standen.

G. bekam zwei Söhne, verfolgte aber weiterhin ihre philologischen Studien und übernahm darüber hinaus die Ausbildung der Infantin. Zu deren besserem Verständnis der klassischen Autoren und Philosophen soll sie eine Reihe von Traktaten geschrieben haben, deren Existenz umstritten ist. Als Ramírez 1501, vermutlich bei der Niederschlagung eines Maurenaufstandes, in den Alpujarras fiel, beschloß G. einen großen Teil ihres Vermögens für karitative Zwecke zu verwenden: Sie ließ in Madrid ein Armenhospital errichten, das bald mit ihrem Beinamen ›La Latina‹ benannt wurde, ein Name, der im Laufe der Zeit auf das ganze Stadtviertel ausgedehnt wurde, welches zu den ältesten und typischsten Madrids zählt. Des weiteren ließ sie zwei Klöster bauen, die ›Concepción de Nuestra Senora de la Orden de San Franciscó‹ (1509) und die ›Concepción de San Jerónimo‹ (1512). Im letztgenannten Kloster hielt sie sich selbst wiederholt längere Zeit auf; sie lebte generell in äußerster Schlichtheit und ließ sich dort auf eigenen Wunsch nach ihrem Tod am 23. November 1534 wie eine Nonne bestatten.

Das Kloster wechselte inzwischen zweimal seinen Standort und befindet sich heute außerhalb Madrids in El Goloso. Die laut Testament im Kloster aufzubewahrenden Dokumente und Schriften G.s sind in den Wirren des Bürgerkriegs 1936 bis 39 verbrannt und liegen nur in einer Abschrift von 1903 vor. Erhalten sind zwei Porträts von ihr und ihrem Mann, die im Lázaro-Galdiano-Museum zu sehen sind. Literarisch wurde ihrer Intelligenz und Schönheit in den Gedichten von Lope de Vega und José Zorrilla ein Denkmal gesetzt.

Werk: M. Serrano y Sanz: Apuntes para una Biblioteca de Escritoras Espanolas, (alle hinterlassenen Schriften G.s) Bd. I, 2. Teil, 1903.
Literatur: F. de LLanos y Torriglia: Una consejera de estado. Doña Beatriz Galindo, La Latina, 1920; A. de Latorre y del Cerro: Unas noticias de Beatriz Galindo, 1957; C. de Arteaga: Beatriz Galindo ›La Latina‹, 1975; G. Seanz de Heredia y Nino: Beatriz Galindo, La Latina (Drehbuch), 1985; WomBio; WP.

Christiane Borowski

Gemina I + II
römische Platonikerinnen, 3. Jh. n.u.Z.

Es sind zwei Frauen mit dem Namen Gemina überliefert und wahrscheinlich handelt es sich um Mutter und Tochter. Porphyros erwähnt beide in seinem Buch *Plotinus* und stellt fest, daß sie sich durch eine große Hingabe zur Philosophie auszeichneten.

Der Neuplatoniker Plotin lebte in ihrem Haus und es kann davon ausgegangen werden, daß beide seine Schülerinnen waren.

Literatur: G. Menage: The History of Women Philosophers, 1690/1984; Porphyrios: Das Leben Plotins; WP.

Ursula I. Meyer

Germain, Sophie
französische Mathematikerin und Philosophin, *1776, †1831

G. wurde 1776 in Paris als mittlere von drei Töchtern geboren. Ihre Familie gehörte dem liberalen gebildeten Bürgertum an. Ihr Vater agierte vorübergehend als Abgeordneter der Nationalversammlung von 1789. Er starb 1821 im Alter von 95 Jahren. G. blieb stets von ihrem Vater, den sie nur um zehn Jahre überlebte, finanziell abhängig, weil sie weder heiratete noch eine gesellschaftliche Position erlangte, die ihr ein eigenes Einkommen gesichert hätte.

Sie war Autodidaktin. Mit Hilfe von Büchern, die sie als Dreizehnjährige in der Bibliothek ihres Vaters entdeckte, erwarb sie Grundkenntnisse der Analysis. Sie brachte sich selbst Latein bei, um die Werke von Newton und Euler lesen zu können. Als ihr mathematisches Interesse und Talent offenkundig wurden, engagierte ihre Familie nicht etwa Privatlehrer zur Förderung ihrer Begabung, sondern versuchte mit allen Mitteln, ihre ›unnatürliche‹ Neigung zu bekämpfen.

Als Frau war G. der Zugang zur 1795 gegründeten ›Ecole polytechnique‹ verwehrt. Anhand mühsam herbeigeschaffter

Mitschriften konnte sie daher nur indirekt Lagranges Vorlesungen über Analysis verfolgen, zu denen sie Kurzreferate ausarbeitete, die sie Lagrange unter dem Decknamen eines männlichen Studenten zukommen ließ. Als Lagrange den Autor der bemerkenswerten mathematischen Beiträge persönlich kennenzulernen wünschte, kam ihre wahre Identität ans Licht, was in der Öffentlichkeit als Sensation aufgenommen wurde. Verdienstvolle Wissenschaftler boten ihr daraufhin zwar ihre Unterstützung an, doch wurde sie trotzdem nicht ihren Fähigkeiten entsprechend gefördert.

Da ihre Isolation auch nach dem Aufruhr um ihre Person bestehen blieb, war es sicher kein Zufall, daß sie sich in ihren ersten intensiven Studien einem Gebiet zuwandte, welches zu diesem Zeitpunkt nicht im Zentrum des Interesses der wissenschaftlichen Gemeinschaft stand, der Zahlentheorie. Nach Legendres *Théorie des nombres* (1798) studierte sie Gauss' *Disquisitiones Arithmeticae* (1801). Sie war die erste, die die grundlegende Bedeutung von Gauss' epochemachender Arbeit erkannte. Unter männlichem Pseudonym, aus Angst sich als ›femme savante‹ lächerlich zu machen, begann sie 1804 einen bis 1808 dauernden wissenschaftlichen Briefwechsel mit dem deutschen Mathematiker Gauss. Als sie sich 1807 wegen der Napoleonischen Kriege bei einem befreundeten General für ihn einsetzte, wurde ihre wahre Identität aber enthüllt.

In der mathematischen Theorie der elastischen Flächen fand G. ein neues Arbeitsgebiet. Auslöser waren die 1808 in Paris von Chladni, einem deutschen Physiker, vorgeführten Experimente mit elastischen Platten, die sie faszinierten. Als 1809 von der ›Académie‹ für die mathematische Erklärung dieser Phänomene ein außerordentlicher Preis ausgesetzt wurde, machte sie sich an die Arbeit, obwohl sie anfangs nicht vorhatte, sich ernsthaft am Wettbewerb zu beteiligen.

Ihre Benachteiligung als Frau ging so weit, daß ihr nicht nur die Aufnahme in die ›Académie‹ verwehrt, sondern ihr sogar bis 1823 die Teilnahme an den öffentlichen (!) Sitzungen des Instituts verweigert wurde, zu denen sogar die Ehefrauen der Akademiemitglieder Zutritt hatten, die ihr als aktiver Wissenschaftlerin also vorgezogen wurden. Trotz ihrer Erfolge in der Zahlentheorie und der Theorie der elastischen Flächen (und ihrer Freundschaft mit berühmten Mathematikern wie Legendre oder Fourier) blieb sie immer Außenseiterin der ›scientific community‹.

Außer für Mathematik interessierte sie sich besonders für philosophische und gesellschaftspolitische Fragen sowie für Literatur und Musik, wovon ihre philosophische Schrift und die von ihr hinterlassenen Aphorismen zeugen. In intellektuellen Kreisen wurde sie wegen ihrer geistigen Brillanz und ihres Humors allseits geschätzt. 1831 starb G. nach zweijähriger Krankheit an Brustkrebs.

Mathematisches Werk: Gauss wurde durch die Korrespondenz mit G. in seiner arithmetischen Forschung bestärkt und zu neuen Studien angeregt. Er rühmte ihre mathematische Genialität und war der Ansicht, sie überträfe alle anderen Mathematiker im Verständnis seines Werkes. Für G. war der Briefwechsel mit Gauss die einzige Gelegenheit, sich mit einem kompetenten Partner auszutauschen, obwohl Gauss ihren Wunsch nach Kritik ihrer zahlentheoretischen Arbeiten nur sehr oberflächlich erfüllte.

Das einzig bleibende Resultat ihrer zahlentheoretischen Studien ist ihre Teillösung der bis heute nicht in voller Allgemeinheit bewiesenen berühmten ›Fermatschen Vermutung‹. Es wurde nicht von ihr selbst, sondern von dem französischen Mathematiker Legendre veröffentlicht. Mit dem von ihr aufgestellten, heute als Sophie-Germain-Theorem bezeichneten, Satz gelang ihr der Nachweis für zahlreiche Spezialfälle zu einer Zeit, als Beweise nur für die Fälle $n=3$ und $n=4$ vorlagen.

Das Ergebnis von G.s Studien sind außerdem ihre Abhandlungen zur Plattentheorie von 1811, 1813 und 1815. Für die dritte Schrift wurde ihr der Preis zuerkannt. Die ›Académie‹ verlängerte den Preiswettbewerb zweimal, jedesmal nahm G. als einzige teil. Ihre erste Schrift reichte sie vor allem ein, weil sie ihre Hypothese zur Diskussion stellen wollte, von der sie aufgrund ihrer Einfachheit und ihrer Analogie zum linearen Fall überzeugt war. In ihrer zweiten Abhandlung von 1813 konnte sie dann den experimentellen Nachweis für die aus ihrer Hypothese deduzierte Differentialgleichung bringen, wofür sie von der ›Académie‹ eine lobende Anerkennung erhielt. Ihr ist es zu verdanken, daß die wissenschaftliche Auseinandersetzung auf einem Forschungsgebiet von größter Bedeutung in Gang kam.

Philosophisches Werk: Ausgangspunkt ihres 1833 posthum veröffentlichten wissenschaftstheoretischen Essays *Considérations générales sur l'état des sciences et des lettres* ist ihre Überzeugung einer tiefen Verwandtschaft der Denkweisen in den Natur- und Geisteswissenschaften. Ihrer Ansicht nach liegen allen menschlichen Tätigkeiten bestimmte universale Grundformen des Denkens zugrunde.

Um ihre These zu belegen, weist sie anhand der historischen Wissenschaftsentwicklung nach, daß das menschliche Denken stets eine Strukturierung der Erscheinungen intendierte. Dabei unterscheidet sie drei aufeinanderfolgende Stadien. Auf der ersten Stufe sucht der Mensch überall sein Ebenbild. Zunächst personifiziert er leblose Gegenstände, die ihm Urheber für alle Naturvorgänge sind (Fetischismus). Später erdichtet er unsichtbare Wesen, um sich die Naturerscheinungen zu erklären (Polytheismus). In der letzten Phase führt er die Regelmäßigkeit der Himmelsbewegungen und die Beständigkeit der irdischen Naturphänomene auf das Wirken eines einzigen Gottes zurück (Monotheismus). Das zweite Niveau wird erreicht, wenn der Mensch sich mit einem beliebigen göttlichen Willen nicht mehr begnügt, sondern in allen Dingen das Gesetz der Notwendigkeit sucht und über die gegenseitige Abhängigkeit aller Ereignisse nachdenkt. Was seinen positiven Kenntnissen noch fehlt, versucht er durch seine Systeme zu ersetzen mit dem Ziel, bekannte Tatsachen zu einer Gesamtheit zu vereinen. Das dritte Stadium folgt auf die Systeme der philosophischen Spekulation als methodische sich an die Erfahrung wendende Forschung.

Die Übereinstimmung mit Comtes Dreistadiengesetz (Abfolge eines theologischen, metaphysischen, positiven Zustandes) ist frappierend. Wem die Priorität dieser Entdeckung zukommt, kann nicht eindeutig geklärt werden. Möglich ist, daß beide unabhängig voneinander, dieselbe Theorie gefunden haben. Es könnte aber auch sein, daß der erheblich jüngere Comte bei einem Zusammentreffen mit G. in Paris ihre Ideen kennengelernt hat. Dazu würde passen, was ihr Freund Libri über sie schreibt: »Sie war sogar erfreut, wenn sie sah, wie ihre Ideen bei Gelegenheit von anderen, die sie übernahmen, fruchtbar gemacht wurden. Wiederholt erklärte sie, daß es weniger darauf ankommt, wer zuerst eine Idee hat; es ist eher bedeutsam, wie tragfähig diese Idee ist. Sie war glücklich darüber, daß ihre Ideen ihren Ertrag für die Wissenschaft abgeworfen hatten, ohne etwas zu ihrem Ansehen beigetragen zu haben – welches sie verachtete und humorvoll den Heiligenschein des Bourgeois nannte, den kleinen Raum, den wir im Gedächtnis der anderen einnehmen«.

G. vertritt auch einen differenzierteren Standpunkt als Comte. Während er die Erfolgsgeschichte der Experimentalwissenschaften einseitig positivistisch deutet, tendiert sie zu einer der kantischen Erkenntnistheorie nahekommenden Auffassung mit dem Subjekt als Träger der Erfahrung. Im Gegensatz zu Comte räumt sie der Mathematik eine Sonderstellung unter den exakten Wissenschaften ein. Für ihre Idee einer Einheit der Wissenschaft ist der aus eigener Erfahrung in der Forschung gewonnene Begriff der Analogie von entscheidender Bedeutung. Da die menschlichen Erkenntnisstrukturen auf Einheit ausgerichtet sind, ergeben sich auf allen Gebieten dieselben formalen Ordnungsbeziehungen, wenn auch jeweils zwischen verschiedenen Objekten. Daher lassen sich Erkenntnisse aus einem Bereich analog stets auf andere Gebiete übertragen. Etliche Theoreme der Physik sind so auch in der Soziologie gültig.

Werk: Recherches sur la théorie des surfaces élastiques, 1821; Remarques sur la nature, les bornes et l'étendue de la question des surfaces élastiques, 1826; Examen des principes qui peuvent conduire à la connaissance des lois de l'équilibre et du mouvement des solides élastiques, in: *Annales de Chimie et de Physique* 38, 1828, S. 123–131;

Mémoire sur la courbure des surfaces, in: *Journal für reine und angewandte Mathematik* 7, 1831, S. 1–29; Allgemeine Betrachtungen über den Charakter der Wissenschaften und der National-Literatur in ihren verschiedenen Entwicklungs-Perioden, in: Göring, op. cit., 1889, S. 53–136; Oeuvres philosophiques de Sophie Germain, suivies de pensées et de lettres inédites et précédées d'une notice sur sa vie et ses oeuvres, hg. v. H. Stupuy, 1879; Ch. Henry: Les manuscrits de Sophie Germain – documents nouveaux, in: *Revue philosophiques de la France et de l'étranger* 8, 1879, S. 619–641.
Literatur: M.B. Ogilvie: Women in Science. Antiquity through the Nineteenth Century, 1986; A. Dahan-Dalmédico: Sophie Germain, in: *Spektrum der Wissenschaft*, Februar 1992, S. 80–87; H. Göring: Sophie Germain – Ein Lebensbild aus der Geschichte der Philosophie, Philosophia XII/5, 1879, S. 1–24; E. Hoyrup: Women of Science, Technology, and Medicine. A Bibliography, 1987; U. Klens: Mathematikerinnen im 18. Jahrhundert: Maria Gaetana Agnesi, Gabrielle-Emilie du Châtelet, Sophie Germain – Fallstudien zur Wechselwirkung von Wissenschaft und Philosophie im Zeitalter der Aufklärung, 1994 (ausführliche Bibliographie); M. Simon: Sophie Germain, in: *Mathematische Abhandlungen*, 1914, S. 410–420; WP.

Ulrike Klens

Gertrud von Helfta/Die Große
mittelalterliche Mystikerin, *1256, †1301/2

G.s Herkunft ist unbekannt, überliefert ist nur ihr Geburtsdatum, der 6. Januar 1256, ein Datum, zu dem G. zeitlebens ein besonderes Verhältnis hatte. Mit 5 Jahren kam sie ins Zisterzienserinnenkloster Helfta. Wahrscheinlich war sie ein Waisenkind, da aus ihrem Buch hervorgeht, daß sie Gott fragt, ob sie jemals eine Mutter gesehen hätte, die ihr Kind liebkoste. Christus nennt sie ihren einzigen Freund und Gott ist Vater und Mutter. Trotz einer engen Beziehung zu ihrer Mitschwester und Lehrerin, der Mystikerin → Mechthild von Hackeborn war G. zeit ihres Lebens ein einsamer Mensch.

G. galt als sehr wißbegierig und erhielt in der Klosterschule eine fundierte Ausbildung. Sie studierte die ›artes liberales‹, die sieben freien Künste, und besonders die lateinische Sprache. G.s Bildung bewegte sich im Rahmen der Grundsätze des Benediktinerordens, dem Helfta unterstand. Sie wurde in den Tugenden und den Wissenschaften sorgfältig erzogen, ihr großes Vorbild war die heilige → Katharina von Alexandrien, eine frühchristliche Gelehrte, die als Märtyrerin starb.

Da G. sich durch ihre Studien der freien Künste nicht ausgefüllt sah, studierte sie besonders eifrig die Theologie. Die von ihr selbst in Latein verfaßten *Geistlichen Übungen* sind stilistisch sehr gewandt formuliert.

Eine einschneidende Veränderung erfuhr G.s Leben am 27. Januar 1282, als sie mit 26 Jahren ihre erste Vision, eine Christuserscheinung, erlebte. Darin erschien ihr Christus in jugendlicher Gestalt; ähnlich den Christusbildern der Alten Kirche, die ihn als schönen Jüngling zeigen.

Von da an widmete sich G. noch stärker ihren geistlichen Studien. Sie befaßte sich intensiv mit der Heiligen Schrift und mit den Kirchenvätern Augustinus und Gregor dem Großen. Außerdem las sie die Schriften des Mystikers Bernhard von Clairvaux. Einen besonderen Eindruck hat wohl die augustinische Lehre von der Vorherbestimmung (Prädestination) hinterlassen, die sie als einen Heilsplan für die Menschen sieht, ein durch die göttliche Weisheit vorherbestimmtes Schicksal.

Ihren eigenen Lebensweg sah G. durch ihre Visionen als Parallele zum Kreuzweg Christi, weshalb sie konsequent und gehorsam ihre Leiden ertrug. Dieser Gehorsam resultierte aus ihrer Liebe zu Christus, die sie ihm damit zeigen wollte. Ihr Glaube und das Gefühl der Nähe zu Gott war für G. ein wichtiger Halt, da sie ihre Lebenssituation als recht problematisch wahrnahm. – Sie war über 40mal schwer krank, erwähnt ist z. B. die Pest. Zu ihren körperlichen Schwächen kam das Gefühl von Einsamkeit und Verlassenheit und die Unsicherheit ihrer Herkunft.

Ein weiteres wichtiges Datum in G.s Leben war der Gründonnerstag 1289, an dem sie aufgrund eines göttlichen Befehls begann ihre Visionen aufzuschreiben. So entstand ihr wichtigstes Werk *Legatus Divinae Pietatis* (Gesandter der göttlichen Liebe). Der *Gesandte* ist eine Offenbarungsschrift, unterteilt in fünf Bücher; von diesen wurde nur das zweite von ihr persönlich niedergeschrieben. Der erste Teil enthält Aufzeichnungen ihrer Mitschwestern zu G.s Leben und Werk; die Teile drei bis fünf entstanden nach Diktaten kurz vor ihrem Tod.

Außerdem schrieb G. gemeinsam mit einer Mitschwester die Visionen ihrer Mentorin Mechthild von Hackeborn nieder und besorgte auch die abschließende Bearbeitung des Textes *Das Buch von der besonderen Gnade*.

Unbekannt ist G.s genaues Todesjahr, wahrscheinlich 1301 oder 1302 in Helfta. Unbekannt ist auch ihr Grab, sie wurde zwar im Kloster beigesetzt, aber durch die Reformation ist der genaue Ort verlorengegangen. Seit 1677 ist ihr Name im Römischen Martyrologium zu finden, seit 1739 wurde sie offiziell als Heilige verehrt. G. ist die einzige Frau, der während der gesamten Kirchengeschichte der Ehrentitel ›die Große‹ verliehen wurde. Eine Auszeichnung die z. B. Päpsten wie Leo I., Gregor I. und Nikolaus I. zuteil wurde. Ihr Ehrentag war zuerst der 15., später der 17. November.

Im Mittelalter waren G.s Texte eher unbekannt. Ihre Person wurde anfangs von den bekannteren Mystikerinnen → Mechthild von Magdeburg und Mechthild von Hackeborn in den Hintergrund gedrängt. Die erste Überlieferung des *Gesandten* ist ins Jahr 1412 datiert; danach entstanden fünf unvollständige Handschriften. Gedruckt wurde das Buch zum erstenmal 1536 in Köln, was ihre Bekanntheit steigerte und schließlich zu einem Gertrud-Kult führte. Besonders verehrt wurde G. in Spanien, da → Teresa von Avila zu ihren bekanntesten Anhängerinnen gehörte.

Überliefert sind die beiden Hauptwerke G.s, die *Geistlichen Übungen* und der *Gesandte der göttlichen Liebe*. Der *Gesandte* gilt als ihr bekanntester Text, wird in der Forschung allerdings als theologisch und stilistisch weniger bedeutend als die *Geistlichen Übungen* eingestuft.

Das erste Buch des *Gesandten* wurde erst nach G.s Tod verfaßt. Es beschreibt, wie die Mystikerin mit ihren Schwestern gelebt hat, wie sie auf ihre Umgebung wirkte und ihre Arbeit im Kloster. Besonders herausgestellt werden zwei Charakterzüge G.s: zum einen ihre Gebete um göttliche Hilfe für andere, Schwestern, Brüder, ratsuchende Menschen und die Tiere im Winter; zum anderen ihre Demut und Bedürfnislosigkeit.

Den Kern des Textes bildet der zweite Teil, in dem G. ihre Visionen schildert. Zentrales Thema ist das Leiden, das sie als Mittel zur Reinigung der sündigen menschlichen Seele ansah. Diese Auffassung ist sicherlich auch durch ihre häufigen Krankheiten bedingt. G. vergleicht die Seele mit einem Menschen, der in einer engen Wohnung lebt und deshalb nur ›Dumpfheit‹ aufnehmen kann. Wird der Körper dieses Menschen von einem Leiden gequält, empfängt die Seele dadurch etwas Sonnenlicht und einen Lufthauch, wird auf wunderbare Weise erhellt und kann freier atmen.

Auch im dritten Teil spielt das Leiden eine große Rolle. Es enthält Belehrungen zum Sinn von Krankheit und Leiden, aber auch zur Beziehung zwischen den Gläubigen und Jesus.

Insgesamt stehen G.s Gottessehnsucht und ihre Leidensbereitschaft in ihrem Leben und Denken eng zusammen. Dies wird auch im fünften Buch deutlich, wo G. von einer Vision der Sehnsucht, Christus auf das Vollständigste zu folgen, berichtet. Diese Jesusnachfolge aus Liebe ist auch die Ursache ihrer Leidensbereitschaft.

Werk: Gesandter der göttlichen Liebe (Legatus divinae pietatis), übers. v. J. Lanczkowski, 1988; Exercitia Spiritualia (Geistliche Übungen), übers. v. J. Lanczkowski, im Druck.

Literatur: U. Köpf: Gertrud von Helfta, in: *Theologische Realencyclopädie*, 1984; A. P. Moser: Gertruds Leben im Abriß, in: *Deutsche Mystikerinnen*, hg. v. H. Chr. Meiser, 1987; Erhebe dich, meine Seele. Mystische Texte des Mittelalters, hg. v. J. Lanczkowski, 1988 (ausführliche Literatur); M. Rullmann: Philosophinnen, 1993; J. Thiele (Hg.): Mein Herz schmilzt wie Eis am Feuer, 1988.

Ursula I. Meyer

Gilbert, Katherine

amerikanische Philosophin, *1886, †1952

G. wurde als Katherine Everett am 29. Juli 1886 in Amerika geboren. Sie studierte 1912 bei den Philosophen Alexander Meikeljohn an der Brown Universität und James K. Creighton an der Cornell Universität. Von 1922–1929 hatte sie ein Forschungsstipendium an der Universität von North Carolina, in dessen letztem Jahr sie als Universitätsprofessorin wirkte. Zwischen 1930–1941 lehrte sie als Philosophieprofessorin an der Duke Universität und leitete das Department für Ästhetik, Kunst und Musik bis zu ihrer Emeritierung 1951. G. war die erste ordentliche Professorin an der Duke Universität. 1913 heiratete sie Allan H. Gilbert, aus ihrer Verbindung gingen zwei Söhne hervor. G. starb am 28. April 1952 in Durham, North Carolina.

Für G. geht es in ihren Arbeiten um die Erkenntnis des Ästhetischen und des eigentlich Künstlerischen. Doch wird bei G. diese Grunderkenntnis in ein Gedankensystem integriert, das andere Bereiche der Philosophie umfaßt und der Kunst darin einen bestimmten Platz in der Vielfältigkeit philosophischer Systeme zuweist. In allen Schriften G.s werden Argumente für die These vorgelegt, daß das künstlerische Tun einem Erkenntnisproblem gleichgesetzt werden kann, das entscheidend für das geistige Leben des Menschen ist. Parallel zu dem Erkenntnisprozeß der Wissenschaft, die auf rational-diskursiven Wege ein Modell der Wirklichkeit zu konstruieren sucht, konstituiert die Kunst auf dem Wege der sinnlich wahrnehmbaren Produktion eine imaginativ entworfene Wirklichkeit.

Das von G. und Helmut Kuhn verfaßte Werk *A History of Esthetics*, 1939 erschienen, geht von der Voraussetzung aus, daß die Ästhetik als die Wissenschaft vom Schönen sowie die reflektierende Betrachtung der Kunst, den Kontext zu erkennen und zu verstehen hat, der zwischen der Kunstform und den Formen des Denkens über Kunst besteht. Wie in den vielfältigen Entwicklungen der Kunst die Wirklichkeitsbeschreibungen die ihr eigenen Formen der Kunst hervorbrachten, so bestimmten sie in gewisser Weise auch die Formen des Denkens über Kunst. Erst die Verknüpfung des zu interpretierenden Kontextes mit dem Quellenmaterial aus der Kultur- und Kunstgeschichte erlaubt die Beantwortung der Frage nach der Bedeutung von Kunst und des Schönen. Nach Auffassung der AutorInnen liegt deren Sinn in der ›Fülle der Bedeutungshaftigkeit‹ (fullness of significance), die jeder großen Kunstform inhärent ist, ganz gleich, welcher Epoche und Kultur sie auch zugehört.

G.s 1925 veröffentlichter Artikel *The One and the Many in Croce's Aesthetic* führt eine kritische Auseinandersetzung mit Croces Ansicht, die Kunst als ein Universum unteilbarer Individualitäten zu verstehen. Folglich lehnt Croce die Klassifikation in unterschiedliche Kunstgattungen ab. Dennoch leugnet er nicht die Existenz künstlerischer Unterscheidungen, aber er verwirft ihre ontologische Gültigkeit. Denn, so lautet Corces These, der Kunstprozeß ist ein geistiger Akt, das Kunstwerk von geistiger Art, das Geistige aber ist singulär und unteilbar. Wie ließe sich also hoffen, eine abstrakte Klassifikation in Übereinstimmung zu bringen mit der Immaterialität des Geistigen, des Visionären? Eine Interferenz, so Croce, zwischen dem Begriffssystem der Physik, das das Physische bezeichnet, und den das Geistige bezeichnenden Begriffen der Philosophie, ist ausgeschlossen. In letzter Konsequenz, so argumentiert nun G., führt Croces Postulat, eine jede Welt bestehe ausschließlich aus Singularitäten, zu einem extremen Nominalismus. Aufgrund Croces bestimmter Form des ästhetischen Idealismus, der jedes Phänomen des Geistigen entkörpert, bleiben Einheit und Vielheit nach Auffassung G.s in der Philosophie Croces unvereinbar.

In ihrem Aufsatz *Die Stellung der Kunst in der Philosophie Cassirers* rekonstruiert G. Cassirers Kunstauffassung als eine symbolische Form neben Wissenschaft, Mythos und Sprache. Der künstlerische Prozeß ist ›Konkretionsprozeß‹ als das Individuelle, Unverwechselbare, das alles Subjektive in einem Objektivierungsprozeß über die Aneignung der Lebensprozesse zu einem neuen eigenlebendigen Organismus transformiert, den wir als autonome Bildgestalt oder Konfiguration erfassen. Im künstlerischen Gebilde wird die Erlebniswirklichkeit nicht reproduziert, sondern präsentiert. Gefühl und Emotivität werden einer neuen, objektiven Gültigkeit zugeführt, in der sie von sich selbst Abstand gewinnen und mit der angeschauten Welt eine Einheit bilden. Die Identität eines Kunstwerkes entspringt seiner Eigenschaft, die Totalität in einem Singulären zu formulieren, für Cassirer ist dies die Gestaltung des Objektiven im Individuellen. Für G. stellt sich jedoch die kritische Frage, inwieweit »die Analyse der Funktion des Symbolischen« auch noch zureichend ist für das Verstehen der modernen Kunst.

The Relation between Esthetics and Art-Criticism (1938) untersucht die in der Kunstgeschichte vertretene Auffassung, Ästhetik und ästhetische Beurteilungskriterien beinhalteten unterschiedliche Funktionen. Die Tradition der Kunstkritik (Winckelmann, Lessing, Eliot, Böhm) sieht ihre Aufgabe in der sensitiven, intellektuellen, moralischen Sensibilisierung des Wahrnehmenden für die Substantialität eines Kunstwerks. Der Ästhetik hingegen falle die Funktion zu, nicht die Intuition eines einzelnen Werkes zu vermitteln, sondern eine ›Gesamtheit von Diskursen‹ (universe of discourses) zu erschaffen. Für G. ist diese analytische Trennung aufhebbar: Kunstkritik und Ästhetik fallen auf der Basis einer personalen Existenz zusammen. In ihr bildet sich das Verstehen der Bedeutsamkeit der Kunst von dem aus die Beurteilung zugleich ausgehen kann.

Werk: Maurice Blondel's Philosophy of Action, 1924; Studies in Recent Aesthetics, 1927; A History of Esthetics (mit H. Kuhn) 1939; Aesthetic Studies, (ausführliche Bibliographie), 1952; The Mind and its Discipline, in: *Philosophical Review* 27, 1918, S. 413–427; The Principle of Reason in the Light of Bosanquet's Philosophy, in: *Philosophical Review* 32, 1923, S. 599–611; The One and the Many in Croce's Aesthetics, in: *Philosophical Review* 34, 1925, S. 443–56; The Relation of the Moral to the Aesthetic Standard in Plato, in: *Philosophical Review* 43, 1934, S. 279–94; Aesthetic Imitation and Imitators in Aristotle, in: *Philosophical Review* 45, 1936, S. 558–73; The Relation between Esthetics and Art Criticism, in: *Journal of Philosophy* 35, 1938, S. 289–95.

Literatur: L. C. Erwin: Katherine Everett Gilbert: A Bibliography, in: *Aesthetic Studies*, hg. v. K. Gilbert, 1952; Obituary, in: *New York Times*, 29. April 1952, S. 27; WP.

Barbara Kösters

Gouges, Olympe de/Marie Aubry
Rechtsphilosophin und Schriftstellerin, *1748, †1793

G. wurde am 7. Mai 1748 in Montauban geboren. Sie war die ›natürliche‹ Tochter des lokalen Feudalherren, Marquis Le Franc de Pompignan, der sie nicht anerkannte; ihre Mutter, Anne-Olympe Gouze, war mit einem Fleischer verheiratet. G. wuchs in sehr bescheidenen Verhältnissen auf, erhielt keinen Unterricht und konnte sich erst später autodidaktisch bilden. Die Sechzehnjährige wurde gegen ihren Willen an L. Y. Aubry verheiratet. Nach kurzer Ehe verließ die junge Witwe mit ihrem Sohn die Provinz und lebte ab 1767 in Paris. Sie heiratete nicht wieder, hatte jedoch eine langjährige Beziehung zu Jacques Biétrix de Rozières. Ihre Freundschaft mit Louis Sébastian de Mercier, populärer Dramatiker und zeitweise Herausgeber des *Journal des Dames*, beruhte auf gemeinsamen Interessen. Überaus produktiv schrieb G. in wenigen Jahren zahlreiche Theaterstücke, zwei Romane und viele sozialkritische Schriften. 1788 erschien ihr Oeuvre in drei Bänden. Ihr Stück *L'Esclavage des Nègres* führte zu einem langjährigen Konflikt mit der Comédie Française. Die Aufführung (1789) selbst wurde überschattet von Krawallen zwischen Anhängern der Sklaverei und Abolitionisten. Die Presse äußerte sich höhnisch über die *femme auteur*.

In den folgenden Jahren erschienen zahlreiche politische Adressen, Streitschriften, öffentliche Briefe und Plakate, die G. in Paris anschlagen ließ. Dezidiert feministisch äußerte sie sich schon vor 1789: »Männer haben alle Vorteile. Ich habe sie gesehen, die aus dem Abschaum des Volkes kommen und doch ein Vermögen machen und einen Rang bekleiden, und ich habe gesehen, daß Frauen, wenn sie tugendhaft sind, im

Elend bleiben. Wir sind von jeglicher Macht und allen Wissenschaften ausgeschlossen. Das Schreiben hat man uns noch nicht genommen. Das ist wirklich ein Glück.« (1)
Ihre welthistorisch einmalige Tat besteht in der Verfassung der *Déclaration des droits de la Femme et de la Citoyenne* (1791) als Protest gegen die *Déclaration des droits de l'homme et de citoyen* (1789), die nur für Männer galt und fälschlicherweise bis heute Deklaration der Menschenrechte genannt wird. Einleitend schreibt sie: »Mann, bist du imstande gerecht zu sein? Es ist eine Frau, die dir diese Frage stellt; dieses Recht wenigstens kannst du ihr nicht nehmen. Sage mir, wer hat dir die souveräne Macht verliehen, mein Geschlecht zu unterdrücken?« – Männer wollen »als Despot befehlen über ein Geschlecht, das alle intellektuellen Fähigkeiten besitzt«, nämlich Vernunft. Diese Despotie ist unvernünftig, illegitim und ungerecht. Konsequent postuliert G.: »Wir Mütter, wir Töchter, wir Schwestern, Repräsentantinnen der Nation fordern, Bestandteil der Nationalversammlung zu werden.« (Präambel) Und sie deklariert die Bürgerinnen-Rechte weiblicher Menschen in siebzehn Artikeln und in einem *Contract social de l'Homme et de la Femme*, der die Institution Ehe, »das Grab des Vertrauens und der Liebe«, ablösen soll.
Dem patriarchalen Naturrecht, dem Axiom »Der Mann ist frei geboren« (Rousseau) setzt sie ihre Antithese »Die Frau ist frei geboren« (Art. I) entgegen. Folglich sind Frauen den Männern »gleich in allen Rechten«. Daraus ergibt sich der Zweck eines Rechtsstaates: der Schutz »der natürlichen und unantastbaren Rechte der Frau und des Mannes: diese Rechte sind Freiheit, Eigentum, (Rechts-)Sicherheit, und besonders das Recht auf Widerstand gegen Unterdrückung.« (Art. II) Damit erklärt G. die patriarchal-bürgerlichen Privilegien für illegitim und legitimiert das Menschenrecht der Frauen auf Widerstand gegen patriarchale Unterdrückung und Entrechtung.
Eine Regierung ist nur dann legitim, wenn sie aus der Souveränität der gesamten Nation hervorgeht: »Das Prinzip aller Souveränität ruht wesentlich in der Nation, die nichts anderes ist als eine (soziale) Vereinigung der Frau und des Man-

nes;« (Art. III) Die Nation, das Volk, besteht nicht nur aus Männern, Familienvätern. Deren despotische Willkür hat eine Grenze: sie dürfen nur tun, was weiblichen Menschen nicht schadet; also ist Frauen der Genuß der gleichen Rechte zu sichern. Freiheit und Gerechtigkeit gebieten, daß die Tyrannei der Männer beendet wird, daß sie Frauen ihre Freiheit und alle Naturrechte zurückgeben (Art. IV). »Die Gesetze der Natur und Vernunft« fordern, daß die (positiven) Gesetze alle Handlungen verbieten, die der Gesellschaft (bestehend aus Frauen und Männern) schaden (Art. V).

Alle Gesetze müssen »Ausdruck des allgemeinen Willens sein«; das sind sie jedoch erst dann, wenn »alle Bürgerinnen und Bürger ... durch ihre Vertretung« daran mitwirken. G. fordert das Wahlrecht für alle Frauen, also die politische Repräsentation des weiblichen Volksteils. Gleichheit vor dem Gesetz ohne Ansehen des Geschlechts beinhaltet die Zulassung von Frauen zu allen öffentlichen Ämtern (Art. VI). In den folgenden Artikeln (VII–IX) postuliert G. gleiches Strafrecht für Frauen und Männer. Frauen haben das gleiche Recht auf Meinungs- und Redefreiheit: »Keine/r darf verfolgt werden wegen seiner/ihrer Meinung, wie grundsätzlich auch immer;« (Art. X) Gedankenfreiheit »ist eines der kostbarsten Rechte der Frau, da diese Freiheit die Legitimität der Väter hinsichtlich der Kindern sichert.« (Art. XI) Damit wendet sie sich gegen das barbarische Gewohnheitsrecht, das die Feststellung der Vaterschaft durch Mütter nicht zuläßt und ›natürliche‹ Kinder und ihre Mütter zu rechtlosen Parias macht.

In Artikel XIII verweist G. auf die Korrelation von Rechten und Pflichten: der Pflicht, Steuern zu zahlen, muß das Bürgerinnenrecht auf Erwerb in allen Gewerben und Ämtern gegenüber stehen. Auch für Frauen hat das Prinzip zu gelten »No taxation without representation« (keine Besteuerung ohne politische Vertretung), oder positiv gewendet: Steuerpflicht korreliert dem Recht auf Repräsentation in der Legislative (Art. IV). Schließlich fordert sie ausdrücklich gleiches Recht auf Eigentum: »Jede Person hat darauf ein unverletzliches und heiliges Recht« (Art. XVII), nicht nur jeder Mann. »Eine Gesellschaft, in der die Garantie dieser Rechte nicht gesichert ... ist, hat gar keine Verfassung. Die Verfassung ist nichtig, wenn die Mehrheit der Individuen, aus denen die Nation besteht, nicht an der Verfassungsgebung mitgewirkt hat.« (Art. VI) Also ist die Verfassung von 1791 ungültig. Das Revolutionstribunal des Terror-Regimes verdächtigte G. völlig zu Unrecht, einen ›Anschlag auf die Souveränität‹ geplant zu haben und verurteilte sie zum Tod auf der Guillotine. G. wurde am 3. November 1793 in Paris hingerichtet. In der *Nouvelle Biographie Générale* (1817) wird sie eine »femmes de lettres française, célèbre dans les troubles de notre première revolution« (französische Wissenschaftlerin, die in den Wirren unserer ersten Revolution gefeiert wurde) genannt; die heutige Patriarchatsforschung betrachtet sie als radikale Vertreterin der feministischen Aufklärung.

Werk: Oeuvres de Madame de Gouges, 3 Bde., 1788; Oeuvres (Auswahl), hg. v. B. Groult, 1986; Théâtre politique, 2 Teile, hg. v. G. Thiele-Knobloch, 1991/1993; Denkschrift der Madame de Valmont, hg. v. G. Thiele-Knobloch, 1993; Ecrits politique 1788–1791, hg. v. O. Blanc, 1993; Oeuvres complètes, Teil 1. Theâtre, hg. v. F. M. Castan, 1993; Olympe de Gouges: Mensch und Bürgerin, hg. v. H. Schröder, 1995 (enthält die deutsche Übersetzung der Erklärung).
Literatur: J. Saale: Olympe Marie de Gouges. Zu ihrem 180. Todestag. in: *Die Hexenpresse* 3/4, 1973; H. Schröder: Zur politischen Theorie des Feminismus: Die Deklaration der Rechte der Frau und Bürgerin von 1791 (mit Quelle) in: *aus politik und zeitgeschichte/Das Parlament*, 3. 12. 1977; dies.: Die Frau ist frei geboren. Bd. I, 1979 (ungekürzte Quelle); dies.: Olympe de Gouges: Verklaring van de Rechten van de Vrouw en Burgeres, 1989; dies.: The Declaration of Human and Civil Rights for Women by Olympe de Gouges, in: *History of European Ideas* 11, S. 263–271, 1989; dies.: Olympe de Gouges' *Erklärung der Rechte der Frau und Bürgerin*, in: *Feministische Philosophie*, hg. v. H. Nagl-Docekal, 1990; dies.: 1791–1991: Zweihundert Jahre *Erklärung der Rechte der Frau und Bürgerin*, in: *Ethik und Sozialwissenschaften* 2/1992; O. Blanc: Olympe de Gouges, 1981 (vollst. Primärbibliographie).

Hannelore Schröder

Gournay, Marie le Jars de → Jars de Gournay, Marie le

Grene, Marjorie
amerikanische Philosophin, *1910

G. wurde am 13. Dezember 1910 geboren. Sie erhielt am Wellesley und Radcliffe College eine exzellente wissenschaftliche Ausbildung und studierte sowohl bei Heidegger in Freiburg als auch bei Jaspers in Heidelberg. Ihre Lehrtätigkeit begann 1936 am Monticello College in Illinois. Zwei Jahre später wechselte sie zur Universität Chicago. Dort lehrte sie sechs Jahre lang, beeinflußt von Carnap und Hempel. Ihre Karriere endete abrupt mit der Heirat eines irischen klassischen Philosophen als eine Art Widerlegung des Positivismus, wie sie scherzhaft kommentiert.

Für etwa 15 Jahre lebte sie fern von jeder offiziellen philosophischen Betätigung auf einer Farm in Irland. Dennoch publizierte sie 1948, von der Kritik wohl beachtet, *Dreadful Freedom, a Critique of Existentialism*. 1965 nahm sie ihre wissenschaftliche Lehrtätigkeit an der Universität von Kalifornien wieder auf bis zu ihrer Emeritierung im Jahre 1978.

Die Anthologie *Human Nature and Natural Knowledge* ist ein Essayband und als Festschrift anläßlich des 75. Geburtstages G. gewidmet. Das Vorwort kennzeichnet ihre Persönlichkeit als die Verkörperung von ›Präsenz‹ und ›Dasein‹, die sich durch Lebendigkeit, Energie, scharfe Intelligenz, lebhaften Humor, Diskussionsfreude und Passion für die Philosophie auszeichnet. In vielfältiger Weise hat sie die amerikanische Philosophie mitgestaltet und beeinflußt: von Aristoteles bis Sartre, von der Phänomenologie bis zu einer neuen Philosophie der Biologie und in erkenntnistheoretischer Hinsicht von dem cartesianischen Dualismus zu einer Philosophie des Lebendigen. Ihr philosophisches Werk zeigt sich ebenso profund wie weitreichend. Ihre Arbeiten umfassen neun Bücher, acht Editionen und über 75 Artikel neben ihrer wissenschaftlichen Lehrtätigkeit.

In *Dreadful Freedom* diskutiert sie den Begriff der radikalen Freiheit – der zentrale Gedanke des Existentialismus – und formuliert die These, daß eine so verstandene Freiheit eine übermächtige Furcht vor dem Nichts erzeugt, denn diese Art Freiheit unterstellt eine Menschlichkeit, die notwendig aus dem Nichts entstehen muß und entsteht.

Sowohl das Verständnis der personalen Existenz, wie ihre Position in der Natur, konstituiert für G. ein zentrales, wenn nicht das fundamentale Problem der Metaphysik. So führte G.s Kritik an der rationalistischen Philosophie, insbesondere an der Hermetik des Cartesianismus zu einer evolutionären Theorie der Wissenschaften. Um den Hiatus zwischen Idealismus und Reduktionismus der modernen Philosophie zu überwinden, bedarf es einer Neubegründung philosophischer Termini.

In Auseinandersetzung mit Plessners Werk *Die Stufen des Organischen* entwickelt G. eine begriffliche Basis im Rahmen einer naturalistischen Philosophie, um eine Ontologie von Natur und Mensch zu begründen. Plessners Auseinandersetzung mit Köhlers reduktivem Isomorphismus und Drieschs Vitalismus treibt G. weiter zu einer Kritik des physikalischen Mechanismus sowie der klassischen Teleologie. Nach G. sind Wirkursache und Endzweck als theoretische Kategorie zugunsten eines Fundamentalen, nämlich der Bedeutsamkeit und der Form als das zu Verstehende aufzugeben. G. interessiert die Genese der Form- und Strukturbildung auf allen Stufen der Komplexität in der Naturentfaltung, die sie als prozeßhaft und als Prozeß der Selbstgestaltung auffaßt.

Das Lebensweltlich-Fundamentale ist immer wieder Gegenstand philosophischen Forschens G.s. In kritischer Würdigung der Werke Merleau-Pontys und Husserls sucht sie in der Reflexion über die menschliche Existenz die körperliche Verfaßtheit des Menschen mit den Objektivationen des menschlichen Geistes, so besonders in der Kunst, zu verknüpfen. Ihre Leitthese konstatiert, daß jedes Phänomen letztlich in der fundamentalen Tatsache des ›In-der-Weltseins‹ gründet. Dies voraussetzend stellt sich nun die Frage: auf welche Weise läßt sich diese real unterstellte Relation begrifflich explizieren? Die nach Auffassung G.s unhintergehbare Bedingung des In-der-Welt-eingebettet-Seins schafft erst das Verstehen darüber, daß die Verfaßtheit der gesamten Natur sinnlichen, sinnenhaften, sinnhaften Charakters ist. Das Sinnesvermögen der Natur ist sinnliches Erfassen und sinnhafte Bedeutungszuweisung zugleich. Die Kunst als expressiver Ausdruck fokussiert diesen Doppelaspekt des Sinn(en)haften der Natur.

Folglich wendet sie sich gegen den Absolutheitsanspruch des logischen Empirismus der analytischen Philosophie, die das in jeder Kunstform Artikulierte als objektiv bedeutungslos erklärt, und würdigt ausdrücklich Wittgensteins Beitrag für das Verstehen des Verschränktseins von Sprache und Wirklichkeit. Einschränkend wendet sie gegen Wittgenstein ein, er habe den poetischen Charakter der Sprache vernachlässigt. Nach G.s Auffassung ist das Poetische überhaupt erst die Bedingung der Möglichkeit von natürlicher Sprache sowie von Diskurs überhaupt. So wie die Sprache in Metaphorik fundiert, so bringt sie immer wieder neue, lebendige Metaphern hervor.

Die Philosophie, so G., vermag dies zu reflektieren, wenn sie die objektivistisch-naturwissenschaftlich geprägten Präjudices als Voreingenommenheiten kritisch korrigiert, zugunsten einer Wiederentdeckung der Unbegrenztheit der Welt in bezug auf das Doppelsinnige des Geistig-Körperhaften, des sich schon Realisierten und des noch Möglichen in einer unabschließbaren Welt.

Werk: Dreadful Freedom, a Critique of Existentialism, 1948; Martin Heidegger, 1957; A Portrait of Aristotle, 1963; The Knower and the Known, 1966; Approaches to a Philosophical Biology, 1968; (Hg.in) The Anatomy of Knowledge: Papers Presented to the Study Group on Foundations of Cultural Unity, 1969; Interpretations of Life and Mind: Essays around the Problem of Reduktion, 1971; Sartre, 1973; The Understanding of Nature: Essays in the Philosophy of Biology, 1974; Philosophy in and out of Europe, 1976; Descartes, 1985.
Literatur: WP.

Barbara Kösters

Grignan de Sévigné, Françoise Marguerite
französische Naturphilosophin, *1646, †1705

G. wurde wahrscheinlich 1646 geboren; sie war die Tochter von Marie de Rabutin-Chantal (bekannt als Madame de Sévigné) und dem Marquis de Sévigné. Sie wurde von Privatlehrern ausgebildet und am Kloster Saint-Marie in Nantes erzogen. Ihre intellektuelle Bildung war stark von ihrer Mutter beeinflußt, die eine sehr gebildete Frau war und mit zahlreichen Gelehrten in Briefwechsel stand. Einer davon, Abbé de la Mousse, ein Freund ihrer Mutter, machte G. mit den Werken Descartes' bekannt, dessen Schülerin sie wurde. Dadurch erhielt ihre intellektuelle Entwicklung eine neue Richtung und sie wurde als ›femme philosophée‹ bekannt.

Durch ihre Heirat mit dem Comte de Grignan, der als Gouverneur in der Provence lebte, wurde G. von dem gelehrten Umfeld ihrer Mutter getrennt, was sie sehr bedauerte. Sie hatte mehrere Kinder, von denen nur 2 das Kindesalter überlebten.

G. starb 1705, im Alter von 59 Jahren, in der Nähe von Marseille an Pocken.

Mit ihrer Mutter und wahrscheinlich auch mit anderen Gelehrten unterhielt G. einen regen Briefwechsel, in dem sie auch philosophische Themen diskutierten. Leider blieben nur die Briefe ihrer Mutter erhalten; G.s Briefe wurden später von ihrer Tochter Pauline, wahrscheinlich aus religiösen Gründen, vernichtet. Aus diesem Grund läßt sich G.s Position zur cartesianischen Philosophie schwerlich bestimmen und auch der Briefwechsel mit ihrer Mutter ist im Hinblick auf seinen philosophischen Gehalt noch nicht erforscht.

Literatur: M. Bailey Ogilvie: Women in Science. Antiquity through the Nineteenth Century, 1986; Encyclopedia Britannica, 11. Auflage, 1910; F. Leftwich Ravenel: Women and the French Tradition, 1918; Madame de Sévigné: Briefe, hg. v. Th. Von der Mühll, 1979; WP.

Ursula I. Meyer

H

Habroteleia von Tarent (Ἁβροτέλεια)
griechische Pythagoreerin

H. war die Tochter des Habroteles von Tarent.
Iamblichos erwähnt am Ende seiner Pythagoras-Biographie die 17 bedeutendsten Pythagoreerinnen, worunter auch H. zu finden ist. Die Textstelle lautet: »Die bedeutendsten Pythagoreerinnen: Timycha, die Frau des Myllias von Kroton, Philtys, die Tochter des Theophris von Kroton, Schwester des Byndakos, Okkelo und Ekkelo, die Schwestern der Lukaner Okkelos und Okkilos, Cheilonis, die Tochter des Lakedaimoniers Cheilon, die Lakonerin Kratesikleia, die Frau des Lakedaimoniers Kleanor, Theano, die Frau des Metapontiners Brotinos, Myia, die Frau des Milon von Kroton, Lastheneia aus Arkadien, Habroteleia, die Tochter des Habroteles von Tarent, Echekrateia von Phlius, Tyrsenis aus Sybaris, Peisirrhode aus Tarent, Theadusa aus Lakedaimon, Boio aus Argos, Babelyka aus Argos, Kleaichma, die Schwester des Lakedaimoniers Autocharidas. Insgesamt: 17.« (1)
Menage, der ›Abrotelia‹ schreibt (und nach ihm viele andere), bezieht sich auf Iamblichos. Eine weitere Quelle ist nicht bekannt.

Literatur: Iamblichos: Pythagoras, 1963, S. 267 (1); G. Menage: The History of Women Philosophers, 1690/1984; WP.

Maria Nühlen

Hadewijch von Antwerpen
niederländische Mystikerin, 1. Hälfte 13. Jh.

Genaue Daten über die Lebenszeit H.s lassen sich nicht feststellen, aber aufgrund ihrer Schriften darf man mit großer Wahrscheinlichkeit annehmen, daß H. in der ersten Hälfte des dreizehnten Jahrhunderts gelebt und geschrieben hat. Sie hat jedenfalls in einer Zeit gelebt, in der auch Laien bei der Kommunion noch beides, Brot und Wein, bekamen. Nach 1261 bestand diese Regelung nicht mehr. H. spricht über → Hildegard von Bingen, bezeichnet sie aber noch nicht als die Heilige, wie die Benediktiner Hildegard in der zweiten Hälfte des dreizehnten Jahrhunderts nannten. H. nennt auch andere Personen, deren Namen auf die erste Hälfte des dreizehnten Jahrhunderts hinweisen.

H. lebte, als sie ihre *Visioenen* schrieb, in der Nähe einer Kirche, aber nicht in einem Kloster. Es ist nicht auszuschließen, daß sie als ›mulier disciplinata‹ zu einer Gruppe von Beginen gehört hat. Ihre Herkunft aus Antwerpen wird bestätigt durch ein Manuskript des sogenannten Roo-Klosters in der Nähe von Brüssel. Dieses Manuskript stammt zwar aus dem Jahr 1487, greift aber auf einige ältere Manuskripte aus belgischen Klöstern zurück.

H.s Beziehungen zu hochgestellten Personen weisen auf eine adelige Geburt hin.

H. steht mit → Beatrijs von Nazareth am Anfang der niederländischen Literatur. Obwohl sie Latein beherrschte, schrieb sie in der mittelniederländischen Sprache. Sie hat der damaligen Volkssprache eine neue Form gegeben, sodaß diese sich auch für die Ausdrücke und Redensarten der Gelehrten und der gebildeten Schichten eignete, die zuvor immer die lateinische Sprache für ihre schriftstellerische Arbeit benutzt hatten. H. war eine sehr gebildete Frau (mulier disciplinata). Sie konnte nicht nur sehr gut Latein, sondern war über die provenzalische Liebeslyrik auf dem laufenden, was sich aus der Fassung ihrer sogenannten *Strofische gedichten* ergibt. Ihre Schriften verraten weiter ihre Bekanntschaft mit dem Denken Augustinus'. Möglicherweise ist auch Wilhelm von Thierry, dessen Einfluß, wie der Einfluß der Viktoriner, später auch spürbar ist, teilweise für diese Bekanntschaft verantwortlich.

H. gehört zu den Mystikerinnen des dreizehnten Jahrhunderts. Ihre schriftstellerische Arbeit enthält eine eigene philosophische Gedankenwelt, weshalb sie als Philosophin Anerkennung verdient. Das Thema der Schriften H.s ist die Minne, die von ihr mit Christus oder Gott identifiziert wird. In der Auffassung H.s soll der Mensch in den Dienst der Königin Minne treten und ihr ›schönen Dienst leisten‹; das heißt, der Mensch soll in seinem irdischen Dasein Christus in seinem menschlichen Leben nachfolgen. Dies gehört im Denken H.s wesentlich zum Weg des Aufstiegs und der mystischen Einigung der Seele mit Gott. Die Liebesmystik H.s hat, neben einer großen Emotionalität, einen stark ethischen und auch, intellektuellen Charakter. Tugend und Vernunft spielen beide eine wichtige Rolle.

H. hat 14 *Visioenen* verfaßt, wahrscheinlich für ihren Beichtvater. Alle ihre Visionen, mit Ausnahme der siebten, sind intellektuelle Visionen. Nur die siebte *Visioen* scheint zurückzugreifen auf eine sinnliche Erfahrung, die durch eine äußere Erscheinung verursacht wurde. Das Leitmotiv der *Visioenen* ist die Nachfolge des menschlichen Lebens Jesu Christi, um in dieser Weise die Einigung mit der Gottheit Jesu Christi zu erreichen. Auf diesem Wege spielt die Vernunft eine unentbehrliche und führende Rolle.

Außerdem hat H. 31 *Brieven* geschrieben. Den größten Teil dieser Briefe richtet sie an junge Frauen, die sich nach demselben Ziel wie sie selbst sehnten; die übrigen sind eine Art Predigt oder Vorlesung. Bei den *Brieven* handelt es sich um Minnemystik. Diese Liebesmystik wird zur Christusmystik, denn H. identifiziert Minne mit Christus. Wie in den *Visioenen*, führt der Weg zur mystischen Einigung der Seele mit Gott über die Nachfolge des menschlichen Lebens Jesu Christi. Dieser ethische Weg der Tugend, der auch Leiden und Trübsal impliziert, ist gleichermaßen der Weg der Vernunft. Ethik und Vernunft sind im Denken H.s untrennbar verbunden.

In den *Strofische gedichten* (der Name wurde ihnen erst später von den Herausgebern der Werke H.s gegeben) geht es um die Minne und um den Dienst des edlen Ritters an der Königin Minne. In den *Strofische gedichten* ist Minne die gegenseitige Liebe der drei göttlichen Personen der Trinität oder die göttliche Liebe, die mit Gott oder Jesus Christus identifiziert wird. H. nennt manchmal auch die menschliche Liebe zu Gott Minne. Die Diener der göttlichen Minne werden von H. angeregt, für die Minne zu kämpfen. Sie spricht in vielen Bildern über die Minne. Alle diese Bilder beziehen sich auf den Geisteszustand, den die Minne bei denen, die in ihren Dienst getreten sind, hervorgerufen hat. (Auffallend ist z. B. das Bild des Liebesorkans.) Das gleiche Thema wie in den *Strofische gedichten* behandelt H. auch in den *Mengeldichten* (Gemischte Gedichte).

In einer kurzen Zusammenfassung der Lehre H.s beschränken wir uns auf ihre Gotteslehre und ihre Lehre der Seele sowie deren mystische Einigung mit Gott.

Die Gotteslehre: H. betont, es gebe einen Gott, unermeßlich, unaussprechbar, unfaßbar. Gott sei wesentlich eins in den drei Personen seiner Gottheit, dem Vater, dem Sohn und dem Heiligen Geist. H. schließt sich Augustinus an, wenn sie sagt, der Sohn gehe als unabhängige Kenntnis vom Vater aus. Augustinus hat bereits in seinen frühen Schriften (z. B. *De immortalitate animae*) den ewigen Logos mit der ›Sapientia‹ (Weisheit) oder der ›Scientia‹ (Kenntnis) gleichgesetzt. Wenn H. in den *Strofische gedichten* 12, 15 und 30 den Sohn Wahrheit nennt, ist wieder der Einfluß Augustinus' bemerkbar. Dasselbe gilt für H.s Auffassung, der Heilige Geist gehe vom Vater und vom Sohn aus, als unabhängige Liebe. H. benutzt zum Ausdruck der Dreieinigkeit Gottes folgendes Bild: Mittelpunkt ist ein Sessel in der Form einer runden Scheibe, unterstützt von drei Säulen.

Alle Geschöpfe sind außerhalb Gottes, aber sie haben ihr Urbild in Gott. Mit dieser Lehre des Exemplarismus folgt H. Augustinus nach. Dieser war überzeugt, die platonischen Ideen seien in dem Geiste Gottes, das heißt im Logos. Im 22. Brief sagt H. ausdrücklich, es sei dem Menschen nicht möglich, das Wesen des ewigen Gottes und seine Erhabenheit in Begriffen auszudrücken. Nur die von Gott erleuchtete Vernunft der menschlichen Seele, die sich auf dem Wege zur mystischen Einigung mit Gott auf Gott richtet, sei imstande, das Wesen Gottes einigermaßen den inneren Fähigkeiten der Seele selbst zu erklären. Wie wichtig auch, nach H., auf dem

Wege des Aufstiegs zu Gott die Vernunft sein mag, letzten Endes ist in ihren Gedanken Gott nur erkennbar in dem Genuß der göttlichen Liebe.

Die Seele: Im Denken H.s ist der Mensch ein Wesen, das aus einem sterblichen Leib und einer unsterblichen Seele besteht. Sie betont, die Seele habe, wie alles Geschaffene, ihren archetypischen Ursprung im ewigen und lebendigen Gott. Das eigentliche Leben des Menschen sei von Ewigkeit her in Gott. In Gott lebe der Mensch mit Gott zusammen im Leben Gottes, denn der Mensch habe ein geschaffenes und ein ungeschaffenes Leben. Gott habe den Menschen geschaffen, damit er sich freuen könnte in Gott in aller Ewigkeit (vgl. das ›frui deo‹ des Augustinus), wie Gott, der den Menschen zu seiner Freude geschaffen habe, sich auch in dem Menschen freue. Im irdischen Leben solle der Mensch sich bemühen, die Einigung mit der göttlichen Liebe, das heißt mit ›der nackten Wahrheit‹ oder Jesus Christus selber zu erreichen. In der Auffassung H.s ist die vernunftbegabte Seele nach dem Bilde Gottes geschaffen und hat, wie auch Augustinus lehrte, drei Funktionen: 1. die Erinnerung und das Bewußtsein, 2. die Intelligenz, und 3. den Willen. Diese drei Funktionen korrespondieren mit den drei Personen der Trinität. In Brief 18 sagt H., wie die Viktoriner, die Seele habe zwei Augen, Liebe und Vernunft. Durch die von Gott geschenkte natürliche Gabe der Liebe sei die Seele imstande nach der mystischen Einigung mit Gott zu streben, unterstützt von der übernatürlichen Liebe Gottes. Gottes einigende Kraft bringe uns zurück zur Einheit des Vaters, der zusammenbringe, und zur Einheit Gottes. H. betont, in der menschlichen Seele sei göttliche Liebe anwesend, weshalb der Mensch zu Gott zurückkehren wolle. Auf der anderen Seite sagt sie ausdrücklich, daß diese Rückkehr zu Gott niemals ohne die Vernunft und die Tugend möglich sei. Nur auf der höchsten Stufe des Aufstiegs der Seele, wenn die Vernunft ihre Aufgabe ganz erfüllt habe, sei es die göttliche Liebe selbst, die völlig die Führerin der Seele werde und sie ganz überwältige; infolgedessen erhalte die Seele die ›godvormichheid‹ (Gottgleichheit), ohne ihre eigene Identität zu verlieren.

Im 20. Brief beschreibt H. in gekürzter Fassung den Prozeß des Aufstiegs der Seele zu Gott. Was in Wirklichkeit erst in vielen Jahren erreicht werden kann, läßt sie in diesem Brief in 12 Stunden stattfinden. H. erläutert, wie die Liebe Gottes zu den Menschen komme und wieder zu Gott zurückkehre. So sagt sie, die ersten drei Stunden seien eine Vorbereitung. Die Liebe des Menschen werde gereinigt und in der Seele entstehe die Sehnsucht, in den Dienst der Minne zu treten, der auch Leiden mit sich bringe. In der vierten Stunde lerne die Seele, sie könne ohne die Minne nicht glücklich sein. In der fünften Stunde fange das eigentliche mystische Leben an. Die Seele werde in die göttliche Minne hineingezogen. In den vier folgenden Stunden sei es die göttliche Minne, die allmählich Besitz von der Seele ergreift. Die Vernunft sei auf dieser Stufe nicht länger die führende Instanz der Seele. Jetzt erreiche die Seele die Stufe der Geisteswut oder des Liebesorkans (orewoet). Die zehnte Stunde sei die Stunde des Anfangs des völligen Sieges der Minne. In der elften Stunde finde die völlige Vereinigung der Seele mit der Minne statt, habe die Seele sich ganz von ihren menschlichen Aktivitäten zurückgezogen und sei der Minne in ihrem höchsten Wesen ganz gleich geworden.

Der 31. Brief erläutert, daß die Liebesmystik H.s intellektuell und ethisch geprägt ist und nicht mit ihrem philosophischen Denken in Widerspruch steht, sondern von diesem Denken unterstützt wird.

Werk: Sämtliche Werke, hg. v. J. O. Plassmann, 2 Bde, 1923; Visioenen, hg. v. J. van Mierlo, 1924–1926; Brieven, hg. v. J. van Mierlo, 1947; Strophische gedichten, hg. v. J. van Mierlo, 1942; Mengeldichten, hg. v. J. van Mierlo, 1952.
Literatur: R. Beyer: Die andere Offenbarung. Mystikerinnen des Mittelalters, 1989; U. I. Meyer: Die Welt der Philosophin I, 1995; J. v. Mierlo: Inleiding tot Hadewijchs Brieven, 1948; Patrologiae cursus completus. Series Graeca; Series Latina, hg. v. Migne, 1844–1890; K. Ruh: Beginenmystik. Hadewijch, Mechthild von Magdeburg, Marguerite Porète, in: *Zeitschrift für deutsches Altertum* 106, 1977, S. 265–277; HWP; WomBio.

Cornelia Wolfskeel

Hamburger, Käte

deutsche Philosophin und Literaturtheoretikerin, *1896, †1992

H. wurde am 21. September 1896 geboren. Sie studierte in Berlin und München und war Assistentin des Philosophen P. Hofmann in Berlin. Sie promovierte 1922 mit einer Schrift über Schiller als Philosophen und Dichter, die bereits das Interesse H.s an der Verbindung philosophischer und literaturtheoretischer Themata kundtut; Habilitation 1956 an der TH Stuttgart. Sie verfaßte weitere Schriften zu Schiller, Tolstoj, Thomas Mann, Rilke u.a., die zum Teil in der Emigration (1934 nach Göteborg, Schweden) erschienen sind. Bedeutend wurde ihr Beitrag zur Literaturtheorie und Ästhetik *Logik der Dichtung* (1957). Die Schrift stellt auf sprachtheoretischer Grundlage das Verhältnis der Dichtung zum allgemeinen Sprachsystem dar. Sie entwickelt besonders eine Phänomenologie und Analytik der sprachlogischen Funktionen, die die verschiedenen Formen der Sprachkunst kennzeichnen. Dichtung, die Hauptgattungen Fiktion und Lyrik umfassend, und Wirklichkeit werden aufgrund der spezifischen Strukturen des Sprachgebrauchs unterschieden.

Den Wirklichkeitsanspruch der Kunst, insbesondere der Dichtung, hat H. in der Studie *Wahrheit und ästhetische Wahrheit* (1979) weiter untersucht. Nach einem Überblick über die philosophischen Wahrheitstheorien und einer Strukturanalyse des Begriffs wird Wahrheit als eine Kategorie der Realität herausgestellt. Aus der Kritik am Wahrheitsbegriff in den ästhetischen Theorien Hegels, Heideggers und Adornos zieht sie das Fazit, daß ›ästhetische Wahrheit‹ ein in sich widersprüchlicher oder leerer Begriff der Kunst-Philosophie und -Interpretation ist. Wahrheit im Sinne von Faktizität betrifft den Bereich der Kunst(-werke) nicht; Kunstschaffen kann nur Wahrheit im Sinne von Wahrscheinlichkeit intendieren.

Im Fachbereich Allgemeine Literaturwissenschaft wurde H. 1980 das Ehrendoktorat der Siegener Universität-Gesamthochschule verliehen.

Als vorwiegend philosophisches Spätwerk erschien 1985 *Das Mitleid*. Mit einem Überblick über die Theorien, die Mitleid positiv (Rousseau, Schopenhauer) oder negativ (Nietzsche) einschätzen, und über die Theorien, die Mitleid im Rahmen empirischer Mitleidspsychologie oder in Poetiken behandeln, wird eine Vielfalt von Aspekten des Phänomens aufgezeigt. Die zentrale Problematik des Mitleids beruht auf der Kategorie des Anderen/der Anderen: Das gefühlsmäßige Verhältnis zum Mißgeschick oder Leiden des Anderen/der Anderen ist, unabhängig von der Mitleidsauffassung, gekennzeichnet durch die ›Distanzstruktur‹. Dementsprechend kann Mitleid zwar den Impuls zum barmherzigen Handeln geben, ist aber selbst ›ethisch neutral‹.

H. starb im hohen Alter von 96 Jahren, am 8. April 1992.

Werk: Schillers Analysen des Menschen als Grundlegung seiner Geschichts- und Kultur-Philosophie, Dissertation 1922; Logik der Dichtung, 1957/1968; Philosophie der Dichter, 1966. Kleine Schriften. Stuttgarter Arbeiten zur Germanistik 25, 1976; Wahrheit und ästhetische Wahrheit, 1979; Das Mitleid, 1985.
Literatur: Probleme des Erzählens, Festschrift für K. Hamburger, 1971; Quaestiones de poeticii mediiaevi, 1981; K. Hamburger, Zum 90. Geburtstag, Aufsätze und Gedichte zu ihren Themen und Thesen, hg. v. H. Kreuzer/J. Kühnel, 1986; WomBio.

Adelheid Bühler

Harding, Sandra
amerikanische Wissenschaftstheoretikerin, *1935

H. wurde am 29. März 1935 in San Francisco geboren und absolvierte ihr Studium am Douglass College, wo sie 1956 den BA erwarb, sowie an der New York University. Dort schloß sie 1973 mit dem PhD ab. Sie ist Professorin für Philosophie und Leiterin der Women's Studies an der Universität Delaware.
H. beschäftigt sich vorwiegend mit erkenntnis- und wissenschaftstheoretischen Fragestellungen. Durch ihre Arbeit in der amerikanischen Frauenbewegung entstand bei ihr das Bedürfnis, feministische Perspektiven auch in ihren philoso-

phischen Arbeitsbereich einzubringen, und zwar nicht nur in die politische Philosophie und die Ethik, sondern gerade auch in die Erkenntnis- und Wissenschaftstheorie.

Bereits in ihren frühen Werken, so in ihrer Einleitung zu der von ihr herausgegebenen Aufsatzsammlung *Can Theories Be Refuted? Essays on the Duhem-Quine Thesis* von 1976, setzt H. sich kritisch mit der traditionellen objektivistischen Wissenschaftstheorie auseinander. Die dort vorgestellten wissenschaftstheoretischen Überlegungen von Duhem, Quine, Kuhn und Feyerabend sind für H. eine der Grundlagen für ein verändertes Verständnis von Wissenschaft und Erkenntnis und deren Verhältnis zu ethischer und politischer Theorie und Praxis, wie es sich auch in ihren spezifisch feministischen Schriften zur Wissenschaftstheorie zeigt.

H. beschäftigt sich in verschiedenen Aufsätzen neben der philosophischen Diskussion um die Theorie der Wissenschaften kontinuierlich mit den Möglichkeiten und Schwierigkeiten feministischer Theorieansätze, so in *Feminism: Reform or Revolution?* von 1976, in *Common Causes: Toward a Reflexive Feminist Theory* von 1984 oder in *The Instability of the Analytical Categories of Feminist Theory*, 1986.

Zusammen mit Merril B. Hintikka hat H. eine der wichtigsten Aufsatzsammlungen der amerikanischen feministischen Philosophie herausgegeben, *Discovering Reality. Feminist Perspectives on Epistemology, Metaphysics, Methodology, and Philosophy of Science*. In dieser Sammlung werden zu den unterschiedlichsten philosophischen Bereichen feministische Interpretations- und Denkansätze vorgestellt.

Im deutschsprachigen Raum wurde H. vor allem bekannt durch die Übersetzungen eines ihrer Artikel, der unter dem Titel *Geschlechtsidentität und Rationalitätskonzeptionen. Eine Problemübersicht* 1989 in der Aufsatzsammlung *Denkverhältnisse. Feminismus und Kritik* erschien, sowie durch die Übersetzung ihres Buches *The Science Question in Feminism* von 1986, das unter dem Titel *Feministische Wissenschaftstheorie. Zum Verhältnis von Wissenschaft und sozialem Geschlecht* 1990 in deutscher Sprache erschien. H.s neuestes Buch *Whose Science? Whose Knowledge? Thinking from Women's Lives* erschien 1991.

H.s wissenschaftskritischer Ansatz zeichnet sich durch eine konsequente Interpretation von Wissenschaft als einem gesellschaftlichen Projekt aus. Dieses gesellschaftliche Projekt spiegelt und bestärkt die Strukturen und Formen der Gesellschaft und ist daher nicht objektiv oder wertneutral.
Traditionelle Theorien der Wissenschaft ignorieren die in die wissenschaftliche Forschung notwendig einfließende gesellschaftliche Erfahrung und Struktur, indem sie eine Objektivität der wissenschaftlichen Forschung beschreiben oder normativ festlegen. Eine produktive feministische Kritik muß nach H. die Wissenschaftstheorie auf die Realität der Wissenschaften verweisen. So ist es beispielsweise erforderlich, die fortschreitende Industrialisierung der Forschungspraxis in die wissenschaftskritischen Überlegungen mit einzubeziehen. Statt sich auf die traditionellen Darstellungen der Wissenschaft zu stützen, in denen diese immer noch einem Handwerksbetrieb zu ähneln scheint, müssen die heutigen Strukturen der Wissenschaft Grundlage der feministischen Kritik sein.
Ein wichtiger Teil der gesellschaftlichen Erfahrung, von der die wissenschaftliche Forschung immer mit bestimmt wird, ist die Geschlechtlichkeit. Die feministische Kritik soll daher die Wirkung des sozialen Geschlechts in der Wissenschaft auf symbolischer, struktureller und individueller Ebene aufzeigen. Wichtig ist dabei für H., daß die verschiedenen Ebenen der Wirkung des sozialen Geschlechts nicht isoliert betrachtet werden, sondern daß beispielsweise die Untersuchung von Anstellungspraktiken (individuelle Ebene) und den Auswirkungen der geschlechtsspezifischen Arbeitsteilung (strukturelle Ebene) mit der Verdeutlichung von Geschlechtsstereotypen in der Theorie der Wissenschaft (symbolische Ebene) verbunden werden, um eine umfassende Analyse der Bedeutung des sozialen Geschlechts leisten zu können.
Über die wissenschaftskritische Analyse hinaus untersucht H. verschiedene Ansätze feministischer Wissenschafts- und Erkenntnistheorien, vor allem die in Amerika entwickelten erkenntnistheoretischen Standpunkttheorien und die im Rahmen der Postmoderne entwickelten feministischen Theorie-

ansätze. Die standpunktorientierten Theorien gehen von der gesellschaftlichen Erfahrung der geschlechtsspezifischen Arbeitsteilung aus und versuchen die Auswirkungen der Trennung von Produktions- und Reproduktionsarbeiten auf die Wissenschaft aufzuzeigen. Aus der spezifischen gesellschaftlichen Position und Erfahrung von Frauen wird auf deren besonderen Erkenntnisstandpunkt geschlossen. Die feministischen Theorien, die im Umfeld der Postmoderne entwickelt werden, richten sich vor allem gegen die universalistischen Tendenzen einer Wissenschaft, die Erkenntnisse immer auf Kosten von möglichen anderen, individuellen Erkenntnissen und Erfahrungen verallgemeinert. H. zeigt die Vorteile und Schwierigkeiten auf, die sich aus beiden Ansätzen ergeben und befürwortet eine Nutzung beider Theorieansätze trotz der sich ergebenden Widersprüchlichkeiten. Es wird aber deutlich, daß H. die Aufgabe von Wahrheitsansprüchen, wie sie sich aus den postmodernen Theorien zu ergeben scheint, zumindest zunächst für nicht praktikabel hält. Eine feministische Kritik der gesellschaftlichen Verhältnisse und damit auch des gesellschaftlichen Projekts Wissenschaft kann ihrer Ansicht nach nicht darauf verzichten, für die eigenen Aussagen Wahrheitsansprüche geltend zu machen, besonders, um auch politische Forderungen durchsetzen zu können.

Werk: (Hg. in) Can Theories Be Refuted? Essays on the Duhem – Quine Thesis, 1976; Feminism and Methodology. Social Science Issues (Hg. in) 1987; Discovering Reality. Feminist Perspectives on Epistemology, Metaphysics, Methodology, and Philosophy of Science (hg. mit M. B. Hintikka), 1983; Feminism: Reform or Revolution? in: *Women and Philosophy. Toward a Theory of Liberation*, hg. v. C. C. Gould/M. W. Wartofsky, 1980; Common Causes: Toward a Reflexive Feminist Theory; in: *Women and Politics* 3, 1983; The Instability of the Analytical Categories of Feminist Theory, in: *Signs. Journal of Women in Culture and Society* 11 (4), 1986; Is Gender a Variable in Conceptions of Rationality? A Survey of Issues, in: *Dialectica. International Review of Philosophy of Knowledge* 36, 1982; Geschlechtsidentität und Rationalitätskonzeptionen. Eine Problemübersicht, in: *Denkverhältnisse. Feminismus und Kritik*, 1989; The Science Question in Feminism, 1986 (dt: Feministische Wissenschaftstheorie. Zum Verhältnis von Wissenschaft und sozialem Geschlecht, 1990); Whose Science?

Whose Knowledge? Thinking from Women's Lives, 1991; Ein Interview von Herlinde Pauer-Studer mit Sandra Harding in: *Die Philosophin* 4, 1991.
Literatur: U.I. Meyer: Einführung in die feministische Philosophie, 1994.

Ursula Faubel

Heller, Agnes
ungarisch/amerikanische Philosophin, *1929

H. wurde am 12. Mai 1929 in Budapest geboren. Als Schülerin des bedeutenden marxistischen Theoretikers Georg Lukács setzt sich H. seit Jahrzehnten mit den Grundlagen des Sozialismus auseinander. Sie trat schon früh als unabhängige Denkerin hervor, was ihr Ende der 50er Jahre den Ausschluß aus der Kommunistischen Partei wegen ›falscher und revisionistischer Ideen‹ eintrug. Später rehabilitiert und in die ungarische Akademie der Wissenschaften aufgenommen, wurde sie auch davon wieder ausgeschlossen, als sie gegen den russischen Einmarsch in die CSSR 1968 protestierte. 1977 sah sie sich gezwungen, mit ihrem Ehemann und politischen Mitstreiter Ferenc Fehér Ungarn zu verlassen. Nach mehrjährigem Aufenthalt in Australien und Lehrtätigkeit an der Universität Melbourne ließ sie sich in den USA nieder, wo sie heute an der Hannah Arendt Hochschule in New York Philosophie und Politikwissenschaft lehrt.
Ihre weit über 30 Bücher und ca. 150 Artikel wurden in viele europäische Sprachen und z.T. ins Japanische übersetzt. H. ist Trägerin des Lessing-Preises der Stadt Hamburg 1981 und Mitglied mehrerer internationaler philosophischer Gesellschaften und kultureller Vereinigungen. Ihr Werk hat drei Schwerpunkte: Die Gesellschaftstheorie, die Ethik und die Frage nach dem Verhältnis von Gefühl und Vernunft.

Im Gegensatz zu anderen führenden Köpfen der europäischen Linken, weist H. jede Form des Terrorismus als politische Strategie zurück. Aus ihrer Sicht rechtfertigen die Ziele niemals die Mittel, ist Haß kein progressives, sondern ein regressives Motiv, und ist der Anspruch einer politischen Elite, das Glück der gegenwärtigen Generation im Namen der Zukunft zu opfern, mit den Grundideen des Sozialismus unvereinbar. Für H. sind die Begriffe Sozialismus und Demokratie geradezu Synonyme und die Verwirklichung des einen ohne das andere grundsätzlich defizitär. Das machte sie nicht nur zur Dissidentin des real existierenden Sozialismus, sondern, bei aller leidenschaftlichen Bejahung der formalrechtlichen Demokratie, auch zur profunden Kritikerin des Kapitalismus. Nach dem Zusammenbruch der Diktaturen im Osten und der Ratlosigkeit der Linken im Westen ist ihre Position von umso größerer Aktualität.

Während sie an der ›Diktatur des Proletariats‹ den Alleinanspruch einer Klasse auf Herrschaft und das unmenschliche Hinwegschreiten über die Bedürfnisse des Individuums verwirft, kritisiert sie an der kapitalistischen Konsumgesellschaft die Entfremdung der menschlichen Bedürfnisse. Nach H.s Definition sind das Streben nach Reichtum, Prestige und Macht über andere ›quantitative Bedürfnisse‹, die ihrem Wesen nach maßlos sind und mit den Bedürfnissen der Gemeinschaft zwangsläufig kollidieren. Im Gegensatz zu den quantitativen Bedürfnissen, die immer Suchtcharakter tragen, sind ›qualitative Bedürfnisse‹, wie das Bedürfnis nach Wohlbefinden, Anerkennung und sinnvoller Arbeit, prinzipiell stillbar wie Hunger und Durst, weil sie sich an konkreten Lebensqualitäten orientieren. Dennoch können sie individuell sehr verschieden sein, und sie alle haben ein Recht auf Anerkennung und Verwirklichung, solange sie nicht den Bedürfnissen der Gemeinschaft zuwiderlaufen. Es gibt aber auch die von H. sogenannten ›radikalen Bedürfnisse‹, zu denen sie Freiheit, Solidarität und Gerechtigkeit zählt, und die nicht relativiert werden können, weil sie zu den konstitutiven Elementen des Menschseins und der Menschenwürde gehören. Sowohl in diktatorischen als auch in kapitalistischen Gesellschaften werden solche menschlichen Grundbedürfnisse bestimmten Gruppen direkt oder indirekt vorenthalten, so daß wahre Demokratie bis heute nicht verwirklicht sei.

Für H. sind Politik und Ethik untrennbar miteinander verbunden, und deshalb erteilt sie jedem heroischen oder narzistischen Freiheitsbegriff eine Absage, der die Befreiung aus gesellschaftlicher Unterdrückung mit der Abkehr von jedem gesellschaftlichen Normensystem verwechselt. In ihrer Sicht ist zwar jede konkrete ethische Entscheidung ein individueller, subjektiver Akt; dies bedeute jedoch nicht, daß die Ethik subjektiv ist, denn Normen sind historisch gewachsene soziale Regeln, die für den ganzen Gemeinschaftskomplex gelten. Das wirkliche Subjekt dieser Norm ist ein soziales Subjekt, d.h. diese Normen verknüpfen Subjekt und Objekt unter dem Gesichtspunkt von Pflichten.

Der Gedanke der allgemeinen Pflicht und die Suche nach einer ›Lebensform, die verallgemeinerbar‹ ist, verrät die Nähe zur Ethik Kants, doch gibt es auch wesentliche Punkte, in denen H. von dessen Konzeption abweicht. Während Kant, der seinen Vernunftbegriff von allen subjektiven Gefühlen gereinigt sehen will, in seiner Sittenlehre subjektive Neigung und objektive Pflicht als diametrale Gegensätze konzipiert, vertritt H. in ihrer ›Theorie der Gefühle‹ die Auffassung, daß Gefühl und Vernunft in einem Wechselverhältnis zueinander stehen. Denken und Fühlen bilden nicht nur keine Gegensätze, sondern »die höheren Formen der Emotion und der Kognition bedingen einander«. In ihrer phänomenologischen Untersuchung grenzt sie die triebnahen Affekte von den höheren Gefühlen ab und nennt nur die letzteren ›Emotionen‹. Diese menschlichen Emotionen sind niemals nur Natur-, sondern immer schon Kulturprodukte, weil sie mit Zielvorstellungen verbunden sind und damit ein Moment der Kognition enthalten. Das heißt, Emotionen sind erlernt und resultieren aus der Reintegration des Denkens und Handelns ins Gefühl. Umgekehrt gibt es auch keine reinen Erkenntnisse ohne emotionelle Färbung: »Es gibt kein Erkennen ohne Gefühl, keine Handlung ohne Gefühl, keine Wahrnehmung ohne Gefühl, keine Erinnerung ohne Gefühl.«

Mit dieser Analyse stellt sich H. bewußt gegen die Spaltung zwischen Verstand und Zweckrationalität auf der einen und Gefühl und Werterfahrungen auf der anderen Seite, wie sie für den modernen Zeitgeist so typisch ist. Dabei hält sie diese Spaltung in erster Linie für ein Produkt der bürgerlichen Gesellschaft, wie es sich u.a. in der Aufteilung der Geschlechterrollen und den dazugehörigen Verhaltensstereotypen niederschlägt. H. versucht den Nachweis zu erbringen, daß eine adäquate Werterkenntnis von der wechselseitigen Befruchtung zwischen Gefühl und Verstand abhängig ist und demonstriert dies am Beispiel der Demagogie. Der Demagoge wendet sich ganz bewußt an diffuse Gefühle und zwar an solche, die egoistischen Strebungen entspringen: an Eifersucht, Eitelkeit, Gier und Ruhmsucht ebenso wie an die Gruppenegoismen des Standes, der Nationalität oder der ethnischen Zugehörigkeit. Während landläufig die Überzeugung herrscht, nur Gefühlsmenschen ließen sich von der Demagogie hinreißen und kühle Verstandesmenschen seien vor ihr gefeit, zeigt H., daß ihr nur diejenigen Widerstand leisten können, die sich ihrer Gefühle bewußt sind. Gerade auch der von seiner Gefühlswelt abgespaltene Verstandesmensch läßt sich von Argumenten gefangen nehmen, wenn sie seinen unbewußten subjektiven Bedürfnissen entgegenkommen. Nur dem emotional reifen Menschen, der gelernt hat, seine Gefühle zu kultivieren und richtig zu interpretieren, gelingt die Unterscheidung zwischen selbstbezogenen, ›partikularen‹ Gefühlen und solchen, die aus der Wahrnehmung sozialer und geistiger Werte stammen.

H.s Theorie der Gefühle ist zugleich die Basis für einen neuen Ansatz in der Erkenntnistheorie. Neben der instrumentellen Vernunft und ihrer Zweckrationalität steht die Wertrationalität, die aber nicht unverbunden (wie bei Max Weber) daneben existiert, sondern deren komplexe und nie abgeschlossene Aufgabe es sei, gefühlshafte Urteile mit kritischen Überlegungen zu koordinieren und beide im ständigen Austausch mit den Gefühlen und Gedanken anderer zu verifizieren. Gerade für die Humanwissenschaft reiche deshalb eine positivistische Wissenschaftstheorie niemals aus. In ihr gibt es überhaupt keine ›rein‹ wissenschaftlichen Tatsachen, weil jede ihrer Feststellungen immer schon Interpretation innerhalb eines konzeptionellen Schemas ist, die im Kontext mit Wertentscheidungen steht.

Trotz dieser hohen Anforderungen an die Qualität menschlicher Entscheidungsfindung ist H.s Philosophie von irgendeinem elitären Anspruch weit entfernt. Sie ist im Gegenteil eine scharfsinnige Kritikerin des elitären Tugendbegriffs, wie er sich seit der Französischen Revolution herausgebildet hat. Den idealisierten revolutionären Helden nennt H. einen ›Champion der Tugend‹, der seine psychischen Energien ausschließlich auf die Idee konzentriert, während er über die Bedürfnisse des Alltags bei sich selbst und bei den Mitmenschen hinweggeht. Gerade wegen der Nichtbeachtung partikularer Interessen steht die elitäre Tugendethik in Gefahr, deren Opfer zu werden; Menschen, die sich selbst verleugnen, werden oft von ihren Egoismen eingeholt und vermischen unbewußt ihren heiligen Zorn mit persönlichen Racheimpulsen oder ihren Opfermut mit subjektivem Geltungsbedürfnis. Diese Form der Unbewußtheit führt zur Irrationalität, die für H. nur die Kehrseite der Rationalität darstellt. Damit werden die Grenzen zwischen Rationalem und Irrationalem neu gezogen. Das Rationale kann sich nicht länger auf das Verstandesgemäße beschränken, das von allen Gefühlen abstrahiert. Vernunft entsteht vielmehr aus dem Zusammenwirken aller Erkenntniskräfte, während jede einseitige Verabsolutierung die Wertrationalität verzerrt. Deshalb plädiert H. anstelle des ›abstrakten Enthusiasmus‹, der das Leben um die Idee herum ordnet und es ihr opfert, für den ›konkreten Enthusiasmus‹, der von der Liebe zum Leben ausgeht und die Revolution der Lebensformen in einem hartnäckigen Prozeß der kleinen Schritte vorantreibt.

Nur die Wiedervereinigung der Erkenntniskräfte und die Absage an die hierarchischen Strukturen unserer Gesellschaft würden auch eine echte Frauenemanzipation ermöglichen, die nicht nur zur Gleichstellung der Geschlechter, sondern gleichzeitig zur Umwertung der patriarchalen Kultur führt.

Werk: Alltag und Geschichte, 1970; Hypothesen über eine marxistische Theorie der Werte, 1972; Theorie der Bedürfnisse bei Marx, 1976/1980; Instinkt, Aggression, Charakter, 1977; Philosophie des linken Radikalismus, 1978; Das Alltagsleben, 1978/1981; Theorie der Gefühle, 1980; Das Leben ändern. Heller im Gespräch mit F. Adornato, 1981; Der sowjetische Weg, 1983; Der Mensch der Renaissance, 1988; The Postmodern Condition (mit F. Fehér) 1989; A Philosophy of Morals, 1990.

Carola Meier-Seethaler

Héloïse
französische Gelehrte, *1100/01, †1164

H. wurde wahrscheinlich 1100 oder 1101 geboren. Sie wuchs bei ihrem Onkel mütterlicherseits, Fulbert, auf und wurde bereits als Kind im Benediktinerkloster in Argenteuil erzogen. H. lernte die klassischen Sprachen Latein, Griechisch und Hebräisch und konnte philosophische Originaltexte lesen. Wahrscheinlich war sie auch geschult in Rhetorik, was in ihren Briefen deutlich wird.
Im Alter von 16 Jahren machte H. Bekanntschaft mit einem der größten lebenden Philosophen ihrer Zeit, Pierre Abelard. Er wurde ihr Privatlehrer und beide verliebten sich ineinander. Daß die Liebe zwischen dem 22 Jahre älteren Abelard und seiner Schülerin nicht nur geistige Momente hatte, sondern auch die körperliche Seite einschloß, zeigt sich an den Briefen H.s und an der Tatsache, daß sie schwanger wurde. Beide heirateten heimlich, womit H.s Onkel nicht einverstanden war. Aus Wut über den Vertrauensbruch ließ Fulbert den verhaßten Abelard kastrieren. Dieser zog sich daraufhin ins Kloster St. Denis zurück. H. ging mit ihrem Kind ins Haus ihres Onkels, wo sie jedoch nicht willkommen war und so folgte sie dem Rat Abelards, nahm den Schleier und ging wieder nach Argenteuil. Die Beziehung zwischen H. und Abelard beschränkte sich von nun an auf einen regen Briefwechsel, vor allem von seiten H.s. Diese Umstände machten H. und Abelard zu einem der großen tragischen Liebespaare des Mittelalters.
H. lebte über 30 Jahre im Kloster Argenteuil, wurde Äbtissin und starb 1164.

H.s philosophisches Werk besteht in erster Linie in ihren Briefen an Abelard, die philosophische und theologische Themen zum Inhalt haben. Neben diesen *Epistolae* ist auch noch ein Fragenkatalog unter dem Titel *Problemata* erhalten. In ihren Schriften wird deutlich, daß sich H. durch ihren Aufenthalt im Kloster von ihrem Status als Schülerin Abelards gelöst hat und zu einer eigenständigen Gelehrten wurde. Neben Kirchenvätern befaßte sie sich auch mit klassischen Philosophen wie Cicero, Seneca und Aristoteles. Ihre Argumentationen zeigen deutlich, daß H. sehr belesen war und neben der Bibel auch die Kirchenväter und Philosophen sehr gut kannte.

Über die Zuschreibung der *Epistolae* an H. gibt es kontroverse Standpunkte. Doch es ist klar, daß sie sowohl die Bildung als auch die Fähigkeit besaß, diese Briefe zu verfassen, und da die Authentizität der *Problemata* nachgewiesen werden konnte, ist auch die Zuschreibung der *Epistolae* an H. einleuchtend.

H.s philosophische Themen der beiden ersten Briefe sind in erster Linie die Liebe, moralische Handlungstheorie und die Ehe. Ihr Begriff der Liebe basiert auf Ciceros Definition der wahren Liebe, nach der das einzige Interesse der Liebenden darin besteht, Liebe zu geben. In ihren Briefen erkennt H., daß Abelard zwar theoretisch auch diese Ansicht vertritt, aber nicht danach lebt und handelt, vielmehr war die Beziehung zu H. für ihn keine ›wahre Liebe‹. H. selbst war dagegen stark an der praktischen Umsetzung ihrer philosophischen Prinzipien interessiert. Deshalb war ihre Liebe zu Abelard nicht nur an ihren eigenen Gefühlen orientiert, sie wollte auch Wünsche erfüllen, die sie ihm aus Liebe zugedachte. Damit liebte sie ihn nicht nur für das, was er war, sondern auch für das Ideal, das er verkörperte.

Die Ehe setzt H. gleich mit Freundschaft in allen Lebensbereichen, nur so könne die Ehe mehr sein als reine Prostitution. Die PartnerInnen müssen sich gegenseitig respektieren und die/den anderen behandeln, als sei sie/er das Beste auf Erden. Eine Ehe, die diesen Forderungen nicht entspricht, sieht sie als Grab der Liebe; woraus auch ihre Weigerung Abelard zu heiraten resultierte.

Eng verbunden mit H.s Vorstellung von Liebe ist auch ihr Ansatz der moralischen Verantwortung. Sie geht davon aus, daß der moralische Wert einer Handlung auf deren Intention basiert. Ein Mensch kann moralisch falsch handeln, ohne das zu beabsichtigen. Auf ihre eigenen Erfahrungen angewandt sah sich H. zwar als Ursache für den Schaden, den Abelard erlitten hatte, aber sie war nicht dafür verantwortlich. Abelard allerdings war durchaus moralisch verantwortlich für die Entwicklung ihres Dilemmas, spätestens nachdem er H.s Angebot, mit ihm ein neues Leben anzufangen, abgelehnt hatte. Das hätte auch bedeutet, seine Karriere als kirchlicher Gelehrter aufzugeben und ohne Mitgift und finanzielle Absicherung zu leben. Sie entschuldigt Abelards Verhalten und argumentiert, daß er als Philosoph nicht für häusliches Leben geschaffen sei. Durch die Beziehung wären seine Möglichkeiten zur intellektuellen Betätigung stark eingeschränkt worden. Mit der Rechtfertigung von Abelards Verhalten stellt H. ihre eigenen Interessen in den Hintergrund. Es ist deshalb nicht verwunderlich, daß H. mit Cicero und anderen Philosophen die Auffassung von der Unterlegenheit der Frau teilt.

Im dritten Brief an Abelard bittet H. ihn, ihr seine Vorstellung vom Berufsstand der Nonnen zu erklären und eine Ordensregel zu entwickeln, die auf das weibliche Geschlecht zugeschnitten ist. Sie stellt fest, daß die bisher auch für sie gültigen Benediktinerregeln, von Männern aufgestellt, auf das Zusammenleben der Frauen nur bedingt angewandt werden können. Ihre Schwierigkeiten mit den Regeln der Männer reichten von den Bekleidungsvorschriften bis zu den Vorstellungen von der Bewirtung männlicher Gäste.

H. untermauert ihre Forderung nach eigenen Ordensregeln noch mit zahlreichen Beispielen und erläutert in diesem Zusammenhang auch ihre eigenen Vorstellungen, wie solche Regeln aussehen könten. Aufgrund dieses Briefes entwickelte Abelard eine spezielle Ordensregel für H.s Kloster Paraklet; dabei geht er genau auf die Forderungen ein, die H. aufgestellt hat und folgt der von ihr vorgegebenen Linie; sicherlich hätte H. diese Regeln auch selbst aufstellen können, aber nur wenn sie von Männern stammten, wurden sie auch anerkannt.

In ihrem zweiten überlieferten Text *Problemata* hat H. einen Fragenkatalog aufgestellt, in dem sie Themen wie Bibel, Gott und Jesus anspricht. Sie hinterfragt darin die Glaubenslehre und einzelne Bibelstellen sehr detailliert und spricht dabei auch Fragen an, die normalerweise nicht gestellt werden durften. Die *Problemata* enthalten 42 theologische Problemstellungen H.s mit den entsprechenden Antworten Abelards, in denen sie auch ihre logische Argumentationsweise unter Beweis stellt. Der gesamte Text ist nur in lateinischer Sprache zugänglich, es wurden aber einzelne Problemstellungen ins Deutsche übersetzt.

Werk: Epistolae Heloisae, in: Migne: *Patrologia Latina*, 176; Problemata Heloissa, in: Migna: *Patrologia Latina*, 178, S. 677–730; The Letters of Abelard and Heloise, 1942/1974; P. Abaelard: Der Briefwechsel mit Heloisa, 1989.
Literatur: E. M. Barth: Women Philosophers. A Bibliography of Books through 1990; M. Fumagalli: Heloise und Abelard, 1986; E. Gilson: Heloise and Abelard, 1960; E. Hamilton: Heloise, 1966; E. McCleod: Heloise, 1971; U. I. Meyer (Hg. in): Die Welt der Philosophin I, 1995; G. Moore: Heloise and Abelard, 1932; WP.

Ursula I. Meyer

Herrad von Hohenburg/von Landsberg
mittelalterliche Äbtissin und Gelehrte, 12. Jh.

H. wurde in Burg Landsberg auf dem Odilienberg in den Elsässer Vogesen geboren, was urkundlich jedoch nicht gesichert ist; ihr genaues Geburtsdatum ist unbekannt. Ab 1167 war sie Äbtissin des Klosters Hohenburg; dort ist sie 1195 gestorben.

H. war eine herausragende Frauengestalt ihrer Zeit; sie war Schriftstellerin, Zeichnerin, Malerin, Komponistin und hochbegabte Gesangspädagogin. Als Äbtissin befaßte sich H. intensiv mit der Förderung und Vertiefung des religiösen Lebens. Sie gründete ein Priorat der Augustiner-Chorherren im unterhalb des Schlosses Landsberg gelegenen Truttenhausen, dem ein Krankenhaus angeschlossen wurde. Ihre Novizinnen erhielten eine für damalige Verhältnisse sehr umfassende Allgemeinbildung, die auch profane Wissenschaften einschloß. Überliefert ist der umfangreiche Codex *Hortus deliciarum* (Garten der Freude), den die Äbtissin Relindis begonnen und auf ihre Schülerin H. übertragen haben soll. Er wurde zur Lebensaufgabe H.s, deren Ruhm den ihrer Lehrmeisterin bei weitem übertraf. Der *Hortus* umfaßt 324 Pergamentblätter, davon 255 in Großfolio, 69 kleineren Formats. Die Handschrift mit einer Kopie verbrannte 1870 in Straßburg. Das zum Zwecke der Belehrung und Erbauung der Nonnen geschaffene enzyklopädische Werk in lateinischer Sprache enthielt 344 für die Kulturgeschichte wertvolle Miniaturen mit Darstellungen der Vergangenheit im Gewand der eigenen Zeit und entstand etwa von 1175–1191. »Euch zuliebe, geweihte Schwestern, habe ich durch Gottes Eingebung und zu Ehren Christi und der Kirche dieses Buch gleich einem emsigen Bienlein aus den Blüten der göttlichen und philosophischen Schriften zusammengetragen und zu einer honigträufelnden Wabe geformt, damit die süßen Geistesfreuden des himmlischen Bräutigams Euren müden Sinn erfrischen und Euch in Sicherheit durch die Vergänglichkeiten dieser Welt zur ewigen Seligkeit hin eilen lassen.« Der *Hortus* ist ein einmaliges Dokument der Kultur und Geistigkeit der Stauferzeit und umfaßt alles wesentliche kirchliche und weltliche Wissen. Von den hinzugefügten, zum Teil vertonten Gedichten stammen nur einige von ihr selbst. Der Titel scheint dem *Speculum ecclesias* ihres wichtigsten literarischen Mentors, Honorius Augustodunensis, entnommen zu sein; ebenso gehen die erklärenden Zeichnungen zur Kosmographie auf Honorius Schrift *De philosophia mundi* zurück. Byzantinischen Einfluß hingegen zeigt der Bilder-Zyklus des Neuen Testaments und des Jüngsten Gerichts. Die im Werk enthaltenen mythologischen Themen weisen ein fundiertes Wissen über die Antike auf; die bilderreichen Formen spannen übergangslos einen synkretistischen Bogen vom hellenistischen, spätantiken Vorstellungskreis über die frühchristliche bis zur mittelalterlichen Kunst. Bei den Bildern und Texten kam es nicht auf historische Fakten an, sondern auf die Heilsgeschichte und Wege zur Erlösung des Menschen. Beginnend mit der Natur und den Eigenschaften Gottes, der Erschaffung der Engel und dem Sturz Luzifers schließt H. die Darstellung des Zodiakus und den Ablauf der Zeit an und stellt den Menschen als Mikrokosmos inmitten der vier Elemente dar. An der Sieben-Planeten-Lehre, dargestellt im Nimbus des soeben erschaffenen Menschen, zeigt sich die Divergenz des mittelalterlichen Symbol-Denkens und unseres heutigen rational-logischen naturwissenschaftlich gestützten Weltbildes. Die Funktionen der auf Folio 31 dargestellten neun Musen deutete H. sehr persönlich für den klösterlichen Gebrauch um, z. B. steht Euterpe im Sinne Senecas (»Werde, der du bist«) für »begehren, was man will«. Die Darstellung der sieben freien Künste in zwei konzentrischen Kreisen diente in besonderer Weise dem Verständnis der Heilsgeschichte, da sie dem nach höherer Erkenntnis strebenden Menschen die wirksamsten Hilfsmittel lieferte. Der innere Kreis umfaßt die allegorische Figur der Philosophie als zentrale Stellung mit den platonischen Unterteilungen Ethica, Logica, Physica. Ein Spruchband enthält die entscheidenden Sätze: »Omnis sapientia a Domino deo est« und »Soli quod desiderant facere possunt sapientes« (»Alle Weisheit ist von Gott dem Herrn. – Nur die Weisen können tun, was sie begehren«). Diesen Worten geht die Erkenntnis voraus, daß allein aufgrund der Weisheit Wünschbarkeit und Wollen niemals böse und unwahr sein können. An Kühnheit wird diese Erkenntnis nur von Augustinus in seiner *Doctrina christiana* übertroffen: »Ama, et fac quod vis« (»Liebe, und dann kannst Du tun, was Du willst«).

Der Brust der Philosophie entspringen die sieben Quellen der freien Künste nach Einteilung des mittelalterlichen Universitätsunterrichts in Trivium und Quadrivium: Grammatica, Rhetorica, Dialectica/Musica, Arithmetica, Geometria, Astronomia. Alle allegorischen Figuren der Künste sind durch die ihr eigenen Attribute gekennzeichnet; die Dialectica z. B. durch einen bellenden Hundekopf (»Meine Argumente folgen so rasch wie das Bellen der Hunde«). Unterhalb der gekrönten Philosophie sitzen Sokrates und Platon als »die Weisen der Welt und die Priester der Heiden". Außerhalb des

Kreises befinden sich vier unbenannte Dichter und Magier, inspiriert vom unreinen Geist. Die heidnische Philosophie und Literatur werden den auf Gott als dem letzten Ziel gerichteten freien Künsten gegenübergestellt, die nach H. ihren Ursprung im Heiligen Geist haben. Die personifizierte Darstellung des Kampfes der Tugenden gegen das Laster (Folio 199–203) geht auf die *Psychomachia* des Prudentius (348 bis 405) zurück und lieferte den theologischen Schriftstellern ganzer Epochen Material für Exegese und Homiletik. Im kämpferischen Zusammenstoß mit Humilitas (die Demut), hinter der Fides (der Glaube) steht, fällt Superbia (der Stolz) besiegt in eine Grube. Superbia und Luxuria (die Genußsucht) gehörten zum ›principale vitium‹, dem schlimmsten Laster. Durch ihre Darstellung der Luxuria als Blumen streuende Jungfrau veranschaulicht H., daß sich auch das Laster unerkannt einschleichen kann.

Werk: Hortus Deliciarum. (Textauszüge mit 12 Kupfertafeln), in: Ch. M. Engelhardt: *Herrad von Landsberg*, 1818.
Literatur: Die Rhythmen, hg. v. G. M. Dreves, in: *Analecta hymnica*, 50, 1907; O. Gillen: Ikonographische Studien zum Hortus, 1931; O. Gillen: Hortus deliciarum, 1979; M. Manitius: Geschichte der lateinischen Literatur des MA 3, 1931; Ch. Schmidt: Herrad de Landsberg, 1897; A. Straub/G. Keller: Herrade de Landsberg, 1879/99; L. Sturlese: Die deutsche Philosophie im Mittelalter, 1993; J. Walter: Herrade de Landsberg, H. d. Recueil de cinquante planches ... avec texte d'introduction ... et du commentaire iconographique, 1952; HWP; WomBio.

Helga Rost

Hersch, Jeanne
schweizerische Philosophin, *1910

H. wurde am 13. Juli 1910 als Tochter polnisch-jüdischer Einwanderer in Genf geboren. Sie studierte Philosophie und Literaturwissenschaft in Genf, Paris, Freiburg und Heidelberg, wo sie Karl Jaspers und Martin Heidegger begegnete. Während Heidegger sie weder als Person noch als Philosoph

beeindruckte, fand sie in Jaspers einen Lehrer, dem sie bis zu seinem Tode im Jahre 1969 freundschaftlich verbunden blieb und dessen Philosophie sie durch Übersetzungen und Arbeiten über ihn dem französischsprachigen Publikum näherbrachte.
1932 kehrte sie aus dem zum Nationalsozialismus pervertierten Deutschland nach Genf zurück, legte dort das Staatsexamen ab und unterrichtete von 1933–1955 an der Ecole Internationale in Genf. 1956 erhielt sie die Professur für Systematische Philosophie an der Universität Genf. Sie hat Gastvorlesungen in den USA gehalten, war von 1966–68 Direktorin der Abteilung für Philosophie der UNESCO in Paris, deren Exekutivrat sie von 1970–72 in leitender Funktion als Vertreterin der Schweiz angehörte.
H. ist Ehrendirektorin der theologischen Fakultät der Universität Basel und erhielt neben anderen Auszeichnungen 1973 den Preis der ›Fondation pour les droits de l'homme‹, 1979 den Montaigne-Preis und 1980 den Max-Schmidheiny-Freiheitspreis.

Das für ihr philosophisches Werden entscheidende Ereignis war die Begegnung mit Karl Jaspers, den sie erst 18jährig in Heidelberg traf. Geprägt von den philosophischen Themen Jaspers', die die spezifisch menschlichen Bedingungen der Forschung nach ›Sein‹ und ›Wahrheit‹ beleuchten, bleibt sie auch später in ihrem Philosophieren dem Existentialismus und Kantianismus treu. Von sich selbst sagt sie: »Ich habe kein philosophisches System erfunden, aber ich habe versucht, den Sinn und das Ziel jedes Systems zu begreifen. Ich war und bin eher eine Gegenwart in meiner Zeit als der Autor eines Werkes. Mein Denken ist wahrscheinlich der religiösen Ebene zu nah, deren Sprache mir jedoch verweigert ... bleibt ...« (1)
In ihrem ersten, 1936 veröffentlichten Buch *Die Illusion. Der Weg der Philosophie* versucht sie, das Wesen eines philosophischen Problems im Unterschied zu einem wissenschaftlichen, praktischen oder ästhetischen Problem zu klären und das Wesen der Philosophie zu bestimmen, insofern ein phi-

losophischer Text sich dadurch auszeichnet, daß er nicht nur auf die ›Vernunft‹, sondern auf die ›Freiheit‹ des Lesers/der Leserin wirkt und sie zum Wachsen bringt.
Das zentrale Thema ihrer 1946 erschienenen Dissertation *Sein und Form* ist die Beziehung zwischen dem uns ›Gegebenen‹ und der durch uns erbrachten spezifischen ›Formgebung‹ in den Gebieten der menschlichen Tätigkeit, der Wissenschaft, Praxis oder Kunst: »In einem gewissen Sinne steht dieses Buch direkt im Zusammenhang mit der Frage aus meiner Kindheit über ›die Wirklichkeit‹ der Dinge: es geht um die verschiedenen Ebenen des ›Wirklichen‹ für uns, die verschiedenen Verhältnisse zwischen diesem ›wirklich Gegebenen‹ und dieser ›Formgebung‹«. (1)
Die Frage, die sie als Fünfjährige an den Vater stellte, lautete: »ob das, was ich hier auf dem Tisch sehe, auch wirklich ist«. Die pragmatische Abfertigung, die sie damals erfuhr, läßt sie das für sie so wichtige philosophische Verhältnis ganz klar und allgemeinverständlich sagen: »Was ich aus dieser Begebenheit festhalte, ist, daß ich eigentlich keine Erklärung benötigte, sondern eine Beziehung zum Wirklichen, die ein seltsames Staunen befriedigt hätte. ›Sehen‹ allein genügte mir nicht.« (1)
Ihr Anliegen ist es, den von der zeitgenössischen Philosophie vergessenen Fragen der ›philosophia perennis‹ wieder zu ihrem Recht zu verhelfen: »Die Wahrheit soll sich wieder auf das Sein beziehen können und für menschliche Freiheit entscheidend sein.« (1) Konkret wird dieses Projekt in ihrem Buch *Das philosophische Staunen*. Am Beispiel ausgewählter Denker, denen sie in ihrem jeweils spezifischen Staunen nachgeht, versucht sie Schnittpunkte des Denkens sichtbar zu machen, die die zentralen Fragen der menschlichen Existenz, wie: Selbstbewußtsein, Gewissen, Werte, Verantwortung, Freiheit und Sinn in einem geistig schöpferischen Prozeß auch für den Leser oder die Leserin wieder auftauchen lassen: »Mögen die Leser ihr eigenes Staunen im Staunen anderer wiederfinden oder neu erkennen … Dies gehört zum Schöpferischen im Menschen. Diesen schöpferischen Prozeß möge die Philosophie im Leser anregen.« (2)

Sie schrieb jedoch nicht nur philosophische, sondern auch literarische Texte zu den unterschiedlichsten Themen: über moralphilosophische Probleme, Ideologie und Realität, das Phänomen der Zeit, Geschichte, Religion, Mythos, Macht und Erziehung; wobei sich die Frage nach der Zeit/Endlichkeit und Freiheit, sowie einer möglichen Einheit des Lebens als roter Faden ausmachen läßt.

Mit großem sozialpolitischem Engagement trat sie immer wieder besonders für die Verteidigung der Menschenrechte ein und äußerte sich in zeit- und gesellschaftskritischen Essays auch über Fragen der Angst, des Todes, des Judentums, der Dritten Welt und so provokativen Themen wie Euthanasie, Behindertenintegration, Drogen, Schwangerschaftsabbruch und die Rolle der Frau.

Werk: L'être et la form, 1946; Die Illusion. Der Weg der Philosophie, 1956; Die Ideologien und die Wirklichkeit. Versuch einer politischen Ordnung, 1957; Aktuelle Probleme der Freiheit, 1973; Begegnung, 1975; Von der Einheit des Menschen, 1978; Voraussetzungen der Freiheit in den Medien, 1982; Die Unfähigkeit, Freiheit zu ertragen, 1987; Schwierige Freiheit. Gespräche mit Jeanne Hersch, hg. v. G. und A. Dufour-Kowalska, 1987; Quer zur Zeit, 1989 (1); Karl Jaspers, 1990; Das Recht, ein Mensch zu sein (Konzept u. Auswahl, Jeanne Hersch), 1990; Die Hoffnung, Mensch zu sein, 1990; Das philosophische Staunen. Einblicke in die Geschichte des Denkens, 1992 (2).
Literatur: Die Macht der Freiheit. Kleine Festschrift zum 80. Geburtstag von Jeanne Hersch, hg. v. A. Pieper, 1990; WP.

Doris Beyrich

Hildegard von Bingen
mystische Theologin, *1098, †1179

Geboren wurde H. 1098 bei Alzey als 10. Kind des Edelfreien Hildebert von Bermersheim und seiner Frau Mechthild, daher als ›Zehnter‹ Gott dargebracht. Von klein auf visionär begabt, wurde H. mit einem anderen Mädchen zusammen, achtjährig, der Reklusin Jutta von Spanheim in der Frauenklause beim Benediktinerkloster auf dem Disibodenberg anvertraut und dort erzogen. Es war üblich, daß angehende Nonnen in den sieben freien Künsten unterrichtet wurden, die lateinische Bibelübersetzung (Vulgata) lasen und mit den Kirchenvätern vertraut wurden. H. zeigt in ihrem musikalischen Werk ebenso wie in ihren bis in mathematische Einzelheiten ausgearbeiteten Visionsbeschreibungen, daß sie das ihr vermittelte Bildungsgut, wodurch sie auch mit der Spätantike bekannt wurde, eigenständig verarbeitet hat. 1113/14 legte sie die benediktinischen Ordensgelübde ab und bestätigte damit, wie üblich, die Vorentscheidung ihrer Eltern; 1136 wurde sie nach dem Tod Juttas zur Magistra der zum Konvent angewachsenen Frauengemeinschaft gewählt; 1147–52 entstand auf dem Rupertsberg bei Bingen ihr Frauenkloster gegen den Widerstand der Mönche vom Disibodenberg. Ab 1160 unternahm H. mehrere Predigtreisen. 1179 starb sie in ihrem Kloster. Ihrer toposhaften Selbstverfremdung als ›ungelehrte‹ Frau korrespondiert ein starkes Erwählungsbewußtsein und die Erfahrung der unmittelbaren Berührung vom göttlichen Licht, die ihr die Lehre von berühmten irdischen Lehrern (doctrina carnalium magistrorum) entbehrlich erscheinen ließ. H. ist eine nicht ekstatisch mystische Theologin, die sich durch ihre prophetische Legitimierung zur Bibelinterpretation berechtigt weiß.

H. war eine der mächtigen Äbtissinnen des Mittelalters, mehr Theologin als Philosophin, aber ihr Gottes- und Menschenbild sowie ihre Makro-Mikrokosmik sind auch philosophisch von Belang und korrigieren des öfteren Vorstellungen der zeitgenössischen Theologen. In ihrem ersten großen Werk *Scivias* (Wisse die Wege), entstanden im Jahrzehnt ab 1141, beschreibt H. von der Schöpfung bis zum Eschaton die Geschichte der Menschheit als Heilsgeschichte im Gegenüber zu Gott. Deren wichtigste Ereignisse findet sie im Kosmos gespiegelt. In der Weltallvision verwendet H. die Vorstellung vom Weltenei (auch im alten China, im Mithraskult und in der Schule von Chartres geläufig), dessen Dotter die Erde als Ort des Menschen ist. H. deutet an, daß sie die Menschwerdung des Sohnes Gottes, den sie aus der divina sapientia (göttlichen Weisheit) geboren sein läßt, auch ohne den menschlichen Sündenfall annimmt. Ihre Trinitätsvision, zwei verschiedenfarbige konzentrische Kreise mit der saphirblauen Menschengestalt in ihrer Mitte, hat eventuell Dante beeinflußt. Hier ist die Rede von der »materna dilectio amplexionis Dei quae nos ad vitam enutrivit et quae in periculis auxiliatrix nostra est« (der mütterlichen Liebe der Umarmung Gottes, die uns zum Leben genährt hat und die in Gefahren unsere Helferin ist). H.s spiralenhafte Geschichtsauffassung erklärt den Wechsel von dunklen und hellen Geschichtsphasen: Zeit der Wiederkehr der Evasschuld – ebenso oft sagt sie auch Adamsschuld – und Zeit der Wiederkehr der Geburt des sol (Sonne) Christus aus der aurora (Morgenröte) Maria. Der kosmische Endkampf zwischen guten und bösen Mächten, die Versöhnung der Juden, Christen und nichtchristlichen Völker, die Reinigung der kosmischen Elemente von der ›Verschmutzung‹ durch die Sünden menschlicher Maßüberschreitung und der Stillstand der Himmelsbewegung beschließen dieses bekannteste Werk H.s.

Ihr *Liber vitae meritorum* (Buch der Lebensverdienste) entstand 1158–1163 als eine Auseinandersetzung zwischen virtutes (Tugendkräften) und vitia (Lastern), in der Tradition der *Psychomachia* des Prudentius. Eine überdimensionale Christusgestalt, aus deren Mund die Feuerwolke der Tugenden sprüht, die den Reden der als Mischgestalten von Tier und Mensch erscheinenden Laster widersprechen, dreht sich im Lauf der Visionen nach den 4 Himmelsrichtungen. Männliche und weibliche Symbolik ist jeweils sowohl in positiver wie negativer Bedeutung verwendet.

De operatione Dei (Vom Wirken Gottes, von Schipperges übersetzt als: Welt und Mensch) entstand im Jahrzehnt nach 1163 als letztes Werk der Visionstrilogie H.s. Weitgehend eine Revision von *Scivias* aus ihrer Alterssicht, sind die Visionen 2–4 makro-mikrokosmischen Entsprechungen gewidmet. Die Menschengestalt mit ausgebreiteten Armen, die H. in der Mitte der kosmischen Sphären schaut, läßt weibliche wie männliche Interpretation offen, zumal die Entsprechungen von Menschenleib und Kosmos für beide Geschlechter erklärt werden. Die Kosmoskreise sind umarmt von der nur mit weiblichen Substantiven beschriebenen ›divina caritas‹, die überragt wird von einem männlichen Greisenhaupt, das an die Gottesdarstellung der Apokalypse erinnert. So hält H. auch hier an der Beschreibung des Göttlichen mit männlichen wie weiblichen Zügen fest.

In den fünfziger Jahren entstand H.s *Liber subtilitatum diversarum naturarum creaturarum*, im Zuge der handschriftlichen Überlieferung geteilt in *Physica* (Beschreibung von Pflanzen, Elementen, Steinen, Tieren, Metallen in ihren heilvollen und unheilvollen Kräften) und *Causae et curae* (Beschreibung des menschlichen Leibes, Therapieanweisungen).

Gegen einen übertriebenen Neuplatonismus schätzt H. die Materie hoch und widersetzt sich manichäisch-dualistischen Strömungen. Im Unterschied zur Scholastik betont sie die Zugehörigkeit des Leibes zur imago Dei und die Gleichrangigkeit von weiblicher und männlicher Gottebenbildlichkeit. Männlich-weibliche Züge im Gottesbild (unter Voraussetzung des Analogiebegriffs) lassen den gerechten Gott (als gleichsam männlich) und Gott die Liebe und Barmherzigkeit (als gleichsam weiblich) im menschlichen Bereich gespiegelt sein. Jungfräulichkeit und Mutterschaft sind bei H. nicht polarisiert, sondern in Beziehung gesetzt. Nicht nur ist die Frau um des Mannes willen geschaffen, wie sie bei Paulus liest, sondern auch der Mann um der Frau willen, wie sie ihn korrigierend ergänzt.

Gegen Bestrebungen der zeitgenössischen Naturphilosophie, die Geschlechterhierarchie kosmisch zu legitimieren, indem die beiden ›höheren‹ Elemente, Feuer und Luft, als männlich, die beiden ›niederen‹, Wasser und Erde, als weiblich bezeichnet werden (was eine entsprechend schlechtere Temperamentenmischung bei der Frau zur Folge haben soll), beansprucht H. für den weiblichen Leib vorwiegend die Elemente Luft und Wasser, also die mittleren, womit sie für die gegenseitige Angewiesenheit beider Geschlechter und für ihre Kooperation eintritt. Auch ist die Frau bei H. nicht das schwache Geschlecht, sondern ›mollioris roboris‹, von weicherer Kraft als der Mann. Die männliche Stärke soll durch mansuetudo (Sanftheit) gemäßigt sein, damit sie nicht in Grausamkeit umschlägt. Im Gegensatz zu den zeitgenössischen Ehedefinitionen beschreibt H. diese menschliche Lebensform als »caro una in coniunctione caritatis« (ein Fleisch in der Verbindung der Liebe), kann sich aber von augustinischen Einflüssen in der Erbsündenlehre nicht ganz freihalten. H.s Menschen- und Gottesbild sind ebenso ausgeglichen wie ihre ganzheitliche Beschreibung des Menschen in seiner Welt.

Wer wissenschaftlich über H. arbeiten will, ist auf den Originaltext angewiesen. Die Übersetzungen sind entweder unvollständig oder fehlerhaft bis (an manchen Stellen) anfechtbar. Eine textkritische Edition des 3. Visionswerkes H.s ist in Arbeit.

Werk: Teilausgaben in: Migne, *Patres Latini* 197; J.B. Pitra: Analecta Sacra 8, 1882; Causae et curae, hg. v. P. Kaiser, 1903/1980; Scivias, hg. v. A. Führkötter/A. Carlevaris, Corpus Christianorum continuatio mediaevalis (CCCM) 43, 43A, 1978; Vita sanctae Hildegardis, hg. v. M. Claes, CCCM 126, 1993; Epistolarium p.1, hg. v. L. van Acker, CCCM 91A, 1991/1993; Liber vitae meritorum, hg. v. A. Carlevaris, CCCM 90, 1995; Heilkunde, übers. v. H. Schipperges, 1957; Briefwechsel, übers. v. A. Führkötter, 1965; Welt und Mensch, übers. v. H. Schipperges, 1965; Lieder, hg. v. P. Barth, 1969; Der Mensch in der Verantwortung (L. vitae meritorum), übers. v. H. Schipperges, 1972; Wisse die Wege, übers. v. M. Böckler, 1928, v. W. Storch, 1990; Das Buch von den Steinen, nach den Quellen übers. v. P. Riethe, 1979; Naturkunde, übers. v. P. Riethe, 1980.

Literatur: (in Auswahl) P. Allen: Two Medieval Views on Woman's Identity, Hildegard v. Bingen and Thomas Aquinas, in: *Studies in Religion. A Canadian Journal* 16, 1987, S. 21–36; F. Chávez Alvarez: Die brennende Vernunft. Studien zur Semantik der rationalitas bei Hildegard v. Bingen, 1991; P. Dronke: Women Writers of the Middle Ages, 1984; E. Gössmann: Hildegard von Bingen. Versuche einer Annäherung, 1995; W. Lauter: Hildegard-Bibliographie, 1/2, 1970/1984 (3. Aufl. in Vorber.); C. Meier: Prophetentum als literarische Existenz, in: Gisela Brinker-Gabler, *Deutsche Literatur von Frauen*, Bd. 1, 1988; U.I. Meyer (Hg. in): Die Welt der Philosophin I, 1995; B.J. Newman: Sister of Wisdom, St. Hildegard's Theology of the

Hipparchia von Maroneia (Ἱππαρχία)
griechische Philosophin der kynischen Schule, um 300 v. u. Z.

H. lebte zur Zeit der 111. Olympiade (1); sie war die Schwester des Metrokles und Frau des Kynikers Krates.
Als einzige Philosophin wird H. im biographischen Werk des Diogenes Laertius über *Leben und Meinungen berühmter Philosophen* ein Kapitel gewidmet. Nach dortigen Angaben war sie Schülerin des Krates und zog es vor, ein bescheidenes Leben mit dem Kyniker zu wählen, trotz ihrer wohlhabenden Herkunft. Gegen den Willen der Eltern setzte sie – unter Suizidandrohung – die Ehe mit Krates durch.
Der Überlieferung zufolge disputierte sie mit Theodoros, dem Gottlosen, und überführte ihn durch ein Sophisma: »Was Theodoros tut, ohne dafür eines Unrechtes geziehen zu werden, das kann auch Hipparchia tun, ohne dabei eines Unrechtes geziehen zu werden; Theodoros aber tut nicht unrecht, wenn er sich selbst schlägt, also tut auch Hipparchia nicht unrecht, wenn sie den Theodoros schlägt.« (2)
H. betonte, daß sie durch ihre Wahl, nicht am Webstuhl zu sitzen, sondern sich der Bildung und Weisheit zuzuwenden, die beste Entscheidung für sich getroffen habe. Hierauf nimmt ein Epigramm des Antipater von Sidon, wie es von Menage überliefert wird, Bezug. Clemens Alexandrinus hält es für erwähnenswert, daß H. mit Krates die sogenannte ›Hundehochzeit‹ (öffentliche Vermählung) vollzog (Kyniker – Hund/hündisch).
Gemäß Suidas schrieb sie philosophische Hypothesen, Epicheiremata und Fragen an Theodoros mit dem Beinamen Atheos. Pasch beruft sich auf Diogenes Laertius und schreibt, daß H., »die gelehrte Frau des Crates, hervorragend in den

philosophischen Disziplinen [war]. In der Art des Sprechens ahmte sie Plato nach und verfaßte auch einige Tragödien. (Vid. Laetius lib. VI)« (3) Pasch muß allerdings eine andere Werkausgabe vorgelegen haben, denn in der bezeichneten Textstelle des Diogenes Laertius steht ›Krates‹ und nicht H. Da der Abschnitt jedoch falsch plaziert ist, wäre sowohl eine Manipulation bzw. ein Austausch des Namens als auch eine Verwechslung möglich.

Die kynische Philosophie zeichnet sich durch Hinwendung zum Individuum und einer bestimmten praktischen Lebensweise aus, die durch Bedürfnislosigkeit und äußere Ordnung definiert ist. Der Verzicht auf materielle Güter und die öffentlich gelebte Tugend sollen zum Glück des Menschen führen.

Literatur: Clemens Alexandrinus: Teppiche (Stromata) IV 19.121; Diogenes Laertius: Leben und Meinungen berühmter Philosophen, VI 96–98. (2); J.C. Eberti: Eröffnetes Cabinet Deß Gelehrten Frauen=Zimmers, 1706/1990; G. Menage: The History of Women Philosophers, 1690/1984; J. Pasch/J.A. Planer: Vom Gelehrten Frauenzimmer, in: Eva – Gottes Meisterwerk, hg.v. E. Gössmann, 1985 (3); J.C. Poestion: Griechische Philosophinnen, 1885; RE *Hipparchia*, Bd. VIII, 2; Suidas Lexikon *Hipparchia*, Bd. 2; HWP; WP.

Maria Nühlen

Hippo/Hippe (Ἱππη)
griechische Gelehrte, mythische Zeit

H. war die Tochter des Chiron und die Frau des Aiolos. Historisches und Mythisches sind bei H. nicht mehr zu unterscheiden. Älteste Quelle ist das nur fragmentarisch erhaltene Drama des Euripides *Melanippe, die Weise*; diese war die Tochter Hippos und Aiolos. Ovid schildert in seinen *Metamorphosen* die Verwandlung Okyrrhoes (nach Ovid ihr ursprünglicher Name) in eine Stute mit dem neuen Namen Hippe (Stute). In diesem Mythos besaß H. prophetische Fähigkeiten, sagte das Schicksal ihres Kindes und ihres Vaters voraus und erkannte ihr eigenes, ohne es abändern zu können. Nach Ranke-Graves war H.s erster Name Thea oder Thetis und ihr späterer nach der Verwandlung Euippe, wie auch Pollux sie nennt.

Clemens Alexandrinus überliefert: »Hippo aber, die Tochter des Kentauren, die Gemahlin des Aiolos, lehrte ihn die Betrachtung der Natur, die Wissenschaft des Vaters. Über H. zeugt auch Euripides ungefähr mit den Worten: »Sie gab vom Göttlichen Vorherverkündigung zuerst – In klaren Sprüchen von der Sterne Anfang her.« (1) Von ihrem Vater lernte H. die ärztliche Heilkunst, die sie dann an Aiolos weiter vermittelte.

Menage vermerkt, daß die Betrachtung der Natur der Beginn der Philosophie sei, weshalb sie also von ihm in die Geschichte der Philosophinnen als erste aufgenommen wurde.

Ranke-Graves führt die Mythenbildung um Chiron, H. und Melanippe auf einen alten Pferdekult zurück.

Literatur: Clemens Alexandrinus: Teppiche (Stromata) I 15.73 (1); Euripides frg. 482; G. Menage: The History of Women Philosophers, 1690/1984; Ovid: Metamorphosen II 633–675; J.C. Poestion: Griechische Philosophinnen, 1885; Pollux IV 141; R. Ranke-Graves: Griechische Mythologie, 1955/1992; Der Kleine Pauly *Chiron, Hippe, Melanippe, 1979*; RE *Hippe*, Bd. 16, 1913; RE *Okyrrhoe*, Bd. 34, 1937; WP.

Maria Nühlen

Holst, Amalie
deutsche Philosophin, *1758, †1829

Über H.s Leben ist sehr wenig bekannt. Sie wurde 1758 in Altona geboren. Ihr Vater, Johann Heinrich Gottlob von Justi, war ein Intellektueller, der für die Gleichberechtigung der Frauen eintrat. H. heiratete den Rechtsanwalt Dr. Johann Ludolf Holst und bekam drei Kinder.

H. verfaßte mehrere Bücher und erhielt dafür den Titel ›Doktorin der Philosophie‹ von der Universität zu Kiel. Sie starb 1829 auf der Halbinsel Teldau bei Boitzenburg.

In der Vorrede ihres Buches *Über die Bestimmung des Weibes zur höheren Geistesbildung* (1802) schreibt H.: »Es scheint mir ein Bedürfnis der Zeit, daß diese wichtige Materie, über welche fast Männer allein bereits so viel geschrieben haben, auch einmal von der andern, von der weiblichen, Partei zur Sprache käme.« H. kritisiert die Ungerechtigkeit und Parteilichkeit der Männer, wenn sie das weibliche Geschlecht beurteilen und richtet sich an die Frauen, um sie von »der Wichtigkeit und dem Umfange ihres Berufs als Mensch und als Weib« zu überzeugen. Sie empfiehlt ihren Leserinnen ›besonders‹ das Buch von Theodor G. von Hippel *Über die bürgerliche Verbesserung der Weiber*.

Im ersten Teil ihres Buches verurteilt H. die ›aufgeklärten‹ Antifeministen, die behaupten, daß eine höhere Bildung für die Frauen in Widerspruch zu ihrem Beruf als Ehefrau, Mutter und Hausfrau stehe. Die Scheinargumente der Männer sind für H. eine Folge »jener Halbkultur, jener Afteraufklärung, die schädlicher ist als nichts wissen.«

Der erste Hauptgrund, der gegen die Bildung der Frauen angeführt wird, ist, daß die physischen und geistigen Anlagen der Frauen minderwertig seien; der zweite, daß eine höhere intellektuelle Entwicklung ganz im Widerspruch zu den weiblichen Pflichten stehe.

H. widerlegt jedes Argument mit einer erstaunlichen Schärfe und Kohärenz. Sie gibt zu, daß die Frauen in der Regel körperlich schwächer sind als die Männer, aber nicht im intellektuellen Bereich: »Denkt etwa unser Geist nach anderen logischen Gesetzen? Nimmt er die Dinge der Außenwelt anders auf, als die Männer? Wer wäre der, der dies zu behaupten wagen möchte?« (1)

Sie kritisiert die Inkonsistenz des Begriffes ›Natur‹ insbesondere bei Rousseau, der ständig den Naturzustand mit der Kultur und mit dem Sittengesetz verwechselt. »Woher kommt aber jener Irrtum« – fragt sie – »gebildeter Männer, wenn sie über Menschenrechte im bürgerlichen Verhältnisse philosophieren? Nur aus dem Hange des Menschen, vermöge dessen wir nicht gern Rechte teilen, welche wir so lange ungeteilt und ausschließlich genossen haben« (1).

H. fordert die gleiche Bildung für Mädchen und Jungen und verteidigt das Recht der Frauen, sich den Studien zu widmen, auch wenn sie dadurch ihre ›weiblichen‹ Pflichten vernachlässigen: »Wenn sich nun eine [spekulative Philosophin – M.C.] unter den Frauen ganz dem Studium dieser ernsten Wissenschaften überliesse, und dadurch der Welt nützlich würde, wer könnte es ihr untersagen, unverehelicht zu bleiben, wie Kant es ist, wie Leibniz es war?« (1) Darüber hinaus zeigt H., daß eine ›höhere Geistesbildung‹ für die Frauen vorteilhaft für die Erfüllung ihrer Pflichten wäre.

In bezug auf die Beziehungen der Geschlechter versteht H. die Ehe als einen Vertrag, den zwei gleiche und freie Personen unterschreiben, und in welchem beide gleiche Pflichten und Rechte haben. Sie stellt sich damit gegen die Vorstellungen von Fichte, der in seiner *Grundlage des Naturrechts* die Notwendigkeit der Unterordnung der Frauen in der Ehe behauptete. Für H. kann sich die Liebe nur unter Gleichen entwickeln: »Bei Autorität und Herrschaft gedeihet die Liebe nicht« (1).

H. geht von der Aufklärung aus, um eine grundlegende Kritik an der von den Männern beschränkten Aufklärung zu üben: »Wenn nun aber die Männer, uns nur einen gewissen Grad der Bildung, nur so viel, als zur Unterhaltung geistreicher Männer, zur Erziehung der Kinder und zur Führung des Hauswesens nötig ist, erlauben, und unseren Geist zurückweisen wollen: so frage ich, wo ist der Richterstuhl, vor welchem dies entschieden werden muß, und wo sind die Grenzen der Wissenschaften?« (1) Für H. gibt es nur eine Wissenschaft und nur eine Aufklärung, die zur ›Veredelung der Menschheit‹ führen soll. So fordert sie eine gleiche Teilnahme der Frauen, damit sie endlich auch Menschen »in der eigentlichsten Bedeutung« des Wortes werden.

Werk: Bemerkungen über die Fehler unserer modernen Erziehung von einer praktischen Erzieherin, 1791; Über die Bestimmung des Weibes zur höheren Geistesbildung, hg. v. B. Rahm, 1982/1984 (1); Beurteilung über Elisa, oder das Weib wie es sein sollte, 1799; H. Schröder (Hg.in): Die Frau ist frei geboren. Texte zur Frauenemanzipation, Bd. I, 1789–1870, 1979.

Maria Luisa P. Cavana

Hrotsvith von Gandersheim → Roswitha von Gandersheim

Hypatia von Alexandria (Ὑπατία)
griechische Mathematikerin und Philosophin, *ca. 370, †415 n. u. Z.

H. war die Tochter des Mathematikers und Astronomen Theon von Alexandria und die Schwester des Mathematikers Epiphanius.
Die ältesten Quellen über Leben und Werke H.s sind zeitgenössische Berichte und Briefe, so die Kirchengeschichte des Philostorgius, die in einigen Exzerpten bei Photios erhalten ist, ihre Biographie von Sokrates Scholastikus, die Briefe des Synesius, ihrem berühmtesten Schüler, sowie das um 1000 entstandene *Suida-Lexikon*, eine der Hauptquellen. Meyer hat in seiner Abhandlung *Hypatia von Alexandria. Ein Beitrag zur Geschichte des Neuplatonismus* das eruierte Quellenmaterial sorgfältig zusammengetragen und ausgewertet. Weniger zuverlässige Berichte enthalten die *Chronographi* des Johannes Malalas und der aus Suidas rekonstruierte *Onomatologus des Hesychius Milesius*, beide aus dem 6. Jahrhundert. Neuere Arbeiten zu H. sind dem Literaturverzeichnis zu entnehmen.
Das Geburtsjahr H.s läßt sich mit einiger Wahrscheinlichkeit auf das Jahr 370 n. u. Z. festlegen. Sie wurde von ihrem Vater unterrichtet, der Mathematiker und Astronom war und dem alexandrinischen Museum angehörte. Die Tochter zeigte aber so viel Begabung, daß sie ihrem Vater in diesen Wissenschaften schon bald überlegen war und sich der Philosophie zuwandte. Ihre philosophische Ausbildung erhielt sie im Museum und vermutlich in der neuplatonischen Schule in Alexandria, deren Vorsteherin sie später wurde. Ammonius Sakkas und sein Schüler Plotin waren Mitglieder des Museums gewesen, ihre Philosophie wurde aber auch in der neuplatonischen Schule gelehrt. Eine etwas mißverständliche Formulierung des Suidas hat dazu geführt, daß man annahm, H. habe auch Schulen in Athen besucht; dies ist aber, betrachtet man die gesamte Quellenlage, eher unwahrscheinlich.

Ihre überaus große Begabung machte sie schnell in Alexandria bekannt, und sie erhielt die Leitung der neuplatonischen Schule. Suidas schreibt: »Hypatia warf den Philosophenmantel um, wandelte mitten durch die Stadt und erklärte öffentlich allen denen, die es hören wollten, die Lehren Platons, des Aristoteles oder sonst eines beliebigen Philosophen.« (1) In diesem Zitat wird die besondere Stellung H.s deutlich, daß sie nämlich als Frau den Philosophenmantel nahm, eigentlich ein traditioneller Männerberuf, sie sich als Frau ungezwungen in der Stadt bewegte, in der Öffentlichkeit mit allen sprach und über ein breites philosophisches Wissen verfügte – insgesamt ein sehr außergewöhnliches Auftreten für eine Frau damaliger Zeit.

Ihre Lehrtätigkeit umfaßte das gesamte Gebiet der Philosophie (im damaligen Verständnis), wozu neben der speziellen Philosophie die Mathematik, Mechanik und Astronomie gehörte. Ihre Schülerzahl war sehr groß und den Quellen zufolge bewunderten alle ihre Weisheit und Eloquenz. Ihr bedeutendster Schüler ›Synesius‹ pflegte einen regen Briefverkehr mit ihr.

H. heiratete nicht, entgegen einer widersprüchlichen Bemerkung bei Suidas, der wahrscheinlich den Hinweis auf die Ehe mit Isidor von Hesychius abschrieb. Der Irrtum beruht, wie Meyer recherchierte, auf dem von Photios exzerpierten Satz des Damaskius: »... denn er (Isidor) unterschied sich von Hypatia nicht nur wie ein Mann von einer Frau, sondern wie ein wirklicher Philosoph von einer Mathematikerin.« (2)

Ihr tragischer Tod wurde vielfach beschrieben, führte zu lebhaften Spekulationen über die Hintergründe des Mordes und bot selbst Stoff für einen Roman. Die Berichte über das an ihr begangene brutale Verbrechen lösen noch heute Betroffenheit aus. Der Überlieferung zufolge kam sie eines Tages nach Hause, wurde von einer aufgebrachten Menge in die Kirche Kaisarion geschleppt, entkleidet, getötet und verbrannt.

Die von Sokrates gemachten zeitlichen Angaben über ihren Tod lassen nach neuen Berechnungen auf den März des Jahres 415 schließen. Über das Mordmotiv wurde vielfach spekuliert, schon zu ihrer Zeit und noch mehr im Laufe der

Geschichte. M.E. haben eine ganze Reihe von Umständen die Voraussetzungen zu diesem grausamen Mord geschaffen: Die politischen Unruhen in Alexandria zwischen Christen, Juden und den Anhängern der alten hellenistischen Religion; Streitigkeiten zwischen dem Bischof Kyrill, der überhaupt durch skrupelloses Verhalten auffiel, und dem römischen Statthalter Orestes, der gut mit H. befreundet war; der Neid einiger gegenüber der von so vielen bewunderten Philosophin; die Zuordnung H.s zur neuplatonischen Schule mit wahrscheinlich theurgischen Lehren und Praktiken, die vielen suspekt waren; die Tatsache, daß H. als Frau so überaus gebildet und weise war, sich in der Öffentlichkeit frei bewegte und nicht verheiratet war, also nicht den für eine Frau üblichen Schutz eines Mannes oder einer Familie genoß.

Die Ermordung H.s wird christlichen Anhängern zugeschrieben, wahrscheinlich mit Wissen und Duldung Kyrills. Daß sie in eine Kirche verschleppt, entkleidet und ihr Körper nach der Ermordung verbrannt wurde, läßt auf eine rituelle Tötung, sogar auf eine Art Hexenverfolgung, schließen.

H.s Hauptleistungen scheinen in der Lehre gelegen zu haben, der mündlichen Wissensvermittlung in der neuplatonischen Schule. Von Suidas werden drei Werke genannt: *Der Kommentar zu Diophantus*, ein arithmetisches Werk; *Der Kommentar zu den Kegelabschnitten des Apollonius von Perga*, ein geometrisches Werk; *Der astronomische Kanon*. Hinzu kommt noch die Anleitung zur Anfertigung eines Astrolabiums (astronomisches Winkelmeß-Instrument) und Angaben zur Herstellung eines Hydroskops. Philosophische Werke von ihr werden nicht aufgeführt.

Alle unter ihrem Namen stehenden Werke gingen verloren. Es ist jedoch möglich, daß Fragmente im Kommentar zum 3. Buch des Almagest enthalten sind und sie am Kommentar zu Ptolemaios' Kanon mitarbeitete; beide Arbeiten tragen den Namen ihres Vaters Theon. Ihr Wissen umfaßte folglich Gebiete der Mathematik, der Physik und der Mechanik.

Ihre philosophische Richtung ist schwer zu bestimmen und kann aufgrund der Quellenlage nur mit Wahrscheinlichkeitscharakter erfolgen. Daß Damaskius sie als Mathematikerin und nicht als ›wirkliche Philosophin‹ bezeichnete (s. Zitat), weist darauf hin, daß sie in der Philosophie weniger die mantische und theurgische Richtung verfolgte, wie es für Teile des Neuplatonismus und für Isidor typisch war, sondern die exaktere und nüchterne Ausrichtung in mathematisch-naturwissenschaftlicher Prägung. Sie scheint über ein grundlegendes umfassendes philosophisches Wissen verfügt zu haben, und Meyer vermutet, daß sie die plotinische Lehre noch in ihrer reinen Form kennenlernte.

Literatur: Damaskios: Das Leben des Philosophen Isidors, hg. v. R. Asmus, 1911; Ch. F. Harless: Die Verdienste der Frauen um Naturwissenschaft und Heilkunde, 1830; R. Hoche: Hypatia, die Tochter Theons, 1859/60; A. Jensen: Gottes selbstbewußte Töchter, 1992; G. Menage: The History of Women Philosophers, 1690/1984; W. A. Meyer: Hypatia von Alexandria. Ein Beitrag zur Geschichte des Neuplatonismus, 1886 (1); Photios cod. 242, in: Migne PG 103 (2); J. C. Poestion: Griechische Philosophinnen, 1885; J. M. Rist: Hypatia, in: *Phoenix* 19, 1965, S. 214–225; Sieben Briefe des Synesius an H. (Nr. 10, 15, 16, 33, 80, 124, 153), in: Migne, Bd. 66; Sokrates Scholastikus: Kirchengeschichte VII.15; S. Wolf.: Hypatia, die Philosophin von Alexandrien, 1879; Der Kleine Pauly *Hypatia*, 1979; Suidas Lexikon *Hypatia*, Bd. IV; R.E *Hypatia*, Bd. 17, 1911; IIWP; WP.

Maria Nühlen

I

Irigaray, Luce
französische Psychoanalytikerin und Philosophin, *1939

I. wurde 1939 in Blaton (Belgien) geboren. Sie hat an der Universität Löwen Philosophie studiert; nach Abschluß ihrer Studien ging sie nach Paris zum Studium der Psychologie mit Schwerpunkt Psychopathologie. Dort machte sie Bekanntschaft mit den Theorien des Psychoanalytikers Jacques

Lacan, dessen Kurse an der Ecole Normale Supérieure sie auch besuchte.

In ihrer ersten Publikation *Le langage des demants*, die 1973 erschien, befaßt sich I. mit der Sprache und vor allem mit Sprachstörungen. Sie untersucht die Unterschiede zwischen der normalen Sprache von Männern und von Frauen. Die Differenzen im Sprachgebrauch und in der Gesprächssituation führt sie nicht auf eine biologische Verschiedenheit der Geschlechter, sondern auf Unterschiede zwischen weiblicher und männlicher Identität zurück.

I. arbeitete am nationalen Forschungszentrum CNRS in Paris, war Mitglied der Ecole Freudienne de Paris. 1974 promovierte sie im Fach Psychoanalyse mit ihrer Dissertation *Speculum de l'autre femme* (Spekulum. Spiegel des anderen Geschlechts), die auch in der Tradition von Lacans Theoriebildung steht. In dieser Arbeit führt sie eine sehr detaillierte und kritische Auseinandersetzung mit den Theorien Freuds und Lacans und analysiert Philosophen wie Platon, Descartes oder Hegel. Dabei problematisiert sie in erster Linie die untergeordnete Rolle, die den Frauen im Patriarchat zugewiesen wird und die von diesen Wissenschaften weder thematisiert noch gelöst, sondern im Gegenteil unterstützt und forciert wurde und wird. Nach der Veröffentlichung dieses Buches wurde sie aus Lacans Ecole Freudienne ausgeschlossen.

Ihre nächste wichtige Publikation erschien 1977 unter dem Titel *Ce sexe qui n'en est pas un* (Das Geschlecht, das nicht eins ist). Darin entwickelt I. ihre Theorie zur weiblichen Sexualität und untersucht die Unterdrückung der Frau in verschiedenen Bereichen, wie im Diskurs, im psychoanalytischen Gespräch oder in der Gesellschaft allgemein, und entwickelt die Möglichkeit eines nicht-patriarchalen Diskurses.

In den nächsten Jahren, bis zur Mitte der achtziger Jahre entstanden in rascher Folge Analysen und Aufsatzsammlungen, in denen I. ihren Ansatz ausführt, erweitert und auf verschiedene Lebensbereiche anwendet.

1984 veröffentlichte sie mit *Ethique de la différence sexuelle* (Ethik der sexuellen Differenz) Vorlesungen, die sie 1982 an der Universität Rotterdam gehalten hat. Sie geht darin zum einen auf klassische Texte zum Thema Liebe von Platon, Aristoteles, Descartes, Spinoza und Merleau-Ponty ein, und führt zum anderen auch ihre eigenen Gedankengänge zu den Themen sexuelle Differenz und Liebe aus. Die Problematik der Geschlechterdifferenz bestimmt auch I.s Arbeiten der späten 80er Jahre.

Obwohl I. keine ausgebildete Philosophin ist, befaßt sie sich in vielen Büchern sehr ausführlich mit klassischen philosophischen Denkern, aber auch mit modernen französischen Philosophen wie Derrida und Merleau-Ponty. Auch Themen wie die Bedingungen von Ethik, der soziale Kontrakt oder die historischen Determinanten des philosophischen Diskurses sind ihr Untersuchungsgegenstand. Dabei hat I. eine besondere Herangehensweise an philosophische Texte entwickelt, durch die sie nicht über den Text schreibt, sondern sich hineindenkt, ihn paraphrasiert und kommentiert. Sie versucht durch Wiederholungen die Textordnungen und Strukturen aufzubrechen und neue Fragen einzubinden, dadurch gehen interpretierender und interpretierter Text ineinander über.
Neben der Philosophie ist auch die Psychoanalyse Gegenstand von I.s kritischem Ansatz. Vor allem am Beispiel von Freud und Lacan zeigt sie den theoretischen Dualismus im psychoanalytischen Diskurs auf. Dabei ist es I.s Ziel, die von männlichen Parametern bestimmten Darstellungen der menschlichen Psyche aus der Fassung zu bringen, nicht um die bestehende phallokratische Ordnung umzukehren, sondern um sie zu stören und zu untergraben.
Sie entwickelt neue Interpretationsformen innerhalb der Psychoanalyse, durch die Voraussetzungen für eine Dynamik der kulturellen Veränderungen geschaffen werden sollen. Diese Neuerungen haben auch Konsequenzen für die Therapiesituation und führen zu einer Veränderung im psychoanalytischen Gespräch. Auf der Grundlage ihrer kritischen Haltung entwickelt I. ein erweitertes psychoanalytisches Konzept, in dem sie auch ein weibliches Imaginäres konzi-

piert und eine intensivere Interpretation des Unbewußten vorsieht, das sie als Reservoir für Zukünftiges oder als kreative und erneuernde Quelle bezeichnet.

Eine besondere Bedeutung hat dieses Modell des psychoanalytischen Gesprächs für die therapeutische Beziehung zwischen Frauen. Die Frauen müssen, so I., eine eigene Symbolik entwickeln, um ihre Darstellungsformen und ihre Vorstellungen auszudrücken.

Ein Schwerpunktthema in I.s Werk, vor allem der späten 70er und der 80er Jahre, bilden die Themen weibliche Sexualität, weibliche Identität und Sprache sowie die Entwicklung einer Ethik der sexuellen Differenz. I.s Ziel ist es, eine weibliche homosexuelle Ökonomie und eine weibliche Genealogie zu entwerfen, die sie als Gegengewicht zur männlich dominierten Kultur konzipiert. Im Mittelpunkt steht dabei das weibliche Subjekt, das seine eigene Identität finden soll, ohne sich auf ein verkümmertes Mannsein reduzieren zu lassen. Zentrale Bedeutung hat die Sprache, die als Symbol für das Subjektsein steht und die Liebe, die notwendig ist, da das Subjekt sich immer im Dialog mit anderen befindet.

Im patriarchalen Kontext gilt die Frau nicht als weibliches Subjekt, sondern wird nur vom männlichen Standpunkt aus definiert, der eine angeblich neutrale und geschlechtsindifferente Norm bildet. I. sieht es als Aufgabe der Frauen, diese patriarchalen Festlegungen zu verlassen, sie müssen ihr Funktionieren in der Gesellschaft verweigern und eine eigenständige weibliche Identität entwickeln. Ein Ansatzpunkt liegt für I. in den inhaltlichen Zielen der Frauenbewegung, z.B. in der Legitimierung der Abtreibung und der Empfängnisverhütung. Die Frauen müssen sich von der Festlegung auf bestimmte Funktionen innerhalb der männlichen Gesellschaft und der Fortpflanzung befreien und ihre Identität als Frauen wahrnehmen, ohne sich auf die Mutterrolle reduzieren zu lassen. Für die Entwicklung der weiblichen Identität formuliert I. drei zentrale Befreiungsstrategien: die Frauen sollen sich zusammenschließen und zu einer eigenen aktiven Sprache finden, wobei sie der Verführung der passiven patriarchalen Sprache widerstehen müssen. Sie müssen eine eigene weibliche Sexualität entwickeln, die I. als mehrschichtig interpretiert, da sie sich auch auf soziale Strukturen ausdehnt. Drittens müssen die Frauen eine eigene weibliche Genealogie entwickeln, die durch eine positive Mutter-Tochter-Beziehung bestimmt wird.

I. sieht die Sprache als ein wesentliches Mittel der Sinnproduktion sowie der sozialen Vermittlungen und fordert deshalb ein weibliches Sprechen und Schreiben. Eine Erneuerung der Sprache soll zur Befreiung der Frauen aus dem patriarchalen Rollenklischee führen. Diese geschlechtlich differenzierte Sprache soll die Beziehungen des weiblichen Subjekts zur Welt sichtbar machen, durch die es sich selbst schaffen kann. Um sich adäquat darzustellen, müssen die Frauen lernen, sich als empirisches Subjekt in einem dialektischen Verhältnis zu anderen zu sehen. Sie müssen ihre Mutter und andere Frauen auch als andere respektieren, sich eigene Modelle, Projekte, Ideen oder Gottheiten entwerfen. Außerdem müssen sie eine eigene weibliche Symbolik in der Sprache entwickeln. Diese Sprache soll die Besonderheiten des weiblichen Körpers und der weiblichen Lust ausdrücken können, um so den Frauen die Identitätsfindung zu ermöglichen. Die weibliche Sprache versteht I. als prä-phallozentrisch, da sie rhythmischer, fließender, offener und nichtlinearer ist als die patriarchale. Bei dieser Sprache sei eine lineare Lektüre nicht mehr möglich, da sie auch Rückwirkungen vom Ende auf den Anfang sowie horizontale und vertikale Strukturen berücksichtigt. Dabei liegt ihre wichtigste Aufgabe darin, das weibliche Bewußtsein und die weibliche Sexualität adäquat auszudrücken und nicht zu unterdrücken, wie dies die phallozentrische Sprache tut.

I. schreibt der Frau eine spezifisch weibliche Sexualität zu, die nicht mit der männlichen zu vergleichen ist. Die Frau verfügt über ein vielfältiges Lustempfinden ›jouissance‹, das I. als autoerotisch definiert. Die Frau besitze ›mehr oder weniger überall‹ Geschlechtsorgane und ihre Lustempfindung sei vergleichbar mit zwei Lippen, die sich gegenseitig berühren. Diese Lippen stehen in ständiger Verbindung und im Austausch, ohne miteinander zu verschmelzen und ohne wirklich getrennt zu sein. Die Lippen, die sich sprechen, stehen als Metapher für die von I. konzipierte weibliche Identität, durch welche die Frau im ständigen Bewußtsein ihrer selbst lebt. Sie ist immer in Berührung mit sich selbst und erhält sich dadurch ihre Identität und Ganzheit. Die Lippen können nur gewaltsam durch die Einmischung oder das Eindringen des patriarchalen Mannes getrennt werden.

Die Voraussetzung für die Entwicklung einer weiblichen Identität liegt für I. in einer eigenen Genealogie der Frauen. Sie ist notwendig, da die Mutter-Tochter-Beziehung in unserer Gesellschaft nicht adäquat symbolisiert wird, sondern ausschließlich auf einer männlichen Genealogie basiert, deren Ausgangspunkt der archaische Muttermord ist. Die Möglichkeit einer weiblichen Macht oder Genealogie wird negiert und die Frauen darauf fixiert, kollektive oder individuelle Bedürfnisse zu befriedigen. Grundlage für die Entwicklung einer weiblichen Genealogie wäre eine revolutionierte Mutter-Tochter-Beziehung. I. plädiert für eine Dualität zwischen Mutter und Tochter, in der sich beide als freie und autonome Subjekte bewegen können. Die weibliche Genealogie solle der Mutter ermöglichen, auch Frau zu sein und nicht auf ihre Reproduktionsfunktion reduziert zu werden. Dazu müsse die Tochter den Glauben an die Allmacht der Mutter aufgeben und sie als Frau sehen. Die Frauen müßten lernen, sich an Zeiten zu erinnern, in der das Mutter/Tochter Paar ein soziales Modell darstellte und für die Fruchtbarkeit der Natur und der Beziehung zum Göttlichen verantwortlich war.

Werk: Das Geschlecht, das nicht eins ist, 1979; Spekulum. Spiegel des anderen Geschlechts, 1980; Zur Geschlechterdifferenz, 1987; Genealogie der Geschlechter, 1989; Die Zeit der Differenz, 1991; Ethik der sexuellen Differenz, 1991.
Literatur: U.I. Meyer: Einführung in die feministische Philosophie, 1994; M. Whitford (Hg.in): The Irigaray Reader, 1991; dies: Luce Irigaray. Philosophy in the Feminine, 1991; WomBio.

Ursula I. Meyer

J

Jars de Gournay, Marie le
französische Philosophin, *1565, †1645

Geboren wurde J., das älteste von sechs Kindern der Familie le Jars, am 6. Oktober 1565 in Paris, wo sie auch die meiste Zeit ihres Lebens verbrachte. Informationen über J.s Kindheit und ihr weiteres Leben sind vor allem durch drei von ihr verfaßte Texte überliefert: *Vie de la Demoiselle de Gournay*, *Apologie pour celle qui escrit* und *Peincture de Moeurs*. Im ersten beschreibt sie ihre Familie, ihre Lebensumstände bis sie Montaigne kennenlernte, ihre gemeinsame Zeit sowie ihre eigene Reise, nach dessen Tod, zu seinem Schloß und seiner Familie; der zweite Text ist eine ausführliche Antwort auf Angriffe, die besonders ihrem exzentrischen Denken und Verhalten galten; der dritte Text ist vor allem eine Selbsteinschätzung ihrer Person, ihrer Tugenden und Fähigkeiten.

Als J.s Vater 1577 starb, war die Familie bereits verarmt und zog sich ganz auf ein Landgut in der Picardie zurück. Der *Vie de la Demoiselle de Gournay* reicht bis zum Jahr 1595, gibt aber nur wenig über diese Zeit wieder. Wahrscheinlich verbrachte J. ihre Tage mit häuslicher Routine und hatte wenig Gelegenheit zum Studium. Im Schloß gab es einige Bücher, und Gournay erzählt, daß sie sich heimlich von der zugewiesenen Hausarbeit wegstahl, um zu lesen. Durch das Vergleichen von französischen Texten mit dem lateinischen Original lernte sie die Sprache so gut, daß sie Latein lesen konnte und selbst ins Französische übersetzte. Später begann sie auch Griechisch zu lernen, womit sie nach eigenen Aussagen mehr Schwierigkeiten hatte als mit dem Lateinischen. Diese Probleme muß sie jedoch überwunden haben, denn sie übersetzte später das *Leben des Sokrates* von Diogenes Laertius. Trotz dieser Fähigkeiten schreibt sie selbst, daß sie zwar Latein konnte, aber Angst hatte, es zu benutzen, um keine Fehler zu machen. Griechisch und Hebräisch, ebenso wie Logik, Physik, Metaphysik und Mathematik habe sie nicht beherrscht.

J. äußerte bereits früh ungewöhnlich kritische Gedanken zur Ehe und zur Rolle der Frau in der Gesellschaft. Aber sie war auch ein sehr gefühlsbetontes Mädchen, das, vor allem ausgelöst durch ihre intensive Lektüre, einen großen Enthusiasmus entwickeln konnte. Mit besonderer Begeisterung befaßte sie sich als Heranwachsende mit Montaignes philosophischen Essays, wobei sie in dem Schriftsteller eine verwandte Seele entdeckte. Im Alter von 23 Jahren arrangierte sie ein ›zufälliges‹ Treffen mit ihm. Montaigne wurde ihren Erwartungen gerecht; der 55jährige Gelehrte ging gerne auf das Gespräch mit ihr ein und war erstaunt über ihre Kommentare. Montaigne nahm sie als *fille d'alliance*, Adoptiv- oder Wahltochter, in sein Leben und sein intellektuelles Umfeld auf.

Montaigne war für J. nicht in erster Linie Ersatz für den verstorbenen Vater, sondern vor allem geistiger Vater. Er führte sie in für sie neue intellektuelle Kreise ein, stellte ihr Justus Lipsius, einen belgischen Professor an der Universität Louvain, und viele andere anerkannte Gelehrte vor. So korrespondierte J. auch später noch mit Saint Francois de Sales, Chapelain, Justus Lipsius, La Mothe le Vayer, Abbé de Marolles, Claude de l'Etoile, ebenso mit Bischöfen und Kardinälen, wie Richelieu, und Schriftstellern aus Italien, Deutschland und Holland, wie → Anna Maria van Schurmann.

Für J. war das Zusammensein mit Montaigne die glücklichste Zeit ihres Lebens; sie konnte mit ihrem geliebten Freund und Vorbild diskutieren und dieser nahm ihre Meinung ernst und wichtig. Besondere Freude hatte sie daran, Montaigne bei seiner Arbeit zu unterstützen und nach seinem Diktat zu schreiben; so entstand auch eine Neufassung der *Essais*. Kurz nach Montaignes Besuch in Gournay schrieb J. ihren ersten eigenen Text, *Le Proumenoir de Monsieur de Montaigne* (Der Spaziergang des Monsieur de Montaigne) und beschreibt darin eine Geschichte, die sie ihm auf einem ihrer Spaziergänge erzählt hat. Der *Proumenoir* ist eine psychologische Novelle, in der die Protagonistin, ein unverheiratetes Mädchen, ihr Leben riskiert, um einer Vernunftheirat zu entgehen und dem Mann ihrer Wahl zu folgen.

Montaigne spielte Zeit ihres Lebens eine große Rolle für J.; sie schuf einen Mythos um ihn und sich selbst. Die Möglichkeit dazu gab ihr vor allem auch die Bearbeitung seines Nachlasses. Sie schrieb ein ausführliches Vorwort zu den *Essais* und gab den Text nach Montaignes Tod 1592 insgesamt 11mal in überarbeiteter Form heraus.

1595 hatte J. die neue Auflage der *Essais* mit einem ausführlichen Vorwort fertiggestellt. Dieses Vorwort ist die erste einer Reihe von Arbeiten J.s, in denen ihr Enthusiasmus und ihre Leidenschaft für die Philosophie deutlich werden. Sie betont vor allem Montaignes Originalität und betrachtet die *Essais* im ganzen als ein Kunstwerk. Außerdem verteidigt sie Montaignes Werk gegen die zentralen Punkte der zeitgenössischen Kritik: die Sprache, die Benutzung von Neologismen und Latinismen, die Liebe als gefährliches Subjekt, den Mangel an Klarheit in den philosophischen Passagen, den Mangel an Struktur, die Äußerungen zur Religion und das Selbstporträt.

Bedingt durch den Tod der Mutter 1591 mußte sich J. plötzlich um die jüngeren Geschwister und um die gesamten finanziellen Angelegenheiten der Familie kümmern. Da sich J.s finanzielle Situation immer dramatischer zuspitzte, bat sie die regierende Königin Marguerite de Valois um Hilfe. Ihr Ansuchen war erfolgreich, denn König Heinrich IV. berief sie als Mitglied in die von ihm unterstützte *Académie du Palais* und setzt ihr eine kleine Pension aus. Gemeinsam mit der Königin besuchte J. den Salon der Madame de Loges, in dem sich angesehene Frauen trafen, um die guten Sitten und die Wissenschaften zu pflegen. J. war inzwischen eine *femmes de lettres* (Frau der Wissenschaften) geworden und obwohl sie ihre Neigung zum Studium gerne bestätigte, wehrte sich J. immer entschieden dagegen, eine Frauenrechtlerin und ein Blaustrumpf zu sein.

Bereits 1595 hatte J. einen eigenen kleinen Salon in ihrer Wohnung eröffnet, in dem sie täglich einen engen Kreis von FreundInnen und Wissenschaftlern zum intellektuellen Austausch empfing. Aus dieser Gruppe heraus entstand auch die Idee zur Gründung einer organisierten LiteratInnengruppe, die von der platonischen Akademie in Florenz inspiriert worden war. Gegründet wurde die *Académie Française* schließlich 1630; 1634 wurde sie eine offizielle Organisation. J., die noch an der Gründung beteiligt gewesen war, wurde von den öffentlichen Treffen ausgeschlossen.

Ihre letzten Lebensjahrzehnte widmete J. dem intellektuellen Austausch und dem Verfassen von zahlreichen Schriften und Abhandlungen, die sie 1626 in dem Sammelband *L'Ombre de la Damoiselle de Gournay* herausgab. Außerdem bearbeitete sie Montaignes *Essais* immer wieder neu und brachte 1635 eine letzte Edition heraus. J. starb 1645 in Paris.

J.s Werk, das sie selbst 1626 unter dem Titel *L'Ombre de la Damoiselle de Gournay* publizierte, zeigt die Vielseitigkeit ihrer Arbeit, ihrer Interessen und ihrer Bildung. Bereits 1634 veröffentlichte sie eine überarbeitete Fassung dieses Buches mit dem Titel *Les Advis ou Les Presens de la Demoiselle de Gournay*. Der Band enthält Gedichte, Satiren, Abhandlungen und Essays zu den verschiedensten Themen: Kindererziehung, die französische Sprache, das Leben bei Hof, die Gleichheit der Frauen, Moral, Religion, Philosophie und andere.

Eine besondere und persönliche Bedeutung hatte für J. der Kampf um die Rechte der Frauen, denn für sie lag die größte Ungerechtigkeit der Gesellschaft in der Unterdrückung der Frauen hinsichtlich ihrer Bildung und ihrer sozialen Funktion. Kritik an der klassischen Frauenrolle übte sie in insgesamt drei Texten: in *Proumenoir*, wo sie ihre Protagonistin eine ungewöhnliche Entscheidung treffen läßt, in *Egalité des Hommes et des Femmes* (1622), wo es um die Gleichheit von Frauen und Männern geht, und in *Grief des Dames* (1626), einer leidenschaftlichen Anklage der Unterdrückung. Ihre feministischen Theorien macht der zweite Text am anschaulichsten, in dem sich J. als Vordenkerin der modernen feministischen Diskussion zeigt; gewidmet hat sie ihn Anne von Österreich.

J.s Ausgangspunkt ist die grundsätzliche Gleichheit von Frauen und Männern. Den Beweis führt sie anhand von

Aussagen anerkannter Denker. Sie beruft sich dabei auf Philosophen ebenso wie auf die Moralisten, und läßt Platon, Plutarch, Seneca, Montaigne, Aristoteles, einige Kirchenväter und die Bibel zu Wort kommen. Außerdem führt J. zahlreiche historische und mythologische Frauengestalten als Beweis für die Fähigkeiten und Talente von Frauen an.

Im Mittelpunkt des Textes steht die Aussage, Frau und Mann sind gleich an Gottesgaben und gleich an Tugenden. Das menschliche Sein ist für sie in erster Linie ungeschlechtlich, deshalb sah J. sich selbst gerne als androgyne Heldin. Die von Männern erzwungene Unterordnung der Frau, meist mit körperlicher Schwäche legitimiert, kritisiert sie vehement und betont, daß die Körperkraft vieler Tiere größer sei als die der Männer und diese trotzdem nicht als Überlegene anerkannt würden. Das eigentlich Menschliche, das den Menschen grundsätzlich vom Tier unterscheidet, ist die Seele, und die ist geschlechtsneutral und somit bei beiden Geschlechtern gleich. J. schreibt, wenn der Mann der Frau überlegen sei, dann sei auch die Frau dem Mann überlegen. Die einzigen Unterschiede zwischen beiden lägen in den Reproduktionsorganen und in der physischen Kraft; Gott habe, so räumt J. ein, nur aus Gründen der Fortpflanzung zwei Geschlechter geschaffen.

Die Frauen vorgeworfene geistige Unterlegenheit führt sie auf den allgemeinen Mangel an Erziehung und Ausbildung fast aller Frauen ihrer Zeit zurück und fordert mehr Bildung und Anerkennung für sie. J. unterstützt ihre Argumentation durch Zitate und Beispiele aus der antiken Geschichte und der Philosophie. So betont sie, daß selbst Platon, bzw. Sokrates, weibliche Autoritäten in der Philosophie akzeptiert hätten, und daß es bekannte Beispiele solcher gelehrter Frauen wie → Hypatia, → Theano oder → Anna Maria van Schurmann gebe. Auch Mut und Tapferkeit sei den Frauen nicht fremd, wie z. B. an Penthesilea und Jeanne d'Arc deutlich werde. Daß die Frauen sich trotz ihrer Fähigkeiten mit einer untergeordneten Rolle in der Gesellschaft abfinden müßten, sei nur der Fall, da sie an der Ausübung ihrer Talente gehindert werden.

J.s dritter feministischer Text *Grief des Dames* ist eine sehr persönlich gefärbte Satire auf die Unterdrückung der Frau. Er ist ein Beleg für ihren lebenslangen Kampf um eine eigenständige und unabhängige Position in der Gesellschaft. Deshalb spiegelt der Text auch eine gewisse Bitterkeit wider, die aus ihrer eigenen Situation und der auch sie betreffenden Unterdrückung der Frauen durch die Männer resultiert. Sie beschwert sich über die Art vieler ihrer männlichen Kollegen, die Texte von Frauen nicht zur Kenntnis zu nehmen oder falls doch, sich lediglich darüber zu amüsieren. Aber J. schafft es in *Grief des Dames* auch, sich von ihrer eigenen Betroffenheit freizumachen und in einem satirischen Stil die Situation der gebildeten alleinlebenden Frau überspitzt wiederzugeben.

Mit ihren feministischen Texten über das Wesen der Frau und ihre Unterdrückung bereichert J. die langjährige Diskussion der »querelle des femmes«. J. gilt als die für ihre Zeit bedeutendste Verteidigerin der Frauen in diesem Kampf, denn sie fordert die Gleichheit der Frauen und bringt diesen Punkt in das neuzeitliche Denken über die Unterschiede des menschlichen Seins ein. Da auch J. selbst stets Ausnahmefrau war, hatte sie seit ihrer frühesten Jugend, seit ihrer Weigerung zu heiraten, mit der klassischen Frauenrolle zu kämpfen. Ihr Leben selbst war ihr Protest gegen die Ungleichheit und Ungerechtigkeit, der die Frauen ausgesetzt waren.

Werk: Le Proumenoir de Monsieur de Montaigne, 1594; Bien-Venue de Monseigneur le Duc d'Anjou, 1608; Adieu de l'Ame du Roy de France et de Navarre, Henry le Grand a la Royne, avec la Defense des Peres Jesuites, 1610; L'Ombre de la Damoiselle de Gournay, 1626; Les Advis ou Les Presens de la Demoiselle de Gournay, 1634; Egalité des Hommes et des Femmes, 1622; Vorwort zu Michel de Montaignes Essais, mehrere Auflagen.

Literatur: M. H. Ilsley: A Daughter of the Renaissance: Marie le Jars de Gournay, Her Life and Works, 1963; P. Preston Holmes: The Life and Literary Works of Marie de Jars de Gournay, 1952; T. A. Sankovitch: French Women Writers and the Book: Myths of Access and Desire, Syracuse (NY) 1988; M. Schiff: Marie de Gournay, 1910; HWP.

Ursula I. Meyer

Jauch, Ursula Pia

schweizerische, feministische Philosophin, *1959

J. wurde 1959 in Zürich geboren; sie lehrt zur Zeit Philosophie an der Universität Zürich. 1987 promovierte sie bei Prof. Helmut Holzhey. Seit 1989 ist sie wissenschaftliche Mitarbeiterin an der Arbeits- und Forschungsstelle für Ethik in Zürich. J. forscht hauptsächlich über das 17. und 18. Jahrhundert; insbesondere interessiert sie sich für eine feministische Auslegung der Aufklärung und ihre Folgen.

In ihrem ersten Buch beschäftigt sich J. mit Kant und unterlegt ihm eine Theorie der Geschlechterdifferenz. J. vertritt die These, daß Kant nicht nur als ›galanter Magister‹ oder als ›Weiberfeind‹ zu verstehen ist, sondern sie versucht, eine neue feministische Lektüre zu präsentieren. Sie konzentriert sich hauptsächlich auf die *Beobachtungen über das Gefühl des Schönen und Erhabenen* und die *Anthropologie in pragmatischer Hinsicht*. Außerdem behandelt sie die Auseinandersetzung Kants mit → Madame Châtelet und untersucht die Beziehung zwischen Kant und Hippel sowie dessen Werk *Über die bürgerliche Verbesserung der Weiber* als Korrektiv Kants. Das Werk Hippels wäre jedoch ohne die kantische Philosophie undenkbar.

Ihr zweites Buch beschäftigt sich mit dem Thema ›Damenphilosophie‹ als einen Fall der sogenannten ›Popularphilosophie‹. Mit ironischem Ton beschreibt J. die Geschichte dieses Genres im 17. und 18. Jahrhundert.

Fontenelle, Thomasius, Abbé de Gérard, Algarotti und auch Kant, Wolff, Leibniz usw. kommen in dieser ›Philosophieoper‹ vor. Die Philosophie von de Sade, die als eine Art ›déconstruction‹ interpretiert wird, spielt eine wichtige Rolle als Widerstand gegen Rousseaus Auffassung der weiblichen Tugenden; so erscheinen ›Justine‹ und ›Juliette‹ als die ›Anti-Sophie‹. J. will, vor allem in diesem zweiten Buch, die Ironie für die Philosophie wiedergewinnen. Sie verteidigt darüber hinaus den Scherz und die List als geeignete Waffen für die Frauen und den Feminismus.

Werk: Immanuel Kant zur Geschlechterdifferenz, Diss. Wien, 1988; Sittlichkeit zwischen Vernunft und Gefühl, in: *Hegel-Jahrbuch*, hg. v. H. Kimmerle, 1988, S. 368–374; Leibniz und die Damenphilosophie, in: *Leibniz. Tradition und Aktualität*, Kongreßakten des V. Internationalen Leibniz-Kongresses, 1988, S. 385–392; Das Leiden der Tiere oder: Reflexionen zur Leidensresistenz der Menschen, in: *Sind Tierversuche vertretbar?* hg. v. Chr. A. Reinhardt, Züricher Hochschulforum 16, S. 35–47; Männliches Sittengesetz – weibliche Sitzsamkeit, in: *Ethische Perspektiven: Wandel der Tugend*, hg. v. H.-J. Braun, Züricher Hochschulforum 15, S. 155–168; Männliches Sittengesetz – weibliche Sitz-samkeit: akute Reflexionen zu einem philosophischen Dauerbrenner, in: *1789/1989. Die Revolution hat nicht stattgefunden*, hg. v. A. Deuber-Mankowsky et al., 1989, S. 38–50; Metaphysik häppchenweise – zur Damenphilosophie im 18. Jahrhundert, in: *Studia Philosophica* 48, 1989, S. 77–95; Schopenhauer oder Kant: Geschlechterdifferenz zwischen Zeitkritik und Zeitgeist, in: *Schopenhauer in der Postmoderne, Schopenhauer-Studia* 3, 1989, S. 49–58; Philosophie: Orientierungshilfe des Denkens, in: *Perspektiven* 4, S. 14 bis 16; Damenphilosophie und Männermoral. Von Abbé de Gérard bis Marquis de Sade, 1990; Ninon de Lenclos, Giacomo Casanova: Ein Discurs über praktische Männermoral und weibliche Sittlichkeit, in: *Schweizerische Arbeitsblätter für ethische Forschung* 1/90, Nr. 23; Die Tugend des Frauenzimmers ist eine schöne Tugend ... oder: Kant als Kohlberg im 18. Jahrhundert? in: *Il Cannochiale*, 1990; Nichts vom Sollen, nichts von Müssen, nichts von Schuldigkeit ... weibliche Renitenz und feministische Kritik, in: *Das Denken der Geschlechterdifferenz*, hg. v. H. Nagl-Docekal, 1990.

Luisa Posada Kubissa

Juana Inés de la Cruz
spanisch-mexikanische Philosophin, *1651, †1695

J. wurde als Juana Ramírez de Asbaje 1651 (laut anderen Quellen 1648) in San Miguel de Nepantla (Mexiko) als Tochter einer spanisch-kreolischen Adelsfamilie geboren. Ihr Wesen zeichnete sich durch Scharfsinn und Willensstärke aus, und schon früh entwickelte sie ein Interesse für Wissenschaft und Poesie. Da ihr der Zugang zum Studium ver-

wehrt wurde, vertiefte sie sich in die Bücher der Bibliothek ihres Großvaters. Man sagt, sie habe Latein nach nur zwanzig Lektionen beherrscht.
1664 wurde sie Hofdame der mexikanischen Vizekönigin. Am Hof mußte sie sich einer Prüfung vor vierzig Gelehrten unterziehen, die vom Vizekönig initiiert worden war, und deren Fragen sich auf verschiedenste Themenbereiche bezogen, so jedenfalls berichtet ihr Biograph, Pfarrer Callejas.
1669 trat sie unter den Namen Sor Juana Inés de la Cruz in den Orden San Jerónimo ein. Obschon gläubige Katholikin, verspürte sie keine besondere Neigung zum religiösen Lebensstil. Dennoch wurde sie Nonne, da dies eine Aussicht bot, sich dem gelehrten Studium der Dichtkunst zu widmen. Im Kloster fand sie die Möglichkeit, diesen Wunsch zu realisieren, ohne ihre guten Beziehungen zum Hof vernachlässigen zu müssen. In dieser Zeit nahm J.s Ruf als Dichterin in der hispanischen Welt zu.
Gedrängt durch den eklesiastischen Druck, den ihr Beichtvater und besonders der Bischof Aguiar y Seijas ausübten, gab sie 1693 ihr geisteswissenschaftliches Studium auf. Ein Jahr später nahm sie Abschied von ihren Büchern und ihrem sonstigen Besitz, um sich nun ganz einem asketischen und bußfertigen Leben hinzugeben. Im folgenden verfaßte sie drei Abhandlungen über den Verzicht auf ein weltliches Dasein. Am 17. April 1695 starb sie an den Folgen einer Epidemie, die sich im Kloster verbreitet hatte.

Ihr dichterisches Werk umfaßt eine große metrische und thematische Vielfalt: Sonette, ›Redondillas‹, Dezime, Romanzen, Glossen, ›Ovillejos‹, etc. Sie schrieb sowohl Gelegenheitsgedichte als auch Lobgedichte, theatralische Werke in Versform, ›Villancicos‹ und einige Prosaschriften. Die Werke, in welchen man ihren philosophischen Gedankengang nachvollziehen kann, sind im wesentlichen: *Carta Atenagórica*, *Respuesta a Sor Filotea de la Cruz* (Der Brief der Sor Juana an den Bischof von Puebla), *Primero Sueño* (Die Welt im Traum) und *Neptuno alegórico*-Fragmente.
J. vertritt voraufklärerische Ideen, im Stil des Barock, durch-

setzt mit Elementen der Renaissance, abseits der neuen Wissenschaften und der Philosophie. Man rechnet ihr Werk aufgrund seiner Thematik (die Verteidigung der Vernunft) der Philosophie zu. Weiterhin verbindet man sie mit dem Feminismus, da sie auch für die Befreiung und Erziehung des weiblichen Geschlechts eintrat.

Die philosophische Thematik und ihre feministische Einstellung sind in ihrem Werk eng miteinander verbunden. Obwohl sie auf schon bekannte philosophische Ideen zugreift, ist doch die Darstellung neuartig, erstmalig. Ihre feministischen Ansprüche stimmen gänzlich mit ihrer Weltanschauung überein, die sich wiederum auf die neuplatonischen Prinzipien stützt. Dualismus und Verherrlichung der Rationalität ebnen den Weg zur Gleichberechtigung zwischen Frau und Mann.

Ihre scholastische Ausbildung läßt sich sowohl in der Struktur ihrer Gedankengänge und der logischen Argumentation wiederfinden, wie auch in der Darstellungsform des problematischen Verhältnisses zwischen ›Gnade‹ und ›freiem Willen‹ (1). Durch die Lektüre mythologischer Abhandlungen und anderer synkretischer Werke – vor allem Werke von Athanasius Kircher – stand J. unter dem Einfluß hermetisch-neuplatonischer Tradition. Dadurch konnte sie sich auf ›unverdächtige‹ Weise mit philosophischen und wissenschaftlichen (nicht orthodoxen) Texten auseinandersetzen.

Primero Sueño läßt sich als eine Abhandlung über die Grenzen der Erkenntnis lesen, die J.s zentrale philosophischen Ideen enthält: Das Weltall als Ordnung, als Verkettung; der Mensch als Mikrokosmos, in dem Seele und Körper in kontinuierlicher Spannung zueinander stehen; die Erkenntnis (Reproduzent der Verkettung des Seins) als stufenförmige Entwicklung und als Glied der Verkettung der Wirklichkeit.

Ihre Arbeiten basieren auf der Annahme eines kategorischen Dualismus zwischen Körper und Seele. Körper und Seele werden als zwei Elemente verschiedenartigen Ursprungs mit gegensätzlichen Tendenzen verstanden. Die Idee der Seele als Gefangene des Körpers war weit entfernt von der aristotelisch-hylemorphischen Konzeption und würde von der christlichen Kirche nicht akzeptiert.

Ihrer Auffassung nach umfaßt die Seele vier verschiedene Gaben: estimativ, imaginativ, memorativ und phantastisch. Das Ziel des Menschen ist es mittels der Erkenntnis, eine geistige Vereinigung mit Gott zu erreichen. Der Mensch ist der ›Schnittpunkt‹, in dem die Totalität der Schöpfung konvergiert. Der Weg zur Vollkommenheit, zur Selbstverwirklichung des rationalen Wesens besteht aus Streben, Rückfall und wiederaufgenommenem Streben.

In der *Respuesta a Sor Filotea de la Cruz* und im *Primero Sueño* findet sich die Verteidigung der weltlichen Wissenschaften wieder sowie die Befürwortung der Vereinigung aller Wissenschaften. Das ständige Streben nach Weisheit (als unentbehrliches Ziel der Vernunft) bewirkt die Vervollkommnung des Menschen. Dieses Thema wird auch im *Neptuno alegórico* dargestellt.

Da J. dem Verstand eine vorrangige Stellung gibt, erkennt man sie als ethische Vertreterin des Intellektualismus an. Die Weisheit ist der Ursprung aller Tugenden. Die Freiheit unterwirft sich der Vernunft, dies gilt ebenso für den Mann als auch für die Frau. J. besteht auf dem ›nicht-geschlechtlichen‹ Wesen der Seele und der Intelligenz. Der wahre Unterschied zwischen den Menschen besteht in ihrer Weisheit bzw. Einfältigkeit.

Neben der Affirmation des ›Sieges des Verstandes‹, welche grundlegend für ein vernünftiges Wesen ist, wird die Wichtigkeit und Notwendigkeit der logischen Argumentation, des Diskurses und der Beweisführung betont. Diese rationalen Mittel eignet sich der Mensch an, um den Verstandesakt durchführen zu können.

Carta Atenagórica kann als beispielhaft für ihre hervorragende Beherrschung der logischen Argumentation gelten. Auch der Gesamtüberblick ihres dichterischen Werkes bestätigt diese vorher erwähnte Art des rationalen Diskurses. In ihren Sonetten, Dezimen, Romanzen und Lobgedichten setzt sie wissenschaftliche Techniken ein: Prämisse, Mittelbegriffe, Abschlüsse und Korollaria.

Die *Respuesta a Sor Filotea de la Cruz* bildet eine Apologie im platonischen Sinn, d.h. eine Selbstverteidigung, die eher als eine persönliche Rechtfertigung, eine Verteidigung von Prinzipien und Ideen zu verstehen ist. Drei zentrale Grundideen unterliegen J.s Werk: Die Weisheit als Selbstverwirklichung des Menschen; die immanente Interdependenz von Wissen und ihre Beziehung zum Sein; schließlich die Notwendigkeit der Erziehung des weiblichen Geschlechts. Um sich der Theologie zu widmen, bildet das Studium der Wissenschaften eine unumgängliche Grundlage. Somit verteidigt J. engagiert die Gelehrsamkeit. Für sie hängt sowohl verschiedenartiges theoretisches Wissen zusammen wie auch dieses mit der Natur. Die Welt ist die Spur Gottes. Zwischen der Ebene der Erkenntnis und der Ebene des Sein gibt es eine gegenseitige Interdependenz: Je größer das Wissen, desto vollkommener das Sein. Das Ausmaß der göttlichen Gnade kann durch Kraft und Freiheit des menschlichen Intellekts verringert werden. Mit der Konzeption der göttlichen ›negativen Gunst‹ nähert sich J. in *Carta Atenagórica* dem Pelagianismus. Der größte Gefallen, den Gott dem Menschen tun kann, ist dem Menschen keinen Gefallen zu tun.

J.s Verteidigung der Erziehung des weiblichen Geschlechts ist gänzlich kohärent mit ihrer Konzeption der menschlichen Natur. Die menschliche Natur als Vereinigung der sich gegenseitig beeinflussenden widerstreitenden Elemente (Körper–Seele) braucht zur Vervollkommnung den Einsatz des Verstandes; der Verstand als geschlechtlich-unabhängige Instanz. Mit pragmatischen und theoretischen Argumenten fordert J. in ihrem Werk *Respuesta a Sor Filotea de la Cruz* eine weibliche Erziehung von und für Frauen.

Werk: Fama, y obras postumos, 1700; Die Welt im Traum, 1946; Antología, 1965; Obras Escogidas, 1976; Obras completas de Sor Juana de la Cruz, 1976; Riposta a Suor Filotea, 1980 (dt: Die Antwort an Schwester Philothea, 1991); Inundacíon castátida, 1983; Poesía, teatro y prosa, 1988; Erster Traum, 1993.

Literatur: J.M. Galavie: Juana de la Cruz, 1987; H. Merkl: Sor Juana Inés de la Cruz. Ein Bericht zur Forschung 1951–1981,1986; U.I. Meyer (Hg.in): Die Welt der Philosophin II, 1996; O. Paz: Sor Juana

Inés de la Cruz o Las trampas de la fe, 1982; L. Pfandl: Die zehnte Muse von Mexiko. Juana de la Cruz, 1946; M. Santa Cruz: Filosofía y feminismo en Sor Juana Inés de la Cruz, in: *Actas del Seminario Permanente Feminismo e Ilustración* 1988–1992, Instituto de Investigaciones Feministas. Universidad Complutense de Madrid, S. 277–292; G. H. Tavard: Juana and the Theology of Beauty, 1991; WomBio; WP.

Maria Isabel Santa Cruz

Julia Domna
römische Kaiserin, *170, †217 n. u. Z.

J. wurde 170 n. u. Z. in Emesa am Orontes in Syrien geboren. Ihr Vater war Hohepriester im Tempel des Elagabal in Emesa, einem religiösen Zentrum der damaligen Zeit. Über die Ausbildung J.s ist nichts Genaues überliefert, aber da ihr Vater viele gelehrte Pilger beherbergte, ist anzunehmen, daß sie dadurch in niveauvollen Diskussionen geübt war.
Während er in Syrien als Kommandeur der römischen Legionen stationiert war, lernte J. Septimius Severus kennen. Einige Jahre später, nach dem Tod seiner ersten Frau im Jahre 185 (oder 187) n. u. Z. heirateten beide, J. war 15 oder 17 und Septimius Anfang 40. Grund der Eheschließung war den Quellen zufolge J.s Geburtshoroskop, das ihr die Verbindung mit einem Herrscher prophezeite, was Septimius' Ambitionen entsprach. 186 (oder 188) n. u. Z. wurde J.s erster Sohn Caracalla geboren, 189 ihr zweiter Sohn Geta. In älteren Texten wird Caracalla auch als J.s Stiefsohn bezeichnet, inzwischen ist aber der Nachweis erbracht, daß er ihr leiblicher Sohn war.
191 wurde Septimius als Gouverneur nach Pannonien versetzt. Er kommandierte dort zwei Jahre lang drei römische Legionen. Während dieser Zeit wurde Kaiser Pertinax ermordet und Julianus eingesetzt. Dessen Konflikte mit den Oberbefehlshabern der Provinzheere führten dazu, daß Septimius 193 n. u. Z. von seinen Truppen zum Imperator ausgerufen wurde. Daraufhin marschierte er im Triumphzug

nach Rom, wo ihn der Senat zum Kaiser bestimmte und den amtierenden Julianus absetzte; J. erhielt den Namen Augusta.

J. begleitete Septimius auf seinen Feldzügen und unterstützte seine politische Arbeit. Sie war als Kaiserin sehr beliebt und wurde am häufigsten von allen römischen Kaiserinnen auf Münzen u. ä. abgebildet. Während seiner Amtszeit ließ Septimius verschiedene öffentliche Gebäude errichten und alte wieder aufbauen. J. setzte sich für die Restaurierung der Versammlungshalle für Frauen auf dem Trajans-Forum und für den Wiederaufbau des Vesta-Tempels ein.

Nach dem Tod des Septimius im Jahre 211 n. u. Z. wurde das römische Reich zwischen seinen Söhnen Geta und Caracalla aufgeteilt: Geta sollte Asien regieren und Caracalla Europa. Da Caracalla diese Lösung nicht akzeptieren wollte, ließ er seinen Bruder ermorden und regierte allein. J. begleitete ihren Sohn auf seinen Reisen, lebte einige Zeit in Nikomedia und in Antiochia. Sie hatte immer noch großen Einfluß auf die Regierungsgeschäfte und hatte kaiserliche Befugnisse wenn ihr Sohn auf Feldzügen war. Außerdem hielt sie öffentliche Empfänge für prominente BürgerInnen ab und unterhielt einen gelehrten Salon.

Während ihres Aufenthaltes in Antiochia erkrankte J. an Brustkrebs und nahm sich, nachdem ihr Sohn Caracalla ermordet worden war, 217 n. u. Z. das Leben.

Von Ihren Zeitgenossen wird J. als Philosophin bezeichnet. Zwar hat sie nachweislich keine Schriften verfaßt oder hinterlassen, aber sie war bekannt für ihren Salon, an dem gelehrte Philosophen und Mathematiker (damals Astrologen) teilnahmen, dazu gehörten Cassius Dio, Philostratus und Diogenes Laertius (es wird vermutet, daß dieser sein Buch *Leben und Meinungen berühmter Philosophen* J. gewidmet hatte). Auch sie selbst studierte philosophische Schriften und führte rege Diskussionen. Neben den Intellektuellen ihrer Zeit nahmen an den Gesprächskreisen auch ihre Schwester Julia Maesa und ihre Nichten Julia Soaemia und Julia Mamaea teil.

J. befaßte sich in ihren philosophischen Studien vor allem mit den Sophisten, deren rhetorische Fähigkeiten sie beeindruckten. Ihrem Sekretär Philostratus gab sie ein philosophisches Werk in Auftrag, so daß man davon ausgehen kann, daß dieses Thema ihr besonderes Interesse hatte. Philostratus erhielt die Anweisung, eine Biographie des Apollonius von Tyana zu verfassen, ein pythagoreischer Asket, der im 1. Jahrhundert n. u. Z. lebte. Er war als Zauberer und Magier bekannt und gründete eine religiöse Gemeinschaft, die nach strengen Regeln lebte und die pythagoreischen Lehren tradierte. Apollonius glaubte an die Unsterblichkeit der menschlichen Seele und an einen Schöpfer-Gott. Er entwickelte ethische Grundsätze, nach denen der/die Einzelne und die Gemeinschaft leben sollten. Es wird vermutet, daß besonders die Ethik des Apollonius für J. interessant war, da dieses Thema ihre Aufgaben als Kaiserin im speziellen betraf.

Die Biographie wurde nicht mehr zu ihren Lebzeiten vollendet, aber der Inhalt war J. mit Sicherheit vertraut.

Literatur: D. Balsdon: Die Frau in der römischen Antike, 1989; Cassius Dio: Römische Geschichte, Bd. 75; Diogenes Laertius: Leben und Meinungen berühmter Philosophen; J. McCabe: Julia Domna, in: *The Empresses of Rome*, 1911, S. 194–209; G. Menage: The History of Women Philosophers, 1619/1984; M. Platnauer: The Life and Reign of the Emperor Lucius Septimius Severus, 1918; HWP; WP.

Ursula I. Meyer

Juliana von Norwich
mittelalterliche Mystikerin, *ca. 1342, †1413 oder 1420

Nur durch wenige historische Quellen, und die von ihr erhaltenen Texte ist die englische Mystikerin und Einsiedlerin J. überliefert. Sie lebte im 14. Jahrhundert, einer Blütezeit der Mystik in England und gilt als eine ihrer Hauptvertreterinnen. Der Verlauf ihres Lebens ist weitgehend unbekannt, Angaben zu Herkunft und Familie fehlen, auch ihre Lebensdaten sind unsicher. Bekannt sind eigentlich nur wenige Einzelheiten, die sie selbst in ihrer Einleitung zur langen Version ihrer *Offenbarungen* angibt. Danach lebte sie in einer Einsiedlerinnenklause an der Pfarrkirche St. Julian und St. Edward in Conisford bei Norwich, der Hauptstadt der Grafschaft Norfolk. Es wird vermutet, daß daher auch ihr Name stammt und es deshalb nicht ihr Geburtsname ist (nach ihr kann die Kirche nicht benannt worden sein, da J. nie heiliggesprochen wurde). Inkluse war sie mindestens von 1404 bis 1416, allerdings ist nicht überliefert, ob sie auch Nonne war oder in welcher Verbindung sie zum Benediktinerkloster in Carrow stand, zu dessen Gebiet die Kirche St. Julian gehörte. Carrow hatte auch eine Klosterschule für Töchter vornehmer Herkunft, und es gibt die Theorie, daß J. dort erzogen wurde, denn sie beherrschte Latein und Französisch und hatte Unterricht in Religion. Ein Hinweis darauf ist auch, daß sie in historischen Werken als Lady oder Dame bezeichnet wird, eine Anrede, die für fromme Frauen oder Nonnen verwendet wurde. In diesem Zusammenhang ist es wahrscheinlich, daß sie den Schleier genommen hatte, was bei Klausnerinnen üblich war. Es gibt auch die Theorie, daß J. zwar der benediktinischen Gemeinschaft nahestand, aber kein offizielles Mitglied war. Auf jeden Fall weisen ihre Texte eine Verwandtschaft zu deren Denken auf.

Wann J. sich entschlossen hat als Einsiedlerin zu leben ist unsicher, entweder schon vor ihrer Vision, vielleicht erst daraufhin. Bereits Jahre vor ihrer Vision hatte sie um eine Krankheit gebetet, die sie als einen Antrieb für geistliche Entwicklung und Reife sah. Als die Krankheit schließlich eintrat, wurde sie von heftigen Schmerzen geplagt, war drei Tage und Nächte krank und rang mit dem Tod. Sie hatte bereits die Sterbesakramente erhalten, als es zu einer Spontanheilung kam und die Schmerzen plötzlich nachließen. Daraufhin erlebte sie ihre Vision, die fünf Stunden dauerte und in der sie 15 Offenbarungen erfuhr; die 16. Offenbarung trat erst nach einer mehrstündigen Unterbrechung auf. Der Zeitpunkt dieser Vision ist aus J.s eigener Schrift überliefert, es war der 13. Mai 1373; damals war sie über 30 Jahre alt.

Es folgte danach keine richtige Vision mehr, aber Erleuchtungen, bedingt durch das Gebet und das Studium. Die nächsten 20 Jahre dachte J. über den Inhalt ihrer Offenbarung und deren Auslegung nach. Die Ergebnisse dieser Überlegungen hat sie zwischen 1388 und 1393 in der Niederschrift der sogenannten *langen Version* zusammengefaßt. Ob die außerdem überlieferte *kurze Version* bereits direkt nach der Vision entstanden ist oder erst nach 15 Jahren, ist umstritten. In der langen Version erläutert sie ihre Offenbarungen ausführlich und ergänzt sie durch eigene Interpretationen zu deren Sinn. Es ist anzunehmen, daß sie während dieser Zeit oder vorher die Bibel, entweder in Lateinisch oder als englische Übersetzung (diese gab es seit 1382, aber auch früher lagen übersetzte Auszüge in verschiedenen Dialekten vor) las und andere religiöse und philosophische Texte studierte, um dieses Ereignis besser deuten zu können. Ihren Text verfaßte J. im Dialekt der East Midlands, die Grundlage der heutigen englischen Hochsprache. Trotz ihrer klaren und eleganten Sprache, die ihre rhetorische Bildung zeigt, und ihrer aussagekräftigen Mystik waren J.s Texte zu ihren Lebzeiten nicht sehr populär.
Historische Fakten sind nach ihrer Vision nur noch wenige überliefert. Seit 1393 lebte J. mit einer oder zwei Gefährtinnen oder Dienerinnen, behielt aber ihre schlichte Lebensweise bei.
Eine Quelle zur Person J.s ist die zeitgenössische Mystikerin Margery Kempe (*um 1373, †nach 1439), die J. wahrscheinlich besucht hat und als Frau beschreibt, deren Leidenschaft der Meditation und Kontemplation galt und die herausragende göttliche Offenbarungen erlebt hat.
Eine letzte historische Quelle erwähnt sie 1413 als 70jährige Frau, ein hohes Alter für die damalige Zeit; in der Forschung wird angenommen, daß sie entweder bald darauf oder 1420 gestorben ist.

Im Gegensatz zu ihrem Leben ist J.s Mystik sehr gut dokumentiert und wird häufig diskutiert. Sie gilt als Leidensmystikerin, bereits vor ihrer Vision hatte sie starke Leidenswünsche und wollte durch eigene Krankheiten die Leiden

Christi teilen. Dabei ist ihre Leidensmystik nicht passiv, sondern aktives Mitleiden. Ihr Wunsch mitzuleiden ist nicht egozentrisch oder hysterisch, sondern entspringt einem Gefühl der Solidarität, sowohl mit dem leidenden Jesus als auch mit den um ihn Trauernden. Aktiv ist ihr Leidensbewußtsein außerdem, da es nicht zur Selbstaufgabe führt, sondern in ein Gefühl der Freude umschlägt. Dieses Mitleiden hebt zwar das Leiden der anderen nicht auf, aber es beendet ihre Einsamkeit und schafft ein Gemeinschaftsbewußtsein. Es schlägt um in ein pantheistisches Lebensgefühl, das die Verwandtschaft von Seele und Körper, von Mensch und Natur, Mikro- und Makrokosmos erfaßt und eine allseitige Verbundenheit schafft, die das Leiden der Welt nicht ausklammert.

J.s Text *Offenbarungen der göttlichen Liebe* ist nicht systematisch aufgebaut, aber sie entwickelt aus einigen Hauptmotiven eine eigene Lehre. Neben dem Leiden ist ein Hauptthema die Liebe Gottes. Darin zeigt sich seine Allwirklichkeit und Allwirksamkeit und die Unwirklichkeit des Bösen und der Sünde: »Gott ist alles, was gut ist, und das Gute, das alles hat, ist er.« Im Zusammenhang mit der göttlichen Liebe steht auch J.s Lehre von der Mütterlichkeit Gottes: Die Theorie von der Mütterlichkeit hat J. nur in der langen Version diskutiert, vor allem in der 14. Offenbarung, Kapitel 44–63, spricht sie davon.

Sie unterscheidet dabei die barmherzige Zuwendung Gottes, eine mitleidige Eigenschaft, die zur Mütterlichkeit und Zärtlichkeit gehört, von der herrschaftlichen Gnade des allmächtigen Gottes; »Barmherzigkeit wirkt, indem sie beschützt, aushält, lebendig macht und heilt. Gnade dagegen erhebt, belohnt, gibt großzügig das, was der Mensch nicht verdient hat.« Die Mütterlichkeit stellt den Menschen in sich wieder her, während ihn die herrschaftliche Liebe über sich hinaus hebt. Jede Erkenntnis Gottes, ob als Mutter oder Vater setzt bei J. Selbsterkenntnis voraus.

J. sieht nicht nur die Liebe Gottes zu Jesus als mütterlich, sondern Gott selbst. Sie definiert Gott als weiblich und männlich; Gott als Mutter repräsentiert Zärtlichkeit, beschützendes Annehmen, Bewahrung des Individuums, der väterliche Gott steht für Macht und Herrschaft und das äußerliche Schöpfungswerk. In Anlehnung an die Tradition der christlich spekulativen Theologie sieht J. die Trinität bestehend aus Vaterschaft, Mütterlichkeit und Herrschaft. Darin wird das väterliche Attribut von Gott als Richter und Allmächtigem repräsentiert; das mütterliche Prinzip ist Christus, der leitet und beschützt; der Heilige Geist wird als Herr gesehen, dem die Menschen in Treue und Gehorsam ergeben sind. Da die Trinität für J. keine Dreiteilung der Person Gottes meint, sondern Gott alle drei Personen in sich aufnimmt, werden ihm auch die drei Aspekte Vaterschaft, Mütterlichkeit und Herrschaft zugeordnet.

Nach J.s Meinung ist Gott nur dann vollkommen, wenn er väterliche und mütterliche Aspekte verkörpert, denn eine mütterliche Weisheit, die die Menschheit umschließt, festhält und beschützt, gibt der Schöpfung erst die Vollendung und begründet Sinnlichkeit und Körperlichkeit des Menschen. J. entwickelt ein Konzept der einfachen, häuslichen Liebe Gottes, in dem Gott als Mutter agiert. Er arbeitet für die Menschen, ist ihnen nahe und schließt sie in sich ein; diese Form der aktiven Liebe ist auch in der mütterlichen Liebe enthalten.

Der Grund für die Verbindung von Gott mit Mütterlichkeit liegt sicher in der Vorstellung, daß die fundamentalen Lebenszyklen von Schöpfung, Wiedergeburt, Erlösung und Vorsehung auch mit den Zyklen des natürlichen und übernatürlichen Lebens korrespondieren. Ebenso wie eine Mutter mit ihrem Kind Schmerzen und Leid durchsteht, so stehen Jesus/Gott den Menschen in ihren übernatürlichen Schmerzen bei. Von der Arbeit der menschlichen Mütter zieht J. Parallelen zu der einer göttlichen. Besonders ähnlich ist die Mutter-Kind-Beziehung in moralischer Hinsicht; außerdem versteht sie Gott als Erzieher der Menschen und als mystische Nährmutter. Die von J. entwickelte Ethik der Mütterlichkeit hebt weibliche Fähigkeiten und Tugenden auf eine Ebene mit als männlich geltenden Werten und stellt so eine theoretische Gleichberechtigung dieser beiden Komponenten her. Da Gott mütterliche Aspekte hat, und die menschliche Seele ein Teil Gottes ist, können allen Menschen diese mütterlichen Aspekte zugeschrieben werden.

Letztlich hat J. diese Gedanken nicht so weit entwickelt, daß daraus eine eigene Theologie hätte entstehen können, die den weiblichen Anteil am Leben entsprechend würdigt. Sie war gezwungen, sich mit ihren Ideen von der Mütterlichkeit Gottes innerhalb der kirchlichen Dogmen zu bewegen, um keine Verfolgung zu riskieren.

Werk: Julian of Norwich's Revelations of Divine Love, hg. v. Frances Beer, 1978 (mittelengl.); Julian von Norwich: Offenbarungen von göttlicher Liebe, hg. v. E. Strakosch, 1960 (Auszüge); Juliana von Norwich: Offenbarungen der göttlichen Liebe, hg. v. Otto Karrer, 1926 (Gesamtwerk, langer Text); Anna Maria Reynolds (Hg. in): Julian von Norwich. Eine Offenbarung göttlicher Liebe, Kürzere Fassung der 16 Offenbarungen, 1960 (kurzer Text).
Literatur: M. Collier-Bendelow: Gott ist unsere Mutter. Die Offenbarung der Juliana von Norwich, 1989; U. I. Meyer (Hg. in): Die Welt der Philosophin I, 1995; P. Molinari: Julian of Norwich. The Teaching of a 14th Century English Mystic, 1958; S. B. Meech/H. E. Allen (Hg. Innen): The Book of Margery Kempe, 1961; B. Pelphrey: Love was his Meaning. The Theology and Mysticism of Julian of Norwich, 1982; R. M. Thouless: The Lady Julian of Norwich. A Psychological Study, 1924; J. Walsh: The Revelations of Divine Love of Julian of Norwich, 1961; HWP.

Ursula I. Meyer

K

Kanthack, Katharina
deutsche Philosophin, *1901, †1986

K. wurde am 7. November 1901 in Berlin unter dem Namen Katharina Heufelder geboren. Sie war die Tochter eines Berliner Bankiers, studierte ab 1921 zunächst Germanistik und Kunstgeschichte, später Philosophie und Anglistik an der Friedrich-Wilhelm-Universität in Berlin; 1928 Promotion ebd. bei M. Dessoir mit einer architekturtheoretischen Arbeit; Habilitation 1950 an der FU Berlin, ab 1952 ebd. apl.

Prof. für ›reine Philosophie‹ bis 1967; hielt noch von 1976 bis 1984 Vorlesungen an der Philipps-Universität in Marburg. K. starb am 26. Februar 1986 in Marburg.

K. ist vornehmlich als Heidegger-›Schülerin‹ bekannt geworden, mit einigem Recht, denn die wichtigsten Publikationen ab 1958, wie auch ihre Marburger Vorlesungen, weisen stets das Denken Heideggers als Folie ihres eigenen Philosophierens aus. K.s konstantes Motiv, Philosophie als Ethos des Selbst- und Weltverhältnisses zu etablieren, worin rationale Reflexion und Lebenspraxis sich verbinden, findet mit Heidegger einen Weg, Aporien der früheren Schriften über die Metaphysiken Leibniz' und Schelers zu überwinden. Mit der wachsenden Bedeutung Heideggers verbindet sich ein Perspektivenwandel in Hinblick auf die Unhintergehbarkeit von Metaphysik, mit dem sich das Denken K.s in zwei Phasen teilen läßt: Ausgehend von der kritischen Darstellung metaphysischer Systeme gelangt sie mit Heidegger zu dezidierter Metaphysikkritik.

Zunächst gilt ihr Interesse Leibniz als Bildner eines der großen metaphysischen Systeme wie auch als umfassend vitaler Persönlichkeit. *Leibniz. Ein Genius der Deutschen* unternimmt eine systematische Darstellung und Einordnung der Monadologie in das Denken der Neuzeit und bringt Leibniz' Philosophie in enge Verbindung mit seiner Vita, seinen breitgestreuten wissenschaftlichen Interessen und seinem kosmopolitischen Lebenssinn. In *Die psychische Kausalität und ihre Bedeutung für das Leibnizsche System* weist K. die grundlegende Bedeutung des teleologisch organisierten, nicht-mechanischen ›innerseelischen Geschehens‹ für die Leibnizsche Monadologie und das damit verbundene Leib/Seele-Problem nach. Aus diesem Grunde spricht sie Leibniz eine hervorgehobene vermittelnde Position zu zwischen dem Form/Materie- bzw. Substanz/Akzidenz-Schema des Aristoteles und der systematischen Transformation des Substanzbegriffs in den Bereich der formgebenden Kategorien des Verstandes durch Kant. Nicht mehr im Innen/Außen-Schema gedacht, gehört auch der Substanzbegriff zu den internen Konstituenten der ideenerzeugenden

Kraft der Monade. Die höhere Monade vollbringt die Synthesis der niederen, das Objekt der Erfahrung ist Produkt ›erkennend-psychischer Formung‹. Die systematische Position des Substanzbegriffs im metaphysischen System gilt K. ausschlaggebend für Freisetzung oder Verdinglichung von Subjektivität (Erkenntnis als Formung bei Leibniz und Kant).
Mit *Max Scheler. Zur Krisis der Ehrfurcht* unternimmt K. eine systematische Darstellung und Diskussion des Schelerschen Denkens und gleichzeitig eine kulturkritische Suche nach geistiger Orientierung im Nachkriegs-Deutschland. Die Wertphilosophie Schelers beruht auf der überindividuellen Objektivität der Werte, deren Gehalt liebend-fühlend dem Individuum zugänglich ist. Die Rechtfertigung der Wertobjektivität ist nur metaphysisch durchzuführen. Metaphysik aber legt die Wahrheit des Gesamtseins, einschließlich des auslegenden Subjekts, nach einem schon interpretativ objektivierten Seienden aus, indem sie dieses totalisierend zum Modell der Gesamtdeutung macht. Der objektive Rang der Werte ist philosophisch angreifbar, doch hält K. hier Metaphysik als eine ›ars inveniendi‹ für unverzichtbar, um überhaupt im Unterschied zur formalen Kategorialanalyse das Einzelne der Lebenspraxis in Blick zu nehmen. Durchaus sieht sie, daß in jeder Metaphysik der Denkende sich eigenen Setzungen unterwirft, doch teilt sie Schelers Ansicht, daß der moderne menschliche Verstand überindividueller Leitung durch Werte, die er für an sich seiend hält, bedarf, um Nihilismus und Chaos abzuwenden. Schelers Kritik an der Moderne als Zeitalter des Ressentiments, der Verkleinerung des modernen Individuums durch funktionalisierende Technisierung und Unterwerfung unter rein ökonomische Zwecke, stimmt K. zu. Die Schelersche Metaphysik des wertfühlenden, liebenden Akts, durch den dem Individuum sich Welt erst erschließt, gilt ihr als eine Ethik der Solidarität und Achtung des anderen – eine unverzichtbare Haltung zur Orientierung in kritischer Zeit, der gegenüber rationale Metaphysikkritik zunächst zweitrangig erscheint.
Erst in der Auseinandersetzung mit Heidegger sieht K. die Möglichkeit gegeben, der Metaphysik zu entkommen und

eine Philosophie ethischen Werts zu entwerfen (*Das Denken Martin Heideggers* und *Vom Sinn der Selbsterkenntnis*). In dessen Begriff des Daseins ist philosophisch die Instanz eingeführt, die erlaubt, gegenüber der sich selbst mißverstehenden objektivierenden Setzung, den ›deutenden Rest‹ als ethisches Subjekt systematisch geltend zu machen. Heidegger ermöglicht, Subjektivität zu denken, ohne sie zu formalisieren (Kant) oder zu verdinglichen, indem sie als ein Seiendes neben anderem gedeutet wird. Im Akt des Denkens ist Subjektivität in Gestalt des Daseins uneinholbar am Werke. Aus der unhintergehbaren Gebundenheit des Daseins im Mitsein mit anderem folgt für es notwendig die Sorge um das Entgegenstehende. Reflexion des Subjekts auf sich, Selbsterkenntnis, darf die Differenz von Seiendem und Sein (als Dasein, als deutenden Rest) nicht ignorieren. So kann sie die Aporie der Metaphysik vermeiden, nämlich ontologische Gesamtdeutung des Seins inklusive des Menschen durch Rückführung auf ein Seiendes zu sein. Daß der Philosophierende/die Philosophierende sich selbst als deutenden Akt reflektiert, der aller Objektivierung entzogen bleibt, löst Philosophie aus ihrer Tradition: Der Gegenstand erscheint nicht länger als bloß ›vorhandenes‹ Objekt, dem ein Subjekt gegenübersteht. Jenseits von Objektivierung ist nun die Möglichkeit eröffnet, den ethischen Vollzug des Begegnens als Fundament jeglichen Selbst- und Fremdverhältnisses zu denken. So zeigt K. Heidegger, den Denker ohne Ethik, als ›Ethizisten‹.

Neben dem Substanz-Schema gilt K. das Adäquationsschema der abbildhaften Übereinstimmung von innerer Vorstellung und äußerem Objekt als wesentliches Merkmal von Metaphysik. Auch die Existenzphilosophie Sartres versuche noch objektivierend die ›Entwurfsgestalt‹ des ›Fremdichs‹ zu erfassen. Der jeglicher Deutung sich entziehende Vollzug des Daseins werde zur ›gestalthaften Sache‹, auf dessen Folie auch die Bedingung der Möglichkeit des ›Aufscheinens‹ von Seiendem, der ›deutende Rest‹, als Objekt behandelt wird (Vom Sinn der Selbsterkenntnis).

Gleiche Kritik gilt der Erkenntnistheorie, deren metaphysische Implikationen K. in *Nicolai Hartmann und das Ende der*

Ontologie analysiert. Hartmann zeigt die gegenseitige Abhängigkeit von Gnoseologie und Ontologie auf. »Seinsbegründung und Deutung dessen, was eine zuverlässige Begründung sei«, verweisen in einem unauflösbaren Zirkel aufeinander. Hartmann erkennt Metaphysik als diesen Zirkel. Doch er intendiert, unabhängig vom deutenden Akt-Subjekt eine Geschichte des ›objektiven Geistes‹ zu schreiben, die Erkenntnis wieder als ein Seiendes in Relation mit anderem faßt. Die geschichtlichen Konfigurationen der Denksysteme und Erkenntnisweisen vergangener Epochen erscheinen aber für uns als jeweils aktuelle ›Metrik‹ des Weltverhältnisses von Individuen, die nicht in einer teleologischen ›Geschichtsontologie metaphysischer Probleme‹ aufgeht. Den ›gnoseo-ontologischen Zirkel‹ kann K. nun auch an Hartmann aufweisen. Auch er versucht im Adäquationsschema »in Begriffen das Kategorialgefüge des Seienden nachzuzeichnen«. Im Substanzschema wird dem Seienden ein An-sich-Sein unterstellt, dem das Erkennen sich zu nähern habe, auch wenn es Aufklärung über sich selbst sucht. Deutet Erkenntnis, wie bei Hartmann, ihre eigene Geschichte aber als Prozeß eines objektiven Geistes, dann ignoriert sie die welterschließende Offenheit des ›deutenden Rests‹. Der Philosophierende verkennt sein eigenes Tun und sieht es – analog zur Geschichtsdialektik Hegels – einer objektiven Entwicklung eingegliedert. Hartmanns Philosophie ›vollendet‹ den von ihm selbst aufgewiesenen Zirkel. Er muß die Transzendenz des Objekts beweisen, um den Fortschritt der Erkenntnis als Annäherung an ihren Gegenstand auszuweisen. Dies geschieht, indem er Erkenntnis, »d. h. das Beweisenkönnen, als etwas von Bewußtseinstranszendentem zu sich Hingezogenes deutet«.
Die Möglichkeit, den Zirkel zu durchbrechen, bietet wieder Heideggers Konzept des Daseins, welches verlangt, alle Wahrheit des Seienden auf den Philosophierenden zu beziehen. Dessen Aktivität entfaltet sich je in ursprünglicher Relation, die es als solche offenzuhalten gilt, indem sie nicht wieder in den Begründungszusammenhang eingeholt wird. Das Ethos ist das Fundament von Begründung, zur Haltung muß man sich entschließen, sie kann man nicht erschließen.

Werk: Der architektonische Raum, 1928; Zur Lehre vom überindividuellen Bewußtsein, 1931; Die psychische Kausalität und ihre Bedeutung für das Leibnizsche System, 1939; Idee und Form im Werke Knut Hamsuns, in: *Zeitschrift für Ästhetik und allgemeine Kunstwissenschaft* III, 1939; Zum Wesen des Romans, in: *Zeitschrift für Ästhetik und allgemeine Kunstwissenschaft*, 1940; Die Söhne Pans, 1941; Leibniz. Ein Genius der Deutschen, 1946; Max Scheler. Zur Krisis der Ehrfurcht, 1948; Über den Mut. Gedanken und Gestalten, 1948; Buch der Entgleisung, 1948; Gaston Remis, 1949; Toleranz als Erziehungsproblem, in: *Pädagogische Blätter* 4, 1953; Erkenntnis als Formung bei Leibniz und Kant, in: *Kant-Studien* 45, 1953/54; Vom Sinn der Selbsterkenntnis, 1958; Das Denken Martin Heideggers, 1959; Nicolai Hartmann und das Ende der Ontologie, 1962; Angst und Politik im Lichte des Existenzdenkens, in: *Politische Psychologie*, 1966; Das Wesen der Dialektik im Lichte Martin Heideggers, in: *Studium Generale* 21, 1968.

Kirsten Hebel

Katharina von Alexandrien

ägyptische Philosophin und Märtyrerin, *ca. 287, †305/307 n. u. Z.

Über K. gibt es wenig historisches Wissen. Es ist überliefert, daß sie unter dem römischen Imperator Maxentius in Ägypten lebte und von ihm beauftragt wurde, mit fünf heidnischen Philosophen einen Disput zu führen, um sie von den Argumenten der christlichen Religion zu überzeugen, eine Aufgabe, der sie laut Menage gerecht wurde.

Eine griechische Quelle bei Simeon Metaphrastes erzählt die Geschichte von K.s Leben und ihrem Tod. Er berichtet, daß sie in Rhetorik, Philosophie, Geometrie und anderen wissenschaftlichen Disziplinen geschult war. Aus diesem Grund wurde sie von den Professoren der Universität Paris zur Schutzheiligen bestimmt und bis heute gibt es ihr zu Ehren einen Feiertag.

Nach Metaphrastes wollte K. den Imperator zum Christentum bekehren, wurde daraufhin zum Tode verurteilt und sollte zwischen zwei eisernen Rädern zerquetscht werden. Sie überlebte diese Tortur, da die Räder auf mysteriöse Weise zerbrachen. Daraufhin wurde sie enthauptet, K. war damals 18 Jahre alt. Ihre Leiche wurde auf dem Berg Sinai bestattet und ihr Martyrium gab im 10. Jahrhundert den Anstoß für verschiedene Kulte und den Bau einer Kapelle, die ihren Namen trägt. K. wurde auch porträtiert, sie hält ein Buch, Symbol für das Wissen, eine Krone, für ihre königliche Abstammung und ein Rad als Zeichen für ihr Martyrium.

Menage erwähnt noch eine Reihe von Quellen, die sich vielleicht auf K. beziehen. Allerdings wird sie darin als Aecaterine, Ekkaterin oder A'ikaterina bezeichnet; erst später werde sie K. genannt. Ob es sich jedesmal um K. handelt ist unsicher.

Literatur: G. Menage: The History of Women Philosophers, 1690/ 1984; New Catholic Encyclopedia, 3; WP.

Ursula I. Meyer

Katharina von Siena
italienische Theologin, *1347, †1380

Geboren am 25. März 1347 als 23. von 25 Kindern eines verarmten Adligen, der als Wollfärber arbeitete, war K.s Kindheit keineswegs leicht. Ihre Ausbildung beschränkte sich im wesentlichen auf eine gute Kenntnis der Bibel und der Heiligenlegenden des Jacobo da Varazze. Nach ihrer ersten Vision im Alter von 6 Jahren legte sie das Keuschheitsgelübde ab, woran auch die unnachgiebige Haltung ihrer Mutter mit Strafen und Erniedrigungen nichts ändern konnte. Mit 17 Jahren trat sie als Tertiarin des Dominikanerordens ins Kloster ein. In asketischer Strenge, Nahrung und Schlaf auf ein Minimum reduzierend, widmete sie sich voller Hingabe und Geduld der Pflege Kranker, v. a. bei der Pestepidemie von 1374 und der Fürsorge Armer. In religiösen Entrückungszuständen erlebte sie Erscheinungen, u. a. eine mystische Vermählung mit Christus. Bei einer dieser Visionen wählte sie statt des goldenen Ringes die Dornenkrone und empfing die Stigmata. Ihr Ruf verbreitete sich schnell und viele hochgestellte Persönlichkeiten suchten Rat bei ihr. Um Frieden zu erwirken, trat sie in diversen Konflikten als Vermittlerin auf, so schlichtete sie den Streit der Republikaner in der Stadt Siena 1368. 1375 erreichte sie, daß die Städte Pisa und Lucca gegenüber dem Papst in Rom Loyalität bewahrten, und auch der Frieden zwischen Florenz und Gregor XI., 1378, wird auf ihren Einfluß zurückgeführt. Hauptziel ihrer politischen Aktivität war die Rückkehr des Papstes 1376 von Avignon nach Rom.

K. starb am 29. April 1380 in Rom. 1461 heiliggesprochen, wurde sie 1866 zur Mitpatronin Roms und 1940 zur Patronin von ganz Italien erklärt. Papst Paul VI. verlieh ihr 1970 den Titel einer Doktorin der Kirche.

Die Persönlichkeit K.s, so selbstlos und liebevoll einerseits und doch so entschlossen und zäh andererseits, übte auf viele ZeitgenossInnen einen starken Reiz aus. Schüler und Schülerinnen scharten sich um sie, um ihre Lehren zu hören. Den ihr am nahestehendsten vertraute sie denn auch die Niederschrift ihrer Werke an, da sie selbst nicht schreiben konnte. Eines dieser Werke ist eine Sammlung von Gebeten und Selbstgesprächen, wobei letzteres eigentlich ungenau ist, da diese Selbstgespräche immer vor Gott und auf ihn hin geführt werden.

Verfaßt sind ihre Texte ähnlich wie bei Dante im Volgare, allerdings mit seneser Dialekt. Das gilt auch für die 381 Briefe umfassende Sammlung, die sie an Fürsten, Kardinäle und andere Würdenträger schrieb. Ihr Stil ist ausdrucksstark und facettenreich, zeugt von tiefer Überzeugung, wenn sie auch oft den Ton liebevoller Überlegenheit annimmt. Neben intuitiver Klarheit und einem beeindruckenden Metaphernreichtum wirken dagegen ihre vielen Wiederholungen und die ins Imperative spielenden Ratschläge auf die Dauer ermüdend.

In ihrem Hauptwerk, *Der Dialog* oder *Buch göttlicher Lehre*, (gemeint ist der Dialog zwischen der Seele und Gott), legt sie ihre Interpretation vom wahren christlichen Leben dar, das auf den christlichen Tugenden aufbaut und bis zur völligen Negierung des eigenen Willens zugunsten Christi führt. Diese restlose Hinwendung der Seele zu Gott findet ihren Ausdruck in der ständigen Vergegenwärtigung des Blutes Christi.

Im *Dialog* hat K. die Inhalte ihrer Briefe und Gebete systematisiert und zu einer geschlossenen Lehre über Gott und die Liebe verarbeitet. Der Text war nach K.s Diktat im seneser Dialekt verfaßt und wurde bereits früh gedruckt und in mehrere Sprachen übersetzt. K. wählte hier die traditionelle Form des Zwiegesprächs. Es findet zwischen der Seele und Gott statt, wobei Gott den fragenden Menschen antwortet. Durch den Dialog erfährt der Mensch den Zusammenhang von Wahrheit und Liebe, und der Weg zu seiner wahren Bestimmung, der Liebe, wird aufgezeigt.

Dem *Dialog* vorangestellt sind vier Bitten der Seele: als erstes bittet die Seele für sich selbst, danach für die ganze Welt, dann für die Erneuerung der Kirche und schließlich für eine wohlwollende erbarmende Vorsehung. Die Beantwortung dieser Bitten durch K.s göttliche Eingebungen bilden dann den eigentlichen Gehalt des Textes. Dabei entwickelt K. keine eigene Theologie, sondern geht auf ihre konkreten Vorstellungen vom göttlichen Wirken auf die Welt ein.

Aufgrund der erste Bitte, für die eigene Seele, fordert Gott zur Auseinandersetzung mit der eigenen Schuld auf und ermahnt zu Tugend und Rechtschaffenheit. Die Bitte für die gesamte Welt wurde von Gott bereits beantwortet durch Jesus, den er in der Funktion des Erlösers den Menschen geschickt hatte. Die Bitte um Erneuerung der Kirche wird vor allem mit Zurechtweisungen und Kritik am Klerus und mit der Aufforderung zum Umdenken beantwortet. Im letzten Abschnitt, wo die Seele um Milde für Menschen bittet, fordert Gott mehr Gehorsam.

Im *Dialog* macht K. auch ihre Vorstellung von einem wahrhaft christlichen Leben deutlich. Das Ziel, die Nähe zu Gott, wird bei K. durch drei Lichter symbolisiert. Sie gehen von Gott aus, können aber vom Menschen erworben werden. Dazu gehört das allgemeine Licht, das die Menschen bereits besitzen, die in der allgemeinen Liebe zu ihren Mitmenschen und zu Gott leben. Die beiden anderen Lichter können nur diejenigen erwerben, die nach Vollkommenheit streben, beide wurzeln im Vernunftlicht. Das eine ist das besondere Licht, das denjenigen Menschen zuteil wird, die ihren Körper züchtigen und damit verhindern, daß ihre Sinnlichkeit ihre Vernunft regiert. Das dritte Licht ist das vollkommenste Licht; auf dieser Stufe hat der Mensch an der göttlichen Wahrheit teil und hat Grund zur Freude an Allem. Die Vervollkommnung führt zu einer völligen Negierung des eigenen Willens zugunsten des göttlichen. Sie ist eine völlige Hinwendung der Seele zu Gott. Hier ist das oberste Ziel aller ChristInnen, die Vereinigung ›unio‹ mit Gott erreicht.

Werk: Briefe der heiligen Katharina von Siena, 1931; Politische Briefe, 1944; Gespräch von Gottes Vorsehung, 1964; Werke, hg. v. L. Gnädiger, 1980; Obras de Santa Catalina de Siena: El Diálogo – Oraciones y Soliloquios, 1980; Ausgewählte Texte aus den Schriften einer großen Heiligen, 1981; Obras de Santa Catalina de Siena – Espiritu y Doctrina, 1982; Engagiert aus dem Glauben: Politische Briefe, 1990.
Literatur: F. R. de Capua: Vida de Santa Catalina de Siena, 1947; A. Curtayne: St. Catherine of Siena, 1930; N. G. M. van Doornik: Katherina von Siena, 1980; U. I. Meyer (Hg. in): Die Welt der Philosophin I, 1995; R. Huerga: Catalina de Siena, 1980; HWP; WomBio.

Christiane Borowski

Kleaichma
griechische Pythagoreerin

K. war die Schwester des Lakedaimoniers Autocharidas; sie wird als eine der 17 Pythagoreerinnen bei Iamblichos erwähnt.
→ Habroteleia von Tarent

Kleobuline von Rhodos (Κλεοβουλίνη)
griechische Philosophin und Rhetorikerin, um 570 v. u. Z.

K. war die Tochter des Kleobulos, einer der Sieben Weisen der Antike. Sie wurde von ihrem Vater Eumetis genannt, in Zuordnung zu ihrem Vater aber K.

Eine andere Frau namens K., die Mutter des Thales, lebte ca. zwei Generationen früher und entstammte einem phönizischen Geschlecht; daher scheint sie mit Kleobuline von Rhodos nicht identisch zu sein.

Wie Diogenes Laertius berichtet, hatte Kleobulos »eine Tochter Kleobuline, Dichterin von Rätselversen in Hexametern. Ihrer gedenkt auch Kratinos in dem gleichnamigen Drama *Die Kleobulinen*, wie er es nannte, also im Plural.« (1) Da Kleobulos sich für die Bildung von Mädchen und Frauen aussprach, scheint er dies auch bei seiner Tochter befürwortet zu haben. Plutarch schreibt, daß Thales ihre Begabung und ihren scharfen Verstand lobt, ihre Seelengröße und ihr politisches Geschick; sie zeichne sich durch humanistisches Denken aus und habe ihren Vater, den Tyrannen von Lindos, zu einem milden Regenten umgestimmt.

Rätsel hatten in der Antike nicht nur einen spielerischen Charakter; in ihnen wurden verborgene oder indirekte Weisheiten vermittelt, sie brachten Paradoxien zum Ausdruck und enthielten Erkenntnisse. Aristoteles schreibt: »Dieses ist der Begriff des Rätsels: wirkliche Dinge zu sagen durch die Verknüpfung von unmöglichen Dingen.« (3) Es ist die Aufgabe des Weisen – und erst darin zeigt sich seine Weisheit – die Metaphern zu benutzen und zu verstehen, das Rätsel zu formulieren und zu entwirren und die Paradoxien hineinzuweben und aufzudecken. K. beherrschte diese Kunst. Drei ihr zugeschriebene Rätselverse wurden überliefert. »Einer ist Vater und zwölf sind Kinder ihm; aber ein jedes Kind hat zweimal dreißig verschieden gestaltete Kinder. Die sind weiß an der Farbe zu schau'n, schwarz aber die andern, und unsterblichen Sein's; doch schwinden hinunter sie alle« (2). Nicht die relativ einfache Entschlüsselung des Rätsels in Jahr, Monate, Tage und Nächte ist das Besondere, sondern die Agonie des ›unsterblichen Seins‹, das doch entschwindet. Ein unsterbliches Sein kann nicht entschwinden und insofern zu einem Nicht-Sein werden, und doch ist es in diesem Rätsel korrekt gesagt. Wer dieses Rätsel versteht, beginnt nach dem Wesen der Zeit zu fragen, nach den Bedeutungen des Zeit-Phänomens.

Der zweite uns erhaltene Rätselvers findet sich bei Aristoteles gleich in zwei Schriften: »Sah einen Mann, der schmiedete Erz einem anderen Mann an, also anschließend, daß so einerlei Blutes sie sind« (3). Gemeint ist das ärztliche Schröpfen. Da das Verb ›schröpfen‹ wahrscheinlich in der alten griechischen Sprache fehlte, benutzte K. Metaphern zur Erläuterung.

Auf den Mythos von Prometheus, der Zeus das Feuer stahl und es den Menschen brachte, bezieht sich das dritte Rätsel. »Sah einen Mann ich, der stahl und übte argen Betrug aus. Und die Missethat war das Gerechteste doch« (4). Ein Unrecht (der Diebstahl des Feuers) wird zu einer gerechtfertigten Handlung, denn die Menschen erhalten das für sie lebenswichtige Feuer.

Von Clemens Alexandrinus wird erwähnt, daß K. den Gästen ihres Vaters die Füße wusch, was im Altertum ein verbreiteter Brauch war.

Literatur: Athenaios: Deipnosophists 4.21, 10.14; Aristoteles: Rhetorik 1405b; ders: Poetik 1458a (3); Clemens Alexandrinus: Teppiche (Stromata), IV 19,123; Diogenes Laertius: Leben und Meinungen berühmter Philosophen I, 89f (1); J.C. Eberti: Eröffnetes Cabinet Deß Gelehrten Frauen=Zimmers, 1706/1990, E. Gössmann (Hg.in): Eva – Gottes Meisterwerk, 1985; G. Menage: The History of Women Philosophers, 1690/1984; Poestion: Griechische Dichterinnen, 1882 (4); Pollux: Onomastikon VII 11; Plutarch: Pflichten von Ehegatten 146; ders: Gastmahl der Sieben Weisen 148f; Suidas Lexikon *Kleobuline, Kleobulos*, Bd. III, (2); WP.

Maria Nühlen

Kofman, Sarah

französische Philosophin und Schriftstellerin, *1934, †1995

K. wurde am 14. September 1934 in Paris geboren. Sie stammte aus einer jüdischen Familie und wurde bereits in jungen Jahren mit dem Antisemitismus konfrontiert. Ihr Vater, der Rabbiner Berek Kofman, wurde nach Auschwitz

deportiert, weil er sich weigerte, am Sabbat zu arbeiten; er wurde dort ermordet. Zusammen mit ihren fünf Geschwistern und der Mutter wurde K. von einer jüdischen Widerstandsgruppe vor dem Terror der Nazis bewahrt und in sichere Verstecke gebracht. K. wurde in die Normandie geschickt, wo sie bei Bauern lebte. Noch während des Krieges holte sie die Mutter zurück nach Paris. Sie selbst entging nur knapp, durch die Warnung anderer, der Deportation und lebte bis zur Befreiung in der Angst, verraten zu werden.
Später studierte K. an der Sorbonne und schloß 1956 mit dem Lizenziat in Philosophie ab. 1957 erhielt sie ihr Diplom für einen Text über Platon *Le langage chez Platon*. Nach ihrer Agrégation 1960 arbeitete sie bis 1962 als Professorin am Lycée Saint-Sermin in Toulouse; 1962–70 war sie Professorin am Lycée Claude-Monet in Paris. Von 1970–88 arbeitete sie als Assistentin an der Sorbonne, unterbrochen durch verschiedene Auslandsaufenthalte und Gastprofessuren in USA, Kanada, Portugal, Niederlande und der Schweiz. Seit 1991 arbeitete K. als Professorin für Philosophie an der Sorbonne. Sie beging 1995 Selbstmord.

Bekannt wurde K. auch im Zusammenhang mit Jacques Derrida, mit dem sie sich in einigen ihren Publikationen ausführlich befaßt. Ihre ersten Veröffentlichungen erschienen in den 60er Jahren und hatten neben Freud auch Nietzsche zum Thema. Wenn K.s Interesse an Philosophie anfangs mehr klassischen Texten zugewandt war, so sind zunehmend feministische Fragestellungen kennzeichnend für die frühen 80er (*L'enigme de la femme, La femme dans les textes de Freud* 1980, *Le respect des femmes*, 1982). Beispielhaft für ihre feministischen Analysen ist K.s Interpretation des Begriffs der Achtung bei Kant. Sie untersucht darin die Achtung als moralisches Gefühl in bezug auf Frauen und die Geschlechterdifferenz. Das Recht auf Achtung erwerben sich die Frauen durch ihre Schwäche. Die Achtung vor den Schwachen wird den Starken quasi als Schutzmaßnahme aufgezwungen. Die Frau fordert damit die Achtung ›im Namen ihres Geschlechts‹. Daraus leitet K. die paradoxe Situation ab, daß die

Frau einerseits aufgrund der Achtung herrsche, trotz ihrer Schwäche, und der Mann als Diener regiere. Aus dieser Diskrepanz resultiert dann die Ablehnung und der Haß auf die Frau und deren ›Macht‹. »Die Achtung der Frau ist immer die glorreiche, moralische Kehrseite des Frauenhasses der Männer.« (1)

Als ein zentrales Thema durchzieht K.s Arbeiten die Auseinandersetzung mit dem Problem des Schreibens, das sie häufig auf dem Hintergrund von Derridas Grammatologie thematisiert hat. In diesem Kontext steht ihr 1976 veröffentlichter Titel *Autobiogriffures* (Schreiben wie eine Katze). K. analysiert E. T. A. Hoffmanns *Lebens-Ansichten des Katers Murr* auf der Folie von Derridas textkritischem Ansatz. Sie bezieht diesen auf die Literaturwissenschaft und hinterfragt dabei die gängigen Kategorien Werk und AutorInnenschaft. Beispielhaft dafür ist Kater Murr, der mit dem Ziel, seine Identität zu finden, eine Autobiographie verfaßt, sich dann jedoch in der Schrift verliert, wodurch er letztlich seine Souveränität einbüßt. In *Autobiogriffures* bezeichnet K. die *Lebens-Ansichten* als ›Buch über die Schrift‹. Sie macht die Bedeutung und Funktion der Schrift für ein bestimmtes Schreibsystem sichtbar und stellt fest, daß die Schrift kein Privateigentum, sondern immer schon Zitat ist.

In diesem Kontext steht auch das 1979 erschienene Buch *Nerval, le charme de la répétition*, in dem sich K. ebenfalls kritisch mit Literatur beschäftigt. Ausgehend vom Werk Nervals verdeutlicht sie das Paradoxon mit der Schrift gleichzeitig etwas zu verbergen und zu enthüllen.

1984 veröffentlichte K. eine sehr komplexe und kompetente Darstellung und Analyse von Derridas textkritischem Ansatz unter dem Titel *Lectures de Derrida* (Derrida lesen). Dabei gelingt es K., das Eigentümliche und Gebrochene an Derridas Arbeit zu erhalten und trotzdem seine Begriffe und Gedanken nachvollziehbar zu machen. Neben den sprachphilosophischen Inhalten thematisiert K. auch Derridas Bezug zur Weiblichkeit und zur sexuellen Differenz.

Autobiographische Züge trägt ihre sehr bekannte Arbeit *Paroles suffoquées* (Erstickte Worte), in der sich K. eingehend mit dem Bezug zwischen literarischer Arbeit und dem Holocaust befaßt. Angeregt wurde diese Arbeit K.s auch durch das Schicksal ihres Vaters, der in Auschwitz ermordet worden ist und dem K. ihr Buch gewidmet hat. In *Paroles suffoquées* analysiert K. *Das Menschengeschlecht* von Robert Antelme, der selbst die Konzentrationslager überlebte. Mit der Reflexion auf diesen literarischen Text über das Leben im Konzentrationslager bringt K. auch biographische Elemente mit Bezug auf den Tod ihres Vaters ein. Die Person ihres Vaters ist dabei ein entpersönlichter Mensch, Teil der anonymen Masse. K. gibt an, das Drama nicht auf sich beziehen zu wollen, sondern es als historisches Faktum zu begreifen, was die eigene Biographie ausschließt und zugleich integriert.

Dem *Menschengeschlecht* unterlegt K. einen neuen Humanismus, der zwar die alte Idylle des ›wir Menschen‹ zerstört hat, aber auch zeigt, daß der Mensch unzerstörbar ist. Im Menschen sind zwei divergierende Kräfte wirksam, die anderen zu töten und die anderen anzuerkennen. Dieser Humanismus könne und solle in der Lage sein, die Wiederholung von Auschwitz zu vermeiden und eine erneuerte Gemeinschaft der Menschen zu konzipieren, die sich auf Vernunft stützt.

Vorangestellt hat K. ihrer Arbeit *Paroles suffoquées* die Frage, ob nach Auschwitz eine Erzählung noch möglich ist. K. bezieht sich dabei zum einen auf eine Äußerung Adornos, der forderte, das Denken und Handeln so einzurichten, daß sich Auschwitz nicht wiederholen könne, und zum anderen auf den französischen Schriftsteller Blanchot, der feststellt, daß über und nach Auschwitz keine Erzählung mehr möglich sei, sofern man unter Erzählung verstünde, »eine Geschichte von Ereignissen zu erzählen, die Sinn ergeben«; er selbst hat nach dem Krieg das Wort Erzählung aus seinen Texten gelöscht.

Zum Problem, ob es ein Schreiben nach Auschwitz geben könne, bzw. wie dieses aussehen würde, antwortet K. in einem Interview mit der Zeitschrift *Die Philosophin*. Sie stellt fest, daß das Schreiben über diese Greueltaten weder in einen herrschaftlichen noch einen didaktischen oder spekulativen Diskurs gefaßt werden kann. »Man muß versuchen, beim Schreiben Raum für das Schweigen derer zu lassen, die nicht sprechen konnten: das ist ein Schreiben ›ohne Macht‹. Es muß das Unermeßliche, das Unreduzierbare des Menschen aufscheinen lassen, jenseits aller Kräfte und Gewalten, die versucht haben, ihn zu reduzieren, bzw. sogar auszulöschen.« Darin sieht K. die ethische Forderung, die anderen zu Wort kommen zu lassen und ihnen durch das Schreiben keine neue Gewalt anzutun.

Werk: L'enfance de l'art, une interprétation de l'esthétique freudienne, 1970; Nietzsche et la métaphore, 1972; Camera obscura: de l'idéologie, 1973; Quatre romans analytiques, 1974; Autobiogriffures, 1976 (dt: Schreiben wie eine Katze: Zu E. T. A. Hoffmanns *Lebensansichten des Katers Murr*, 1985); Aberrations: le devenir-femme d'Auguste Comte, 1978; Nerval: Le charme de la répétition, 1979; Nietzsche et la scène philosophique, 1979; Le respect des femmes (Kant et Rousseau), 1982; L'enigme de la femme, 1983; Comment s'en sortir, 1983; Un metier impossible: Lecture de *Construction en analyse*, 1983; Lectures de Derrida, 1984 (dt: Derrida lesen, 1988); Mélancholie de l'art, 1985 (dt: Melancholie der Kunst, 1986); The Enigma of Woman, 1985; Pourquoi rit-on? Freud et le mot d'esprit, 1986 (dt: Die lachenden Dritten: Freud und der Witz, 1990); Paroles suffoquées, 1987 (dt: Erstickte Worte, 1988); The Childhood of Art: An Interpretation of Freud's Aesthetics, 1988; Socrate(s), 1989; Séductions: De Sartre à Héraclite, 1990; Die Ökonomie der Achtung: Kant (1), in: *Feministische Philosophie*, hg. v. H. Nagl-Docekal, 1990; Explosion I: De l'*Ecce Homo* de Nietzsche, 1992; Explosion II: Les enfants de Nietzsche, 1993; Nietzsche and Metaphor, 1993; Die Kindheit der Kunst, 1993; Le mépris des Juifs, 1994; Rue Ordener, Rue Labat: autobiographisches Fragment, 1995.

Ursula I. Meyer

Kollontai, Alexandra
russische Theoretikerin und Politikerin, *1872, †1952

K. wurde 1872 in einer adligen russischen Großgrundbesitzerfamilie geboren. Sie heiratete sehr jung, erzählt aber in ihren Memoiren, daß es in ihrem Leben wichtigeres als das

Familienglück gab: »ich möchte für die Befreiung der Arbeiterklasse, für die Rechte der Frau, für das russische Volk kämpfen.«
Beflügelt durch dieses Ziel vervollkommnete sie ihre Studien über Marx und Plechanov, u. a. an der Züricher Universität. Wieder in St. Petersburg, schloß sie sich der damals illegalen Menschewistischen Partei an. Bis 1905 arbeitete sie begeistert als Schriftstellerin und Propagandistin für die Arbeiterklasse. In dieser Zeit erkannte sie, daß ihre Partei sich kaum für die Emanzipation der Frau einsetzte. Hier begann sie mit ihren Untersuchungen über Feminismus und Sozialismus.
Von 1908 bis 1917 lebte sie im Exil; 1915 schloß sie sich den Bolschewisten an, da ihre Einstellung zum Weltkrieg nicht mit der menschewistischen Anschauung übereinstimmte. Für einige Monate wurde sie Volkskommissarin für das soziale Wohl im ersten Kabinett Lenins. Ihre abweichenden Ansichten über den Verlauf der Revolution veranlaßten sie, neue Werke zu veröffentlichen und sich in der oppositionellen Arbeiterpartei zu engagieren.
Als die Opposition nicht mehr agieren konnte, ging K. als Botschafterin erst nach Norwegen, dann nach Schweden und Mexiko. Sie starb am 9. März 1952.

Die Denkweise K.s unterscheidet sich von der des frühen sozialistischen Feminismus. Anders als dieser versucht sie vor allem, die Beziehungen zwischen der Emanzipation der Frau und dem Sozialismus aufzuzeigen. Wenngleich ihre Werke deutlich den Einfluß Engels' oder Bebels widerspiegeln, unterscheiden sie sich stark von deren orthodoxen Haltungen dem Feminismus und Sozialismus gegenüber. Stark beeinflußt wurde K. auch von den Suffragetten und der Literatur von Schriftstellerinnen ihrer Epoche.
K. befürwortete die neue Frau: die alleinstehende Frau, die selbstbewußt ihre Individualität neben ihren Beziehungen zu Männern aufrechterhält, die nicht mehr alles von der Liebe erwartet. Diese Frau ist die Protagonistin einer echten moralischen und sexuellen Revolution, die die bourgeoise Ideologie auf den Kopf zu stellen beginnt: jene Ideologie, die

die zwischenmenschlichen Beziehungen über Besitz und Eigentum definiert.

Die ›neue Frau‹, so K., tritt in allen sozialen Schichten auf, obwohl erst der Zutritt zur bezahlten Arbeit eine radikale Veränderung der Frau ermöglichen könnte. Die Frau beginnt, die Veränderungen zu fordern, die für die Entwicklung ihrer Individualität unerläßlich sind.

Für K. kann nur der Kommunismus diese tiefgreifende strukturelle Erneuerung bewirken. Vorausgesetzt, daß der Kommunismus nicht nur die politische und ökonomische Macht des Proletariats ausmacht, sondern auch entscheidende Veränderungen des täglichen Lebens, der Sitten und der Moral beinhaltet: Veränderungen also, die eine wirkliche Gleichheit der Geschlechter begünstigen.

Für K. besteht eine reziproke Beziehung zwischen Feminismus und Kommunismus. Die Frau kann sich nur in der neuen kommunistischen Gesellschaft wirklich emanzipieren, doch auch der Kommunismus kann nur triumphieren, wenn sich eine grundlegende Revolution der menschlichen Psyche vollzieht. Die Frauen sind dabei, diese Veränderung zu verwirklichen.

Deshalb wird der Kommunismus nur siegen, wenn es den Frauen gelingt, die Männer zu einer neuen Konzeption der Individualität und der menschlichen Beziehungen zu bewegen. In diesem Zusammenhang erscheint K., besonders in ihren Untersuchungen zu Liebe und Sexualität, als brillante Vorläuferin der These ›das Persönliche ist politisch‹: einer These, die der Feminismus der siebziger Jahre entwickelt hat.

Werk: Die sozialen Grundlagen der Frauenfrage, 1909; Wer braucht den Krieg, 1915; Die neue Moral und die Arbeiterklasse, 1918; Die Situation der Frau und die Entwicklung der Ökonomie (Seminar in Leningrad), 1921; Die Arbeiteropposition, 1921; Anna Achmatowa: Rhapsodie der neuen Frau, 1923; Brief an die Arbeiterjugend: die proletarische Ideologie und die Liebe, 1923; Autobiographie einer sexuell emanzipierten Frau, 1926; Novellen und Erzählungen: Die Liebe der Arbeiterbienen, Die verliebte Bolschewistin; WomBio.

Ana de Miguel
(Übers. C. Gramatke)

Kristeva, Julia

französische Psychoanalytikerin und Sprachwissenschaftlerin, *1941

K. wurde am 24. Juni 1941 in Sliwen (Bulgarien) geboren. Ab 1966 studierte sie in Paris u. a. bei Roland Barthes, Lucien Goldmann und Jacques Lacan. Sie promovierte 1967 bei Goldmann. Im gleichen Jahr heiratete sie den Schriftsteller Philippe Sollers. Ab 1970 war sie Mitredakteurin der Zeitschrift *Tel Quel*. 1974 habilitierte sie und lehrt heute am Institut ›Sciences des textes et documents‹ an der Universität Paris VII. Seit 1979 arbeitet sie auch als Psychoanalytikerin. Für ihr Buch *Fremde sind wir uns selbst* wurde sie 1989 mit dem Prix Henri Hertz ausgezeichnet.

K. wurde zunächst als Literaturtheoretikerin bekannt. Sie prägte den Begriff ›Intertextualität‹, mit dem sie die komplexen Sinnbeziehungen zwischen sprachlichen Zeichen in ihrer Dynamik beschreibt. Die Bedeutung sprachlicher Zeichen läßt sich nicht als objektiv fixieren, sondern wird immer von Neuem in sie hineingelegt, d. h. Bedeutung geht aus einer Beziehung hervor. Es handelt sich bei dieser Beziehung – so K. – um eine Übertragung im psychoanalytischen Sinn. Daß K. sich der Psychoanalyse zuwendet, ist also die logische Konsequenz aus ihren linguistischen und literaturtheoretischen Erkenntnissen. Ausgehend von diesen Erkenntnissen entwickelt K. allerdings Konzeptionen von künstlerischer Praxis und von Weiblichkeit, die weit über die Vorstellungen Freuds und Lacans hinausgehen.

Die Untersuchung von Sinnzusammenhängen – seien es literarische Texte, der ›Familienroman des Neurotikers‹, oder Gesellschaftssysteme – muß immer auch deren Entstehungsprozeß einbeziehen. Sie mündet bei K. in die Frage: Wie entsteht Sinn – das ›Symbolische‹ – und wie verhält sich das Symbolische zu dem, was ihm vorausgeht? K. beschreibt Sinn (Subjekt, Gesellschaft, Sprache) als Ergebnis der Verdrängung von Weiblichkeit (Lust, Natur, Körper). Dies gilt sowohl für die Entwicklung der individuellen Psyche als auch

für die Genese sozio-symbolischer Strukturen, wie K. am Beispiel des jüdisch-christlichen Monotheismus darlegt.
In der Entstehung des jüdischen Monotheismus sieht K. eine der bedeutendsten Revolutionen der Menschheitsgeschichte, denn dieses sozio-symbolische System schafft nicht nur die Voraussetzungen für die spätere Entfesselung gewaltiger Produktivkräfte, sondern auch den Spielraum für die Entfaltung individueller Subjektivität – allerdings um den Preis weitgehender Ausgrenzung des Weiblichen aus der symbolischen Ordnung. K. zeigt nun, daß die hinter die Kulissen gedrängte Weiblichkeit dennoch konstitutives Moment von Subjektivität, Sinn und Gesellschaft bleibt. Denn das Symbolische ist keine feste Struktur, sondern eine der beiden heterogenen Modalitäten des Prozesses, der Subjekt, Sinn und Gesellschaft hervorbringt. Die zweite Modalität dieses Prozesses nennt K. das ›Semiotische‹. Das Symbolische beruht auf der Differenz. Es grenzt ab, trennt, bildet die grammatischen Strukturen. Das Semiotische hingegen verfährt nach dem Prinzip der Ähnlichkeit. Es verschmilzt, assoziiert, löst auf, spielt mit fließenden Übergängen, Farben, Rhythmen, Klängen und taktilen Empfindungen.
Die semiotische Modalität des Sinngebungsprozesses speist sich aus der präödipalen Beziehung zwischen Mutter und Kind. Der Eintritt ins Symbolische hingegen ist gleichbedeutend mit Individuation und Entdeckung der Kastration, d. h. mit der Trennung von der archaischen Mutter. Daraus entspringt die Dramatik des Wechselspiels von Differenzierung (Symbolischem) und Entdifferenzierung (Semiotischem) im Sinngebungsprozeß. Der Trennung von der Mutter durch die väterliche Instanz des Symbolischen verdankt sich die Entstehung des Subjekts. Die Beweglichkeit der semiotischen ›Chora‹, wie K. die präödipale Sphäre nennt, bricht jedoch die symbolischen Strukturen immer wieder auf und drängt zu Umgestaltungen, die nur gelingen, wenn die Integrationskraft des Symbolischen groß genug ist.
Da die Heterogenität von Körper und Sprache, von Natur und Gesellschaft, unüberwindbar bleibt, ist Sinngebung ein unabschließbarer Prozeß und das Subjekt keine in sich ru-

hende Einheit. Es muß immer neue Formen der Vermittlung zwischen diesen heterogenen Momenten, immer neue Formen symbolischen Ausdrucks hervorbringen. Zum Symptom erstarrt, was nicht zur Sprache kommen kann, weil die Verdrängung zu stark ist, oder was sich vor der zerstörenden und transformierenden Dynamik des Sinngebungsprozesses bewahren will, weil diese nur als Entfremdung von einem als harmonisch imaginierten Urzustand erlebt wird. Das stellt K. u.a. am Beispiel von Hysterie, Melancholie und Depression, Fremdenhaß und Antisemitismus dar.

In der westlichen Welt gibt es heute keinen öffentlichen Raum mehr, in dem die Vermittlung zwischen dem Unbewußten und der Gesellschaft stattfinden könnte. Das Christentum, das früher den Rahmen dafür bot, hat seine Glaubwürdigkeit und Integrationskraft eingebüßt. Nur im Kunstwerk oder auf der Couch der Psychoanalytikerin kann sich die Fragilität des Subjekts als ›work in progress‹ entfalten. Die Kunst wird für K. zum Prüfstein der Psychoanalyse, denn künstlerische Praxis weist immer über theoretische Erkenntnis hinaus. Der Kritik durch die Kunst muß die Psychoanalyse sich öffnen, um dogmatischer Erstarrung zu entgehen. Ihre Aufgabe besteht nicht nur darin zu desillusionieren, sondern ebenso sehr darin, neue Möglichkeiten für das Spiel der Illusionen zu finden, denn dieses Spiel ist das Leben der Psyche. K. sucht die analytische Situation auch dadurch zu öffnen, daß sie selbst Romane schreibt, die der Analytikerin die Aura der Unnahbarkeit und Unfehlbarkeit nehmen.

»Belief in art? In reading? But whom do we read? Still, the cult of art might be the least, the most childlike, of illusions, the most ›natural‹ form of sleep-walking to offer an abiding guarantee of the life of the psyche.« (An die Kunst glauben? An das Lesen? Aber wen lesen wir? Dennoch möchte der Kult der Kunst wenigstens das Kindlichste der Illusion, die natürlichste Form des Schlafwandelns sein, um eine dauernde Garantie für das psychische Leben anzubieten.)

Werk: Semeiotikè, 1969; Probleme der Textstrukturation, in: *Literaturwissenschaft und Linguistik* II, hg.v. J. Ihwe, 1971, S. 484–507; Zu einer Semiologie der Paragramme, in: *Strukturalismus als interpreta-*

tives Verfahren, hg. v. H. Gallas, 1972, S. 163–200; Bachtin, das Wort, der Dialog und der Roman, in: *Literaturwissenschaft und Linguistik* III, hg. v. J. Ihwe, 1972, S. 345–375; Produktivität der Frau, in: *Alternative Zeitschrift für Literatur und Diskussion*, 8/9, 1976, S. 166–172; Polylogue, 1977; Textsemiologie als Ideologiekritik, 1977; Die Revolution der poetischen Sprache, 1978; Le texte du roman, 1979; Kein weibliches Schreiben, in: *Freibeuter* 2, 1979, S. 79-84; Die Aktualität Célines, in: *Literaturmagazin* 10, 1979, S. 67–78; Desire in Language, 1980; Pouvoirs de l'horreur, 1980; Die Chinesin, 1982; Au commencement était l'amour, 1985; The Kristeva Reader, hg. v. T. Moi, 1986; Soleil noir, 1987; Geschichten von der Liebe, 1989; Fremde sind wir uns selbst, 1990; Lettre ouverte à Harlem Désir, 1990; Les Samouraïs, 1990; Le vieil homme et loups, 1991; Les nouvelles maladies de l'âme, 1993; Proust and the Sense of Time, 1993; Le temps sensible. Proust et l'expérience littéraire, 1994.

Literatur: Body/Text in Julia Kristeva. Religion, women, and psychoanalysis, hg. v. D. Crownfield, 1992; P. Forrest: Histoire de Tel Quel. 1960–1982, 1995; E. D. Gelfand/H. V. Thorndike: French feminist criticism. Women, Language und Literature. An annotated Bibliography, 1985; J. Lechte: Julia Kristeva, 1990; U. I. Meyer: Einführung in die feministische Philosophie, 1994; J. Nordquist: Julia Kristeva. A Bibliography, 1989; I. Suchsland: Julia Kristeva zur Einführung, 1992; H. Volat-Shapiro: Julia Kristeva. A Bibliography of her Writings, in: *Bulletin of Bibliography* 45, 1988, S. 51–62; WomBio.

Inge Suchsland

L

Landmann-Kalischer, Edith
deutsche Philosophin, *1877, †1951

L. gilt als philosophische Vertreterin der Meinong-Husserlschen-Richtung. In ihrem 1923 veröffentlichten Werk *Die Transcendenz des Erkennens* überwindet sie als eine der ersten den erkenntnistheoretischen Idealismus innerhalb der Phänomenologie. Im Rahmen der Deutung der Transzendenz unterscheidet L. eine idealistische Deutung, deren Repräsentant Husserl ist und eine realistische Deutung, die von Descartes vertreten wird.

L. analysiert den Begriff der Transzendenz und die Bedeutung des Transzendierens für das Bewußtsein. Das Transzendieren findet innerhalb des Bewußtseins statt, wodurch die Bewußtseinsinhalte über sich hinaus auf Vergangenes und Zukünftiges verweisen. Dadurch wird das Transzendieren zum Wesen des Bewußtseins: »Die einzelnen Bewußtseinsakte sind aufeinander fundiert und eben deshalb transcendent aufeinander bezogen.« L. hebt die Funktion des Transzendierens für die gesamte Erkenntnis hervor, was für sie in den Begriff der Totalintention mündet. Aus den einzelnen Erkenntnisfunktionen leitet L. über zum Verhältnis von Seiendem und Wirklichkeit, das sie sehr umfassend analysiert.

Posthum erschien L.s zweites umfassendes philosophisches Werk *Die Lehre vom Schönen*, in dem sie, inspiriert von den Idealen der klassischen Antike, das Verhältnis von ästhetischen, ethischen und logischen Werten untersucht. Ausgangspunkt ist die Darstellung der geschichtlichen Entwicklung der Begriffe von Schönheit und Ästhetik, in deren Kontext L. auch die Beziehung zwischen dem Schönen und der Vernunft bei Platon und die Überwindung der Vernunft durch die Schönheit in der Romantik thematisiert.

In der Antike stand die Schönheit in enger Verbindung mit Harmonie. Diese Harmonie ist kein formal abstraktes Verhältnis von Elementen, sondern deren Verbindung zu einem Ganzen; deshalb ist auch eine rein geistliche oder sinnliche Schönheit nicht möglich. In diesem Kontext formuliert L. drei Grundsätze der Schönheit: »1. Jede Gattung von Wesen muß, um schön zu sein, übereinstimmen mit sich selbst; 2. Jedes Exemplar einer Gattung muß, um schön zu sein, dem Typus seiner Gattung entsprechen, es muß normgemäß sein; 3. Je nach der Gattung, der ein Wesen angehört, bestimmt sich die Höhe der Schönheit, deren es fähig ist.«

In ihrer Arbeit geht L. auch auf spezifische Schönheitsbegriffe in verschiedenen Bereichen ein. Ein Thema ist die Schönheit der Natur und die davon abgeleitete Zuordnung einer animalischen Schönheit für den Mann und einer

pflanzlichen für die Frau. Diese Haltung beschränkt die geschlechtlichen Unterschiede auf biologische Differenzen, die sich auch geistig auswirken.
Ein weiteres Thema ist die Schönheit in der Kunst, der L. einen großen Teil ihrer Arbeit widmet. Sie beschreibt die Kunst als Spiegel der Schönheit, der den Menschen vor der Vergänglichkeit bewahrt. Das bildliche Kunstwerk wird zum leblosen Material, das Lebendiges darstellt und gleichzeitig zur Verfestigung eines lebendigen Augenblicks dient.

Werk: Die Transcendenz des Erkennens, 1923; Die Lehre vom Schönen, 1952.

Ursula I. Meyer

Langer, Susanne Katharina
amerikanische Philosophin, *1895, †1985

Als Tochter deutscher Eltern wurde L. als Susanne Katharina Knauth am 20. Dezember 1895 in New York geboren. Infolge einer langwierigen Erkrankung erhielt sie ihre schulische Ausbildung ausschließlich in privatem Unterricht, ihre umfassende Bildung, insbesondere in der Musik, ermöglichte ihr Vater, der sie das Cello- und Klavierspiel lehrte. Während ihres ganzen Lebens blieb sie der Musik verbunden, deren profunde Kenntnisse ihre späteren Einsichten in den Charakter der Kunst prägten. Als Studentin der Philosophie lernte sie den Historiker William Leonard Langer kennen, den sie 1921 heiratete.
Ihre wissenschaftliche Laufbahn begann L. in Cambridge (Mass.). Nach dem Tod ihres Vaters, einem Rechtsanwalt, schrieb sie sich im dortigen Radcliffe College ein, wo sie 1920 den Grad eines Bachelor of Art erreichte. An der Harvard University Cambridge erwarb sie den Magister der Philosophischen Fakultät, an der sie mit der Arbeit *A Logical Analysis of Meaning* 1926 promoviert wurde. Sie blieb an der Harvard Universität, wurde 1927 Tutor an der Philosophischen Fakultät, der sie bis 1947 angehörte.

Am Radcliffe College studierte sie bei dem Philosophen A.N. Whitehead, der 1924 dem Ruf auf einen Lehrstuhl für die Philosophie in Harvard gefolgt war. Ihrer ersten philosophischen Studie *The Practice of Philosophy* (1930) widmete er sein Vorwort.

Mit 48 Jahren erhielt sie 1943 die Stelle eines Assistant Professors an der Universität von Delaware; nach dem Krieg arbeitete sie 1945–1950 als Visiting Professor an der Columbia Universität New York. Schließlich lehrte L. als Philosophieprofessorin am Connecticut College New London. Ein 1959 von der Edgar Kaufmann Wohltätigkeitsstiftung von Pittsburg bezahlter Forschungsauftrag ermöglichte ihr eine selbständige schriftstellerische Tätigkeit, der sie sich bis zu ihrem Tod im Juli 1985 widmete.

Die Entdeckung des historischen Moments in der physikalisch-chemischen Evolution sowie das Studium natürlicher Systeme, die sich selbstgestaltend strukturieren, wirkte sich befruchtend auch auf geisteswissenschaftliche Disziplinen aus. In diese neue Denkrichtung ist das Werk L.s zu stellen. Ihre originäre Leistung besteht darin, nicht nur mehr die organische Natur prozeßorientiert, sondern auch bisher nicht hinlänglich verstandene Entstehungsprozesse von Kulturformen, insbesondere die Symbolbildungen, unter der neuen Sichtweise des Prozeßdenkens zu untersuchen.

L. bemüht sich um eine Neubestimmung des Verhältnisses von Natur und Bewußtsein. Sie wendet sich sowohl gegen eine positivistische Sichtweise, die mentale Phänomene kausal-mechanistisch erklärt, als auch gegen eine subjektivistische, die alles durch das reine Bewußtsein zu begreifen versucht. Dagegen weist sie auf eine vermittelnde Position, die den lebendigen Bezug von Natur und Geist offenlegt. Diese vermittelnde Sphäre wird in einer neuen Gefühlskonzeption herausgearbeitet.

Zugleich steht L.s Denken unter dem Einfluß der die Philosophie des 20. Jahrhunderts ebenfalls prägenden Konzeption des Symbolismus als dem universellen Ausdruck der menschlichen Geistestätigkeit. Die Einwirkung der symbolischen Formationen auf die Erkenntnis und das Denken selbst veranlaßte sie dazu, die möglichen Arten der Symbolismen als die Objektivationen des Geistes in Gestalt von Sprache, Wissenschaft und Kunst zu betrachten. L.s Symboltheorie gründet sich darauf, daß jede Symbolbildung als ein Prozeß der Vermittlung zwischen unterschiedlichen Wahrnehmungsweisen aufzufassen ist, d.h. daß das außer-organische Medium ein symbolisch geschaffener Projektionspunkt zwischen physiologisch-organischen Prozessen und seinen ersten Repräsentationen in Gefühl und Imagination darstellt. Die verschiedenen Strukturen der Symbolismen beruhen auf unterschiedlichen Sinnzuweisungen, die bereits im Akt der Sinneswahrnehmung gegenwärtig sind.

Schon in ihrer 1942 erschienenen Studie *Philosophy in a New Key*, die als einziges Werk in deutscher Übersetzung vorliegt, werden die Grundzüge einer kritischen Neubestimmung des Geistes gegenüber der traditionellen Bewußtseinsphilosophie sichtbar. Darin versucht sie, der Kunst den Bedeutungsanspruch zu geben, den Whitehead der Wissenschaft in seiner Analyse symbolischer Repräsentationen zuschreibt.

Die in der *Philosophie auf neuem Wege* entwickelte Theorie des Symbolismus erweiterte L. zu einer philosophischen Kritik der Kunst in *Feeling and Form*, ähnlich der Kritik der Wissenschaften, die die Analyse der diskursiven Symbolismen leistet. Diente in ihrer früheren Studie die Musik als Paradigma für einen präsentativen Symbolismus, charakterisiert sie jetzt alle Kunstgattungen als präsentative Symbole, die im Unterschied zu den repräsentativen Symbolsystemen konkret sind und singuläre, von vitalem und emotivem Sinngehalt erfüllte Symbole darstellen.

Um den Charakter der Kunst und ihr Verhältnis zum Gefühl zu bestimmen, unternimmt *Feeling and Form* eine Bedeutungsanalyse entscheidender, L.s Philosophie der Kunst zugrundeliegender Begriffe: Ausdruck, Schöpfung, Symbol, Sinngehalt, Intuition, Lebendigkeit und organische Form.

Die 1957 erschienene Vorlesungssammlung *Problems of Art* enthält als gemeinsames Thema die Explikation der Schlüsselbegriffe für eine allgemeine Theorie der Kunst. Hier wird, wie schon in *Feeling and Form* angelegt, die lebende Form zum systematischen Bezugspunkt für die Erklärung einer bruchlosen Genesis des Geistes und seiner von ihm erzeugten Symbolismen aus der Natur.

Die detaillierteste Darstellung des Zusammenhangs von Geist und Gefühl findet sich in dem großen und letzten Werk L.s. In ihrer dreibändigen Schrift *Mind. An Essay on Human Feeling*, erschienen 1967, 1972 und 1982, wird der kontinuierliche Entwicklungsverlauf organischer Komplexe nachgezeichnet; vor allem das Sichtbarwerden von Leben und Bewußtsein, auch das von Erkenntnis, wird durch Systemeigenschaften erklärt.

Einer Phänomenerschließung des Gefühls nähert sich L. nicht über die Analyse der Wahrnehmungs- und Erfahrungsprozesse selbst. Vielmehr erschließt sie über die Analyse der Kunst als eines stilisierten Ausdrucks von Gefühl dessen Struktur. Mit Hilfe dieser Analyse der Kunst, die die Objektivierung von Gefühl präsentiert, eröffnet sich der Zugang zum Verständnis des Subjektiven. So stellt Kunst eine Form des erfaßten Lebens dar und ist zu verstehen als das Ergebnis eines Prozesses der Verdichtung von Wahrnehmung. Dadurch also, daß Kunst uns die Formenwelt des Gefühls bis hin zu unseren geistigen Strukturen veranschaulicht, können wir durch sie hindurch die Formen unseres Bewußtseins und des dynamischen Lebensprozesses, die lebendige Form, erkennen.

Während ihre Arbeiten im anglo-amerikanischen Sprachraum erhebliche Beachtung fanden und dementsprechend rezipiert wurden, erfuhren sie bislang in der deutschsprachigen Fachwelt weit weniger Würdigung mit der Ausnahme ihres in deutscher Übersetzung vorliegenden Werkes *Philosophy in a New Key*. Bis zum Erscheinen ihres Hauptwerkes *Mind. An Essay on Human Feeling*, widmet sich die anglo-amerikanische Rezeption weitgehend L.s Kunstanalyse, die eher verstanden wird als ein Beitrag zur Theorie der Ästhetik und weniger als eine Fortsetzung und Konkretisierung der *Philosophie der symbolischen Formen* Ernst Cassirers hinsichtlich der Kunst als einer Art der symbolischen

Formen, die den Aufbau je andersgearteter Erfahrungswelten ermöglichen.

Werk: A Set of Postulates for the Logical Structure of Music, in: *Monist* 39, 1929, S. 561–570; An Introduction in Symbolic Logic, 1937; Philosophy in a New Key. A Study in the Symbolism of Reason, Rite, and Art, 1942 (dt: Philosophie auf neuem Wege, 1965); The Principles of Creation in Art, in: *The Hudson Review* 2, 1950, S. 515–534; The Primary Illusions and the Great Orders of Art, in: *The Hudson Review* 3, 1950, S. 219–233; Feeling and Form. A Theory of Art developed from *Philosophy in a New Key*, 1953; Problems of Art, 1957; Philosophical Sketches, 1962; Abstraction in Art, in: *The Journal of Aesthetics and Art Criticism* 22, 1963–64, S. 379–392; Cassirers Philosophie der Sprache und des Mythos, in: *Ernst Cassirer*, hg. v. P. A. Schilpp, 1966, S. 263–290; Mind. An Essay on Human Feeling, Bd. I–III, 1967/1972/1982.
Literatur: R. K. Ghosh: Aesthetic Theory and Art. A Study in Susanne K. Langer, 1979; B. Kösters: Gefühl, Abstraktion, symbolische Transformation. Zu Susanne Langers Philosophie des Lebendigen, 1993 (ausführliche Bibliographie); H. Osborne: Susanne K. Langer's Mind: An Essay on Human Feeling, in: *Journal of Aesthetic Education* 18, 1984, S. 83–93; WomBio; WP.

Barbara Kösters

Lastheneia von Mantinea (Λασθένεια)
griechische Anhängerin Platons, 4. Jh. v. u. Z.

Wie Diogenes Laertius schreibt, waren Platons Schüler »Speusippos aus Athen ... und noch viele andere, unter ihnen auch zwei Frauen, Lastheneia aus Mantinea und → Axiothea aus Phlius, die Männerkleidung anlegten, wie Dikaiarch berichtet« (1). Nach Platons Tod wurde Speusippos Nachfolger der Akademie und L. und Axiothea gehörten zu seinem HörerInnenkreis, worüber sich Dionysios in einem Brief spöttelnd äußert: »Man kann die Philosophie auch bei deiner arkadischen Schülerin erlernen« (1). L. scheint mit Speusippos befreundet gewesen zu sein.
Eine L. aus Arkadien (Mantineia liegt in Arkadien) zählt zu den berühmten Pythagoreerinnen, die im Katalog des Iam-

blichos aufgeführt werden. Ob sie mit L. von Mantineia identisch ist, kann aufgrund der historischen Quellenlage nicht geklärt werden. Da aber bei Platon Einflüsse der pythagoreischen Lehre nachzuweisen sind, wäre eine Pythagoreerin unter seinen SchülerInnen nicht außergewöhnlich.

Literatur: Clemens Alexandrinus: Teppiche (Stromata) IV 19,122; Diogenes Laertius: Leben und Meinungen berühmter Philosophen, III 46; IV 2 (1); J.C. Eberti: Eröffnetes Cabinet Deß Gelehrten Frauen=Zimmers, 1706/1990; Iamblichos: Pythagoras 36.267; Themistius: Orationes I 23.295c; G. Menage: The History of Women Philosophers, 1690/1984; J. Poestion: Griechische Philosophinnen, 1885; RE *Lastheneia*, Bd. 23, 1924; WP.

Maria Nühlen

Lavigne, Anne de (auch LaVigne)
französische Philosophin, Cartesienne, *1684

L. wurde 1684 in Vernon (Normandie) geboren, wo ihr Vater ein anerkannter Physiker war. Weitere Lebensdaten L.s sind unbekannt, man weiß nur, daß sie jung starb.
Sie beschäftigte sich mit Philosophie, wobei ihr besonderes Interesse der Naturphilosophie galt. Wie die anderen Cartesienne → Louise-Anastasia Serment, → Marie Dupré und → Elisabeth von der Pfalz begeisterte sich auch L. für die Philosophie Descartes'. Bekannt wurde L. allerdings nicht durch ihre wissenschaftliche Arbeit, sondern durch ihre Poesie.

Literatur: Nouvelle Biographie générale, Bd. 29; M.B. Ogilvie: Women in Science, 1986; WP.

Ursula I. Meyer

Lefèvre, Anne Dacier → Dacier Lefèvre, Anne

Leontion
griechische Anhängerin Epikurs, ca. 300–250 v. u. Z.

L. war Schülerin des Epikur und wahrscheinlich näher mit ihm befreundet. Sie gilt als athenische Hetäre.
Berühmtheit erlangte L., da sie es wagte, sich in einer Streitschrift gegen Theophrast zu wenden. Sowohl Cicero als auch Plinius empören sich über diese ›Dreistigkeit‹ einer Frau, obwohl Cicero immerhin ihren geistreichen attischen Sprachstil hervorhebt. Innerhalb der epikureischen Schule scheint sie sich durch Bildung und Eloquenz ausgezeichnet zu haben.
Epikur stand mit ihr in Briefwechsel, und der Dichter Hermesianax widmete ihr drei Bücher erzählender Elegien, die er *Leontion* nannte. Die Maler Theoros und Aristeides von Theben sollen sie als Denkende/Meditierende dargestellt haben, wie Plinius überliefert. Auffallend im gesamten Quellenmaterial ist die ständige Hervorhebung, daß L. Hetäre gewesen sei, nicht nur Geliebte des Epikur, des Hermesianax, des Metrodoros, sondern überhaupt »allen Epikureern zu Willen gewesen sei« (1). Da mit der ›Lustethik‹ der Epikureer oftmals eine falsche Vorstellung der epikureischen Lehre einherging, derart, daß die Erreichung des glücklichen Lebens durch freie Lustbefriedigung möglich sei, ist m. E. auch die Zuschreibung und Überbetonung eines freien Lebens von L. auf diesen Kontext zurückzuführen.
Epikurs Lehre besagt jedoch, daß der Mensch, befreit von körperlicher und seelischer Not, ohne Angst vor Schmerz und Tod, sein Glück in seelischer Ausgeglichenheit und Freude erlangt.

Literatur: Athenaios: Deipnosophists 13.588, 593, 597; Cicero: De Natura Deorum I. 93; Diogenes Laertius: Leben und Meinungen berühmter Philosophen X; J. C. Eberti: Eröffnetes Cabinet Deß Gelehrten Frauen=Zimmers, 1706/1990; G. Menage: The History of Women Philosophers, 1690/1984; H. J. Mozans: Woman in Science, 1991; Plinius: Naturkunde, Praefatio 29: 35.99.144; J. C. Poestion: Griechische Philosophinnen, 1885; Der Kleine Pauly *Leontion*, Bd. 3, 1979; RE *Leontion*, Bd. 24, 1925 (1); WP.

Maria Nühlen

Leporin Erxleben, Dorothea Christiana
deutsche Ärztin und Philosophin, *1715, †1762

L. wurde am 13. November 1715 in Quedlinburg geboren. Ihr Vater, Christian Polycarpus Leporin, der selbst Mediziner und durch seine philosophischen Schriften bekannt war, unterrichtete sie in Philosophie und Medizin. In diesem Fach promovierte sie als die erste Frau zur Doctrix medicinae an der Universität Halle am 24. Juni 1754. Sie arbeitete als Ärztin und schrieb außer ihrer Dissertation noch das philosophische Werk: *Gründliche Untersuchung der Ursachen, die das weibliche Geschlecht vom Studiren abhalten* (1742). L. war mit Johann Christian Erxleben verheiratet. Sie starb am 13. Juni 1762.

Der *Gründlichen Untersuchung* ist eine Vorrede ihres Vaters vorangestellt; dieser schreibt, daß keine Frau, die die Fähigkeiten und das Interesse hat, zu studieren, durch Vorurteile davon abgehalten werden sollte. L. selbst schreibt in ihrem Vorwort, daß sie zeigen möchte, daß »es möglich, nötig und nützlich sey, daß auch dieses Geschlecht der Gelahrheit sich befleisse«.
L.s Werk ist durch und durch vom Geist der Aufklärung geprägt. Zunächst verteidigt sie die ›Gelehrsamkeit‹ überhaupt. Sie kritisiert, daß so ein ›kostbarer Schatz‹ wie die Gelehrsamkeit verachtet wird. Sie werde verachtet insofern, als die Frauen davon ausgeschlossen sind, obwohl die Vernunft bei allen Menschen gleich sei: »Es hat der allweise Schöpfer sowohl dem weiblichen als männlichen Geschlecht das Vermögen beygelegt die Wahrheit zu erkennen und vom falschen zu unterscheiden« (1). Da die Gelehrsamkeit eine allgemein nützliche und notwendige Sache ist, sind die Bemühungen, die Frauen von den Studien auszuschließen, von zwei Seiten abzulehnen: von der Seite der Gelehrsamkeit und von der des weiblichen Geschlechts aus.
L. teilt ihr Buch in zwei Abhandlungen: die erste untersucht die Vorurteile, die die Frauen vom Studieren abhalten, und die zweite die ›übrigen Ursachen‹. Diese Vorurteile sind nach

L. »die vornehmsten unter den hindernden Ursachen«. Das Hauptvorurteil lautet folgendermaßen: »Gelehrsamkeit schicke sich nicht für das weibliche Geschlecht, weil dasselbe nicht fähig sey etwas tüchtiges darin zu leisten«. (1) Dabei stellt L. fest, daß nicht nur Männer diese falsche Idee vertreten, sondern auch viele Frauen, die sich nichts zutrauen.

L. sieht sich in der Tradition von Thomasius, auf welchen sie sich ausdrücklich beruft, und hat daher eine praktische Auffassung von Gelehrsamkeit: »eine gründliche Erkentniß solcher nötigen und nützlichen Wahrheiten, wodurch der Verstand und Wille gebessert, folglich des Menschen wahre Glückseligkeit gefördert wird.« (1) L. beweist ausführlich und mit Hilfe ihrer streng logischen Argumentationsweise, daß der Verstand allen Menschen gemeinsam ist. Sie bedient sich der Lehre von der Gottebenbildlichkeit beider Geschlechter: »Diese Kräffte sind ein Theil des Bildes Gottes«. Sie sind nicht nach Geschlecht unterschiedlich, es gibt jedoch individuelle Unterschiede.

Weiterhin mußte L. sich auch mit der Schrift *Ob die Weiber Menschen seyn oder nicht?* (1595) auseinandersetzen. Sie wendet sich auch der immer noch von Männern vertretenen und gegen das Frauenstudium angeführten negativen Psychologie der Frau zu, und widerlegt sie aus ihrer medizinischen Perspektive. L. behauptet, daß die Affekte die Folgen sind, »welche daraus erwachsen, wenn die Besserung des Verstandes und die Studia verabsäumet wurden.« (1) Sie spricht von drei Wegen zur Gelehrsamkeit für die Frauen: der Unterweisung, der Lesung von Schriften gelehrter Leute und der eigenen Meditation. Unter Unterweisung versteht sie: »eine öffentliche und eine Hauß-Information. Die öffentliche geschieht entweder in unter oder in hohen Schulen, die man Universitäten oder Academien nennet; und was ist es anders als ein Vorurtheil, wenn man glaubt, das weibliche Geschlecht sey hiervon schlechterdings ausgeschlossen.«(1) Darüber hinaus besteht L. darauf, daß ›Haushaltung‹ im Sinne einer Ökonomie ›das ganze Haus‹ betrifft, nicht nur Sache der Frau ist, und mit Gelehrsamkeit vereinbart werden kann und muß.

Im dritten Kapitel ihrer Arbeit behandelt L. den ›Nutzen‹, den die Gelehrsamkeit dem weiblichen wie dem männlichen Geschlecht bringen kann. Sie ist fest überzeugt davon, daß die Gelehrsamkeit die Verstandes- und Willenskräfte des Menschen läutert und verbessert.

Im abschließenden Teil ihrer Arbeit kritisiert die Autorin die Eltern, die sich trotz vorhandener Mittel nicht dazu bereit finden, ihren Töchtern den Weg zur Gelehrsamkeit zu eröffnen: »Ihr handelt unvernünfftig, denn ihr ziehet die Sorge für den schlechtesten Theil derjenigen vor, welche ihr dem edelsten schuldig seyd; für jenen sorget ihr unermüdet, diesen aber lasset ihr verderben. Zeitliche Güter können eure Kinder noch selbst erwerben, aber wenn die Zeit der Unterweisung einmal verflossen, ist kein Rath dazu.« Sie fordert auch alle Frauen zur Gelehrsamkeit auf: »Die Gelehrsamkeit ist ja ein Schatz, welcher nicht für eine gewisse Zahl Menschen gewidmet ist, sondern es stehet einem jeglichen ohne Unterscheid frey dieselbe zu suchen, ohne daß dadurch andere gehindert würden ein gleiches zu thun; erkennet ihr nun daß es eine grosse Glückseligkeit sey viele Wahrheiten erkennen, warum trachtet ihr nicht vielmehr dieser Erkänntniß theilhafftig zu werden, als andere davon abzuhalten.« (1)

Werk: Gründliche Untersuchung der Ursachen, die das weibliche Geschlecht vom Studiren abhalten, 1742, Neudruck mit einem Nachwort von Gerda Rechenberg, 1987; verstümmelt nachgedruckt unter dem Titel Vernünftige Gedanken vom Studieren des schönen Geschlechts, 1749; Quod nimis cito ac jucunde curare saepius fiat caussa tutae curationis, 1754; von ihr selbst vermehrt ins Deutsche übersetzt unter dem Titel: Abhandlung von der gar zu geschwinden und angenehmen, aber deswegen öfters unsicheren Heilung der Krankheiten, 1755.

Literatur: H. Böhm: Zum 250. Geburtstag von Frau Dr. Dorothea Christiane Erxleben, 1965; E. Gössmann (Hg. in): Eva – Gottes Meisterwerk, Archiv für philosophie- und theologiegeschichtliche Frauenforschung, Bd. 2, Kap. X, 1985; M. B. Ogilvie: Women in Science, 1986; WomBio.

Maria Luisa P. Cavana

List, Elisabeth

österreichische, feministische Philosophin, *1946

L. wurde 1946 geboren. Als ausgebildete Grundschullehrerin studierte sie Philosophie, Geschichte und Soziologie in Graz, Konstanz und Berlin; 1971 Promotion in Philosophie; 1981 Habilitation; 1986 Visiting Scholar an der Universität Bergen (Norwegen); Gastseminare an den Universitäten Hamburg und Tübingen. Heute arbeitet L. als Assistenzprofessorin und Dozentin am Institut für Philosophie an der Universität Graz.

Ihre Hauptarbeitsgebiete sind die Philosophie der Geistes- und Sozialwissenschaften, Sozialphilosophie und soziologische Theorie, feministische Theorie und Wissenschaftskritik, Wissenssoziologie, Erkenntnistheorie in interdisziplinärer Sicht.

Die Frage nach der Struktur und der Funktion der Wissenschaften bildet ein Leitthema der philosophischen Arbeiten L.s: Ausgehend von den Kontroversen im sogenannten ›Positivismusstreit‹ sucht sie in ihrer Dissertation (1971) dieser Frage am Beispiel der Geistes- und Sozialwissenschaften nachzugehen. In ihrer Arbeit *Alltagsrationalität und soziologischer Diskurs* versucht sie, diskurstheoretische und phänomenologische Überlegungen zu einer Analyse der interaktiven und diskursiven Produktion soziologischen Wissens zu verbinden. Es geht ihr darum, die symbolischen Prozesse der Konstruktion von Wirklichkeit, ausgehend vom Denken und Handeln des Alltags nachzuzeichnen.

Die wichtigste Aufgabe feministischer Wissenschaftskritik sei es immer gewesen, vor allem die Humanwissenschaften von den misogynen Vorurteilen zu befreien. Die meisten Systeme der abendländischen Wissenschaft und Philosophie sind dualistisch strukturiert, aber auch hierarchisch geordnet und sexualisiert, wobei man die übergeordnete Kategorie stets dem Männlichen, die untergeordnete dem Weiblichen zuwies. Mit der Forderung der männlich dominierten Wissenschaft nach Objektivität und der damit verbundenen Abwehr des Subjektiven, Leiblichen, kam es auch zu einer Abwertung des Weiblichen und zu einem Kampf um mehr Kontrolle und Macht.

Im Diskurs über das Menschliche erhält das Männliche das Attribut ›Norm‹ und das Menschlich-Geistige, während das Weibliche als das Abweichende und als Verkörperung des Kreatürlich-Leiblichen definiert wird. Die Identifikation des Männlichen mit kognitiver und affektiver Autonomie als das Ergebnis kultureller Zuschreibungen führt zur weit verbreiteten Ansicht, daß Männer objektiver und geeigneter seien für die wissenschaftliche Arbeit als Frauen.

Nach L. geht es nicht darum, der ›männlichen‹ Wissenschaft eine ›weibliche‹ gegenüberzustellen, sondern die männliche Besetzung aufzugeben, um einem Denken jenseits der Geschlechterdifferenz Platz zu machen. Anstatt des dogmatischen Objektivismus und rigiden Szientismus vertritt L. die Idee einer reifen, kreativen Wissenschaft, in der Subjektivität und Personalität als Fundament der wissenschaftlichen Arbeit akzeptiert werde. *(Theorieproduktion und Geschlechterpolitik)*

Die Versuche, das Weibliche zu definieren, führt zu Dilemata, wie sie in den Auseinandersetzungen zwischen humanistischem Feminismus, Gynozentrismus, historisch-materialistischem Feminismus und Konstruktivismus aufscheinen. Zwischen Essentialismus und Konstruktivismus entwirft L. einen (Aus-)Weg, der sich davon distanziert, Geschlecht und Identität von Individuen durch Theorien bestimmen zu wollen, denn nach ihrer Ansicht lassen sich konkrete Personalität, Vernünftigkeit und Handlungsfähigkeit nicht aus Theorien ableiten, sondern sind das Resultat eines Lebensprozesses. Wichtiger als eine Politik der Repräsentation sei eine Politik der Benennungen in bezug auf das Wissen über soziale, ökonomische und psychische Bedingungen, unter denen Frauen leben.

Erst die Auseinandersetzung mit den Beziehungen zwischen Wissenschaft, Macht und dem Verhältnis zwischen den Geschlechtern könne die WissenschaftlerInnen dazu führen, die Frage nach der Rolle grundlegender menschlicher Bedürfnisse und ihrer eigenen Bedürfnisse nach Liebe und Macht zu stellen.

Der Universalitätsanspruch des szientistischen und mechanistischen Denkens enthält männliches Herrschenwollen und ist der Ausdruck von Selbstverkennung und der Unfähigkeit, die Sicht des anderen zur Kenntnis zu nehmen. *(Die Präsenz des Anderen)*

L. entwirft den Weg für eine nachcartesianische Epistemologie, die von zwei Grunderfahrungen ausgeht: Die erste Grunderfahrung, die Prozessualität, die Eingebundenheit in Werden und Veränderung, führt zur Erkenntnis, daß menschliches Denken immer schon Handeln in der Natur ist, eingebunden in den Zusammenhang, den es beschreibt. Die zweite Grunderfahrung ist das Bezogensein: Mensch-Sein bedeutet immer schon leibhaftiges Bewußt-Sein sowie Bezogensein auf andere Menschen, auf einen größeren, sozialen, ökologischen, planetarischen Zusammenhang.

Situiertheit und Leiblichkeit sind aus feministischer Sicht die Kernbegriffe einer neuen Epistemologie. Sie benennen die Grenzen und niemals vollständig auslotbaren Spielräume der Aneignung der Wirklichkeit durch Denken und Handeln, nicht nur, aber auch für das feministische Projekt

Werk: Verstehen und Erfahrungswissenschaft, Diss. Graz, 1971; (Hg.in) Armut in Österreich, 1977; Alltagsrationalität und soziologischer Diskurs. Erkenntnis- und wissenschaftstheoretische Implikationen der Ethnomethodologie, 1983; Über Frauenleben, Männerwelt und Wissenschaft, (hg. mit G. Pauritsch/B. Frakele), 1987; Kinder machen. Strategien der Kontrolle weiblicher Fruchtbarkeit (hg. mit G. Pauritsch/B. Frakele), 1988; Alfred Schütz. Neue Beiträge zur Rezeption seines Werkes (hg. mit I. Srubar), 1988; Denkverhältnisse. Feminismus und Kritik (hg. mit H. Pauer-Studer), 1989; Theorieproduktion und Geschlechterpolitik, in: *Feministische Philosophie*, hg. v. H. Nagl-Docekal, 1990; Die Präsenz des Anderen. Theorie und Geschlechterpolitik, 1993; zahlreiche Beiträge in Sammelbänden und Fachzeitschriften.

Michaela Vretscher

Lloyd, Genevieve
amerikanische Philosophin

L.s wichtigstes Werk *The Man of Reason* stellt eine chronologisch geordnete Zusammenfassung von Philosophen und Theologen, angefangen mit der Antike, über das Mittelalter bis in die Romantik, dar. Diese 1985 veröffentlichte Untersuchung beschränkt sich jedoch nicht auf die bloße Darstellung dieser Denker, vielmehr setzt sich L. mit jedem Philosophen kritisch auseinander. Schwerpunkt dieser Analyse ist die Thematisierung der Geschlechterproblematik.

L. untersucht die Entwicklung des Vernunftbegriffs anhand verschiedener Philosophen; so schreibt sie Rousseau, Kant und Hegel der Gruppe ›Vernunft und Fortschritt‹ zu, und versteht jeden Autor als Repräsentanten eines bestimmten Moments der Vernunft. Hegel wird als Höhepunkt dieses Prozesses als ›Vernunft als Entfaltung der Natur‹ klassifiziert. Ausgehend von dieser philosophisch-historischen Untersuchung entwickelt L. einige zentrale Fragestellungen des feministischen Denkens, wie z. B. das Verhältnis zwischen dem öffentlichen und dem privaten Bereich. L. ist der Ansicht, daß die Idee eines den Frauen eigentümlichen Denkens in unserer philosophischen Tradition relativ neu ist. Bis Augustinus und Thomas von Aquin wurde die Frau immer in bezug auf das Männliche – das als Paradigma galt – verstanden. Dies änderte sich jedoch seit dem 18. Jahrhundert: die Frau wurde dann nicht mehr als minderwertig im Vergleich zum Mann dargestellt, sondern es wurden zwei verschiedene Charaktere und zwei verschiedene Arten der Vernunft – das Weibliche und das Männliche – geschaffen, die sich gegenseitig ergänzen sollten. Diese angeblich wesentliche Differenz diente als Rechtfertigung der Trennung der Bereiche beider Geschlechter: der Frau wurde der häuslich/private Bereich, dem Mann der öffentlich/politische zugeordnet. In dieser Definition der Geschlechter wird also das Weibliche mit dem Leben der Familie gleichgesetzt, das bedeutet nach Hegel, daß die Frau auf einer primitiven Stufe in bezug auf das selbstbewußte Leben der bürgerlichen Gesellschaft steht.

L.s *Das Patriarchat der Vernunft* ist auch ein wichtiger Beitrag zur feministischen Hermeneutik, da sie die Entstehung der philosophischen Theorien in Hinsicht auf die jeweiligen Beziehungen der Geschlechter untersucht. Dadurch hat L.s Werk auch Einfluß auf weitere feministische Arbeiten.

Werk: The Man of Reason, in: *Metaphilosophie*, 10/1, 1979, S. 18–37; Masters, Slaves and Others, in: *Radical Philosophy*, 34/1983, Sonderheft: Women, Gender and Philosophy, S. 2–9; The Man of Reason. ›Male‹ and ›Female‹ in Western Philosophy, 1984; Das Patriarchat der Vernunft. ›Männlich‹ und ›Weiblich‹ in der westlichen Philosophie, 1985.

Luisa Posada Kubissa
(Übers. M.L.P. Cavana)

Luxemburg, Rosa
sozialistische Theoretikerin und Politikerin, *1871, †1919

Rosalia L. wurde am 5. März 1871 in Zamosc (Polen) geboren. Sie stammte aus einer liberalen jüdischen Kaufmannsfamilie. Politisch aktiv wurde L. bereits während ihrer letzten Schuljahre in Warschau. Sie arbeitete in einem illegalen revolutionären Zirkel mit und mußte, noch nicht achtzehnjährig, über die polnisch-deutschen Grenzen in die Schweiz fliehen. Im Wintersemester 1890/91 immatrikulierte L. sich an der Züricher Universität, wo sie Staats- und Wirtschaftswissenschaften studierte. Hier lernte sie ihren langjährigen Mitkämpfer und Geliebten Leo Jogiches, einen aus Wilna stammenden Revolutionär, kennen. Nach ihrer Promotion zur Doktorin der Rechte am 1. Mai 1897 mit einer Arbeit über die industrielle Entwicklung Polens beschloß L., noch im gleichen Jahr nach Deutschland zu gehen und sich der SPD, der damals mächtigsten sozialistischen Partei Europas, anzuschließen. Um die preußische Staatsbürgerschaft und damit auch das Recht auf politische Betätigung zu erlangen, ging sie 1898 mit Gustav Lübeck eine Scheinehe ein.

Sie zog nach Berlin und begann ihre politische Karriere, die sie schnell in den Parteivorstand führte, im polnischsprachigen, von Hungersnöten und Elend gezeichneten Oberschlesien. In den folgenden Jahren sprach sie als Expertin für polnische Angelegenheiten, nahm an den internationalen Sozialistenkongressen teil, unternahm zahlreiche Agitationsreisen, trat bei Wahlveranstaltungen auf und verfaßte als Redakteurin und Journalistin für sozialistische Zeitungen Artikel und bissige Kommentare, in denen sie u. a. immer wieder reformistische Bestrebungen innerhalb der SPD und der Gewerkschaften kritisierte. 1904 wurde L. das erste von vielen Malen zu drei Monaten Gefängnis wegen Majestätsbeleidigung verurteilt. Nach Ausbruch der ersten russischen Revolution ging sie im Dezember 1905 illegal nach Warschau und wurde im März 1906 verhaftet, ein halbes Jahr später jedoch gegen Kaution wieder auf freien Fuß gesetzt. Auf der Rückfahrt trafen L. und Lenin in Finnland zusammen; zwischen beiden gab es trotz persönlicher Wertschätzung weitreichende politische Differenzen. L. kritisierte Lenins ›Ultrazentralismus‹, seine Bestrebungen nach einer straff organisierten und zentralisierten, von Berufsrevolutionären geführten Kaderpartei. L. glaubte nicht, daß der Sozialismus, von dessen historischer Notwendigkeit sie zeit ihres Lebens überzeugt war, durch eine Minderheit von oben durchzusetzen sei. Sie setzte vielmehr auf spontane, d. h. nicht von oben beschlossene Massenbewegungen, was innerhalb der KPD später als sogenannte ›Spontaneitätstheorie‹ kritisiert wurde.

Im November 1906 wurde L. Dozentin für Nationalökonomie an der von August Bebel eröffneten Partei-Schule, wo Parteimitglieder für propagandistische Zwecke qualifiziert werden sollten. Dort war sie bis 1914 tätig. Aus dieser Arbeit ging die erst nach ihrem Tode veröffentlichte *Einführung in die Nationalökonomie* hervor sowie ihr theoretisches Hauptwerk *Die Akkumulation des Kapitals* (1913). Im Februar 1914, ein halbes Jahr vor Kriegsausbruch, wurde L. wegen ›Aufruf zum Ungehorsam gegen die Obrigkeit‹ zu einem Jahr Gefängnis verurteilt. Ein Jahr später mußte sie die Strafe im ›Weibergefängnis‹ in Berlin antreten. Hier entstand ihre letzte größere theoretische Arbeit, die als *Junius-Broschüre* bekannte Denkschrift *Die Krise der Sozialdemokratie – von*

Junius, die Mathilde Jacob, Sekretärin und engste Vertraute L.s, Blatt für Blatt aus dem Gefängnis schmuggelte. In dieser Schrift zerstört L. die Legende vom Verteidigungskrieg und kritisiert die SPD, deren Reichstagsfraktion am 14. August 1914 den Kriegskrediten zugestimmt hatte, was zur Spaltung der SPD und später zur Gründung des Spartakusbundes führte. Außerdem setzt L. sich in den im Sommer 1918 im Breslauer Gefängnis geschriebenen *Spartakusbriefen* mit der russischen Revolution auseinander und kritisiert die Bolschewiki für ihre Unterdrückung demokratischer Grundrechte wie Presse- und Meinungsfreiheit.

Nur wenige Monate nach ihrer Entlassung aus dem Gefängnis wurde L. am 10. Juli 1916 wieder inhaftiert. Am 9. November 1918, einen Tag vor der Novemberrevolution, wurde L. entlassen und eilte nach Berlin, wo sie Ende Dezember am Gründungsparteitag der KPD (Spartakus) teilnahm. Sie kämpfte gegen die Ebert-Scheidemann-Regierung und unterstützte trotz kritischer Vorbehalte die Aufständischen. Am 15. Januar 1919 wurde sie zusammen mit Karl Liebknecht in Wilmersdorf verhaftet und ins Hotel Eden am Kurfürstendamm gebracht, wo sie von Freikorpssoldaten verhöhnt, mißhandelt und schließlich tot oder halbtot in den Landwehrkanal geworfen wurde. Erst Monate später wurde ihre an einer Schleuse angeschwemmte Leiche gefunden und – gegen 3 Mark Gebühr – gehoben. Ihre Mörder gingen straffrei aus und auch der verantwortliche Hauptmann Pabst, nach '45 in der Waffenbranche tätig, wurde nie belangt und konnte noch 1962 öffentlich und ohne Konsequenzen seine Auffassung wiederholen, daß die Ermordung von L. und Liebknecht »auch vom moralisch-theologischen Gesichtspunkt vertretbar ist.«

Zwischen Rosa, der sensiblen Briefeschreiberin und Naturliebhaberin und L., der politischen Theoretikerin und brillanten Agitatorin, bewegt sich bis heute die disparate Rezeption, die zudem, was L.s theoretisches Werk betrifft, durch Lenins Kritik lange Zeit erschwert bzw. verunmöglicht wurde. »In all den Fragen, in denen Rosa Luxemburg eine andere Auffassung als Lenin vertrat, war ihre Meinung irrig«, schreibt Thälmann, und ihre Überlegungen wurden in KP-Kreisen meist als ›Luxemburgismus‹ diffamiert.

Wie Marx geht auch L. davon aus, daß die kapitalistische Entwicklung zwangsläufig zum ökonomischen und politischen Zusammenbruch führen müsse. L. erkennt, wie sie in ihrem theoretischen Hauptwerk *Die Akkumulation des Kapitals* zeigt, daß ein Mangel im Marxschen Schema seinen Ursprung in der Annahme habe, es gebe nur zwei gesellschaftliche Klassen, nämlich die Kapitalisten und die Arbeiter. »Wir wissen jedoch, daß der Kapitalismus auch in seiner vollen Reife in jeder Beziehung auf die gleichzeitige Existenz nichtkapitalistischer Schichten und Gesellschaften angewiesen ist.« Weiterhin bemüht L. sich um eine Weiterentwicklung des Marxschen Theorems von der bewußten Teilnahme des Proletariats an den objektiven Prozessen. Hier liegen die wesentlichen Kontroversen zwischen ihr und Lenin. Während Lenin eine straff organisierte und stark zentralisierte Kaderpartei anstrebt, die die Arbeiterbewegung anführen soll, betont L. die Bedeutung der Massen als Subjekt revolutionärer Prozesse. Was man fälschlicherweise ihre ›Spontaneitätstheorie‹ genannt hat, bedeutet tatsächlich, daß revolutionäre Prozesse nach L. nicht von einer Minderheit initiiert und geleitet werden könnten, sondern sich aus Massenstreiks und -bewegungen ergeben müßten. »Sozialistische Demokratie beginnt aber nicht erst im gelobten Lande, wenn der Unterbau der sozialistischen Wirtschaft geschaffen ist, als fertiges Weihnachtsgeschenk für das brave Volk, das inzwischen treu die Handvoll sozialistischer Diktatoren unterstützt hat ... Aber diese Diktatur muß das Werk der Klasse und nicht einer kleinen, führenden Minderheit im Namen der Klasse sein, d.h. sie muß ... der Kontrolle der gesamten Öffentlichkeit unterstehen.«

Werk: Sozialreform oder Revolution, 1899; Die Akkumulation des Kapitals. Ein Beitrag zur ökonomischen Erklärung des Imperialismus, 1913; Junius: Die Krise der Sozialdemokratie, 1916; Briefe aus dem Gefängnis, 1919/1961; Einführung in die Nationalökonomie, hg. v. P. Levi, 1925; Briefe an Freunde, 1950; Ich umarme Sie in

großer Sehnsucht. Briefe aus dem Gefängnis 1915–1918, 1980; Gesammelte Werke, 1981; Gesammelte Briefe, 5 Bände, 1982–84; Politische Schriften, 3 Bände, 1985.
Literatur: H. Arendt: Rosa Luxemburg, in: *Der Monat* 243, Dez. 1968, S. 28–40; F. Hetman: Rosa L. die Geschichte der Rosa Luxemburg und ihrer Zeit, 1987; E. Hannover-Drück/H. Hannover (Hg. Innen): Der Mord an Rosa Luxemburg und Karl Liebknecht. Dokumente eines politischen Verbrechens, 1967; P. Nettl: Rosa Luxemburg, 1967; C. Pozzoli (Hg.): Rosa Luxemburg oder die Bestimmung des Sozialismus, 1974; K. v. Soden (Hg. in): Rosa Luxemburg, 1988; V. Stadler-Labhart: Rosa Luxemburg an der Universität Zürich 1889–1897, 1978.

Susanne Thiessen

M

Macauley, Catherine Sawbridge → Sawbridge Macauley, Catherine

Märten, Lu
deutsche Kunstphilosophin und Schriftstellerin, *1879, †1970

M. wurde am 24. September 1879 als Louise Charlotte Märten in Berlin-Charlottenburg geboren. Sie war Autodidaktin, da sie aufgrund häufiger Krankheiten und einer schwachen körperlichen Verfassung nur sporadisch eine Schule besuchen konnte. M. engagierte sich früh in sozialreformerischen und künstlerischen Gruppierungen, wurde ca. 1903 Mitglied der SPD und trat 1920 der KPD bei. Seit 1898 war sie journalistisch und literarisch tätig, wobei sie vorwiegend für Zeitungen der sozialdemokratischen Frauenorganisationen, wie der von → Clara Zetkin gegründeten *Gleichheit* und in der *Arbeiterinnen-Zeitung*, die von Adelheid Popp herausgegeben wurde, arbeitete. Sie verfaßte Rezensionen, Gedichte, Kindergeschichten sowie Beiträge zu Kunst und Literatur.

Nach ihrer ersten Buchpublikation, dem Lyrikband *Meine Liedsprachen* 1906, erschien 1908 der autobiographische Roman *Torso. Das Buch eines Kindes*, in dem M., im Stil des literarischen Jugendstils, prägende Erfahrungen ihrer Kindheit und Jugend verarbeitete: der frühe Tod ihrer Eltern sowie ihrer drei Geschwister und die ärmlichen Lebensverhältnisse, die sie für Krankheit und Tod ihrer Familie verantwortlich machte. Daneben erzählt diese Autobiographie aber auch von der Entwicklung einer jungen Frau zur Schriftstellerin, von der weiblichen Suche nach intellektueller und künstlerischer Selbstverwirklichung – Themen, die auch in ihren journalistischen und theoretischen Texten immer wieder auftauchen. 1909 erschien das Agitationsstück *Bergarbeiter*, das einige Beachtung fand. In den folgenden Jahren wandte sich M. neben ihrer vielfältigen journalistischen ›Brotarbeit‹ ausschließlich kunstsoziologischen und -theoretischen Fragen zu. In kurzer Folge entstanden in den Jahren 1910 bis 1919 die Schriften *Die wirtschaftliche Lage der Künstler* (1914), *Die Künstlerin* (1919) und *Ästhetik und Arbeiterschaft*, das unveröffentlicht blieb.

1924 erschien ihr theoretisches Hauptwerk *Wesen und Veränderung der Formen/Künste. Resultate historisch-materialistischer Untersuchungen*, das von linksintellektuellen KPD-Kreisen jedoch weitgehend ignoriert wurde. Aufgrund zunehmender finanzieller Probleme nahm M. ab 1927 verschiedene Bibliothekstätigkeiten an. Außerdem begann sie die Arbeit an einer Bibliographie zu *Schriften zur Geschichte und Theorie des Sozialismus*. Die Jahre 1933–1945 verbrachte M., abgesehen von einem dreimonatigen Erholungsurlaub in Schweden, den Freunde ihr 1938 ermöglichten, zurückgezogen und in dauernder materieller Not in Berlin; sie verfaßte drei Filmexposées sowie den Roman *Yali. Ein Buch von allem Werden* (1936), für die sie jedoch keine InteressentInnen bzw. Verlage fand.

Nach '45 nahm M. ihre publizistischen Tätigkeiten wieder auf. Sie war fast ausschließlich in der sowjetischen Besatzungszone bzw. der DDR tätig, lebte jedoch weiterhin im Westteil von Berlin. Ihren Lebensunterhalt verdiente sie als freie Lektorin, u.a. bei dem Verlag *Volk und Wissen*. In ihren Publikationen bemühte sie sich nun vor allem darum, an die 1933 abgebrochene politische wie ästhetische Tradition zu erinnern. Neben Artikeln zu → Clara Zetkin, → Rosa Luxemburg, Paula Modersohn-Becker und Peter Hille verfaßte sie das 1949 erschienene Buch *Zur Geschichte der Frau vom Mutterrecht bis zur Gegenwart*, das sich vor allem an jüngere Leserinnen wendet. Im gleichen Jahr wurde auch ihr Hauptwerk neu aufgelegt. 1950 zog sich M., wohl als Reaktion auf die DDR-Kulturpolitik, aus allen öffentlichen Diskussionen und Organisationen zurück. Sie starb am 12. August 1970 in Berlin-Steglitz.

In ihrem Entwurf einer ›sozialen Ästhetik‹ geht M. von der Annahme einer ursprünglichen Einheit von Arbeit und Kunst aus: alle Kunst sei ursprünglich aus Arbeit entstanden. Im Zuge der gesellschaftlichen Arbeitsteilung sei diese Einheit zerstört und die Kunst zu einem ›Sondergebiet‹, zu einem ›Luxusfaktor‹, erklärt worden. Insofern sei schon der Begriff ›Kunst‹ an sich abzulehnen. Um eine umfassende Theorie der sinnlich-praktischen Tätigkeit des Menschen zu liefern, schlägt M. stattdessen vor, den Begriff der Kunst durch den der Form zu ersetzen. Gemäß des Mottos: ›Jede Zeit erschafft oder erfindet sich ihre Mittel‹ will M. unter historisch-materialistischer Perspektive die einzelnen Kunstgattungen, die verschiedenen künstlerischen (Ausdrucks-) Formen, auf ›Wesen und Veränderung‹ hin untersuchen. Damit richtet sie sich zum einen gegen die bürgerliche Auffassung von der Autonomie der Kunst und zum anderen gegen zeitgenössische kommunistische Ästhetik-Debatten, die, so M., den formalen Charakter von Kunst ignorierten und hofften, durch neue Inhalte eine genuin proletarische Kunst hervorzubringen. »Es gilt also zu begreifen ... daß sogenannte Kunst, historisch gesehen, nicht nur Inhalt, sondern in erster Linie Form ist.« Auf dem Hintergrund einer solchen historisch-materialistischen Analyse sollen gegenwärtige ästhetische Formen bewußt gemacht und neue Formen entwickelt werden. Als Beispiel nennt M. hier u.a. den Film, dessen eigene Potenzen bislang nicht erkannt worden seien und der darum zu oft darauf reduziert werde, das ›Wesenseigentümliche des bürgerlichen Theaters‹ darzustellen. »Es ist lächerlich ... Bilder und Theaterstücke zu erwarten, die Inhalt und Form der neuen Vitalität restlos spiegeln sollen. Die alten Formen können diesen Inhalt nicht anders spiegeln, als sie es längst getan. Die neue Vitalität, heute noch latent und unbewußt, hat ganz andere Anforderungen, andere Dimensionen.« Aus heutiger Perspektive sicher problematisch erscheint M.s Formtheorie hinsichtlich ihres von Geschichts- und Technikoptimismus getragenen organizistischen Denkens.

Während M.s Ansatz in Deutschland kaum rezipiert wurde, übte sie jedoch einigen Einfluß auf die tschechische literarische Avantgarde aus.

Werk: Meine Liedsprachen. Gedichte, 1906; Torso. Das Buch eines Kindes, 1909; Bergarbeiter. Schauspiel in einem Akt, 1909, (wiederabgedruckt in: *Deutsche Arbeiterliteratur von den Anfängen bis 1914*, hg. v. B. Witte, 1977); Die wirtschaftliche Lage der Künstler, 1914; Die Künstlerin, 1919; Historisch-Materialistisches über Wesen und Veränderung der Künste. Eine pragmatische Einleitung, 1921; Wesen und Veränderung der Formen/Künste. Resultate historisch-materialistischer Untersuchungen, 1924/1949; Bürgermeister Tschesch und seine Tochter. Erinnerung an den Vormärz, 1948; Zur Geschichte der Frau vom Mutterrecht bis zur Gegenwart, 1949; Formen für den Alltag, hg. v. R. May, 1982.

Literatur: Materialistische Literaturtheorie VI. Lu Märtens Kunsttheorie zwischen marxschem Arbeitsbegriff und sozialdemokratischer Technikgläubigkeit, in: *alternative* 1973, Nr. 89; G. Plumpe: Kunstform und Produktionspraxis im Blick auf Lu Märten, in: *Arbeitsfeld Marxistische Literaturtheorie. Beiträge zu ihrer Gegenstandsbestimmung*, hg. v. K.-M. Boddal et. al. 1975; J. Rosenberg: Lu Märtens Entwurf einer historisch-materialistischen Theorie der Künste. Zum 100. Geburtstag der marxistischen Kunsttheoretikerin, in: *Weimarer Beiträge* 1979, Heft 10; R. May: Theorie der Formen wider Theorie der Künste? in: *Lu Märten: Formen für den Alltag* 1982; Ch. Kambas: Die Werkstatt als Utopie. Lu Märtens literarische Arbeit und Formästhetik seit 1900, 1988 (ausführliche Bibliographie).

Susanne Thiessen

Magnilla
römische Philosophin, ca. 1.–2. Jh. n. u. Z.

Von M. ist wenig überliefert. Sie war selbst Philosophin und sowohl Tochter als auch Frau von Philosophen. Sie wird in einer Inschrift aus Mysia in Kleinasien erwähnt.

Literatur: S.B. Pomeroy: Women in Hellenistic Egypt from Alexander to Cleopatra, 1984; WP.

Ursula I. Meyer

Makrina die Jüngere
kleinasiatische Asketin, *ca. 327, †380 n. u. Z.

M. war die Enkelin von Makrina der Älteren und die Tochter der heiligen Emmelia; auch M. wurde heilig gesprochen.
Ihr Bruder Gregor von Nyssa verfaßte ihre Biographie und vermittelt uns darin einen Einblick in ihr Leben und in die religiösen Sitten des 4. Jahrhunderts. Die Lebensbeschreibung ähnelt einer Heiligenlegende mit entsprechender Ausschmückung, läßt aber trotzdem Rückschlüsse auf M.s Leben und Wirken zu. Vor allem ihr Sterben und die Beerdigungsriten werden detailliert von Gregor beschrieben.
M. wurde als erstes von zehn Kindern in Kaisarein (Kappadokien) geboren. Ihre Eltern, insbesondere ihre Mutter, legten Wert auf eine ausgezeichnete Bildung, in der ihr Teile des Alten Testamentes, sittliche Lehren, aber auch griechische Philosophie vermittelt wurden. Als ihr Verlobter starb, entschied sich M. zu einem ehelosen Leben, blieb im elterlichen Haus und half der Mutter bei der Erziehung der jüngeren Geschwister. Zwei ihrer Brüder, Basilius der Große und Gregor von Nyssa, wurden berühmte Bischöfe. M. überzeugte ihre Mutter von dem Vorhaben, in einer klösterlichen Gemeinschaft mit anderen Frauen, auch ehemaligen Dienerinnen, zusammenzuleben. Sie zogen auf ein Familiengut am Fluß Iris in Pontos und führten dort ein asketisch-reli-

giöses Leben. M. kann als Gründerin einer der ersten Frauenklöster bezeichnet werden. Ihr jüngster Bruder Petrus stand dem Männerkloster auf der anderen Uferseite der Iris vor.

Angeblich auf dem Sterbebett M.s führte der Bruder Gregor ein Gespräch mit ihr ›über Seele und Auferstehung‹. Die Art des Dialogs, die Rahmensetzung der sterbenden M., die Themenstellung und die inhaltliche Bearbeitung der Problematik ähneln stark dem platonischen Dialog *Phaidon* und der Belehrung durch → Diotima im *Symposion*. Das Gespräch mit der sterbenden M. ist unzweifelhaft an den *Phaidon* in seiner ganzen Form angelehnt. Es wird, u.a. von Stiglmayr, angenommen, daß die philosophische Lehrmeinung, die im Dialog von M. vorgetragen wird, tatsächlich ihrer Auffassung entsprach. Demnach hätte M. über ein umfassendes Wissen platonischer, aristotelischer und epikureischer Lehren verfügt.

Der Dialog ist eine philosophische Abhandlung über das Wesen der Seele als eine unsterbliche und nicht zusammengesetze Einheit. Die Verschiedenheit des aus Elementen zusammengesetzten Körpers und der gottverwandten Seele sowie die Vermittlungsaufgabe der Seele bei sinnlichen Wahrnehmungen werden thematisiert. Die platonische Ideenlehre wird der christlichen Lehre angepaßt und entsprechend transformiert. Die Präexistenz der Seele wird allerdings negiert, die Unsterblichkeit und Verbindung der Seele mit Teilen des Körpers, auch nach dem Tod, bejaht.

Literatur: R. Albrecht: Das Leben der heiligen Makrina auf dem Hintergrund der Thekla-Tradition, 1986; A. Jensen: Gottes selbstbewußte Töchter. Frauenemanzipation im frühen Christentum, 1992; U.I. Meyer (Hg. in): Die Welt der Philosophin I, 1995; G.v. Nyssa: Lebensbeschreibung seiner Schwester Makrina und Gespräch mit Makrina über Seele und Auferstehung, in: *Bibliothek der Kirchenväter*, Bd. 56, 1927; J. Stiglmayr: Selbstbildnis des Papstes Gregor des Großen nach seinen Briefen, 1931; Lexikon für Theologie und Kirche *Makrina d. Jüngere*, Bd. 6, 1961; RE *Gregorius* (5), Bd. 14, 1912; HWP; WP.

Maria Nühlen

Malatesta da Montefeltro, Battista

italienische Gelehrte, *1383, †1448/50

M., die jüngere Tochter des Grafen Antonio da Montefeltro, wurde 1383 in Urbino geboren. Sie stammte aus einem literarisch interessierten Elternhaus und wurde zusammen mit ihrem Bruder Guidantonio unterrichtet.

Am 16. Juni 1405 heiratete sie mit 21 Jahren den Fürsten von Pesaro, Galeazzo di Malatesta. Mit ihrem Schwiegervater Pandolfo, selbst ein humanistisch gebildeter Mann, hielt sie ihr Leben lang rege Korrespondenz. Ihr Schwiegervater hatte Kontakte zu Petrarca und Coluccio Salutati, was nicht ohne Einfluß auf M. blieb.

Ihre Ehe mit Galeazzo war von Anfang an unglücklich. M.s Mann wurde bei der Schlacht von Braccio da Montone gefangengenommen und auf Befehl des Kondottiere Agnolo dalla Pergola 1424 in Gradara in Haft genommen.

Die biographischen Angaben über Galeazzo widersprechen sich. Während King in *Her immaculate Hand* behauptet, daß er sich 1429 bei der Machtübernahme von Pesaro als unfähiger Herrscher herausstellte und daraufhin 1431 ermordet wurde, wissen Pattori und Feliciangeli zu berichten, daß die Unruhen in Pesaro im Juni 1431 Galeazzo und M. zwangen, an den Hof ihres Bruders nach Urbino zu fliehen. Ihr Schwager Carlo zeigte sich wagemutiger. Er rüstete gegen die Rebellen und 1433 erhielten die Malatesti die Herrschaft über Pesaro zurück. Nach dem Tode Carlos 1438 und dem Tode des Erzbischofs Pandolfo 1441, einem weiteren Schwager M.s, überließ Galeazzo die Stadt Pesaro dem Federico di Montefeltro. Erst 40 Jahre später gelangte sie in den Besitz des Alessandro Sforza, der mit der Enkelin M.s verheiratet war.

M., die von ihrem Mann getrennt lebte, starb am 3. Juli 1448 im Kloster St. Lucia bei Foligno, nachdem sie ihre letzten Lebensjahre Gott gewidmet hatte. Laut Dennistoun und King starb M. erst zwei Jahre später im Jahr 1450.

Ihre einzige Tochter Elisabetta war mit Pietro Gentile Varano von Camerino verheiratet, der 1433 Opfer eines Bruderkrieges wurde. Diesen Umstand wählte M. als Thema einer Rede an Kaiser Sigismund.

Am 31. Mai 1443 wurde Sigismund von Papst Eugenius IV. zum heiligen römischen Herrscher gekrönt. Auf seinem Rückweg nach Ungarn machte er in Urbino halt, wo M. ihn in Form einer lateinischen Rede um Hilfe für ihren Schwiegersohn bat. Zuerst erhoffte sie die Wiederherstellung der Macht ihrer Familie in Pesaro, dann schilderte sie die Geschichte der Familie Varano, der ehemaligen Herrscher von Camerino. Die vier Varano Brüder Giovanni II, Gentile Pandolfo, Bernardo und Pier Gentile stritten sich um die Alleinherrschaft. Pier Gentile, der Gatte von M.s Tochter, wurde verhaftet und ein anderer Bruder getötet.

Die Fürbitte M.s blieb erfolglos, denn kurze Zeit später wurden die beiden anderen Brüder und Pier Gentile am 6. September 1433 durch den päpstlichen Legat Giovanni Vitelleschi im Gefängnis ermordet.

Ein Jahr später floh Elisabetta mit ihrer Tochter Costanza nach Pesaro. Costanza, selbst eine Gelehrte, wurde von ihrer Großmutter M. unterrichtet und maßgebend beeinflußt.

M.s Briefe sind zwar von wenig politischem und literarischem Interesse, spiegeln aber ihre Lebensbedingungen wider und sind als Zeitdokument interessant.

Ihr Schwiegervater ermutigte ihre literarische Begabung. Beide tauschten Sonette und Briefe, im klassischen Latein verfaßt, aus. So entstanden die *Il Malatesta degli Sonetti*, die M. am Hofe von Urbino vortrug. Ihre Gedichte sind religiös orientiert und imitieren den Stil Petrarcas. Andere Humanisten wie Guiniforte Barzizza und Leonardo Bruni loben ihre Gelehrsamkeit und Kenntnisse antiker klassischer Lateintexte.

Letzterer widmete ihr seine *De studiis et litteris*, in dem er eigens ein wissenschaftliches Programm für die gebildete Frau entwickelte. Da eine Frau keine Möglichkeit besaß, in der Öffentlichkeit aufzutreten, rät er ihr vom Studium der Rhetorik ab. Zudem sollte sie nie die ›Vulgärtexte‹ lesen, sondern sich ausschließlich mit den klassischen lateinischen Autoren befassen. Am Ende seines Briefes ermutigt er M., mit ihrem Studium fortzufahren.

Literatur: W. Boulting: Women in Italy, 1910; M. A. Cannon: The Education of Women during the Renaissance, 1916/1981; Dennistoun: Memoirs of the Dukes of Urbino, 1851; A. Fattori/B. Feliciangeli: Lettere inedite di Battista da Montefeltro, Rendiconti della Regia Accademia dei Lincei, Classe di scienze morali, storiche e filologiche, Ser. 5/26, 1917, S. 196–215; M. L. King/A. Rabil (Hg. Innen): Her Immaculate Hand. Selected Works by and about the Women Humanists of Quattrocento Italy. Medieval and Renaissance Texts and Studies 20, 1983; U. I. Meyer (Hg. in): Die Welt der Philosophin II, 1996; WP.

Larissa Reinold

Marinelli, Lucrezia

italienische Schriftstellerin und Feministin, *1571, †1653

M. wurde 1571 in Venedig geboren. Ihr Vater, Giovanni Marinelli, ein Arzt und Philosoph aus Modena, war spezialisiert auf Frauenkrankheiten. Von ihrer Mutter ist nichts bekannt. M. heiratete Girolamo Vacca und hatte zwei Kinder, wie durch ihr Testament überliefert wurde. Sie starb 1653 in Venedig.

Pierre Bayle widmete ihr einen Artikel in seinem *Dictionnaire historique et critique*. Sie war Autorin von heroischen Gedichten, von einem wichtigen Traktat zur Verteidigung der Frauen und von verschiedenen spirituellen Werken. Aus ihrem Werk kann man vermuten, daß M. eine sehr solide Bildung besaß, die klassische Philosophie, lateinische Literatur, platonische Philosophie der Renaissance, Dante, Boccaccio, und vor allem Petrarca und Geschichte beinhaltete. Sie zeigte nicht nur sehr gute Kenntnisse der klassischen Autoren, sondern ebenso der frühen Rezeption ihrer Zeitgenossen. M.s Schriften wurden Ende des 16. Jahrhunderts veröffentlicht. Unter ihren Werken sind die Leben und Leistungen von weiblichen Figuren hervorzuheben: *Die Jungfrau Maria* (La vita di Maria Vergine, 1602), Santa Clara, Santa Justina, Santa Catalina und der Heilige Franziskus. Von ihren Gedichten ist *L'Enrico overo Bisantio conquistato* (1635) zu erwähnen.

Dort übernimmt sie die traditionell männliche Rolle eines heroischen Dichters. Wichtiger ist jedoch ihr Traktat zur Verteidigung des weiblichen Geschlechts: *La nobiltà et l'eccellenza delle donne co' diffetti et mancamenti degli huomini*, 1600 zum erstenmal in Venedig erschienen. Dieses Traktat nahm an der berühmten Debatte, der sogenannten ›querelle des femmes‹ teil. Diese Kontroverse wurde von → Christine de Pizan begonnen und dauerte bis Ende des 18. Jahrhunderts. Die lange und breite Polemik – zeitlich und räumlich – dreht sich um das Thema der ›Minderwertigkeit/Überlegenheit‹ der Frauen und zeigt notwendigerweise verschiedene Aspekte je nach der historischen und kulturellen Lage.

Gerade Ende des 16. Jahrhunderts herrschte in Norditalien eine sehr starke frauenfeindliche Strömung, die mit der Stimmung der katholischen Gegenreformation zusammenhing. Giuseppe Passi vertrat mit seinem Werk *I donneschi diffetti* die alte und ausdauernde Tradition der ›vituperatio mulierum‹ und wurde zu einem der größten Misogynen in der Zeit nach Trento. M.s Traktat ist eine direkte Antwort auf das Buch Passis. Der Text, den sie zur Verteidigung ihres Geschlechts verfaßte, bezieht sich schon im Titel auf die Werke über die ›Würde‹ und ›Vortrefflichkeit‹ der Frauen, die hauptsächlich Anfang des 16. Jahrhunderts erschienen, zum Beispiel, Galeazzo Flavio Capra *Della dignità ed eccellenza delle donne*, 1525 und Henricus Cornelius Agrippa *De nobilitate et praecellentia foeminei sexus*, 1529.

Das Ziel von M.s Text ist es, die angebliche Minderwertigkeit der Frauen zu widerlegen. Sie führt natürliche, moralische, philosophische und historische Gründe an, die gerade das Gegenteil beweisen und sowohl die vortrefflichen Qualitäten der Frauen als auch ihre Beiträge zur westlichen Geschichte hervorheben. Im ersten Teil des Traktats führt sie eine große Zahl von Frauen aus der alten und neuen Geschichte und Literatur an, die stark, mutig, rational, gebildet, kämpferisch und weise gewesen sind, um den Mythos zu entkräftigen. Nach M. gibt es keine natürliche Erklärung der angeblichen Minderwertigkeit des Weiblichen, lediglich die historischen Bedingungen können den Glauben erklären. Dieser Glaube wird von den männlichen Autoren verstärkt, dem »neidisch von den schönen Werken der Frauen haben sie diese verschwiegen und nichts von ihren großen Taten erzählt«. Diese Nachlässigkeit der Männer, die die Frauen zum ›sotto silentio‹ verurteilt hatten, verfestigt den Mythos, daß es keine ›gelehrten‹ Frauen, weder in der Wissenschaft noch in den Künsten, gegeben hat. M. sieht ihre Aufgabe darin, die berühmten Frauen auf allen Gebieten zu dokumentieren. Indem sie alle diese Frauen ›sichtbar‹ gemacht hatte, wurde M. selbst berühmt und kann zu den Frauen gezählt werden, die durch ihre ›Weisheit‹ und ›Tugend‹ herausragen.

Werk: Le Nobilità et Eccellenze delle Donne et i Diffetti e Mancamenti de gli Huomini 1600/1608/1621, in: Eva – Gottes Meisterwerk, hg. v. E. Gössmann, 1985 (Auszüge in deutscher Übersetzung).
Literatur: A. Chemello: La donna, il modello, l'imaginario. Moderata Fonte e Lucrecia Marinella, in: *Nel cerchio della luna. Figure di donna il alcuni testi del XVI secolo*, hg. v. M. Zancan, 1983, S. 95–170; ders. Lucrecia Marinelli, in: *Le stanze ritrovate. Antologia di Scrittrici Venete dal Quattrocento al Novecento*, hg. v. A. Arslan/A. Chemello/G. Pizzamiglio, 1991, S. 95–108 (enthält Texte von M.ş Traktat, mit Einleitung und Bibliographie); G. Conti Odorisio: Donna e società nel Seicento, 1979 (enthält wichtige Fragmente aus M.s Traktat); G. B. Marchesi: »Le polemiche sul sesso femmnile ne' secoli XVI e XVII«, in: *Giornale storico dela letteratura italiana*, LXXIV–LXXV, 1895, S. 362–369; U. I. Meyer (Hg. in): Die Welt der Philosophin II, 1996; E. Sanette: La polemica femminista, in: *Suor Arcangela monaca del Seicento veneciano*, 1960, S. 211–237.

Rosa Rius Gatell
(Übers. M. L. P. Cavana)

Martineau, Harriet
englische Journalistin, *1802, †1876

M. wurde am 12. Juni 1802 in Norwich als sechstes von acht Geschwistern geboren. Ihr Vater war Textilfabrikant puritanischer Abstammung und die Familie gehörte der religiösethischen Gruppierung der Unitarier an.

M. war von Kindheit an kränklich, sie wurde zu Hause erzogen und von ihren älteren Geschwistern unterrichtet. Später besuchte sie auch öffentliche Schulen oder erhielt Privatstunden, vor allem in Sprachen und klassischer Bildung. Ihre Jugend war stark geprägt von ihrer schwächlichen Konstitution, von ihren Ängsten und ihrer beginnenden Taubheit.

Bereits mit 15 Jahren begann sie mit ersten Schreibversuchen und verfaßte melancholische Gedichte, die sie in einem kleinen Verlag veröffentlichen konnte. Als sie im heiratsfähigen Alter war, entwickelte M. ein starkes Interesse an religiösen und philosophischen Fragen. Beeinflußt wurde sie vor allem von dem unitarischen Philosophen Priestley, dessen realitäts- und notwendigkeitsorientiertes Denken M. prägte. 1820/21 schrieb sie drei Artikel, die sich speziell mit Frauenthemen befaßten, die ersten beiden hatte *Female Writers of Practical Divinity* zum Thema, der dritte befaßte sich mit der Ausbildung von Frauen, und sie sprach sich darin für eine qualitätvollere Erziehung der Mädchen aus. M. veröffentlichte sie unter dem Pseudonym *V of Norwich*.

1827 begann sie ihre Artikel im *Monthly Repository*, der Zeitschrift der *Society for the Diffusion of Useful Knowledge*, einer unitarischen Gruppierung zu veröffentlichen und schrieb seitdem regelmäßig für dieses Journal. 1830 gewann sie die von der *Central Unitarian Association* gestifteten Preise für drei Essays, die Katholizismus, Judentum und Islam zum Inhalt haben sollten. Im gleichen Jahr hatte sie auch Erfolg mit ihrem ersten Buch *Traditions of Palestine*. Außerdem verfaßte sie Kurzgeschichten zum Thema politische Ökonomie. In diesen Geschichten setzte M. politische und wirtschaftliche Probleme in Fiktion um und machte sie so für einfache LeserInnen verständlich. Häufig setzte sie auch Ideen von Philosophen wie Mill oder James in ihren Erzählungen um und machte sie dadurch einem breiteren Publikum zugänglich.

Daraus entstand im Jahr 1831 M.s bekannteste Publikation, die *Illustrations of Political Economy*. Der im Dezember 1831 veröffentlichte Sammelband war so erfolgreich, daß die erste

Auflage bereits im Februar 1832 ausverkauft war. Nach und nach produzierte M. weitere 3 Bände ihrer *Illustrations of Political Economy*, die insgesamt 9 Bände umfassen; später kamen noch die *Illustrations of Taxation* mit 4 Bänden und 4 Bände der *Poor Laws and Poupers Illustrated* dazu.

Unterbrochen von langen Krankheitsphasen setzte M. ihre schriftstellerische Arbeit fort. Sie lebte nun in London, führte ein abwechslungsreiches Leben und war mit berühmten ZeitgenossInnen wie Dickens und Darwin bekannt. M. heiratete nie und bestand immer darauf, mit Mrs. angesprochen zu werden. Als Frau in der viktorianischen Männerwelt wollte sie sich nicht zu sehr mit den typisch weiblichen Belangen auseinandersetzen. Sie suchte eher die Gesellschaft von Männern, vor allem in ihrer Arbeit; in ihren frühen Veröffentlichungen benutzte sie ein männliches Pseudonym. M. war eine gute Beobachterin und Analytikerin der politischen Szene, die sich nicht scheute, scharfe Kommentare über die Rolle und die politische Position der Frau abzugeben. Sie sah die Frauen nicht in erster Linie als Opfer, nahm aber ihre Unterdrückung wahr und setzte sich für notwendige Veränderungen ein. Dabei ging es ihr weniger um neue Gesetze, sondern darum, ein Beispiel zu geben und andere zum Nachdenken anzuregen.

Im August 1834 trat M. eine Erholungsreise in die Vereinigten Staaten an. Sie blieb dort für 2 Jahre, reiste im ganzen Land herum und beschäftigte sich mit politischen Problemen wie der Sklaverei. Bereits 1832 hatte sie im Rahmen der *Illustrations* eine Erzählung gegen Sklaverei verfaßt. Auch später argumentierte M. immer wieder vehement gegen Sklaverei und bezeichnete sie als Anomalie unter selbstbestimmten Menschen. Sie befaßte sich ausführlich mit den Lebensbedingungen der Schwarzen und besuchte auch einen amerikanischen Sklavenmarkt. Nach ihrer Rückkehr aus den USA 1836 veröffentlichte sie ihr Buch *Society in America*, das eine theoretische Auseinandersetzung mit dem amerikanischen System beinhaltet. Sie beschreibt die politischen und gesetzgebenden Institutionen der USA, die Wirtschaft, die gesellschaftlichen Normen und das kulturelle Leben. Dabei hebt sie vor allem die Unterschiede zwischen der landwirtschaftlichen Praxis in Großbritannien und USA hervor, befaßt sich mit den Auswirkungen der Sklavenarbeit auf das Wirtschaftssystem und beobachtet die Rolle der Frau in den USA. Sie führt aus, daß eine Demokratie absurd sei, in der die Macht von der Zustimmung der Untertanen ausgehen solle und die Frauen völlig ausschließe. Der rechtliche Status der Frauen in USA sei zwar besser als in Europa, aber praktisch sei ihre Position mit der der Sklaven vergleichbar. Sie haben keine politische Stimme, ihr Leben ist fremdbestimmt, sie selbst sind inexistent und unsichtbar. Der Ausschluß aus der politischen Realität werde als Schutz getarnt, was nach M. dazu führe, die Persönlichkeit der Frauen zu brechen.

Ihre persönlichen Erfahrungen in den USA verarbeitete M. in *A Retrospect of Western Travel*. Dieses zweite Buch wurde erfolgreicher als das erste. 1838 veröffentlichte sie *How to Observe: Morals and Manners*, in dem sie ihre Ideen für Reisebeobachtungen umsetzte; es gilt als eine erste Einführung in die Soziologische Methodologie.

1843 erlitt M. einen schweren Krankheitsschub, der sie mehrere Monate ans Bett fesselte. Diese Krankheit und ihre allgemeine Gebrechlichkeit führten dazu, daß sie Bekanntschaft mit dem damals sehr populären Mesmerismus machte, der sich gerade in England ausbreitete. Diese Behandlung war bei ihr sehr erfolgreich, und sie beschreibt ihre eigenen Erfahrungen in *Life in the Sick Room* und *Letters to the Deaf*.

1845 hatte sie sich von ihrer Krankheit erholt und machte sich in Windermere seßhaft. Durch den Mesmerismus lernte sie auch ihren späteren Briefpartner, den Philosophen Henry Atkinson kennen. 1846 zog sie in ihr Haus *The Knoll* in Ambleside, wo sie auch die Bekanntschaft der Familie Wordsworth machte. Sie reiste nach Ägypten und verfaßte 1848 ihr Buch *Eastern Life, Past and Present*. Es ist als Gegenstück zu ihrem Buch über die USA zu verstehen und sie berichtet darin von einer Reise in den Nahen Osten. Es enthält eher persönliche Reiseberichte, in denen sich M. auch mit den unterschiedlichen Kulturen und Religionen befaßt. Auch hier geht sie vor allem auf die Lage der Frauen ein und kritisiert die Institution des islamischen Harems. Aber sie räumt ein, daß Haremsfrauen die westlichen Frauen bedauern würden, die ein viel anstrengenderes Leben hätten, weil sie sich um mehr Angelegenheiten außer Haus kümmern müssen. M. resümiert, daß auch die häufig sehr positiven freundschaftlichen Beziehungen der Haremsfrauen untereinander die Situation des Eingesperrtseins dennoch nicht aufwiegen könnten.

Nachdem sie 1849 mit Charles Knight Bekanntschaft gemacht hatte, führte sie dessen bereits begonnene Arbeit, *History of the Peace*, weiter. Der erste Teil erschien im Februar 1849, den zweiten Teil schrieb sie in den folgenden 6 Monaten. Sie stellt darin die Geschichte Großbritanniens in den letzten 50 Jahren dar und geht, wenn auch nicht kritisch, auf die britische Kolonialmacht ein.

Unter dem Stichwort *Household Education* sind über mehrere Jahre Artikel M.s in *People's Journal* erschienen, worin sie sich mit den psychologischen, religiösen und politischen Aspekten von Erziehung befaßt. Diese Artikel wurden 1849 als Buch veröffentlicht. Ein Schwerpunkt ist die gleiche Erziehung für beide Geschlechter; sie spricht sich gegen eine spezielle Erziehung der Mädchen zu Haushaltspflichten aus. Da sich M. in vielen ihrer Bücher als Lehrerin sah, gibt sie auch hier Ratschläge zu Entwicklungsfragen von der Geburt bis ins hohe Alter. Sie erläutert ihre Prinzipien einer sinnvollen Erziehung und lenkt die Aufmerksamkeit der Leserin stärker auf die Phase der Kindheit. Ein wichtiges Erziehungsziel war für M. auch die persönliche Selbstkontrolle, die sie in Gegensatz zum viktorianischen Drill stellte.

Im Jahr 1851 veröffentlichte M. zusammen mit Atkinson die *Letters on the Laws of Man's Social Nature and Development*. Sie waren in Dialogform geschrieben, wobei M. Fragen formulierte, die Atkinson beantwortete. Zu dieser Zeit machte sie auch Bekanntschaft mit den Werken von Auguste Comte und beschloß, diese ins Englische zu übersetzen. 1852 begann sie mit seiner *Philosophie Positive*, dessen 6 Bände sie in zwei zusammenfaßte und im Zeitraum eines dreiviertel Jahres übersetzte.

1854 erkrankte M. wieder, und da sie ihren baldigen Tod fürchtete, begann sie mit ihrer Autobiographie. In den drei Bänden schildert M. sehr detailliert ihre Lebensgeschichte. Im Vordergrund steht ihr Werk, sie beschreibt die wichtigsten Artikel und die Entstehung ihrer Bücher, ihre Reisen in die USA und auf das Festland sowie ihre Kontakte zur literarischen Avantgarde ihrer Zeit. Außerdem enthält ihre Autobiographie eine Reihe von Briefen. Sie vollendete die Arbeit lange vor ihrem Tod und schrieb danach noch zahlreiche Artikel und die Bücher.

M. starb am 27. Juni 1876 in ihrem Haus. Bis zu ihrem Tod hatte sie über 50 Bücher und Pamphlete verfaßt, als Journalistin für die *Daily News* schrieb sie über 1 600 Artikel, außerdem veröffentlichte sie noch in zahlreichen anderen Zeitungen. Sie war über 40 Jahre lang eine wichtige Persönlichkeit des öffentlichen Lebens, eine Feministin, die als Schriftstellerin großen Einfluß hatte und radikale Ideen unterstützte. Zwar sind M.s Bücher keine philosophischen Werke in einem klassischen Sinn, aber sie hat in ihren *Illustrations* philosophische Grundgedanken umgesetzt und dadurch LeserInnen zugänglich gemacht, die sonst keine Möglichkeit gehabt hätten, sich mit diesen Themen zu befassen.

Werk: Traditions of Palestine, 1830; Illustrations of Political Economy, 9 Bde., 1832–34; Society in America, 1837; How to Observe: Morals and Manners, 1838; Life in a Sick Room, 1843; Eastern Life, Past and Present, 1848; Letters on the Laws of Mans Nature and Development, 1851.

Literatur: E.M. Barth: Women Philosophers (Bibliographie), 1990; Dictionary of National Biography; M.B. Ogilvie: Women in Science, 1986; R.K. Webb: Harriet Martineau. A Radical Victorian, 1960 (Bibliographie); HWP; WomBio.

Ursula I. Meyer

Masham, Damaris Cudworth → Cudworth Masham, Damaris

Mayreder, Rosa
österreichische Philosophin, *1858, †1938

M. wurde am 30. November 1858 in Österreich geboren. Sie war das erste Kind von Franz Obermeyer und dessen zweiter Frau Marie Engel und wuchs in gutsituierten Verhältnissen auf. Schon früh begann M. mit ihren Tagebuchaufzeichnungen, die sie bis zu ihrem Tod weiterführte. In den Eintragungen schildert sie keine konkreten Personen oder Ereignisse, sie wollte darin eigene Analysen und Reflexionen festhalten und sie so als Mittel für die Selbstkontrolle und Selbsterziehung, der sich M. unterwarf, nutzen.

Ihre Erziehung war an den klassischen bürgerlichen Erziehungsidealen orientiert, so daß ihr keine akademische Ausbildung ermöglicht wurde, sondern sie neben den Grundlagenfächern Klavierspielen, Gesang und Zeichnen erlernte und zur Ergänzung ihres Privatschulunterrichtes Französischstunden erhielt. Schon früh versuchte M. sich humanistische Bildung anzueignen, indem sie an den Griechisch- und Lateinstunden ihres Bruders teilnahm. Da ihr Vater sehr stolz auf seine hochbegabte Tochter war, gestattete er ihr eine umfangreiche wissenschaftliche Lektüre, und die Fächer Psychologie und Logik wurden in ihren Stundenplan aufgenommen.

Besonders prägend waren für M. die Jugend und frühen Ehejahre, in denen sie sich an einem Stammtisch-Gesprächskreis beteiligte, zu dem neben Karl Mayreder und seinem Bruder auch Josef Storck, Rudolf von Waldheim, Friedrich Eckstein und andere junge Intellektuelle gehörten. Während dieser Zeit befaßte sich M. vor allem mit den Schriften Richard Wagners, den sie jedoch aufgrund seines Mystizismus letztlich ablehnte. Sie wandte sich später Schopenhauer und Nietzsche zu, die zusammen mit Goethe, Kant und ihrem Zeitgenossen Eckstein den wichtigsten geistigen Einfluß auf sie ausübten.

Am 28. Juli 1881 heiratete sie den Architekten und Stadtplaner Karl Mayreder, mit dem sie versuchte, ihr Ideal der Ehe als einer dauernden Vereinigung zweier sich ergänzender Individuen zu leben; doch erwies sich auch in M.s Fall die Umsetzung dieser Vorstellungen als schwierig.

Gemeinsam knüpfte das Paar Kontakte zu einem Kreis von freisinnigen Künstlern und Reformatoren, der sich um Marie Lang gebildet hatte. Dazu gehörten auch Rudolf Steiner und Hugo Wolf, zu denen M. eine besondere Beziehung entwickelte. Wie Steiner war auch M. kritische Anhängerin von Nietzsche und Goethes Naturphilosophie. Gemeinsam diskutierten sie deren Werke und M. unterstützte Steiner bei der Arbeit zu seiner *Philosophie der Freiheit* (1894), die sie mit Anregungen und Kritik bedachte. Im Gegenzug half ihr Steiner, einen Verleger für ihre gerade entstandenen Novellen zu finden. Weltanschaulich herrschte jedoch keine Übereinstimmung zwischen beiden.

Auch die Verbindung zu Hugo Wolf erwies sich als fruchtbar; M. war ihm eine mütterliche Freundin, und sie verfaßte das Libretto zu seiner einzigen Oper, die allerdings bei ihrer Premiere 1896 keinen besonderen Erfolg hatte. Zur gleichen Zeit veröffentlichte M. ihr erstes belletristisches Werk, drei Novellen mit dem Titel *Aus meiner Jugend*. Im Jahr danach folgte *Übergänge,* eine Zusammenstellung sozialkritischer Bilder, und sie verfaßte *Diana und Herodias*, das allerdings erst 40 Jahre später erschien. Aus dem Jahr 1899 stammt der Roman *Idole. Geschichte einer Liebe*, die Erzählung einer Backfischliebe, und 1903 *Pipin. Ein Sommererlebnis,* indem es um Identitätsprobleme geht und der Marie-Lang-Kreis persifliert wird.

Neben ihrer schriftstellerischen Arbeit war M. auch als Malerin anerkannt. Ihr Schwerpunkt waren Stilleben und Landschaftsbilder, sie bewegte sich also im Rahmen der klassischen weiblichen Themen. Überdurchschnittlich waren aber ihre technischen Fähigkeiten, weshalb sie als erstes weibliches Mitglied in den Wiener Aquarellistenklub aufgenommen wurde. M. stellte im Wiener Künstlerhaus aus und veröffentlichte unter dem Pseudonym Franz Arnold Kritiken zu Klimt und anderen Künstlern der Wiener Sezession. Sie war außerdem eine Mitgründerin der Kunstschule für Frauen in Wien 1897. Seit 1900 war M. eine bedeutende

Figur des intellektuellen Lebens in Wien, wo sie ihr ganzes Leben verbrachte.

Während der neunziger Jahre trat M. auch politisch an die Öffentlichkeit, indem sie sich 1893 dem radikalen Flügel der bürgerlichen Frauenbewegung anschloß. Zusammen mit Auguste Fickert wurde sie Vizepräsidentin des neugegründeten Allgemeinen Österreichischen Frauenvereines, was sie bis 1903 blieb. Trotz radikaler Gedanken blieb der Verein im bürgerlichen Liberalismus verankert, das Motto der Frauen war ›Durch Erkenntnis zu Freiheit und Glück‹. Eine Kooperation mit den Sozialdemokratinnen kam nie zustande, auch M. sympathisierte nicht mit der Partei, wie sie überhaupt jede parteipolitische Betätigung ablehnte.

Um ein Forum für ihre politische Arbeit zu schaffen, gründeten die Frauen 1899 die Zeitschrift *Dokumente der Frauen*, deren Herausgeberinnen neben M. auch Fickert und Marie Lang waren. Die Zusammenarbeit dauerte nur kurz und M. schied bereits nach einem halben Jahr aus der Redaktion aus. Fickert gründete wenige Jahre später die Zeitschrift *Frauenleben*, die zum Sprachrohr des Frauenvereins wurde.

Trotz ihrer Arbeit im Frauenverein behielt M. ein distanziertes Verhältnis zu vielen Forderungen der Frauenbewegung Sie lehnte die Vorstellungen von weiblicher Tugend ab und war von der intellektuellen Mittelmäßigkeit der meisten Frauen überzeugt. Das Frauenwahlrecht hielt sie für eine utopische Forderung und auch das von vielen Frauen geforderte Alkoholverbot lehnte sie als Eingriff in die persönliche Freiheit ab. Radikal war M. in ihrer Ablehnung der Monogamie und der christlichen Moral, der sie die Anbetung des Götzen Ehe unterstellte. Öffentlich trat sie gegen die moralische Verurteilung der Prostitution ein, plädierte gegen die bürgerliche Doppelmoral der Männer, die die Frauen ausbeuteten und gegen die anständigen Frauen, die den Betrug der Männer duldeten und mittragen würden. Sie machte am Beispiel der Prostitution die sexuelle und ökonomische Ausbeutung der Frauen sichtbar. 1903 zog M. die Konsequenzen aus ihren Konflikten mit der Frauenbewegung und trat aus dem Vereinskomitee aus.

Daß die Frauenfrage trotzdem ihr persönliches Anliegen blieb, zeigen ihre Hauptwerke *Zur Kritik der Weiblichkeit* und *Geschlecht und Kultur*. Mit diesen beiden Essaybänden, die 1905 und 1923 in Wien erschienen, erlangte sie internationale Anerkennung als feministische Theoretikerin und wies sich als Philosophin aus. In ihren Beiträgen entwickelte sie Theorien über die Unabhängigkeit der Geschlechter und kritisiert intellektuelle Leitbilder ihrer Zeit wie Freud und Weininger. Außerdem befaßt sie sich mit den Themen Pazifismus, Frauen und Krieg sowie Soziologie. Außerdem vertritt sie darin ihre Theorien von der Freiheit der individuellen geschlechtsunabhängigen Entwicklung, ihren optimistischen Evolutionsglauben und führt ihre Standpunkte in der Diskussion zum Verhältnis von Natur und Kultur aus.

Auch später, obwohl sie von der Geisteskrankheit ihres Mannes eingeschränkt wurde, verfaßte M. weiterhin literarische Texte, den Sonettenzyklus *Zwischen Himmel und Erde*, 1908, *Fabeleien über göttliche und menschliche Dinge*, eine Sammlung von Philosophenspäßen, 1921, anschließend *Askese und Erotik*, 1926, *Ideen der Liebe*, 1927, *Krise der Ehe*, 1929.

Während des Ersten Weltkrieges engagierte sich M. dann in der Frauenfriedensbewegung und begründete 1919 den österreichischen Zweig der Internationalen Frauenliga für Frieden und Freiheit, deren Präsidentin sie war. Gerade in diesen Jahren wurde sie zur Gallionsfigur der österreichischen Frauenbewegung, die sie mit der Festschrift *Der Aufstieg der Frau* zum 70. Geburtstag ehrte. In den letzten Jahren verfaßte sie dann nur noch wenige Werke, 1933 eine christlich gefärbte Philosophie des Leidens unter dem Titel *Der letzte Gott* und 1934 das weibliche Faustdrama *Anda Renata*.

Nach dem Tod ihres Mannes 1935 zog sich M. immer mehr aus der Öffentlichkeit zurück; sie starb am 19. Januar 1938 in Wien.

M.s philosophisch und auch feministisch relevanteste Texte sind sicherlich ihre Bücher *Zur Kritik der Weiblichkeit* und *Geschlecht und Kultur*, die auch inhaltlich aufeinander aufbauen. In *Zur Kritik der Weiblichkeit* untersucht M. die Wurzeln der

Frauenbewegung in ökonomischer, sozialer und ethisch-psychologischer Hinsicht. Dabei liegt ihre Priorität nicht auf dem Ökonomischen oder Sozialen, die sie entweder gar nicht oder nur wenig behandelt, sondern auf dem Ethisch-psychologischen. Natürlich räumt sie ein, daß auch der wirtschaftlichen Seite Gewicht zukommt, diese Forderungen aber nur durch die ideelle Seite durchgesetzt werden können. Denn ausschließlich wirtschaftliche Neuerungen würden an dem Verhältnis der Geschlechter wenig ändern. M. betont auch, daß sie nicht für die Frauen Partei ergreifen will, gegen die Männer. Sie versucht keinem der beiden Geschlechter den Vorzug zu geben, obwohl sie persönlich eher zu den Männern tendiert.

Im Vordergrund ihrer Geschlechterpsychologie steht die Frage »Ist das Weib als Persönlichkeit durch das Geschlecht an eine bestimmt umschriebene Geistigkeit gebunden, oder liegt in der weiblichen Psyche die gleiche Möglichkeit einer unbeschränkten Differenzierung nach Individualität wie in der männlichen?« M. kommt zu dem Schluß, daß bei beiden Geschlechtern große Unterschiede hinsichtlich der Individualität bestehen, die innerhalb der physiologischen Grenzen zwischen Frau und Mann liegen. Auf dieser Grundlage kritisiert M. in ihrem Aufsatz die von Kollegen geäußerten Pauschalmeinungen zum weiblichen Wesen. Aber M. kritisiert auch die Tendenz in der Frauenbewegung, einen Unterschied zwischen den Geschlechtern anzuerkennen, deren entscheidender Faktor die Mutterschaft ist. M. sieht Mutterschaft nur als äußerlichen Unterschied, nicht als allgemeingültiges Kriterium für Weiblichkeit. Damit macht sie deutlich, daß in der geschlechtlichen Differenzierung kein Naturprinzip nachgewiesen werden kann, das das Wesen umfassend typisiert. Zwar sind die Geschlechter durch seelische und intellektuelle Eigentümlichkeiten gekennzeichnet, aber diese Charakteristiken sind nicht notwendig mit einem Geschlecht verbunden, sondern individuell zugeordnet.

M. untersucht diese These an den geschlechtstypischen Phänomenen Mutterschaft und Vaterschaft. Während der Vaterschaft keine Instinktbindung zugeschrieben wird, so daß das

Individuum dadurch nicht herabgesetzt wird, gilt die Mutterschaft, durch die ihr zugeschriebenen Instinkte, als Entartungssymptom. Diese Abwertung wurde der Mutterschaft von den Vätern aufgezwungen. M. sieht die Weiblichkeit als normativen Begriff, nicht als Direktive für die Individualität der Frau. Er dient nicht der Bestimmung innerlicher Zustände und nicht als sittlicher Gradmesser und er ist nicht wesenmäßig an die Frau gebunden, sondern ein Produkt der patriarchalen Kulturarbeit. M. schlägt deshalb vor, einen Begriff von Weiblichkeit zu entwickeln, der nicht die Wesensart der Frauen beschreiben will, sondern eine Wesensform vorgibt, bei dem auch individuelle Beschaffenheit zugelassen wird und geistige Geschlechtsunterschiede eher unwesentlich sind.

Dennoch tritt M. für die Trennung der Geschlechtsbegriffe und nicht für eine Vereinheitlichung unter dem Begriff Mensch ein. Sie plädiert für ein ›Weibesideal‹ und ein ›Mannesideal‹, nach dem jedes Geschlecht streben sollte. Diesen Begriffen wird dann ein Menschheitsideal unterlegt, das den Menschen als Weib oder als Mann miteinander verbindet. Das Gemeinsame des menschlichen Denkens äußert sich besonders im menschlichen Geist, der durch seine intellektuellen Fähigkeiten über den Geschlechtstypen steht, denn die Geschlechtertrennung gehört für M. den niedrigen Regionen des Seins an. Dem Überschreiten des Geschlechts sind dann auch die größten Teile der menschlichen Geistesgeschichte zu verdanken, denn dieses höhere Daseinsideal hat in der antiken Kultur ebenso wie im priesterlichen Leben als auch in der Yogalehre u.ä. seinen Platz; das ungeschlechtliche Menschsein wird als Vorstufe des Himmelreiches gesehen. M. nennt den Menschen, der den Bedingungen des Weiblichen und Männlichen unterworfen ist, einen synthetischen Menschen. »Da für die synthetischen Menschen das Geschlecht nicht eine völlige Wesensscheidung bedeutet, sondern nur eine andere Form des Seins, vermögen sie es, alles, was dem Wesen angehört, jenseits des Geschlechtes als ein Gemeinsames in sich zu erleben. Damit erheben sie sich zu einer Universalität des Empfindens ...« (1) Zu dieser Lebensform sind Frauen und Männer gleichermaßen in der Lage.

Während sich M. in *Zur Kritik der Weiblichkeit* vor allem mit der Geschlechterpsychologie als einem Problem der individuellen Anlage befaßt, geht sie in *Geschlecht und Kultur* in erster Linie auf die sozialen und kulturellen Werte ein, die den Lebensformen der Geschlechter zugrundeliegen und Macht über das Individuum als soziales Wesen ausüben. Die *Kritik der Weiblichkeit* fragt, was »das Weib seiner Natur nach ist«, *Geschlecht und Kultur* »Was das Weib seiner Natur nach sein soll.« Dabei geht es M. nicht um die Darstellung realer Lebenszustände, sondern um das Aufzeigen ideologischer Richtungslinien, die das Verhältnis der Geschlechter zueinander bestimmen.

Im Zusammenhang mit ihrer Analyse kritisiert M. die Zivilisation als Männerwerk, der Anteil der Frauen daran ist verschwindend. Was in der Geisteskultur völlig fehlt, ist eine weibliche Seite. Auch die als weiblich kategorisierten Fähigkeiten wie Zuhören und Geselligkeit werden immer stärker von Männern übernommen. Den Ausgangspunkt der Ungleichheit zwischen den Geschlechtern sieht M. auch hier wieder in der Fortpflanzung. Sie stellt fest, daß die Frau als Mutter als Unterlegene gesehen wird, obwohl die zentrale Rolle der Frau bei der Arterhaltung eigentlich eine Anerkennung innerhalb der Menschheit erfordern würde. Ein zentraler Grund für die männliche Überlegenheit ist sicher auch seine Freiheit von arterhaltenden Arbeiten, durch die er seine intellektuellen Anlagen stärker entfalten kann.

M. sieht das Wesen der Zivilisation als grundlegend lebensfeindlich, weil sie die Mutterschaft herabmindert und die lebenserhaltenden Fähigkeiten der Frau ausschließt. In diesen sieht M. aber gerade die Hoffnung für eine Wiederherstellung des Gleichgewichts in den Lebensbedingungen. Dazu muß die Frau aber auch den intellektuellen Bereich erobern, eingeschränkte Macht gewinnen und am zivilisierten Leben teilhaben. Voraussetzung ist eine unbedingte Gleichstellung der Geschlechter und das Eintreten der Frauen in männliche Berufe. Die Frauen müssen ihre Geschlechtsgebundenheit als Kulturmacht gegenüber der männlichen Geschlechtsfreiheit einsetzen.

Die Frauen müssen in das soziale Leben eintreten, allerdings laufen sie Gefahr, sich völlig den von Männern vorgegebenen Schienen anzupassen und keine nennenswerten Änderungen vorzunehmen. Deshalb müssen sich die Frauen ihren Anteil in anderen Bereichen sichern. Sie müssen das Wesentliche ihrer Persönlichkeit in selbstbestimmtes Handeln umsetzen und nicht Männer kopieren.

Werk: Zur Kritik der Weiblichkeit, 1905, Geschlecht und Kultur, 1923, Der Corregidor (Opernlibretto), 1895; Tagebücher 1873 bis 1937, hg. v. Harriet Anderson, 1988; Aus meiner Jugend, Novellen, 1896; Übergänge, Novellen, 1897; Die Abolitionisten-Föderation, 1898; Idole, 1899; Pipin. Ein Sommererlebnis, 1903, Zwischen Himmel und Erde, 1908; Der typische Verlauf sozialer Bewegungen, 1917; die Frau und der Internationalismus, 1921; Fabeleien über göttliche und menschliche Dinge, 1921, Askese und Erotik, 1926; Ideen der Liebe, 1927; Mensch und Menschlichkeit, 1928; Die Krise der Ehe, 1929, Der letzte Gott, 1933, Anda Renata. Ein Mysterium in zwei Teilen und zwölf Bildern, 1934; Gaben des Erlebens, Sprüche und Betrachtungen, 1935; Diana und Herodias, 1937; Krise der Väterlichkeit, hg. v. Käthe Braun-Prager 1963.

Literatur: H. Bubenieck (Hg. in): Rosa Mayreder, 1986, G. Brinker-Gabler (Hg. in): Zur Psychologie der Frau, 1978, Lexikon deutschsprachiger Schriftstellerinnen 1800–1945, 1986, R. Berger: Malerinnen auf dem Weg ins 20. Jahrhundert, 1982, WomBio.

Ursula I. Meyer

Mechthild von Hackeborn
mittelalterliche Mystikerin, *ca. 1241/2, †1299

M. wurde entweder 1241 oder 1242 in Thüringen geboren. Sie stammte aus dem Geschlecht der Freiherrn von Hackeborn, das mit den Hohenstaufen verwandt war und Besitzungen in Nordthüringen und im Harz hatte. Als die siebenjährige M. zusammen mit ihrer Mutter ihre Schwester Gertrud im Zisterzienserinnenkloster in Rodersdorf (später

Helfta) besuchte, weigerte sie sich, das Kloster wieder zu verlassen und besuchte von da an die dortige Klosterschule. Sicher entschloß sich M. später noch einmal bewußt für das Leben einer Nonne.

Helfta war zu M.s Lebzeiten ein wichtiges Zentrum deutscher Frauenmystik. Das Kloster selbst wurde 1229 in der Nähe des Schlosses Mansfeld gegründet, 1234 wurde es in die Grafschaft Rodersdorf verlegt, nach 24 Jahren mußte das Kloster wegen Wassermangels umziehen und wurde nach Helfta, in die Nähe von Eisleben, verlegt. Zu dieser Zeit war Gertrud von Hackeborn, M.s Schwester bereits Äbtissin. Diese Funktion hatte sie 40 Jahre lang, bis 1291, inne. Während dieser Zeit hatte Helfta seine größte Bedeutung und erlebte durch M., → Mechthild von Magdeburg und → Gertrud von Helfta die Blütezeit der deutschen Mystik und der Frauenbildung. 1342 wurde Helfta zerstört und 1346 zum vierten Mal in der Vorstadt von Eisleben wiederaufgebaut. Bald darauf wurde es endgültig geschlossen.

In Helfta erhielt M. eine sorgfältige Ausbildung, überwacht von ihrer Schwester Gertrud und den Dominikanern von Halle, unter deren geistlicher Führung Helfta stand. Ihre Bildung erstreckte sich auch auf die Theologen und Philosophen Albertus Magnus und Thomas von Aquin. M. war sehr begabt, sie hatte eine schöne Stimme, weswegen sie Vorsängerin wurde, außerdem hatte sie künstlerische Talente und beherrschte die Schriften.

1261 wurde ihr die fünfjährige Gertrud von Helfta anvertraut, deren Lehrerin und Mentorin sie wurde; 1270 wurde M. in den Kreis der Mystikerinnen von Helfta aufgenommen.

Erst 1292 begann die inzwischen 50jährige M. den Mitschwestern von ihren lebenslangen Visionen zu berichten, und Gertrud sowie einige andere Schwestern zeichneten ihre Berichte sieben Jahre lang auf, ohne daß M. davon wußte. M. bestätigte später die Richtigkeit der Angaben, aber das daraus entstandene *Buch der besonderen Gnade* ist stark von Gertrud geprägt.

M. starb im Jahr 1299 in Helfta.

Nach seinem Erscheinen wurde M.s Text stark beachtet, im 16. Jahrhundert erschienen 9 Ausgaben, später geriet sie zugunsten ihrer Mitschwester Gertrud von Helfta in Vergessenheit. M.s Buch hatte während dieser Zeit eine breite LeserInnenschaft, in mehr als 250 Texten wird es erwähnt; Übersetzungen reichten bereits im Mittelalter bis nach England und Schweden. Die ursprüngliche Fassung des Textes ist nicht erhalten, nur die lateinische Version einer der ältesten Handschriften aus Wolfenbüttel.

M.s Werk, Das *Buch der besonderen Gnade* (später auch *Buch vom strömenden Lob*), umfaßt sieben Teile, die, thematisch gegliedert, Gesichtspunkte von M.s mystischer Frömmigkeit wiedergeben. Der erste Teil beschreibt M.s Erscheinung nach dem Festkreis des Kirchenjahres unter besonderer Berücksichtigung von Maria als Gnadenvermittlerin. Der zweite Teil erzählt von den besonderen Gnaden, die M. im Umgang mit ihrem Bräutigam Christus erfahren hat, verbunden ist dies mit der Darstellung ihres geistlichen Weges. Der dritte und vierte Teil enthalten Belehrungen über die richtige Gottesverehrung, über das tugendhafte Leben bis zur mystischen Hingabe. Der fünfte Teil enthält M.s Schilderungen ihrer Jenseitsvisionen, die auch über das Schicksal bereits Verstorbener Aufschluß geben. Der sechste Teil befaßt sich mit dem Leben und dem Tod ihrer Schwester und der Äbtissin Gertrud. Der siebte Teil spricht vom Streben und den Verdiensten M.s, außerdem enthält der Band zwei Briefe an eine Freundin und zwei kurze Ermahnungen an diese; wohl ein kleiner Teil ihres Briefwechsels.

In ihrem Buch beschreibt M. in ihrer bildhaften Sprache symbolisch veranschaulicht die Vorstellungen ihres Menschen- und Weltbildes. Es ist ihren Texten anzumerken, daß ihre Bildung vor allem auf liturgisches Gebet, die Lektüre der Bibel und der Kirchenväter gegründet war. Bezüge ihrer Schrift zu anderen geistlichen Schriftstellern sind vor allem von Hieronymus, Augustinus, Gregor der Große, Bernhard und den Viktorinern zu finden. In der augustinischen Tradition steht ihre Äußerung, das ›Angesicht der Seele‹ sei das Bild der Dreifaltigkeit. Deshalb müsse der Mensch dauernd

Gedächtnis, Verstand und Willen im ›Spiegel des göttlichen Antlitzes‹ reinigen. So sollte alles Denken und Handeln vor Gott verantwortet werden. Durch die Vermittlung Marias konnte M. in ihren Visionen das unzugängliche Licht der Dreifaltigkeit wahrnehmen. In diesem Licht ist das Wesen der Trinität sichtbar. Das Bild des unzugänglichen Lichtes entstammt der pseudo-dionysischen Tradition, ebenso die ausführliche Engellehre, die als Mittel für den Aufstieg der Seele dient. Ihre fast naturhafte Gottverbundenheit, die M. in ihrer poetischen Bildersprache ausdrückt, zeigt Bezüge zu Augustinus.

Auffallend ist M.s Herzsymbolik: in einer Vision erhält sie von Maria auf ihre Frage, was der Mund der Seele sei, die Antwort, der Mund der Seele sei ein für Gott offenes Herz. Der Austausch zwischen Gott und einem Menschen findet deshalb von Herz zu Herz statt. Ebenso wie beim Menschen das Herz das Zentrum aller Sinnes- und Geisteskräfte ist, von wo auch die Formung und Steuerung aller Verhaltensweisen ausgeht, ist das göttliche Herz Ursprung und Sitz von Gnade und Seligkeit. In ihrer Anthropologie entwickelt M. ein Bild, nach dem der Seinsgrund des Menschen im göttlichen Herzen verwurzelt ist. Gottes Herz symbolisiert den Urgrund, aus dem die emotionalen und geistigen Kräfte entstehen. Daraus versteht sich auch die Verehrung des Herzens Christi, das auch Wesensaussagen über die Liebe und Freundschaft zwischen Gott und den Menschen beinhaltet. Das Herz Christi ist nicht nur der Ort der inneren Erfahrung und Ausdruck der Brautmystik, sondern auch Sinnbild für den Ursprung und die Rettung des Menschen und der Welt.

Werk: Revelationes Gertrudianae ac Mechthildianae, Bd. II, Sanctae Mechthildis virginis ordinis s. Benedicti Liber specialis gratiae ... Opus ... editum Solesmensium OSB monachorum cura et opera, 1877, S. 1–421; Leben und Offenbarungen der hl. Mechthildis und Schwester Mechthildis, hg. v. J. Müller, 1857; Das Buch vom strömenden Lob (Auswahlübersetzung, Einführung), hg. v. H. U. v. Balthasar, 1955.

Literatur: A. Haas: Mechthild von Hackeborn. Eine Form zisterziensischer Frauenfrömmigkeit, in: *Die Zisterzienser, Ordensleben zwischen*

Ideal und Wirklichkeit, hg. v. K. Elm, 1982, S. 221–239; M. Schmidt: Mechthild von Hackeborn, in: *Verfasserlexikon. Die deutsche Literatur des Mittelalters*, hg. v. K. Ruh, Bd. 6, 1985 (2), S. 251–260; dies: Mechthild von Hackeborn, in: *Mein Herz schmilzt wie Eis am Feuer: Die religiöse Frauenbewegung des Mittelalters in Porträts*, hg. v. J. Thiele, 1988, S. 87–99.

Ursula I. Meyer

Mechthild von Magdeburg
mittelalterliche Mystikerin, *ca. 1210, †1282

M. wurde um 1210 in der Nähe von Magdeburg geboren. Sie war religiös veranlagt und hatte schon als 12jähriges Mädchen eine mystische Erfahrung; sie wurde ›vom Heiligen Geist gegrüßt‹. Als sie 23 Jahre alt war, verließ sie das Elternhaus, um in Magdeburg als Begine zu leben. Hier hat sie ein sehr asketisches Leben geführt und anfangs die Askese sogar so übertrieben, daß sie krank wurde.

Viele Offenbarungen wurden ihr in Magdeburg zuteil. Diese Offenbarungen hat sie alle in der niederdeutschen Sprache ihrer Heimat auf lose Blätter ohne bestimmte Ordnung niedergeschrieben. Ihr Beichtvater Heinrich von Halle hat ihre Notizen nach eigener Einsicht geordnet und ins Lateinische übersetzt. So entstanden die ersten sechs Bücher (Teile/Partes) der Schrift *Lux Divinitatis Fluens in Corda Veritatis* (die Handschrift befindet sich jetzt in Basel), die auch veröffentlicht wurde. Besonders Buch IV enthält ernsthafte Kritik am Klerus, der von M. als dekadent und unmoralisch angesehen wurde. Sogar den ihr nahestehenden Dominikanerorden schonte sie nicht. M. zog sich auf diese Weise den Haß der Geistlichkeit zu. Infolgedessen fühlte sie sich in Magdeburg nicht mehr sicher und flüchtete auf Rat von Heinrich von Halle ins Zisterzienserkloster Helfta in Thüringen, das damals unter der Führung von Gertrud von Hackeborn ein Zentrum von Mystikerinnen war. Bald nach ihrer Ankunft wurde M. krank und blind; sie bekam jedoch von Gott den Auftrag, ihre religiösen Erfahrungen für ihre Mitschwestern

zugänglich zu machen. Sie sollte erleuchten und lehren. So diktierte M. das siebte Buch ihrer Offenbarungen ihren Mitschwestern und widmete es ihnen. Diese besorgten auch die Herausgabe der ersten sechs Bücher in der niederdeutschen Sprache; auf diese Weise entstand die Schrift *Das vliessende Licht der Gotheit*. Diese Schrift ist verlorengegangen, aber es gibt in Einsiedeln noch die Kopie einer mittelhochdeutschen Übersetzung des Originaltextes von Heinrich von Nördlingen, die auf das Jahr 1344 datiert wird. Diese Einsiedler Handschrift ist die Grundlage für alle späteren Ausgaben der Schrift *Das fließende Licht der Gottheit*. Diese Schrift ist das erste Buch über Mystik in deutscher Sprache.
M. blieb bis zu ihrem Tod 1282 in Helfta.

M. war eine leidenschaftliche Persönlichkeit, die auch literarisch sehr begabt war. Manchmal drückt sie sich in Prosa aus, manchmal bedient sie sich poetischer Verse mit fast dionysischen Bildern. Sie schrieb von innen heraus. Ihr Buch sei ihr von Gott gegeben. Obwohl sie behauptet, keine theologische Ausbildung zu haben und kein Latein zu können, ist sie offenbar mit den meisten theologischen Themen und mit der Heiligen Schrift vertraut gewesen. M.s Mystik ist eine Trinitätsmystik. Sie befaßte sich intensiv mit der Dreifaltigkeit, obwohl das den Beginen nicht erlaubt war. M. ließ sich bei ihrer geistigen Arbeit nicht daran hindern, über das zu denken und zu schreiben, worüber sie ihrer Meinung nach denken und schreiben sollte.
Obwohl M. in erster Linie Mystikerin war, liegt ihrer Mystik eine eigene theologische und philosophische Gedankenwelt zugrunde. M. hat ihre einschlägigen Ansichten nicht systematisch niedergeschrieben, sondern in Bildern und Dialogen deutlich zu machen versucht. Auffällig ist in ihrer Arbeit, neben ihrer Beschäftigung mit der Dreifaltigkeit, das dynamische Gottesbild: Gott fließt in die Seele herein, Gott brennt in der Seele, usw.
Die Schrift *Das fließende Licht der Gottheit oder die Offenbarungen der heiligen Schwester Mechthild von Magdeburg* ist eine hervorragende literarische Arbeit, in der Prosa und Poesie einander

abwechseln. Es handelt sich um eine Sammlung von Offenbarungen, die, wie M. sagt, ihr von Gott gegeben wurden und von ihr in literarischer Form aufgezeichnet wurden. Leider läßt sich heute nicht mehr feststellen, ob die überlieferte Ordnung der Offenbarungen auch der echten chronologischen Abfolge in M.s Leben entspricht. Manchmal sieht sie, manchmal hört sie. Mit Seele und Körper erfährt sie die ihr gegebenen Offenbarungen.

In der Mystik M.s spielt die Erwählung eine wichtige Rolle. Mit dem Problem der Erwählung und der Willensfreiheit hat M. sich nicht in theologischem oder philosophischem Sinn befaßt. Sie spricht aus eigener Erfahrung. Wenn Gott die Seele erwählt habe, schenkt er ihr seine Gegenwart. Infolgedessen wache die Seele auf, sie spüre die Gegenwart Gottes und wolle aus freiem Willen Gott lieben und erkennen. Durch die Gnade Gottes sei die Seele imstande, den seltenen mystischen Weg zur Einigung mit Gott anzutreten. Die Seele werde von Gott ausgerüstet diesen Weg zu gehen. Zu dieser Ausrüstung gehören die Sammlung des Gemütes und der Kampf gegen den schlechten Eigenwillen.

Die Minne Gottes habe eine reinigende und erleuchtende Auswirkung auf die Seele. M. weist darauf hin, daß die Gegenwart Gottes in der Seele ihr die Erkenntnis Gottes gewährt. Die Vernunft werde von Gott erleuchtet und die Seele schaue mit ihren geistigen Augen die Erkenntnis in Gott als ein objektives Wissen. M. erklärt, daß die Gottesminne nicht nur Erleuchtung der Seele im geistigen und ethischen Bereich bedeute, sondern auch in dem der Sinne. Die Minne gebe allen Tugenden Kraft im geistigen und im körperlichen Bereich. Die Schauung bedeute für die Seele Genuß, denn Gott gewähre ihr nicht nur Erkenntnis, sondern auch Seligkeit.

M. erkennt, wie die drei Personen Gottes ein Gott sind und wie sie sich in eins fügen. Dieser Prozeß der Einigung der drei Personen Gottes sei die dreifaltige und dreieinige wechselseitige Liebe Gottes an sich selbst. Die Liebe Gottes ströme über sich hinaus zur erwählten Seele. Die Seele antworte mit Liebe, denn der Seele Liebe zu Gott habe ihren Ursprung in Gott selbst.

M. beschreibt im ersten Buch die hohe Vereinigung mit Gott, die am Gipfel des mystischen Weges steht. In dieser Ekstase ist die Seele ganz versunken in der feurigen Liebe des dreifaltigen Gottes. Auch auf dieser Ebene wird von M. der Unterschied zwischen Gott und Seele aufrechterhalten. »Die Seele menge sich in die Heilige Trinität und bleibe doch ganz in sich selber.«

M. beschreibt, wie nach dem Zustand der Vereinigung immer wieder die von Gott gewollte Entfremdung folge. Die Seele kehre wieder zurück zu der jedem Menschen wesenseigenen seelisch-körperhaften Daseinsweise. Nach der Einigung mit Gott gibt es nach den Erfahrungen M.s auch die mystische Macht, wenn Gott die Seele herabsinken läßt in die Tiefe der Gottesfremde. M. erwähnt, daß im Prozeß der Entfremdung von Gott allmählich auch alle Kreaturen und Dinge ihr fremd werden. M. erhält den Befehl, »sie solle ganz allein stehen und sich an niemanden wenden«. Man darf letzteres nicht so verstehen, als sollte sie sich von den Mitmenschen zurückziehen. Im Gegenteil, sie wird auch aufgefordert, den Mitmenschen alle Tugenden der christlichen Nächstenliebe entgegenzubringen. Auch die Dunkelheit des Herabsinkens wird von ihr als eine Gnade Gottes betrachtet.

Die Philosophie M.s läßt sich am besten an ihren theologischen Betrachtungen über Gott und die Schöpfung erläutern. Wir haben oben schon erwähnt, daß M. erkennt, wie die drei Personen Gottes ein Gott sind und wie sie sich in eins fügen. Dies ist, nach M.s Ansicht, die dreifaltige und dreieinige wechselseitige Liebe Gottes zu sich selbst.

Sie betont weiter, daß das Wesen Gottes die Liebe sei. Am Anfang der Schöpfung sei nur die Liebe Gottes derselben Ursache. Es gab also keine Notwendigkeit der Schöpfung nach M.s Ansicht. Sie führt weiter aus, daß, wie vor allen Zeiten die drei Personen Gottes als ein Gott leuchteten, so daß jede einzelne Person von den beiden anderen Personen erleuchtet würde und die drei Personen doch ein Gott wären. Der Vater wäre geschmückt mit Omnipotenz, der Sohn wäre wie der Vater im Besitz der unermeßlichen Weisheit, und der Heilige Geist wäre dem Vater und dem Sohn gleich in Milde und Liebe. Immer wieder die Dynamik der Gottheit betonend, greift M. zum Bild eines Dialogs zwischen den drei Personen der Trinität, um den Vorgang der Schöpfung zu erläutern. In diesem Dialog wird Gott der Vater vom Heiligen Geist aufgefordert, nach seinem eigenen Willen nicht länger unfruchtbar zu sein und ein Königreich zu schaffen. Auf Rat des Heiligen Geistes wollten die Engel nach seinem Vorbild geschaffen werden und der Mensch sollte auf den Wunsch des Sohnes nach dem Vorbild des ewigen Sohnes geschaffen werden. Der Sohn habe großes Elend (den Sündenfall) vorhergesehen, aber er wollte trotzdem den Menschen ewig lieben. Nach diesen Worten des Sohnes habe der Vater gesagt, er wolle aus Liebe den Menschen schaffen, damit die Dreifaltigkeit von der zukünftigen Menschheit geliebt werden sollte und die große Ehre Gottes von den Menschen ein wenig erkannt werden sollte. Nach diesem Dialog habe die Dreifaltigkeit alle Dinge (die Kreaturen) und den Menschen mit Leib und Seele geschaffen. M. betont, daß Adam und Eva nach dem Vorbild des ewigen Gottessohnes gebildet wurden. Der Sohn habe Adam von seiner himmlischen Weisheit und seiner Herrschaft über irdische Dinge gegeben. Eva habe vom Sohn Gottes die liebenswürdige, ehrenhafte Bescheidenheit, die Er dem Vater entgegenbringe, erhalten. An anderen Stellen betont M., daß die Seele dreifaltig sei wie das Bild des dreifaltigen Gottes.

In ihrer Auffassung ist die Seele erhaben über alles Geschaffene im Himmel und auf Erden, denn der Seele sei die Einigung mit Gott gewährt, Gott sei von Natur ihr Vater, nach der Menschheit Jesu Christi ihr Bruder und aus Liebe ihr Bräutigam. Die menschlichen Körper seien bei der Schöpfung rein.

M. betont, wie Gott der Vater am Anfang die menschliche Seele an seiner göttlichen Liebe beteiligt. Gott habe der Seele versprochen, er werde sie niemals verleugnen. Gott habe der Seele auch den freien Willen gegeben und ihr befohlen, immer daran zu denken, daß er ihr Gott sei. Nachdem die ersten Menschen aber die verbotene Frucht gegessen hätten, habe die Seele die direkte Beziehung zur Liebe Gottes verloren, wie die menschlichen Körper die jungfräuliche

Keuschheit verloren hätten. Die Seele vermisse nach dem Sündenfall die Liebe Gottes.

M. beschreibt, wie Gott der Vater nach dem Sündenfall seine Arbeit bereut habe. Sie betont, wie der Sohn die menschliche Natur habe annehmen wollen, um durch sein Leiden und seinen Tod dem Vater die Schuld des Menschen zu vergelten, und wie der Heilige Geist den Wunsch des Sohnes unterstützt habe und vorschlug, die heilige Dreifaltigkeit solle vom Himmel zur Erde herabsteigen. Nach M.s Ansicht habe Gott der Vater auf den Wunsch des Sohnes gehört. Auf Befehl des Vaters sollte der Heilige Geist das göttliche Licht in die vom Sohn durch die göttlichen Worte bewegten Herzen hineinbringen, und der Sohn sollte sein Kreuz aufnehmen. Gott der Vater würde den Sohn auf allen seinen Wegen begleiten und habe ihm die reine jungfräuliche Mutter Maria gegeben.

M. erzählt, wie im himmlischen Rat in Anwesenheit der Engel des höchsten Ranges die Trinität sich zur Menschwerdung Gottes entschlossen habe, damit die Menschheit wieder zur Einigung mit Gott zurückkehren könnte. Die zweite Person der Gottheit habe die Natur des Adam vor dem Sündenfall angenommen und auf diese Weise die Rückkehr zu Gott ermöglicht. Das heißt, daß die menschliche Natur wieder völlig ein Bild der Dreifaltigkeit sein könne, denn letzteres ist in M.s Denken das Wesentliche im menschlichen Leben; dazu gehört auch die Wiederherstellung aller Dinge am Ende der Zeiten.

Werk: Das fließende Licht der Gottheit, 1955 (neudt. Übers.; Offenbarungen der Schwester Mechthild von Magdeburg, 1963 (mittelhochdt. Text); Das fließende Licht der Gottheit, hg.v. H. Neumann, 1990.

Literatur: J. Jendrzeijzyk: Mystik und Meditation am Beispiel der Mechthild von Magdeburg, 1992; L. Menzies: The Revelations of Mechthild of Magdeburg; U.I. Meyer (Hg.in): Die Welt der Philosophin I, 1995; Nähe Gottes und Gottfreude. Mystische Erfahrungen der heiligen Mechthild von Magdeburg, hg. v. F. Rotter/R. Weier, 1980; S. Shahar: Die Frau im Mittelalter, 1981; M. Schmidt: Mechthild von Magdeburg, 1988; S. Woodruff: Meditations with Mechthild of Magdeburg; HWP; WomBio.

Cornelia Wolfskeel

Melissa

griechische Pythagoreerin

Die historische Zeitbestimmung M.s reicht von 500 v. u. Z. als Zeitgenossin → Theanos, → Myias und → Damos, über 450 v. u. Z. (Zeit des Perikles) bis zu 100 v. u. Z./100 n. u. Z.; sie stammte eventuell von der Insel Samos.

Einziges Dokument ist ein Brief M.s an Klearete, der im dorischen Dialekt geschrieben wurde und sie, aufgrund der Sprachanalyse, als späte Pythagoreerin ausweist. Allerdings können im Laufe verschiedener Abschriften Interpolationen das Original verfälscht haben, so daß eine exakte historische Datierung nicht mehr möglich ist. Thesleff datiert ihre Schrift auf das 3. Jahrhundert v. u. Z. (allerdings mit Fragezeichen). Da ihr Name weder bei Iamblichos im Katalog der bekanntesten pythagoreischen Frauen noch in der Pythagoras-Biographie des Porphyrios auftaucht, ist es eher unwahrscheinlich, daß sie als frühe Pythagoreerin einzuordnen ist. Menage vermutet eine verwandtschaftliche Beziehung zu Melissos von Samos, einem Anhänger der eleatischen Schule und Kriegsgegner des Perikles. Mehr als die Ähnlichkeit der Namen, die allerdings eine Verwandtschaft ausdrücken kann, hat Menage nicht vorzuweisen.

Im Brief *Melissa an Klearete* wird im Stil der pythagoreischen Lebensweise die bescheidene Ausstattung der Kleidung und die Betonung der natürlichen Reize einer Frau thematisiert. Schönheit und Reichtum der Seele sind wichtiger als äußere gute Gestalt und Vermögen, denn die Seele macht den besten Teil eines Menschen aus.

Literatur: J.C. Eberti: Eröffnetes Cabinet Deß Gelehrten Frauen= Zimmers, 1706/1990; R. Hercher: Epistolographi Graeci, 1873, Brief Nr. 11; G. Menage: The History of Women Philosophers, 1690/1984; U. I. Meyer (Hg.in): Die Welt der Philosophin I, 1995; J.C. Poestion: Griechische Philosophinnen, 1885; H. Thesleff: An Introduction to the Pythagorean Writings of the Hellenistic Period, 1961; H. Thesleff (Hg.): The Pythagorean Texts of the Hellenistic Period, 1968; RE *Melissa*, Bd. 29, 1931; WP.

Maria Nühlen

Menexene
griechische Dialektikerin, 3./2. Jh. v. u. Z.

M. war die Schwester der → Argia.

Mill, Harriet Taylor → Taylor Mill, Harriet

Millett, Kate
amerikanische Feministin und Philosophin, *1934

M. wurde 1934 in Minnesota in einer bürgerlichen irisch-katholischen Familie geboren. Der Vater verließ das Haus und M. hatte eine ambivalente Beziehung zu ihrer Mutter; einerseits lehnte sie ihren strengen Sinn für die Religion ab, andererseits war sie ihr dankbar dafür, daß die Mutter ihr die Liebe zur Literatur vermittelt hatte.
M. studierte in Minnesota und Oxford (England) und wurde Professorin für Englische Literatur am Barnard College der Universität Columbia. Außerdem arbeitete sie als Bildhauerin und Filmregisseurin. 1961 ging sie nach Japan, um ihr Werk auszustellen und lernte den Künstler Fumio Yoshimura kennen, den sie später in New York heiratete. Ihre Ehe hinderte sie nicht daran, andere hetero- und homosexuelle Beziehungen einzugehen. Gerade ihr Bekenntnis Lesbe zu sein, löste einen Skandal aus und wurde von der feministischen Bewegung mißverstanden. Sie wurde aus dem Women's Lib und von der Universität vertrieben. Als Reaktion darauf schrieb sie ihr autobiographisches Buch *Flying*, in dem sie von ihrer Einsamkeit erzählt und über sich selbst reflektiert. 1990 veröffentlichte sie *The Loony Bing Trip* mit denselben autobiographischen Tendenzen und kritisiert die unterdrückende patriarchale Psychiatrie und den Mythos, die weiblichen Gefühle wie eine Geisteskrankheit zu behandeln.

M. ist eine der Schlüsselfiguren des neuen amerikanischen Feminismus der siebziger Jahre. Ausgehend vom Geist des

Mai '68 definiert sie das Thema der ›sexuellen Revolution‹ neu als die Abschaffung der sexuellen Rollen und der sexuellen Ideologien. Aus dem radikalen Motto ›das Persönliche ist politisch‹ analysiert sie die Machtverhältnisse, die in der Intimität der Geschlechterbeziehungen herrschen, und weitet auf diese Weise den Begriff ›Politik‹ aus. Sie gründete zusammen mit Gloria Steinem, Robin Morgan, Sulamith Firestone und Susan Brownmiller an der Universität Columbia die *Women Liberation Group*. M. war sehr engagiert an allen linken Initiativen; sie ragte als Aktivistin gegen den Vietnamkrieg, gegen die Apartheid, gegen die Konflikte in Angola und Rhodesien und gegen die Diskriminierung von Minderheiten, z. B. Homosexuellen und Prostituierten, heraus.

Das bekannteste Werk M.s und eins der wichtigsten Werke in der gegenwärtigen feministischen Theorie überhaupt ist ohne Zweifel *Sexual Politics*, das sie als Doktorarbeit an der Universität Columbia vorlegte. In *Sexual Politics* benutzt M. den Begriff ›Patriarchat‹, um die universelle unterdrückte Lage der Frauen zu bezeichnen, die von den Männern verursacht wird. »Unsere Zivilisation wie jede historische Zivilisation ist ein Patriarchat. Dies ist eine klare Tatsache, wenn wir überlegen, daß die Industrie, die Technologie, die Universität, die Wissenschaft, die Politik und die Wirtschaft absolut in den Händen der Männer sind«. Das Patriarchat ist ein politisches System, eine Frage der Macht, durch welche die Männer, entweder mit Gewalt oder mit Hilfe von Ideologien, Sitten oder Traditionen bestimmen, welche Rollen die Frauen spielen sollen und welche Stellung in der Gesellschaft ihnen zugestanden wird, wobei diese immer dem Mann unterlegen sein muß. Das Patriarchat kommt in allen Aspekten und Erfahrungen des menschlichen Lebens zum Ausdruck, auch in den sogenannten ›Liebesbeziehungen‹ und in den sexuellen Beziehungen.

M. analysiert das Werk von vier klassischen Autoren der erotischen Literatur: D. H. Lawrence, Henry Miller, Norman Mailer und Jean Genet und stellt fest, daß unter dem Begriff ›Erotik‹ Machtsituationen und die Unterdrückung des Weiblichen beschrieben und gerechtfertigt werden.

Das Buch *Sexual Politics* zeigt die historischen Wurzeln der

›sexuellen Revolution‹ und der Gegenrevolution und vertritt eine authentische sexuelle Revolution, die ohne die Abschaffung des Patriarchats nicht möglich sein wird.

Werk: Sexual Politics: A Manifest for Revolution, in: *Radical Feminism*, hg. v. A. Koedt/E. Levine/A. Rapone, 1973; Sexus und Herrschaft, 1974; Prostitution Papers, 1976; Das verkaufte Geschlecht, 1981; Im Iran, 1982; Fliegen, 1983; Sita, 1990; The Loony Bing Trip, 1990.
Literatur: H. Eisenstein: Contemporary Feminist Thought, 1983; M.L. Janssen-Jurreit: Sexismus. Über die Abtreibung der Frauenfrage, 1976; J. Bethke Elshtain: Public Men, Private Woman, 1981; A. Valcarcel: Sexo y Filosofía, 1991; A. Puleo: El feminismo radical de los 70: Kate Millett, in: *Actas del Curso de Teoría Feminista*. Instituto de Investigaciones Feministas, Universidad Complutense de Madrid, 1993; WomBio.

Cristina Molina
(Übers. M.L.P. Cavana)

Molza, Tarquinia
italienische Gelehrte, *1542, †1617

M. wurde am 1. November 1542 als Tochter von Camillo Molza und Isabella di Antonio Colombi in Modena geboren. Sie war die Enkelin des Dichters Francesco Maria Molza, der von 1489–1544 lebte.

Der Vater entdeckte früh M.s Talente und ließ sie von den besten Lehrern in den Wissenschaften unterrichten. Giovanni Berettari und Lazzaro Labadino lehrten sie Latein, Rhetorik und Poesie. Durch Camillo Coccapani lernte sie die Rhetorik des Aristoteles kennen. Logik, Philosophie und Griechisch wurden von P. Latoni unterrichtet, zudem erwarb sie einige Grundkenntnisse in der hebräischen Sprache.

Den maßgebenden Einfluß auf ihre physischen und astronomischen Schriften erfuhr sie durch die moralischen Schriften Platons und Aristoteles', die sie durch Francesco Patrizi kennenlernte.

Ihre Zeitgenossen stellte M. mit der Vielfalt ihrer Fertigkeiten in den Schatten. Nicht nur in den verschiedensten Sprachen stellte sie ihr Können unter Beweis, sie sang sogar zu ihren eigenen Versen und begleitete sich dazu auf der Bratsche oder der Laute.

Aus einem Brief an Bernardino Baldi geht hervor, daß sie in der ›Akademie der Ungenannten‹ von Parma eingeschrieben war.

M.s Vater Camillo starb am 22. April 1558. Zwei Jahre danach heiratete sie Paolo Porrino, einen Adligen aus Modena, mit dem sie fast 20 Jahre lang verheiratet war. Als ihr Mann am 30. August 1579 starb und da ihre Ehe kinderlos geblieben war, beschloß M. nicht mehr zu heiraten. Durch das Erbe ihres Mannes wurde es ihr ermöglicht, ihre Studien wieder aufzunehmen. Dies wurde von der Gesellschaft von Modena nicht begrüßt und M. mußte sich einigen Anfeindungen aussetzen. Ihre einzige Unterstützung fand sie in Geminiano Patini, der ihr bald einen Heiratsantrag machte. Sie wies seine Liebe zurück und um den Belästigungen in Modena zu entkommen, ging sie 1572 an den Hof von Ferrara, wo sie Ehrendame von Lucrezia d'Este und Eleonore d'Este wurde. Aufgrund ihrer Fertigkeiten bekam sie am 25. April 1583 für 52 Lire eine Arbeit im Bücherarchiv. Dort entdeckte sie 1586 durch Zufall die Diskurse des Conte Annibale Romei, die sie in die Thesen der Moralphilosophie einführten.

Im November 1589 kehrte sie in ihre Heimatstadt zurück, wo sich der Prälat sofort um ihre Freundschaft bemühte. Vergebens erhoffte er sich, M. mit seinem Neffen verheiraten zu können.

Wenig später verlieh der römische Senat M. die römische Staatsangehörigkeit, die sich auf ewig an ihre Nachkommen übertrug, und zeichnete sie mit dem Titel ›Unica, die Einzigartige‹, aus. Der Papst persönlich forderte sie auf, ihren Wohnsitz in die Ewige Stadt zu verlegen, doch entschloß sie sich, ihre Heimatstadt nicht zu verlassen. In ihrem Testament vom 25. März 1606 hinterließ sie der Stadt Modena ihr Werk, wo sie am 8. August 1617 im Alter von 75 Jahren starb.

M. wurde von vielen ihrer Zeitgenossen bewundert. Francesco Patrizi widmete ihr seinen dritten Band der *Discussioni*

Peripatiche und Torquato Tasso verehrte ihr seinen Dialog über die Liebe *La Molza*. Als Letzterer im Spedal di S. Anna gefangengehalten wurde, wandte er sich an M. und bat sie um Hilfe.

Berühmt wurde M. durch ihre Übersetzungen, die ihr sprachliches Geschick demonstrierten. In einer Lobrede von Francesco Maria Avolo heißt es, daß sie mehrere antike philosophische Bücher übersetzte.

Einige ihrer Werke sind in den Gedichtbänden über Francesco Maria Molza, die 1747–1754 von Vandelli in Modena herausgegeben wurden, und bei Pierantino Serassi zu finden. Der zweite und dritte Gedichtband von Molza enthält ihre italienische Übersetzung von Platons *Charmides* und einige Teile des *Kriton*, eine Übersetzung der *Tranquillità dell'animo von Plutarch*, Teile der *Rhetorik* des Aristoteles und jeweils eine Rede von Frisostemo und Nazianzino. Außerdem sind noch einige Madrigale, Sonette, lateinische Epigramme und verschiedene Erzählungen veröffentlicht worden.

Bemerkenswert ist auch, daß M. etliche Madrigale im modenesischen Dialekt verfaßte.

Literatur: W. Boulting: Women in Italy, 1910; P. H. Labalme (Hg. in): Beyond their Sex, 1984; F. M. Molza. Poesie volgari e latine, 3 Bde, hg. v. D. Vandelli, 1747–1754; H. J. Mozans: Woman in Science, 1991; M. B. Ogilvie: Women in Science, 1986; G. Tiraboschi: Biblioteca Modenese 3, 1783, S. 244–253; WomBio; WP.

Larissa Reinold

Montefeltro, Battista da Malatesta → Malatesta da Montefeltro, Battista

Morata, Olympia Fulvia
italienisch/deutsche Philosophin, *1526, †1555

Geboren wurde M. 1526 als älteste Tochter von Lucrezia Morata und Fulvius Peregrinus Morato in Ferrara; sie hatte drei Schwestern und einen Bruder. Ihr Vater, der ursprünglich aus Mantua stammte, war ein anerkannter Humanist und Erzieher an der Akademie und wurde 1522 von Alfons I. von Ferrara an den Hof berufen, um dort dessen jüngere Söhne zu erziehen. Bereits früh hatte Morato begonnen, sich neben dem Humanismus für die Lehren der Reformation, vor allem für den Calvinismus zu interessieren; eine Verbindung, die später auch M.s Denken prägen sollte. Moratos Verbindung zum Protestantismus war auch der Grund dafür, daß er 1532 vom Hof in Ferrara verbannt wurde und vorübergehend nach Vicenza übersiedeln mußte. Dort gründete er zwischen 1532 und 39 eine calvinistische Zelle und begann eine lebenslange Freundschaft mit dem Calvinisten Celio Secondo Curione, der später auch M.s Vertrauter wurde. 1539 wurde Peregrinus Morato die Rückkehr nach Ferrara ermöglicht, da der neue Herzog Ercole II. und seine Frau Renée, Tochter des französischen Königs Ludwig XII., und Anne de Bretagne, dem reformistischen Denken aufgeschlossen gegenüberstanden.

Morato regte seine Tochter bereits sehr früh zum klassischen Studium an, und es ist überliefert, daß sie schon mit drei Jahren die *Paradoxa* des Cicero in Latein deklamieren konnte. Mit sechs Jahren sprachen ihr die gelehrten Freunde des Vaters ihre Bewunderung für ihr Können aus; mit 12 Jahren beherrschte sie perfekt die lateinische und griechische Sprache und verfügte über umfangreiche Kenntnisse in den Freien Künsten. M. wurde als Wunderkind gefeiert und auch Renée von Ferrara wurde auf sie aufmerksam. 1540 berief die Fürstin sie an den Hof und ernannte sie zur Gesellschafterin und Studiengefährtin der einige Jahre jüngeren Prinzessin Anna. M. erhielt wie ihre Freundin bekannte Lehrer und die beste Ausbildung in den humanistischen Fächern. Unterrichtet wurden sie von Johann Senf (Sinapius), dem aus Schweinfurt in Unterfranken stammenden Leibarzt der Königin und dessen Bruder, einem Juristen. In dieser Zeit konnte M. ihr Wissen erweitern und damit beginnen, eigene Texte zu verfassen. Bereits mit 14 Jahren wurde sie in einem Katalog berühmter GegenwartsautorInnen aufgeführt. Ein Jahr später schrieb sie drei Essays über Ciceros Schrift *Para-*

doxa Stoicorum, die sie als vielbeachtete öffentliche Vorlesung an der herzoglichen Akademie vortrug. Sie verfaßte Dialoge in Griechisch und Latein, in denen sie Platon und Cicero imitierte; erhalten sind noch Briefe und die Übersetzungen zweier Novellen aus dem *Decamerone*. M. verfaßte außerdem ein Gedicht, in dem sie den Enthusiasmus beschreibt, mit dem sie ihre Studien betrieb.

Am Hof von Ferrara begegnete M. auch den prominenten Persönlichkeiten ihrer Zeit, wie dem Dichter und Gelehrten Giglio Gregorio Giraldi, Bernardo Tasso, dem Vater Torquato Tassos und Kardinal Bembo. Eine besondere Freundschaft verband sie mit der Hofdame Lavinia di Rovere, die sie auch in ihren späteren Werken verarbeitete. M. bildete den geistigen Mittelpunkt des Hofes von Ferrara und gründete einen philosophischen Zirkel, der sich vor allem mit der Lektüre Ciceros befaßte. Für M. war das Studium der klassischen Lehren keine unchristliche Angelegenheit, und gerade Cicero ließ sich nach ihrer Meinung gut mit der christlichen Religion vereinbaren. Trotzdem sah sie später ihre klassische Periode als Zeit, in der sie sich unsicher bezüglich des Christentums gewesen sei. Beispielhaft zeigt sich das in einem Dialog zwischen ihr und Lavinia.

Neben humanistischen Gelehrtenkreisen fand M. am Hof von Ferrara auch das reformierte Gedankengut ihres Vaters wieder. Renée repräsentierte das reformistisch gesinnte Italien. Sie gewährte sogar Johann Calvin, der unter dem Pseudonym Charles d'Espeville reiste, Unterschlupf an ihrem Hof.

Acht Jahre verbrachte M. am Hof von Ferrara, bis im Jahr 1548 eine entscheidende Wende eintrat. Nach dem Tod ihres Vaters mußte sie wieder in ihr Elternhaus zurückkehren, um ihre Mutter in der Familie zu unterstützen. Im gleichen Jahr heiratete Prinzessin Anna den berüchtigten Franz von Guise, Herzog von Lothringen, und ging nach Frankreich. Auch die Gebrüder Senf verließen Ferrara und zogen nach Würzburg, sogar ihre Freundin Lavinia, die Camillo Orsini geheiratet hatte, verließ Ferrara. Ein Grund für diese plötzliche Abwanderung des geistigen Mittelpunkts von Ferrara war sicher auch der Einfluß der Gegenreformation, der seit 1542, nachdem die Inquisition eingesetzt wurde, immer stärker zu spüren war. So ließ man auch M., die nach kurzer Zeit wieder an den Hof zurückkehren wollte, wissen, daß sie nicht erwünscht sei.

Bereits während ihrer Zeit in Ferrara hatte M. den jungen deutschen Gelehrten und Arzt Andreas Grundler kennengelernt. Dieser hatte 1549 promoviert und beide heirateten Ende des Jahres. Das Paar war vom protestantischen Gedankengut überzeugt und deshalb gezwungen, aus Italien zu fliehen. Zusammen mit Grundler gingen M. und ihr jüngerer Bruder Emilio in dessen deutsche Heimat zurück. Dorthin waren bereits andere bekannte und befreundete Gelehrte geflohen, da sich hier die Reformation weiter ausgebreitet und gefestigt hatte als in Italien. Nach mehreren Stationen, die M. bei befreundeten Familien verbrachte, landete sie schließlich in Würzburg, bei Johann Senf. M. befaßte sich nun, durch die Wirren der Gegenreformation in ihrem protestantischen Glauben gefestigt, stärker mit religiösen Schriften. Ursprünglich hatte sie wenig Neigung zu religiösen Studien, wurde aber wegen der zunehmenden Verfolgung der ProtestantInnen durch die ›römische und weltweite Inquisition‹ dazu gebracht. Die daraufhin einsetzenden Verdächtigungen und Verfolgungen nötigten sie dazu, Stellung zu beziehen. So wurde M., die eher eine Zweiflerin gewesen war, zur Kämpferin für die Reformation.

Ende des Jahres 1550 übersiedelte die Familie nach Schweinfurt, wo Grundler als Arzt arbeitete. M. verfaßte während ihrer Schweinfurter Zeit mehrere Dialoge, ein Genre, das sie in Anlehnung an Platon, wie viele HumanistInnen, besonders bevorzugte. Die Inhalte dieser schriftlichen Gespräche waren vor allem religiöser Natur und M. sah darin eine Möglichkeit, ihre Religiosität literarisch umzusetzen.

Die Kriegswirren in Schweinfurt spitzten sich zu, und der Markgraf von Brandenburg, der seit längerem plündernd durch Franken gezogen war, belagerte monatelang die Stadt und beschoß die Bevölkerung. Die Lebensmittelknappheit löste die rasche Verbreitung von Seuchen aus, und die Situation wurde so dramatisch, daß auch M. und ihre Familie die Flucht ergriffen. Sie wurden vom Feind gefangengenommen, entkamen nur mit knapper Not zu Fuß und ohne jedes Gepäck. Bei dieser überstürzten Flucht wurden M.s sämtlichen Aufzeichnungen, Bücher und Unterlagen zerstört, so daß nur sehr wenige ihrer Schriften durch Bekannte und FreundInnen erhalten sind. Nur ihre späteren Texte, einige Fragmente, die sie Freunden geschickt hatte, und Briefe sind überliefert.

Nach mehreren Stationen der Flucht wurde Grundler 1554 ein Lehrstuhl an der Universität Heidelberg angeboten. M., die sich auf der Flucht eine Tuberkulose (oder Malaria) zugezogen hatte, erholte sich nicht mehr von der Krankheit. Sie starb am 29. Oktober 1555, Grundler und Emilio wenige Wochen später an der Pest.

Die Angabe, daß ihr kurz vor ihrem Tod als erster Frau ein Lehrstuhl für Griechisch und Literatur an der Universität Heidelberg angeboten wurde, kann durch die erhaltenen Dokumente nicht belegt werden.

M. war die bedeutendste weibliche Vertreterin des deutschen Humanismus im 16. Jahrhundert. Sie verfügte über eine außergewöhnliche Bildung in den antiken Sprachen und der Literatur. Zu M.s Lebzeiten hatte der Renaissance-Humanismus seine größte Ausdehnung in Europa erreicht und befand sich bereits im Übergang zum Denken der Neuzeit, das durch die Reformation eingeleitet wurde. Auch in M.s Leben und Werk wird diese Umbruchstimmung deutlich, vor allem ihr Lebenslauf ist von der Verfolgung der frühen ProtestantInnen geprägt.

Ihr Werk ist nur zum geringen Teil überliefert worden, so daß nicht klar ist, wieviele Briefe und Schriften sie eigentlich verfaßt hat. Aus ihrer Zeit am Hof von Ferrara sind noch einige Texte erhalten, die zeigen, daß sie nicht nur über solide, sondern auch umfangreiche Kenntnisse der antiken Prosa und Poesie verfügte. Zu diesen Schriften gehören die Übersetzungen zweier Novellen aus Boccaccios *Decamerone*, die Vorreden zu ihren Vorlesungen über Ciceros *Paradoxa Stoicorum*, eine Verteidigungsschrift für Cicero, *Defensio Ciceronis*, ist verloren gegangen, ebenso wie ihre Beobachtungen zu Homer, *Observationes in Homerum*. Überliefert ist noch eine *Lobrede auf den Römerhelden C. Mucius Scaevola*, die als Aufmerksamkeit für ihren Lehrer Sinapius gedacht war.

Ihre gesamten lateinischen und griechischen Schriften und auch die beiden erhaltenen Dialoge sind 1570 in Basel unter dem Titel *Olympiae Fulviae Moratae Foeminae Doctissimae ac plane Divinae Orationes, Dialogi, Epistolae, Carmina, tam Latina quam Graeca* veröffentlicht worden.

In ihrem erhaltenen ersten Dialog, der zwischen M. und ihrer Freundin Lavinia stattfand, hält sie einen Rückblick auf ihren bisherigen Lebensweg. Der Text entstand etwa um die Zeit ihrer Heirat mit Grundler und sie beschreibt darin die Anfänge ihres Wissensstrebens. Sie erzählt, daß sie sich anfangs nur für einen reinen, an der Antike orientierten Humanismus begeistern konnte. Später wandte sie sich, nach einer durch ihre Lebenserfahrung geförderten Entwicklung, dem Protestantismus zu, was dann in eine ganz der Anbetung Gottes hingegebene Glaubenshaltung mündete, die sich auch in ihrer Lektüre und ihren Texten niederschlug.

Während M.s Schweinfurter Zeit entstand der zweite Dialog, der auch zwischen Lavinia und M. stattfindet, diesmal treten sie unter den Decknamen Philotima und Theophila auf. Anstoß zu diesem Text war die Sehnsucht Lavinias nach ihrem Mann, Graf Orsini, der weit entfernt am Krieg teilnahm. M. versucht hier als Seelsorgerin ihrer Freundin aus der selbstquälerischen Haltung, die sich mit ihrer Enttäuschung über die Kinderlosigkeit der Ehe mischt, zu helfen. Hauptthema des Dialoges ist deshalb die Frage nach dem Recht auf ein irdisches Glück und nach dem Sinn des Leidens. M. führt Lavinia vor Augen, daß im Vergleich zu den Leiden der Märtyrer ihre verschwindend und nicht erwähnenswert seien; sie solle sich Gott anvertrauen, anstatt zu jammern. Außerdem solle Lavinia sich hüten, sich in Äußerlichkeiten zu verlieren, um ihre Sehnsucht zu verdrängen, denn nicht der äußere Schmuck sei wichtig, sondern das Strahlen der Seele. Zu ihrer Verteidigung räumt Lavinia ein, daß es auch im

Alten Testament schöne Frauen gegeben hätte, die reich und trotzdem fromm waren. M. erwidert, daß diese Frauen in erster Linie fromm waren und sich für ihr Volk opferten und, daß ihre Schönheit eine Gabe Gottes gewesen sei, aber kein unnötiger Putz.

M.s Antworten sind sicher beeinflußt von Luthers Schrift *Theologia Crucis*, was an den Vorschlägen für richtiges christliches Verhalten deutlich wird, die sie Lavinia gibt und mit anschaulichen Beispielen unterlegt.

Werk: Briefe, hg. v. Rainer Kößling, 1990; Olympiae Fulviae Moratae Foeminae Doctissimae ac plane Divinae Orationes, Dialogi, Epistolae, Carmina, tam Latina quam Graeca, 1570; Opera Omnia, 1580; Opusculi e Lettere di Riformatori Italiani del Cinquecento II, hg.v. Guiseppe Paladino, 1927 (enthält ihren Briefwechsel mit Curione).
Literatur: G. Agnelli: Olimpia Morata, 1892; J. Bonnet: Vie d'Olympia, 1856; U.I. Meyer (Hg.in): Die Welt der Philosophin II, 1996; C.A.B. Southey: Olympia Morata: Her Times, Life and Writings, 1834; R. Turnbull: Olympia Morata: Her Life and Times, 1846; D. Vorländer: Olympia Fulvia Morata – eine evangelische Humanistin aus Schweinfurt, in: *Zeitschrift für Bayrische Kirchengeschichte* 39, 1970, S. 95–113.

Ursula I. Meyer

Murdoch, Iris Jean
irische Schriftstellerin und Philosophin, *1919

M. wurde am 15. Juli 1919 in Dublin geboren. Sie war von 1948 bis 1963 Mitglied und Dozentin des St. Anne's College in Oxford. Obwohl sie philosophische Essays geschrieben hat, ist sie eher durch ihre Tätigkeit als Romanschriftstellerin bekannt.

Mit ihrer ersten philosophischen Schrift, *Sartre: Romantic Rationalits*, kann sie den zeitgenössischen moralischen, englischen und amerikanischen PhilosophInnen zugerechnet werden, die das kantische Moralprinzip in Frage stellen. Nach Kant soll jede moralische Überlegung Teil einer Deduktion aus allgemeinen, und wenn möglich, nicht-empirischen Prinzipien sein. Nach diesem Grundsatz können – so M. – die einzelnen Handlungen nicht unter allgemeinen Prinzipien subsumiert werden, und jede natürliche Beschreibung, d.h. nicht in formale Sprachen übersetzte, beinhaltet gleichzeitig Werturteile.

Ihre Philosophie steht in Zusammenhang mit der analytischen Philosophie, d.h. mit den Diskussionen über die Beziehungen zwischen moralischen Urteilen und Realitätsurteilen, oder zwischen Beschreibung, Wertung, Urteil, Wahrheit und Gutsein. Gegenüber der existentialistischen Haltung vertritt M. die Position, daß die Realität nur aus einer individualistischen Perspektive wahrgenommen werden kann. Diese individuelle Wahrnehmung schließt jedoch die Gültigkeit der Erfahrung anderer Menschen nicht aus (siehe M.s Artikel *Against Dryness*). Die Thematisierung solcher moralischer Probleme wird von M. mit ihrer Vorstellung von Kunst in ihrer Schrift *The Fire and the Sun* (1976) verbunden. Ihre Romane zeigen ein kompliziertes und diskontinuierliches soziales Milieu, in welchem die moralische Identität als eine Antwort zu den kontingenten Ereignissen entsteht. M. stellt keine starke Identität wie etwa im Romantizismus oder im Idealismus dar, das ›Ich‹ braucht lediglich ein Minimum an einheitlicher Unterstützung, um sich als etwas anderes in seinem Umfeld zu verstehen. Daher kann man ihre Romane in die englische Tradition sozialer Romane nach Orwell, John Main, Kingsley Amis und Osborne stellen.

Werk: Under the Net, 1954; The Hight from the Enchanter, 1956; A Severad Head, 1961; The Red and the Green, 1965; The Nice and the Good, 1968; The Sovereignity of Good, 1970; The Black Prince, 1973; The Sacred and Profane Love Machine, 1974; Henry and Cato, 1976; Bruno's Dream, 1976; The Sea, the Sea, 1978; Sandcastle, 1978; A Fairly Honorable Defeat, 1979; The Italian Girl, 1979; Nun and Soldiers, 1980; The Philosopher's Pupil, 1983; Against Dryness, in: *Revisions: Changing Perspectives in Moral Philosophy*, hg. v. S. Hauerwas/A. McIntyre, 1983; The Good Anprentice, 1985; The Book and the Brotherhood, 1987.

Literatur: A. S. Byatt: Degrees of Freedom: The Novels of Iris Murdoch, 1965; M. Bradbury: Posibilities: Essays on the State of the Novel, 1973; D. Johnson: Iris Murdoch, 1987; R. Todd: Iris Murdoch, 1984; WomBio; WP.

Anabel Mejuto Rodriguez
(Übers. M.L.P. Cavana)

Myia (Μυια)
griechische Pythagoreerin, um 500 v. u. Z.

M. war die Tochter der → Theano von Kroton und des Pythagoras, die Schwester der → Arignote und → Damo sowie des Telauges und Mnesarchos und die Frau des Athleten und Pythagoreers Milon von Kroton.

Von Clemens Alexandrinus wird M. als pythagoreische Philosophin und Dichterin bezeichnet, wobei es sich bei der Dichterin M. (nach Suidas) um eine andere Person handelt. Lukian sagt in seiner *Lobrede auf die Fliege*: »Wieviel könnte ich noch von der pythagoreischen Myia sagen, wenn ihre Geschichte nicht ohnehin schon jedermann bekannt wäre?« (1)

Als junges Mädchen soll sie den Chor der Mädchen in Kroton angeführt haben, als Frau den der Frauen, wie Menage erzählt, bezugnehmend auf Porphyrios, der allerdings, ohne ihren Namen zu nennen, von der Tochter des Pythagoras spricht.

Ein Brief unter ihrem Namen wurde überliefert, der wohl später zu datieren ist, nach Thesleff auf das 3./2. Jahrhundert v. u. Z. Der Name M. könnte in diesem Brief als Pseudonym benutzt worden sein. Sie schrieb ihn an die Pythagoreerin Phyllis. Der Brief enthält Hinweise auf die Wahl einer Amme für ein neugeborenes Kind. Besonders auf Mäßigkeit in allem sei zu achten, und wenn die Amme die natürlichen Bedürfnisse des Kindes nach Essen, Schlaf usw. beachte, wie dieses es zum Ausdruck bringt, so trage dies zum Wohle des Kindes bei. Der Brief enthält auch den Hinweis, daß gerade die erste Zeit im Leben eines Kindes und die Beziehung zur Amme bedeutsam sei für das ganze Leben.

Literatur: Clemens Alexandrinus: Teppiche (Stromata) IV 19, 121; R. Hercher: Epistolographi Graeci, 1873, Brief Nr. 12; Lukian: Lobrede auf die Fliege, Sämtl. Werke IV, S. 471 (1); G. Menage: The History of Women Philosophers, 1690/1984; Iamblichos: Pythagoras 36.267; U.I. Meyer (Hg.in): Die Welt der Philosophin I, 1995; J.C. Poestion: Griechische Philosophinnen, 1885; Porphyrios: Vita Pythagorae 4; H. Thesleff: An Introduction to the Pythagorean Texts of the Hellenistic Period, 1961; ders. (Hg.): The Pythagorean Texts of the Hellenistic Period, 1968; RE *Myia*, Bd. 31, 1933; Suidas Lexikon *Myia*, Bd. III, *Pythagoras*, Bd. IV; HWP; WP.

Maria Nühlen

N

Nagl-Docekal, Herta
österreichische, feministische Philosophin, *1944

N. ist Professorin für Philosophie an der Universität Wien. Sie ist seit mehreren Jahren Vorstandsmitglied der *Internationalen Assoziation von Philosophinnen* (IAPh), Gründungsmitglied der interdisziplinären *Arbeitsgruppe Frauengeschichte* an der Universität Wien und Mitherausgeberin der *Wiener Reihe. Themen der Philosophie* der *Österreichischen Zeitschrift für Geschichtswissenschaften* und von *L'Homme, Zeitschrift für feministische Geschichtswissenschaft*; außerdem seit 1993 Mitherausgeberin der *Deutschen Zeitschrift für Philosophie*.

Ein Hauptthema in N.s Arbeiten ist die Beschäftigung mit den Geschichtswissenschaften. In ihrem Buch *Die Objektivität der Geschichtswissenschaft*, in dem sie sich mit dem Historismus und dem narrativen Ansatz der Geschichtswissenschaft auseinandersetzt, sieht sie für die Historie eine besondere Objektivität, die dann eingelöst ist, wenn sie das Ergebnis eines Rechtfertigungsprozesses auf vier Ebenen ist: 1. Auf empirischer Ebene fordert sie als Kriterium für die Richtigkeit von Aussagen über die Faktizität des Vergangenen ihre Stützung und Unwiderlegbarkeit durch verfügbare Zeugnisse. 2. Auf der Ebene der Debatte empirischer Arbeiten fordert sie präzise Begründungen für die Legitimation der Fragestellungen der Geschichtswissenschaft. 3. Auf historisch-philosophischer Ebene muß die Beurteilung historischer Wahrheitsansprüche der gegenwärtig erreichten argumentativen Komplexität standhalten. 4. Auf derselben Ebene ist das Kriterium für Urteile über Handlungsprinzipien Kants kategorischer Imperativ, der nach den Bedingungen der Möglichkeit für eine verbindliche moralische Argumentation fragt.

In ihren feministischen Veröffentlichungen kritisiert sie innerhalb der Diskussion der Geschlechterdifferenz vor allem zwei Positionen: Autorinnen wie → Cixous, → Irigaray und → Kristeva wirft sie vor, eine weibliche Wesensart zu unterstellen, die im Gegensatz zur männlichen steht. Sie kritisiert aber auch diejenigen Theoretikerinnen, die sich auf Unterschiede zwischen Frauen konzentrieren und damit statt der Differenz ›Frau/Mann‹ Differenzen unter den Frauen in den Mittelpunkt rücken, bis hin zur frakturierten Persönlichkeit. N. verlangt die Abschaffung jeglicher Essentialismen, sie fordert die genaue Untersuchung, wie Geschlechterrollen als symbolische und soziale Konstruktionen Wirklichkeit formen und geformt haben.

Die postmoderne Kritik am Universalismus scheint nach N. zu übersehen, daß es zwei Arten von Universalismus gibt: der, der gewöhnlich als Gegensatz zum Individualismus assoziiert wird, auf der anderen Seite der formale moralphilosophisch geprägte Begriff nach Kant, der – transformiert – der Diskursethik zugrunde liegt.

Formaler Universalismus in dieser Ausrichtung muß nach N. wiederentdeckt werden, weil er mit der formalen und abstrakten Regel, »den Menschen niemals bloß als Mittel, sondern immer auch als Zweck« zu sehen, Heterogenität vorantreibt, weil damit jede Person die Grenzen und Möglichkeiten der eigenen Entwicklung definieren kann. Insofern wird hier nicht verlangt, die Andere/den Anderen als ›generalisierte Andere‹ anzusehen. Der kategorische Imperativ ist radikal universal und radikal individualistisch.

In ihrem Einleitungsartikel zu *Feministische Philosophie* sieht N. die unterschiedlichen Richtungen im Feminismus als

Bestandteile einer einzigen Debatte, die ein alle Ansätze umfassendes Ziel teilt. Damit plädiert sie für eine umfassende philosophische Auseinandersetzung und gegen partielle Profilierungen einzelner Strömungen, was sie auch in ihren geschichtsphilosophischen Schriften von VertreterInnen verschiedener Ansätze innerhalb der Geschichtswissenschaft fordert und was auch ihre Grundhaltung zur postkolonialen Philosophie und der darin enthaltenen Kritik am Allgemeingültigkeitsanspruch der abendländischen Philosophie ausmacht.

Werk: Ernst von Lasaulx. Ein Beitrag zur Kritik des organischen Geschichtsbegriffs, 1970; Die Objektivität der Geschichtswissenschaft. Systematische Untersuchungen zum wissenschaftlichen Status der Historie, 1982; Neue Ansätze in der Geschichtswissenschaft, (hg. mit F. M. Wimmer), 1984; Tod des Subjekts? (hg. mit H. Vetter), 1987; (Hg. in) Wittgenstein und die Philosophie des 20. Jahrhunderts, 1989; (Hg. in) Feministische Philosophie, 1990; Denken der Geschlechterdifferenz. Neue Fragen und Perspektiven der Feministischen Philosophie (hg. mit H. Pauer-Studer), 1990; Postkoloniales Philosophieren (hg. mit F. M. Wimmer), 1992; Jenseits der Geschlechtermoral (hg. mit H. Pauer-Studer), 1993.

Agnes Hümbs

Nantes Y Barrera, Olive Sabuco de → Sabuco de Nantes Y Barrera, Olive

Newcastle, Margaret of → Cavendish, Margaret

Nikarete von Megara
griechische Anhängerin der megarischen Philosophie, um 300 v. u. Z.

N. war eine Schülerin des Stilpon und wahrscheinlich eng mit ihm befreundet.
Die zwei über N. berichtenden Quellen übermitteln nur weniges Wissen über sie. Bei Diogenes Laertius heißt es ledig-

lich: »Er [Stilpon – M.N.] war verheiratet, pflegte aber auch Umgang mit der Hetäre Nikarete, wie Onetor irgendwo berichtet.« (1) Etwas aufschlußreicher sind die Zeilen von Athenaios, der von ihr als einer aus angesehener Familie stammenden Hetäre mit ausgezeichneter Bildung spricht, die mit Stilpon studierte.

Die megarische Philosophie in der Ausprägung durch Stilpon und in Unterscheidung zur eristischen und dialektischen Schule (→ Argia) übte sich in der Disputation und leugnete, »daß eine andere Prädikation als die der Identität gültig sein könne« (2).

Literatur: Athenaios: Deipnosophists 13.7; Diogenes Laertius: Leben und Meinungen berühmter Philosophen, II 114 (1); G. Menage: The History of Women Philosophers, 1690/1984; J.C. Poestion: Griechische Philosophinnen, 1885; Der Kleine Pauly *Stilpon*, Bd. 5, 1979 (2); RE *Nikarete* Bd. 33, 1936; WP.

Maria Nühlen

Nogarola, Isotta
italienische Gelehrte *1418 †1466

N. wurde als Tochter von Bianca Borromeo und Leonardo Nogarola 1418 in Verona geboren und stammte aus einer adligen HumanistInnenfamilie. Bereits N.s Tante Angela Nogarola schrieb Gedichte mit religiösem Inhalt, während N. die damals übliche Briefform benutzte.

Nach dem frühen Tod des Vaters 1425 kümmerte sich die Mutter um die humanistische Ausbildung der sieben Geschwister. Von 1430–1438 erteilte Martino Rizzoni, ein aus Verona stammender Guarino-Schüler, N. und ihrer Schwester Ginevra Lateinunterricht und lehrte sie die Klassiker und Kirchenväter, zudem beauftragte die Mutter einen Professor aus Vicenza, Ognibene Leoniceno.

Die von Cannon geäußerte Behauptung, die von anderen Biographen übernommen wird, daß N. auch das Griechische beherrschte, läßt sich anhand der Briefe Bevilacquas und

Quirinos widerlegen. U. a. rät ihr Quirino, griechische Philosophen zu lesen. Da die meisten Texte jedoch noch nicht übersetzt seien, warnte er sie, mit Ausnahme von Thomas von Aquin, vor mittelalterlichen Kommentatoren.

In der Zeit zwischen 1434 und 1440 korrespondierten die Schwestern mit den bedeutendsten Humanisten der Renaissance. 1434 beglückwünschten sie Ermolao Barbaro zu seiner Ernennung zum apostolischen Protonotar. Es folgten Briefe an Giorgio Bevilacqua, Antonio Borromeo, ihren Onkel aus Venedig, Giacomo Foscari, den Sohn des Dogen Francesco Foscari, Paolo Maffei, Niccolò Barbo und Feltrino Boiardo.

Durch Foscari wurde auch Guarino auf sie aufmerksam und lobte ihre Gelehrsamkeit. N. wandte sich daraufhin persönlich an ihn. Da sie auf ihren ersten Brief keine Antwort erhielt und so zum Gespött von Verona wurde, schrieb sie ihm Anfang April 1437 erneut und beklagte sich über seine Unhöflichkeit. Guarino antwortete ihr sofort und ermutigte sie, in ihren Studien fortzufahren.

1438 erhielt sie ein anonymes Schreiben aus Verona. Ein gewisser Plinius richtete sich an seinen Freund Ovid und bezichtigte N. des Inzests mit ihrem Bruder Antonio. Am Ende dieses Schreibens folgerte Plinius, daß gelehrte Frauen nicht in der Lage seien, keusch zu bleiben.

Im selben Jahr heiratete Ginevra Brunoro Cambara aus Brescia, worauf diese ihre Karriere als Gelehrte beendete. Die Familie floh 1438 vor dem Krieg und der Pest aus Verona und verbrachte die Zeit bis 1441 im Hause des Antonio Borromeos, N.s Onkel, in Venedig.

In Venedig pflegte sie einen Briefwechsel mit Damiano Borgo, der trotz Frau und Kindern, N. sehr verehrte und sie zur Rückkehr nach Verona zu überreden versuchte. In einem Brief vom 10. September 1439 ärgerte sich N. über seine Bemerkung, daß Frauen geschwätziger seien als Männer und erwiderte, daß sie nicht nur an wahrer Eloquenz und im übrigen auch in jeder anderen Tugend dem Manne überlegen seien.

Als sie 1441 nach Verona zurückkehrte, entschied sie sich, ihre Laufbahn als Humanistin aufzugeben, da sie dem gesellschaftlichen Druck nicht standzuhalten vermochte. Vielleicht vom Beispiel ihrer Schwester Ginevra abgeschreckt, die nach ihrer Heirat das Studium abbrach, legte sie ein selbsternanntes Keuschheitsgelübde ab und verbrachte, zurückgezogen vom Rest der Familie, ihr Leben allein in der Bibliothek im Hause ihrer Mutter. Seit jener Zeit wandte sie sich von der klassischen Literatur ab und intensivierte das Studium der Kirchenväter.

In den Jahren zwischen 1445 und 1452 hielt sie Kontakt zu Lauro Quirino, einem Professor aus Padua, der sie in Studienfragen beriet. Um ein besseres Verständnis in Dialektik und Philosophie zu erlangen, empfiehlt er ihr die Lektüre der Ethiken des Aristoteles, die philosophischen Schriften des Cicero, Avicenna, Averroes und Algagelis und die Kommentare zu Aristoteles *Kategorien*. Schon vorher versuchten andere Humanisten sie in der Wahl ihrer Bücher zu beeinflussen. So riet ihr Giorgio Bevilacqua zu Livius und Lactantius und Damiano Borgo empfahl ihr Vergil, Sallust und Justinus. Am Todestag des Apostel Paulus pilgerte sie 1450 nach Rom und hielt eine Rede vor Nikolaus V., deren Inhalt uns aber nicht überliefert wurde. Ein Jahr später machte sie die Bekanntschaft mit dem Venezianer und Humanisten Ludovico Foscarini, der als Statthalter nach Verona geschickt worden war. Er wurde ihr engster Vertrauter.

In einem lebhaften Briefwechsel, der durch den Ausspruch des heiligen Augustinus, daß Eva mehr Schuld an der Erbsünde trage, verursacht wurde, entstand N.s berühmtestes Werk, ihr Dialog *Über die gleiche oder ungleiche Sünde Evas und Adams*.

Am 16. November 1453 hielt sie eine Ansprache an den neuen Bischof von Verona, Ermolao Barbaro, den sie Jahre zuvor schon zur Ernennung zum Protonotar beglückwünscht hatte. 1464 widmete er ihr eine Apologie gegen die mit seinem Kirchenregiment unzufriedenen Veroneser.

Im selben Jahr erhielt sie einen Brief von Antonio Cugnano, der sie um ihre Meinung über die Ehe befragte. Als sie sich diesbezüglich an ihren Freund Ludovico Foscarini wandte, rät dieser ihr, sich der Antwort zu enthalten, da sie durch ihr selbsternanntes Keuschheitsgelübde keine Kenntnis über die Ehe haben könne.

Auf Ansuchen des Paters Victor de Rosatis hielt sie im Juli 1454 eine Lobrede auf das Leben des heiligen Hieronymus. Am 1. August 1459 ermutigte sie Papst Pius II. in einem Brief zum Kreuzzug gegen die Türken. In einem ihrer letzten Briefe vom 9. August 1461 tröstete sie Maecenas Jacobus Antonius Marcellus, der kurz zuvor seinen achtjährigen Sohn Valerio verloren hatte. Wie schon in einem anderen Kondolenzbrief vertrat sie die Meinung, daß man eher die Lebenden als die Toten beweinen sollte. Der Brief entstand kurz nach dem Tode ihrer eigenen Mutter.

Abel nimmt an, daß sie sich nach diesem Verlust nach Venedig begab. 1466 starb sie nach einem längeren Leiden und wurde vermutlich neben ihrer Mutter in Santa Cecilia in Verona bestattet. Leider ist dies nicht mehr nachweisbar, da besagte Kirche heute nicht mehr existiert.

Das grundlegendste Werk über N. ist die 1886 erschienene kritische Ausgabe von Abel in zwei Bänden. Neben einer ausführlichen Lebensbeschreibung N.s enthält es ihre Briefsammlung, sowie die Briefe ihrer Schwester Ginevra und ihrer Tante Angela. Fast alle späteren Biographen beziehen sich auf diese Ausgabe.

Sabbadini unterteilt N.s Leben in drei Perioden, von 1435 bis 1438, in der sie mit ihrer Schwester Kontakte zu den bekanntesten Humanisten aus Padua, Ferrara und Venedig pflegte. Während ihres Aufenthalts in Venedig, von 1438 bis 1441, verlieren ihre Briefe allmählich die humanistischen Elemente, z.B. klassische Zitate und Achtungsbeweise. Ihre letzte Periode von 1441–66 ist durch die Lektüre der Kirchenväter geprägt.

Aus dieser Zeit stammt ihr Hauptwerk *De pari aut impari Evae atque Adae peccato*. Der Dialog entstand aus dem Briefwechsel mit ihrem Vertrauten Ludovico Foscarini. Graf Francesco Nogarola ließ ihn 1563 bei Aldus in Venedig als Geschenk für Kardinal Bernardo Navagero, der zum Bischof von Verona ernannt worden war, drucken.

Im Gegensatz zu der Humanistin → Laura Cereta, die von einer Gleichheit der Geschlechter ausging, vertrat N. den Standpunkt, daß die Frau dem Mann unterlegen sei, sie also inferior sei. Diese Inferiorität, die der Frau von Gott gegeben sei, machte sie zur Basis ihrer Argumentation. Da Eva intellektuell wie moralisch schwächer ist, kann ihr weniger Schuld an der Erbsünde zugesprochen werden. Adam hingegen war nach dem Ebenbild Gottes gemacht, er wurde von Gott als der perfekte Mensch zur Welt gebracht. Daher besaß er auch mehr Wissen und damit mehr Verantwortung als Eva, die als Unvermögende dem Manne untertan sein sollte, die List der Schlange nicht zu durchschauen vermochte.

Ludovico betrachtete Adam als passives Opfer. Eva hatte ihn vorsätzlich getäuscht, denn sie wollte Gott ähnlicher werden. Ein vorsätzliches Handeln würde aber nicht nur Intelligenz und freien Willen voraussetzen, auch die Prämisse von der Inferiorität der Frau würde ad absurdum geführt. Sollte die Frau wirklich aus Unwissenheit gehandelt haben, wie N. behauptete, kann sie von der Schuld entlastet werden. Falls ihrem Tun aber eine unangemessene Wißbegierde und Arroganz zugrunde lag, kann ihre Schuld nicht aus ihrer Inferiorität abgeleitet werden und die Wesensungleichheit von Mann und Frau wäre aufgehoben.

Literatur: E. Abel: Isotta Nogarola: in: *Vierteljahresschrift für Kultur und Literatur der Renaissance* 1/1, 1885, S. 323–355, 440–473; L. Bertalot: Uno zibaldone umanistico latino del quattrocento a Parma, in: *La Bibliofilia* 38, 1936, S. 73–80; W. Boulting: Women in Italy, 1910; M. A. Cannon: The Education of Women during the Renaissance, 1981; K. Fietze: Spiegel der Vernunft, 1991; L. Geiger: Das Bild der Isotta Nogarola, in: *Vierteljahresschrift für Kultur und Literatur der Renaissance* 2, 1887, S. 109; P. Gothein: L'amicizia fra Ludovico Foscarini e l'umanista Isotta Nogarola (1); in: *La Rinascita* 6, Nr. 32/33, 1943, S. 394–413; M. L. King: The Religious Retreat of Isotta Nogarola (1418–1466): Sexism and Its Consequences in the Fifteenth Century, in: *Signs* 3, Summer 1978, S. 807–822; M. L. King/A. Rabil (Hg. Innen): Her Immaculate Hand. Selected Works by and about the Women Humanists of Quattrocento Italy, Medieval and Renaissance Texts and Studies 20, 1983; U. I. Meyer (Hg. in): Die Welt der Philosophin II, 1996; W. A. Oldfather: Quotation from Hesiod and Euripides by Isotta Nogarola, in: *Medieavalia et Humanistica* 3, 1945, S. 132; D.M. Robathan: A Fifteenth-Century Bluestocking, in: *Medievalia et Humanistica* 2, 1944, S. 106–114; R. Sabbadini: Isotta Nogarola, in: *Archivio storico italiano* 18, 1886, S. 435–443; R. Sabbadini: Notizie sulla vita e gli scritti di alcuni dotti umanisti del secolo XV raccolte da codici italiani, V: Isotta Nogarola, in: *Giornale storico della letteratura italiana* 6, 1885, S. 163 bis 165; A. Segarizzi: Niccolò Barbo, Patrizio veneziano des sec. XV e le accuse contro Isotta Nogarola, in: *Giornale storico della letteratura italiana* 22, Nr. 45, 1904, S. 39–54; H. Schnorr v. Carolsfeld: Nogarolina, in: *Zeitschrift für vergleichende Literaturgeschichte*, 1888–89, S. 365 ff; K.M. Wilson (Hg. in): Medieval Women Writers, 1984.

Larissa Reinold

Oakley, Hilda Diana
englische Philosophin, *1867, †1950

O. wurde im Oktober 1867 in Durham geboren. Nach Abschluß ihres Studiums war sie von 1899 bis 1905 Dozentin für Philosophie und Vorsteherin des neugegründeten Royal Victoria College an der MacGill Universität in Montreal (Kanada). Anschließend arbeitete sie bis 1907 als Studienleiterin an der Universität Manchester; 1907–1915 Vorsteherin des King's College for Women in London; bis 1920 Leiterin des Passmore Edwards Settlement. Von 1921 bis 1931 lehrte sie als Professorin für Philosophie an der Universität von London; 1934–50 Aufsichtsrat der N. London Collegiate School for Girls. O. war außerdem von 1940–41 Präsidentin der Aristotelian Society und eine der ersten Vizepräsidentinnen der British Federation for Univ. Women. Sie starb am 7. Oktober 1950.

Bekannt wurde O. vor allem durch verschiedene Veröffentlichungen, die sich im Bereich der praktischen Philosophie bewegen. Auffallend sind ihre teilweise sehr konkreten Problemstellungen, die sich nicht nur auf philosophische Zusammenhänge beziehen; Titel wie *The False State* oder *Should Nations Survive?* sprechen hier für sich.

Neben diesen Fragestellungen der Politik- und Gesellschaftstheorie steht vor allem das Selbst und dessen Auseinandersetzung mit der eigenen Persönlichkeit im Mittelpunkt ihrer Arbeiten. In ihren Analysen *A Study in the Philosophy of Personality* und *History of the Self* versteht O. das Selbst nicht als Untersuchungsobjekt, sondern versucht es in seiner Subjektivität und Kreativität zu erfassen. Denn ein verobjektiviertes Selbst würde seine Persönlichkeit verlieren und in der Masse untergehen. Nur als Person ist es einzigartig und nur als Person kann es Subjekt bleiben.

Um dem Selbst diesen Status zu erhalten, untersucht es O. in ihrem Text *A Study in the Philosophy of Personality* im Zusammenhang seiner konkreten Bezüge zur Metaphysik, zur Geschichte, zur Ethik, zu sozialen Formen und zur Philosophiegeschichte. Dabei versucht sie weder die Individualität der Erfahrung noch das Werteschema, das diese Individualität erfordert, außer acht zu lassen.

Persönlichkeit erscheint, wann immer sich das Bewußtsein seiner Realität klar wird und auf sie reagiert. Das praktische Leben wird zum Wirkungsfeld der kreativen Persönlichkeit. Sie ist als reales Prinzip ein essentieller Teil der menschlichen Erfahrung. Aus ihr resultiert schließlich die jeweilige Individualität jedes/jeder einzelnen. Allerdings bringt diese Einzigartigkeit auch ein besonderes Problem mit sich, nämlich die Nichtmitteilbarkeit dieser Erfahrung, die für jedes Individuum einzigartig ist.

O. vertritt ein Modell der Persönlichkeit, das nicht nur Nichtmitteilbarkeit, Selbstbewußtsein und Willen beinhaltet, sondern außerdem die Idee, daß in der Persönlichkeit auch das Gesetz der Individualität seinen Ausdruck findet, welches unsere Erfahrungen bestimmt und durch sie bestimmt wird. Denn es ist die Natur der aktiven und kreativen Persönlichkeit, eigene Formen zu schaffen, durch die es sein eigenes Leben erfahren kann; diese Formen werden zu den Wertvorstellungen des Individuums.

Geprägt werden diese Werte durch bestimmte Ereignisse und die persönliche Geschichte, die jedes Individuum in einem mehr oder weniger starken Maße prägt. Den Prozeß der Geschichte sieht O. als Hauptquelle für die Philosophie der Persönlichkeit, denn das Subjekt ist in erster Linie ein geschichtliches Wesen. Der geschichtliche Bezug stellt das Subjekt in eine Art Subjekt-Objekt-Beziehung, worin die Person das Subjekt und das historische Ereignis das Objekt ist.

O. setzt diesen Gedankengang in ihrem zweiten Text zum Thema *History of the Self* fort. Darin untersucht sie die Rolle der Person im historischen Prozeß, sowie die Auswirkung der Geschichte auf das Individuum. Bestimmt und gemacht wird die Geschichte nicht nur durch bekannte Persönlichkeiten, durch Feldherren und Regierungsoberhäupter, sondern auch durch die ungenannten Anderen, die O. als ›blindes Element‹ der Geschichte bezeichnet. Allerdings ist die Geschichte nicht nur eine Summe persönlicher Erfahrungen, die durch Zeit, Ort und andere Dimensionen verbunden wurden. Die Geschichten von Nationen, Zivilisationen oder Religionen werden auch durch abstrakte Kategorien wie Wirtschaft und Recht bestimmt. Die treibende Kraft ist aber auch hier die kreative Person, die durch ihre persönliche Aktivität Veränderungen bewirkt.

Werk: History and Progress, 1923; Greek Ethical Thought, 1925; A Study in the Philosophy of Personality, 1928; History of the Self, 1934; The False State, 1937; My Adventures in Education, 1939; Should Nations Survive? 1942.
Literatur: LdF; Who was Who.

Ursula I. Meyer

Okkelo von Lukanien ('Οκκελώ)
griechische Pythagoreerin

O. war die Schwester der → Ekkelo und der Lukaner Brüder Okkelos und Okkilos.

Menage macht sie zur Tochter des Okellus. Die Namensschreibung ist uneinheitlich und es kann sich bei Okkelo – Okkelos – Ekello – Ekkelo – Okkilos um dieselbe Person handeln (1) (zur Diskussion der griechischen Lesart → Ekkelo). Von Okkelos exzerpierte Stobaios ein kürzeres Fragment aus der Schrift *Über das Gesetz*; umfassendere Teile einer längeren Abhandlung *Über die Natur des Alls* stehen bei Thesleff.
→ Habroteleia von Tarent

Literatur: Iamblichos: Pythagoras 36.267; G. Menage: The History of Women Philosophers, 1690/1984; Stobaios 1.13.2, hg. v. K. Wachsmuth/O. Hense, 1958; H. Thesleff (Hg.): The Pythagorean Texts of Hellenistic Period, 1968; H. Thesleff: An Introduction to the Pythagorean Writings of the Hellenistic Period, 1961; Der Kleine Pauly *Okellos*, Bd. 4, 1979; RE *Okellos*, Bd. 34, 1937 (1).

Maria Nühlen

Tochter des Olympiodoros
(Name unbekannt) griechische Philosophin, 5. Jh. n. u. Z.

Die Tochter des Peripatetikers Olympiodoros lebte in Alexandria und war eine philosophisch gebildete Frau.
Da nicht einmal der Name dieser Frau überliefert wurde, ist die Quellenlage hier noch schwieriger als bei den anderen Philosophinnen der (Spät-)Antike. Erwähnt wird sie von Marinos in seiner *Vita des Proklos*. Dort heißt es, daß Proklos als junger Mann nach Alexandria ging, um die Philosophie des Aristoteles bei dem bekannten Philosophen Olympiodoros zu hören. Das Auftreten und Verhalten des jungen Proklos gefiel dem Olympiodoros so, daß er ihn mit seiner Tochter zu verheiraten wünschte. Diese Tochter hatte Olympiodoros selbst in Philosophie unterrichtet, wie Marinos schreibt. Mehr ist über sie allerdings nicht in Erfahrung zu bringen.
Verwirrung herrscht auch über die Person des Olympiodoros, denn mehrere Persönlichkeiten dieses Namens sind aus der Spätantike bekannt. Nach der Anmerkung von Chaignet,

eines Kommentators und Herausgebers der Schrift, lebten sieben Historiker und Philosophen mit Namen Olympiodoros, wovon nicht nur der Lehrer des Proklos Peripatetiker war. Menage hat denn auch in seinem Artikel über die *Tochter des Olympiodoros* die verschiedenen Personen dieses Namens nicht auseinanderhalten können.

Literatur: Marinus: Vie de Proclus, in: *Proclus le philosophe: Commentaire sur le Parménide*, hg. v. A.-E. Chaignet, 1900/1962; G. Menage: The History of Women Philosophers, 1690/1984; WP.

Maria Nühlen

Ossoli, Margaret Fuller → Fuller Ossoli, Margaret

Otto-Peters, Louise
deutsche Frauenrechtlerin, *1819, †1895

O. wurde am 26. März 1819 in Meißen geboren. Sie stammte aus bürgerlichen Verhältnissen und war das jüngste von 6 Kindern; ihr Vater, Fürchtegott Wilhelm, war Gerichtsdirektor, die Mutter war die Tochter eines Meißner Porzellanmalers.
O. war ein sehr interessiertes und lernwilliges Kind, wurde aber, als Mädchen in ihrer geistigen Entwicklung früh gehemmt und auf die traditionelle Frauenrolle vorbereitet. Der Vater war ein traditionsgebundener Patriarch, der dennoch auf einer guten Erziehung für seine Töchter bestand, die er zu selbständigen, unabhängigen Frauen machen wollte. Mit 6 Jahren kam O. in eine einfache Mädchenschule, die nur Grundlagen in Schreiben, Lesen und Rechnen vermittelte. Die schulische Bildung der Mädchen wurde damals üblicherweise mit der Konfirmation abgeschlossen. Danach erhielt sie nur noch Privatstunden in Handarbeiten, Kunst und Französisch. Bereits als Kind protestierte O. gegen die mangelnden Bildungsmöglichkeiten und begann neben der häuslichen Arbeit zu lesen und zu dichten. Schon früh bemühte

sich O. um ihre Selbständigkeit, was sicherlich mit dem Tod der Lieblingsschwester – O. war zwölf – und dem baldigen Tod der Eltern – im Alter von 16 Jahren – zusammenhing. O. zog daraufhin zu einer alleinstehenden Tante, deren konservative Einstellung sicherlich ihren Widerspruchsgeist weckte.

Dank ihrer finanziellen Unabhängigkeit konnte O. ihre literarischen Neigungen ausleben, autodidaktische Studien betreiben und eigene Texte publizieren. O.s Gesamtwerk umfaßt 26, meist mehrbändige Romane, 4 Gedichtbände, 2 Opernlibretti, theoretische Schriften über Kunst, 9 Erzählbände; zahlreiche Schriften und Artikel zur Frauenfrage, deren bekanntester der Text *Das Recht der Frauen auf Erwerb* ist.

Anregung für ihren ersten Roman holte sich O. während einer Reise zu ihrer Schwester Franziska. Damals begann sie sich für die Arbeiterfrage zu interessieren und verfaßte den Roman *Schloß und Fabrik*. Bei diesem Besuch lernte sie den Dichter Gustav Müller kennen, mit dem sie sich später verlobte; er starb ein Jahr später an Schwindsucht. 1842 veröffentlichte sie erste Gedichte in einer Wochenzeitung und im *Musenalmanach*; im nächsten Jahr erschienen zwei Beiträge in der Zeitschrift *Unser Planet*, die sie, wie auch ihre ersten Tendenzromane, mit dem Pseudonym Otto Stern unterzeichnete. Im gleichen Jahr wurde ihr Roman *Ludwig der Kellner* fertiggestellt. Es folgten *Kathinka*, Thema ist die Emanzipation der Frau, *Die Freunde*, ein Roman und die Novellen *Aus der neuen Zeit*. 1846 erschien *Schloß und Fabrik*, danach der Roman *Römisch und Deutsch* und der Gedichtband *Lieder eines deutschen Mädchens*. Ab 1843 verfaßte O. vor allem Tendenzromane, in denen sie sich mit den Widersprüchlichkeiten der Gesellschaft und vor allem mit Frauenfragen beschäftigte. Sie setzte sich sehr für die ArbeiterInnenbewegung ein, vor allem für die Schneiderinnen. Weiterhin verfaßte sie Beiträge für die *Leipziger Arbeiterzeitung* und nahm ersten brieflichen Kontakt zu August Peters auf, den sie 1849 persönlich kennenlernte.

Die Revolutionsjahre ab 1848 können zwar nicht als Anfang der deutschen Frauenbewegung bezeichnet werden, aber die

Liberalisierung und die kritischen Stimmen der Männer bewegten auch viele Frauen dazu, sich Gedanken über ihr Schicksal und die Ungerechtigkeiten gegenüber Frauen zu machen. Gründe für eine breite Frauenbewegung und den Einsatz für die Rechte der Frau gab es genügend: Als O. geboren wurde, war die Frau uneingeschränkte Untertanin des Mannes, der ausschließlich die Welt regierte. Die Frauen lebten in völliger Hilflosigkeit und Abhängigkeit, hatten immer einen männlichen Vormund, durften kein Eigentum besitzen, keine Geschäfte tätigen und nicht über ihr Geld verfügen. Frauen waren, unabhängig vom Alter, den Kindern gleichgestellt. Ihre Ausbildung war dürftig, nur wenn sie dem Mittelstand angehörten, wurden ihnen Lesen, Schreiben und Rechnen beigebracht. Ihre Erziehung und Ausbildung war nur auf einen Beruf hin orientiert, den der Ehefrau und Mutter. Auch bei der Wahl des Ehemannes hatten sie nichts mitzureden, die Entscheidung trafen die Eltern und der Mann, der seine Partnerin selbst aussuchte. Die Beschäftigung der Frauen beschränkte sich auf Hausarbeit, nur in den niederen Schichten war auch Erwerbstätigkeit vorgesehen. Als O. starb hatte sich das Leben der Frauen in entscheidenden Punkten verändert: das Vormundschaftsrecht der Männer war abgeschafft, zwar waren verheiratete Frauen weiterhin wirtschaftlich abhängig, aber ein Wandel der gesellschaftlichen Stellung der Frau war deutlich. Die Ausbildungschancen für Mädchen vergrößerten sich, es gab höhere Töchterschulen und Gymnasialkurse, die die Mädchen auf das Studium vorbereiteten. Nicht nur die Ehe, auch andere Berufe wurden für Frauen akzeptabel, es gab Verkäuferinnen, Angestellte bei Post oder Eisenbahn, Schneiderinnen, Lehrerinnen, Krankenpflegerinnen und im Ausland ausgebildete Ärztinnen.

Ein Teil dieser Veränderungen und Fortschritte ist sicherlich auf das Wirken O.s zurückzuführen, die in der Literatur gerne die Mutter der deutschen Frauenbewegung genannt wird. Sie hat das Leben der Frauen stark beeinflußt, indem sie fast im Alleingang eine Bewegung ins Rollen brachte, die den Grundstein für die Befreiung der Frau legte.

Ab 1848 nahm O. aktiv an der liberalen Revolution teil, öffentlich forderte sie die volle Gleichstellung der Frau und das Frauenwahlrecht. Zwischen 1848–50 gab sie ihre eigene Zeitschrift, die *Frauenzeitung*, heraus. 1848 erschien das erste Heft dieser Zeitschrift, mit der sie Arbeiterinnen aber auch Frauen ihrer Klasse, Anregungen und Unterstützung bot und ein Podium zur Meinungsäußerung einrichtete. In ihren Artikeln rief sie die Frauen zum politischen Denken auf und kritisierte das Desinteresse vor allem bürgerlicher Frauen an diesen Themen.

Bereits im folgenden Jahr führte das sächsische Pressegesetz das Verbot der weiblichen Redaktion ein und reagierte mit dem von O. so bezeichneten *Lex Otto* auf die ungewöhnlichen Aktivitäten O.s. Im gleichen Jahr wurde Peters eingesperrt, 1851 die Arbeitervereine verboten. Der massive Druck der sächsischen Regierung brachte O. dazu, ihre Zeitung nach Thüringen zu verlegen, wo sie nun unter dem Titel *Organ für die höheren weiblichen Interessen* in Gera erschien. Kurz darauf, 1850, wurde die *Frauenzeitung* ganz eingestellt. Auf literarischem Gebiet war O. weiterhin aktiv, sie verfaßte ein Opernlibretto und die Romane *Vier Geschwister* und *Cäcilie Telville*. O. schrieb auch weiterhin für verschiedene Frauenzeitschriften, in denen sie Darstellungen bekannter Frauen wie George Sand, Bettina von Arnim oder Rahel Varnhagen veröffentlichte, aber vor allem die Forderungen der Frauenbewegung thematisierte. Kritisiert wurden von ihr vor allem die mangelhafte Erziehung und die wenigen Bildungsmöglichkeiten für Mädchen, die mit den sozialen Verhältnissen der Männer in völligem Widerspruch standen. Sie forderte den Unterricht der Mädchen nicht nach der Konfirmation zu beenden, dadurch könnten sich Frauen nur wenige Grundkenntnisse aneignen. Den Frauen müßte eine bessere Ausbildung ermöglicht werden. Sie sollten die Chance bekommen, sich freier durchs Leben zu bewegen, was zur Grundvoraussetzung eine individuelle Bildung hat. Dann könnten sich die Frauen auch kritisch mit der politischen Lage befassen, könnten ihr Interesse an Politik entwickeln und das ihnen zustehende Wahlrecht aktiv ausüben.

Während der Revolutionsjahre verfaßte O. eine Studie über die Hexenverfolgung, die sie als Symbol für die finsteren Jahre der Reaktion sah. Sie schrieb mehrere Romane *Andreas Halm, Zwei Generationen, Eine Grafenkrone, Heimische und Fremde*. 1858 heiratete sie August Peters, mit dem sie dann nach Freiberg zog. 1859 erschien ihr Roman *Nürnberg*, anschließend Umzug nach Leipzig, wo Peters den *Leipziger Generalanzeiger* herausgab. O. verfaßte den Roman *Die Erben von Schloß Ehrenfels* und die Erzählungen *Aus der alten Zeit*. 1861 Gründung der *Mitteldeutschen Volkszeitung* durch Peters; O. übernahm das Feuilleton. Im gleichen Jahr erschien der Roman *Die Schultheissentöchter von Nürnberg*. 1864 starb Peters und O. nahm gemeinsam mit ihrer Schwester Antonie die drei Söhne ihrer verstorbenen Schwester bei sich auf. Im gleichen Jahr kamen *Mädchenbilder aus der Gegenwart* (Novellen), *Neue Bahnen* (Roman) und *Nebeneinander* (Roman) heraus.
1865 wurde O. dann als Frauenrechtlerin öffentlich aktiv und gründete mit Auguste Schmidt und Ottilie von Steyber den *Allgemeinen Deutschen Frauenverein*, dessen 1. Vorsitzende sie bis 1892 blieb. Ziel ihrer Vereinsarbeit war die Förderung der Erziehung und Bildung von Frauen als Vorstufe zum Erwerbsleben. Berufsausübung sollte nicht nur Broterwerb sein, sondern auch Engagement für eine Tätigkeit, von der die Frauen überzeugt waren. Im Vordergrund der Vereinsarbeit stand die weibliche Selbsthilfe, aber auch Männer konnten eine begrenzte Mitgliedschaft mit beratender Funktion einnehmen. Ein Jahr nach der Gründung wurden die *Neuen Bahnen* als Vereinsorgan ins Leben gerufen. Im gleichen Jahr entstand ihr Roman *Zerstörter Friede* und die Schrift *Das Recht der Frauen auf Erwerb*. 1867 die Romane *Die Idealisten* und *Drei verhängnisvolle Jahre*, sowie das zweite Opernlibretto, danach der Band *Gedichte* und der Roman *Die Dioskuren*; außerdem ein Text über *Merkwürdige und geheimnisvolle Frauen*. 1869 entstanden der Roman *Aus der Börsenwelt* und die Novelle *Victoria Regia*; während des deutsch-französischen Krieges schrieb sie *Der Genius der Menschheit* und den Roman *Rittersporn*. Ab 1870 erlaubte das neue sächsische Pressegesetz wieder weibliche Redakteure. Im Jahr der

Reichsgründung 1871 rief O. eine höhere Töchterschule ins Leben, in der Mädchen bis zum 18. Lebensjahr unterrichtet wurden. Außerdem verfaßte sie eine Schrift mit Anregungen zu Gesetzesänderungen einiger Paragraphen über die Stellung der Frau im deutschen Reich. Sie gründete zudem einen Stipendienfond für Studentinnen der Fächer Medizin, Chemie und Pharmazie sowie ein Mädchengymnasium. 1887 erschien ihr Roman *Die Nachtigall von Werawag*. In den Jahren 1876 bis 88 setzte sie sich besonders für eine Reform der extrem diskriminierenden Ehegesetze ein. In den 70er Jahren entstanden die Romane *Deutsche Wunden* und *Rom in Deutschland*. O. war immer noch im Vorstand des ADFV und aktiv in der Vereinsarbeit. 1892 legte O. aus Altersgründen den Vorsitz der ADFV nieder, sie starb am 13. März 1895 in Leipzig.

O.s Werk ist in erster Linie politisch und literarisch orientiert. Mit ihren Tendenzromanen vertrat sie eine konsequent liberale Haltung, in der aber ihre nationalistischen Neigungen sichtbar wurden. Als philosophisch und feministisch zentrales Werk gilt ihr Text *Das Recht der Frauen auf Erwerb*, in dem O. vor allem die ökonomische Unabhängigkeit der Frauen fordert. In der Behebung ökonomischer Mißstände sieht sie den wichtigsten Schritt in der Emanzipation der Frau verwirklicht; damit steht ihre Vorstellung von Gleichberechtigung vor allem auf praktischem Boden. »Die einzige Emancipation, die wir für unsere Frauen anstreben, ist die Emancipation der Arbeit.«
Sie kritisiert die Fixierung der Frau aufs Haus, die von der zeitgenössischen Wissenschaft mit der weiblichen Natur legitimiert wird, wobei sie sich auf Physiologie, Statistiken und Geschichte beruft. O. plädiert für eine Ausdehnung der Frauenarbeit in den Grenzen ihrer Natur und der Anforderungen der Zeit. Die chauvinistische Vorstellung, die Lösung aller Konflikte der Frau sei in der Ehe zu sehen, verwirft O., zumal auch diese selten eine wirkliche Absicherung darstellt. Frauen sollen gemäß ihren Fähigkeiten die Möglichkeit der Bildung und Erwerbstätigkeit eingeräumt werden. Sie fordert mehr Freiheit für individuelle Entwicklung.

Die Grundlage von O.s Text ist ihre Analyse der aktuellen Situation der Frauen. Als ihr Beruf gelten Ehe und Mutterschaft; darauf wird das Streben und Interesse der Frauen ausgerichtet. In ihrer Kritik stellt O. klar, daß die Ehe nicht nur für die Frau, sondern auch für den Mann Bestimmung sein müsse, deshalb sollten, wenn überhaupt, beide Geschlechter darauf vorbereitet werden. Die Ehe sieht O. als menschliche Bestimmung, auf die in der heutigen Gesellschaft nur die Mädchen hinerzogen werden. Sie wird als weibliche Bestimmung definiert, weil Frauen unter den momentanen Umständen versorgt werden müssen, um ihre Eltern zu entlasten. Liebe ist selten der Grund für die Gründung einer Familie, meist geschieht es aus Berechnung. Vor allem im Bürgertum, wo Ehe gesellschaftlichen Aufstieg und Ansehen mit sich bringt. In den unteren Schichten ändert sich durch die Ehe wenig, auch die Frauen müssen weiter arbeiten, weil ein Gehalt nicht zum Überleben ausreicht.

Hat ein Mann keine Familie, so ist er trotzdem durch seine Erwerbstätigkeit ein nützliches Mitglied der Gesellschaft. Im Gegensatz dazu verliert eine Witwe durch den Tod des Mannes ihre Existenzberechtigung. Abgesehen von den Witwen selbständiger Gewerbetreibender, Kaufleute oder Fabrikanten, die im Erhalt des Geschäfts einen neuen Lebensinhalt finden, laufen viele Frauen Gefahr in Müßiggang und Langeweile zu versinken und so für die Gesellschaft nutzlos zu werden. Zwar gebe es auch einige Berufszweige, die Frauen offenstehen, doch sind das meist schwere niedrige Arbeiten, die nur von den unteren Ständen ausgeführt werden und für die Frauen schlechter bezahlt werden als Männer. Und wenn es um schwere Arbeiten wie Waschen, Putzen oder Wassertragen geht, seien die Frauen plötzlich nicht mehr das schwache Geschlecht. Arbeiten Frauen in typisch weiblichen Handwerken und führen leichtere Arbeiten wie Sticken, Stricken u. ä. aus, reicht es nicht zum Überleben. Außerdem drängen sich in diesen Bereichen so viele Frauen, so daß die Konkurrenz groß ist.

O. plädiert dafür, auch bürgerlichen Frauen die Möglichkeit zur Bildung und Berufsausbildung einzuräumen und so eine

Erwerbstätigkeit auch nach der Ehe zu ermöglichen. Nur so ließe sich die Emanzipation durchsetzen. Auch sollten die Mädchen in der Familie die gleichen Rechte erhalten, z.B. auch den gleichen Anteil am Familienerbe.
Berufsmöglichkeiten für Frauen sieht O. als Ärztinnen, Lehrerinnen, Kindergärtnerinnen und im kaufmännischen Bereich durch Handels- und Ökonomieschulen, außerdem Handwerk und Fabrikarbeit; musische Bereiche standen den Frauen schon immer offen. Frauen könnten durch die Berufsausübung zu selbständigen Menschen werden, die ökonomisch unabhängig sind und damit auch freier über ihre Zukunft entscheiden können. Sie sollen auch die Möglichkeit haben, allein auszugehen, zu reisen, was normalerweise als unweiblich definiert wird. Unter diesen Voraussetzungen könnte die Familie als Vereinigung einer Frau und eines Mannes auch die Vereinigung beider Eigenschaften sein. O. stellt fest, daß Frauen, solange sie nicht frei und zu ihrem eigenen Vorteil erwerbstätig sind, Sklavinnen bleiben.
O.s übergeordnetes Ziel ist die Gleichberechtigung beider Geschlechter, die das Familienleben und damit auch das Staatswesen verändern könnte. Der Weg dazu führt über die eigene Initiative. Mütter müssen dafür kämpfen, daß ihre Töchter eine vernünftige Bildung und Berufsausbildung erhalten. Frauen müssen sich politisch und gesellschaftlich organisieren.

Werk: Das Recht der Frauen auf Erwerb, 1866; Der Genius des Hauses, 1869; Der Genius der Menschheit, 1870; Der Genius der Natur, 1871; Frauenleben im deutschen Reich, 1876; Lieder eines deutschen Mädchens, 1847; Schloß und Fabrik, 3 Bde, 1846; Das Recht der Frauen auf Erwerb (Auszüge), in: G. Brinker-Gabler (Hg.in): *Frauenarbeit und Beruf*, 1979; Zur Stellung der deutschen verheirateten und unverheirateten Frauen im Hause, in der Gesellschaft und in der Öffentlichkeit, in: *Die Stellung der Frau im Leben*, 1891.
Literatur: G. Hoffmann: Frauen machen Geschichte, 1991; R. Joeres/ E. Boetcher: Die Anfänge der deutschen Frauenbewegung: Louise Otto-Peters, 1983 (ausführliche Bibliographie).

Ursula I. Meyer

P

Pamphila von Epidauros (Παμφίλη)
griechische Schriftstellerin und Philosophin, 1. Jh. n. u. Z.

P. war die Tochter des bekannten Grammatikers Soteridas und verheiratet mit Sokratidas. Ihre Familie oder die ihres Mannes stammte aus Ägypten.
Die unter Historikern ausgetragene Diskussion (siehe RE) um Soteridas als ihrem Vater oder ihrem Ehemann, ausgelöst durch Suidas, zeigt, für wie wichtig die Zuordnung einer Frau zu einem männlichen Verwandten gehalten wurde.
Suidas, der P. als Weise/Philosophin bezeichnet, gibt an, daß sie 33 Bücher über historische Aufzeichnungen (Hypomnemata) schrieb, drei Bücher mit Auszügen aus den Schriften des Historikers Ktesias, Exzerpte aus geschichtlichen und anderen Werken, *Über Kontroversen, Über die Liebe* und vieles andere.
Ihre Schrift *Über die Liebe* (Aphrodision) führte zu der Diskussion, ob eine Frau zu jener Zeit in ihrer Position über dieses Thema überhaupt hätte schreiben können. Harless, und nach ihm Poestion, schaffen deshalb eine zweite Person mit Namen Pamphile, die dann das Thema der Liebe aus naturwissenschaftlich-medizinischer Sicht abgehandelt haben soll.
P.s Werke gingen bis auf wenige Fragmente verloren. Diogenes Laertius beruft sich auf sie, wenn er über Thales, Chilon, Pittakos, Kleobulos, Periander, Sokrates, Platon und Theophrast schreibt. Demzufolge enthielten P.s Schriften Angaben über Leben und Werke von Philosophen. Die Vermerke bei Gellius zeigen stärker ihr historisches Interesse und ihre Art, über biographische, anekdotische und chronologische Themen zu berichten. Fragment 7 enthält den berühmten Zeitansatz des Hellanikos, Herodot und Thukydides, Fragment 9 die Geschichte über Perikles, Alkibiades und das Flötenspiel, wie sie auch bei Plutarch zu finden ist.

Photios hatte noch zu seiner Zeit (2. Hälfte des 9. Jahrhunderts) acht der 33 Bände von P.s *Hypomnemata* vorliegen. Ihm zufolge schrieb sie in der damals üblichen Weise der antiken Buntschriftstellerei, reihte verschiedene Themen, Zeiten und Formen aneinander, um so den Zweck der Wissensvermittlung durch Unterhaltung und ohne aufkommende Langeweile zu erfüllen. Informationsquellen ihres Schrifttums waren ihr Mann und andere gelehrte Personen, die häufig in ihr Haus kamen, wie, ihren eigenen Angaben zufolge, Photius berichtet; vermutlich erwarb sie ihr Wissen auch durch ihren Vater und aus zahlreichen Büchern.

In dem sehr ausführlichen Artikel von Regenbogen über P. in der RE schreibt dieser über die Bedeutung ihrer Schriften. »Man wird also damit rechnen können, daß das Werk der P. nicht ein beliebiges Stück der ausgebreiteten antiken sogenannten Buntschriftstellerei gewesen ist, sondern ein bedeutsames, in seiner Art repräsentatives Werk.« (1)

Literatur: Aulus Gellius: Attische Nächte, Vol. 3, XV 17,23; Diogenes Laertius: Leben und Meinungen berühmter Philosophen I 24,68,76, 90,98; II 24; III 23; V 36; J.C. Eberti, Eröffnetes Cabinet Deß Gelehrten Frauen=Zimmers, 1706/1990; Ch.F. Harless: Die Verdienste der Frauen um Naturwissenschaft und Heilkunde, 1830; G. Menage: The History of Women Philosophers, 1690/1984; Photius bibl. cod. 175, in: Migne PG 103; J.C. Poestion: Griechische Philosophinnen, 1885; Der kleine Pauly *Pamphila*, Bd. 4, 1979; RE *Pamphila*, Bd. 36,2, 1949 (1); Suidas Lexikon *Pamphile*, Bd. IV; WP.

Maria Nühlen

Pan Chao

chinesische Philosophin und Gelehrte, ca. 45–120 n. u. Z.

P., die einer vornehmen und wohlhabenden Familie entstammte, nimmt unter den weiblichen Gelehrten Chinas in mehrfacher Hinsicht einen herausragenden Platz ein. Sie diente als Erzieherin der jungen Kaiserin Teng. Nach dem Tod ihres Vaters Pan Piao und ihres Bruders Pan Ku, die beide den Rang von kaiserlichen Geschichtsschreibern bekleideten, erhielt P. den Auftrag, die Geschichte der Han-Dynastie fortzuschreiben. Damit war sie die erste und einzige Frau, die je eine vergleichbare Stellung am Kaiserhof innehatte.

P. verfaßte 16 Werke, die allerdings zum Teil nur in Bruchstücken erhalten geblieben sind. Zu ihren wichtigsten Arbeiten zählen: das *Han Shu* (Geschichte der Han-Dynastie), darin enthalten eine Abhandlung über Astronomie, die Aufschluß gibt über die han-zeitliche Theorie der Weltentstehung; das *Nu Chien* (Lektionen für Frauen); drei Gedichte: *Der Vogel aus dem Fernen Westen, Die Zikade, Nadel und Faden*; ein Essay in Versen *Die Reise nach Osten*; sowie je eine Petition an den Kaiser und an die Kaiserin.

Diese Arbeiten weisen P. als eine Frau aus, die eine intime Kenntnis der klassischen Schriften und der Wissenschaften besaß. Ihre Gedichte und Prosa spiegeln konfuzianische ebenso wie taoistische Einflüsse wider. Meisterhaft verstand sie es, sich aller nur denkbaren stilistischen und formalen Ausdrucksmittel zu bedienen. Nicht zuletzt aber zeugen ihre Petitionen und die *Lektionen für Frauen* von außergewöhnlicher Willenskraft und politischem Mut. Mit der Abfassung des *Nu Chien*, einem Moralkodex für Frauen in sieben Kapiteln, nebst praktischen Anleitungen, betrat P. absolutes Neuland. Erstmals beanspruchte sie dasselbe Recht auf Bildung für junge Frauen, wie es jungen Männern ganz selbstverständlich zugebilligt wurde. Als intime Kennerin der klassischen Schriften war sie vertraut mit den Lehren des Konfuzius, der die ›Aristokratie des weisen Menschen‹ vertrat. Diese Art von Adel sollte erworben werden im ständigen Bemühen, das Rechte vom Falschen zu unterscheiden, und nur durch Bildung gelangte ein Mensch in den Besitz des entsprechenden Wissens. P. stellte nicht die sittliche Werteordnung ihrer Zeit in Frage, die das Verhältnis der Geschlechter und der Generationen zueinander definierte. Worauf es ihr ankam, war, jungen Frauen das Recht auf eine Bildung zuzusprechen, die es ihnen ermöglichen sollte, im klaren Wissen um das ›Rechte‹ und das ›Falsche‹ ihrer Bestimmung als Frau gerecht zu werden.

In der Einleitung zu den Lektionen beschreibt sie die unsäglichen Ängste, die sie seit Übernahme ihrer ehelichen Pflichten im Alter von 14 Jahren in mehr als 40 Jahren durchlitten habe, in ständiger Furcht, ihren Eltern oder der Familie ihres Mannes Schande zu bereiten. Daher habe sie in sieben Kapiteln zusammengestellt, welche Tugenden eine junge, heiratsfähige Frau zu pflegen habe, um ihre Rolle als Ehefrau und Schwiegertochter zu erfüllen.

Aus der naturgegebenen Verschiedenheit von Yang und Yin leitet P. die Rollenzuweisungen an Mann und Frau ab: Yang zeichnet sich aus durch Festigkeit, Yin wirkt durch Nachgiebigkeit. Der Mann wird geehrt für seine Stärke, die Schönheit der Frau beruht auf ihrer Sanftheit. Dementsprechend gelten Demut und Bescheidenheit als die Kardinaltugenden einer Frau. Sie hat dem Mann zu dienen als natürliche Ergänzung zur Autorität des Mannes. Den Schwiegereltern hat sie absoluten Gehorsam zu leisten, worin der Grundsatz ›Alter vor Jugend‹ zur Anwendung gelangt. Ein weiteres wichtiges Gebot ist das des Sorgetragens für die Zubereitung der Speisen und Getränke für die Ahnenopfer. P. zitiert drei Bräuche aus alter Zeit, die bei der Geburt eines Mädchens ausgeführt wurden, um das Kind auf seine zukünftige Rolle vorzubereiten: Drei Tage nach der Geburt eines Mädchens wurde wie folgt verfahren: 1. das Kind wurde unter das Bett gelegt, 2. man gab ihr eine Tonscherbe zum Spielen, 3. die Geburt des Mädchens wurde den Ahnen durch ein Opferritual angezeigt. – Mit der ersten Handlung wurde bedeutet, daß das Mädchen von niederer Art und schwach ist und es als seine vornehmste Aufgabe anzusehen habe, sich anderen gegenüber zurückzunehmen. Die Tonscherbe (= Spindelgewicht) sollte es auf die Tugend des Fleißes vorbereiten. Die Bekanntmachung an die Ahnen verwies darauf, daß es zu ihren wichtigsten Aufgaben gehören würde, die Tradition der Ahnenverehrung fortzusetzen.

P. ist die erste Denkerin in der Geschichte der chinesischen Philosophie, die eine geschlossene Morallehre für die Frau formuliert hat. Auch wenn die Inhalte voll und ganz den gesellschaftlichen und sittlichen Regeln ihrer Zeit entsprachen, so war sie doch bahnbrechend in ihrer Forderung nach einer

Gleichbehandlung von Mann und Frau, was das Recht auf moralische Bildung anging. Doch weder bei ihren Zeitgenossen noch in den folgenden Jahrhunderten fanden P.s Forderungen Gehör. Erst im 18. Jahrhundert wurden sie von dem Gelehrten Lan Lu-chou in seinem zweibändigen Werk *Nü Hsüeh* (Kultur für Frauen) wiederaufgegriffen.

Literatur: N.S. Swann: Pan Chao: Foremost Woman Scholar of China, First Century A.D., 1932; WomBio; WP.

Hanna Moog

Pankhurst, Emmeline
radikalfeministische Theoretikerin und Philosophin, *1858, †1928

P. wurde am 14. Juli 1858 in Lancashire geboren. Sie war die Tochter eines Baumwollspinners und einer Wäscheschneiderin, eines von elf Kindern; sie erhielt keine Schulausbildung, sondern eignete sich ihr Wissen autodidaktisch an. 1878 heiratete sie den Freund John Stuart Mills, Dr. Richard Pankhurst, Jurist (The Married Women's Property Act). Beide gründeten 1889 die *Women's Suffrage League* in Manchester. Doch ihre langjährigen Versuche, die liberale oder Labour Party für das Frauenwahlrecht zu gewinnen, scheiterten an deren Antifeminismus. 1898 starb R. Pankhurst; P. blieb mit vier Kindern unversorgt zurück. Sie arbeitete als ›Registrar of Births and Deaths‹ bei der Gemeinde, die sie wegen ihrer politischen Arbeit entließ.

1903 gründete sie mit ihrer Tochter Christabel, Jurastudentin, die *Women's Social and Political Union (WSPU)*: »We resolved to limit our membership exclusively to women, to keep ourselves absolutly free from any party affiliation, and to be satisfied with nothing but action on our question. Deeds, not words, was to be our permanent motto.« (Wir hörten auf, unsere Mitgliedschaft ausschließlich auf Frauen zu beschränken, um uns selbst von jedweder Parteiangliederung völlig frei zu machen und um ausschließlich für unsere Streitfrage tätig zu sein. Taten statt Worte war unser ständiger Leitspruch.) (1) P. erkannte, »that men regarded women as a servant class ... and that women were going to remain in the servant class until they lifted themselves out of it«. (daß Männer Frauen als dienende Klasse betrachten ... und daß Frauen im Begriff sind in der Dienerklasse zu bleiben, bis sie sich selbst daraus erheben.) (1)

Alle Parteien predigten, »that women's work and politics lay in service to men's parties« (daß Frauenarbeit und -politik im Dienst der Männerparteien liegen), P. hingegen wußte, daß Frauen zu fremden Zwecken mißbraucht wurden, daß die WSPU folglich unabhängig von – und gegen – Parteien Fraueninteressen vertreten mußte. Sie selbst, »convinced of the futility of trusting to political parties« (war überzeugt von der Nutzlosigkeit des Vertrauens in die politischen Parteien), verwarf »the naive faith of (female) party members in the promises of their leaders« (den naiven Glauben der (weiblichen) Parteimitglieder an die Versprechungen ihrer Führer) (1). Nur permanenter Widerstand von Frauen selbst, konnte die obstinate, zynische Politik ins Wanken bringen: die patriarchale ›Demokratie‹ vertrat den Standpunkt, daß Frauen niemals das Wahlrecht erhalten sollten. »Our greatest task in this women's movement is to prove that we are human beings like men, and every stage of our fight is forcing home that very difficult lesson into the minds of men, and especially into the minds of politicians.« (Unsere größte Aufgabe in dieser Frauenbewegung ist es zu beweisen, daß wir wie die Männer menschliche Wesen sind und daß jede Stufe unseres Kampfes diese sehr schwierige Aufgabe in den Köpfen der Männer, und speziell in den Köpfen der Politiker, wirkungsvoll beschleunigt.) Da Frauen Menschen sind, haben sie den Anspruch auf »Equal justice ... equal political justice, equal legal justice, equal industrial justice ... if it is justifiable to fight for common ordinary equal justice, then women ... have greater justification for revolution and rebellion, than ever men have had in the whole history of the human race.« (gleiches Recht ... gleiche politische Rechte, gleiche gesetzliche Rechte, gleiche gewerbliche Rechte ... wenn es zu rechtfertigen ist für die gemeinsamen gleichen Rechte zu

kämpfen, dann haben Frauen mehr Rechtfertigung für Revolution und Rebellion als sie Männer jemals in der gesamten Menschheitsgeschichte hatten.) (Rede am 9. 3. l914)
Die WSPU entwickelte neue Taktiken: Straßen-Agitation, Störung von Wahlversammlungen, große Demonstrationen und Frauen-Delegationen im Parlament. Das Regime bekämpfte die WSPU mit willkürlichen Verhaftungen und extrem hohen Gefängnisstrafen. Dennoch organisierte diese in wenigen Jahren 260000 aktive Mitglieder, deren militanter Widerstand das Totschweigen seitens Presse und Regierung durchbrach: Mob, Polizei und Liberale reagierten mit Gewalttätigkeiten. Die liberale Regierung schlug mit allen Machtmitteln zu, mit dem Ziel, die Organisation zu zerstören. Die eskalierende Machtpolitik zwang die WSPU zu immer stärkerem Widerstand. Über tausend Frauen kamen wiederholt als Kriminelle ins Gefängnis, erzwangen jedoch ihre Freilassung und Anerkennung als politische Gefangene mit Hunger-, Durst- und Schlafstreiks. Diese Philosophie des gewaltlosen Widerstandes wurde erstmalig von P. entwickelt und praktiziert. Sie war in diesem oft lebensgefährlichen Kampf das heroische Vorbild: mit großem Mut ging sie der Bewegung voran, durchstand viele Prozesse und Hungerstreiks und ermutigte WSPU-Frauen zu immer neuen Aktionen. In diesem Krieg gegen Frauen entwickelte die WSPU eine hohe Moral: unbedingte Loyalität, Freiheit, Gerechtigkeit, Vernunft, Würde, Mut und Opferbereitschaft waren ihre Grundsätze, »prepared to sacrifice everything they possessed, their means of livelihood, their very lives ...« (vorbereitet alles zu opfern, was sie besitzen, Geldmittel für ihren Unterhalt, ihr Leben ...) (1)
Da das Regime die jahrelange ›friedliche Militanz‹ mit Terror – Zwangsernährung, Ausschreitungen berittener Polizei, Razzien etc. – bekämpfte, sogar Deportation in Strafkolonien erwog, war die WSPU gezwungen, schließlich Gewalt gegen Eigentum einzusetzen: »The smashing of windows is a time-honoured method of showing displeasure in a political situation ... Window-breaking, when Englishmen do it, is regarded as honest expression of political opinion. Window-

breaking, when Englishwomen do it, is treated as a crime.« (Das Zerschlagen von Fensterscheiben ist eine altehrwürdige Maßnahme, um die Unzufriedenheit mit einer politischen Situation zu zeigen. Das Zerschlagen von Fensterscheiben wird, wenn englische Männer es tun, als rechtschaffener Ausdruck der politischen Meinung angesehen. Das Zerschlagen von Fensterscheiben wird, wenn englische Frauen es tun, wie ein Verbrechen behandelt.) (1) Der Widerstand der WSPU »would only be following in the footsteps of men now in Parliament« (würde nur den Fußstapfen der Männer folgen, die jetzt im Parlament sitzen) (1): »The militancy of men, through all the centuries, has drenched the world with blood, and for these deeds of horror and destruction men have been rewarded with monuments ... The militancy of women has harmed no human life save the lives of those who fought the battle of righteousness.« (Der Kriegszustand der Männer hat durch alle Jahrhunderte hindurch die Welt mit Blut getränkt und für diese Taten des Horrors und der Zerstörung wurden die Männer mit Denkmälern belohnt ... Der Kriegszustand der Frauen hat keinem menschlichen Leben geschadet, ausgenommen der Leben derjenigen, welche die Schlacht der Rechtschaffenheit ausfochten.) (1) »The only recklessness the Suffragettes have ever shown has been about their own lives and not about the lives of others. It has never been, and it never will be, the policy of the Women's Social and Political Union recklessly to endanger human life. We leave that to the enemy. We leave that to the men in their warfare. It is not the method of women ... militancy affecting the security of human life would be out of place. There is something that governments care far more than human life, and that is the security of property and so it is through property that we shall strike the enemy ... Those of you who can break windows – break them. Those of you who can still further attack the secret idol of property, as to make the government realise that property is as greatly endangered by woman suffrage as it was by the Chartist of old – do so. And my last word is to the government: I incite this meeting to rebellion.« (Die einzige Rücksichtslosigkeit, die die

Suffragetten jemals zeigten, war die gegen ihr eigenes Leben und nicht gegen das Leben der anderen. Es gab niemals und es wird niemals eine Politik der WSPU geben, die leichtsinnig menschliches Leben gefährdet. Das überlassen wir den Feinden. Wir überlassen das den Männern in ihrem Krieg. Es ist nicht die Methode der Frauen ... nicht der Ort, durch einen Kriegszustand die Sicherheit des menschlichen Lebens zu beeinträchtigen. Es gibt etwas, um das sich die Regierungen weit mehr sorgen als das menschliche Leben, und das ist die Sicherheit des Eigentums und deshalb müssen wir den Feind damit bekämpfen ... Diejenigen von Euch, die Fenster einschlagen können – schlagt sie ein. Diejenigen von Euch, die das geheime Idol des Eigentums noch weiter angreifen können, um die Regierung dazu zu bringen zu erkennen, daß Eigentum durch die Frauenbewegung mehr gefährdet ist als es früher durch die Chartisten war, tut es. Und das sind meine letzten Worte an die Regierung: ich stifte diese Versammlung zur Rebellion an. (Rede am 17. 10. 1912)

P. wurde in einem Schauprozeß wegen »Konspiration und Anstiftung zur Sachbeschädigung« zu neun Monaten Gefängnis (Abteilung für Kriminelle) und zu einer hohen Geldstrafe verurteilt. 1917 rief P. die WSPU zur *Women's Party* aus, deren feministisch, sozialrevolutionäres Programm noch heute aktuell ist.

P. starb am 14. Juni 1928.

Mit überragender politischer Überzeugungskraft in Wort und Tat lieferte P. der Welt das Beispiel einer feministischen Bürgerrechtskämpferin von historischem Format: Die Frauenbewegung der USA übernahm die Ideen und Praktiken des gewaltlosen Widerstandes; Gandhi bewunderte sie und setzte sie später in Indien ein.

Werk: The Powers and Duties of Poor Law Guardians in Times of Exceptional Distress. 1895; The Present Position of the Women's Suffrage Movement in: *The Case for Women's Suffrage*, hg. v. B. Villiers, l907; The Importance of the Vote. 1908; Suffrages Speeches from the Dock, 1912; My Own Story 1914/1979 (1); Speeches and Articles in: *Votes for Women*, 1907–1914 and *The Suffragette*, 1912.
Literatur: Ch. Pankhurst: Unshackled, l959/1987; S. Pankhurst: The

Life of Emmeline Pankhurst, l935; A. Raeburn: The Militant Suffragettes, 1973; M. Mackenzien: Shoulder to Shoulder. A Documentary, 1975; H. Schröder: Die Frau ist frei geboren. Bd. II, Kap. II. Frühfeminismus in England, 1981; WomBio.

Hannelore Schröder

Pantakleia
griechische Dialektikerin, 3./2. Jh. v. u. Z.

P. war die Schwester der → Argia.

Pardo Bazan, Emilia de
spanische Literatin, *1852, †1921

P. wurde 1852 in La Coruña geboren. Aus altem galizischem Adel stammend, bekam die schon früh literarische Neigung verratende P. eine vielseitige und anspruchsvolle Erziehung. Die drei wesentlichen Ereignisse ihrer Jugend beschreibt sie selbst lakonisch im Vorwort zu ihrem Hauptwerk *Los Pazos de Ulloa*: »Me vestí de largo, me casé y estalló la revolución de Septiembre de 1868.« Das Tragen langer Kleider war zeitlich demnach nicht weit getrennt vor ihrer Heirat mit José Quiroga (im Alter von 16 Jahren) und dem Ausbruch der Revolution von 1868, wobei letztere ihr lange Aufenthalte in Madrid bescherte, da ihr Vater Abgeordneter wurde.

Es folgten ausgedehnte Reisen nach Frankreich und Italien, geprägt von vielseitiger Lektüre: neben italienischen und französischen Autoren sowie englischer (Shakespeare und Byron) und deutscher Werke, v. a. von Goethe, Schiller und Heine. Ihr erstes Werk war der Gedichtband *Jaime* (1881), dessen Veröffentlichung ein Freund – Francisco Giner – ihr zum Geschenk machte.

Es ist oft diskutiert worden, ob und in welchem Maße P. dem Naturalismus nahestand. Werke wie *Un viaje de novios* (1881), *La tribuna* (1882) oder *Insolación* (1889) enthalten viele naturalistische Elemente, wofür P. sehr angefeindet wurde. Eine besonders heftige Kontroverse entbrannte um die Aufsatzsammlung *La cuestión palpitante* (1883), worin die Autorin den Versuch unternimmt, die deterministische Weltanschauung des französischen Naturalismus – als gläubige Christin – abzulehnen, gleichzeitig aber seine ästhetischen Prinzipien anzuerkennen.

Das Interesse an der Situation der Frau, ihrer Prägung durch Erziehung und Gesellschaft, verbunden mit der immer wieder vorgebrachten Forderung nach wirklicher Gleichberechtigung bilden eine Konstante nicht nur in ihren literarischen Werken, sondern auch in zahlreichen Aufsätzen, Zeitungsartikeln und Vorträgen. Gegen viele Widerstände verschaffte sie sich zudem Anerkennung in bis dahin rein männlichen Domänen: Als erste Frau wurde sie Mitglied des Ateneo de Madrid, übernahm die Präsidentschaft der literarischen Sektion und bekam ebenfalls als erste Frau 1916 einen Lehrstuhl für romanische Literatur. Ab 1892 erschien unter ihrer Leitung die *Frauenbibliothek*, eine Buchreihe, die so unterschiedlichen Themen und Werken wie *Das Leben der Jungfrau Maria* von Sor Maria de Agreda und *Die Frau und der Sozialismus* von Bebel Raum gab. Trotz jahrelanger Angriffe im eigenen Land gewann sie zunehmend internationale Anerkennung, die sich im Urteil des englischen Kritikers Fitzmaurice-Kelly ausdrückt, der sie schlechthin als die beste Schriftstellerin bezeichnet, die Spanien im 19. Jahrhundert hervorgebracht hat.

Werk: Pascual López, autobiografia de un estudiante de medicina, 1879; Jaime, 1881; Un viaje de novios, 1881; La tribuna, 1882; La cuestión palpitante, 1883; El cisne de Vilamorta, 1885; La dama joven, 1885; Los Pazos de Ulloa, 1886 (dt: Das Gut Ulloa, 1946); La madre naturaleza, 1887; Mi romerìa, 1888; De mi tierra, 1888; Insolación, 1889; Morrina, 1889; Una cristiana, 1890; La prueba, 1890; P. Luis Colona: eine biographische und kritische Studie, 1980; La piedra angular, 1891; Obras Completas, 29 Bde., 1891–1911; Nuevo Teatro Critico, 5 Bde., 1891–1893; La quimera, 1905; Verdad, 1906; Cuesta abajo, 1906; La sirena negra, 1908; Retratos y Apuntes Literarios, 1908; Cartas a Beniito Pèrez Galdos (1889–1890), 1978; Russia. Its People and its Literature, 1980.
Literatur: WomBio; WP.

Christine Borowski

Peisirrhode von Tarent
griechische Pythagoreerin

Iamblichos erwähnt sie in seinem Katalog von 17 Pythagoreerinnen. Menage schreibt ihren Namen ›Bisorronde‹.
→ Habroteleia von Tarent

Periktione (Περικτιόνη)

Unter dem Namen P. sind zwei Pythagoreerinnen überliefert. Ähnlich wie bei → Theano und anderen Pythagoreerinnen besteht bei P. die Problematik der nicht exakt zu bestimmenden historischen Datierung der Lebenszeit und die Konfusion verschiedener Fragmente von zwei Frauen mit Namen P. Von insgesamt vier kürzeren und längeren Ausschnitten gehören zwei Fragmente zum Werk *Über die Harmonie der Frau*, von einer Person im ionischen Dialekt mit Dorismen und Attizismen vermischt geschrieben, und zwei Fragmente zur Schrift *Über Weisheit/Philosophie*, von einer anderen Frau namens P. in Dorisch geschrieben. Alle Textausschnitte wurden von Stobaios exzerpiert.

Unter (I) möchte ich P., die Verfasserin des Textes *Über die Harmonie der Frau*, behandeln, unter (II) die Autorin der Schrift *Über Weisheit*.

Periktione I
griechische Philosophin, ca. 4./3. Jh. v. u. Z.

Von verschiedenen Seiten (z. B. Waithe) wird angenommen, daß es sich bei P. um die Mutter Platons handelte, deren Name von Diogenes Laertius überliefert wurde. Dies ist eher unwahrscheinlich, denn diese sehr bedeutende Tatsache wäre auch von den HistorikerInnen erwähnt worden; Sprache und Inhalt der erhaltenen Texte deuten auf eine Zeit nach Platon hin. Auch die Datierung in die Lebenszeit des Pythagoras ist als Mißverständnis zu betrachten, da P. als Anhängerin der pythagoreischen Lehre nicht notwendigerweise zur Zeit des Pythagoras gelebt haben muß. Die Hypothese, daß der Name P. (Mutter Platons) als Pseudonym angewandt wurde, halte ich für unbegründet, weil a) durch einen Frauennamen und b) ohne jeglichen Hinweis auf Platons Mutter einer Schrift keine besondere Bedeutung zugemessen werden konnte, was hier der Zweckbestimmung eines Pseudonyms entsprochen hätte. Der Name eines bekannten Pythagoreers hätte dann vermutlich bessere Dienste getan. Thesleff datiert die Schrift dieser Frau nach eingehender Analyse auf das 4./3. Jahrhundert v. u. Z., obwohl Wilhelm sie in die Zeit des 1. Jahrhunderts v. u. Z. bis 1. Jahrhundert n. u. Z. einordnet.

Das Fragment 1 aus der Schrift *Über die Harmonie der Frau* beinhaltet das der pythagoreischen Lehre entsprechende Bestreben der Seele nach Harmonie durch Einsicht und Selbstbeherrschung, bescheidene Lebensweise, Tugendhaftigkeit und Einhaltung religiöser Pflichten. Die Frau soll sich in Nahrung, Kleidung, Körperpflege und Schmuck an die Maßstäbe des Natürlichen halten und auf jeglichen Luxus verzichten. »Denn die Schönheit, die aus der Einsicht kommt, nicht aber die, die mit solchen [künstlichen – M. N.] Mitteln gewonnen wird, gefällt den wohl geborenen Frauen« (1).

In Fragment 2 derselben Schrift werden Verhalten und Pflichten gegenüber den Eltern thematisiert, wie es göttliches Gesetz ist. »Denn göttlich und herrlich ist der Anblick der Eltern und die Ehrfurcht vor ihnen und ihre Verehrung so groß wie nicht einmal die vor der Sonne und vor allen Gestirnen, die der Himmel angezündet hat und umtanzt ...« (1).

Für mich sehr befremdlich wirkt der letzte Abschnitt in Fragment 1 über Verhaltensregeln der Frau gegenüber dem Ehemann. (Wilhelm vermischt in seinem Aufsatz über die *Oeconomica der Neupythagoreer* die beiden Fragmente und setzt den letzten Abschnitt des ersten Fragments an den Schluß beider Fragmente.) Inhaltlich entspricht der Text nicht mehr der pythagoreischen Lehre, die von einer weitgehenden Gleichbehandlung und Gleichstellung von Frau und Mann ausgeht. Im Fragmentteil wird hier aber die Unterordnung der Frau unter den Mann und die Duldung jeglicher Handlungsweisen des Mannes gefordert, sei er ungerecht, betrunken, eifersüchtig, zornig usw. Während alle anderen Fragmentteile inhaltlich zueinander passen, wirkt dieser Teil wie ein Fremdkörper im Text und aus anderer Perspektive geschrieben. Es könnte sich m. E. um eine bei einer Abschrift vorgenommene Interpolation handeln. Eine detaillierte Sprach- und Inhaltsanalyse wäre erforderlich und könnte genauere Aufschlüsse über den Originalzustand des Textes geben.

Literatur: Diogenes Laertius: Leben und Meinungen berühmter Philosophen III 1; J. C. Eberti: Eröffnetes Cabinet Deß Gelehrten Frauen=Zimmers, 1706/1990; Ch. F. Harless: Die Verdienste der Frauen um Naturwissenschaft und Heilkunde, 1830; G. Menage: The History of Women Philosophers, 1690/1984; U. I. Meyer (Hg. in): Die Welt der Philosophin I, 1995; J. C. Poestion: Griechische Philosophinnen, 1885; J. Stobaios: Anthologien, 4.25.50, 4.28.19, hg. v. K. Wachsmuth/O. Hense, 1958; H. Thesleff: An Introduction to the Pythagorean Writings of the Hellenistic Period, 1961; ders. (Hg.): The Pythagorean Texts of the Hellenistic Period, 1968; M. E. Waithe: A History of Women Philosophers, 1987; Ch. M. Wieland: Die Pythagoreischen Frauen, Sämtl. Werke Bd. 24; F. Wilhelm: Die Oeconomica der Neupythagoreer Bryson, Kallikratidas, Periktione, Phintys, in: *Rheinisches Museum für Philologie*, Neue Folge 70, 1915, S. 161–223 (1); RE *Periktione*, Bd. 37, 1937; HWP; WP.

Maria Nühlen

Periktione II

griechische Peripatetikerin oder Pythagoreerin, 4./3. Jh. v. u. Z.

Die zwei Abschnitte der Schrift *Über die Weisheit/Philosophie*, die von Stobaios unter dem Namen P. überliefert wurden, tragen deutlich aristotelische Einflüsse. In der kurzen Abhandlung wird der Gegenstandsbereich der Philosophie – nämlich alle Arten des Seienden – in Unterscheidung zu den Aufgaben der Geometrie, Arithmetik und Physik abgegrenzt. Die Schrift

beginnt mit dem Satz: »Der Mensch ist so angelegt und beschaffen, daß er das Wesen der Dinge in der Natur und der Weisheit selbst untersuche; seine Aufgabe ist es, sich Einsicht in das Bestehende zu verschaffen und es zu betrachten.« (1) Die folgenden Sätze scheinen zu fehlen. Im zweiten Fragmentteil der Schrift wird der Philosophie die Erforschung des Ursprungs allen Seins und das Seiende, welches allgemein ist und allem zukommt, als Aufgabenbereiche zugeschrieben. »Wer demnach im Stande ist, alle Arten des Seienden auf ein und denselben Ursprung zurückzuführen und daraus wieder abzuleiten und zu berechnen, der scheint mir der Weiseste und Glaubwürdigste zu sein, ja sogar eine schöne Warte gefunden zu haben, von der aus er die Gottheit und Alles, was ihr an überirdischen Dingen gleichkommt, betrachten kann.« (1) Hiermit endet das Fragment.
In der Überlieferung wird oftmals nicht zwischen zwei Frauen namens P. unterschieden. Sprache und Inhalte der Fragmente sind jedoch Indiz genug, unbestreitbar von zwei unterschiedlichen Verfasserinnen der beiden Schriften auszugehen.
→ Periktione I

Literatur: G. Menage: The History of Women Philosophers, 1690/1984; U.I. Meyer (Hg.in): Die Welt der Philosophin I, 1995; J.C. Poestion: Griechische Philosophinnen, 1885 (1); J. Stobaios: Anthologien 3.1.120, 121, hg. v. K. Wachsmuth/O. Hense, 1958; H. Thesleff: An Introduction to the Pythagorean Writings of the Hellenistic Period, 1961; ders. (Hg.): The Pythagorean Texts of the Hellenistic Period, 1968; RE *Periktione*, Bd. 37, 1937; HWP; WP.

Maria Nühlen

Phemonoe (Φημονόη)
griechische Priesterin des Apollon, erste Pythia, mythische Zeit

Nach Plinius wurde P. ihrer Weisheit wegen Tochter des Apollon oder Delphos genannt. Sie verfaßte Orakelsprüche in Hexametern und gilt als Erfinderin dieser Versform. Clemens Alexandrinus überliefert, »daß siebenundzwanzig Jahre nach

Phemonoe die Genossen des Orpheus, des Musaios und des Linos, des Lehrers des Herakles, lebten« (1).

Die Spruchweisheit »Erkenne dich selbst« aus dem Orakelheiligtum in Delphi wird nicht nur Thales oder Chilon, sondern auch P. zugeschrieben. Bei Diogenes Laertius heißt es: »Von ihm [Thales – M. N.] stammt das ›Erkenne dich selbst‹ her, das Antisthenes in seinen Philosophenfolgen (Diadochae) der Phemonoe zuschreibt; von ihr habe es Chilon sich zu eigen gemacht.« (2) Wie Clemens Alexandrinus berichtet, ordnet Aristoteles den Spruch ›der‹ Pythia zu, womit in römischer Zeit P. gemeint war.

Die Spruchweisheit kann verstanden werden als »Erkenne, daß du nur ein Mensch bist« (3) und damit als Mahnung an den Menschen, nicht überheblich zu werden, oder aber – zumindest in der weiteren Philosophiegeschichte seit Sokrates, als ein erster Ansatz einer Aufklärungsphilosophie. Der Spruch enthält nicht nur die Aufforderung zur Selbstreflexion, sondern impliziert auch die Annahme, daß ein Subjekt sich selbst erkennen kann. Von einer orakelverkündenden Priesterin ausgesprochen, verweist der Spruch den fragenden Menschen, sich selbst zu betrachten, und fordert dazu auf, sich vom blinden Schicksalsglauben an göttliche Mächte zu lösen und insofern Autonomie zu erstreben und Verantwortung zu übernehmen.

Nach Plinius verfaßte P. eine Schrift über die Vogelkunde, speziell über Adler und Falken und über die Deutung von Vogelflügen, die noch um das Jahr 40 n. u. Z. vorgelegen haben soll.

Plutarch überliefert eine ihr zugeschriebene Gedichtzeile: »Bringet Wachs herbei ihr Bienen und Federn ihr Vögel!« (4). Der Vers bezieht sich auf einen Entstehungsmythos des Apollonheiligtums in Delphi. Ranke-Graves berichtet über den Mythos, »daß der erste Altar/Tempel in Delphi aus Bienenwachs und Federn erbaut worden sei, der zweite aus verwobenen Farnkrautstengeln, der dritte aus Lorbeerzweigen ...« (5). In den Erläuterungen verweist Graves auf die Bedeutung des ersten Tempels als eines Hinweises auf die Darstellung der Göttin als Biene und Taube. (Das Heiligtum

in Delphi, die bedeutendste Orakelstätte der Griechen, war ursprünglich einer archaischen Muttergottheit geweiht.)
In der Rezeptionsgeschichte berühmter Frauen im 17. und 18. Jahrhundert wird P. (Femonoe) als »hervorragend und berühmt in den Geisteswissenschaften« erwähnt und bei »Eusebius von Caesarea, Lucan, Statius, Plinius, Strabo und anderen« von → Marinella, Frauenlob, Esberg/Hedengrahm und Eberti in die Liste der weisen Frauen der Antike aufgenommen.

Literatur: Clemens Alexandrinus: Teppiche (Stromata), I 14.60, I 21.107 (1); Diogenes Laertius: Leben und Meinungen berühmter Philosophen I 40 (2); J.C. Eberti: Eröffnetes Cabinet Deß Gelehrten Frauen=Zimmers, 1706/1990; E. Gössmann (Hg.in): Eva – Gottes Meisterwerk, 1985; Pausanias: Reisen in Griechenland, Bd. III, Delphoi X 5.7, X 5.9, X 6.7; Plinius: Naturkunde X 3.7, X 9.21; Plutarch: Antwort der Pythia 17,402c (4); Poestion, Griechische Dichterinnen, 1882; R. Ranke-Graves: The Greek Myths, Bd. I, 1957 (5); J. Stobaios: Anthologien 3.21.26, hg. v. K. Wachsmuth/O. Hense, 1958; LAW *Delphi*, Bd. 1, 1990 (3); RE *Phemonoe*, Bd. 38, 1938.

Maria Nühlen

Philtys
griechische Pythagoreerin

P. war die Tochter des Theophris von Kroton und die Schwester des Byndakos. Iamblichos erwähnt sie in seiner Liste der 17 Pythagoreerinnen.
→ Habroteleia von Tarent

Phintys von Sparta (Φιντυς)
griechische Pythagoreerin, 3. Jh. v. u. Z.

P. war die Tochter des Kallikrates und die Verfasserin der Schrift *Über die weibliche Sophrosyne*, von der zwei Fragmente überliefert wurden.

Eine exakte historische Einordnung ist nicht möglich, da der Name Kallikrates in der griechischen Antike recht geläufig war und weil, wie Zeller und Thesleff vermuten, P. in Beziehung zu Kallikratidas als ihrem Vater zu setzen sei, einem (Neu-)Pythagoreer, der eine Schrift ähnlicher Art verfaßte. Die Namen Kallikratidas und Phintys (wahrscheinlich), deuten auf eine spartanische Herkunft. Nach neueren Untersuchungen wird P.s Schrift aufgrund archaischer Elemente von Thesleff ins 3. Jahrhundert v. u. Z. datiert, obwohl Wilhelm nach einer detaillierten Textanalyse die Zeit des 1. Jahrhunderts v. u. Z. oder 1. Jahrhunderts n. u. Z. angibt.

Inhaltlich werden in Fragment I die Tugenden behandelt, wie P. sie den Menschen von Natur aus zuschreibt. Dabei unterscheidet sie zwischen a) den besonderen Tugenden des Mannes, die mehr ihm zukommen, nämlich der Tapferkeit und Klugheit/Einsicht, b) der besonderen Tugend der Frau, der Sophrosyne, und c) den – beiden gemeinsamen – Tugenden, der Tapferkeit, der Gerechtigkeit und der Klugheit/ Einsicht. Körperliche Beschaffenheit, Aufgabenbereiche im öffentlichen und privaten Leben und Tugenden entsprechen einander. Die Beschreibung der natürlichen Anlagen und ›Tüchtigkeiten‹ von Frau und Mann werden ohne Wertung vorgenommen. Weiterhin wird der Begriff der weiblichen Sophrosyne näher expliziert.

In Fragment I ist aristotelischer Einfluß zu erkennen, obwohl Aristoteles, der ebenfalls zwischen den Tugenden der Frau und denen des Mannes unterscheidet, eine deutliche Wertung zu Gunsten des Mannes vornimmt.

In Fragment II wird vor allem auf die bescheidene Lebensweise, wie sie den pythagoreischen Lehren entspricht, eingegangen.

Literatur: G. Menage: The History of Women Philosophers, 1690/ 1984; U. I. Meyer (Hg. in): Die Welt der Philosophin I, 1995; J. C. Poestion: Griechische Philosophinnen, 1885; J. Stobaios: Anthologien, 4.23.61, 4.23.61a, hg. v. K. Wachsmuth/O. Hense, 1958; H. Thesleff: An Introduction to the Pythagorean Texts of the Hellenistic Period, 1961; ders. (Hg.): The Pythagorean Texts of the Hellenistic Period, 1968; Ch. M. Wieland: Die Pythagoreischen Frauen, Sämtl. Werke

Bd. 24; F. Wilhelm: Die Oeconomica der Neupythagoreer Bryson, Kallikratidas, Periktione, Phintys, in: *Rheinländisches Museum für Philologie*, Neue Folge 70, 1915f; Zeller/Nestle: Die Philosophie der Griechen Bd. III; RE *Phintys*, Bd. 39, 1941; HWP; WP.

Maria Nühlen

Pizan, Christine de
italienisch/französische Schriftstellerin, *1365, †1430

P. wurde 1365 in Venedig geboren. Sie war die Tochter eines italienischen Gelehrten, der in Bologna einen Lehrstuhl für Astrologie innehatte. Als Karl V. von Frankreich den Vater an seinen Hof holte, zog die ganze Familie nach Paris, wo P. auch aufwuchs. Über ihre Kindheit und Erziehung ist wenig bekannt, aber wahrscheinlich weckte der Vater ihr Interesse an Wissenschaft und Bildung.

Mit 15 Jahren wurde sie mit dem 10 Jahre älteren königlichen Sekretär Etienne du Castel verheiratet, mit dem sie drei Kinder hatte. 1390 starb Etienne und bedingt durch die schlechte wirtschaftliche Situation der Familie mußte P. für den Lebensunterhalt sorgen. Sie blieb in Paris und begann ihr Geld mit Schreiben zu verdienen. Zuerst fertigte sie Abschriften fremder Werke an, später, ab 1395, schrieb sie dann eigene Texte in mittelfranzösischer Sprache.

P.s Gesamtwerk ist sehr umfangreich: Neben ihrem Hauptwerk *Die Stadt der Frauen* entstand 1405 der autobiographischer Prosatext *L'Avision Christine* (Christines Vision), in dem sie eine Bilanz ihrer literarischen Entwicklung zieht. Ihre produktivste Schaffenszeit liegt in den Jahren 1399–1405. In dieser Zeit entstand auch die Gedichtsammlung *Cent Ballades* (um 1395). 1399 folgte *Epistre au Dieu d'Amours* (Sendbrief an den Gott Amor), in dem sie sich zum erstenmal mit dem Thema Frauenemanzipation befaßte; er gilt als Vorstufe zur *Stadt der Frauen*. In den Jahren 1404 und 1405 entstand dann ihr Hauptwerk *La Livre de la Cité des Dames* (Das Buch von der Stadt der Frauen), das als spätmittelalterliches Lesebuch für

Frauen bezeichnet wird. Es verbindet Lyrik, Geschichtsschreibung, Lehrdichtung und den Kampf für die Rechte der Frauen zu einer literarischen Einheit.

Im Anschluß daran entstand ein weiteres Frauenbuch, *Le Livre des trois vertus* oder *Trésor de la Cité des Dames* (Buch der drei Tugenden oder Schatzkästlein der Stadt der Frauen). Es lehnt sich inhaltlich stark an die *Stadt der Frauen* an und P. übernimmt auch darin die drei allegorischen weiblichen Figuren Vernunft, Rechtschaffenheit und Gerechtigkeit, die zu einer Vervollkommnung der Frauen beitragen sollen.

Danach folgen noch verschiedene historische Werke wie 1404 das *Livre des fais et bonnes meurs du sage Roi Charles V* (Das Buch der großen Taten und des vorbildlichen Lebenswandels des weisen Königs Karl V.) das heute noch als wichtiges geschichtliches Dokument gilt. 1402/03 entstand *Livre du chemin de long estude* (Das Buch vom Weg des langen Studierens), ein Gedicht, das von einer Traumvision handelt.

In den Jahren 1400–1403 verfaßte P. dann ein 23.636 Verse umfassendes philosophisches Gedicht mit dem Titel *Le Livre de la Mutacion de Fortune* (Das Buch von den Wechselfällen des Schicksals), das den Einfluß des Schicksals auf das menschliche Leben untersucht.

In den folgenden Jahren befaßte sich P. vor allem mit politischen Themen; es entstanden 1410 *Lamentacion* (Klage), 1412/13 *Livre de paix* (Das Buch vom Frieden), 1406/07 *Livre du corps de policie* (Das Buch vom Staatswesen) und 1409/10 das religiöse Werk *Sept psaumes allégorisés* (Sieben allegorisierte Psalmen).

Im Jahr 1418 zog sich P., wahrscheinlich bedingt durch die bürgerkriegsähnlichen Zustände in Frankreich, aus dem öffentlichen Leben zurück in ein Kloster bei Paris, in dem ihre Tochter lebte. Sie starb im Jahre 1430.

P.s Hauptwerk, *Die Stadt der Frauen*, gilt als das erste Werk, das in erster Linie auf die Verteidigung der Frau angelegt war. P. will damit das Selbstbewußtsein ihrer Geschlechtsgenossinnen stärken und ihnen Argumente gegen die männlichen Vorurteile an die Hand geben. Ausgangspunkt sind die frauen- und ehefeindlichen Thesen des zeitgenössischen Schriftstellers Matheolus, an denen sie ihre ersten Kritikpunkte festmacht. P. beschreibt die Vorurteile gegenüber dem weiblichen Geschlecht und die daraus resultierenden Selbstzweifel der Frauen, die häufig zur Resignation führen. Diese typisch weibliche Haltung der Resignation und Passivität ist der Ansatzpunkt für die kämpferische Position, die P. selbst bezieht. In der *Stadt der Frauen* kommt die Unterstützung von drei allegorischen Figuren, den Verkörperungen der weiblichen Tugenden Vernunft, Rechtschaffenheit und Gerechtigkeit, die den Frauen Mut zusprechen und ihnen den Plan vom Bau einer Stadt der Frauen unterbreiten. Diese soll ein Ort der Zuflucht und eine »Festung gegen die Schar der boshaften Belagerer und Verleumder des weiblichen Geschlechts« sein.

P. entwirft dieses Modell einer Stadt der Frauen in sehr verständlicher Weise: zum einen durch die Dialogform und zum anderen, indem sie den schöpferischen Akt des Schreibens auf die bildliche Ebene des Bauens überträgt; Diskussionen werden zu Aushub- und Mauerarbeiten; die weiblichen Gestalten aus Geschichte, aus Legenden und Mythen und aus der Gegenwart werden zu Baumaterial.

Auf diese Weise berichtet P. aus weiblicher Perspektive vom Leben herausragender, weiser, erfinderischer und mächtiger Frauen, die den Leserinnen als Vorbild dienen können.

Den Abschluß der *Stadt der Frauen*, als Bauwerk und als schriftstellerisches Werk bilden verschiedene Heiligenlegenden, die auch ein Zeichen der mittelalterlichen Frömmigkeit sind.

Die Bedeutung von P.s Werk *Die Stadt der Frauen* liegt nicht nur in ihrer Verteidigung der Frauen, sondern auch in seinem dokumentarischen Charakter, der Einblick in die Wirklichkeit der Frau gibt und Themen wie Krieg, Zivilisation und Ehe diskutiert.

Werk: Oeuvres poétiques, 3 Bde., 1886–1896; Lamentacion, 1412/13; Livre de paix, 1406/07; Livre du corps de policie, 1409/10, Sept psaumes allégorisé; Le Livre du chemin de long estude, 1887; L'Avision Christine, 1932/1969; Le Livre de fais et bonnes meurs du sage

Roi Charles V, 2 Bde., 1936–41; Le Livre de la Mutacion de Fortune, 4 Bde. 1966; Le Livre de la Cité des Dames, 2 Bde. 1975 (dt: Das Buch von der Stadt der Frauen, 1986); Cent Ballades d'amant et de dame, 1982.

Literatur: P. A. Becker: Christine de Pizan, in: *Zur romanischen Literaturgeschichte*, 1967, S. 511–540; Ch. Cannon Willard: Christine de Pizan, 1984; F. Koch: Leben und Werke der Christine de Pizan, Diss. 1886; U. I. Meyer (Hg. in): Die Welt der Philosophin I, 1995; R. Pernoud: Christine de Pisan, 1982; M. Rohrbach: Christine de Pisan, Diss. 1934; E. Yenal: Christine de Pisan. A Bibliography of Writings by and about her, 1982; HWP; WP.

Ursula I. Meyer

Piscopia, Elena Lucrezia Cornaro → Cornaro Piscopia, Elena Lucrezia

Porcia
römische Stoikerin, †42 v. u. Z.

P.s Geburtsjahr ist unbekannt; sie ist überliefert als Tochter Catos und Frau des Brutus, der an der Verschwörung gegen Cäsar beteiligt war. Bekannt ist außerdem, daß P. 42 v. u. Z. starb.
Sie galt als gelehrt, und Plutarch bezeichnet sie in seinem Buch *Das Leben des Brutus* als Philosophin.

Literatur: G. Menage: The History of Women Philosophers, 1984; Plutarch: Das Leben des Brutus.

Ursula I. Meyer

Porète, Marguerite
französische Mystikerin und Philosophin, *ca. 1255, †1310

Während keine gesicherten Erkenntnisse über die Herkunft P.s vorliegen, können die letzten acht Jahre ihres Lebens anhand von Akten des Inquisitionsverfahrens rekonstruiert werden, das gegen ihre Schrift *Le miroir des simples âmes* eröffnet wurde.

Vermutlich stammte P. aus einer Patrizierfamilie aus dem Hennegau und gehörte der Beginenbewegung an, die als alternative Lebensform im 12. und 13. Jahrhundert besonders bei jenen Frauen beliebt war, die ein Leben im Kloster abschreckte. Durch ihre libertinistischen Gedanken gerieten die Beginen schnell in Konflikt mit der Kirche. Der *Miroir* der P. steht in dieser Tradition. Erstmalig eröffnete der Bischof von Cambrai, Guis II. de Colmiew das Verfahren gegen P., was 1300 zur öffentlichen Verbrennung ihres Buches in Valenciennes führte. Der durchaus brisante Inhalt des *Miroir* muß P. auch selbst bewußt gewesen sein, da sie bereits 1285/86 drei namhafte Theologen um ein Gutachten bat, das positiv ausfiel. Da die Thesen P.s mit der Verbrennung aber nicht aus dem Denken ihrer Zeitgenossen getilgt waren, leitete der neue Bischof von Cambrai, Philippe de Marigny, 1307 erneut das Verfahren wegen Ketzerei ein, in dessen Verlauf P. der Autorität des Generalinquisitors von Frankreich, Wilhelm von Paris, überantwortet wurde. Seit dieser Zeit war sie vermutlich in Paris eingekerkert und 1309 begann Wilhelm mit den Befragungen, denen P. mit konsequentem Schweigen zu widerstehen schien. Ein offizielles Gutachten von 21 Theologen, das Wilhelm angefordert hatte, bestätigte am 11. April 1310 den häretischen Charakter des *Miroir*. Am 30. Mai wurde P. als rückfällige Ketzerin verurteilt und am 1. Juni 1310 auf dem Place de Gréve in Paris verbrannt.

Daß die Gedanken des *Miroir* damit aber noch immer nicht vernichtet werden konnten, beweisen die Übersetzungen des in altfranzösisch verfaßten Buches u. a. ins Lateinische. Noch im 15. Jahrhundert fahndete die Kirche nach Exemplaren der verbotenen Schrift.

Der häretische Charakter, der dem *Miroir* immer wieder bescheinigt wurde, rührt besonders von drei Vorstellungen her, die er enthält: die Überschreitung der bestehenden Maßstäbe der kirchlichen Moral, die Verweigerung herkömmlich tugendhaften Lebens und der Postulierung eines uneingeschränkten Freiheitsideals, das als spirituelle Freiheit zu verstehen ist. Alle drei Vorstellungen gelten als typisch für die Beginenmystik und werden in ähnlicher Form auch von → Mechthild von Magdeburg vertreten.

Das Ideal, dem die Seele des Menschen nach P. nachzustreben hat, besteht in der Vereinigung mit dem Wesen Gottes, die sie für möglich hält. Diese, als Rückkehr zu dem Ort ursprünglichen Seins zu denkende Bewegung, kann nur über die gesteigerte Aufgabe aller die eigene Person kennzeichnenden Regungen erreicht werden. Nur so entsteht der letzte Zustand der Vollendung in Gott, der Zustand der ›âme adniente‹ (der vernichteten Seele). Dieser wird als Negation des Willens und des intellektuellen Vermögens verstanden, obwohl gerade der Verstand in P.s Beschreibung des inneren Weges, der zur Erreichung des Idealzustandes führen kann, eine wichtigere Rolle spielt als in anderen mystischen Texten jener Zeit. So soll die Aufgabe der Verstandestätigkeit erst auf der vierten von insgesamt sieben zu durchlaufenden Stufen des Weges erfolgen und bis zu dem Zeitpunkt die bewußte Hinwendung der Seele zu Gott in der Nachfolge Christi steuern. Dieses Motiv, das P. sicherlich aus der christlichen Scholastik übernehmen konnte, die ihr zumindest in Bruchstücken bekannt gewesen sein muß, verbindet sich in ihrem *Miroir* mit jenem der liebenden Zuneigung, das ein typisches Element der französischen Troubadour-Lyrik war. Die selbstlose Liebe zu einem Geliebten, der unerreichbar und zugleich ganz vertraut ist, zu dem ›Fernnahen‹, ist die zweite Quelle des Strebens neben der intellektuellen Entscheidung und wird zum tragenden Bild des gesamten Buches, das in dialogischer Form durch die Darstellung verschiedener personifizierter Eigenschaften, wie Seele oder Vernunft, die Entäußerung des Selbst argumentativ beweist und emotional empfiehlt. Dabei kann sich P. auf biblische Texte wie das *Hohelied* ebenso berufen, wie auf dessen Interpretation etwa durch Bernhard von Clairvaux. Der vermeintlich häretische Charakter dieser Lehren bei P. rührt sicher auch von der Vorstellung her, daß nicht nur die menschliche Seele sich nach Gott als dem Geliebten verzehrt, sondern auch Gottes Seele nach der Liebe des Menschen verlangt, wodurch das göttliche Wesen in gewisser Weise als defizitär verstanden werden könnte. Bei P. selbst bedeutet die Neigung Gottes jedoch keine Verminderung seiner Vollkommenheit, sondern nur eine Erhöhung des menschlichen Wesens, das prinzipiell gleichrangig zum göttlichen Wesen ist und nur durch den Abfall vom Ursprungsort graduell von diesem verschieden ist. Somit wird die Differenz zwischen Gott und Mensch hier weitgehend aufgehoben, beide begegnen sich in der einen Bewegung liebender Zuwendung. Dadurch erfolgt aber gerade jene Entwertung des irdischen Seins, die den Menschen zur Selbstexpropriation auffordert.

Wodurch sich P. von anderen Mystikerinnen unterscheidet, ist also die bewußte Einbeziehung des Verstandes in einen seelischen Prozeß, der sonst eher als rein emotionale Selbstauflösung begriffen wurde. Auch die literarische Form des *Miroir* differiert von jener anderer mystischer Texte; es ist von keinerlei Vision oder Erleuchtung die Rede, sondern in z.T. strenger diskursiver Form wird durch die verschiedenen Stadien des Dialoges geführt, der zum Beispiel auch die Kirche zu Wort kommen läßt und so eher wie eine vielschichtige Argumentation, denn als eine affektive Bekehrung wirkt.

Speziell dieser Aspekt mag auch dazu beigetragen haben, daß Meister Eckhart, der wohl einflußreichste Mystiker der Folgezeit, Aspekte des *Miroir* seinem eigenen Denken subsumiert hat, und auch Heinrich Seuse soll, so wird vermutet, von dem Denken P.s beeinflußt worden sein.

Werk: Der Spiegel der einfachen Seelen, Wege der Frauenmystik, 1987; Speculum simplicium animarum, hg.v. P. Verdeyen (Corpus christianorum, continuatio Mediaevalis LXIX) 1986.
Literatur: R. Beyer: Die andere Offenbarung. Mystikerinnen des Mittelalters, 1989; A. Haas: Mort mystique, in: *Dictionnaire de spiritualité ascétique et mystique* 10, 1980, 1777–1790; U.I. Meyer (Hg.in): Die Welt der Philosophin I, 1995; J. Orcibal: *Le Miroir des simples âmes et la secte du Libre Esprit*, in: *Revue de l'histoire des religions* 88, 1969, S. 35–60; K. Ruh: Beginenmystik. Hadewijch, Mechthild von Magdeburg, Marguerite Porète, in: *Zeitschrift für deutsches Altertum* 106, 1977, S. 265–277.

Susanne Möbuß

Pozzo, Modesta da → Fonte, Moderata

Ptolemais von Kyrene (Πτολεμαίς)
ägyptische Pythagoreerin, Musiktheoretikerin, 1./2. Jh. n. u. Z.

Ihre Lebenszeit könnte frühestens um 300/250 v. u. Z. angesetzt werden, da P. Aristoxenos zitiert, spätestens aber um 150 n. u. Z., da aus ihren Schriften Klaudios Ptolemaios exzerpiert, der in Alexandria bis unter Marcus Aurelius lebte. Die Erwähnung des Namens Didymos läßt als Indiz auf das 1./2. Jahrhundert n. u. Z. schließen, auch wenn Thesleff in einer Anmerkung vermutet, P. gehöre wie → Boio zu den frühen PythagoreerInnen.
Auszüge ihrer Musiktheorie finden sich in Porphyrios' Kommentar zur Harmonielehre des Ptolemaios. P. schrieb Grundlegendes zur pythagoreischen Musiktheorie sowie auch über den Begriff des musikalischen Kanons bei den Pythagoreern. Sie befaßt sich mit Einklang und Verschiedenheit in der Musik und der Bedeutung der Zahlenlehre für die Musik.
Schon Menage macht darauf aufmerksam, daß P. nicht unter allen Aspekten als Pythagoreerin zu betrachten sei. Pomeroy schreibt ihr peripatetische Einflüsse zu.
Die Fragmente ihrer Abhandlung über die Musik wurden m. W. bis heute noch keiner detaillierten Auswertung unterzogen.

Literatur: G. Menage: The History of Women Philosophers, 1690/ 1984; J. C. Poestion: Griechische Philosophinnen, 1885; S. B. Pomeroy: Women in Hellenistic Egypt, 1984; Porphyrios Kommentar zur Harmonielehre des Ptolemaios, hg. v. I. Düring, 1932/1978; H. Thesleff: An Introduction to the Pythagorean Writings of the Hellenistic Period, 1961; ders (Hg.): The Pythagorean Texts of the Hellenistic Period, 1968; RE *Ptolemais*, Bd. 46, 1959; WP.

Maria Nühlen

R

Rand, Ayn
russisch/amerikanische Philosophin, *1905, †1982

R. wurde am 2. Februar 1905 als Alissa Rosenbaum in St. Petersburg in Rußland geboren. Ihre Familie gehörte zum jüdischen Bürgertum und war recht wohlhabend, bis das Geschäft ihres Vaters nach dem Sieg der Bolschewisten verstaatlicht wurde. 1918 flohen die Rosenbaums zur Krim. Nach ihrer Rückkehr 1921 schrieb sich Alissa an der Universität Petersburg für das Studium der Geschichte ein. Während ihrer dreijährigen Studienzeit beschäftigte sie sich unter anderem mit Aristoteles, Platon und Nietzsche, fühlte sich jedoch zeit ihres Lebens philosophisch nur ersterem verpflichtet und verwandt. Nach Abschluß ihres Studiums arbeitete sie ein Jahr lang als Führerin in einem historischen Museum. Als sie 1925 eine Einladung von Verwandten aus Chicago erhielt, beantragte sie eine Ausreisegenehmigung und verließ ihr Heimatland für immer.
In den USA zog Alissa, die sich nun R. nannte, zunächst nach Hollywood. Neun Jahre lang arbeitete sie für verschiedene Filmstudios und versuchte sich, wenig erfolgreich, als Drehbuchautorin. 1929 heiratete sie Frank O'Connor, der sie sein ganzes Leben lang begleiten sollte. Neben ihrer eher unbefriedigenden Arbeit für die Studios schrieb R. Kurzgeschichten, den Roman *We the Living* und das Schauspiel *Penthouse Legend*, das 1934 im Hollywood Playhouse aufgeführt wurde und ihr erster literarischer Erfolg war.
1935 zog R. mit ihrem Mann nach New York. Hier begann ein Kampf um ihr Schauspiel, das unter dem Titel *Night of January 16th* zwar erfolgreich am Broadway spielte, jedoch erst 1968 so publiziert wurde, wie sie es ursprünglich geschrieben hatte. 1936 wurde ihr Roman *We the Living* veröffentlicht. Er verarbeitete ihre Erfahrungen in Rußland und

war unverhohlen antisowjetisch: seine Heldin Kira verweigert sich dem sowjetischen System und stirbt bei ihrem Versuch, dem Land zu Fuß durch den Schnee zu entfliehen. Für einen weiteren Roman *Anthem*, in dessen Mittelpunkt ebenfalls ein Held steht, der sich einer kollektivistischen Gesellschaft zu entziehen versucht, findet R. zunächst nur in Großbritannien (1938) einen Verleger (USA: 1946).

R. profilierte sich in ihrem Leben zunächst als Prosaschriftstellerin, dann als Philosophin. In beiden Bereichen erreichte sie eine breite Öffentlichkeit. Ihr wichtigster Beitrag zur Philosophiegeschichte ist die Entwicklung einer eigenen theoretischen Schule, der des ›Objektivismus‹, die in den USA eine Zeitlang große Beachtung fand.

1943 wurde ihr Roman *The Fountainhead* veröffentlicht, an dem sie 6 Jahre lang gearbeitet hatte. Die Hauptperson, der Architekt Howard Roark, ist durchaus ein Held im klassischen Sinne: ein außergewöhnlicher Mann, der sein Schicksal selbst bestimmt. Er ist der ›self-made-man‹ des amerikanischen Traums, ein Mann, dessen höchste Werte Produktivität, Vernunft und rationales Selbstinteresse sind. Die Botschaft, die er verkörpert, ist die der Überlegenheit des Individualismus über jegliche Form des Kollektivismus.

Aus jeder Zeile des Romans spricht R.s Ästhetik, die nach Joyce und Faulkner seltsam anachronistisch anmutet und, ironischerweise, Gemeinsamkeiten mit dem sozialistischen Realismus (Heldenkult, Optimismus, Schwarz-Weiß-Malerei) aufweist. Für sie besteht die Aufgabe der Literatur darin, den idealen Menschen darzustellen, der ihr immer überlebensgroß geriet. In seiner einsamen Größe und egoistischen Gutheit kämpft er gegen die passiven, schmarotzenden, durch und durch bösen, weil zweitklassigen, Antihelden. Vorwürfe, daß ihre Romane unrealistisch seien, winkt R. mit dem ›ontologischen‹ Argument ab, daß alles, was denkbar sei, auch der Möglichkeit nach existieren könne.

1944 kehrte R. mit ihrem Mann nach Hollywood zurück, wo sie bis 1949 erneut als Drehbuchautorin arbeitete und im Klima der allgemeinen Kommunistenhatz eine unrühmliche Rolle als Denunziantin spielte. Gleichzeitig begann sie ihren letzten und größten Roman zu schreiben, dessen Publikation 1957 eine Wende in ihrem Leben markieren sollte: *Atlas Shrugged*. 1950 traf sie Nathaniel Branden, der zunächst ihr Schüler und Verehrer, später dann ihr Partner und Sprecher war. Ihm folgte sie, zusammen mit Frank O'Connor, 1951, wieder nach New York.

In ihrem Nachwort zu *Atlas Shrugged* schreibt R., ihr Roman *The Fountainhead* sei nur ein Vorspiel zu *Atlas Shrugged* gewesen. In der Tat bietet das monumentale Werk von 1168 Seiten dem Leser und der Leserin noch einmal einen siegreichen, heroischen Kampf selbstherrlicher, genialer, sich der Wahrheit gewisser Individualisten, gegen ›altruistische‹ Menschen zweiter Klasse. Die berühmte Rede John Galts, die im Roman 60 Seiten einnimmt, wurde innerhalb von zwei Jahren geschrieben und ist ein Kondensat der wichtigsten Gedanken R.s. Sie endet mit den berühmten Worten – programmatisch für R. und ihr AnhängerInnen: »I swear – by my life and my love of it – that I will never live for the sake of another man, nor ask another man to live for mine.« (Ich schwöre – bei meinem Leben und meiner Liebe zu ihm – daß ich niemals um eines anderen Menschen willen leben, noch einen anderen Menschen bitten will, für mich zu leben.)

Der Roman bedeutete insofern einen Bruch in R.s Leben, als sie sich von nun an ausschließlich als Philosophin betätigte und als solche auch an die Öffentlichkeit trat und Berühmtheit erlangte. Sie schrieb zahlreiche Essays, reiste im ganzen Land umher, um Vorträge an bedeutenden Universitäten zu halten, und veranstaltete Seminare im ›Nathaniel Branden Institut‹, das 1958 von Branden in New York gegründet wurde. Das Institut hatte es sich zur Aufgabe gemacht, R.s Philosophie, die sie selbst ›Objektivismus‹ nannte, weiterzuentwickeln und zu verbreiten. Ab 1962 gaben R. und Branden gemeinsam eine monatlich erscheinende Zeitschrift heraus, den *Objectivist Newsletter*, der im wesentlichen Essays von R. enthielt. Zwischen 1966 und 1971, als R. auf dem Höhepunkt ihrer philosophischen Karriere war, wuchs die Zeitung auf 16 Seiten monatlich heran und trug nun den Namen *The Objectivist*.

1968 brach R. mit Nathaniel Branden und seiner Frau Barbara. In der Mai-Ausgabe des *Objektivist* beschuldigte sie Branden des Betrugs und der Ausbeutung. Brandens Stelle als Vertrauter R.s und Mitherausgeber der Zeitschrift besetzte von nun an Leonard Peikoff. Branden schloß das Institut und zog nach Kalifornien. In der Folge verlor der Objektivismus an Kraft. 1971 wurde der *Objektivist* durch eine vierzehntägig erscheinende drei- bis vierseitige Publikation ersetzt, die jetzt schlicht *The Ayn Rand Letter* hieß. 1975 wurde R. schwer krank und der *Letter* erschien nur noch monatlich. 1979 starb Frank O'Connor, und R. folgte ihm am 6. März 1982.

Das primäre Organ der Veröffentlichung war für R. seit ihrer philosophischen Wende immer ihre Zeitschrift gewesen. Parallel dazu gab sie immer wieder Sammlungen ihrer Aufsätze heraus, und zwar unter den Titeln *For the New Intellectual* (1961), *The Virtue of Selfishness* (1964), *Capitalism: The Unknown Ideal* (1966), *The Romantic Manifesto* (1971) und *The New Left: The Anti-Industrial Revolution* (1971). Posthum erschien, herausgegeben von Peikoff, *Philosophy: Who Needs It?* Der einzige Versuch, ihre Philosophie systematisch darzustellen, die Abhandlung *Introduction to Objectivist Epistemology* (1967), blieb ohne Folgen für ihren philosophischen Stil.

R. äußert sich in ihren Schriften sowohl zu Fragen der Epistemologie als auch zur Ethik, Ästhetik und politischen Philosophie. Den Terminus ›Objektivismus‹ wählt sie aus ihrer erkenntnistheoretischen Überzeugung heraus, daß Universalien existieren, eine objektive Realität haben, und zwar unabhängig von einem wahrnehmenden Bewußtsein, allerdings nicht losgelöst von ihrer jeweiligen Konkretisierung in der Materie. Sie leitet ihre Gedanken direkt von Aristoteles her, dem einzigen Philosophen, dem sie irgendwie Anerkennung zollte, während sie gegen Platon und Kant nur polemisierte. Aus ihrem Rationalismus entwickelt sie die Überzeugung, daß eine Ethik des ›vernünftigen‹ Selbstinteresses die einzige dem Menschen angemessene Morallehre sei und der ›Laissez-Faire-Kapitalismus‹ die bestmögliche sozioökonomische Organisationsform. R. zog zu Felde gegen den ›modernen Kult‹ des Altruismus, der ihr nur Selbstopferung und Selbstzerstörung bedeutete, gegen die Religion, die Kommunisten, die Studentenrevolte von 1968 und später gegen die Ökologiebewegung. Sich selbst nannte sie einmal ›a radical for capitalism‹, die *Saturday Evening Post* bezeichnete sie als die ›Heilige Johanna der Marktwirtschaft‹. William O'Neill, einer der wichtigsten Rand-Forscher faßt ihre Philosophie folgendermaßen zusammen: R.s Metaphysik sei die objektive Realität, ihre Erkenntnislehre die Vernunft, ihre Ethik das Selbstinteresse, und ihre Politik der radikale Kapitalismus.

Für den Feminismus hatte R. wenig übrig. In einem frühen Interview meinte sie einmal, was gut für einen Mann sei, sei auch gut für eine Frau. In all ihren Schriften und vor allem in ihren Romanen scheint jedoch durch, daß ihre wahren Helden männlich sind und daß die Frauen nur zu willig die natürliche Überlegenheit des Mannes akzeptieren.

Werk: The Fountainhead, 1943; Atlas Shrugged, 1957; For the New Intellectual, 1961; The Virtue of Selfishness, 1964; Capitalism: The Unknown Ideal, 1966; Introduction to Objectivist Epistemology, 1967; The Objectivist, 1966–1971.
Literatur: B. und N. Branden: Who is Ayn Rand? 1962; B. Branden: The Passion of Ayn Rand, 1986; J.T. Baker: Ayn Rand, 1987; L. Peikoff (Hg.): The Voice of Reason, 1988; R.E. Merrill: The Ideas of Ayn Rand, 1991; WP.

Ellen Zirden

Richter, Liselotte
deutsche Religionsphilosophin, *1906

Die Philosophin und Theologin R. wurde am 7. Juni 1906 in Berlin geboren. Nach dem Studium der Fächer Philosophie, Theologie, Geschichte und Germanistik promovierte sie 1932 zum Dr. phil. Anschließend war sie 10 Jahre als Mitarbeiterin in der Leibnizforschung der Akademie der Wissenschaften tätig, bis sie 1945 Bezirksstadträtin des Volksbildungsamtes wurde. 1946 habilitierte sich R. an der philosophischen Fakultät der Uni Berlin, wurde ein Jahr später Professorin für Philosophie mit vollem Lehrauftrag und 1951 ordentliche Professorin. Im gleichen Jahr wechselte sie zur theologischen Fakultät, wo sie Professorin für Religionsphilosophie und Religionswissenschaften wurde. R. war somit erster weiblicher Ordinarius Deutschlands für Philosophie und Theologie.

Im Mittelpunkt von R.s Publikationen stehen historische und zeitgenössische Philosophen, deren Arbeiten sie eingehend untersucht, wobei sie dem Bezug zu unserem Jahrhundert eine besondere Rolle einräumt. Beispiele dafür sind ihre Texte zu Kierkegaard (Dissertation 1932), Descartes, Böhme, Leibniz, Sartre oder Moses Mendelssohn, den sie in ihrer Untersuchung *Philosophische Dichtkunst* beleuchtet. Ansatzpunkt ist die philosophische Literaturkritik, die Mendelssohn (1729 bis 1786), als Philosoph der Aufklärung, entwickelt hat. Befreundet mit Kant und Lessing hat Mendelssohn durch seine grundlegenden Arbeiten zur Ästhetik, Psychologie und Literaturgeschichte zur Überwindung der Aufklärung beigetragen. R. untersucht vor allem Mendelssohns Loslösung von der absoluten Dominanz der Ratio, deren Grenzen er aufzeigt und so einen Blick in die ›Tiefe der Irrationalität‹ ermöglicht. In seiner Abgrenzung der Vernunft gegenüber der vielfältigen konkreten Existenz sieht R. auch die Bedeutung Mendelssohns als jüdischem Denker.

Interessant ist auch R.s kleine Schrift *Lebensschwierigkeiten unserer Zeit*, in der die Themen *Schöpferische Einsamkeit* und *Zeitbedingte Müdigkeit* im Vordergrund stehen. In dem Artikel *Schöpferische Einsamkeit* untersucht R. die Einsamkeit als Zeitproblem. Meist wird Einsamkeit als etwas Negatives gesehen, da sie dem Herdentrieb des gesellschaftlichen Wesens zuwiderläuft. R. plädiert dafür, Einsamkeit auch als etwas Notwendiges und Gutes zu sehen und stellt fest, daß der Mensch einen Wechsel von Einsamkeit und Geselligkeit braucht. In der Entwicklung des Menschen tritt die Neigung zur Einsamkeit erst mit einer gewissen Reife auf, nämlich während der Pubertät. Es ist die Zeit, in der sich die persönlichkeitsbildenden Funktionen entwickeln und der Mensch in eine echte Ich-Du-Beziehung hineinwächst. Ihren Höhepunkt erreicht diese Entwicklung, wenn eine selbstkritische und fruchtbare Subjekt-Objekt-Beziehung entstanden ist, durch die der Mensch seiner Umwelt nicht mehr feindlich gegenübersteht, sondern sein Dasein in der Gemeinschaft entfaltet. Hier besteht auch die Möglichkeit, Einsamkeit und Geselligkeit in der richtigen Perspektive zu sehen.

Bei der Einsamkeit unterscheidet R. zwischen einer äußeren Abgeschiedenheit und einer inneren Vereinsamung sowie zwischen freiwilliger und unfreiwilliger Einsamkeit. Eine Bejahung der Einsamkeit aus Schwäche ist somit als Resignation und Weltflucht zu verstehen. Aber Einsamkeit müsse nicht unbedingt mit Elend gleichgesetzt werden, sondern könne auch der Ort einer schöpferischen Selbstwerdung sein. Beispiele dafür finden sich in allen Religionen, in denen Meditation und Exerzitien einen wichtigen Raum einnehmen, und die nach weltlichen Perioden immer auch Tage der Einsamkeit vorsehen, um genügend Abstand zur Außenwelt zu bekommen.

R. macht klar, daß gerade in Zeiten der Extraversion, des gemeinschaftlichen Herdentriebes, Einsamkeit ein Mittel sein kann, sich auf sich selbst zurückzuziehen, seine eigenen Persönlichkeitswerte zu erweitern. Es findet eine persönliche Schwerpunktbildung statt, die eine Auseinandersetzung mit sich selbst bewirkt, die im ständigen Gemeinschaftsrausch nicht möglich wäre.

Werk: Begriff der Subjektivität bei Kierkegaard, 1932; Descartes, 1942; Jakob Böhme, 1943; Leibniz, 1946; Philosophische Dichtkunst, 1948; Sartre, 1949; Lebensschwierigkeiten unserer Zeit, 1952; Leidenschaft des Religiösen, 1953; Immanenz und Transzendenz im nachreformatorischen Gottesbild, 1954; Fides Creatrix, Gestaltwandel der Mystik von Tauler zu F. V. Baader, 1954.

Ursula I. Meyer

Rodríguez Carballeira, Hildegart

spanische Philosophin, *1914, †1933

R. wurde 1914 in Madrid geboren. Ihr Leben wurde völlig durch ihre Mutter, Aurora Rodríguez Carballeira, bestimmt. Diese wollte aus ihrer Tochter eine Art Personifikation von Nietzsches Übermenschen, des Retters der Menschheit, machen. R. erhielt eine sorgfältige und strenge Erziehung: sie lernte gleichzeitig Spanisch, Französisch, Englisch und Deutsch und begann das Jurastudium mit dreizehn Jahren.
1929 trat sie der Gewerkschaft ›Unión General de Trabajadores‹ (UGT) bei und veröffentlichte die ersten Artikel in den Zeitungen *El Socialista*, *La Libertad* und *La Tierra*. 1932 beendete sie ihr Jurastudium und begann Medizin zu studieren. Sie hielt Vorträge über die sexuelle Befreiung der Frau und über die Gleichberechtigung der Geschlechter.
1932 verließ sie aufgrund ihrer Enttäuschung durch die ›Zweite Republik‹ alle politischen Vereine und wurde Mitglied der ›Partido Republicano Liberal‹. Im Ausland wurde sie durch ihre Mitarbeit an internationalen wissenschaftlichen Zeitschriften bekannt.
Am 9. Juni 1933, im Alter von 19 Jahren, wurde R. von ihrer Mutter ermordet.

Ihre theoretischen Arbeiten behandeln hauptsächlich zwei Probleme: die Politik und die Sexualität. In der Politik engagierte sich R. vor allem für die sozialistischen Ideen. Dies brachte sie 1933 im Artikel *Cuatro años de militancia socialista* in der Zeitung *La Tierra* zum Ausdruck.
In bezug auf die Sexualität verstand sie sich als ›Eugenistin‹. Das Hauptpostulat dieser Strömung besteht in der Bildung der unteren Schichten, die ihnen einen freien Gebrauch ihrer Körper und Leben ermöglichen kann. R. betont die Notwendigkeit, die Mutterschaft zu einer freiwilligen und bewußten Wahl zu machen und nicht zu einem von äußerlichen Umständen erzwungenen Schicksal. Sie vertritt die Reform oder Abschaffung der Ehe und kritisiert Religion und soziale Vorurteile. Die sexuelle Revolution definiert sie als

die letzte Etappe der wissenschaftlichen Revolution und verteidigt die menschliche Freiheit, sich unabhängig von Traditionen, Tabus und Vorurteilen selbst zu verwirklichen.

Werk: La rebeldía sexual de la mujer, 1977; El problema sexual tratado por una mujer española, 1977; Paternidad voluntaria, 1978/1985; Venus ante el derecho, 1932; ¿Se equivocó Marx?, 1932.
Literatur: Der Film *Mi hija Hildegart* von F. Fernan Gómez, nach dem Roman von E. de Guzmán, *Aurora de sangre*; F. Arrabal: La Virgen roja.

Cristina Mier Vega
(Übers. M. L. P. Cavana)

Roswitha/Hrotsvith von Gandersheim
mittelalterliche Mystikerin, ca. *932, †1000

R.s Geburts- und Todesdatum ist unsicher. Man vermutet, daß sie ungefähr zwischen 932 und 1000 gelebt hat. Auch ihre Herkunft ist unbekannt, aber sie muß aus dem sächsischen Adel stammen, denn das Gandersheimer Stift nahm damals nur Töchter aus diesem Königsgeschlecht auf. Auch die Töchter der Kaiserin Theophanu wurden dort erzogen. Aus diesem Grund waren die Gandersheimer Äbtissinnen damals sehr einflußreiche Frauen.

Zur Zeit R.s (seit dem Jahr 973) lebten dort keine Nonnen, sondern ausschließlich Kanonissen, sog. Jungfrauen ohne Schleier. Diese Frauen hatten zwar auch ein Keuschheitsgelübde abgelegt, hielten sich an die vorgeschriebenen Gebetszeiten und die Gehorsamsgebote, aber sie unterlagen nicht dem Armutsgebot. Sie konnten ihre eigenen Besitztümer mitbringen, hatten auch eigenes Personal, durften Gäste empfangen und das Kloster verlassen; auch Heirat hatte für sie keine Stigmatisierung zur Folge.

Das Gandersheimer Stift war ein prominentes sächsisches Kulturzentrum, das auch an der Politik der Ottonen regen Anteil nahm, was z. B. durch R.s Text *Gesta Ottonis* bezeugt wird. Das Kloster war sehr unabhängig, da es dem König und nicht der Kirche unterstellt war. Als es Otto I. 947 auch von seiner Autorität freisprach, konnten die Äbtissinnen völlig selbständig agieren; sie hatten das Münzrecht und unterhielten eigene Soldaten.

Der Zeitpunkt von R.s Klostereintritt ist unbekannt, es ist auch nicht sicher, ob R. ihr Geburtsname war, oder ob sie ihn erst im Kloster angenommen hat. Aber es ist als sicher anzunehmen, daß sie bereits sehr jung ins Kloster ging, das übliche Eintrittsalter war damals 6–7 Jahre. Die Zeit vor ihrem Klostereintritt verbrachte R. vermutlich am Hof König Ottos, was aus Untersuchungen ihrer Reimprosa geschlossen wird. Im Kloster hatte sie dann zwei sehr bekannte Lehrerinnen, Äbtissin Rikkardis (Novizenlehrerin, Tochter des Herzogs Heinrich von Bayern) und dann deren Nachfolgerin Gerberga II. von Gandersheim. Von ihnen wurde R., wie damals üblich, in den sieben freien Künsten unterrichtet.

Sicher ist, daß R. sehr gebildet war; sie kannte sich in der Literatur aus, befaßte sich mit den römischen Klassikern (vor allem Terenz, Horaz und Ovid), las Griechisch und Latein. Ihre klassische Ausbildung beinhaltete auch die Lektüre von Vergil, Prudentius u.a., sowie von christlichen Autoren wie Boetius, Venantius und Alkuin. Am häufigsten verwendet sie in ihren Gedichten den leoninischen Hexameter. R.s Arbeiten zeigen auch umfassende Kenntnisse der Religions- und Philosophiegeschichte sowie der Politik. Aufgrund ihrer Kenntnisse der Kirchensprache konnte sie einen eigenen lateinischen Schreibstil entwickeln. Auch die Mathematik, vor allem die pythagoreische Lehre war ihr bekannt.

R.s Werk umfaßt eine Reihe von Dramen in Reimprosa verfaßt, sowie zwei umfangreiche historiographische Werke zur Geschichte des Klosters Gandersheim und der Ottonen. Ihre wichtigste Schaffenszeit liegt zwischen den Jahren 962 (hier erschien ihr erstes Buch) und 973, als sie ihr kreatives Schaffen weitestgehend einstellte. Die erste Ausgabe der Werke R.s wurde von Conrad Celtis in Nürnberg herausgegeben (1501).

Im Vorwort ihrer Gedichte erzählt R., daß sie ihre Verse mit den heiligen Texten in Übereinstimmung bringen wollte, um sie stilistisch zu verbessern. Daß sie es geschafft hat, ist den

Lehrerinnen Rikkarde und Gerberga, aber auch ihr selbst zu verdanken. Mit ihrem Werk will sie nur Gott loben und sein nützliches Werkzeug werden, deshalb haben ihre Theaterstücke und Gedichte eine tiefe moralische und religiöse Bedeutung, dessen zentrales Thema das Lob der Jungfräulichkeit ist. Sie behandelt bekannte Geschichten und Anekdoten, wie das Leben bestimmter Heiliger, die Geburt Jesu Christi oder Themen der römischen Komödie mit einem christlichen Geist. Sie nennt Terenz, dessen ›unmoralische Werke‹ sie gelesen hatte als Grund für die Idee, seinen Stil und seine Themen zu imitieren und den Theaterstücken als gutes Beispiel ein anderes Ende zu geben.

Die erhaltenen Werke R.s lassen sich in drei Gruppen einteilen: 8 Gedichte über Maria, Jesus Christus und verschiedene Heilige, bekannt als *Legende*. Hier hat sie in großer Menge Geschichten erfunden. Im Vorwort entschuldigt sie ihre sogenannte ›Unwissenheit‹ und erklärt, daß sie so viel durch Phantasie ersetzen mußte. R. identifiziert Christentum und Keuschheit, und auf der anderen Seite Heidentum und Schamlosigkeit, z.B. im *Pelagius* erscheinen die Moslems als sehr verdorben im Gegensatz zu Pelagius, dem Heiligen.
Die zweite Gruppe umfaßt 6 Dramen, die sie unter dem Einfluß Terenz' geschrieben hat. In ihnen werden die Frauen oft als stärker in der Tugend als die Männer beschrieben, z.B. in dem berühmten Stück *Calimachus* ist die christliche Beständigkeit von Drusiane die Kraft, die die Konversion Calimachus' möglich macht. In anderen Stücken, wie *Abraham*, ihrem Meisterwerk, oder *Pafnutius*, beschreibt sie die Konversion Marias, eines keuschen Mädchens, die sich prostituiert hat, und der Thais, der berühmten Dirne mit starker Dramatik.
Die dritte Gruppe besteht aus zwei historischen Gedichten, die zum Teil verlorengingen, *Gesta Ottonis* und *Primordia Coenobii Ganderheimensis*, in denen nicht nur historische Taten erzählt, sondern auch die Tugenden der Kaiser Otto I. und Otto II. betont werden. Im zweiten beschreibt sie ihre Heimat, das Kloster Gandersheim, in den leuchtendsten Farben.

Die kulturelle Bedeutung R.s ist sehr groß, sowohl als Dichterin und Dramatikerin wie auch als Historikerin. Sie ist die erste deutsche Intellektuelle und die erste Schriftstellerin, die im Mittelalter lateinische Texte verfaßt hat. Das menschliche Gefühl vermischt sie mit der Empfehlung der heiligen Tugenden und macht sie zu einem einzigartigen Beispiel für nachfolgende Epochen.

Werk: Werkausgaben, 1501/1902/1930/1965; Migne: Patrologiae Latinae tomus 137, 1969; Sämtliche Dichtungen, 1966.
Literatur: R. Köpke: Hroswith von Gandersheim, in: *Ottonische Studien* II, 1869; A. Lyon Haight: Hro of Gandersheim. Her Life, Times, and Works, and a Comprehensive Bibliography, 1965; U.I. Meyer (Hg. in): Die Welt der Philosophin I, 1995; E. Michalka: Studien über Intention und Gestaltung in den dramatischen Werken Hrotswith von Gandersheim, 1968; B. Nagel: Hrotsvith von Gandersheim, 1965; ders: The Dramas of Hrotsvith von Gandersheim, in: *The Medieval Drama and its Claudelian Revival*, 1970, S. 16–20; K. Pohlheim: Die lateinische Reimprosa, 1925; M. Schütze-Pflugk: Herrscher- und Märtyrerauffassung bei Hrotsvith von Gandersheim, 1972; S. Sticca: Hrotsvitha's *Abraham* and exegetical Tradition, in: *Acta Conventus Neo-Latini Lovaniensis*, 1973, S. 633–638; G. Vinay: Alto medioevo latino, 1978; E.H. Zeydel: Ekkehard's Influence upon Hrotsvitha, in: *Modern Language Quarterly* 6, 1945, S. 333–339.

Lourdes Rensoli

Royer, Clémence
französische Philosophin und Schriftstellerin, *1830, †1902

R. wurde am 21. April 1830 unter dem Namen Augustine-Clémence Adouard geboren. 1837 heirateten ihre Eltern, und sie erhielt den Namen Royer. Sie bekam eine episodische Bildung im Sacré-Cœur du Mans. Bedingt durch die Revolution kann ihre politische Haltung als republikanisch ›aber nicht sozialistisch‹ eingestuft werden.

1848 ging R. nach Paris und arbeitete anschließend in England als Lehrerin für Französisch und Klavier. Wieder in Frankreich, verlor sie ihren Glauben durch die Lektüre der

Enzyklopädisten und Diskussionen mit einem Priester. Sie ging danach in die Schweiz und verbrachte zwei Jahre zurückgezogen in den Bergen, um über verschiedene Themen nachdenken zu können. 1857 zog sie nach Lausanne und lernte den Dozenten für politische Wirtschaft der Akademie, Pascal Duprat, kennen, mit dem sie später zusammenlebte. 1860 bekam sie ein Kind und begann im gleichen Jahr mit ihrem öffentlichen Leben: sie hielt Vorträge und schrieb. Im Winter 1859–1860 gab sie einen Kurs in Naturphilosophie für Frauen aus Lausanne, der später mit dem Titel *Introduction à la philosophie des femmes* veröffentlicht wurde. Darauf folgten mehrere Bücher: *Théorie de l'impôt ou la dîme sociale* – mit diesem gewann sie zusammen mit Proudhon einen Preis der Académie de Vaud 1860 –, *Les Jumeaux d'Hellas* (1864), *L'Origine de l'homme et des sociétés* (1869) – nachdem sie das Werk von Darwin übersetzt und die Vorrede dafür geschrieben hatte –, *Le Bien et la loi morale: éthique et téléologie* (1881), *Natura rerum. La Constitution du monde dynamique des atomes, nouveaux principes de philosophie naturelle* (1900) und *Histoire du ciel* (1901).

R. war Mitarbeiterin zahlreicher Zeitschriften, u.a. *Journal des économistes* (1861–1883), *La philosophie positive* (1868 bis 1883), *Bulletins de la Société d'anthropologie de Paris* (1870 bis 1890). Sie nahm auch an vielen Kongressen teil und gründete 1881 die ›Société d'études philosophiques et morales de Paris‹, von welcher sie auch Ehrenpräsidentin war. R. starb 1902 in einem Altersheim der Mönche Galignani.

Aus ihrer Erfahrung als Autodidaktin verteidigt R. die Bildung für die Frauen, damit sie selbst entdecken können, daß die Beschäftigung mit der Wissenschaft ein Vergnügen ist. Sie kritisiert die Ignoranz und die Arbeitsteilung, die nur durch die Bildung für das Volk aufgehoben werden können. In der Vorrede zu dem Werk Darwins erklärt sie, indem sie die Anthropologie verteidigt, daß es keine Trennung zwischen Wissenschaft und Philosophie gibt: der hinaufsteigenden Bewegung der Anthropologie soll eine herabsteigende Bewegung zu jeder Wissenschaft folgen, um ihre Lücken auszufüllen.

R. schreibt in *Le Bien et la loi Morale*, daß das »moralische Gesetz sich von dem wissenschaftlichen Gesetz ableitet«; deshalb wendete sie die Evolutionsgesetze auf die Menschheit an. Dies führte sie zurück zum Feminismus: in *L'Origine de l'homme et des sociétés* behandelt R. die Gleichheit der Geschlechter aus der historischen, biologischen und kulturellen Differenz. Um die Ungleichheit von Männern und Frauen abzuschaffen, ist die Bildung der Frauen unentbehrlich, die zum Matriarchat, als zu einer Möglichkeit in der Zukunft, führen kann.

In ihrem Roman *Les Jumeaux de'Hellas* vertritt R. zwei Hauptprinzipien: die freie Wahl eines Regenten und das Recht der mütterlichen Abstammung, die vom bürgerlichen Gesetz nicht anerkannt ist. R. vereinigt das politische und das private Recht, Staat und Individuum. Ihre Philosophie konstatiert die (sexuelle, ethnische und individuelle) Ungleichheit und fordert eine soziale Gerechtigkeit, die im Ausgleich von entgegengesetzten Kräften zum Ausdruck kommt. Dieser Ausgleich erscheint bei der Ausübung der Vernunft, wenn das Individuum sein Recht auf Kritik und Veränderung anwendet, und wenn die Gesellschaft das ›Intelligenzgericht‹ wählen kann.

Ein anderes Thema R.s ist ihre Ablehnung des Leidens. Ihre spinozistische Idee von Substanz ist als eine Philosophie des Ausdrucks und der Erreichung des Möglichen zu verstehen. Das Ideal ist, daß »die Vernunft der Realität entspricht«, daher ihre dynamische Atomtheorie: Kraft und Materie sind untrennbar, man kann die eine nicht ohne die andere begreifen.

Werk: Théorie de l'impôt ou la dîme sociale, 1860; Les Jumeaux d'Hellas, 1864; L'Origine de l'homme et des sociétés, 1869; Le Bien et la loi morale: éthique et téléologie, 1881; Natura rerum. La Constitution du monde dynamique des atomes, nouveaux principes de philosophie naturelle, 1900; Histoire du ciel, 1901.
Literatur: G. Fraisse: Clèmence Royer. Philosophe et femme de sciences, 1985; E. Hureau: Le Secret de l'univers devant la science officielle. La Mécanique universelle dévoilée l'après Clèmence Royer et mise à la portée de tous, 1911; A. Milice: Clèmence Royer, sa doctrine de la vie, 1926; A. Pratelle: L'Atome fluide, moteur du monde, éléments de philosophie dynamiste, 1912; HWP; WP.

Carmen Corral Santos
(Übers. M. L. P. Cavana)

S

Sabuco de Nantes y Barrera, Oliva
spanische Gelehrte, *1562

S. wurde am 2. Dezember 1562 in Alcaraz (Albacete) geboren. Ihr vollständiger Name lautete Oliva Sabuco de Nantes y Barrera. Die letzten beiden Nachnamen scheinen zwei Zeugen ihres Taufortes zu sein, ein übernommener und in ihrer Zeit ziemlich üblicher Brauch.

S. hatte Pedro Simón Abril als Lehrer, einen Humanisten und Grammatiklehrer, der die Stellung der kastilischen Sprache gegenüber dem Latein stärkte, und der sowohl *Kratylos* und *Gorgias* von Platon als auch die *Ethik* und *Politik* des Aristoteles ins Spanische übersetzte. Nach Juan Luis Vives entwarf im 16. Jahrhundert in Spanien niemand mehr einen so vollständigen und gewagten Reformplan wie dieser berühmte, heute jedoch ziemlich vergessene Gelehrte aus Alcaraz.

S. stellt den Inbegriff der zweiten spanischen Renaissance dar, aus der so herausragende Gelehrte wie Fray Luis de León, San Juan de la Cruz oder → Santa Teresa de Jesús (Teresa von Avila) hervorgingen; ferner folgt sie einer Reihe von Frauen wie → Beatriz Galindo, genannt ›La Latina‹, Luisa Sigea und vielen anderen, die am Hof Isabels I. eine bedeutende Rolle gespielt haben.

Ihr Werk *Nueva Filosofía de la Naturaleza del Hombre* (1587), das Felipe II. gewidmet ist, stellt einen Auszug der Literatur ihrer Zeit dar und ist ein Beispiel des Sieges des asketischen über den heroischen Lebensstil und ein Modell didaktischer Prosa. Es handelt sich hierbei um ein Gespräch zwischen den Hirten Antonio, Veronio und Rodonio über Medizin, Philosophie, Landwirtschaft, Astronomie und Politik aus einer äußerst modernen Perspektive.

In ihrem Werk tritt S. für eine schnelle und wirksame Justiz ein, die sich nicht hinter einer »Wagenladung von Büchern zu verstecken habe und von Papier, Arbeitsstunden und Geld erstickt werde«. Sie verteidigt ebenfalls die Auswahlkriterien für die Aufnahme in die Universität sowie den Gebrauch der spanischen Sprache im akademischen Leben, wobei sie den Thesen von Brocense folgt, daß »schlecht gesprochenes Latein, die lateinische Sprache verdirbt«.

In *Coloquio de las cosas que mejoran las repúblicas* tritt sie für die Bauern ein, und verteidigt deren Recht auf Hoffnung, trotz der schwierigen Lebensbedingungen. In *Tratado de la Vera Medicina* kommt ihr Talent am brillantesten zum Ausdruck, denn sie erweist sich als eine erfahrene Psychologin in bezug auf Leidenschaft und ihre Auswirkungen; außerdem zeigt sie sich als Vorbotin der psychosomatischen Medizin.

Im 18. Jahrhundert wurde S. zu einer emblematischen Figur der spanischen Wissenschaft und von Feijoo gelobt, der sie als Begründerin der ›Lehre des Nervensaftes‹ anführt, die eigentlich dem Engländer Encio zugesprochen wird.

Im 19. Jahrhundert, das der physischen, moralischen und geistigen Gleichheit der Geschlechter weit weniger aufgeschlossen gegenüberstand als das vorhergehende, begann man die Autorinnenschaft S.s bezüglich ihrer *Nueva Filosofía de la Naturaleza del Hombre* erneut zu hinterfragen. Man berief sich dabei auf physiologische Gründe bzw. auf das Unvermögen von Frauen, eine so solide Bildung erlangen zu können. Das führte hin bis zur Veröffentlichung einiger notarieller Dokumente durch Marco Hidalgo 1903 in der *Revista de Archivos y Bibliotecas*, in denen er S.s Vater als Autor des obengenannten Werkes bezeichnet und für das Erscheinen der Signatur seiner Tochter im Buch Gründe der Ehre als Erklärung anführt.

Meiner Meinung nach kann man trotz des Testamentes von Miquel de Sabuco die AutorInnenschaft S.s an der *Filosofía de la Naturaleza del Hombre* nicht ohne weiteres in Frage stellen, da die von diesem vorgebrachten Argumente im Grunde undurchsichtigen Erbschaftsfragen zuzuschreiben sind.

Werk: Obras, 1888; Neuva Filosofía de la Naturaleza des Hombre, 1587/1866.
Literatur: HWP; WP.

Oliva Blanco
(Übers. Andrea Volz)

Sachs, Eva
deutsche Philologin und Philosophin, *1882, †1936

S. wurde am 13. April 1882 in Berlin geboren. Ihre Eltern waren Emanuel Sachs und Minna Sachs, geb. Lachmann. S. wuchs in Berlin auf. Sie besuchte von 1889–98 die Charlottenschule, bis 1902 das Victoria-Lyzeum und bestand 1904 die Reifeprüfung am Augusta-Gymnasium in Charlottenburg, einem Berliner Mädchengymnasium. Im gleichen Jahr begann sie ihr Studium an der Berliner Friedrich-Wilhelm-Universität. Sie belegte dort die Fächer klassische Philologie und Geschichte. Ihre Lehrer waren u. a. Cassirer, Diels, Riehl, Simmel und v. Wilamowitz-Moellendorff.
1913 reichte sie ihre Dissertation im Fach klassische Philologie ein. Sie schrieb sie in lateinisch unter dem Titel *De Theaeteto Atheniensi mathematico*. Sie verteidigte sie im Juni 1913 mit dem Prädikat ›valde laudabile‹. 1914 erschien diese Schrift als Inaugural-Dissertation bei Gustav Schade in Berlin. Die Wirren des Ersten Weltkrieges bedingten, daß erst 1917 ihre Arbeit *Die fünf platonischen Körper: Zur Geschichte der Mathematik und der Elementarlehre Platons und der Pythagoreer* gedruckt wurde. Beide Werke stehen in einem engen inhaltlichen Zusammenhang.
Bereits am 22. Mai 1913 bat S. den Dekan der philosophischen Fakultät, außer ihrer philologischen Dissertation eine noch ungedruckte Abhandlung zur Geschichte der griechischen Mathematik mit vorlegen zu dürfen, »da der Beweis einiger wichtiger Stellen in meiner Doktorarbeit erst durch dieses Buch begründet wird.« (1) Dieses Datum zeigt, daß beide Arbeiten auch zeitlich zusammenhängend entstanden

sind. Die Abhandlung war im Sommer 1913 fertig geworden und lag zusammen mit der lateinischen Dissertation dem Urteil der philosophischen Fakultät der Berliner Universität vor, wie S. im Vorwort schreibt.

Angeregt zu diesem Thema wurde S. von ihrem Betreuer Prof. Ulrich v. Wilamowitz-Moellendorff. Er stellte ihr das Thema, anhand des 1905 erschienenen Theaetet-Kommentars die Integrität des platonischen Dialoges zu untersuchen. Die Arbeit beleuchtet sowohl die Geschichte der Mathematik als auch die Geschichte der Philosophie und deren jeweilige Interpretationen, obwohl sie nach Meinung von S. kein Beitrag zur Geschichte der Stereometrie sei, sondern entstanden ist als »Nebenuntersuchung zu der ganz anders gearteten Frage, ob der Dialog *Theaetet* uns in einer von Platon überarbeiteten Gestalt vorliege.« (2) Zu diesem Zweck untersucht sie am Beispiel des *Timaios* von Platon, »welchen Wust von Überlieferung und entstellender Ausdeutung man fortschaffen müsse, um schließlich zu dem zu gelangen, was Platon selbst gewollt hat.« (2) Hier kommt sie zu der Erkenntnis, daß »Platons sogenanntes Pythagoreertum nur von den Erklärern in den *Timaios* hineingedeutet ist«. (2) Den Pythagoreern waren von den fünf platonischen Körpern – das sind: Dodekaeder, Ikosaeder, Kubus, Oktaeder und Tetraeder (Pyramide) – nur Tetraeder, Kubus und Dodekaeder bekannt. Theaetet hingegen hatte alle fünf regulären Körper konstruiert, auch Ikosaeder und Oktaeder; das zeigt S. durch Heranziehung eines noch nicht genügend beachteten Scholions zum 13. Buch des Euklid. Die fünf Körper setzen sich aus zwei Formen von Dreiecken zusammen: den gleichseitigen und den gleichschenkligen. Diesen Körpern wiederum werden die vier Elemente zugeordnet: Erde – Kubus, Wasser – Ikosaeder, Luft – Oktaeder und Feuer – Tetraeder.

Damit wird auch klar, daß Platons Elementenlehre nicht pythagoreischen Ursprungs sein könne. Diese Interpretation stammte nur daher, daß Platon diese Lehre dem Pythagoreer Timaios in den Mund legt. Indem sie Arbeiten von G. Junge und H. Vogt zur Geschichte der Mathematik und das Philolaosfragment auswertet, kommt sie zu der Annahme, »daß es eine pythagoreische Elementenlehre nie gegeben habe. Was man dafür hielt, war in Wirklichkeit nur mit Hilfe Platons *Timaios* interpretierter *Philolaos*.« (2) Platons Elementenlehre erweist sich in dieser Untersuchungsrichtung »als eine – von pythagoreischer Symbolik ganz freie – Korrektur, die [er – K. A.] an der Elementenlehre der Atomisten vornahm, und bei der er die mathematischen Hilfsmittel benutzte, die ihm die neue stereometrische Entdeckung des Theaetet bot«. (2)

Theaetet (auch Theaitetos oder Theätet) lebte um 415 bis 369 v. u. Z. Er war ein Schüler und Freund Platons. Das 10. und 13. Buch der *Elemente* von Euklid sollen inhaltlich auf ihn zurückgehen. Als Begründer der Stereometrie hatte er den entscheidenden Einfluß auf Platons Haltung zur Mathematik, nicht die Pythagoreer, wie ursprünglich gedeutet. Die zeitgenössische Mathematik bestärkte Platon in seiner Auffassung von der Bedeutung der Mathematik für die Wissenschaft überhaupt. Zum Beweis führt S. die Stellen aus dem *Staat* und den *Gesetzen* von Platon an. Sie zeigt, daß Platon »als erster und einziger im Altertum den Begriff des Naturgesetzes erfaßt hatte und ... eingesehen hatte, daß alle Naturwissenschaft nur so weit Wissenschaft ist, als sie Mathematik ist.« (2) Mit dieser Aussage grenzt sie Platon von Demokrit ab. Beide stehen sich ihrer Meinung nach in vielem nahe, aber als Vertreter zweier Weltanschauungen gegenüber: auf der einen Seite die auf Mathematik basierende Naturwissenschaft bei Platon, auf der anderen Seite die rein empirische Forschung bei Demokrit. Sie stützt sich in dieser Frage auf Arbeiten von Ingeborg Hammer-Jensen, Ernst Hoffmann und Walther Kranz. Platon wurde mit seinem Prinzip der Übereinstimmung von mathematischer und empirischer Erklärung, (siehe die Zuordnung der Körper zu den Elementen) zu einer Quelle für die spätere mathematisch-empirische Naturwissenschaft der Neuzeit.

S.s lateinische Arbeit, die Dissertation, befaßt sich mehr mit den mathematischen Erklärungen des Theaetet. Sie sei entsprechend der Form »im Ganzen wie im Einzelnen vielfach mißlungen«, besonders wegen der ausufernden Wiederholungen, schreibt Gutachter Diels. »Die deutsche Abhandlung dagegen ist besser geschrieben und geht kühner vor; sie stellt die Verfasserin in die Reihe der ernsten Platonforscher, deren es nicht allzuviele gibt.« (3) Gutachter Riehl schreibt in seiner Stellungnahme: »Durch den Nachweis, daß erst Theaetet der Schöpfer der Stereometrie war, tritt Platons Elementarlehre in ein neues Licht. Sie erscheint in der sachkundigen und scharfsinnigen Darstellung der Verfasserin als Platons eigenes Werk und zugleich als Fortbildung und bewußte Änderung von Demokrits Atomistik. Die Verfasserin zeigt die wissenschaftliche Bedeutung dieser Lehre und unterläßt es nicht, auf Analogien mit Grundaussagen der modernen Theorie hinzuweisen, z.B. auf van Hoffs Stereometrie. Auch was sie auf Grund einer ungeheuren Prüfung der wesentlichsten bisherigen Auffassungen zur Erklärung des dunklen Begriffes der platonischen Materie beibringt, verdient Beachtung.« (3)

Die Arbeit *Die Meleage-Erzählung in der Illias* von 1933 wurde leider nicht aufgefunden; auch zu ihrem weiteren Lebensweg sind keine Dokumente greifbar; bekannt ist nur, daß S. im Januar 1936 in Wien gestorben ist.

Werk: De Theaeteto Atheniensi mathematico. Diss. Friedrich Wilhelm-Universität Berlin, 1914 (1); Die fünf platonischen Körper: Zur Geschichte der Mathematik und der Elementarlehre Platons und der Pythagoreer, in: *Philologische Untersuchungen* 24, 1917 (2); Die Meleage-Erzählung in der Illias, in: *Philologue* 88, 1933; Promotionsunterlagen Eva Sachs, Archiv der Humboldt-Universität Berlin (3).

Karin Aleksander

Sawbridge Macauley, Catherine
englische Philosophin, *1731, †1791

S. wurde 1731 als zweite Tochter von John Sawbridge und Elisabeth Wanley Sawbridge in der Nähe von Canterbury geboren. S. wurde vermutlich privat erzogen. 1760 heiratete sie George Macaulay, einen schottischen Arzt, mit dem sie

eine Tochter hatte. 1763 veröffentlichte sie den ersten Band ihrer insgesamt 8 Bände umfassenden Geschichte Englands. Nach dem Tod ihres Mannes, 1766, erschienen die weiteren Bände, der letzte 1783. Die *History of England* erregte, nicht zuletzt aufgrund des Geschlechts der Verfasserin, großes Aufsehen. Sie wird heute von einigen Kritikern als die erste umfassende anti-royalistische Geschichte Englands gewertet, die einen bedeutenden Fortschritt auf dem Gebiet der politischen Geschichtsschreibung des 18. Jahrhunderts darstellt. Von konservativen Kritikern, unter anderem Samuel Johnson, lächerlich gemacht oder verachtet, wurde ihr Werk von verschiedenen bekannten Persönlichkeiten lebhaft begrüßt, so von → Wollstonecraft, Walpole oder Pitt.
Auf ihren Reisen, z.B. 1775 und 1777 nach Frankreich und 1785 nach Amerika, traf S. bedeutende Politiker und Schriftsteller, mit denen sie z.T. später in Briefwechsel stand. 1790 veröffentlichte sie die *Letters on Education*, die von Wollstonecraft im *Analytical Review* begeistert besprochen wurden. Die Ideen der Koedukation, wie sie S. hier darlegt, finden sich ähnlich in Wollstonecrafts Schriften wieder. Die größte Verurteilung zog sich S. aber weniger durch ihre Veröffentlichungen als durch ihre späte Heirat mit dem 26 Jahre jüngeren William Graham zu. Sie starb 1791.

In ihren Schriften behandelt S. unterschiedliche Themen, vor allem aus den Bereichen der Pädagogik, Geschichte und Politik. Sie setzt sich für die Gleichstellung der Frau ein und kritisiert in den *Letters on Education* u.a. die zeitgenössischen Theorien zur Geschlechterdifferenz, vor allem die Komplementaritätstheorie von Rousseau. Sie wendet sich gegen dessen Auffassung von einer biologistisch begründeten Verschiedenheit von Männern und Frauen, die letztlich aus einer Unterlegenheit und damit natürlichen Unterordnung der Frauen unter die Männer resultiert. S. bestreitet nicht die moralische und intellektuelle Unterlegenheit der meisten Frauen ihrer Zeit gegenüber den gebildeteren Männern, führt dies aber eben nicht auf die angebliche ›Natur‹ der Frau, sondern auf deren beschränkte Position in der Gesellschaft zurück. Sie fordert eine konsequente Koedukation, so daß Männer und Frauen in denselben Fächern und mit derselben Intensität unterrichtet würden, was S.s Ansicht nach nicht nur den Frauen, sondern auch den Männern auf lange Sicht nützen würde. Die Theorie der Komplementarität unterstützt dagegen ihrer Ansicht nach die beiden Geschlechter in ihren schlechtesten Eigenschaften, in Eitelkeit, Stolz und Ignoranz, und ist nicht in der Vernunft, sondern in Sinnlichkeit und falschem Stolz begründet.

S. wendet sich in ihren Schriften auch gegen andere zeitgenössische Philosophen, so gegen Hobbes oder Hume. Trotzdem sie keinesfalls frei war von den Vorurteilen und Überzeugungen ihrer Zeit, was beispielsweise die angeblich biologisch begründete Unterlegenheit der ›niederen‹ Stände oder der Schwarzen betrifft, wandte sie sich gegen Sklaverei und Menschenverachtung und setzte sich für eine demokratischere Staatsverfassung und für die Gleichstellung von Mann und Frau ein.

Die *Letters on Education* ist das einzige Werk M.s, das durch einen Nachdruck von 1974 problemlos zugänglich ist.

Werk: Letters on Education, 1787/1974; Loose Remarks on Certain Positions to be found in Mr. Hobbes's Philosophical Rudiments of Government and Society, 1767; A History of England, Bde. 1–7, 1763–83.

Literatur: F. Boos: Catharine Macaulay's *Letters on Education*, 1790. An Early Feminist Polemic, in: University of Michigan Papers in Women's Studies 2/2, 1976; F. u. W. Boos: Catharine Macaulay: Historian and Political Reformer, in: *International Journal of Women's Studies* 3/1, 1980; HWP; WomBio.

Ursula Faubel

Schlözer-Rodde, Dorothea
deutsche Philosophin, *1770, †1825

Sch. wurde 1770 in Göttingen als erstes von acht Kindern des Aufklärers August Ludwig Schlözer und Caroline Friederike geboren. Ihr Vater gehörte als Professor für Geschichte und

Politik zu den gutsituierten, hochrangigen Bildungsbürgern im Staatsdienst.

Mit der Erziehung Sch.s beabsichtigte er, die Bildungsfähigkeit von Frauen unter Beweis zu stellen, obwohl er gleichzeitig für seine Tochter die traditionelle Rolle der Ehefrau vorsah. Mit seinem Experiment wollte er den Pädagogen Basedow widerlegen. Dieser vertrat die Auffassung Rousseaus, nach der die weibliche Erziehung auf die Unterwerfung unter den Mann auszurichten sei.

Ihr Vater entwarf für Sch. ein außerordentlich strenges und umfangreiches Ausbildungsprogramm. Unter seiner Anleitung lernte sie sehr schnell sprechen. Mit noch nicht drei Jahren wurde ihr Plattdeutsch beigebracht, um damit die Fremdsprachen vorzubereiten. Sie lernte Englisch, Schwedisch, Holländisch; Französisch und Italienisch wurden dazwischengeschoben. Mit Latein wurde im elften Lebensjahr begonnen, mit dem Griechischen im fünfzehnten. Lesen und Schreiben konnte sie im Alter von vier Jahren.

Physisch-mathematische wie historisch-politische Wissenschaften sah Sch.s Vater wegen ihrer Ernsthaftigkeit beide als gleich geeignet für ein weibliches Studium an, im Gegensatz zur ›schönen Literatur‹, vor der er seine Tochter geradezu abschirmte. Er konzipierte für Sch. einen strengen Lehrplan mit den Hauptfächern Mathematik und Mineralogie, in denen S. von dem Mathematikprofessor Kästner unterwiesen wurde, sowie Geschichte, welches er selbst unterrichtete. Ihre theoretischen Studien sollten durch lebensnahe Erfahrungen ergänzt werden. Dazu gehörte ein sechswöchiges Praktikum im Bergwerk ebenso wie Sch.s Teilnahme an den zahlreichen kleineren und größeren Reisen ihres Vaters. Mit elf Jahren begleitete Sch. ihn auf eine Reise nach Italien, die vom Herbst 1781 bis zum Frühjahr 1782 dauerte und u.a. nach Rom führte.

Im übrigen wurde Sch. alles beigebracht, was nach Auffassung ihres Vaters von einer ›kultivierten Deutschen‹ erwartet wurde: zum einen Haushalt, Stricken, Nähen, zum anderen Zeichnen, Musik, Tanzen. Religionsunterricht wurde ihr bis zur Konfirmation erteilt.

Durch die Beziehungen ihres Vaters zum Dekan der philosophischen Fakultät, Michaelis, wurde Sch. am 25. August 1787 zur Doktorprüfung zugelassen, die sie mit Erfolg absolvierte. An ihrer Ernennung zur ersten deutschen Doktorin der Philosophie am 17. September 1787 im Rahmen der Jubiläumsfeiern zum fünfzigjährigen Bestehen der Universität Göttingen konnte sie als Frau aber nicht teilnehmen. Bei dieser reinen Männerangelegenheit wurden Frauen nur auf der Empore geduldet, allerdings nur verheiratete. Um trotzdem ihre Proklamation zur Magistra und Doktorin der Philosophie miterleben zu können, hatte sich Sch. in die Bibliothek geschlichen, von wo aus sie durch ein zerbrochenes Fenster in die Kirche zur Festversammlung hinunterschauen und alles hören konnte. Die Reaktionen auf die Verleihung der Doktorwürde an Sch. waren größtenteils negativ. Schiller wetterte über »Schlözers erbärmliche Farce mit seiner Tochter« (Brief an G. Körner v. 6. 10. 1787). Trotz ihrer unkonventionellen Erziehung kam für Sch. eine professionelle wissenschaftliche Karriere nicht in Frage, da für sie als Frau keine Möglichkeit bestand, wissenschaftliche Arbeit mit einer Erwerbstätigkeit zu verbinden.

Als sie daher 1791 in Lübeck den gebildeten, politisch ambitionierten, reichen Kaufmann Matthäus Rodde, Witwer mit drei Kindern, kennengelernt hatte, willigte sie, ohne zu zögern, ein, seine Frau zu werden. Die Hochzeit fand 1792 in Göttingen statt. Von 1792 bis 1810 lebte sie in Lübeck. Ihr Salon zählte zu den angesehensten der ganzen Stadt. Sie brachte drei Kinder zur Welt. Eine Tochter und ihren Sohn, die beide im Alter von etwas mehr als zwanzig Jahren starben, überlebte sie noch.

Da sie sich in ihrer Ehe, einer ›mariage de raison‹, ziemlich unglücklich und leer fühlte, ging sie 1797 eine Beziehung mit Villers, einem französischen Emigranten, ein. In ihm fand sie einen intelligenten Freund, der sich wie sie für Wissenschaft, Literatur, Poesie und Theater interessierte. Villers wohnte von 1797 bis 1811 mit ihr und ihrem Ehemann zusammen in Lübeck. Nach dem Konkurs Roddes 1810 kehrte sie 1811 mit Villers, dem es gelang, eine Professur für französische Literatur an der Universität zu bekommen, nach Göttingen zurück. 1813 folgte Rodde ihnen nach. 1825 starb Sch. in Avignon an Lungenentzündung in tiefer Depression über ihr Schicksal auf der Rückreise von Marseille, wohin sie mit ihrer Tochter zur Kur gefahren war, nach Göttingen.

Werk: Briefwechsel (Verzeichnis bei Kern).
Literatur: B. und H. Kern: Madame Doctorin Schlözer. Ein Frauenleben in den Widersprüchen der Aufklärung, 1988 (ausführliche Bibliographie); M. Küssner: Dorothea Schlözer, 1976.

Ulrike Klens

Schröder, Hannelore
deutsche feministische Philosophin, *1935

Sch. wurde am 14. Oktober 1935 in Halle/Saale geboren. 1954 machte sie ihr Abitur an den Franckeschen Stiftungen; 1955 verließ Sch. die DDR wegen Nichtzulassung zum Studium, konnte in der BRD jedoch erst 1967 ihr Studium aufnehmen. 1967–75 Studium der Politikwissenschaft, politischen Philosophie und Rechtsgeschichte an der Universität Frankfurt/M.; Dissertation *Die Rechtlosigkeit der Frau im Rechtsstaat*, 1975.

Von Beginn an engagierte sich Sch. im Kampf gegen den § 218 (Frauenaktion 70, Selbstbezichtigung 1971) und gegen andere Schändungen von Menschenrechten von Frauen (Ehe- und Scheidungsrecht, berufliche Diskriminierungen, unbezahlte Hausarbeit etc.). Im Frauen-Forum München und im Frauenzentrum Göttingen war sie Mitinitiatorin von Aktionen und Diskussionen zur politischen Theorie und autonomen Organisation. – Sie war aktiv beteiligt an den ersten Frauen-Sommeruniversitäten ab 1976 in Berlin. Sie hatte Lehraufträge in Frankfurt und Göttingen, später in Hamburg und Groningen. 1978 mußte sie wegen Berufsverbots emigrieren; zunehmende Zensur machten Publikationen fast unmöglich. – Als erste Wissenschaftlerin der Frauenstudien-Sozialphilosophie an der Universität von Amsterdam extrem diskriminiert, 1982 entlassen, führte sie einen Prozeß gegen die Universität. 1983 griff sie zum politischen Mittel des Hungerstreiks (17 Tage), um ihre Wiedereinstellung durchzusetzen: sie erhielt einen Vertrag für ein Jahr, weitere Kettenverträge bis 1987. Sie führte einen zweiten Hungerstreik (27 Tage) durch, um endlich ein permanentes Dienstverhältnis zu erzwingen. Die Universität verweigerte ihr jegliche Beförderung.

»On the basis of this combination of daring and important choice of subject and her historical knowledge, analytic intelligence and scholarly precision, I do not hesitate for one moment to recommend H. Schröder for a full professorship in the History of Political Philosophy« (Auf der Grundlage dieser Verbindung von kühner und bedeutender Wahl des Gegenstandes und ihres geschichtlichen Wissens, ihrer analytischen Intelligenz und wissenschaftlichen Genauigkeit, zögere ich nicht einen Moment, für Sch. eine volle Professur in der Geschichte der politischen Philosophie zu fordern) (Else M. Barth, 28.10.1982); »I consider H. Schröder to be one of the leading scholars in Women's Studies today« (Ich sehe Sch. heute als eine der führenden Gelehrten in den Frauenstudien) (Elisabeth Gössmann, 20.04.1987). Soweit zwei vorurteilslose Beurteilungen von Philosophinnen.

Als Mitglied der Internationalen Assoziation von Philosophinnen (IAPh) war Sch. Mitorganisatorin des VI. Symposiums ›Women Philosophers in Europe 1992‹ in Amsterdam. Sie ist Mitglied der Coalition Against Trafficking in Women (USA) und der ›International Society for the Studies of European Ideas‹ (Oxford). Sie gehört außerdem dem Beirat der Zeitschrift *Ethik und Sozialwissenschaften* an.

Ihr Verdienst ist die Wiederentdeckung (1972), deutsche Erstveröffentlichung, Interpretation und Verbreitung der *Deklaration der Rechte der Frau und Bürgerin* (1791) von Olympe de Gouges, die sie zur Grundlage ihrer Kritik des patriarchalen ›Rechtsstaates‹ macht. Ihre Forschungsgebiete umfassen: ideologiekritische Analyse der dominanten modernen politischen Philosophien (Rousseau, Kant, Fichte,

Hegel etc.) und die Rekonstruktion der nicht tradierten Gegenströmungen antipatriarchaler Theorien, in Verbindung mit internationalen Frauenbewegungen vom 18. Jahrhundert bis zur Gegenwart. Neben der rechtsphilosophischen Problematik behandelt sie die ökonomisch-philosophische, d. h. die ideologische Eliminierung der Hausökonomie durch den patriarchalen Liberalismus und Marxismus. Sie untersucht die Korrelationen von Eigentumslosigkeit, Rechtlosigkeit und Machtlosigkeit der weiblichen Bevölkerung im Verhältnis zur männlichen, die sich das Monopol auf Eigentum, gesetzliche Privilegien und politische Macht sichert. – Sie nennt dieses komplexe Gebiet Patriarchalismus-Forschung, um es gegen unpolitische bis konforme Frauenstudien abzugrenzen.

Werk: Die Rechtlosigkeit der Frau im Rechtsstaat, 1979; (Hg. in) John S. Mill, Harriet Taylor Mill, Helen Taylor: Die Hörigkeit der Frau und andere Schriften zur Frauenemanzipation, 1976/1991; (Hg. in) Die Frau ist frei geboren. Texte zur Frauenemanzipation, 2 Bände, 1979/1981; (Hg. in) Intellect kent geen sekse (Intellekt hat kein Geschlecht), 1988; Olympe de Gouges: Verklaring van de Rechten van de Vrouw en Burgeres (Erklärung der Rechte der Frau und Bürgerin), 1989; Bürgerin Olympe Marie de Gouges, in: *National-Zeitung* 06. 12. 1973; Hausarbeit und Feminismus, in: *Links*, Nov. 1976; Zum politischen und ökonomischen System des Patriarchalismus, in: *Aus Politik und Zeitgeschichte/Das Parlament*, 31/1976; Die Eigentumslosigkeit und Rechtlosigkeit der Frau im 19. Jh., in: *Frauen und Wissenschaft*, hg. v. Berliner Dozentinnen, 1977; Zur politischen Theorie des Feminismus: Die Deklaration der Rechte der Frau und Bürgerin von 1791, in: *Aus Politik und Zeitgeschichte/Das Parlament*, B. 48/1977; Unbezahlte Hausarbeit, Leichtlohnarbeit, Doppelarbeit. in: *Frauen als bezahlte und unbezahlte Arbeitskräfte*, hg. v. Dokumentationsgruppe der Sommeruniversität, 1978; Sexismus an deutschen Universitäten, in: *Vorgänge* 32, 2/1978; Menschenrechte auch für die weibliche Menschheit? in: *Zeitschrift für Didaktik der Philosophie* 4, 1980; Feministische Gesellschaftstheorie, Das ›Recht der Väter‹, in: *Feminismus. Inspektion der Herrenkultur*, hg. v. L. F. Pusch, 1983; Zur Empirie und Theorie ökonomischer Verelendung von Müttern I+II, in: *Zeitschrift für Sozialökonomie*, Sept./Dez., 1986; Einige Probleme und Ziele einer feministischen Sozialphilosophie, in: *Was Philosophinnen denken*, hg. v. H. Bendkowski/B. Weisshaupt, 1983; Zur Neuauflage von

faschistischem Antifeminismus und Antisemitismus, in: *Was Philosophinnen denken*, Bd. II, hg. v. M. Andreas-Grisebach/B. Weisshaupt, 1987; The Economic Empoverishment of Mothers, in: *Concilium* 194, Sonderheft: Women, Work und Poverty, 1987; The Declaration of Human and Civil Rights for Women (1791) by Olympe de Gouges, in: *History of European Ideas*, Bd. II, 1989; Absolutistisches Subjekt contra ›subjektloses Subjekt‹ oder Objekt. Pornographie – Schändung von Menschenrechten von Frauen, in: *1789/1989 Die Revolution hat nicht stattgefunden*, hg. v. A. Deuber-Mankowsky et al., 1989; Olympe de Gouges Erklärung der Rechte der Frau und Bürgerin, in: *Feministische Philosophie*, hg. v. H. Nagl-Docekal, 1990; 1791/1991. Zweihundert Jahre Erklärung der Rechte der Frau und Bürgerin versus 1789 ... Schändungen von Menschenrechten der weiblichen Menschheit und Der Mensch fängt erst mit dem Manne an und mit der Frau hört er auf, in: *Ethik und Sozialwissenschaften*, II/1992; Reflections on an Anti-Patriarchal Declaration of Women's Human Rights, in: *Against Patriarchal Thinking*, hg. v. M. Pellikan-Engel, 1992; Der Antifeminismus und Antisemitismus Otto Weiningers *Geschlecht und Charakter*, in: *Der feministische Sündenfall*, hg. v. C. Kohn-Ley/J. Korotin, 1994; Kant's Patriarchal Order, in: *Feminist Perspectives on Kant*, hg. v. R. Schott, 1994; (Hg. in): Olympe de Gouges. Mensch und Bürgerin, 1995.
Literatur: Initiative Lohnloser Mütter: Offener Brief. Betr. Hannelore Schröder. Anhang in: *Frauen und Mütter*, hg. v. Sommeruniversität für Frauen, 1979; S. Trömel-Plötz: Der Ausschluß von Frauen aus der Universität, in: *Vatersprache – Mutterland*, 1992.

Nora Friedrich

Schurmann, Anna Maria van
niederländische Gelehrte, *1607, †1678

Am 5. November 1607 in Köln als Tochter protestantischer Eltern geboren, lebte Sch. später in Utrecht, im toleranteren Holland, wohin sich ihre Familie 1610 zurückzog, als der reformierte Gottesdienst in Köln verboten wurde. 1616 begleitete sie ihre beiden Brüder nach Faneker, einer wegen ihrer Hochschule bekannten Stadt; nach dem Tod ihres Vaters, 1617, kehrte sie jedoch nach Utrecht zurück. In ihren späteren Lebensjahrzehnten folgte Sch. einem ehemaligen Jesuiten und seit 1650 calvinistischen Prediger Jean de Labadie, auch nachdem sich Labadie in der reformierten Kirche Hollands nicht mehr hatte halten können. Sie zog mit der Labadie-Gemeinde nach Herford in Westfalen, wo ihre Jugendfreundin → Elisabeth von der Pfalz, Äbtissin des protestantischen Stiftes für adelige Frauen, ihnen Asyl gewährte. Als die Labadie-Gemeinde auch aus Herford ausgewiesen wurde, begleitete sie Sch. nach Altona (damals Dänemark); nach Labadies Tod kehrte sie mit dem Rest der Gemeinde nach Holland zurück und starb am 4. Mai 1678 in Wiewert.

Ihre Gedichte machten Sch. am berühmtesten; darüber hinaus verfaßte sie aber auch viele Prosaschriften zu verschiedenen Themen, immer von einem philosophischen und theologischen Standpunkt aus. Von ihren philosophischen Abhandlungen sind folgende veröffentlicht worden: *De capacitate ingenii muliebris ad scientias* (1638), *De vitae humanae termino* (1639), und ihre Autobiographie *Eukleria, sive melioris partis electio. Tractatus brevem religionis ac vitae eius delinationem exhibens* (1673). Die beiden erstgenannten Titel wurden später (1648) nochmals durch den Leidener Theologen Friedrich Spanheim unter dem Titel *Opuscula Hebraeca, Graeca, Latina, Gallica, Prosaica et Metrica* veröffentlicht; die Sammlung schließt Dichtungen und einen ausgewählten Briefwechsel (unter anderen mit Gassendi, Huygens und Voetius) ein.

Die Einzelheiten ihres Lebens sind durch ihre Autobiographie *Eukleria, sive melioris partis electio* bekannt, die Sch. etwa mit 65 Jahren als Lebensrückblick verfaßte; sie schrieb ihren Lebensbericht in Latein, der Sprache der Gelehrten und Theologen, an die er auch gerichtet war, damit sie ihre ›rechte Wahl‹ verstehen und billigen konnten und mußten. In diesem Bericht widerrief sie nämlich freiwillig und mit missionarischen Absichten, ferner, um sich selbst zu verteidigen und ihre Wahl zu erklären, ihre frühere Gelehrsamkeit, die sie als leer und bedeutungslos gegenüber ihrem Weg zu Gott in der Gefolgschaft des pietistischen Predigers Labadie hinstellte. Mit dem Untertitel des Werkes, *die Erwählung des besseren Teils*, nahm sie bewußt in einer Rechtfertigung ihres religiösen Lebens auf die Geschichte von Maria und Martha Bezug, da sie wie Maria nur an der geistigen Speise teilhaben wollte. Wenn wir ihrem Zeugnis glauben wollen, hatte sie ihrem Vater auf dem Sterbebett versprochen, unverheiratet und »von weltlichen, verderblichen Heiratsbanden« frei zu bleiben und ihr Leben der Wissenschaft zu widmen.

Dank ihrer Autobiographie ist bekannt, daß Sch. keinen Schulunterricht erhielt; sie erwähnt nur den zweimonatigen Besuch einer französischen Schule im Jahr 1614. Als Dreijährige hatte sie schon die Bibel gelesen; dann hatte sie sich, dem Unterricht ihrer beiden Brüder (zwei bzw. vier Jahre älter als sie) beiwohnend, Griechisch, Arithmetik, Geographie, Astronomie, Musik und Malkünste angeeignet; vom Vater lernte sie Französisch und Latein. Während ihres Aufenthaltes in Faneker (wo ihre Brüder studierten) nutzte sie die Gelegenheit, sich an der dortigen Hochschule in Philosophie und Theologie gründliche Kenntnisse zu verschaffen; dem Studium Senecas folgten Plutarch, Plinius und Xenophon sowie Augustinus und andere Kirchenväter. Wieder in Utrecht, setzte sie ihre intensive Lektüre fort (die Klassiker, Humanisten wie Erasmus und religiöse Literatur) und fertigte Kleinkunstwerke an (Zeichnungen, Schnitzereien, Wachsfiguren, Scherenschnitte, Porträts, Stickereien oder Blumenbilder).

Ihren Ruf als ›gelehrte Frau‹ erhielt Sch. zunächst durch ihre Sprachkenntnisse, denn sie sprach und schrieb nicht nur fließend Latein und Griechisch, die Sprachen der gelehrten Welt, sondern hatte auch Kenntnisse in allen anderen Sprachen, die das zeitgenössische Ideal des Polyhistorismus bildeten (Französisch, Italienisch, Englisch, Hebräisch, Syrisch, Persisch, Arabisch und sogar Äthiopisch, wofür sie eine Grammatik ausarbeitete, die aber niemals veröffentlicht worden ist). Ihre Berühmtheit als ›zehnte Muse‹, ›holländische Sappho‹ und ›Stern von Utrecht‹ brachte sie in Kontakt mit einigen der klingendsten Namen ihrer Zeit: Voetius,

Spanheim, Descartes, Gassendi, Huygens, Prinzessin Elisabeth von Böhmen, → Königin Christina von Schweden und Kardinal Richelieu, mit denen sie Briefwechsel führte. Aufgrund ihrer Sprachkenntnisse bat der Theologe Gijsbert Voetius, der führende Kopf der frühpietistischen Bewegung an der reformierten Akademie zu Utrecht und Gründungsrektor der Universität, Sch. 1636 um lateinische Verse zur Eröffnung derselben. Ein günstiger Umstand, denn das Festgedicht auf die Universität Utrecht machte Sch. berühmt; dennoch blieb ihr die Erlangung des akademischen Magister- oder Doktorgrades, sogar die Immatrikulation an einer Universität verwehrt.

Allerdings durfte sie den theologischen Vorlesungen von Voetius in einer eigens für sie eingebauten Loge hinter einem Vorhang folgen, der sie vor den Augen der Studenten verbarg. Als Ausnahme durfte sie also Gasthörerin sein, aber öffentlich studieren durfte sie nicht; gelehrte Frauen wurden von ihren Zeitgenossen geduldet und als exotische Ausnahme bestaunt, aber es war undenkbar, daß ein mit der männlichen Welt möglicherweise konkurrierender Umstand zur Regel wurde. Zu dieser Zeit hätte Sch. den Doktorgrad nur in einigen italienischen Städten wie Bologna oder Padua erhalten können, wie Novella d'Andrea, obwohl auch in Italien diese Fälle Ausnahmen waren.

Ihr kurzes Traktat *De vitae humanae termino* ist Beverwijck gewidmet, der Sch. zuvor seine Schrift *De excellentia foemini sexus* (1636) zugeeignet hatte, und stammt aus einem an den holländischen Denker gerichteten Briefaufsatz. Die Schrift basiert auf einer Zusammenstellung von Zitaten der Klassiker (vor allem Pindar, Euripides, Platon, Herodot, Plutarch, Cicero, Epiktet, Augustinus, Thomas von Aquin und Thomas von Kempis), die zeigen, welche philosophischen Vorlieben sie hatte.

Philosophisch interessanter und origineller ist ihre Dissertation über das Frauenstudium, die erstmals 1638 in Paris durch die Vermittlung von Rivet gedruckt wurde, mit dem etwas langen Titel *Amica dissertatio inter Annam Mariam Schurmanniam et Andream Rivetum de capacitate ingenii muliebris ad scientias, curante Riveto.* Die Arbeit wurde drei Jahre später in Leiden unter dem Titel *Num foeminae christiana conveniat studium litterarum?* veröffentlicht, und sie muß im Zusammenhang des Briefwechsels mit dem französischen Theologen André Rivet, der an der Universität Leiden lehrte, gesehen werden, der in den *Opuscula* veröffentlicht wurde. Elisabeth Gössmann liefert eine deutsche Zusammenfassung dieser in aristotelisch-scholastischer Argumentationsform gegliederten Schrift, die zu empfehlen ist.

Sch. fragt, nach welchem Recht (christliche) Frauen vom wissenschaftlichen Studium ausgeschlossen werden, ob es das Gesetz Gottes oder der Menschen sei, und kommt durch ihre streng logisch-rationalen Argumente zum Beweis ihrer These: »Der christlichen Frau kommt das Studium der Wissenschaften zu.« Auf cartesianisch-dualistischer Basis behauptet sie, daß der Verstand kein Geschlecht hat – ein schon klassisches Argument in dieser Debatte – und daß kein göttliches Gesetz den Frauen verbietet, den eigenen Verstand zu nutzen, wozu hätte die Natur sonst den Frauen die Neigung zum Wissen gegeben?

Aber Sch. zeigt sich sehr restriktiv in ihren Ansprüchen. Sie nutzt die Gelegenheit nicht dazu, um für die Rechte der Frauen zu kämpfen und die Umstände zu ändern. Sie leitet sogar viele Argumente von den traditionellsten Einstellungen ab: Die Frauen drängten nicht in Berufe und öffentliche Geschäfte; daher hätten sie viel mehr Muße als Männer, sich mit Lesen und Studieren zu beschäftigen. Sie verweist auf die Schrift der → Marie de Gournay *L'Egalité des hommes et femmes* (1622), die mit Bibelargumenten und Zitaten der Klassiker und großer Autoren die natürliche Gleichheit von Mann und Frau zu legitimieren versucht hatte. Ebenfalls zitiert sie → Lucretia Marinellis Schrift *La Nobilita e L'Eccellenza delle Donne e i Diffeti e Mancamenti degli Uomini* (1604), ohne jedoch so weit wie diese gehen zu wollen. Sch. beschränkt sich darauf, das Recht der Frauen zum Studium herzuleiten. Dennoch hat Marie de Gournay, die 1646 die Arbeit der Sch. in einer lateinisch-französischen Ausgabe las, gesagt, daß ihr eigenes Werk durch die Jüngere, mit der sie korrespondierte und von der sie sich zitiert fand, wohl bewahrt und fortgesetzt wurde.

Werk: Opuscula Hebraeca, Graeca, Latina, Gallica, Prosaica et Metrica, 1648 (enthält: De capacitate ingenii muliebris ad scientias und De vitae humanae termino); Eukleria, sive melioris partis electio. Tractatus brevem religionis ac vitae eius delinationem exhibens, 1673 (dt: Eukleria oder Erwählung des besten Teils, 1783); Verbastert Christendom, 1992.

Literatur: B. Becker-Cantarino: Die ›gelehrte Frau‹ und die Institutionen und Organisationsformen der Gelehrsamkeit am Beispiel der Anna Maria van Schurmann (1607–1678), in: *Wolfenbütteler Arbeiten zur Barockforschung* 14, 1987, S. 559–576; U. Birch: Anna van Schurmann. Artist, Scholar, Saint, 1909; S. Bovenschen: Das Leben der Anna Maria Schurmann – Paradigma eines Kulturtypus, in: *Die imaginierte Weiblichkeit*, 1979; E. Gössmann: Das Wohlgelehrte Frauenzimmer, Band 1 (Auszüge aus dem Text zum Frauenstudium); U.I. Meyer (Hg.in): Die Welt der Philosophin II, 1996; E. Mülhaupt: Anna Maria von Schurmann, eine Rheinländerin zwischen zwei Frauenleitbildern, in: *Monatshefte für evangelische Kirchengeschichte des Rheinlandes*, 1970, S. 149–161; G. Reynier: La femme au XVII. Siècle, 1929; HWP; WP.

Concha Roldàn

Serment, Louise-Anastasia
französische Philosophin, Cartesienne, *1642, †1692

S. wurde 1642 in Grenoble geboren; die meiste Zeit ihres Lebens verbrachte sie in Paris, wo sie auch 1692 starb.
Zwar war S. keine Wissenschaftlerin im üblichen Sinn, sie hatte aber ein leidenschaftliches Interesse an den zeitgenössischen Ideen der Naturphilosophie, vor allem an Descartes. Sie gehört zur Gruppe der sog. Cartesienne, Descartes'-Schülerinnen, zu der auch → Anne de Lavigne, → Marie Dupré, → Elisabeth von der Pfalz u.a. zählen. S. verfaßte auch eigene lateinische und französische Poesie, die zum Teil von Guyonnet de Vertron in *Nouvelle Pandore* veröffentlicht wurden.

Werk: Nouvelle Pandore, 2. Band, Paris 1698, hg. v. G. de Vertron.
Literatur: Biographie universelle, Bd. 42; M.B. Ogilvie: Women in Science, 1986.

Ursula I. Meyer

Sévigné, Françoise Marguerite Grignan de → Grignan de Sévigné, Françoise Marguerite

Shikibu, Murasaki
japanische Dichterin und Gelehrte, *973/5, †1014

Die Angaben zu S.s Leben sind uneinheitlich. Ihr wirklicher Name ist unbekannt. Sie wurde zwischen 973 und 975 oder um 978 geboren. Als Tochter des Fujiwara no Tametoki (ca. 945–ca. 1020) stammte sie aus einer Nebenlinie des in der Heian-Zeit (794–1185) einflußreichen Fujiwara Clans. Ihr literarisch gebildeter Vater war an der kaiserlichen Zeremonialbehörde (shikibu) in Kyōto tätig, bis er 1004 zum Präfekten von Echizen befördert wurde. Um 998 wurde S. die dritte oder vierte Frau des wesentlich älteren Fujiwara Nobutaka (950–1001), des Präfekten von Yamashiro. 999 gebar sie ihre Tochter Kenshi, die später unter dem Namen Daini no sanmi als Dichterin berühmt wurde. Mit ihren schriftstellerischen Arbeiten begann S. vermutlich nach dem Tode ihres Mannes. Als sie 1006 Hofdame und Unterweiserin der jungen Kaisergemahlin Jōtō-Mon'in Shōshi (Kaiserin Akiko), eine Tochter des Großkanzlers Fujiwara Michinaga, wurde, kursierten ihre Schriften bereits am Hof. Um 1010 waren ihre Werke abgeschlossen. Es wird angenommen, daß sie um 1014 in Kyōto starb.

Durch den gemeinsamen Unterricht mit ihrem Bruder Noburuni lernte S. nicht nur die als Frauenschrift (onnamoji) geltende, japanische Silbenschrift, sondern auch Chinesisch, die offizielle Schriftsprache am Heian-Hof und sogenannte Männerschrift (otokomoji). Die Kenntnis der chinesischen

Schrift bedeutete Zugang zu männlichem Wissen: zur Tang-Lyrik, zu Geschichtswerken, den konfuzianischen Klassikern und buddhistischen Texten. S. verfaßte ihre Werke in der zeitgenössischen Umgangssprache. Erhalten sind ein Tagebuch, das *Murasaki Shikibu nikki*, sowie die Gedichtesammlung *Murasaki Shikibu shu*. 59 ihrer Gedichte wurden in kaiserlichen Anthologien aufgenommen, was als hohe Auszeichnung galt. Ein Meisterwerk der japanischen Prosa und der erste Roman der Weltliteratur ist ihr *Genji Monogatari* (Erzählung von Genji).

Hintergrund dieser Werke sind zum einen die literarische Tradition ihrer Gelehrtenfamilie, zum anderen eine zweihundertjährige Tradition schreibender Frauen im Umfeld des Heian-Hofes. Da Männer bis ans Ende des 9. Jahrhunderts chinesisch schrieben und auch dichteten, wurde die japanische Prosa und Poesie wesentlich von Frauen des Hochadels entwickelt. Das Tagebuch, eine Mischform aus Memoiren und Fiktion, wurde in der 2. Hälfte des 10. Jahrhunderts zur bevorzugten Literaturgattung von Frauen. Zahlreiche Wettbewerbe, in denen nach vorgegebenen Themen gedichtet wurde, dokumentieren den Stellenwert der Lyrik zur Heian-Zeit. Darüber hinaus waren Gedichte (waka) unverzichtbarer Bestandteil von Liebesbotschaften. Das Monogatari kommt als Form der Erzählprosa seit dem Beginn des 10. Jahrhunderts vor, nimmt aber erst mit S.s Werk die Gestalt eines komplexen Bildungsromans an, in dessen Mittelpunkt die Entwicklung verschiedener Charaktere steht. Eingeflochten sind Gedichte, Briefe, Episoden, autobiographische Elemente der Autorin, philosophische Reflexionen und religiöse Betrachtungen shintoistischer und buddhistischer Provenienz.

Das *Genji Monogatari* schildert in 54 Büchern das Leben des Prinzen Genji und seiner Nachkommen. Genji ist Sohn des Kaisers und der rangniedrigen Dame Kiritsubo. Nach dem Tod von Mutter und Großmutter kommt der sechsjährige Knabe an den Hof. Als koreanische Weise in ihm die Anlage zum großen Herrscher erkennen, wird er für ein Staatsamt erzogen. Aus Rücksicht auf die rivalisierende Kaiserin ernennt ihn der Kaiser nicht zum Thronfolger, sondern zum Mitglied der Gen-Sippe (daher Genji). Durch die Vermählung mit Aoi, der Tochter des Ministers zur Linken, festigt sich seine Position am Hof. Genjis politischer Aufstieg gipfelt in der Leitung des Staates, jedoch nicht als Kaiser. An die Spitze gelangen erst seine Kinder. Sein illegitimer Sohn Ryōzen wird Kaiser, seine Adoptivtochter Akikonomu und seine Tochter Akashi werden Kaiserinnen. Genji wird in den Rang eines Kaiser-Vaters erhoben.

Schauplatz des Romans ist das durch Machtwechsel und Festakte, Beförderungen und Intrigen geprägte höfische Leben der Hauptstadt. Im Mittelpunkt stehen Genjis familiäre Verhältnisse, die lebenslange Freundschaft zu seinem Jugendfreund und Schwager Tō no Chūjō (Bruder Aois) sowie seine vielfältigen Beziehungen zu Damen im Umkreis des Kaiserhofes. Politische Ereignisse bleiben im Hintergrund, spiegeln sich jedoch in farbenprächtigen Schilderungen alljährlicher Festlichkeiten und außerordentlicher Zeremonien wie z. B. der bei einem Thronwechsel erfolgenden Neubesetzung des Priesterinnenamtes am Shinto-Schrein von Ise, dem Heiligtum der Sonnengöttin Amaterasu, durch eine enge Verwandte des neuen Herrschers.

Genjis zahlreiche Amouren gehen auf seine makellose Schönheit sowie auf eine exzellente musische und literarische Bildung zurück. Seine Gewandtheit im Tanzen, Dichten und Zeichnen sowie seine Virtuosität auf der Flöte und vor allem im Zitherspiel sind als Gemeingut höfischer Kultur die Grundlage eines stilvollen Savoir-vivre. Genjis gesellschaftlicher Umgang mit Frauen besteht im Austauschen von Gedichten, in der Kunst der Konversation, im gemeinsamen Musizieren, im Philosophieren über die Kunst, über Sinn und Stil der Romane (hier der erste literaturkritische Ansatz in Japan) und über die Vorliebe der Menschen für die (in Japan symbolreichen) Jahreszeiten.

Keine von Genjis Verbindungen erreicht die Intensität, welche die Freundschaft zu Murasaki (nach der die Autorin genannt wird) bestimmt. Genji nimmt sie als Kind in seinen Palast und übernimmt persönlich ihren Unterricht. Die gemeinsame Bildung wird Grundlage für die nachfolgende erotische und intellektuelle Beziehung. Murasakis unsichere Position als Geliebte (sie wird nie seine Frau) steht im Kontrast zu Genjis ungeschmälerter Gunst: mit ihr verbringt er den Großteil seines Privatlebens, bis sie 37jährig stirbt. Murasakis und Genjis intensives Zusammenleben ist ungewöhnlich für eine Umgebung, in der Frauen und Männer getrennt leben, findet aber in den engen Beziehungen des alten Kaisers zu Genjis Mutter Kiritsubo sowie zur späteren Kaiserin Fujitsubo seine Parallelen.

Im Verlauf des Romans gewinnt Genjis Persönlichkeit an Reife und menschlicher Größe. Jugendliche Lebenslust und Leidenschaft werden von Verantwortung und einer sprichwörtlichen Fürsorge um die Seinen abgelöst. Politische Rückschläge und private Niederlagen geben Anlaß zu philosophischen Betrachtungen und sind Prüfstein für Selbstbeherrschung und Nachsicht. Einschneidend ist Genjis Verbannung nach Suma bedingt durch einen Fehltritt mit seiner Stiefmutter Fujitsubo. Ihr gemeinsamer Sohn Ryōzen, der Genji sehr ähnlich sieht, wächst jedoch als Kind des alten Kaisers auf. Die Nominierung dieses Kindes zum Kaiser bewirkt wiederum Genjis Rückkehr und Aufstieg.

Auf der Höhe seines Ruhmes kommen die Entgleisungen seiner Jugend schicksalhaft auf Genji zurück: Sein ältester Sohn Yūgiri verliebt sich in Murasaki, allerdings ohne daß es zu einer Begegnung kommt. Dafür gelingt Kashiwagi, dem ältesten Sohn Tō no Chūjōs, ein Stelldichein mit Nyosan, Genjis späterer Frau. Das Kind dieser Affäre, Kaoru, wächst wiederum als Genjis Sohn auf.

Genjis glanzvolles und extrovertiertes Leben bleibt somit von Unsicherheiten durchwoben. Der Rückzug von Freundinnen aus seiner Reichweite, der Verlust von Vertrauten durch Krankheit und Tod stimmen ihn nachdenklich und nähren schließlich die Sehnsucht nach klösterlicher Zurückgezogenheit und Weltentsagung.

Die Größe des *Genji Monogatari* liegt in der feinfühligen Differenzierung der Charaktere und ihrer Vernetzung zu einem subtilen System von Gedanken und Gefühlen, das in seinen ästhetischen, existentiellen und religiösen Dimensionen auch philosophisch von Bedeutung ist.

Werk: Genji Monogatari, I–VI, hg. v. Yamagishi Tokuhei, 1965; Murasaki Shikibu. Her Diary and Poetic Memoirs, übers. v. R. Bowring, 1982; The Tale of Genji. A Novel in Six Parts. übers. v. A. Waley, 1935/1960; The Tale of Genji I–II, übers. v. E. G. Seidensticker, 1976; Genji Monogatari. Die Geschichte vom Prinzen Genji. Altjapanischer Liebesroman aus dem 11. Jahrhundert, verfaßt von der Hofdame Murasaki, I–II, übers. v. O. Benl, 1966; Die Geschichte vom Prinzen Genji wie sie geschrieben wurde um das Jahr eintausend unserer Zeitrechnung von Murasaki, Hofdame der Kaiserin von Japan, I–II, aus dem Engl. übers. v. H. E. Herlitschka, 1987.

Literatur: R. Bowring: The Tale of Genji, 1988; S. Kato: Geschichte der Japanischen Literatur. Die Entwicklung der poetischen, epischen, dramatischen und essayistisch-philosophischen Literatur Japans von den Anfängen bis zur Gegenwart, 1990; Sechsunddreißig Dichterinnen des Alten Japan. Höfische Dichtkunst der Heian- und Kamakura-Periode (9. bis 13. Jh.). Ein Album mit Illustrationen von Chobunsai Eishi, eingef. u. übers. v. A. J. Pekarik, 1992; W. J. Puette: The Tale of Genji by Murasaki Shikibu. A Reader's Guide, 1992; E. Seidensticker: Murasaki Shikibu, in: *Kodansha Encyclopedia of Japan* V, 1983; WomBio; WP.

Katharina Fietze

Simmel, Gertrud

deutsche Philosophin, *1864, †1938

S. wurde 1864 geboren. Ihre Eltern ließen sie zwar katholisch taufen, sie wurde jedoch von ihrer Mutter im protestantischen Glauben erzogen. Ihr Vater, der Eisenbahningenieur und Ministerialbeamte Kinel, war der Ansicht, daß S. und ihre beiden Schwestern wirtschaftlich unabhängig sein sollten und ermöglichte ihnen eine Ausbildung als Lehrerin. S. verbrachte außerdem als Zeichenstudentin mit ihrer Freundin Sabine Graef einige Zeit in Paris. 1890 heiratete S. den Philosophen Georg Simmel, den sie über den Bruder ihrer Freundin kennengelernt hatte. Ein Jahr später wurde ihr Sohn Hans geboren.

S. begleitete den ›Denkweg‹ ihres Mannes, indem sie seine Vorlesungen hörte und seine Schriften las. Aber ihre eigenen philosophischen Überlegungen weisen einen durchaus eigenständigen Ansatz auf, und sie sparte nicht mit Kritik am Werk ihres Mannes. Interessiert verfolgte sie die aktuelle philosophische Diskussion und war unter anderem von Spenglers *Untergang des Abendlandes* sehr beeindruckt. 1906 veröffentlichte sie ihr erstes Buch *Vom Sein und Haben der Seele*, dem als Motto zwei Zeilen von Stefan George vorangestellt sind. S.s langjährige Freundin Marianne Weber berichtet in ihren Lebenserinnerungen, daß S. mit dem Dichter befreundet war, bis es durch das Pamphlet eines George-Schülers gegen die Frauenbewegung und die ›freie, vergeistigte Frau‹ zum Bruch kam. S. hatte sich für die Veröffentlichung ihres ersten Werkes das Pseudonym Marie Luise Enckendorff gewählt, unter dem auch ihre übrigen philosophischen Schriften erschienen. 1910 beschäftigte sie sich in der Abhandlung *Realität und Gesetzlichkeit im Geschlechtsleben* mit dem Verhältnis von Mann und Frau in der Ehe. Die ›erotischen Fragen‹ und das ›Wesen der Frau‹ waren zu Beginn des 20. Jahrhunderts beliebte Sujets wissenschaftlicher Betrachtung, auch Georg Simmel veröffentlichte während dieser Zeit mehrere Aufsätze zu diesem Thema.

Die Zeit des Ersten Weltkrieges verbrachte das Ehepaar in Straßburg, wo Georg Simmel eine Professur erhalten hatte. 1918 starb Georg Simmel. S. mußte kurze Zeit später, bei Kriegsende, aus Straßburg flüchten. Sie kam zunächst in Heidelberg, dann in Berlin bei Freunden und Verwandten unter und zog schließlich mit ihrem Sohn nach Jena. Während der Kriegsjahre hatte sie an einem neuen Buch gearbeitet, daß 1919 unter dem Titel *Über das Religiöse* erschien. Nach der Heirat ihres Sohnes kümmerte sie sich ab 1923 viel um ihre Enkelkinder, da beide Elternteile als ÄrztInnen tätig waren. Ihr 1927 veröffentlichtes Werk *Kindschaft zur Welt* enthält neben einer umfassenden Kritik der modernen Gesellschaft auch einige Gedanken zur Kindererziehung nebst anschaulichen Beispielen.

Als die Nationalsozialisten 1933 an die Macht kamen, lebte

die Familie in Gera. S. war von Anfang an gegen die Nazis eingestellt. Da ihre Schwiegertochter Jüdin war, wurde S.s Sohn kurzzeitig inhaftiert. Die Simmels siedelten anschließend nach Stuttgart über, S. bestand auf einer eigenen Wohnung, um sich ihre Selbständigkeit zu erhalten. Sie las viel, unter anderem das Neue Testament auf griechisch, wie Marianne Weber sich erinnert. Im Sommer 1938 starb S. Ihre Familie konnte sich, nach einer erneuten Inhaftierung von Hans in einem Konzentrationslager, über England in die USA retten.

Die Philosophie S.s ist religiös geprägt, nicht im Sinne einer bestimmten Konfession, sondern durch den Glauben an die metaphysische Verbundenheit von Mensch und Welt in einem Gott, der das ganze Dasein umfaßt. Dieser eine Gott, den S. vor allem durch die Liebe gekennzeichnet sieht, ist der Unergründliche, der mit den Mitteln der Erkenntnis nicht erfaßbar ist. Um das Göttliche zu erfahren, um mit dem Gott als ›ein Liebendes‹ zu leben und damit seiner Bestimmung zuzustreben, muß der Mensch seiner durch die geschichtliche Entwicklung bedingten ›Zweidimensionalität‹ entgegenwirken, der die Tiefe und das Gefühl für das Metaphysische fehlt. Nur so kann er das Gesetz der Seele verwirklichen, ein Ganzes, eine Totalität zu sein, die sich aus sich selbst zur Vollkommenheit, zur von Gott gegebenen Form entfaltet. Das anthropologische Konzept S.s betont den einzelnen/die einzelne und die eigene Verantwortung für sich selbst. Er/Sie muß die Seele formen, neben den intellektuellen Kräften auch die intuitiven und instinktiven Vermögen, die Gefühle und den Glauben zulassen. Er/Sie muß ›sich selbst haben‹ und sich in der Welt zu Hause fühlen, um das eigene Menschsein zu erfüllen, anderen mit Achtung begegnen und im Einklang mit dem Geheimnisvollen und Absoluten der Welt leben zu können.
Von diesem religiös-anthropologischen Ansatzpunkt aus kritisiert die Philosophin das kirchlich-dogmatische Christentum, das das diesseitige Leben gering achtet, und die Industriegesellschaft zu Beginn des 20. Jahrhunderts, die sie

als ›Intellektchaos‹ bezeichnet. Denn die Herrschaft des Verstandes, des Zweckdenkens und die Konzentration auf die Empirie sowie die Isolation des Menschen untereinander empfindet S. als ›Wesensverwirrtheit‹. Um zum Sein, zum Leben, zur metaphysischen Wurzel des Menschen zurückzufinden, »tut die Erziehung not alles dessen, was nicht Verstand ist im Menschen«. Wesentlich zum Menschen gehört für S., daß er für sich Verantwortung übernimmt. Es ist seine Pflicht, frei zu sein. Diese Aufforderung an den Menschen legt sie auch ihrer Analyse der Ehe und des Geschlechterverhältnisses in ihrem Werk *Realität und Gesetzlichkeit im Geschlechtsleben* zugrunde und kommt zu dem Schluß, daß die Frauen an ihrer Situation als unterdrückte ›Menschen zweiter Ordnung‹ nicht schuldlos sind. Sie spricht vielmehr von einer »metaphysischen Schuld der Frauen«, da diese die Verantwortung für sich selbst von sich weggeschoben haben. Das weibliche Geschlecht stützt sich ihrer Auffassung nach nicht auf sich selbst, wagt nichts, sondern geht völlig im Verhältnis zum Mann und zu den Kindern auf. Unter dem Deckmantel des Altruismus opfert die Frau sich auf, ohne zu begreifen, daß der Mensch immer zunächst die Forderung gegen sich selbst erfüllen muß, um der Idee des Menschen gerecht zu werden. In dieser Selbstaufgabe sieht S. die Schuld der Frauen, auch wenn sie persönlich schuldlos sind. Die Frauenbewegung scheint ihr jedoch ein Anfang zu sein, um sich »von dem Aufgehen in männliches Wesen und männliche Forderung zu befreien«. Die Frauen sollten sich aber, so betont sie, nicht durch die Opposition zum Mann definieren, sondern zu einer selbständigen Persönlichkeit finden.

Das Verhältnis von Mann und Frau krankt, laut S., aber auch daran, daß es für den Bereich des erotischen, geschlechtlichen Lebens kein bejahendes Prinzip, keine verbindliche Norm gibt. Die christliche Ehe gilt ihr nur als ein Kompromiß, bei dem die sexualfeindlichen, asketischen Ideale des Christentums durchscheinen. »Die christliche Ehe ist die gesellschaftliche Einhäuselung des Unreinen; das Geschlechtliche hat in ihr seinen Ort, wie der Kehricht seinen Ort hat.« (1) Und auch die bürgerliche Ehe als staatliche Institution, die das geschlechtliche nur legitimiert und gleichzeitig einem Menschen Gewalt über den anderen gibt, ist nicht geeignet, ein Gesetz zu stiften, das die Geschlechtlichkeit als ›Lebensidee‹ repräsentiert. Das Prinzip für die Geschlechtsliebe sieht S. vielmehr in Anlehnung an Nietzsche in dem Satz: »Du sollst dich nicht fortpflanzen, sondern hinauf.« Hierin drückt sich für sie die »Idee der Erhöhung der Menschheit nach allen Richtungen menschlicher Existenz als der Erfüllung eines metaphysischen Sollens in ihr« (1) aus. Gegen die Kritik an diesem eugenisch anmutenden Prinzip wandte sie später ein, daß es ihr dabei nicht um den Gattungszweck, sondern um die Liebenden gehe, die sich eins fühlen mit der Welt und mit Gott.

Werk: Vom Sein und Haben der Seele. Aus einem Tagebuch, 1906; Realität und Gesetzlichkeit im Geschlechtsleben, 1910; Über das Religiöse, 1919; Kindschaft zur Welt, 1927; außerdem ein nicht veröffentlichtes Novellenmanuskript.
Literatur: M. Weber: Lebenserinnerungen, 1948; M. Ulmi: Frauenfragen, Männergedanken. Zu Georg Simmels Philosophie und Soziologie der Geschlechter, 1989; Vorwort v. H.-J. Dahme/K.Ch. Kühnke: Georg Simmel, Schriften zur Soziologie und Philosophie der Geschlechter, 1985.

Claudia Müller

Somerville Fairfax, Mary
schottische Wissenschaftlerin, *1780, †1872

S. wurde 1780 als einzige Tochter des Leutnants und späteren Admirals William Fairfax und Margaret Charters in Schottland geboren. Mit zwei Brüdern und ihrer Mutter, ihr Vater war wegen seines Berufes oft für längere Zeit abwesend, lebte S. in großer Einfachheit im Sommer in Burntisland, im Winter in Edinburgh. Dort wuchs sie in enger Verbindung mit der Natur relativ wild auf. Mit neun Jahren konnte sie nicht schreiben und kaum lesen und rechnen. Als ihr Vater dies feststellte, wurde sie für ein Jahr in eine Privatschule geschickt, wo sie das Nötigste lernen sollte. Abgesehen von dem üblichen Unterricht in Tanzen, Musik und Zeichnen, bestand darin ihre ganze formale Bildung. Ihr Interesse für Mathematik wurde zufällig geweckt, als sie, inzwischen fünfzehn Jahre alt, beim Durchblättern einer Zeitschrift auf ein Rätsel stieß, dessen Lösung in für sie seltsamen Symbolen, nämlich algebraischen Gleichungen, gegeben war. Als sie sich daraufhin Kopien von Mathematikbüchern besorgte, waren ihre Eltern schockiert und versuchten, sie von dieser Beschäftigung abzubringen.

1804 heiratete sie Samuel Greig, einen entfernten Vetter, der weder Kenntnisse besaß noch an Wissenschaft interessiert war und der Frauen intellektuelle Fähigkeiten absprach. S. lebte bis zu seinem Tod 1807 mit ihm und ihren beiden Söhnen, von denen einer bereits als Kind starb, in London. Als Witwe kehrte sie zu ihren Eltern nach Edinburgh zurück, wo sie aufgrund eines finanziellen Erbes ein relativ unabhängiges Dasein führen konnte, das ihr ermöglichte, intensiv mit mathematischen Studien zu beginnen. Auf Empfehlung des späteren Mathematikprofessors Wallace, las sie eine kleine Kollektion meist französischer Mathematikbücher und schließlich auch Newtons *Principia*.

1812 heiratete S. den gebildeten, auslandserfahrenen Armee-Arzt William Somerville, einen nahen Vetter. Er vertrat, wie S., die z.B. Mills Petition für das Frauenstimmrecht unterschrieb, liberale und fortschrittliche Ansichten. So befürwortete er auch die akademische Bildung von Frauen und ermutigte und unterstützte S. zeitlebens nachdrücklich in ihrer wissenschaftlichen Arbeit. Nach ihrer Übersiedlung 1816 nach London, wurden beide zu bekannten und gefragten Mitgliedern der dortigen wissenschaftlich-literarischen Gesellschaft. Auf einer Reise zum Kontinent 1817 trafen sie in Paris, in der Schweiz und in Italien mit den namhaftesten Wissenschaftlern ihrer Zeit zusammen. Von der ›scientific community‹ wurde S., nach eigenen Aussagen, anerkannt und nicht mit Herablassung behandelt. Sie wurde als ›scientific lady‹ akzeptiert, weil sie trotz ihrer wissenschaftlichen Ambitionen ihre ›weiblichen‹ Pflichten als Hausfrau und Mutter niemals vernachlässigte.

Einige Jahre nach dem Tod ihrer ältesten Tochter 1824 entwickelte sich S.s ausgeprägtes Interesse an der Wissenschaft zu einer professionellen Tätigkeit. Am 27. 3. 1827 wurde sie von einem Verleger gebeten, einen Abriß von Laplaces *Mécanique céleste* zu verfassen, um dieses bedeutende Werk auch in England bekannt zu machen. Nach anfänglichem Zögern, erst nachdem ihr versprochen wurde, ihre Arbeit geheimzuhalten und ihr Manuskript zu verbrennen, falls es sich als nicht zufriedenstellend erweisen würde, willigte S. ein. Sie kannte Laplace persönlich und stand bis zu seinem Tod 1827 mit ihm in einem wissenschaftlichen Briefwechsel. Nach vier Jahren konnte sie das Ergebnis ihrer Arbeit präsentieren. 1831, sie war mittlerweile siebenundvierzig Jahre alt, erschien ihre erste Publikation *The Mechanism of the Heavens*, die ein voller Erfolg wurde. Zu ihren engsten wissenschaftlichen Diskussionspartnern zählten der Astronom John Herschel und der Physiker Faraday. 1834 veröffentlichte sie *On the Connexion of the Physical Sciences*, das begeistert aufgenommen wurde. Nach dem Auftreten des Halleyschen Kometen im August 1835 publizierte sie im Dezember ein Resümee der wichtigsten Theorien zu diesem Phänomen. Es folgten die Bücher *Physical Geography* 1848 und *On Molecular and Microscopic Science* 1869, S. war inzwischen 89 Jahre alt.

Um der Gesundheit ihres Ehemanns willen ließ sich S. mit ihm und ihren beiden Töchtern, nach zahlreichen Reisen auf den Kontinent, 1840 endgültig in Italien nieder. Durch Vermittlung ihres noch in England lebenden Sohnes, durch Briefe und Besuche ihrerseits oder ihrer britischen Freunde blieb sie noch für lange Zeit ein Teil der heimischen Wissenschaftsszene, doch nach 1850 stand sie nicht mehr in deren Zentrum. Verwitwet und in Trauer um ihren verstorbenen Sohn schrieb S. in den letzten Jahren vor ihrem Tod 1872 eine Autobiographie, die 1873 von einer ihrer Töchter herausgegeben wurde. Diese Schrift, die eine Zeit von fast hundert Jahren umfaßt, ist nicht nur als Bericht über S.s eigenes außergewöhnliches Leben interessant, sondern auch wegen der Schilderung der intellektuellen Szene des 19. Jahrhunderts, zu der S. gehörte.

Von S.s experimenteller Arbeit sind nur drei kurze Schriften publiziert worden, die sie nicht einmal selbst bei der ›Royal Academy‹ bzw. der ›Académie des Sciences‹ eingereicht hat. Sie untersucht erstens Lichtstrahlen auf Magnetismus, zweitens verschiedenste Körper auf ihre Lichtdurchlässigkeit und drittens die Wirkung einzelner Strahlen des Spektrums auf Pflanzen und andere Substanzen.

The Mechanism of the Heavens ist keine bloße Übersetzung von Laplaces Werk, welches in Vollendung von Newtons Himmelsmechanik und Gravitationstheorie die physikalische Stabilität des Sonnensystems beweist, sondern dessen Einführung, Erläuterung und Darstellung zugleich. S. ist bestrebt, Laplaces mathematische Methode zu erklären, durch die die Resultate aus einer einzigen allgemeinen Bewegungsgleichung deduziert werden. Dazu ergänzt sie Laplaces Ausführungen, falls erforderlich, durch Diagramme oder vervollständigt sie durch Beweise für verschiedene Sätze aus Mechanik und Astronomie. In einem Vorwort, welches als separater Band neuaufgelegt wurde, liefert S. den für die LeserInnen erforderlichen Hintergrund. Ihr Buch muß als ein entscheidender Beitrag zur Modernisierung der englischen Mathematik gewertet werden. Für fast hundert Jahre diente es als Unterrichtswerk für höhere Mathematik und Astronomie.

On the Connexion of the Physical Sciences präsentiert in für Spezialisten und wissenschaftlich interessierte LeserInnen verständlicher Form die neuesten Ideen und Ergebnisse physikalischer Forschung. Das Werk trägt maßgeblich dazu bei, den zu dieser Zeit noch unbestimmten Begriff ›physikalische Wissenschaft‹ zu definieren. Neben physikalischer Astronomie werden vor allem die Entwicklungen in den Bereichen Optik, Wärme, Elektrizität und Magnetismus aufgezeigt. Aber auch klassische Gebiete wie Mechanik, Hydrostatik, Pneumatik, Meteorologie und Akustik werden behandelt. Die Darstellung ist beschreibend, d.h. formale mathematische Beweise oder Diagramme werden in den Anhang verlegt. Zwischen 1834 und 1877 erscheint das Buch zehnmal. Für jede neue Auflage, außer der letzten, wird es von S.

überarbeitet und aktualisiert. 1877 ist sein Umfang auf das Vierfache angewachsen. Es wird ins Französische, Deutsche und Italienische übersetzt. Der Physiker Maxwell bezeichnet das Werk als eines, welches die leitenden Ideen, die in den Köpfen der Wissenschaftler arbeiten und sie zu Entdeckungen führen, ohne daß sie sie endgültig formulieren könnten, in eine definitive und einsichtige Form bringt.

Physical Geography, welches sieben Auflagen erreicht, beschreibt die Erde mit ihren Meeren, ihrem Klima, ihren Tieren und Pflanzen in ihrem gegenwärtigen Zustand, geht aber auch auf geologische Entstehungsprozesse ein. Da einige Wochen vor ihrem Buch ein ähnliches Werk, nämlich der erste Band von Humboldts *Kosmos* erschien, wollte S. ihr Manuskript erst verbrennen, und nur ihr Ehemann und John Herschel konnten sie davon abhalten.

On Molecular and Microscopic Science ist nicht so erfolgreich wie seine Vorgänger. Es handelt von der Konstitution der Materie und der Struktur mikroskopischer Organismen. In allen ihren Schriften geht es S. darum, nicht nur den Forschungsstand einer Disziplin darzulegen, sondern gleichzeitig wechselseitige Zusammenhänge verschiedener Wissenschaften und anderer Erkenntnisse aufzudecken. Alle ihre Bücher (außer der Laplace-Übersetzung) betonen die Interdependenzen, die in der Natur und im Studium von Naturerscheinungen gefunden wurden. S. zitiert Bacon, wenn sie auf der Titelseite einiger Auflagen von *Physical Sciences* schreibt: »No natural phenomenon can be studied by itself alone but, to be understood, it must be considered as it stands connected with all nature.« (Kein natürliches Phänomen kann für sich allein studiert werden, sondern es muß, um verstanden zu werden, so betrachtet werden, wie es mit der gesamten Natur verbunden ist.) Der Fortschritt der modernen Wissenschaft besteht für S. in einer Vereinfachung der Naturgesetze und einer Vereinheitlichung einzelner Zweige durch allgemeine Prinzipien. Durch ihre Darstellung von Wissenschaft trägt S. entscheidend dazu bei, Paradigmen zu schaffen, die, nach Kuhn, von erheblicher Bedeutung für den wissenschaftlichen Fortschritt sind.

Werk: The Mechanism of the Heavens, 1831; A Preliminary Dissertation on the Mechanism of the Heavens, 1831; On the Connexion of the Physical Sciences, 1834; De la connexion des sciences physiques où expose et rapide de tous les principaux phenomènes astronomiques, physiques, chimiques, géologiques, et météorologiques, accompagné des découvertes modernes, tant français qu'ètrangers, 1839; Ueber den Halleyschen Cometen ..., in: *Quarterly Review*, 105, Dez. 1835, S. 195-233; Physical Geography, 1848; On Molecular and Microscopic Science, 1869; Personal Recollections From Early Life to Old Age of Mary Somerville, With Selections From Her Correspondence, hg. v. M. Somerville, 1873.
Literatur: M. Alic: Hypathias Töchter, 1987; L. M. Osen: Women in Mathematics, 1984; M. B. Ogilvie: Women in Science, 1986; E. C. Patterson: Mary Somerville, in: *British Journal for the History of Science*, 4, 1969, S. 311-339; E. C. Patterson: *Somerville*, in: *Dictionary of Scientific Biography*, hg. v. Ch. C. Gillispie, Bd. XII, 1975; E. C. Patterson: Mary Somerville and the cultivation of Science, 1815-1840, 1983 (ausführliche Bibliographie); HWP.

Ulrike Klens

Sontag, Susan
amerikanische Philosophin und Schriftstellerin, *1933

S. wurde 1933 in New York als Tochter eines Exportkaufmannes und einer Lehrerin in die jüdische ›middle class‹ hineingeboren. Ihre frühe Kindheit verlebte sie bei den Großeltern. Schon mit 16 studierte sie in Berkeley, mit 17 an der renommierten University of Chicago, später promovierte sie in Harvard. 1951 heiratete sie den Soziologen Philip Rieff und gebar 1952 ihren Sohn David. Während der kurzen Zeit ihrer Ehe begegnete sie Paul Tillich, → Hannah Arendt und Herbert Marcuse, der ein Jahr bei den Rieffs lebte. Nach ihrer Scheidung 1958 zog S. mit ihrem Sohn nach New York.

S. ist eine der bekanntesten zeitgenössischen amerikanischen Autorinnen. Weltruhm erlangte sie vor allem durch ihre kunst-, kultur- und zeitkritischen Essays. Ihr anscheinend unerschöpflicher Assoziationshorizont, ihre Schriften, die sich den unterschiedlichsten Themen widmen und sich einer Vielzahl von Textsorten zuordnen lassen, ihre produktive Variabilität und ihr politischer Aktivismus jenseits gängiger Klassifikationen machen es beinahe unmöglich, sie in irgendeiner Form zu kategorisieren. Sie selbst versteht sich als Moralistin und Philosophin, aber mehr noch als Literatin. In einem Interview mit der TAZ (7. 7. 89) sagt sie über sich selbst: »Soziologisch bin ich eine Intellektuelle, aber ich habe kein Interesse mich soziologisch zu sehen. Ich definiere mich als Schriftstellerin.«

Eine systematische Darstellung ihrer Ideenwelt verbietet sich bei S.s thematischem wie methodischem Eklektizismus von selbst. Die Vorstellung ihres Werkes wird sich im folgenden daher einerseits chronologisch ausrichten, zum anderen unter thematischen bzw. methodologischen Bündelungen vollziehen.

1963 veröffentlichte S. ihren ersten Roman *The Benefactor*, 1966 (Der Wohltäter), der ein Amalgam aus Traumwirklichkeit und Alltagsrealität darstellt (»Ich träume, daher bin ich«). Ihren ›romantischen‹ Stil der Psychologisierung und Innerlichkeit, der zuweilen an Highsmith erinnert, entwickelt sie weiter in dem Roman *Death Kit*, 1967 (Todesstation) und der Kurzgeschichtensammlung I, *Etcetera*, 1978 (Ich, etcetera). Selbst ihr Drama *Alice im Bett* (Uraufführung Bonn 1991), das das Leben der Alice James, Schwester des amerikanischen Autors Henry James, in Szene setzt, bleibt romanhaft subjektiv, als es eine nach außen gekehrte Innenwelt darstellt, die Verbildlichung von Imaginationen, Träumen, Phantasiewelten. Ihr neuester Roman *Volcano Lover*, 1992 (Der Liebhaber des Vulkans), gibt sich dem Zeitgeist entsprechend postmodern: die historische Liebesgeschichte zwischen Lord Nelson und Lady Hamilton bildet die Folie für zahlreiche Kurzessays, Kommentare und Reflexionen.

In den 60er Jahren trat S. auch erstmals als politische Aktivistin an die Öffentlichkeit. Wie viele andere Intellektuelle ihrer Generation glaubte sie an einen Sozialismus mit menschlichem Gesicht und polemisierte gegen den Krieg in

Vietnam. 1968 reiste sie auf eine Einladung der nordvietnamesischen Regierung hin nach Hanoi und veröffentlichte ihre eher subjektiven als reportagehaften oder analytischen Betrachtungen unter dem Titel *Trip to Hanoi*, 1969 (Reise nach Hanoi).

Weitere politisierende Werke sind der Film *Promised Lands* (1974), eine Dokumentation über den Nahost-Konflikt und der Band *Styles of Radical Will*, der 1969 erschien und die Befindlichkeit einer ganzen Generation thematisierte.

Trotz ihres Engagements hat sich S. allerdings nie einer Partei angeschlossen oder sich als politische Autorin mit einem festen ideologischen Hintergrund verstanden. So sagte sie 1978 in einem Interview in der *Zeit*: »Ich kann es nicht narzistisch finden, wenn ich nicht irgendeine Gläubigkeit, eine Ideologie oder gar eine politische Bewegung bediene. Der freischaffende Schriftsteller agiert als eine Art freischwebendes Gewissen.« Viele ihrer AnhängerInnen fühlten sich dann auch brüskiert, als die als linke Leitfigur gefeierte S. 1982 auf einer Sympathiekundgebung für die polnische Gewerkschaft ›Solidarität‹ den Kommunismus als einen »Faschismus mit menschlichem Angesicht« bezeichnete.

S.s Durchbruch in der literarischen Welt geht auf das Jahr 1966 zurück, in dem sie auf der Tagung der Gruppe 47 in Princeton Aufsehen erregte und in dem sie ihre erste Essay-Sammlung, *Against Interpretation*, 1968 (Kunst und Antikunst) veröffentlichte. Die Essays, die einen brillanten Streifzug durch die zeitgenössische abendländische Welt des Films und der Literatur darstellen, beziehen sich hauptsächlich auf europäische Literaten und Regisseure, wie Sartre, Camus, Leiris, Genet, Cocteau, Bresson, Resnais, Godard, Antonioni, Pavese, Brecht, Kafka, Hochhuth und Weiss. Neben einem Essay über Pornographie, in dem sie eine kritische Würdigung pornographischer Literatur wagt, fand vor allem der Titelaufsatz *Against Interpretation* weltweit große Beachtung als Manifest einer neuen Sensibilität. Die Art der ›Interpretation‹, gegen die S. sich hier wendet, ist die ›ideologische‹ (z.B. psychoanalytische/marxistische) Variante, die versucht, jeden Text auf einen systemhaften, ›wahren‹ Subtext hin zu deuten. Einem solchen inhaltlich orientierten Verfahren stellt S. eine Ästhetik des Stils, der Form, der Oberfläche gegenüber, die das Kunstwerk in ihrem So-Sein beläßt. Anstatt ein Kunstwerk mit einem bestimmten Begriffsbesteck zu zergliedern, sollte ein Rezipient zu einem sinnlichen Erlebnis des Kunstwerks finden: Anschauung statt Abklärung, ›Erotik‹ statt ›Hermeneutik‹ der Kunst.

1980 veröffentlichte S. einen weiteren Band mit Essays *Under the Sign of Saturn* (dt: Im Zeichen des Saturn, 1981); ergänzt um einen Essay über Cioran, der schon in *Styles of Radical Will* veröffentlicht worden war). Neben Porträts von Artaud, Benjamin, Barthes und Canetti finden sich in der Sammlung zwei Auseinandersetzungen unterschiedlicher Art mit dem Thema Film und Faschismus. Zum einen zeigt sich S. von Syberbergs Hitler-Film positiv beeindruckt; zum anderen analysiert sie in dem Aufsatz *Faszinierender Faschismus* das Verhältnis von Ästhetik und Moral am Beispiel der Filme Leni Riefenstahls.

S.s Interesse für den Film ist im übrigen nicht nur theoretischer Natur: neben dem schon erwähnten Dokumentar-Film *Promised Lands* drehte sie drei weitere Filme, allerdings mit fiktionalem Charakter: *Duet for Cannibals* (1969), *Brother Carl* (1971) und *Unguided Tour* (1983). Dem gleichermaßen optischen Medium Fotografie widmete sie 1977 einen eigenen Essay-Band: *On Photography* (Über Fotografie, 1978), der an die filmästhetischen und sozialgeschichtlichen Aufsätze Kracauers und Benjamins aus den zwanziger und dreißiger Jahren erinnert und an diese anknüpft. Im Zentrum ihrer Betrachtungen steht die Frage nach dem Verhältnis zwischen Bild (der Photographie) und Wirklichkeit. Ihre Hauptthese ist, daß die Photographie grundsätzlich das Dargestellte ästhetisiert und damit entwirklicht, gleichzeitig aber mit dem Anspruch der Authentizität auftritt. Die photographierte Welt, die in Realitätsfragmente zerfällt, hat als Wirklichkeit zweiten Grades surrealen Charakter und ist in ihrem puren Ästhetizismus der Oberfläche geschichtsfeindlich und reaktionär.

In den 70er Jahren wurde S. krebskrank, und ihr Kampf mit

der Krankheit war unter anderem auch ein Wortgefecht. 1978 veröffentlichte sie den Lang-Essay *Illness as Metaphor* (Krankheit als Metapher), in dem sie am Beispiel von Tuberkulose und Krebs aufzeigt, wie Krankheiten metaphorisiert, mystifiziert und psychologisiert werden und welche Folgen eine solche Metaphorisierung zeitigt. Während die Tuberkulose, so lange ihre Ursache noch unbekannt war, ästhetisiert wurde und als die Krankheit der Künstler und Vergeistigten galt, werden mit dem Krebs Bilder der Gewalt und Aggression verbunden. S. wendet sich vehement gegen die Psychologisierung beider Krankheiten (als Mißverhältnis in der Ökonomie der Leidenschaften), was dem Kranken die Schuld für seinen Zustand zuschiebt und ihn stigmatisiert. Ihre Hauptthese bzw. -forderung ist, »daß Krankheit keine Metapher ist«, daß sie nüchtern zu sehen ist, damit rechtzeitig Heilung möglich werden kann.

1989 hat S. in ihrem Aufsatz *AIDS and its Metaphors* (AIDS und seine Metaphern) ihre Untersuchungen zu dem Thema Krankheit und Metaphern auf die neueste und gefährlichste Geißel der Menschheit ausgedehnt. So wird AIDS einerseits wie der Krebs als Invasion verstanden, andererseits wie die Syphilis als Verunreinigung. Die Hauptmetapher für AIDS ist allerdings die Pest, da beide Krankheiten ›aus der Fremde‹ kommen. Die AIDS-Epidemie stellt sich dar als »ideale Projektionsfläche für die politische Paranoia der Ersten Welt«, und so kann der Virus potentiell für jede ›mythologische Bedrohung‹ stehen: für die Subversion, die unkontrollierte Umweltverschmutzung oder eine unkontrollierte Einwanderung aus der Dritten Welt. AIDS, so S. wörtlich, »erscheint als Inbegriff all jener Katastrophen, die privilegierte Populationen auf sich zukommen fühlen«.

S. hat zahlreiche Preise gewonnen und ist von 1987–89 Präsidentin des PEN-Clubs gewesen.

Werk: Ich, etc. 1982; Todesstationen, 1985; Camps, 1987; Aids und seine Metaphern, 1989; Im Zeichen des Saturn, 1990; Alice im Bett, 1991; Kunst und Antikunst, 1991; Krankheit als Metapher, 1992; Über Photographie, 1992; Der Liebhaber des Vulkans, 1993; Der Wohltäter, 1993.

Literatur: P.v. Becker: Wie verhält sich das Bild zur Welt? Zu Susan Sontags Essay-Band *Über Photographie*, in: *Süddeutsche Zeitung*, 8./9. Juli 1978; P. Brooks: Death of/as Metaphor, in: *Partisan Review* 46, 1979, Heft 3, S. 438–444; H.E. Holthusen: Abenteuer der kritischen Phantasie. Über Susan Sontag und ihr neues Buch, in: *Merkur* 36, 1982, S. 254–265; L. MacCaffery: Death Kit: Susan Sontags *Dream Narrative*, in: *Contemporary Literature* 20, 1979, Heft 4, S. 484–499; C. Nelson: Soliciting Self-knowledge: The Rhetoric of Susan Sontags Criticism, in: *Critical Inquiry* 6, 1980, Heft 4, S. 707 bis 726; M. Plessner: Verteidigung der Metapher. Zu Susan Sontags *Krankheit als Metapher*, in: *Merkur* 3, März 1979, S. 280–284; S. Sayres: Susan Sontag, The Elegiac Modernist, 1990; dies: The Practice of Modernity, 1990; B. Taylor: A Centered Voice: Susan Sontags Short Fiction, in: *The Georgia Review* 34, 1980, Heft 4, S. 907–916; L. Wieseltier: Ideas in Season, in: *Partisan Review* 49, 1982, Heft 3, S. 420–428; WomBio.

Ellen Zirden

Sophie von der Pfalz/von Hannover
deutsche Gelehrte, *1630, †1714

S. wurde am 14. Oktober 1630 in Den Haag geboren. Sie war das zwölfte Kind des Kurfürsten Friedrich V. von der Pfalz und der Elisabeth Stuart, Tochter König Jakobs I. von England, was ihr nach dem Act of Settlement (1701) ermöglichte, das Erbe der Thronfolge in England anzutreten. Dennoch blieb ihr größter Wunsch, als Königin zu sterben, unerfüllt; ihr ältester Sohn, Georg Ludwig, bestieg als Georg I. den englischen Thron (1714). Ab 1661 war sie, durch ihre Ehe mit Ernst August, Herzogin zu Braunschweig-Lüneburg; ab 1692 Kurfürstin von Hannover. Sie war Mutter, auch von → Sophie Charlotte von Preußen, weshalb sie in der Geschichte als ›Mutter der Könige‹ bekannt ist.

S. spielte eine wichtige Rolle als Gönnerin und Gesprächspartnerin von G. W. Leibniz. Ihre Werke bestehen aus ihren *Memoiren* und vielen hinterlassenen Briefen, die eine fast unerschöpfliche Fundgrube für die Kulturgeschichte des 17. Jahrhunderts sind.

Das Hauptthema ihres Briefwechsels ist die Politik – vor allem die Hauspolitik, d. h. die dynastischen Interessen ihres Fürstenhauses. Aber diese politische Vorliebe bedeutete keine Vernachlässigung des geistigen Interesses an ihrer Zeit. Deshalb war der Gedankenaustausch mit Leibniz, der immer mehr zu ihrem vertrauten Freund wurde, für sie anscheinend von großer Wichtigkeit. Im gleichen Maße waren die Gespräche mit der scharfsinnigen Kurfürstin für den Philosophen im geistlosen Hofleben von großem Wert; er bewunderte sie aufgrund ihrer Anfragen, Einwürfe und Antworten. Von philosophischer Bedeutung ist neben ihrem Briefwechsel mit Leibniz auch teilweise der Briefwechsel mit ihrer Nichte, Elisabeth Charlotte (Liselotte) von Orleans.

S.s *Memoiren* sind im Winter 1680/81 in Französisch verfaßt worden. Von großem kulturellen und literarischen Wert sind die Ausführungen über Erlebnisse während ihrer Reisen in andere Länder, die sie noch als Bischöfin von Osnabrück (1662–1680) machte, vor allem die Schilderung der Eindrücke bei ihrem Aufenthalt am Hofe Ludwigs XIV., als sie im Sommer 1679 Liselotte von Orleans – Schwägerin des Sonnenkönigs – besuchte. In dem wertvollen Selbstbildnis, das S. in ihren *Memoiren* hinterließ, sprach sie von ihrer intellektuellen Erziehung leider nur flüchtig. Sie beherrschte bereits als Zehnjährige mindestens Französisch, Englisch und Deutsch und lernte leicht und schnell. Was ihre intellektuellen Fähigkeiten angeht, fühlte sie sich weit entfernt von ihrer ältesten Schwester → Elisabeth von der Pfalz, der späteren Äbtissin von Herford: S. schildert sie als »eine schöne ›zerstreute‹ Gelehrte, die sich in allen Sprachen und Wissenschaften auskannte und mit Descartes korrespondierte« (1). S. konnte nicht ahnen, daß sie in Zukunft die engste und vertrauteste Gesprächspartnerin und Korrespondentin des großen Philosophen Leibniz (den sie 1679 in Herford kennengelernt hatte) sein würde; bis zu diesem Zeitpunkt hatte er sich nur einmal an S. gewandt, und zwar mit einem lobenden Gedicht, dem eine *Elegie* zum Tod ihres Schwagers Herzog Johann Friedrich (1679) folgte.

Die Korrespondenz mit Leibniz begann im Januar 1684 und

endete mit ihrem Tode (am 8. Juni 1714 in Hannover). Es handelt sich um Briefe, denen die Qualität der täglichen Gespräche in Herrenhausen zu entnehmen ist. Neben den Berichten über den Alltag und das höfische Leben stehen im Briefwechsel die politischen Argumentationen an prominenter Stelle, die immer von dynastischen Interessen motiviert waren. Nebenbei bewirkten diese, daß Leibniz mit einigen als Freidenker charakterisierten Diplomaten bekannt wurde, die schließlich eine wichtige Rolle in seiner Entfaltung spielten: So z. B. der Edelmann Thomas Burnett of Kemney, der 1695 Hannover besuchte und der Leibniz den Briefwechsel mit Newton und Locke ermöglichte. Ein anderer aus dem Kreise dieser philosophierenden Diplomaten war John Toland, Mitglied der englischen Gesandtschaft unter Macclesfield, der im August 1701 für einige Tage in Hannover weilte, um S. die Botschaft zu übermitteln, daß sie aufgrund des parlamentarischen Beschlusses Erbin der englischen Krone wurde. Bei diesem Treffen schenkte er ihr ein Exemplar seines Buches *Anglia libera*. Die Visite war für S.s Tochter ein willkommener Anlaß, Toland nach Lützenburg einzuladen, wo er bei weiteren Besuchen mehrmals Leibniz traf.

Was philosophische Fragen betrifft, blieb S. in einer ironischen Distanz. Auch wenn sie sich mit lebhafter Neugierde für die verschiedensten philosophischen Thesen interessierte, schob sie rein metaphysische Abstraktionen beiseite und spielte statt dessen gern ihren realistischen, gesunden Menschenverstand aus, ihren selbständigen Geist sowie ihre Vorurteilslosigkeit, Wißbegier und ihren Witz, die allesamt für Leibniz so anregend waren. S. las die philosophischen Briefe von Leibniz gern und gab sie weiter, um andere mit den Leibnizschen Gedanken vertraut zu machen und Streitgespräche zu fördern. In philosophischen Gesprächen spielte sie daher meist die Rolle einer Vermittlerin und forderte Leibniz dann auf, seine Meinung zu erläutern. Am deutlichsten wird dies bei ihren Bemühungen um den kirchlichen Reunionsversuch: Nach Leibniz' Rückkehr aus Italien (1690) vermittelte sie die Korrespondenz mit Pellison durch ihre

Schwester Luise Hollandine – die zur katholischen Kirche konvertierte Äbtissin von Maubuisson – und durch ihre Sekretärin, Marie de Brinon; ein Jahr später begann Bossuet (Bischof von Meaux) an den Diskussionen teilzunehmen, die eine Fortsetzung des von Spinoza und Molanus in Hannover (1683–1686) vorgenommenen Ausgleiches der kirchlichen Differenzen waren. Das Unternehmen der Wiedervereinigung – hinter der eine politische Vereinigung Deutschlands verborgen war – scheiterte, genau wie die Versuche, die Kurfürstin zur römischen Kirche zu bekehren. Religiöse Interessen waren ein Hauptanliegen in S.s Leben, obwohl sie allen diesbezüglichen Glaubensfragen skeptisch und ironisch gegenüberstand, wie z.B. der Meinungsaustausch über die Propheceiungen der Rosamunde von der Asseburg zeigt: Die Rationalistin S. war mit Leibniz darin einig, daß die scheinbar vorgefallenen ›Wunder‹ ›natürlich‹ erklärbar seien; sie drängte ihn, ihr auch die rationale Zugänglichkeit des ›Übernatürlichen‹ zu erklären. Aus weiteren Briefwechseln wird deutlich, daß Leibniz sich bemühte, S. in abstraktere Reflexionen zu verwickeln, was ihm bei Sophie Charlotte ganz spontan gelang; allerdings erfolgte ein solcher Versuch erst 1694, als S. zwei neu veröffentlichte Werke ihres alten Freundes, des Barons Francois Mercurius van Helmont, an Leibniz schickte, und vor allem anläßlich des sechsmonatigen Besuches von Leibniz in Hannover zwei Jahre später. Bezüglich der Seelenwanderungslehre van Helmonts stellte S. auch nach Leibniz' philosophischer Begründung für die Unsterblichkeit der Seele Fragen – um so mehr, als sie damit auch die Wißbegierde ihrer Nichte Liselotte von der Pfalz befriedigen wollte, die sich mit ihren Briefen als Diskussionsteilnehmerin einmischte. Was S. vor allem Schwierigkeiten machte, war Leibniz' Grundbegriff der ›substances simples‹, der Plural der ›unites‹, der ihr als ein Widerspruch in sich erschien. Sie konnte nicht verstehen, warum für Leibniz die Einheit das oberste Prinzip seiner Philosophie sei; aufs Geld übertragen sehe sie doch, daß eine Einheit nicht so viel wert sei wie tausende.

Solchen Schwierigkeiten folgten zahlreiche Erklärungen seitens Leibniz, um sie von seinen metaphysischen Positionen zu überzeugen, sowie die Stellungnahme zu einem Disput zwischen Georg Ludwig und Molanus über die Materialität oder Immaterialität des Denkens. Aber S. blieb bis zu ihrem plötzlichen Tod im geliebten Herrenhäuser Garten – ohne Pfarrer, wie Leibniz' dichterischer Nachruf es andeutet – bei ihrem realistischen Verstand.

Werk: Die Memoiren der Herzogin Sophie (franz.), hg. v. A. Kächer, 1879.
Literatur: Aus den Briefen der Herzogin Elisabeth Charlotte von Orleans (Liselotte) an die Kurfürstin Sophie, hg. v. E. Bodemann, 2 Bände, 1981; Die Mutter der Könige v. Preußen und England. Memoiren und Briefe der Kurf. Sophie v. Hannover, hg. v. R. Geerds, 1913; M. Knoop: Kurfürstin Sophie von Hannover, 1964 (ausführliche Bibliographie); Die Werke von G. W. Leibniz, Bd. VII–IX (Briefwechsel mit der Kurfürstin Sophie), hg. v. O. Klopp, 1873ff; G. W. Leibniz: Philosophische Werke, 4 Bde., 1996; Filosofía para princesas, hg. v. J. Echeverria, 1989; ders.: Sämtliche Wissenschaften zu Berlin, R. I–VI, Bd. 1ff, 1923ff; G. Utermühlen: Leibniz im Briefwechsel mit Frauen, in: *Niedersächsisches Jahrbuch für Landesgeschichte* 52, 1980, 219–244; ders. Die Rolle fürstlicher Frauen im Leben und Wirken von Leibniz, in: *Studia Leibnitiana*, Sonderheft 16, 1990, 43–60.

Concha Roldán

Sophie Charlotte von Preußen
deutsche Königin und Gelehrte, *1668, †1705

S. wurde am 30. Oktober 1668 in Iburg, im Hochstift Osnabrück, geboren. Sie war die Tochter des Prinzen Ernst August von Hannover (damals Fürstbischof von Osnabrück) und der → Sophie von Hannover. 1684 wurde die sechzehnjährige S. mit dem verwitweten Kurfürsten Friedrich von Brandenburg, später König Friedrich I. von Preußen, vermählt, mit dem sie 1688 einen Sohn, Friedrich Wilhelm, hatte. Ein früher und unerwarteter Tod machte am 1. Februar 1705 in Hannover ihrem Leben ein Ende.

S. war bekannt als persönliche Vertraute und Gönnerin von Gottfried Wilhelm Leibniz, an den sie mehrere Briefe richtete. Mit der Feder setzte sie nur die Diskussionen fort, die sie persönlich mit dem Philosophen führte. Außerdem korrespondierte S. aus demselben Motiv auch mit anderen berühmten Freidenkern, wie Pierre Bayle und John Toland. Als unermüdliche Leserin hatte sie das Verlangen, mit den Autoren über ihre Theorien sachliche Auseinandersetzungen zu führen und ermunterte somit dieselben, ihre Einwände gegeneinander schriftlich niederzulegen. Dieser Briefwechsel forderte ihre Kreativität und Produktivität auf das Höchste.

S. war, im Gegensatz zu ihrer Mutter, von Natur aus an Philosophie interessiert und betrachtete die politischen Aktivitäten nur als ein Mittel zur Förderung der Künste und Wissenschaften. Mit großem Eifer gab sie sich dem Studium der Sprachen (von denen sie bereits als Zehnjährige Englisch, Italienisch, Französisch und die Grundlagen des Lateinischen beherrschte) und der Musik hin. Doch ab 1697 bewegte ihre Seele am meisten das Studium der Philosophie, da sich von diesem Zeitpunkt an der Kontakt zu Leibniz intensiviert haben dürfte. So bezeichnete sie sich als ›Schülerin‹ des Philosophen.

Kein Wunder, daß sie sich im geistlosen Prunk des Berliner Hoflebens, wenngleich sie ihre Pflichtrolle spielte, langweilte. In diesem Sinne schrieb sie an ihre Gesellschaftsdame Frau Pöllnitz: Niemals würde sie die Pracht und die Kronen, von denen so viel Aufhebens gemacht würde, ihren geliebten philosophischen Gesprächen vorziehen. Daher nutzte S. die Neigung ihres Mannes zum Luxus aus, um 1696 in der Nähe von Berlin, in Lützenburg (später zu ihrem Andenken Charlottenburg), ein Schloß bauen zu lassen, wo sie versuchte, mit Musik, Büchern und ausgewählter Gesellschaft ihrer geschmackvollen Lebensvorstellung nachzugehen. Im Lützenburger Schloß fanden sehr intensive und ausgedehnte Gespräche statt, an denen außer Leibniz und Toland auch andere bekannte Philosophen, Theologen und Naturwissenschaftler teilnahmen. Von diesen berühmten Leuten, die den Hof der Königin aufsuchten, seien hier nur Isaac Jaquelot,

Thomas Burnett of Kemney, Andrew Fountaine, Jacques Lenfant, Isaac de Beausobre, der bekannte Jesuit Carlo Mauritio Vota, der Bischof Ursinus und Daniel Ernst Jablonski erwähnt. Von den von ihr bewunderten Gelehrten verlangte sie mit unersättlicher Lern- und Wißbegierde Auskunft; die Monaden interessierten sie in gleichem Maße wie der Gang der Gestirne, prähistorische Funde und die Gesetze der Moral. Das Warum des Warums hätte sie am liebsten ergründet, wie Leibniz meinte, aber sie klagte, daß er, ihrer Auffassungsgabe nicht trauend, ihr die letzten Gründe und Ergebnisse seiner Wissenschaft verborgen hielte. Wegen ihrer Neugierde, bezogen auf die Prinzipien der Dinge, gestattete es sich Leibniz, S. ›philosophische Königin‹ zu nennen. Unter dieser Bezeichnung ging sie in die Geschichte ein, was zur Folge hatte, daß ihr Enkel Friedrich der Große, vom Standpunkt eines übersteigerten männlichen Selbstgefühls, sie wie folgt charakterisierte: »Der Genius der Fürstin glich dem eines bedeutenden Mannes, ihre Kenntnisse glichen denen eines Gelehrten« (1).

Ihr Interesse an der Kirchenvereinigung war mehr theologischer als politischer Natur. Unter diesem Vorzeichen förderte sie Gespräche zwischen Leibniz und dem Berliner Hofprediger Jablonski, die 1698 und 1699 versuchten, sich über die Union der lutherischen und reformierten Kirchen zu einigen. Den diplomatischen Besuch des englischen Botschafters John Toland im August 1701 in Hannover nutzte sie, um ihn nach Lützenburg einzuladen und so von seinem theologisch-philosophischen Gedankengut profitieren zu können. Zu dieser Zeit verweilten dort auch Anhänger verschiedener theologischer Richtungen, deren dialektische Auseinandersetzungen die preußische Königin sehr genoß. Beausobre erstellte einen interessanten Bericht über das Gespräch, das er in Lützenburg mit dem deistischen Skeptiker John Toland führte, und beschrieb, wie S. die Diskussion, als sie in einen heftigeren Streit auszuarten schien, taktvoll beendete. 1702 wurde Toland erneut nach Lützenburg eingeladen, wo er mit Leibniz zusammentraf und mit ihm vor allem über metaphysische und erkenntnistheoretische Probleme der Materialität des Denkens sprach; Diskussionen, die durch die Anwesenheit von S. belebt wurden, wie aus der von Leibniz an sie gerichteten Schrift: *Lettre sur ce qui passe les sens et la matière* hervorgeht. Toland war so entzückt vom Scharfsinn und von der Weltweisheit S.s, daß er ihr seine *Letter to Serena* (1704) widmete. Der eigentliche Grund für die Veranstaltung der Lützenburger Gespräche im Sommer 1702 war die Diskussion über die zweite Auflage des *Dictionnaire* von Bayle, den sie 1700 in Den Haag besucht hatte, zu einer Zeit, in der sie stets das genannte Buch mit sich führte. Diese Diskussionen waren für Leibniz insofern von großer Bedeutung, als sie ihn zu den Grundgedanken seiner *Théodicée* führten: Die Vereinbarkeit von Glaube und Vernunft, die Bayle bestritt, die vorherbestimmte Übereinstimmung von Geist und Materie, die Rechtfertigung des Übels in der Welt als Bedingung für Freiheit und moralisches Handeln – dies waren die Thesen, die Leibniz in seinen Gesprächen explizierte und im Jahre 1710 in seinem religionsphilosophischen Hauptwerk veröffentlichte. S. starb fünf Jahre vor der Fertigstellung der endgültigen Fassung des Werkes, doch Leibniz vergaß niemals, auf wessen ursprünglichen Interessen es beruhte: auf den Forderungen S.s, seine Diskussionsbeiträge schriftlich zu verfassen, um sie sorgfältiger abwägen zu können.

S. war somit Adressatin weitreichender philosophischer Ideen, die für sie und mit ihr entwickelt wurden. Diese Ideen bilden in ihren erkenntnistheoretischen Teilen nicht nur die Grundlage der *Théodicée*, sondern auch die der gegen Locke gerichteten *Nouveaux Essais*, die ihr Entstehen ebenfalls den Gesprächen mit S. verdanken. Bereits am 4. Dezember 1703 schrieb S. an Leibniz, daß sie gerade Lockes Buch lese und sehr von seiner Widerlegung der angeborenen Prinzipien beeindruckt sei; sie erwarte neugierig Leibniz' Einwände. Dies veranlaßte Leibniz, vorzeitig, am 25. April 1704, die vorläufige Fassung seines Werkes brieflich der Königin anzukündigen.

Doch nicht nur zwei der größten Leibnizschen Werke verdanken ihre Entstehung den Lützenburger Gesprächen und den Korrespondenzen mit S., die als Dokumente des gemeinsamen Philosophierens nach dem Tode der Königin zum

Denkmal wurden. Einen anderen Dienst hat sie den Künsten und Wissenschaften mit der Gründung der Berliner Sozietät der Wissenschaften erwiesen: Auch die Initiative, eine solche ›Sozietät‹ zu gründen, ging von S. aus. 1697 äußerte sie den Wunsch, in Berlin ein Observatorium nach dem Vorbild von Paris zu bauen. Leibniz greift diesen Wunsch auf und verbindet ihn sogleich mit seinem bereits 1695 in entsprechenden Denkschriften vorgetragenen Projekt der Gründung einer großen naturwissenschaftlichen Akademie, das sich auf frühere schriftliche Entwürfe von etwa 1669–1671 bezog. Aber erst Ende März 1700 lud D. E. Jablonski im Namen des brandenburgischen Kurfürsten Leibniz ein, nach Berlin zu kommen und die Gründung einer Sozietät vorzubereiten. Aus diesem Grund schrieb Leibniz zwei Denkschriften für den Kurfürsten Friedrich III. von Brandenburg, die im Juli zur Bestallung von Leibniz zum Präsidenten der ›Brandenburgischen Sozietät der Wissenschaften‹ in Berlin führten. S. versuchte, die finanziellen Probleme zu überwinden (Privileg für die Einführung der Seidenkultur oder Etablierung einer Lotterie zu Gunsten der Sozietät). Doch mit ihrem Tode verlor die Akademie ihre eigentliche Mentorin, wie Leibniz seine königliche Gönnerin und vertraute Freundin. Die Trauer und den Schmerz über ihren Tod brachte Leibniz in seiner *Elegie auf den Tod der preußischen Königin* zum Ausdruck.

Werk: Briefe der Königin Sophie Charlotte von Preußen und der Kurfürstin Sophie von Hannover an hannoversche Diplomaten, hg. v. R. Doebner, 1905.
Literatur: P. Erman: Memoires pour servir à l'histoire de Sophie Charlotte, 1801; F. Hölsen: Correspondenz zwischen Leibniz und der Königin Sophie Charlotte, 1885; G. W. Leibniz: Gesammelte Werke, Bd. X (Briefwechsel mit S.), 1876; G. W. Leibniz: Die philosophischen Schriften, Bd. I–VII, 1978; G. W. Leibniz: Philosophische Werke, 4 Bde., 1996; Filosofía para princesas, 1989; W. Loos: Leibniz' *Gedicht auf den Tod der Königin Sophie Charlotte*, in: *Aus der Welt des Barock*, 1957, S. 69–82; R. G. Macdonald: Leibniz' Exposition of his System to Queen Sophie Charlotte and other Ladys, in: *Studia Leibnitiana*, Sonderheft 16, 1990, S. 61–69; J. Mittelstraß: Der Philosoph und die Königin – Leibniz und Sophie Charlotte, in: ibid., S. 9–27; A. Robinet: Leibniz und Sophie Charlotte, in: ibid., 28–43; G. Uter-

mühlen: Die Rolle fürstlicher Frauen im Leben und Wirken von Leibniz, in: ibid., S. 43–60. K. A. Varnhagen von Ense: Leben der Königin von Preußen, 1837.

Concha Roldán

Sosipatra
griechische Neuplatonikerin, 4. Jh. n. u. Z.

S. stammte aus der Umgebung von Ephesos. Sie war verheiratet mit dem kappadokischen Philosophen Eustathios und Mutter dreier Kinder. Nach dem Tod ihres Mannes ging sie nach Kleinasien zurück und gründete mit dem Neuplatoniker Aidesios eine Schule in Pergamon.

Über ihr Leben berichtet Eunapios aus Sardes in seinem Werk *Vitae Sophistarum*. Demnach kam sie aus einem wohlhabenden Elternhaus, war gebildet und besaß prophetische Fähigkeiten. Die drei Söhne wurden von ihr erzogen und unterrichtet, wobei ihr Sohn Antonius ebenfalls als Philosoph und Seher bekannt wurde.

Nach dem Tode ihres Mannes Eustathios widmete sie sich in Pergamon ganz der Philosophie, hatte einen eigenen SchülerInnenkreis und soll in Konkurrenz zu Aidesios gestanden haben.

Eunapios gibt keinen Hinweis auf ihre philosophische Ausrichtung, da aber sowohl Eustathios als auch Aidesios Schüler des Iamblichos waren, wäre zu vermuten, daß auch S. sich der neuplatonischen Philosophie in der Ausprägung des Iamblichos widmete, was noch durch die Zuschreibung ihrer Seherinnengabe bekräftigt würde.

Iamblichos hat die Verbindung von Philosophie und Okkultismus in seine Erkenntnislehre aufgenommen, theurgische Praktiken waren ihm wichtiger als die tradierte Lehre.

Literatur: Eunapios: Vitae sophistarum 466–471; E. Gössmann (Hg. in): Eva – Gottes Meisterwerk, 1985; G. Menage: The History of Women Philosophers, 1690/1984; J. C. Poestion: Griechische Philosophinnen, 1885; Der Kleine Pauly *Eustathios 2, Iamblichos*, Bd. 2, 1979; RE *Sosipatra*, Bd. 5, 1927; WP.

Maria Nühlen

Staël, Anne Louise Germaine de
französische Philosophin und Schriftstellerin, *1766, †1817

S. wurde im April 1766 in Paris geboren. Sie war das einzige Kind eines Bankiers namens Necker, der Besitzer eines der größten Vermögen Europas war. Sie bekam als Protestantin in einem katholischen Land eine individualistische religiöse Erziehung und eine enzyklopädische Bildung. Nach altem Brauch wurde sie mit dem schwedischen Botschafter in Frankreich, dem Baron von Staël, verheiratet. S. war politisch sehr aktiv; sie nahm an dem ersten Aufbruch der französischen Revolution lebhaft teil, gründete und leitete die Partei der Konstitutionellen und verhalf Narbonne an die Regierung. Als dieser gestürzt war und die Girondisten verfolgt wurden, ging sie ins Exil. Während des Direktoriums kehrte sie nach Paris zurück und ließ ihr Protegée Talleyrand zum Minister ernennen. Nach der Thronerhebung Napoleons wurde sie gezwungen nochmals ins Exil zu gehen und mußte mehr als zehn Jahre fast ganz Europa durchwandern. Erst nach der Niederlage Napoleons kehrte sie nach Frankreich zurück. Sie wirkte auch bei der Errichtung der Monarchie der Bernardottes in Dänemark mit und starb kurz nach ihrer Rückkehr aus dem Exil am 14. Juli 1817.

S. war politische Essayistin, Journalistin, Dramatikerin, Romanschriftstellerin und Philosophin. Ihre Genialität war zu ihren Lebzeiten unbestritten. Sie nutzte ihre verschiedenen Verbannungen, um die aufklärerische Idee einer ›Republik der Wissenschaften‹ lebendig zu erhalten. Sie wirkte als Verbindung zwischen den verschiedenen europäischen Kulturen, die gerade begannen, sich als Staaten zu verstehen, und vor allem, förderte sie die Ausbreitung der deutschen Kultur durch ganz Europa, speziell die Philosophie von Kant und Fichte und die Werke von Goethe und Schiller. Sie war Mäzenin und Gönnerin von August Schlegel. Sie schätzte die deutsche Metaphysik im Gegensatz zum französischen Sensualismus und zum britischen Utilitarismus. S. gehörte zu den einflußreichsten Intellektuellen der Übergangszeit von der Illustration zur Romantik.

Ihre wichtigsten philosophischen und politischen Werke sind: *Considérations sur la Révolution Française*, nach ihrem Tod erschienen; der Text wurde bis Mitte des 19. Jahrhunderts häufig herausgegeben und aufgrund der republikanischen Ideen von den Konservativen und von den Radikalen wegen seines Liberalismus oft abgelehnt. *De l'Allemagne* wurde zunächst verboten und später zensiert. Dieses Buch ist eine vollständige und detaillierte Beschreibung sowohl der kulturellen als auch der politischen Formen des zeitgenössischen Deutschland. Sie befürwortet besonders die spekulative Philosophie und hebt die Schwäche der politischen Philosophie hervor.

De l'influence des passions ist eine Philosophie der Geschichte. Sie betont den Funktionalismus der Religion, die die Leidenschaften kanalisiert und dadurch Kulturen schafft. Diese Theorie wurde später von Chateaubriand plagiiert. S. hat auch eine breite Sammlung von republikanischen Artikeln veröffentlicht, in welchen sie die politische und liberale Theorie begründet.

Jahrelang war sie Lebensgefährtin von Benjamin Constant und Verfasserin mehrerer Artikel, die er während des Direktoriums unterschrieben hatte. Ihre liberale Ideologie basiert auf einer sehr persönlichen Zuneigung zu England. Man könnte sie in folgenden Punkten zusammenfassen: 1. Machttrennung innerhalb des Staates; 2. Kontrolle der Regierung vom Parlament; 3. Moralisierung und Macht der bürgerlichen Gesellschaft; 4. Qualifiziertes Repräsentationsprinzip; 5. Regierung der Mehrheit; 6. Zweikammersystem als Garantie der Kontrolle.

Unter ihren literarischen Werken kann man folgende hervorheben: *De la littérature* ist ein Essay über romantische Propädeutik. Außerdem gibt es verschiedene romantische Novellen, deren Hauptfiguren Frauen sind, die alle aus einer trüben Vergangenheit kommen und sich systematisch zur Selbstzerstörung bewegen. All diese Novellen haben einen Zweck, nämlich mitzuteilen, daß Frauen, das liebende Geschlecht, weder verstanden noch richtig bewertet werden. Die wichtigsten sind *Zulma, Delphine* und *Corinne*. Alle hatten sehr großen Erfolg vor allem *Corinne*. Dies beweist, daß ihre LeserInnen über dieselbe Sensibilität verfügten. Sie schrieb auch einige Tragödien über Frauen: *Jane Grey* und *Agar*. Von ihren Essays sind zu nennen: *Réflexions sur le suicide*, die Ausgabe von *Lettres et pensées du Prince de Ligne*, und *Dix années d'exil*.

Ihr Gesamtwerk wurde zum erstenmal 1820 herausgegeben. Es ist jedoch noch nicht vollständig publiziert, wie es in dieser Zeit üblich war; es fehlten verschiedene literarische Stücke, Artikel, Briefwechsel und Notizen. Sie hatte zu Lebzeiten schwerwiegende Verleumder: De Maistre von seiten des reaktionären Konservatismus und die ständige Abwertung Stendhals von Seite des Napoleonismus.

Ihre Tochter Albertine, Herzogin von Broglie, hatte ihr Legat aufbewahrt und ihrer Nachkommenschaft weitergegeben. Von dieser stammen die meisten Texte, die über S. im ersten Drittel des 20. Jahrhunderts geschrieben wurden. Zur Zeit wird ihr Werk nach einem Zeitraum von über hundert Jahren wieder herausgegeben.

Werk: De l'influence des passions sur le bonheur des individus et des nations, 1976 (dt: Über den Einfluß der Leidenschaften auf das Glück ganzer Nationen und einzelner Menschen, 1791); Merkwürdigkeiten der Frau von Staël, von ihr selbst beschrieben, 1782; Betrachtungen über den Frieden, 1795; Recueil de morceaux détachés, 1796; Der Frau von Staël Verbannung aus Frankreich, 1813; Considérations sur les Principaux Evènemens de la révolution Française, 1818; Oeuvres Posthumes, 1861; Delphine, 1892; Deutschland und Frankreich, 1947; De la littérature, 1959; Lettres à Narbonne, 1960; Correspondance générale, 1962; Oeuvres Complètes, 1967; De Staël – du Pont lettres, 1968; Mémoires de Madame de Staël-Delauney, 1970; Madame de Staël et l'Europe, 1970; Madame de Staël, ses amis, ses correspondances: choix de lettres 1778–1817, 1970; Staël: choix des textes, thématique et actualité, 1974; Jahre im Exil. Auf der Flucht vor Napoleon, 1975; Des circonstances actuelles qui peuvent terminer la révolution, 1979; Essais sur les Fictions, 1979; Lettres sur les ouvrages et le caractère de J.J. Rousseau, 1979; Le plus beau de toutes des fetes, 1980; Corinna oder Italien, 1979; De l'Al-

lemagne, (dt: Über Deutschland, 1985); Kein Herz, das mehr geliebt hat. Eine Biographie in Briefen, 1986; Rettet die Königin, 1989.
Literatur: G. Diesbach: Mme de Staël, 1983 (Biographie mit ausführlicher Bibliographie); P. Pange: August Wilhelm Schlegel und Madame de Staël, 1940; WomBio; WP.

Amelia Valcárcel
(Übers. Carmen González)

Stanton, Elizabeth Cady → Cady Stanton, Elizabeth

Stebbing, Lizzie Susan
englische Philosophin, *1885, †1943

S. wurde am 2. Dezember 1885 geboren. Sie war die jüngste Tochter des Anwalts Alfred Charles Stebbing und Elizabeth Elstobs; S. blieb unverheiratet.
Ihre wissenschaftliche Ausbildung erhielt sie am Girton College; anschließend studierte sie an der University of London, wo sie 1912 den MA mit ihrer Arbeit *Pragmatism and French Voluntarism* ablegte. Sie arbeitete 1913–1915 als Dozentin am Kings College; bis 1920 war sie Dozentin am Bedford College und bis 1924 festangestellte Dozentin an der University of London; von 1933–1943 war sie dort Professorin für Philosophie und damit die erste Frau auf einem britischen Lehrstuhl für Philosophie. Sie war außerdem Gastdozentin an verschiedenen Colleges und von 1931–1932 als Gastprofessorin an der Columbia University (USA). 1933–1934 wurde sie Präsidentin der Aristotelian Society, wo sie auch Russell, Moore und Whitehead kennenlernte, und 1934–1935 Präsidentin der Mind Association.
S. starb am 11. September 1943 in Tintagel.

Ihr Fachgebiet ist die Logik und die Verbindung von Naturwissenschaften und Philosophie. S.s Interesse war in der ersten Phase ihrer wissenschaftlichen Arbeit auf die traditionelle analytische Philosophie gerichtet. Sie war mit Ludwig

Wittgenstein befreundet und übernahm viele seiner Lehrsätze, die auch die Grundlage der ›Cambridge Analytical School‹ bildeten.

1930 erschien ihre erste Publikation *A Modern Introduction to Logic*, ein Textbuch, das in erster Linie für den Unterricht gedacht war. Es ist nicht nur eine Einführung in die Grundlagen der Logik, sondern zeigt auch Verflechtungen, z. B. zwischen der aristotelischen und der symbolischen Logik, auf. Damit verbindet S. die traditionelle Logik mit den Grundlagen der modernen logischen oder metaphysischen Ansätze. Durch die Verknüpfung von symbolischer und mathematischer Logik liefert sie eine umfassende Darstellung dieser komplexen Disziplin.

Für S. ist Logik keine ›Spielerei‹ mit Grundsätzen oder Formeln, sondern als praktische Disziplin ein wesentlicher Bestandteil der Philosophie. Dies wird auch in ihrem Hauptwerk *Ideals and Illusions* deutlich, das S. während des Zweiten Weltkrieges schrieb und veröffentlichte. Die Kriegszeit bildet auch den Ausgangspunkt der Analysen in *Ideals and Illusions*. Es bietet eine Untersuchung der Grundfesten der modernen Gesellschaft unter Anwendung logischer Paradigmen. Sie verteidigt die Demokratie und die Grundlagen der Moral und betont die bestehenden ethischen Prinzipien. S. macht deutlich, daß Ideale nicht per se Utopien sein müssen, sondern daß auch ›Realisten‹ wie Hitler oder Mussolini Ideale haben, mit denen sie die Welt in ihre Richtung verändern wollen. Ideale sind keine Visionen, die nur im Geist bestehen, sondern können durchaus in einem ›materialistischen Universum‹ umgesetzt werden.

S. prangert die selbstzerstörerischen Ideale der Kriegsparteien an, die ihre Zielsetzung dem Volk mit Gewalt aufdrängen. Gleichzeitig fordert sie den Einzelnen und die Einzelne auf, ihre eigenen Ideale zu definieren, um sich nicht von denen der Mächtigen korrumpieren zu lassen. In *Ideals and Illusions* untersucht S. konfligierende Ideale in Philosophie, Literatur und Politik. Diesen Konflikt der Ideale sieht sie als Chance für den Menschen, der durch das Angebot unterschiedlicher Ideale die Möglichkeit der Wahl hat. In dieser

Hinsicht definiert S. auch moralische Prämissen als Ideale, die zwar eine spezielle Problematik darstellen, aber durchaus verwirklicht werden können.

Das Buch *Ideals and Illusions* ist in der Rezeption durchaus umstritten, da es kein philosophisches Buch im üblichen Sinne ist, obwohl S. die logischen Paradigmen in ihre Analysen einbringt.

S. veröffentlichte noch mehrere Bücher, in denen sie verschiedene Wissenschaftler darstellt: so *Logical Positivism and Analysis*, in dem sie Wittgenstein, Carnap, Schlick und Waismann diskutiert und dem Ansatz von Moore gegenüberstellt. Außerdem untersucht sie in *Philosophy and the Physicists* die philosophischen Implikationen der vorherrschenden naturwissenschaftlichen Theorien und analysiert die Arbeiten von Eddington und Jeans, zwei damals populäre Theoretiker.

Werk: Pragmatism and French Voluntarism, 1914; A Modern Introduction to Logic, 1930; Logic in Practice, 1933; Logical Positivism and Analysis, 1933; Philosophy and the Physicists, 1937; Thinking to some Purpose, 1939; Ideals and Illusions, 1941; Men and Moral Principles, 1943; Modern Elementary Logic, 1943.
Literatur: Philosophical Studies, Festschrift für Stebbing, hg. v. H. B. Acton, (ausführliche Bibliographie); WP.

Ursula I. Meyer

Stein, Edith
deutsche Phänomenologin, *1891, †1942

S. wurde am 12. Oktober 1891 als eines von 11 Kindern einer jüdischen Familie geboren. Sie begann 1911 das Studium der Psychologie an der Universität Breslau in Polen. Nach 4 Semestern wechselte sie nach Göttingen und zur Philosophie. Sie studierte bei Husserl, dem sie auch nach Freiburg folgte und dort 1916 Summa cum laude promovierte. Als Assistentin Husserls war es nicht nur ihre Aufgabe, seine Notizen zu transkribieren, sie unterstützte ihn auch bei der Fertigstellung seiner *Logischen Untersuchungen II* und bei den *Ideen*.

Husserls deskriptive Methode wandte S. auch in ihrer Dissertation *Zum Problem der Einfühlung* an, wo sie die Empathie als eine spezifische Form des Wissens beschreibt. Mit dieser Arbeit begann eine Reihe von Artikeln und Publikationen, die S. während ihrer Zusammenarbeit mit Husserl und anderen Philosophen verfaßte. Diese Arbeiten werden jedoch in der Rezeption häufig zugunsten ihrer späteren theologischen Werke vernachlässigt.

Während ihres Studiums lernte S. in der Philosophischen Gesellschaft, einem von Husserl ins Leben gerufenen Gesprächskreis, andere SchülerInnen und StudentInnen kennen, woraus sich zum Teil langjährige Freundschaften entwickelten. Während dieser Zeit entstand auch ihre Verbindung mit dem Husserl-Schüler Roman Ingarden, der S.s Qualitäten als Phänomenologin ausdrücklich würdigt.

Nach Abschluß ihrer Promotion plante S. eine Universitätskarriere, die jedoch blockiert wurde, da Frauen nicht zur Habilitierung zugelassen wurden. 1917 begann sie mit ihrer Habilitation *Beiträge zur psychologischen Begründung und der Geisteswissenschaften.* Trotzdem Husserl sie mit einem Empfehlungsschreiben unterstützte, wurde ihr Antrag auf Habilitation und ihre Forderung nach gleichen Rechten wie ihre männlichen Kollegen vom Ministerium abgelehnt.

In der Zeit zwischen 1917 und 1921 durchlebte S. eine Krisenzeit. Die Universität war ihr verschlossen und sie kehrte zurück nach Breslau. Sie hielt aber weiterhin ein lockeres Arbeitsverhältnis zu Husserl aufrecht und ordnete, zusammen mit dessen Frau, den Nachlaß des Freundes und Kollegen Adolf Reinach.

1920 lernte S. ihre Kollegin → Hedwig Conrad-Martius kennen, mit der sie fortan eine tiefe Freundschaft verband. Im folgenden Jahr verbrachte sie einige Monate auf deren Obstplantage in Bergzabern, die inzwischen ein PhänomenologInnen-Treffpunkt mit einer gut ausgestatteten Bibliothek war.

In diesen Jahren hatte sich S., die seit ihrem 13. Lebensjahr erklärte Atheistin war, immer mehr dem Christentum angenähert. 1921, nach der intensiven Lektüre einer Autobiographie der → Theresa von Avila, entschied sie sich zum Beitritt in die katholische Kirche und beendete damit auch ihre anhaltende seelische Krise. Von nun an war ihr Lebensweg von ihrem Glauben bestimmt. Bereits mit Blick auf ein klösterliches Leben ging S. 1922 als Lehrerin in die Mädchenbildungsanstalt der Dominikanerinnen nach Speyer, wo sie acht Jahre als Lehrerin arbeitete.

Während dieser Zeit befaßte sich S. vor allem mit Pädagogik und mit Frauenthemen. Sie hielt Vorträge und Seminare, häufig in katholischen Frauenverbänden, die auch veröffentlicht wurden. S. sprach sich energisch für eine qualifiziertere Bildung von Frauen und Mädchen aus. Die Vorlesungen zu den Themen Bildung und Arbeit der Frau, die S. am Deutschen Institut für wissenschaftliche Pädagogik abhielt wurden in dem Band *Frauenbildung und Frauenberufe* zusammengefaßt und posthum veröffentlicht.

Am 15. April 1934 trat S. dann endgültig in den Kölner Karmel, das Karmelitinnenkloster, ein. Dort nahm sie den Namen Theresa Benedicta a Cruce an. Auch im Kloster nutzte sie die Möglichkeiten zur wissenschaftlichen Arbeit und stellte ihr theoretisches Konzept der Akt-Potenz-Lehre vor. Basierend auf dem Ansatz Thomas von Aquins, steht im Mittelpunkt von S.s Arbeit die Frage nach dem Sein. Sie will damit einen Grundriß der Seinslehre liefern, die allerdings unter den Vorzeichen des katholischen Glaubens gesehen werden muß.

Diese Arbeit sollte unter dem Titel *Endliches und Ewiges Sein* veröffentlicht werden, was allerdings von den Nazis verboten wurde. Die Verfolgung der als Jüdin registrierten Katholikin nahm ihren Lauf und S. floh 1938/39 in das holländische Karmelitinnenkloster Echt. Dort lebte sie noch einige Jahre in Sicherheit, bis sie am 2. August 1942 nach Auschwitz deportiert wurde, wo sie wahrscheinlich am 9. August ermordet wurde.

S.s philosophisches Werk wird am umfassendsten dokumentiert in ihrer Studie *Einführung in die Philosophie*, deren Manuskript im Anschluß an ihre Dissertation entstand; veröffentlicht wurde die Arbeit posthum aus ihrem Nachlaß. In ihrer Doktorarbeit, *Zum Problem der Einfühlung*, geht S. detailliert auf ihren Begriff von Philosophie ein und analysiert die Bereiche Naturphilosophie und Subjektivität.

In phänomenologischer Manier versucht S. das Wesen der Philosophie zu bestimmen, indem sie die Methode der Reduktion anwendet (subjektive Elemente werden eingeklammert, um die reine Wesensbeschreibung freizulegen). Dadurch bestimmt sie die Philosophie als Wissenschaft, deren Aufgabe in der Erklärung der Natur und des Bewußtseins liegt: sie »hat das Ziel, die Welt zu verstehen«.

Diese Zweiteilung in Naturontologie und Vernunftkritik spiegelt sich auch in ihrer *Einführung in die Philosophie* wider. Dabei ist es die Aufgabe der Naturphilosophie Fragen und Begründungen zu erörtern, die die Naturwissenschaften unhinterfragt voraussetzen. Diese können nicht durch Experimente, sondern nur denkerisch geklärt werden; sie betreffen Begriffe wie Natur, Ding, Raum, Zeit oder Bewegung, die nur wesensmäßig erfaßbar sind. Ihre Analyse mündet in die Untersuchung der Naturerkenntnis als philosophischem Problem, in der sich S. mit den Problemen der Wahrnehmung und der Erkenntnis befaßt.

Das Thema Bewußtsein analysiert S. mit derselben Akribie und auf den phänomenologischen Grundlagen Husserls. Bewußtsein, reines Ich oder Leiblichkeit sind Begriffe, die auf ihren philosophischen Lehrer verweisen. Aber S. verläßt auch die vorgegebenen Wege und wendet sich, stärker als Husserl, dem Individuellen zu. Sie geht auf charakterliche Eigenarten, psychologische und religiöse Seelenbegriffe ein und befaßt sich ausführlich mit der Eigen- und der Fremderfahrung. Ihre Analysen des Bewußtseins und der Person münden in eine Auseinandersetzung mit den »Wissenschaften von der Subjektivität« Psychologie, Physiologie und Psychophysik.

Werk: Gesamtwerk, 1950–1990.
Literatur: E. Endres: Edith Stein, 1987; W. Herbstrith: Das wahre Gesicht Edith Steins, 1980; C. Koepcke: Edith Stein, 1985; WP.

Ursula I. Meyer

Stein, Gertrude

amerikanische Schriftstellerin und Philosophin, *1874, †1946

S. wurde am 3. Februar 1874 in Allegheny, Pennsylvania/ USA, geboren. Sie wuchs bis zum vierten Lebensjahr in Europa auf, bis sich die deutsch-jüdische Familie Stein in den USA niederließ. Sie studierte 1893–97 u.a. beim amerikanischen Philosophen und Psychologen William James (Arbeiten am Harvard Psychological Laboratory unter Hugo Münsterberg), brach jedoch ihr anschließendes Medizin- und Psychologiestudium an der John Hopkins Medical School ab und ging nach Europa. Sie begann 1902 in London zu schreiben und siedelte ein Jahr später, 30jährig, nach Paris über. Dort führte sie zuerst zusammen mit ihrem älteren Bruder Leo, nach dem Bruch zwischen beiden gemeinsam mit Alice Babette Toklas (1877–1967), einen bekannten Salon in der Rue de Fleurus. Bei den Steins trafen sich die Künstler der Avantgarde (Matisse, Picasso), deren Bilder sie sammelten, und die jungen amerikanischen Schriftsteller der ›lost generation‹ (Hemingway, Fitzgerald). Nebst den lebenslangen Freundschaften mit Pablo Picasso oder den Schriftstellern S. Anderson und T. Wilder war keine Beziehung so wichtig für S. wie die zu Alice B. Toklas, die vor ihrer Übersiedlung vom Südwesten Amerikas nach Europa Klavier studierte und Konzerte gab. Nachdem sich beide 1907 in Paris kennengelernt hatten, wurde Toklas zur Lebensgefährtin S.s und ihre eigentliche Managerin; sie unterstützte auch die ersten Veröffentlichungen und führte den eigenen Verlag Plain Edition. Nach dem frühen Tod der Eltern konnte S. lange Zeit recht gut vom Erbanteil leben; erst 1933, im 60. Altersjahr, gelang S. mit dem Namen Toklas' der erste kommerzielle Erfolg, *The Autobiography of Alice B. Toklas*.

Biographie und Zeitgeschichte sind eng mit der Entwicklung von S.s Denken und Schreiben verbunden, was sich auch auf die Rezensions-Geschichte auswirkte: Das provokative Selbstbewußtsein der Autorin und ihre unkonventionellen Werke, die sich zwischen verschiedenen Gattungen literarischen und wissenschaftlichen Schreibens bewegen, haben unter den Zeitgenossen eher zu leidenschaftlichen Auseinandersetzungen über die Person und erst später vermehrt zur kritischen Lektüre ihrer Werke geführt. Bereits der erste öffentliche Vortrag, *Composition as Explanation* (1926), präsentiert sich als Darstellung einer Theorie des Schreibens, die offensichtlich mehr durch die Beispielhaftigkeit der Darstellung wirken soll als durch nachvollziehbare Argumentation. Sowohl das Verfahren, gleichzeitig ›self-explanation‹ und ›meta-writing‹ (S.C. Neuman), als auch die Thematik, Kultur(-entwicklung) im weitesten Sinn, Kunst, Kreativität und Authentizität, wird in den späteren Vorträgen der 30er Jahre wieder aufgegriffen. Dazwischen liegen Schreib-Erkundungen wie die Texte in *Useful Knowledge* (1928), die das Amerikanische aus der Distanz der Exilierten thematisieren, und die Texte in *How to Write* (1931), Arbeiten an oder Spiele mit den Elementen und Funktionen des Sprachgebrauchs (›grammar‹, ›narrative‹, ›vocabulary‹). Ende 1934, nach langjähriger Abwesenheit, kehrte S. mit ihrer Lebensgefährtin für eine Reihe von Vorträgen in die USA zurück. Die Erinnerungen an diese Reise sind in *Everybody's Autobiography* festgehalten. Von den sechs Vorträgen zu Kunst und (anglo-)amerikanischer) Literatur, den *Lectures in America* (1935), sind besonders *Portraits and Repetition* und *Poetry and Grammar* hervorzuheben. *Portraits and Repetition* schließt mit dem Thema variierter Repetition im Kontinuum an den ersten Vortrag *Composition as Explanation* an. Die frühere These nannte das kulturell bedingte, zeitgenössische Differente ›composition‹, was im kreativen Prozeß, z.B. in der Sprachkunst, mit entsprechenden Mitteln umgesetzt und damit erst aufgezeigt werden soll; in der späteren These ist es die Funktion des ›portraits‹, das Differente im Rhythmus der Wiederholungen eines individuellen Gegenstands, einer Person oder Sache, darzustellen. In den vier weiteren Vorträgen der Tournee durch Amerika, *Narration* (1935), soll beispielhaft, in der differenzierten Spracharbeit S.s, zum Ausdruck kommen, wie modernes Bewußtsein die Außenwelt (Landschaftsform, Zeitgenossenschaft) erlebt und – im weitesten

Sinn – erzählt. Das nach der Vortragsreise verfaßte Buch *The Geographical History of America* (1936) führt in abstraktmeditativer Form die Thematik der Vorträge fort und umkreist besonders den Unterschied von ›human nature‹, gekennzeichnet durch das Paradox von Wechsel und Kontinuität (Erinnerungen, Gefühle, Identität) und ›human mind‹, Bewußtsein oder Geist, der dem Alltags-Paradox enthoben, an sich ist und weiß. Dieses Sein und Wissen ist im schöpferischen Tun erfahrbar. Wie sich diese Kreativität im Gegenspiel zur Problematik der Identität oder der Zuhörerschaft auswirkt, wird auch im kürzeren Essay *What are Masterpieces and Why Are There so Few of Them* (1940) beschrieben.

Die schwierige Zeit während der nationalsozialistischen Besetzung Frankreichs verbrachten S. und Toklas trotz Warnungen von offizieller Seite im Landhaus in Bilignin (*Wars I Have Seen*, 1945). Nach Kriegsende kehrten sie nach Paris in die Rue Christine zurück, wo S.s Sammlung ›entarteter Kunst‹ glücklicherweise erhalten geblieben ist. S. erkrankte und starb nach einer verspäteten Operation 72jährig an Darmkrebs (27. Juli 1946). Alice B. Toklas starb am 7. März 1967 und wurde neben S. auf dem Pariser Friedhof Père Lachaise begraben.

S. wurde als Gastgeberin, Kunst- und Literaturkennerin geschätzt, ihr Werk fand jedoch lange Zeit nur wenig LeserInnen und kaum Anerkennung als Schrifttum irgendeiner gängigen Kategorie. Von den leichter zugänglichen Vorträgen, die den besonderen Umgang mit der Muttersprache und das kreativ-reflexive Schreiben zu rechtfertigen suchen, wurde und wird erwartet, daß sie die schwierigeren, mehr literarischen Werke erklären. Beispiele dieser Auffassung finden sich in der Sammlung M. J. Hoffmans (1986), die die wichtigsten Aufsätze aus der Lebenszeit S.s bis zu neueren Arbeiten in dekonstruktiver und feministischer Lesart enthält. Darin ist auch A. Stewarts Aufsatz *The Quality of G. Steins Creativity* (1957) wiederveröffentlicht, der zusammen mit R. Bridgmans eingehender Gesamtübersicht *G. Stein in Pieces*

(1970) eine breitere Basis auch für die philosophische Interpretation geschaffen hat.

Werk: Composition as Explanation, 1926 (dt: Komposition als Erklärung, 1994); Useful Knowledge, 1928/1988; How to Write, 1931/1973; The Autobiography of Alice B. Toklas, 1933 (dt: Autobiographie von Alice B. Toklas, 1959/1985); Lectures in America, 1935 (dt: Was ist englische Literatur, 1965/1985); Narration, 1935 (dt: Erzählen, 1971); The Geographical History of America, 1936 (dt: Die geographische Geschichte von Amerika oder die Beziehung zwischen der menschlichen Natur und dem Geist des Menschen, 1988); Why I like detective Stories, 1937/1973 (dt: Warum ich Detektivgeschichten mag, 1989); Everybody's Autobiography, 1937 (dt: Jedermanns Autobiographie, 1986); Picasso, 1938 (dt: Picasso, Erinnerungen, 1958/1990); What are Masterpieces and Why are there so few of them, 1940 (dt: Was sind Meisterwerke, 1962/1985); Paris France, 1940 (dt: Paris Frankreich, Persönliche Erinnerungen, 1975); Wars I have seen, 1945 (dt: Kriege, die ich gesehen habe, 1984); Selected Writings of G. Stein, hg. v. C. Van Vechten, 1946/1972; The Yale Edition of the Unpublished Work of Gertrude Stein, in 8 Bdn, hg. v. C. Van Vechten et al., 1951–58/1969; G. Stein: Look at me now and here I am, Writings and Lectures 1909–45, hg. v. P. Meyerowitz, 1967/1990; Selected Operas and Plays of G. Stein, hg. v. J.M. Brinnin, 1970 (mit Bibliographie); A Primer for the Gradual Understanding of Gertrude Stein, hg. v. R.B. Haas, 1971 (Lesebuch zum allmählichen Kennenlernen von Gertrude Stein, 1994); S. Anderson/G. Stein, Correspondence and Personal Essays, hg. v. R.L. White, 1972 (dt: G. Stein/S. Anderson, Briefwechsel und ausgewählte Essays, 1985); The previously uncollected writings of G. Stein, I + II, hg. v. R.B. Haas 1973/4; Eine Auswahl aus Bee Time Vine & Other Pieces, 3 Bde., hg. v. M. Beyer/B. Heine/A. Kramer, 1993.

Literatur: R.B. Haas/D.C. Gallup: A Catalogue of the Published and Unpublished Writings of G. Stein, 1941; M.J. Hoffman: G. Stein, 1976 (ausführliche Bibliographie); M.R. Liston: G. Stein, An Annotated Critical Bibliography, 1979; W.G. Rogers: G. Stein is G. Stein is G. Stein, Her Life and Work, 1973; R. Stendhal: G. Stein, Ein Leben in Bildern und Texten, 1989; A.B. Toklas: The Alice B. Toklas Cook Book, 1954; A.B. Toklas: What Is Remembered, 1963; R.L. White: G. Stein and Alice B. Toklas, A Reference Guide, 1984; R.A. Wilson: G. Stein, A Bibliography, 1974; M. Wolff: Die dritte Rose, G. Stein und ihre Welt, 1960/1991 (mit Bibliographie).

Adelheid Bühler

Stöcker, Helene
deutsche Philosophin und politische Aktivistin, *1869, †1943

S. wurde 1869 in Elberfeld geboren; sie wuchs in einer streng calvinistischen Familie auf. Nach Abschluß der höheren Mädchenschule mußte sie ihre Geschwister versorgen; währenddessen begann ihre Beschäftigung mit Nietzsche. 1892 setzte sie ihren Wunsch durch, in Berlin zu studieren, mußte dort aber auf die Öffnung der Universitäten für Frauen warten. Sie wurde Lehrerin, engagierte sich in der Deutschen Friedensgesellschaft und im radikalen Flügel der bürgerlichen Frauenbewegung; Erste Schriften zur ›modernen Frau‹. Ab 1896 studierte sie in Berlin u.a. bei Dilthey, Simmel und Breysig; für ein Semester folgte sie dem Sozialdarwinisten Tille nach Glasgow. Danach Wechsel zu Walzel in Bern, weil der Berliner Romantiker Weinhold Studentinnen ablehnte. 1901 promovierte sie über die Frühromantik *Zur Kunstanschauung des XVIII. Jahrhunderts. Von Winckelmann bis Wackenroder*. 1901 bis 1905 arbeitete sie als Dozentin für Philosophie an der neuen Berliner Lessing-Hochschule; ab 1905 Lebensgemeinschaft mit Bruno Springer. 1905 gründete sie den *Bund für Mutterschutz* und gab die Zeitschrift *Mutterschutz*, später *Die Neue Generation*, heraus. S.s politische Aktivität zielte auf eine Reform der Sexualmoral. 1906 Erscheinen der Aufsatzsammlung *Die Liebe und die Frauen* und Fertigstellung eines Buchmanuskripts zu Nietzsche, das nie erscheinen konnte. Ab 1914, schockiert vom Ausbruch des Ersten Weltkriegs und der begeisterten Stimmung in Deutschland, konzentrierte sie sich auf den Pazifismus. Von 1919 bis 1929 war sie im Präsidium der Deutschen Friedensgesellschaft. 1928 erschien ihre Aufsatzsammlung *Verkünder und Verwirklicher*, in der sie ihre radikalpazifistische Position darstellt. Nach dem Reichstagsbrand verließ S. überstürzt Deutschland und immigrierte nach langer Irrfahrt 1941 in die USA, wo sie 1943 verarmt und vergessen in New York starb. Ihr Nachlaß wurde weitgehend vernichtet, der Rest befindet sich in der Swarthmore Peace Collection in Pennsylvania.

S. war eine der ersten deutschen Frauen mit philosophischem Doktorat. Ihre Dissertation belegt ihren erfolgreichen Umgang mit männlicher Wissenschaft und ist trotzdem das Ende ihrer akademischen Karriere. Innerhalb der Universität war weder eine Aufstiegsmöglichkeit für Frauen noch Raum für weibliches Schreiben. Außerhalb kann S. ihre Erfahrung umsetzen und bewußt als Frau schreiben.
Sie selbst macht drei Einflüsse auf ihre Entwicklung geltend: christliche Ethik, Frühromantik und Nietzsches Religions- und Moralkritik. Christliche Ethik bleibt für S. trotz ihrer Abwendung von der elterlichen Religiosität prägend. Sie fordert entgegen der Kirche die ursprüngliche Radikalität dieser Ethik zurück, wie sie z.B. die Bergpredigt formuliert, und will durch Säkularisierung den ›Himmel auf Erden schaffen‹. Dies verbindet sie mit der Rezeption von Nietzsches Religions- und Moralkritik, auf die sie das emanzipatorische Element ihrer Philosophie und politischen Praxis gründet. In der Auseinandersetzung mit Nietzsches Kritik gewinnt S. Distanz zur calvinistischen Denkwelt, zur herrschenden Moral und zu Absolutheitsansprüchen ihres akademischen Umfeldes. Mit Nietzsche begreift S. Religion und Moral als bestimmt durch konkrete Interessen. Seine Forderung nach einer neuen, lebensbejahenden Moral des ›befreiten Geistes‹ übernimmt sie für die Emanzipation der Frauen und nimmt in ihrem Aufsatz *Unsere Umwertung der Werte* (in: *Die Liebe und die Frauen*) Nietzsche beim Wort. Seinen Gedanken folgend parodiert sie ihn zugleich, indem sie die Kritik am absoluten Gott auf das Herrschaftsverhältnis der Geschlechter überträgt. S. dehnt das Emanzipationspotential auf Nietzsche selbst aus, der in der Frauenfeindlichkeit seiner Zeit verfangen bleibt. Auch ihr Aufruf zu weiblicher Selbstbestimmung zielt nicht auf Nachahmung männlichen Verhaltens, sondern lautet: »Werde, die *Du* bist«. S. erwartet neben der kulturellen auch eine spezifisch weibliche ›Höherentwicklung‹, die sie auf Nietzsche, Breysig und die Entwicklungslehre gründet. Als sie an Tilles Nietzsche-Rezeption die Gefahren eines Sozialdarwinismus erkennt, differenziert sie ihre Konzeption.

S.s Rekurs auf die frühromantische Kultur- und Rationalitätskritik zeigt den Einfluß der Lebensphilosophen Simmel und Dilthey, entwickelt aber einen weiblichen Zugang. Die Frühromantik betont das fühlende Individuum und weist der Liebe eine zentrale Rolle zu als metaphysische Kraft, durchgeistigtes Gefühl ›und‹ körperliche Einheit. S. sieht im Monismus dieses Konzepts eine befreiende Kraft, zumal für Frauen, denen die Zuständigkeit für Liebe gesellschaftlich zugewiesen ist. Liebe wird Angelpunkt ihrer emanzipatorischen Interessen: zum Ziel als ›höchste Kulturblüte‹, zum Angriffspunkt in ihrer gegenwärtigen Form. S. gewinnt aus der romantischen Liebesmetaphysik einen Gegenbegriff zur ›Doppelmoral‹ des Kaiserreichs. Sie thematisiert aber auch eine materiale Basis, in der Bebels ökonomische Analysen des Geschlechterverhältnisses ebenso Eingang finden wie Lehrmeinungen der neuen ›Sexualwissenschaften‹ Medizin, Eugenik und Psychoanalyse. Den populären Liebesbegriff kritisiert sie als allein männlichen Sexual- und Herrschaftsansprüchen dienlich. S. formuliert auch weibliche Sexualansprüche und greift damit ein in den lebhaften Diskurs des Kaiserreichs über Sexualität. Für weibliche Sexualität sieht sie nur die Alternative: ehelich oder geächtet, dabei in Form der Prostitution jedoch erwünscht. Aufgrund der ökonomischen Abhängigkeit der Frau sind Ehe und Prostitution Formen wirtschaftlicher Ausbeutung weiblicher Sexualität. Für Frauen sind damit die Bedingungen für Liebe keineswegs erfüllt. Die Forderung nach selbstbestimmter weiblicher Sexualität wird die Grundlage von S.s ›lebensbejahender neuer Ethik‹ des Geschlechterverhältnisses. Ihr Ansatz zur Emanzipation ist radikal neu; bisher hatten Frauenrechtlerinnen um ökonomische oder rechtliche Besserstellung gekämpft. Mit ungeheurer Dynamik lehnt S. den neuen Typus der spröden, maskulinen Frau ab, fordert Liebe und thematisiert das Private. Sie setzt sich für Streichung des § 218 und für Straffreiheit weiblicher wie männlicher Homosexualität ein. Da S. aber für ihr Geschlecht in der Mutterschaft »die tiefsten Wurzeln seiner Sklaverei und seiner Freiheit« sieht, konzentriert sie sich auf ›Mutterschutz‹.

Entgegen dem nationalen Diskurs macht sie die Frau zur alleinigen Entscheidungsträgerin über die Reproduktion, begründet dies ebenfalls eugenisch: nicht Ehestand, sondern körperliche wie psychische Bereitschaft der Frau bedingen gesunden Nachwuchs. Damit nutzt S. den eugenischen Diskurs, will sich jedoch der Funktionalisierung weiblicher Sexualität widersetzen. Selbstverantwortete Sexualität sowie Unterstützung außerehelicher Mutterschaft sollen Grundlage eines neuen Geschlechterverhältnisses werden. Das Ende sexueller Ausbeutung ist Voraussetzung einer neuen gesellschaftlichen Position für Frauen. Selbstverantwortliche Sexualität ermöglicht aber auch erst eine ›Durchgeistigung‹ der Liebe. S.s Ethik ist nicht ›genußsüchtig‹, wie in der ›Sexualitätsdebatte‹ der Frauenbewegung (→ Gertrud Bäumer) behauptet wird, sondern strebt nach Vervollkommnung von Individuum und Gesellschaft. Für die Monistin S. sind körperliche und geistige Liebe, Erotik und Altruismus verknüpft.

Pazifismus ist für S. die konsequente Fortsetzung ihres Engagements. Die Kritik der Machtstrukturen im Kaiserreich bestimmt auch ihre pazifistische Position. Lange vor vielen anderen TheoretikerInnen erkennt sie, daß Frieden neben zwischenstaatlichen auch von innerstaatlichen Machtverhältnissen abhängt. Sie erweitert den radikalen Pazifismus um die Perspektive der Frau, indem sie auf einen Zusammenhang zwischen Krieg und Ausbeutung weiblicher Sexualität hinweist. 1922 überzeugt sie die Mutterschutzbewegung, Pazifismus in ihre ›Richtlinien‹ aufzunehmen. Gegenüber offenen Appellen, dem Vaterland neue Kinder zu gebären, ermahnt S. die Frauen, nicht ›Opfer‹ zu bringen, sondern sich für sich und ihre Familie zu erheben. S. aktiviert gezielt Frauen und vertritt im Gegensatz zu → Suttner einen explizit weiblichen Pazifismus.

Nach ihrem Tod geriet S. in Vergessenheit. Die wissenschaftliche Rezeption blieb ihr wie die akademische Karriere verwehrt. Die politische Kultur von Weimar war zerstört; nach 1945 haben gerade progressive Kreise die erste Frauenbewegung als ›präfaschistisch‹ abgelehnt. Erst in jüngster Zeit ist das Interesse an S. wieder aufgeflammt; sie wird als Wegbereiterin feministischer Theorie anerkannt. Ihre Position ist jedoch umstritten. Viele ihrer heute noch radikalen Positionen werden neu thematisiert, besonders die ›neue Ethik‹, die Selbstbestimmung der Frau und die emanzipatorische Nietzsche-Rezeption. Andererseits stoßen ihre Nutzung eugenischer Argumentation und ihr Glaube an eine Höherentwicklung auf Kritik. Auch ihr Beitrag zur ›Befreiung‹ weiblicher Sexualität wird angezweifelt: statt dessen hätte S. unfreiwillig einer zunehmenden Rationalisierung von Sexualität zur Befriedigung männlicher Interessen gedient. S. hat viele Probleme feministischer Theorie vorweggenommen. Die Heterogenität in der Rezeption reflektiert S.s eigene Ambivalenz zwischen Kulturkritik und Wissenschaftsgläubigkeit, zwischen Individualismus und radikalem sozialen Engagement.

Werk: Zur Kunstanschauung des XVIII. Jahrhunderts. Von Winckelmann bis Wackenroder, 1902; Die Liebe und die Frauen, 1906; Verkünder und Verwirklicher. Beiträge zum Gewaltproblem nebst einem zum ersten Male in deutscher Sprache veröffentlichten Briefe Tolstois, 1928; Die Neue Generation. Publikationsorgan des Bundes für Mutterschutz. (Hg. in) 4/1908–28/1933, (vormals Mutterschutz. Zeitschrift zur Reform der sexuellen Ethik. 1/1905–3/1907).
Literatur: H. Schlüpmann: Radikalisierung der Philosophie. Die Nietzsche-Rezeption und die sexualpolitische Publizistik Helene Stöckers, in: *Feministische Studien* 3/1, 1984, S. 10–34; Ch. Wickert: Helene Stöcker: 1869–1943. Frauenrechtlerin, Sexualreformerin und Pazifistin, 1991.

Barbara Helm

Ströker, Elisabeth
deutsche Philosophin, *1928

S. wurde am 17. August 1928 in Dortmund geboren. Sie studierte Mathematik, Physik, Chemie und Philosophie an der Universität Bonn und schloß mit zwei Staatsexamen ab; danach Promotion zur Dr. phil., von 1960–63 wissenschaftliche Assistentin am Philosophischen Seminar der Universität Hamburg; 1963 Habilitation für das Fach Philosophie; 1965–71 ordentliche Professorin und Direktorin des Philosophischen Seminars an der Technischen Universität Braunschweig; 1968–70 dort Dekanin der Fakultät für Philosophie und Sozialwissenschaften. Ab 1972 war S. Direktorin des Philosophischen Seminars und des Husserl-Archivs der Universität zu Köln; 1976–77 dort Dekanin der Philosophischen Fakultät; 1982–83 Forschungsstipendiatin der Stiftung Volkswagenwerk; 1988–89 Fellow am Wissenschaftskolleg zu Berlin/Institute for Advanced Studies Berlin; 1991 Ehrendoktorin der Philosophie der Reichsuniversität Utrecht/Niederlande; nach 1968 mehrere Gastprofessuren und Vortragsreisen in die USA, nach Kanada und ins europäische Ausland, auch Polen, Jugoslawien, Tschechoslowakei, Rumänien und Lettland. Seit 1974 ist S. Beiratsmitglied der Reihe *Phenomenologica* Den Haag, ferner Ehrenmitglied der Amerikanischen Gesellschaft für Phänomenologie; ab 1976 wissenschaftliches Beiratsmitglied der Werner-Reimers-Stiftung, Bad Homburg und der *Zeitschrift für Philosophische Forschung*; seit 1980 Member of the International Advisory Board der *Serie in Continental Thought* (CCT), Ohio University Press; ab 1984 Mitglied des Redaktionskomitees der *Husserl Studies*; ferner Mitglied des Wissenschaftlichen Beirats des Humboldt-Studienzentrums der Universität Ulm zur Förderung geisteswissenschaftlicher Studien, korrespondierendes Mitglied der Braunschweigischen Wissenschaftlichen Gesellschaft sowie Mitglied der Forschungsarbeitsgemeinschaft des Wissenschaftsministeriums NRW *Bioethik in Nordrhein-Westfalen*; seit 1991 Mitglied der deutsch-skandinavischen Gesellschaft für Religionsphilosophie; Mitglied der Arbeitsgruppe *Fachsprachen* der Berliner Akademie der Wissenschaften (1990–92); seit 1993 Mitglied des Wissenschaftlichen Beirats des *Orbis Phaenomenologicus*, Freiburg. Ferner ist sie Herausgeberin mehrerer Werke, u.a. Edmund Husserls, dessen *Gesammelte Schriften* sie mit einem eigenen Band nebst Register 1992 in Hamburg herausgab, sowie Mitherausgeberin (mit G. Dux und O. Marquard) von Helmuth

Plessner *Gesammelte Schriften*, 10 Bände, Frankfurt 1980–85. S. ist Verfasserin von 12 Büchern und zahlreichen Abhandlungen und Aufsätzen zur Phänomenologie, Wissenschaftsgeschichte, Wissenschaftsethik, Anthropologie und Erkenntnistheorie.

Ihrer 1965 in Frankfurt erschienenen und 1987 ins Amerikanische übersetzten Habilitationsschrift *Philosophische Untersuchungen zum Raum* gingen während des Bonner Studiums die Vorlesungen und Werke Oskar Beckers voraus, der S. durch seine ›meisterhafte Subtilität philosophischer Problemanalyse‹ beeindruckte und sie für die Phänomenologie interessierte. Ihre philosophischen Studien bestimmte vor allem Theodor Litt, dessen Andenken sie ihr Werk widmete. Die Arbeit verfolgt das wissenschaftstheoretische Ziel einer Neubegründung der Geometrie mit phänomenologischen Mitteln, und dabei werden als letztfundierende Bedingungen geometrischen Seinssinnes bestimmte Strukturen im ›Leibwesen Mensch‹ aufgedeckt.

Eine weitere Buchveröffentlichung *Einführung in die Wissenschaftstheorie* (1973) behandelt die moderne analytische Wissenschaftstheorie seit dem Logischen Positivismus; die wissenschaftstheoretische Kontroverse zwischen Thomas Kuhn und Karl Popper ist Gegenstand ihrer Abhandlung *Wissenschaftstheorie als Herausforderung* (1979). Ferner arbeitete sie mit an dem philosophiedidaktisch orientierten Werk *Wissenschaftstheorie der Naturwissenschaften. Grundzüge ihrer Sachproblematik und Modelle für den Unterricht* (1981).

Ihrem Buch *Theorienwandel in der Wissenschaftsgeschichte. Chemie im 18. Jahrhundert* (1982), waren bereits die *Denkwege der Chemie* (1967), vorausgegangen. Hier wendet sich S. – ausgelöst durch die Untersuchung Th. Kuhns über die Struktur wissenschaftlicher Revolutionen – speziell den einschneidenden Veränderungen zu, die in der ›chemischen Revolution‹ von der Phlogistontheorie zur Oxidationstheorie Lavoisiers führten – ein Versuch der kritischen Analyse wissenschaftshistorischer Modellvorschläge zur Systematisierung der Chemiegeschichte im Zeitalter ihrer größten Wandlungen.

Neben ihren weiteren phänomenologischen Forschungen, die u. a. zu *Phänomenologische Studien* (1987), *The Husserlian Foundations of Science* (1987), *Husserls transzendentale Phänomenologie* (1987), sowie (mit Paul Janssen) *Phänomenologische Philosophie. Handbuch Philosophie* (1989), führten, setzte S. ihre Arbeit an der Wissenschaftsphilosophie fort, z. B. in *Wissenschaftsphilosophische Studien* (1989) und weiteren Aufsätzen. Dabei hat sie seit Mitte der 80er Jahre auch die Wissenschaftsethik in die Wissenschaftsphilosophie einbezogen. *Ich und die anderen. Zur Frage der Mitverantwortung* (1983), dient der Klärung der allgemeinen Struktur des Verantwortungsbegriffs. Danach gab sie neben eigenen Aufsätzen zum Berufsethos des Wissenschaftlers zusammen mit H. Lenk und H. Staudinger die 8bändige Reihe *Ethik der Wissenschaften* (1983–89), heraus. Weitere Arbeiten zur Wissenschaftsphilosophie sind in Vorbereitung.

Werk: Philosophische Untersuchungen zum Raum, 1965; Denkwege der Chemie, 1967; Einführung in die Wissenschaftstheorie, 1973; Wissenschaftstheorie als Herausforderung, 1979; Wissenschaftstheorie und Naturwissenschaften, 1981; Ich und die anderen, 1983; Wissenschaftsphilosophische Studien, 1989 (viele Titel wurden in mehrere Sprachen u. a. auch ins Japanische übersetzt)

Helga Rost

Susman/von Bendemann, Margarete
deutsche Philosophin, Essayistin und Lyrikerin, *1872, †1966

S. wurde am 14. Oktober 1872 als Tochter einer bürgerlich-liberalen jüdischen Familie in Hamburg geboren. Ihre Kindheit und Jugend verbrachte S. in Zürich, wo sie zunächst eine höhere Töchterschule besuchte und anschließend private Mal- und Zeichenstunden nahm. Ein (Philosophie-)Studium verbot ihr der Vater; gleichwohl ließ er 1892, anläßlich ihres zwanzigsten Geburtstages, ihre Gedichte im Privatdruck erscheinen. Erst ab 1894, nach dem Tod des Vaters und dem Umzug der Familie nach Hannover, konnte S. ihre Malstudien an den Kunstakademien in Düsseldorf, Paris und München fortsetzen. In München besuchte sie außerdem erste Philosophievorlesungen bei Theodor Lipps. Durch ihre Freundin Gertrud Kantorowicz lernte sie Karl Wolfskehl und Stefan George kennen. Ab 1900 besuchte S. als Gasthörerin in Berlin die soziologischen Vorlesungen von Georg Simmel, dessen Philosophieren S. beeindruckte und beeinflußte. Außerdem nahm sie an den wöchentlichen Privatkolloquien Simmels teil, wo sie u. a. Ernst Bloch, Martin Buber und Bernhard Groethuysen kennenlernte. 1906 heiratete sie den Maler und Kunsthistoriker Eduard von Bendemann, und ein Jahr später wurde ihr Sohn Erwin geboren. Seit 1907 war sie Mitarbeiterin der *Frankfurter Zeitung*. In den folgenden Jahren schrieb S. zahlreiche Rezensionen und Essays, u. a. zu Lukacs, Bloch und Buber, zu Fragen der Ästhetik, zu Schopenhauer und Spinoza, zu dem Verhältnis von Judentum und Deutschen, von jüdischer und christlicher Religion.

Wie für viele ihrer Generation bedeutete der Erste Weltkrieg nicht nur einen lebensgeschichtlichen Einschnitt, sondern führte zu einer Politisierung ihres Denkens: Sie unterstützte die Politik des für Gewaltfreiheit plädierenden Gustav Landauer und schrieb Flugblätter wie *Die Revolution und die Frau*. 1918 zog sie ins ländlich isolierte Säckingen, wo ihr Mann einen Bauernhof gekauft hatte. Tagsüber bewirtschaftete sie nun den Hof, nachts las und schrieb sie. Das Scheitern ihrer Ehe – 1928 trennten sich S. und ihr Mann – führte zu einer tiefen Lebenskrise, die sie durch Arbeit zu kompensieren suchte.

1933/34 emigrierte S. über Holland und England in die Schweiz, wo sie in Zürich als Mitarbeiterin der *Neuen Wege* zum Kreis um den religiös-sozialen Theologen Leonhard Ragaz gehörte. Hier entstand in den vierziger Jahren *Das Buch Hiob und das Schicksal des jüdischen Volkes*, in dem S. nach den Ursachen für die Vernichtung der europäischen Juden fragte. Wie schon in einem früheren Essay zu Kafka sieht S. in der Figur des Hiob das Schicksal des jüdischen Volkes repräsentiert.

1959 wurde S., siebenundsiebzigjährig vom Philosophischen Fachbereich der Freien Universität Berlin die Ehrendoktorwürde verliehen. Sie starb am 19. Januar 1966 in Zürich.

In ihren 1964, kurz vor ihrem Tod erschienenen Erinnerungen *Ich habe viele Leben gelebt* gedenkt S. ihrer freundschaftlichen Beziehungen zu den Philosophen Simmel, Bloch, Buber, Lukacs, Rosenzweig und den Dichtern George, Wolfskehl und Celan. »Es ist eine Philosophie, der das Ziel nichts, der Weg, die Wanderschaft durch die Welt alles ist, die bei keiner gefundenen Frage je verweilt, der jede wieder zur Frage wird, die immer in der Frage verbleibt.« Was S. hier über den Philosophen Bernhard Groethuysen schreibt, läßt sich zugleich als Selbstcharakterisierung verstehen. S. ist keinem spezifischen philosophischen Lehrgebäude verpflichtet; ihr Denken bewegt sich – dialogisierend – zwischen deutschem Idealismus, Lebensphilosophie, Existentialismus und jüdischer Religion und Mystik. Diese konfrontiert sie mit Erfahrungen des Menschen in der Moderne: einer entzauberten Welt, dem Nichts, dem Chaos, einer existentiellen Heimatlosigkeit, auf die einzig noch die Religion, nicht mehr jedoch, so S., die Philosophie antworten könne.
Als »Grenzgängerin zwischen Theorie und Dichtung« (2) bevorzugt S. das Genre des Essays, dessen offene Form das In-Dialog-Treten mit dem Anderen, dem Fremden ermöglicht, das S. nicht im Eigenen aufgehen, sondern in seiner Andersheit bestehen lassen will. Verknüpft wird diese Haltung mit dem jüdischen Gebot der Bilderlosigkeit, das dem Druck des Konformismus, der Unterwerfung unter die Macht der Bilder entgegengestellt wird.
In ihren zahlreichen Essays hat S. sich auch mit der Situation der Frau in der Moderne befaßt, dabei folgt sie weitgehend Simmels Geschlechtermetaphysik.

Werk: Gedichte, 1892; Mein Land, 1902; Neue Gedichte, 1907; Das Wesen der modernen Lyrik, 1910; Vom Sinn der Liebe, 1912; Die Liebenden, 1917; Die Revolution und die Frau, 1918; Lieder von Tod und Erlösung, 1922; Frauen der Romantik, 1929/1960; Das Buch

Hiob und das Schicksal des jüdischen Volkes, 1946; Deutung einer großen Liebe, 1951; Aus sich wandelnder Zeit, 1953; Gestalten und Kreise, 1954; Deutungen biblischer Gestalten, 1955; Die geistige Gestalt Georg Simmels, 1959; Ich habe viele Leben gelebt. Erinnerungen, 1964; Vom Geheimnis der Freiheit. Aufsätze, 1914–1964, hg. v. M. Schlösser, 1965; Das Nah- und Fernsein des Fremden. Essays und Briefe, hg. mit Nachwort v. I. Nordmann, 1992.

Literatur: Auf gespaltenem Pfad. Festschrift zum neunzigsten Geburtstag, hg. v. M. Schlösser, 1964 (ausführliche Bibliographie); I. Nordmann: Nachdenken an der Schwelle von Literatur und Theorie, in: *Deutsche Literatur von Frauen*, hg. v. G. Brinker-Gabler, 1988; H. Delf: In diesem Meer von Zeiten, meine Zeit! Eine Skizze zu Leben und Denken der Margarete Susman, in: *Von einer Welt in die andere. Jüdinnen im 19. und 20. Jh.*, hg. v. J. Dick/B. Hahn, 1993 (gekürzte Fassung auch in: metis. *Zeitschrift für historische Frauenforschung und feministische Praxis*, Heft 2, 1. Jg, 1992).

Susanne Thiessen

Suttner, Bertha von
österreichische Schriftstellerin und Pazifistin, *1843, †1914

S. wurde 1843 als Bertha Gräfin von Kinsky in Prag geboren. Als halbadlige Offizierstochter genoß sie keine formale Ausbildung, sondern wurde von Hauslehrern im Sinne des Mädchenideals der vornehmen k. u. k. Gesellschaft unterrichtet. Mit 30 Jahren noch unverheiratet, arbeitete sie als Hauslehrerin der Familie von Suttner. Sie verliebte sich in den Sohn des Hauses, verlor ihre Stellung und arbeitete kurzzeitig als Sekretärin für Alfred Nobel. S. nahm großen Einfluß auf den pazifistisch interessierten Nobel und konnte ihn später in die organisierte Friedensarbeit einbeziehen. 1876 heiratete sie gegen den elterlichen Willen heimlich Arthur von Suttner; die beiden setzten sich in den Kaukasus ab und versuchten, von der Schriftstellerei zu leben. Neben Romanen und feuilletonistischen Beiträgen, die den Lebensunterhalt sicherten, schrieb S. das *Inventarium einer Seele* (1883) als ersten philosophischen Versuch. Die entbehrungsreiches neun Jahre im Kaukasus schafften kritische Distanz zur vornehmen k. u. k. Gesellschaft. Wieder in Österreich faßte sie ihre Gedanken im *Maschinenzeitalter* (1889) zusammen, das sie unter dem Pseudonym *Jemand* veröffentlichte, um ihre weibliche Identität zu verbergen. Darin beschäftigt sie sich u. a. zum ersten Mal mit der Friedensbewegung. Um größere Bevölkerungskreise erreichen zu können, faßte sie ihre Friedensbotschaft in Romanform. *Die Waffen nieder* (1889) wurde ein Welterfolg, und S. widmete sich nun ganz der Friedensarbeit: 1891 Gründung der österreichischen Friedensgesellschaft, 1892–99 Herausgeberin der pazifistischen Zeitschrift *Die Waffen nieder*, Teilnahme an internationalen Friedenskongressen. 1905 wurde ihr als erster Frau der Friedensnobelpreis zuerkannt. S. war permanent schriftstellerisch tätig, mußte sich aber durch ihre Arbeit finanzieren und schrieb neben politischen Artikeln vor allem hastige Romane, denen sie politische Botschaften einzuverleiben versucht. Außerdem sind reger Schriftverkehr und reiches Tagebuchmaterial erhalten. Bis zuletzt engagierte sich S. in der Friedensbewegung. Sie starb 1914, kurz vor Ausbruch des Ersten Weltkriegs, in Harmannsdorf bei Wien.

Bedingt durch ihren Lebenslauf läßt sich S.s Werk nicht unmittelbar philosophisch erschließen. S. fehlt die formale Ausbildung, ihren Texten die direkte Bezugnahme auf philosophische Diskurse. Ihre Schriften hat sie v. a. in Form von Romanen und politischem Journalismus veröffentlicht. Dennoch hat sie maßgeblich an der Theoriebildung des Pazifismus mitgewirkt. Die Würdigung ihrer philosophischen Position setzt einen Rekonstruktionsversuch aus sehr heterogenen Quellen voraus.
S.s Denken ist gezeichnet von den konfligierenden Theorien ihrer Epoche. Eine ihrer Leistungen liegt in der Integration dieser Ansätze zu einer überzeugenden Vision. Sie begründet Pazifismus in der Tradition des deutschen Idealismus, besonders anknüpfend an Schillers Fassung der Naturrechtslehre: Frieden als Grundlage des Glücks ist eine ›ewige Wahrheit‹,

Leben ein ›ewiges Recht‹. Damit kehrt S. die gängige Argumentation um, die Krieg als unausweichliche, da naturgegebene ›Elementarkatastrophe‹ darstellt. Für S. ist Krieg eine Folge menschlichen ›Irrwahns‹, Frieden dagegen naturrechtlich verbürgt. Durch diese Umkehrung wird Frieden einerseits als erreichbar dargestellt, andererseits innerhalb des bürgerlichen Diskurses einforderbar.

Für die Einlösung des Naturrechtes auf Frieden rezipiert S. die dynamische Geschichtsauffassung der Evolutionstheorie. Wie die meisten SozialdarwinistInnen nimmt S. eine stete Höherentwicklung der Menschheit an, vorangetrieben durch deren ›Selbsterhaltungstrieb‹. ›Höherentwicklung‹ versteht sie jedoch nicht als Auslese der egoistischen Stärksten, sondern als Selektion der altruistischen ›Edelsten‹. Ohne direkte Bezugnahme auf Nietzsche teilt sie dessen Zukunftserwartung, nicht jedoch seine fundamentale Kulturkritik und seinen radikalen Individualismus. Im *Inventarium einer Seele* bezieht sich S. auf Buckle und Spencer und bekennt ›festen, frohen Fortschrittsglauben‹ auf allen Ebenen. Individuen entwickeln ein ›Edelmenschentum‹, das über Eigennutz erhaben ist. Reaktionäre Bewegungen ihrer Zeit, wie z.B. den wachsenden Antisemitismus, betrachtet sie als Rückschritte in dieser Entwicklung. Konsequent sozialdarwinistisch ruft S. Frauen auf zur ›Zuchtwahl‹ durch ›Liebesboykott‹ gegenüber Antisemiten. Der ›neue Mensch‹ soll ›Weltbürger‹ sein und steht jenseits von Religion, ›Rasse‹ und Geschlecht. Männer und Frauen müssen den Typus in gleichberechtigter Zusammenarbeit und gegenseitiger Annäherung schaffen. Ihr Menschheitsideal ist androgyn und fußt im Glauben an das freie, humanistische Subjekt.

Auf internationaler Ebene erwartet sie, parallel dazu, die Entwicklung vom ›Nationalegoismus‹ zum ›Völkeraltruismus‹. Das dynamische Entwicklungsgesetz ›verbürgt‹ den Anbruch einer ›neuen Zivilisationsepoche‹, und damit teilt S. den sozialrevolutionären Optimismus und das Erwartungsgefühl der Jahrhundertwende. Im *Maschinenzeitalter* bezeichnet sie ihre Zeit gleichnishaft als ›herbstlich belaubten April‹: altes Laub färbt noch die Bäume, deren ganzes Leben jedoch schon in den neuen Trieben steckt. Sie prognostiziert die Abschaffung des Krieges als ›legale Institution‹ bis zum Ende des 20. Jahrhunderts. S. ist primär Visionärin. Obwohl sie an vielen Stellen den Militarismus mit den Interessen der Mächtigen identifiziert, ist sie gegen revolutionäre Radikalität. Zum einen weist sie konsequent jede Form der Gewaltanwendung zurück; zum anderen ist sie verfangen in einer Ambivalenz gegenüber den alten Werten. Diese Ambivalenz prägt ihre Beziehung zu anderen radikalen Strömungen ihrer Zeit, die sie interessiert beobachtet, jedoch permanent für die ›Friedensfreunde‹ zu gewinnen versucht. Die politischen Aktivitäten verschiedener Gruppen subsumiert sie als ›Symptome‹ unter die allgemeine Höherentwicklung.

S. sympathisiert mit der Frauenbewegung. Sie schließt sich dem Kampf für die materielle Absicherung und gegen die ›Unbildung der Frau‹ an, die sie für die Hauptursache der Unfreiheit hält. Sie unterstützt sogar den radikalen Flügel der Frauenbewegung im Streit um eine neue Sexualmoral, in dem Frauen wie → Helene Stöcker Sexualansprüche auch für Frauen formulieren und gegen den Vorwurf der ›Wollust‹ verteidigen. Für S. wird auch die ›durchgeistigte‹ Liebe erst in Verbindung mit Erotik ›edel‹. Aber trotz inhaltlicher Nähe will S. auch die Frauenbewegung ihrer Vision des pazifistischen ›Edelmenschentums‹ unterordnen. Bei aller Freude über das Engagement von Frauengruppen interpretiert S. deren Friedensbemühungen betont als Ausdruck nicht ›femininer‹, sondern ›humaner‹ Politik.

S. beschäftigt sich mit der ›sozialen Frage‹ und solidarisiert sich mit dem ›Arbeitervolk‹. Im Gegensatz zu den Sozialdemokraten will sie aber keinen Klassenkampf, sondern einen Reformkurs. Politischen Rechten soll die Bildung der Arbeiter durch Solidarisierung mit Intellektuellen und durch Volksuniversitäten vorausgehen. Einig ist S. mit den Sozialdemokraten in der Kritik des nationalen Egoismus. Die Forderung nach Internationalismus und die Ablehnung des Militarismus eint beide Bewegungen, über den Weg zum

Frieden besteht jedoch Uneinigkeit. Der Sozialismus thematisiert Krieg als Folge der bestehenden wirtschaftlichen Verhältnisse und damit als Nebenwiderspruch. Für S. ist Pazifismus dagegen das primäre Anliegen, das nicht auf gesellschaftliche Umwälzung warten kann. Frieden ist für sie ›keine Klassenfrage‹. S. versucht, alle Kräfte für den Frieden zu einen, und dabei ›viele Wege‹ zu gehen.

In ihrer schriftstellerischen Tätigkeit war S. eine Frau der Praxis, charakterisiert durch ihre Formulierung in der Nobelpreisrede: »ideal im Denken, praktisch im Tun«. Die Literatur, die sie verfaßt, stellt sie (neben ihrem Lebensunterhalt) in den Dienst ihrer Ideen. Aufgabe der Kunst ist ›Erziehung‹; daher schreibt sie Tendenzromane, um die ›Massen‹ zu erreichen. Im *Schriftstellerroman* und im *Maschinenzeitalter* expliziert sie ihre Position: Literarisch orientiert sie sich am Realismus, besonders an Zola. Von dieser neuen Kunst, die offenlegt, was die alte Kunst beschönigt hat, verspricht sie sich die Kraft, mit der sie wachrütteln will. In Abhebung besonders von der üblichen Frauenliteratur bedient sie sich einer unverblümten Sprache und schildert besonders die Kriegsszenen in grausamen Details. Die Emotionalität, mit der sie schreibt und die sie auch in den LeserInnen wecken will, steht für sie nicht im Widerspruch zu ihrer Auffassung von der Wissenschaftlichkeit des Pazifismus. Im Gegenteil: zur Auflehnung des Verstandes gehört notwendig die ›Empörung des Herzens‹. Erst beide Elemente gemeinsam könnten Menschen verändern.

Werk: Inventarium einer Seele, 1883; Schriftstellerroman, 1888; Das Maschinenzeitalter. Zukunftsvorlesungen über unsere Zeit von Jemand, 1889/1891/1899; Die Waffen nieder! Eine Lebensgeschichte, 1889; Die Waffen nieder! Monatsschrift zur Förderung der Friedensidee (Hg. in), 1892–1899; Memoiren, 1909.
Literatur: Ch. Götz: Die Rebellin. Bertha von Suttner, 1996; B. Hamann: Bertha von Suttner. Ein Leben für den Frieden, 1991; WomBio.

Barbara Helm

Taylor Mill, Harriet

englische, feministisch-politische Philosophin, *1807, †1858

T. wurde am 8. Oktober 1807 in London geboren. Ihre Ausbildung bestand aus etwas Privatunterricht und autodidaktischen Studien.
Ihr Vater verheiratete die begabte Achtzehnjährige an den Kaufmann J. Taylor, mit dem sie drei Kinder hatte: die Tochter Helen wird ihre geistige Erbin. T. versammelte um sich einen Kreis unkonventioneller, dezidiert feministischer junger Frauen und Männer mit literarischen und politischen Interessen; 1830 lernte sie John Stuart Mill kennen. Für ihn war dies »die wertvollste Freundschaft meines Lebens«. Nach J. Taylors Tod heirateten beide 1851: Mill verzichtete in einer Erklärung auf alle Privilegien, die ihm das patriarchale Ehegesetz des Common Law gewährte und legte ein feierliches Versprechen ab, »daß es mein Wille ... und die Bedingung unserer Verbindung ist, daß sie [Mrs. Taylor – H. S.] in jeder denkbaren Hinsicht die gleiche absolute Freiheit der Handlung und der Verfügung über sich selbst und all das, was ihr gehört, jetzt und in Zukunft, behält, als ob keine solche Heirat stattgefunden hätte ...« (1).
Überschattet von Krankheit blieben ihnen nur sieben Jahre bis zu T.s frühem Tod; sie starb am 3. November 1858 in Avignon. Ihre Tochter Helen Taylor wurde Mills Mitarbeiterin und Nachlaßverwalterin.

Schon in ihrem frühen Essay, T. ist 23 Jahre, äußert sie sich revolutionär zu dem Grundthema, das sie später mit Mill durchdenken wird: »die Ehegesetze abschaffen«, Frauen »in allen bürgerlichen und politischen Rechten gleichstellen«, so daß sie »keinen Grund mehr hätten, ihre Person gegen Brot oder irgend etwas anderes, worüber die Männer verfügen, einzutauschen«; mit anderen Worten, »die Sache, der ich viele Jahre meines Lebens ... gewidmet habe: Gerechtigkeit für Frauen ... Emanzipation aus ihrer gegenwärtigen erniedrigenden sklavischen Abhängigkeit ...« (Brief vom 10.5.1848)

1851 berichtet sie über die Frauenbewegung in den USA; doch auch in England und auf dem Kontinent wird »die Aristokratie des Geschlechts« mit dem »Ruf der Frauen nach bürgerlicher und politischer Gleichheit« konfrontiert. Sie verurteilt »die Teilung der Menschheit in zwei Kasten, die eine durch Geburt dazu bestimmt, die andere zu beherrschen« als politisch-moralisches Grundübel. Sie plant, diesen Gegenstand in einem Buch zu entfalten, es bleibt aber bei Fragmenten, die Mill und ihre Tochter erst nach ihrem Tode in *The Subjection of Women* verarbeiten.

Prinzipien der politischen Ökonomie (1848) ist das erste große Werk, das Mill als ›gemeinsame Produktion‹ bezeichnet. Sie analysieren bereits die Frauenarbeit im Lohnverhältnis und in der Familie und die Ursachen des niedrigen Frauenlohnes. *On Liberty* (1859) ist »direkter und buchstäblicher unsere gemeinsame Produktion als irgend etwas sonst ... denn darin ist nicht ein Satz, der nicht von uns gemeinsam mehrmals durchgegangen ... und sorgfältig auf Fehler ... geprüft worden wäre ...« (2).

The Subjection of Women (1869) »wurde geschrieben auf Drängen meiner Tochter ... So, wie die Abhandlung schließlich veröffentlicht wurde, war sie mit einigen wichtigen Gedanken und schriftlichen Passagen meiner Tochter bereichert. Was hingegen meinen Teil betrifft, so gehört alles, was darin am eindrucksvollsten und fundiertesten ist, meiner Frau ...« (2) Ergebnis gemeinsamer, fast vierzigjähriger Reflexion, wurde das Buch sofort ein internationaler Bestseller: ›feurig gelobt‹ und ›hart verurteilt‹.

Reflexion und Erfahrung haben Taylor/Mill zu der Erkenntnis geführt, »that the principle which regulates the existing social relations between the two sexes – the legal subordination of one sex to the other – is wrong in itself, and now the chief hindrances of human improvement; and that it ought

to be replaced by a principle of perfect equality ...« (daß das Prinzip, welches die bestehenden sozialen Beziehungen zwischen den beiden Geschlechtern – die gesetzliche Unterordnung des einen Geschlechts unter das andere – regelt, in sich selbst falsch ist und nun das Hauptindernis des menschlichen Fortschritts; es muß durch ein Prinzip der völligen Gleichheit ersetzt werden ...) (3).
Die gegenteilige herrschende Meinung beruht auf tief verwurzelten Gefühlen, ihre Erkenntnisse hingegen auf Vernunftgründen: die Diskussion pro und contra muß auf der Ebene konsistenter Argumentation stattfinden, in welcher sich Argumente (nicht Vorurteile) der Gegenseite zu bewähren haben oder verworfen werden müssen. Jedenfalls ist nicht anzunehmen, »that the barbarisms to which men cling longest must be less barbarisms than those which they earlier shake off« (daß die Barbarei, an welcher die Männer so lange festhalten weniger barbarisch sein wird als jene, welche sie bereits abgeschüttelt haben) (3), wie (bäuerliche) Leibeigenschaft und Sklaverei. Das gegenwärtige System der Ungleichheit beruht noch immer auf dem Faustrecht der physisch Stärkeren gegenüber den Schwächeren: »Laws and systems of polity always begin by recognizing the relations they find already existing between individuals. They convert what was a mere physical fact into a legal right, give it the sanction of society, and principally aim at the substitution of public and organized means of asserting and protecting these rights, instead of the ... lawless conflict of physical strength. Those who had already been compelled to obedience became in this manner legally bound to it.« (Gesetze und politische Systeme beginnen immer damit, die Beziehungen, die sie als bereits existierend zwischen den Individuen vorfinden zu betrachten. Sie übertragen das, was bisher bloß eine physikalische Tatsache war in legales Recht, geben ihm die gesellschaftliche Bestätigung und zielen prinzipiell auf den Einsatz öffentlicher und gesellschaftlicher Mittel, um dieses Recht durchzusetzen und zu schützen, anstatt auf den ... gesetzlosen Konflikt der physischen Stärke. Diejenigen, welche bereits gezwungen wurden sich zu unterwerfen,

werden auf diese Art gesetzlich daran gebunden.) (3) Das geschah mit Frauen und Sklaven. Die Sklaverei von Männern wurde abgeschafft, die der Frauen nicht: »it is the primitive state of slavery lasting on ...« (es ist der primitive Zustand der Sklaverei der andauert ...), mit nur geringfügigen Modifikationen; »It has not lost the taint of its brutal origin. No presumption in its favour, therefore, can be drawn from the fact of its existence«. (Sie hat den Makel ihres brutalen Ursprungs nicht verloren. Keine Mutmaßung zu ihren Gunsten kann von der Tatsache ihrer Existenz ablenken.) (3) Darüber hinaus ist es höchst widersprüchlich, wenn man das Faustrecht von Mann zu Mann als illegitim verurteilt und abschafft, aber das Faustrecht von Mann zu Frau rechtfertigt und beibehält, denn »the inequality of rights between men and women has no other source than the law of the strongest« (die Ungleichheit der Rechte zwischen Männern und Frauen hat keine andere Quelle als das Gesetz des Stärkeren): »the system of right founded on might«. (Das Rechtssystem basiert auf Macht.) (3) Seinen wahren Charakter verkennend, betrachtet man sich in England als ein zivilisiertes, ›freies Volk‹, wie die Griechen mit ihrer Sklaverei.

Aristoteles rechtfertigt die Sklaverei als ›natürlich‹; die gleiche Prämisse verteidigt man noch immer, »namly that there are different natures among mankind [generisch – H.S.], free natures, and slave natures« (nämlich die, daß es verschiedene Naturen innerhalb der Menschheit gibt, freie und sklavische) (3): Männer als »natürliche« Herren über sklavische Frauen. Diese Doktrin zeugt vom Fanatismus, mit welchem Männer an Ideen festhalten, die ihre Emotionen rechtfertigen und ihre persönlichen Interessen legitimieren. Taylor/Mill verwerfen diese Natur-Ideologie vehement.

Die Fortdauer der Unterwerfung von Frauen ist das Interesse aller Männer, ob hoch oder niedrig, und Frauen sind »so far in a position different from all other subject classes, that their masters require something more from them than actual service. Men do not want solely the obedience of women, they want their sentiments. All men, except the most brutish, desire to have, in the woman most nearly connected with them, not a forced slave but a willing one, not a slave merely, but a favourite. They have therefore put everything in practice to enslave their minds.« (in einer Position, die so weit von allen anderen Klassen entfernt ist, daß ihre Herren mehr von ihnen verlangen als tatsächliche Dienstleistungen. Männer wollen nicht nur die Unterwerfung der Frauen, sie wollen ihre Gefühle. Alle Männer, ausgenommen die besonders brutalen, wollen in der Frau, die ihnen am nächsten steht, nicht nur eine gezwungene Sklavin, sondern eine willige, nicht nur eine Sklavin, sondern einen Günstling. Deshalb haben sie alles versucht, um ihre Sinne zu versklaven.) (3) Da die Machtmittel der Beeinflussung erheblich stärker geworden sind, ist die geistige Versklavung von Frauen heute eher intensiver; die Hörigkeit von Frauen ist denn auch noch immer nicht überwunden. Taylor/Mills kritische Philosophie ist daher von höchst aktueller Relevanz.

Werk: Essay über Ehe und Scheidung, ca. 1830, in: J. Stuart Mill/ H. Taylor Mill/H. Taylor: *Die Hörigkeit der Frau und andere Schriften zur Frauenemanzipation*, hg. v. H. Schröder, 1976; Taylor/Mill: Principles of Political Economy, 1848; Enfranchisement of Women. (anonym) in: *Westminster Review*, 1851; Anmerkungen zu Mr. Fitzroy's Gesetzesvorlage betreffend die effektivere Verhinderung von Angriffen auf Frauen und Kinder (Privatdruck); On Liberty, 1859; The Subjection of Women, 1869 (Reprint; mit M. Wollstonecraft: The Rights of Woman) 1965 (3); J.S. Mill: Autobiography (without alterations or omissions), hg. v. J.J. Coss, 1924 (2).
Literatur: F.A. Hayek: John Stuart Mill and Harriet Taylor: Their Correspondance and Subsequent Marriage, 1951; Essays on Sex Equality, J.S. Mill and H. Taylor Mill, hg. v. Alice S. Rossi, 1970; J. Stuart Mill/H. Taylor Mill/H. Taylor: Die Hörigkeit der Frau und andere Schriften zur Frauenemanzipation, hg. u. eingel. v. H. Schröder, 1976 (1); dies.: Die Hörigkeit der Frau, hg. v. U. Helmer, Nachwort H. Schröder, 1991; WP.

Hannelore Schröder

Teresa von Avila

spanische Gelehrte, *1515, †1582

Teresa Sánchez de Ahumada wurde am 28. März 1515 in Avila im Schoß einer wohlhabenden Familie geboren, deren jüdische Herkunft gewisse herausragende Momente ihres Lebens prägte: »die Gleichgültigkeit gegenüber der Abstammung, die Vorliebe für die geistige Beschäftigung mit dem Glauben, der Sinn für praktische Initiative und die fehlenden sozialen Vorurteile«. Sie war phantasiebegabt und abenteuerlustig und zog mit sieben Jahren zusammen mit ihrem Bruder Rodrigo von zu Hause aus, um die Mauren zu bekehren und als Märtyrerin zu sterben. Mit 15 Jahren las sie nicht ohne Selbstgefälligkeit und voller Begierde Ritterromane. Sie trat mit 16 Jahren dem Augustinerorden bei; doch sie war »aufs äußerste dagegen, Nonne zu werden«, wie sie selbst zugibt, obwohl sie allmählich Gewissensbisse aufgrund ihres weltlichen Lebensstils verspürte. Am 2. November 1535 trat sie gegen den Willen ihres Vaters in den Karmeliterorden der Menschwerdung (Carmelitas de la Encarnacion) in Avila ein. Sie wurde durch den Verzicht auf die Ehe dazu angespornt, die häufig den Tod der Ehefrau mit sich brachte, wie sie aus eigener Betroffenheit wußte: Ihr Vater hatte zum zweitenmal geheiratet, eine Frau, die nach zwei Jahren Ehe und zwei Kindern starb, und selbst ihre Mutter, die schon als junge Frau wie eine »ältere Dame gekleidet war«, starb mit 33 Jahren, nachdem sie in 18 Jahren insgesamt zehn Kindern das Leben geschenkt hatte.

Nachdem T. fast 20 Jahre lang ein gewöhnliches Nonnenleben geführt hat, begab sie sich auf den *Weg der Vollkommenheit*, wie ihr gleichnamiges Buch belegt, indem sie sich dem Leben der passiven Kontemplation öffnete, das unter anderem von der Lektüre der Werke *Tratados de oración y meditación* von San Pedro Alcántara, dem *Tercer abecedario espiritual* von Osuna, der *Subida al Monte Sión* von Laredo und ganz besonders von *Audi filia* von San Juan de Avila begleitet wurde.

Das durch das Konzil von Trient ausgesprochene Verbot, die Bibel in einer gewöhnlichen Volkssprache zu lesen (sie verstand die lateinische Sprache nicht), und die Tatsache, daß viele Bücher in romanischer Sprache auf dem Index standen, prägten sie entscheidend in dieser Entwicklungsphase. Auf ihrem geistigen Weg »entfachten die Franziskaner in ihr die Göttliche Liebe; die Jesuiten festigten sie durch strenge geistige Disziplin und die Dominikaner dämpften ihre mit dem einen und dem anderen verknüpften Ausschweifungen, indem sie ihr Sendebewußtsein provozierten«.

1562 begann die Reform des Karmeliterordens. Obwohl die ursprüngliche Ordensregel Einsamkeit, Schweigen und Meditation auferlegte, folgten die Nonnen des Klosters der Menschwerdung in Ávila seit 1453 gemäßigteren Vorschriften: Sie trugen Schuhe und prächtige Gewänder, konnten über persönliche Gegenstände verfügen und sogar Dienstmädchen bei sich haben; außerdem durften sie Besuch im Locutorium empfangen, das oft belebter war als das Besuchszimmer vieler Frauen ihrer Zeit. T. untersagte jegliche Klassendifferenzierung; sie verbot die Anrede ›Doña‹, beschloß strengste Klausur und begrenzte die Anzahl der Besuche.

Im Verlauf von ungefähr 20 Jahren gründete sie 32 Klöster, dazu gehören: Ávila (1562), Medina del Campo (Valladolid, 1567), Malagón (Ciudad Real, 1568), Valladolid (1568), Toledo und Pastrana (Guadalajara, 1569), Salamanca (1570), Alba de Tormes (Salamanca, 1571), Segovia (1574), Beas (Jaen, 1575), Sevilla (1575) u.a.

Gleichzeitig schrieb sie ihr Werk, das verschiedene Gattungen umfaßte (Redekunst, Didaktik, Biographie, Geschichte, Poesie usw.). Ihr umstrittener Stil wurde von den einen als ›derbe Einfältigkeit‹, von anderen als ›sorgfältige Schlamperei‹ bezeichnet. Von ihren Büchern sind einige besonders bemerkenswert: *El libro de la Vida, Camino de perfección, El castillo interior o Las Moradas, Los conceptos del amor de Dios, El libro de las fundaciones, Relaciones y Cartas*. Sie schrieb ihre Bücher unter der Aufsicht verschiedener Beichtväter und dem ständig über ihrem Kopf schwebenden Damoklesschwert der

Inquisition, der sie mit äußerster Geschicklichkeit zu entgehen wußte. Diese »ruhelose und schnellfüßige Frau war ungehorsam und dickköpfig und stellte gefährliche Lehren auf, wobei sie gegen das Diktat des Trienter Konzils und der Prälate die Klausur verließ, und gegen das Lehrverbot des Petrus als Frau lehrte«, wie der päpstliche Nuntius bemerkte.

Ihre zweideutige Haltung bezüglich der Frauenproblematik kann durch eine Wechselbeziehung mit den Gedanken und dem Werk der → Sor Juana Inés de la Cruz erklärt werden: Beide sind beispielhafte Vertreterinnen für das, was heute einerseits ein differenzierender Feminismus und andererseits ein Feminismus der Gleichheit genannt wird.

T. starb am 3. Oktober 1582 in Alba de Tormes (Salamanca). Am 24. April 1614 wurde die bedeutende Reformerin seliggesprochen und am 12. März 1622 durch Papst Gregor XV. zusammen mit den Heiligen Isidro Labrador, Francisco Javier, Ignacio de Loyola und Felipe Neri heiliggesprochen.

Zusammen mit dem Apostel Jakobus ist sie Patronin Spaniens. Sie symbolisiert die starke Frau, die Schlachten mit dem Spinnrocken und nicht mit dem Schwert gewinnt.

Werk: Weg der Vollkommenheit, 1941; The Complete Works of St. Teresa of Jesus, hg. v. E. A. Peers, 1946; Die sämtlichen Schriften der heiligen Theresa von Jesus, 1959; Die innere Burg, 1979.
Literatur: M. Auclair: Das Leben der heiligen Teresa von Avila, 1953; C. Lapauw: Teresa von Avila, 1981; E. Lorenz. Nicht alle Nonnen dürfen das. Teresa von Avila und Pater Gracian, 1983; U. I. Meyer (Hg. in): Die Welt der Philosophin I, 1995; HWP.

Oliva Blanco
(Übers. Andrea Volz)

Theadusa
griechische Pythagoreerin

Iamblichos erwähnt T. in der Liste von 17 Pythagoreerinnen. Menage schreibt ihren Namen ›Nestheadusa‹.
→ Habroteleia von Tarent

Theano von Kroton (Θεανώ)
frühe griechische Pythagoreerin, ab 550 v.u.Z.

T. war Schülerin und später die Frau des Pythagoras, sie war die Tochter des Brontinos (oder Brotinos), Mutter der Töchter → Arignote, → Myia und → Damo sowie der Söhne Telauges und Mnesarchos, die ihr in der Ehe mit Pythagoras zugeschrieben werden. Suidas nennt noch eine zweite Theano, die als Frau des Brontinos überliefert ist.

Da im Altertum mehrere Frauen mit Namen T. lebten, kam es in der Überlieferung der historischen Identität der verschiedenen Frauen zu Verwechslungen und Verwirrungen, die es heute überaus schwer werden lassen, die historische Authentizität der Personen und ihrer Werke zu bestimmen. Suidas unterscheidet zwischen drei Frauen mit Namen Theano/Teano; Mozans schreibt über T., die Frau des Pythagoras, sie sei Philosophin, Physikerin und Medizinerin gewesen. Hinzu kommt, daß die frühen PythagoreerInnen sich in strengster Geheimhaltung ihrer Lehren übten und die ältesten Fragmente der pythagoreischen Lehre auf das 4./3. Jahrhundert v.u.Z. zu datieren sind, so auch einige Apophthegmata und apokryphe Schriften T.s. Eine Zuordnung der fragmentarischen Überlieferungen kann also nur mit Wahrscheinlichkeitscharakter erfolgen (I).

Außerdem werden verschiedene Briefe einer T. zugeschrieben, die jedoch aus spätpythagoreischer Zeit stammen und wahrscheinlich mehreren Personen zugeordnet werden müßten.
→ Theano II.

Theano I

Diogenes Laertius weiß von einer Schrift der T., ohne diese näher zu spezifizieren, sowie einer Erzählung über sie: »Von ihr erzählt man auch, sie habe auf die Frage, wann eine Frau vom Manne rein würde, geantwortet: ›Vom eigenen Manne augenblicklich, von einem anderen aber niemals.‹ Und der Frau, die zum eigenen Manne gehen wolle, riet sie angelegentlich, mit den Kleidern zugleich die Scham abzulegen, beim Aufstehen aber mit den Kleidern auch die Scham wieder anzulegen. Und gefragt: ›Welche denn?‹, antwortete sie: ›Die, wegen deren ich Weib genannt werde.‹« (1). Clemens Alexandrinus beruft sich auf Didymos, der in einem Werk über die pythagoreische Philosophie vermerkt, daß T. die erste Frau gewesen sei, die philosophiert und Gedichte gemacht habe. Zwei weitere Überlieferungen finden sich ebenfalls hier: »Und kam nicht ferner die Pythagoreerin Theano so weit in der Philosophie, daß sie dem, der sie zudringlich ansah und sagte: ›Der Arm ist schön‹, erwiderte: ›Aber nicht Gemeingut‹?« (2) Gemäß der pythagoreischen Lehre über den Glauben an die Unsterblichkeit sagte sie: »Es wäre ja wahrhaft das Leben für die Schlechten ein Festschmaus, wenn sie Böses tun und dann sterben dürften – wenn nur die Seele nicht unsterblich wäre.« (2)

In ihrer apokryphen Schrift *Über die Frömmigkeit* äußert sich T. über die pythagoreische Zahlenlehre in Beziehung zur Existenz von Gegenständlichem. Sie korrigiert die irrtümliche Annahme, daß die Dinge in ihrer Gestalt durch Zahlen erzeugt würden, indem sie fragt, wie Dinge – hier Zahlen – die nicht physisch existierten, zur Erzeugung von physischen Dingen gedacht werden könnten. Vielmehr sei die Ordnung der Zahlen auch als Ordnungsprinzip in den Gegenständen zu finden.

Weitere Apophthegmata über die Tugendhaftigkeit der Frau sind bei Stobaios unter dem Namen T. verzeichnet. Außer den Gedichten und der Schrift *Über die Frömmigkeit* werden ihr Werke *Über die Tugend, Über Pythagoras* und *Zuspruch für Frauen* zugeschrieben.

Nach dem Tode des Pythagoras führte sie zusammen mit einem oder beiden Söhnen die pythagoreische Schule weiter. Später soll sie den Pythagoras-Nachfolger Aristaios geheiratet haben.

Literatur: Athenaios: Deipnosophists XIII. 599; Clemens Alexandrinus: Teppiche (Stromata), I 16.80, IV 7.44, IV 19.121 (2); Diogenes Laertius: Leben und Meinungen berühmter Philosophen, VIII 42 f (1); Iamblichos: Pythagoras 27.132, 28.146, 36.265, 36.267; G. Menage: The History of Women Philosophers, 1690/1984; U. I. Meyer (Hg. in): Die Welt der Philosophin I, 1995; Plutarch: Pflichten von Ehegatten 142, 146; Porphyrios: Vita Pythagorae 4, 19; J. C. Poestion: Griechische Philosophinnen, 1885; Stobaios 1.10.13, 4.23.32, 49, 53, 55, hg. v. K. Wachsmuth/O. Hense, 1958; H. Thesleff: An Introduction to the Pythagorean Writings of the Hellenistic Period, 1961; ders. (Hg.): The Pythagorean Texts of the Hellenistic Period, 1968; Ch. M. Wieland: Die Pythagoreischen Frauen, Sämtl. Werke XXIV; RE *Theano* 5, Bd. 10, 1934; Suidas Lexikon *Theano*, S. 688; *Teano*; HWP; WP.

Theano II

Insgesamt blieben acht, z. T. fragmentarische, Briefe erhalten, die den Namen T. tragen. Diese Briefe stammen nicht aus frühpythagoreischer Zeit, sind insofern nicht → Theano I zuzuordnen; die Briefe wurden vermutlich von verschiedenen Frauen geschrieben. Diese mögen alle T. geheißen oder sich des Pseudonyms (Theano von Kroton) bedient haben. Waithe datiert die Briefe auf das 3. bis 1. Jahrhundert v. u. Z. Der Brief *Theano an Eubole* hat die Kindererziehung zum Thema, *Theano an Nikostrate* befaßt sich mit Hetärentum, Eifersucht und Leidenschaft, *Theano an Kallisto* mit Sklaven- und Haushaltsführung, *Theano an Rhodope* diskutiert Platons Dialog *Über die Ideen des Parmenides*; die Briefe an *Eukleides*, *Euridike*, *Timarete* und *Tim(ai)mides* behandeln persönliche Angelegenheiten. Keiner der Briefe zeichnet sich durch typisch pythagoreische Lehrinhalte aus; geschrieben wurden sie in Attisch-Koine und Attisch.

Literatur: R. Hercher: Epistolographi Graeci, 1873, Brief Nr. 3, 4, 5, 6, 7, 9, 10; G. Menage: The History of Women Philosophers, 1690/1984; U. I. Meyer (Hg. in): Die Welt der Philosophin I, 1995; J. C. Poestion: Griechische Philosophinnen, 1885; Pollux: Onomastikon X, 3.21; H. Thesleff: An Introduction to the Pythagorean Writings of the Hellenistic Period, 1961; Alle Briefe in: H. Thesleff: The Pythagorean Texts of the Hellenistic Period, 1965, S. 195–201; M. E. Waithe: A History of Women Philosophers, 1987; Ch. M. Wieland: Die Pythagoreischen Frauen, Sämtl. Werke XXIV, S. 261 ff; HWP; WP.

Maria Nühlen

Themista (Θεμίστα)

griechische Epikureerin, 4./3. Jh. v. u. Z.

T. war die Tochter des Zoilos von Lampsakos, die Frau des Leonteus von Lampsakos und die Mutter des Epikuros, den sie nach ihrem Lehrer Epikur benannte.
Bekannt wurde T. durch ihren Briefwechsel mit Epikur. Cicero betont ihre Weisheit »... weiser als Themista«. Andererseits beklagt sich Cicero, daß über diese Frau umfangreiche Bände geschrieben wurden, aber über Männer wie Lykurgus, Solon, Miltiades, Themistokles und Epaminondas in Epikurs Schule nicht berichtet wurde.
Schließlich wird sie von dem Kirchenschriftsteller Lactantius als einzige Philosophin bezeichnet. Mozans schreibt, daß Epikur sie zu »a sort of female Solon« erklärte.

Literatur: Cicero: Pisonem 26.63; ders. De finibus bonorum et malorum II 21.68; Clemens Alexandrinus: Teppiche (Stromata) IV 19.121; Diogenes Laertius: Leben und Meinungen berühmter Philosophen, X 5; J. C. Eberti: Eröffnetes Cabinet Deß Gelehrten Frauen=Zimmers, 1706/1990; L. C. F. Lactantius: Divinae Institutiones, lib. 3, 25, in: Migne, Bd. VI, 1844; G. Menage: The History of Women Philosophers, 1690/1984; J. C. Poestion: Griechische Philosophinnen, 1885; RE *Themiste*, Bd. 10, 1934.

Maria Nühlen

Themistokleia

griechische Priesterin in Delphi, um 600 v. u. Z.

In der Überlieferung wird sie auch als Schwester des Pythagoras bezeichnet, was jedoch, wie Menage vermutet, auf eine falsche Lesart oder auf einen Abschreibfehler beruht, da die griechischen Wörter ›Delphi‹ und ›Schwester‹ in der

Schreibweise ähnlich sind. Von Porphyrios wird sie ›Aristokleia‹, von Suidas ›Theokleia‹ genannt.
Wie Diogenes Laertius berichtet, war T. die Lehrerin des Pythagoras. »Es sagt aber auch Aristoxenos, das meiste von seinen ethischen Lehren habe Pythagoras von der delphischen Priesterin Themistokleia empfangen.« (1)
T. als Pythagoreerin zu bezeichnen, wie dies üblicherweise geschieht, ist nicht korrekt, denn sie war nicht die Schülerin des Pythagoras, sondern seine Lehrerin.

Literatur: Diogenes Laertius: Leben und Meinungen berühmter Philosophen, VIII 8, 21; J.C. Eberti: Eröffnetes Cabinet Deß Gelehrten Frauen=Zimmers, 1706/1990; G. Menage: The History of Women Philosophers, 1690/1984; J.C. Poestion: Griechische Philosophinnen, 1885; Porphyrios: Vita Pythagorae 41 (1); Suidas Lexikon *Pythagoras*; WP.

Maria Nühlen

Theognis
griechische Dialektikerin, 3./2. Jh. v. u. Z.

T. war eine Schwester der → Argia.

Thürmer-Rohr, Christina
deutsche Feministin und Philosophin, *1936

T. ist zur Zeit Professorin am Schwerpunkt Frauenforschung im Studiengang Erziehungswissenschaften an der Technischen Universität Berlin. Als Diplom-Psychologin arbeitete sie vorher in psychologischen Beratungszentren und in der Stadtplanung. Außerdem spielte sie viele Jahre als Pianistin in Frauenrockbands.
Ihre wichtigsten Veröffentlichungen sind neben zahlreichen Aufsätzen in Zeitschriften und Fachzeitschriften: *Vagabundinnen* sowie *Mittäterschaft und Entdeckungslust*.

Ihre Schriften leben von einer ungewöhnlich starken, bildreichen Ausdrucksweise, die Wut, Empörung, Zynismus – aber auch Humor und kabarettistische Anklänge durchschimmern läßt.

Ausführlich formulierte T. die Mittäterschaftsthese, deren zugrundeliegende Problematik zu Beginn der 80er Jahre zum ersten Mal von Frigga Haug erwähnt wurde. Danach sind Frauen nicht nur Opfer des Patriarchats, sondern befinden sich auch in einer besonderen Verwobenheit mit den Tätern, die vor allem durch die polare Ergänzung der Geschlechterrollen zustandekommt und durch die weibliche Akzeptanz männlicher Normen gestützt wird. Der Begriff der ›Mittäterschaft‹ ist in der Lage, die Brücke zu schlagen von individuellen Handlungen und Empfindungen zur sozialen Rolle in der Gesellschaft.

T. versteht feministische Kritik an der Frau als »Unversöhnlichkeit mit den Zurichtungen an unserem Geschlecht« und als »leidenschaftliches *Interesse* an der Frau«. Sie sieht ›Weiblichkeit‹ als Ergebnis eines ›Dressuraktes‹, der zur Folge hat, daß Frauen die Lust an der Welt verlieren, weil sie sich auf das Haus, die Familie, auf den Mann konzentrieren sollen. Das fördert und wird gefördert durch eine psychische Befindlichkeit, die die Außenwelt bedrohlich und voller unerfüllbarer Anforderungen erscheinen läßt.

Daher scheuen Frauen oft vor Anstrengungen zurück und meiden Hürden, statt sie zu überspringen und »so etwas wie Besessenheit von einem Gedanken oder einer personenunabhängigen und personenunbedürftigen Tätigkeit« zu zeigen. T. fordert Frauen auf, den Weg in die Freiheit anzutreten, der darin besteht, die Schrecken, die die Welt erfahren läßt, zu differenzieren: auf der einen Seite tatsächliche Gefahren zu erkennen, die Selbstschutz erfordern, und auf der anderen Seite ›gesollte‹ Schrecken auszumachen, die den Rückzug der Frau zum Ziel haben. Ihnen gilt es zu widerstehen. Die Rede von der Frau als Opfer des Patriarchats lehnt T. als ›Falle‹ ab, da autonomes Handeln und Opfer-Sein sich ausschließen.

Die gleichzeitig mit der überwältigenden Umweltverseuchung und der begrenzten Ressourcenkapazität der Erde auflebende Tendenz, sich in die Innerlichkeit zurückzuziehen und sich mit spirituellem und mystischem Gedankengut zu beschäftigen, lehnt sie als ›selbstgewollte Verdummung‹ ab. Sie fordert Frauen auf, sich nicht selbst eine Täuschung vor realen Katastrophen aufzubauen. Statt dessen sollen Frauen sich ›enttäuschend‹ verhalten, d.h., sie sollen die eigene Kultur und Geschichte kritisch durchforsten, sollen das Patriarchat, das sich in ihren eigenen Köpfen niedergelassen hat, erkennen und diese Strukturen aufgeben. Frauen sollen sich empören über das »die eigene Person überschreitende Unrecht am Menschen«. Dazu müssen Vorstellungen von Hoffnung und Sinn aufgegeben werden, denn sie dienen als Betäubungen, Kaschierungen, Verschleierungen. Was bleibt? »Wenn Frauen endlich zu Nihilistinnen in diesem Sinne würden, es wäre eine revolutionäre Tat.«

Werk: Vagabundinnen, 1987; Mittäterschaft und Entdeckungslust, (Mit-Hg.in) 1989; Verlorene Narrenfreiheit, 1994.

Agnes Hümbs

Tielsch, Elfriede Walesca
deutsche Philosophin und Juristin, *1910, †1993

T. ist als renommierte Anwältin für die verdienstvolle Rehabilitierung einer anderen, unterdrückten und zu Unrecht diffamierten abendländischen Philosophietradition bekannt. Mit ihren Ideen und Entdeckungen hat sie in ihrem Leben zur weiteren Aufklärung in Deutschland beigetragen. Sie hat Kierkegaards eigentliche, immer verschwiegene Auffassung des Christentums als Überkompensation nur für ›Leidende‹ zutage gefördert; Platons Schriften hat sie als bisher unausgenutzte Quelle für die Rekonstruktion der vorherigen nicht metaphysischen Erkenntnis- und Handlungstheorie der Griechen entdeckt; zugleich hat T. Epikur in diese aufklärerische, nicht-materialistische und nicht-idealistische

Theorie und Ethik eingeordnet. In demselben Atemzug zu nennen ist ihre Wiederentdeckung der Menschenrechte als humanistische Gegenseitigkeitsethik sowie ihre Wertung, z. B. John Miltons.

Geboren 1910, kam T., nachdem sie ab 1916 zu Hause unterrichtet worden war, in das Gymnasium, wo sie bereits nach viereinhalb Jahren das Abitur ablegte. Es folgte das Jurastudium mit dem 1. juristischen Staatsexamen (Referendarexamen). Den Titel Dr. jur. erhielt sie mit ihrer Dissertation über *Beschränkte Haftung*. Mit dem 2. juristischen Staatsexamen (Assessorexamen) endete, wie noch heute, das mit der Referendarausbildung verbundene BeamtInnenverhältnis auf Zeit. Da mittlerweile das ›Gesetz zur Behebung der Not von Volk und Reich (Ermächtigungsgesetz)‹ das Ende des hoffnungsvollen Aufbruchs der Weimarer Reichsverfassung von 1919 auch rechtlich besiegelt hatte, nahm T. das Philosophiestudium auf und schloß dieses, mit der Unterbrechung durch den Zweiten Weltkrieg, nach dessen Ende im Zuge der darauffolgenden Wiederaufnahme des Lehrbetriebes an den Universitäten mit der philosophischen Dissertation (Promotion) *Der menschliche Entschluß. Sein Aufbau und Zerfall* (1952) ab.

1964 veröffentlichte sie *Kierkegaards Glaube*. T. arbeitet hier in Auflockerung existenzphilosophischer und dogmatisch-theologischer Vorstellungen heraus, daß Kierkegaard den in der Aufklärung festgefahrenen Streit zwischen ›Glauben und Wissen‹ beiderseits positiv und haltbar überwindet. Mit Kant überläßt Kierkegaard den Bereich der Tatsachenforschung und Wissenslogik allein der Wissenschaft: ontologisch bleibt Gott für ihn damit unbeweisbar. Glaube wird jedoch bei ihm als zentrale Zielvorstellung bzw. Struktur im Bereich eines wertlogischen Denkens sichtbar.

1970 erschien T.s *Die Platonischen Versionen der griechischen Doxalehre*. Dieses Werk stellt die verschiedenen Aspekte, unter denen die Doxa in Platons Dialogen hervortritt, in ihrer systematischen Darstellung nicht, wie es bisher üblich war, der Episteme entgegen, sondern deckt ihren erkenntnistheoretischen Eigenwert in der Vielfalt ihrer Erscheinungsarten auf. Als Lehre von der Meinungsbildung gehört, so betont T., diese von Platon unabhängige, eigenständige griechische Doxalehre in die Geschichte des griechischen Empirismus als eine seiner wichtigsten erkenntnistheoretischen Komponenten. Von Platon bis Hegel und darüber hinaus hatte man sich in der Doxalehre stets wieder nur zu dem einseitigen Satz bekannt: »Das, was der Meinung gegenübersteht, ist die Wahrheit. Vor dieser erbleicht die Meinung« (Hegel: *Vorlesungen zur Geschichte der Philosophie*). Nach Meinung T.s bedarf die Auffassung, daß alle menschliche Kenntnis und Leistung auf geistiger Meinungsbildung beruht, der Rekonstruktion aus der platonischen Zerstückelung und Abwertung, um so den ganzen Reichtum der Antike zu übersehen und ihn als Ganzen nutzen zu können. Dies allerdings nicht mehr, um philosophische Schulen und Erkenntnisse, wie es die Antike und das bisherige engere Abendland taten, nur nochmals gegeneinander ins Feld zu führen. Vorrangig ist ihr vielmehr, ein dem Streit der philosophischen Primärmeinungen übergeordnetes (Meinungs-)Gebilde zu erhalten.

Die seit ihrer Promotion an der Freien Universität Berlin lehrende, zur Professorin ernannte Philosophin und Juristin entwickelte eine breitgefächerte Lehrtätigkeit. Diese umfaßte damals z.B. die Spanne von den ionischen Naturphilosophen, Demokrit, Platon, Aristoteles, Theophrast, Epikur, Lukrez, Cicero, den Skeptizismus, Sextus Empiricus, Augustinus, Pierre Bayle, Montesquieu, Rousseau, die englischen Reformphilosophen des 17. und 18. Jahrhunderts, Milton, Hume bis zu Kant und Nietzsche.

1980 gibt T. die politischen Hauptschriften John Miltons heraus. In ihrer einleitenden Untersuchung zu *John Milton und der Ursprung des neuzeitlichen Liberalismus* weist sie darauf hin, daß für Milton das Funktionieren einer Demokratie weniger von der äußeren perfekten Verfassung als von der inneren Reife des Staatsbürgers abhängt, insbesondere von seiner Erziehung und Einübung des entsprechenden Sozialverhaltens, von der Ehe und Familie an. Nur dadurch könnten die Grundrechte des Individuums gegen die Übergriffe der Mächtigen und Reichen wirksam geschützt werden. Die

Essentia einer exakten politischen Theorie und eines wirklichen Verfassungsmodells, ein Unterhaus-Parlament, ein Wahlrecht des ganzen Volkes, eine absetzbare Regierung, eine unabhängige Justiz und eine Ausgewogenheit zwischen Zentrale und Provinz seien ihm als Engländer ohnehin selbstverständlich und nur ständig zu verbessern. T. weist uns so darauf hin, daß in der Neuzeit damit schon John Milton vor John Locke das Verdienst, die Grundzüge der Demokratie, in ihrer Idealität und Realität, erkannt und für sie praktisch gekämpft zu haben, beanspruchen kann. Diese philosophische Linie gehe von Milton über Locke zu Paine, zu John Stuart Mill und den englischen Chartisten. Eine andere, konservativere, vor der demokratischen Revolution zurückschreckende, verlaufe von Hobbes zu Burke. ›Von Hobbes zu Locke‹ dagegen führt für sie kein Weg.

Um Metaphysik, Ideologie, Spekulation und dogmatischen Glauben nicht alleinige Aufgabe der Philosophie und ihre einzigen praktischen Auswirkungen werden zu lassen, faßt T. 1981 eine Reihe von Forschungsarbeiten in *Der kritische Empirismus der Antike in seiner Bedeutung für die Naturwissenschaft, Politik, Ethik und Rechtstheorie der Neuzeit* zusammen. Der Empirismus als Quelle des Liberalismus – sowohl vom Idealismus wie vom Materialismus inbrünstig gehaßt und gemeinsam bekämpft – dürfe und müsse seine Geschichte, die auch die Geschichte seiner Erfolge in Naturwissenschaft, Demokratisierung und Menschenrechten sei, erkennen und pflegen. Ein (fertiggestellter) Band über Skepsis in der Antike soll folgen.

Auch das nächste Vorhaben T.s, eine (Wieder-)Umwandlung der heute ›verstaatlichten‹ Menschenrechtsforderungen in eine persönliche Ethik unter den Menschen selbst zu leisten, also die ›humanistische Ethik‹ als universale Mindestethik herauszuarbeiten, hat sie mit der ihr eigenen Wohlüberlegtheit in Angriff genommen. 1982 erschien im Vorgriff der Aufsatz *Die Menschenrechte als Staatsgarantie oder als Sozialethik*.

T., eine der profiliertesten PhilosophInnen unserer Zeit, gehörte u. a. der Gesellschaft für Geistesgeschichte, der Deutschen Gesellschaft für die Vereinten Nationen, der G. W. Leibniz-Gesellschaft und dem Zentrum Berlin für Zukunftsplanung an. Bis 1981 war sie mehrere Jahre Vorsitzende der Berliner Gesellschaft für Philosophie – Kant-Gesellschaft. Seit 1950 Mitglied der Allgemeinen Gesellschaft für Philosophie, gründete sie 1974 die Assoziation von Philosophinnen in Deutschland und war ihre langjährige erste Vorsitzende. Von 1989–1993 war sie Ehrenpräsidentin dieser 1980 zur Internationalen Assoziation von Philosophinnen (IAPh) umbenannten Vereinigung.

Werk: Versuch über den Satz, 1955; Kierkegaard und die Phänomenologie der Ehe, 1957; Kierkegaards Ethik im Verhältnis zur ›klassischen‹ Ethik insbesondere der Kants, 1960; Toleranz und Koexistenz in wertphilosophischer Betrachtung, 1962, The Modern Theory of Action in the Penal Law of the 19th and 20th Centuries and the Remainders of Fundamental Metaphysical Prejudices in it, 1963; The Genuine Aristotelian Syllogism von Lukasiewicz. Zugleich eine Betrachtung über die Grundprinzipien und Ansatzpunkte moderner und traditioneller Interpretation der aristotelischen Logik, 1964; Materialismus Epikurs, Versuch einer Korrektur, 1971; Old and new Types of Futurology and their Influence on Ethics, 1972; Kritik der Philosophiegeschichtsschreibungen, 1974; Wende vom Antiken zum christlichen Glaubensbegriff, 1974; Epikurs Theorie vom privaten und sozialen Glück des Menschen, 1978; Erwiderung auf Schottlaenders Kritische Bemerkungen, 1979; Was ist und was heißt Autorität? 1980; Theorie und politisches Engagement der Rechts-Mitte-Links-Philosophen der englischen Revolution, in: *Theoria cum Praxi* 1, 1980, S. 225–233; The Secret Influence of the Ancient Atomistic Ideas and the Reaction of the Modern Scientist under Ideological Pressure, 1982; Die Menschenrechte als Staatsgarantie oder als Sozialethik, in: *Rechtstheorie* 13, 1982, S. 358–381; Mitherausgeberin A. Schopenhauer, Über die vierfache Wurzel des Satzes vom zureichenden Grunde, 1985; The Evolution of Human Wisdom, 1988; 1789/1989 Die Revolution hat nicht stattgefunden. Dokumentation der Internationalen Assoziation von Philosophinnen, 1989; Philo-Sophia für Kinder im Lehrplan des Abendlandes, in: *Ethik und Sozialwissenschaften* 4, 1993, Heft 3, S. 429–431.

Franziska von Krbek

Timycha (Τιμυχα)
griechische Pythagoreerin, 4. Jh. v. u. Z.

T. war die Frau des Myllias von Kroton. Sowohl Porphyrios als auch Iamblichos berichten von der Pythagoreerin T. aus Lakedaimonien. Porphyrios will im Anschluß an die Geschichte von Phintias und → Damo die Erzählung des Hippobotos und Neanthes über T. referieren (1), aber leider ist dieser Manuskriptteil der *Vita Pythagorae* zerstört, so daß seine Geschichte unbekannt bleibt. Dafür können wir uns auf einen ausführlichen Bericht des Iamblichos beziehen, der die Legende von der Tapferkeit dieser Frau überliefert.
Demzufolge werden T., ihr Mann Myllias und weitere acht Pythagoreer von Soldaten des Tyrannen Dionysios verfolgt, der die Geheimnisse der pythagoreischen Lehre in Erfahrung bringen wollte. Nur T. und Myllias überleben, werden vor den Tyrannen gebracht und sollen unter Folter die Geheimnisse preisgeben. Aber T., obwohl hochschwanger, beißt sich die Zunge ab und spuckt sie dem Tyrannen ins Gesicht, so daß sie selbst in ihrem Zustand und unter Folter nichts mehr sagen kann.
Legendenbildungen ähnlicher Art mit Abbeißen der Zunge waren in der griechischen und römischen Antike nicht selten.

Literatur: J.C. Eberti: Eröffnetes Cabinet Deß Gelehrten Frauen=Zimmers, 1706/1990; Iamblichos: Pythagoras 31.189–194, 32.214, 36.267; G. Menage: The History of Women Philosophers, 1690/1984; Porphyrios: Vita Pythagorae 61 (1); J.C. Poestion: Griechische Philosophinnen, 1885; Ch. M. Wieland: Die Pythagoreischen Frauen, Sämtl. Werke Bd. 24, S. 256–261; RE *Timycha*, Bd. 12, 1937; WP.

Maria Nühlen

Tristan, Flora
französische Philosophin, *1803, †1844

Geboren wurde T. 1803 in Paris. Nach einer frühen Heirat führte sie eine unglückliche Ehe. Ihr Mann, der sie ständig mißhandelte, endete im Zuchthaus. Um ökonomisch unab-

hängig zu sein, nahm T. die unterschiedlichsten Arbeiten an.
Mit 22 Jahren las sie nach der Geburt ihres zweiten Kindes *Die Verteidigung der Rechte der Frau* von → Mary Wollstonecraft. Hier entdeckte sie den Feminismus als neues Lebensmodell für die Frau. Außerdem lernte sie die Saint-Simonisten kennen und erlebte zutiefst beeindruckt die Erfolge der Revolution von 1830. Zurückgekehrt von einer Reise nach Peru, der Heimat ihres Vaters, veröffentlichte sie 1835 in Paris ihren ersten Aufsatz *Über die Notwendigkeit, ausländischen Frauen Zuflucht zu gewähren*. Sie verkehrte weiterhin in sozialistischen Kreisen, wo sie Fourier und Robert Owen kennenlernte. Fast zum selben Zeitpunkt, als sie einigen liberalen Abgeordneten ihre Petition um die Wiedereinführung der Scheidung schickte, schoß ihr Mann auf sie. Nach ihrer Genesung schrieb sie die Petition zur Aufhebung der Todesstrafe, die sie ebenfalls den Abgeordneten zuschickte. 1843 veröffentlichte sie ein Werk, das ihre Ansichten über Sozialismus und die Emanzipation der Frau zusammenfaßt: *Die Arbeiterunion*. Dieses Werk, ein Jahr vor ihrem Tod geschrieben, wurde noch zu ihren Lebzeiten dreimal aufgelegt. T. starb 1844 in Bordeaux.

Die Ideen T.s lassen sich der Richtung des utopischen Sozialismus zuordnen. Ihre Werke enthalten zahlreiche für diese Richtung typische Gedanken: den unerschütterlichen Glauben an die Vervollkommnung der Menschheit; die Überzeugung, daß Bildung für den Fortschritt unerläßlich sei; die Bewertung der Arbeit als soziale Organisation; die Auffassung, die Arbeiterklasse sei die nützlichste Klasse der Gesellschaft; schließlich der Glaube daran, daß sich die Bourgeoisie, einmal überzeugt, an der friedlichen Umformung der Gesellschaft beteiligen werde.
Darüber hinaus erwähnt sie in ihrem Werk Begriffe wie ›Arbeitskraft‹ und ›soziale Klasse‹, die bereits den späteren marxistischen Sozialismus ankündigen. Im Unterschied zu den utopischen Sozialisten setzte T. sich bedingungslos für den Zusammenschluß der gesamten Arbeiterklasse in einer

umfassenden Vereinigung, der Arbeiterunion, ein, während andere Theoretiker Kooperativen oder Kommunen propagierten. Die Arbeiterunion sollte neben politischen auch soziale und pädagogische Ziele verfolgen.

Sicherlich ist T.s wichtigster Beitrag zum politischen und sozialen Denken die Verbindung, die sie zwischen der Emanzipation der Frau und dem Proletariat zieht. Zwar kritisierten auch viele utopische Sozialisten die Situation der Frau und die patriarchale Familie, doch T.s Thesen zeichnen sich durch ihre originelle und radikale Darstellung der Problematik aus. Ihre Position kommt in folgender Losung der Arbeiterunion zum Ausdruck: »Ich fordere die Rechte für die Frau, denn ich bin überzeugt, daß das Unglück aller Frauen dieser Welt entsteht, weil ihre natürlichen Rechte bis heute vergessen und mißachtet worden sind.«

Ausgehend von der Gleichheit aller Menschen, behauptet T., in Philosophie, Religion und Wissenschaften gelte die Frau als minderwertig. Diese Herabsetzung spiegele sich auch in der Ausbildung und den Gesetzen, die die Frauen zu Puppen und zu Sklaven der Männer machten. Die schlimmsten Folgen habe dies in der Arbeiterklasse. Ausgehend von der verbreiteten Vorstellung, die Frau sei das ›Ein und Alles‹ im Leben des Arbeiters, meint T., die Arbeiterin müsse sich zunächst materiell, moralisch und intellektuell emanzipieren, um dann ihren Mann und ihre Kinder zu erziehen und zu verändern.

Werk: De la nécessité de faire un bon accueil aux femmes étrangères, 1835; Pétition pour le rétablissement du divorce, adressée a MM les députés, 1837; Pérégrinations d'une Paria, 1838 (dt: Fahrten einer Paria, 1983); Mephis on le prolétarire, 1838; Pétition Tendant à l'abolition de la peine de mort, 1839; Promenades dans Londres, 1840; Union Ouvrière: Le Journal du tour de France, L'émancipation de la femme ou le testament de la paria, 1843; Lettres, 1980; Meine Reise nach Peru, 1983; Le fils de Babel, 1986; Arbeiterunion: Sozialismus und Feminismus im 19. Jahrhundert, 1988; Flora Tristan. Utopian Feminist, 1993; Im Dickicht von London, 1993.

Ana de Miguel
(Übers. C. Gramatke)

Trotter Cockburn, Catherine

englische Dramatikerin und Philosophin, *1679, †1749

T. wurde am 16. August 1679 vermutlich in London geboren. Sie war schottischer Herkunft und stammte aus ärmlichen Verhältnissen. Sie erhielt wahrscheinlich nur etwas Unterricht in Französisch, Latein, Griechisch und Logik. Ihr weiteres Wissen eignete sie sich autodidaktisch an. Der Tod ihres Vaters zwang sie schon als junges Mädchen zu eigenem Broterwerb. Trotz der Feindseligkeit der Öffentlichkeit gegenüber Autorinnen, gelang es ihr einige Jahre, Anerkennung und Ruhm als Dramatikerin zu erwerben. Ihr erstes Drama *Agnes de Castro*, wurde 1695–96 in Drury Lane aufgeführt; T. war erst siebzehn Jahre alt. Die Aufführung von *Fatal Friendship*, 1698, wurde ein großer Erfolg; es folgten 1700 *Love at a Loss* und *Unhappy Penitent*, später *Olindas Adventures*, 1718. Dennoch konnte T. ihren Lebensunterhalt mit den Einkünften aus ihren Theater-Produktionen nicht sichern. Sie heiratete den unvermögenden Pfarrer Cockburn; ihr ganzes Leben war gekennzeichnet von Armut. John Locke, durch Elizabeth Burnet (Berkeley) davon unterrichtet, ließ ihr Bücher und ein Geldgeschenk überbringen. Denn T. hatte, als sie mit Thomas Burnets (of the Charterhouse) anonym publizierter Kritik an Lockes *Essay on Human Understanding* bekannt wurde, eine systematische Verteidigung der Lockeschen Epistemologie geschrieben, die sie 1701 abschloß (1702 anonym erschienen). Sie war erst fünfundzwanzig Jahre alt. Elizabeth Burnet machte Locke auf die Verteidigungsschrift aufmerksam und dieser, sehr beeindruckt von dem Werk, war bestrebt die Identität ›des Autors‹ und ›seinen‹ Wohnort zu erfahren. In einem Brief (30.12.1702) an T. brachte Locke seine Wertschätzung und seinen Dank zum Ausdruck: »... This [T.s Defense – H. S.] is a generosity above the strain of this groveling age, and like that of superior spirits, who assist without showing themselves ... Give me leave therefore to assure you, that as the rest of the world take notice of the strength and the clearness of your reasoning, so I cannot but be extremely sensible, that it was employed in my defence. You have herein not only vanquished my adversary, but reduced me also absolutely under your power, and left no desires more strong in me than those of meeting with some opportunity, to assure you, with what respect and submission I am, Madam, Your most humble, and most obedient servant, J. Locke.« (Dies ist ein Großmut, der über diesem niedrigen Alter steht und von einem überlegenen Geist zeugt, der beisteht, ohne sich selbst zu zeigen ... Erlaubt mir deshalb Euch zu versichern, daß ich, ebenso wie der Rest der Welt die Stärke und Klarheit Eurer Beweisführung bemerkt habe; so kann ich nicht umhin so viel Vernunft zu zeigen, wie auch in meiner Verteidigung angewandt wurde. Ihr habt hierin nicht nur meine Gegner besiegt, sondern mich völlig unter Eure Macht gestellt und habt in mir keinen stärkeren Wunsch hinterlassen, als den nach einer günstigen Gelegenheit, Euch zu treffen, um Euch zu versichern, welchen Respekt und welche Unterwerfung ich Euch entgegenbringe, Madam. Ihr demütiger und untertänigster Diener, J. Locke.)

Freund und Feind in dieser Kontroverse sind beeindruckt von der anonymen Publikation. »One gets the impression of a tremendously talented intellect, analytical as a philosopher, yet creative as a playwright.« (Eine, die den Eindruck eines ungeheuer begabten Intellekts erwarb, analytisch wie ein Philosoph und sogar kreativ wie ein Stückeschreiber.) (1)

Später, als T. ihre philosophischen Erkenntnisse nicht mehr mit dem katholischen Glauben vereinbaren kann, konvertiert sie zur Church of England. Sie schreibt den Text *Discourse Concerning a Guide in Controversy; in two Letters: Written to one of the Church of Rome, by a Person lately Converted from that Communion* (1707 und 1728). Gegenstand dieser Schrift ist das Dogma der Unfehlbarkeit und die Autorität der Bibel.

1739 beginnt T. mit der Arbeit an *Remarks upon some Writers in the Controversy concerning the Foundation of Moral Duty and Moral Obligation*, publiziert in der Anthologie *History of the Works of the Learned*, 1743.

Drei Jahre nach dem Erscheinen von Rutherforths *Essay on the Nature and Obligations of Virtue* veröffentlicht T. 1747 ihre

Remarks on Rutherforth's Essay, in Vindication of the contrary Principles and Reasonings introduced in the Writings of the late Dr. Samuel Clarke.

Gegen Ende ihres Lebens hat T. sich öffentliche Anerkennung als Philosophin erworben, war jedoch durch Krankheit verhindert, ihre gesammelten Werke selbst zu edieren; Thomas Birch besorgte die Edition zwei Jahre nach ihrem Tode.

T. war neben Samuel Bold und → Damaris Cudworth Masham die dritte, die Locke öffentlich verteidigte, zu einem Zeitpunkt, da sein *Essay* auf Unverständnis und Anfeindungen stieß.

Thomas Burnet publizierte 1697–99 anonym seine Kritik an Locke, die aus einer Folge von drei *Remarks upon an Essay Concerning Human Understanding* besteht; in der letzten Attacke behauptet er, daß Locke die Autorität der Religion, selbst das Wohl der Regierung und Gesellschaft unterminiere; Lockes Prinzipien seien keine sichere Fundierung von Moral und Offenbarungsreligion. T. widerspricht Burnet: »I cannot find any other way to knowledge, or that we have any one idea not derived from sensation and reflection.« (Ich kann keinen anderen Weg zum Wissen finden oder glauben, daß wir über nur eine Idee verfügen, die nicht von Empfindung und Reflektion abgeleitet wird.) (2) Ihre scharfsinnige Widerlegung Burnets ist ausführlich dargestellt von Mary Ellen Waithe. Diese Verteidigung Lockes war lediglich T.s erstes philosophisches Werk. »She had a clear understanding of the most controversial philosophical and religious issus of her day ... the list of subscribers to her works show that influential academicians and theologians, as well as the social and political ›intelligentia‹, respected her creative and analytical abilities.« (Sie verfügte über ein klares Verständnis der kontroversesten philosophischen und religiösen Streitfragen ihrer Zeit ... die Liste derjenigen, die an ihren Werken teilhatten, zeigt, daß einflußreiche Akademiker und Theologen, ebenso wie die gesellschaftliche und politische ›Intelligenz‹ ihre kreativen und analytischen Fähigkeiten respektierten.)

(1) So unter anderem Leibniz, der von George Burnet von T.s

Defense unterrichtet war und seine eigene Kritik an Locke nicht abschließen wollte, ohne T.s Schrift gelesen zu haben.

Werk: The Works of Mrs. Catherine Cockburn, Theological, Moral, Dramatic, and Poetical, 2 Bde, hg. v. Th. Birch (mit Darstellung ihres Lebens) 1751 (2).
Literatur: Dictionary of National Biography; M. E. Waithe: Trotter Cockburn, in: *A History of Women Philosophers*, Bd. 3, 1991 (1); WP.

Hannelore Schröder

Tymieniecka, Anna-Theresa
polnisch/amerikanische Phänomenologin, *um 1900

T.s Geburtsdatum steht nicht genau fest. Sie stammt aus Polen und studierte bis 1946 an der Universität Krakau, wo sie mit dem BA abschloß. Danach ging sie an die Sorbonne und studierte dort bis zum MA 1951. Im Jahr 1952 promovierte sie an der Universität Fribourg (Schweiz). Anschließend übersiedelte sie in die USA, wo sie ab 1954 als Dozentin arbeitete. Von 1955–56 war T. Dozentin für Mathematik am Oregon State College; ab 1957 ›assistent professor‹ an der Pennsylvania State University, 1961–66 war sie am Radcliffe College Institute for Independent Study. 1972–73 arbeitete sie als Professorin für Philosophie an der St. John's University und seit 1975 ist sie Präsidentin des World Institute for Advanced Phenomenological Research and Learning.

T. gründete 1969 die International Husserl and Phenomenological Research Society, 1974 La Sociéte Internationale de Phenoménologie et de Litterature, 1975 L'Institut mondial des Hautes Etudes phenoménologiques und 1976 La Sociéte de Phenoménologie et des Sciences humaines. Sie ist die Herausgeberin der jährlich erscheinenden *Analecta Husserliana, The Yearbook of Phenomenological Research*, die dem Andenken Husserls und der Förderung seines phänomenologischen Ansatzes gewidmet sind. Die *Analecta Husserliana* sind als

Weiterführung des von Husserl selbst herausgegebenen *Jahrbuchs für Philosophie und Phänomenologische Forschung, Analecta* gedacht. Hauptthemen dieser Reihe sind das Menschsein und die menschlichen Lebensbedingungen.

T. selbst hat in dieser Reihe zahlreiche Beiträge zu phänomenologischen Themen publiziert, da auch ihr Hauptinteresse die Förderung phänomenologischer Studien ist. Als Schülerin von Roman Ingarden, ein Student Husserls, hat T. bereits während ihrer Studienzeit die Grundlagen der phänomenologischen Analyse kennengelernt. Ingardens Arbeit ist auch Gegenstand ihrer ersten Publikation 1957 unter dem Titel *Essence et existence: Etude à propos de la philosophie de Roman Ingarden et Nicolai Hartmann*.

In ihren weiteren Arbeiten, meist Aufsätze in den von ihr herausgegebenen *Analecta Husserliana*, liegt ein Schwerpunkt auf der Kritik des Husserlschen Transzendentalismus. Dabei hinterfragt sie vor allem den absoluten Anspruch, den das transzendentale Bewußtsein erhebt und seine Beziehung zum Begriff der Intentionalität. Auf der Grundlage dieser Kritik setzt sie mit ihren eigenen Überlegungen bei der Frage nach dem Ursprung der menschlichen Welt an.

Die Verbindung von Phänomenologie und Literatur ist das Thema des von T. herausgegebenen Bandes *The Philosophical Reflection of Man in Literature*. Gegenstand ist die Wechselwirkung von literarischer Kritik und philosophischer Theorie, wie sie vor allem im Werk existentialistischer Denker wie Marcel, Brecht, Sartre oder Camus sichtbar wird. Um diese Verflechtungen zu erforschen, hat T. die ›International Society for Phenomenology and Literature‹ gegründet, deren Konferenz sie in den *Analecta Husserliana* dokumentiert.

T. geht davon aus, daß die Verbindung von Philosophie und Literatur im menschlichen Sein bereits angelegt ist, und daß es jetzt darum geht, auch eine wissenschaftliche Verbindung zwischen beiden zu schaffen. In ihrem Artikel *Poetica Nova* geht es ihr deshalb um die Bezüge der Phänomenologie und der literarischen Kreativität zum menschlichen Sein. Sie betont einige zentrale Berührungspunkte zwischen beiden Bereichen: zwar brauchen SchriftstellerInnen nicht unbedingt Philosophie, um ihre Gedanken auszudrücken, aber sie können auch nicht verhindern, daß man den Bereich der philosophischen Reflexion öffnet, um über die Gedanken und Inhalte von Literatur zu meditieren. Dadurch arbeiten beide, Philosophie und Literatur auf ein ähnliches Ziel hin: »the one seeks to transmit information by establishing a reliable body of knowledge, the other seeks to conjure form as such, that his deepest convictions may be brought to life for other human beings.« (die eine versucht die Information zu übertragen, indem sie einen zuverlässigen Wissensteil einrichtet, die andere beschwört die Form, um ihre tiefsten Überzeugungen für die anderen menschlichen Wesen zum Leben zu erwecken.) (1) Außerdem haben beide, Philosophie und Literatur den gleichen Ansatzpunkt, die menschlichen Erfahrungen, die nur unterschiedlich umgesetzt und verarbeitet werden. Die Ursache für die Parallelen zwischen beiden Wissenschaften liegt für T. in der kreativen Funktion des Menschen, die das menschliche Sein und seine existentiellen Bedingungen bestimmt.

In ihrem Artikel *Imaginatio Creatrix* stellt sie diese ›creative function‹ als einen zentralen Aspekt der menschlichen Produktivität heraus. Neben den Aktivitäten des Bewußtseins betont sie vor allem die Bedeutung der kreativen Funktion, die wiederum die kreative Imagination hervorbringt und zu einer kreativen Freiheit führen soll.

Mit der Entwicklung dieser neuen Form der Kreativität verfolgt T. die Erneuerung der Lebenswelt. Sie verändert sowohl die technischen Fähigkeiten als auch den künstlerischen Stil und schafft eine Bewegung, die ihr kreatives Potential auf alle Lebensbereiche ausdehnt.

Werk: The Formulation of a fundamental Epistemology, in: *Philosophy and Phenomenological Research* 18, 1957, S. 88–95; For Roman Ingarden: Nine Essays in Phenomenology, 1960; Phenomenology and Science in Contemporary European Thought, 1962; Leibniz' Metaphysics and his Theory of the Universal Science, in: *International Philosophical Research Quarterly* 3, 1963, S. 370–391; Leibniz' Cosmological Synthesis, 1964; Existence vindicated or ›The Hundred Real

Dollars‹, in: *Personalist* 46, 1965, S. 211–212; Why is there something rather than nothing? 1976; (Hg.in) Analecta Husserliana, 1971 ff; Essays in: The philosophical Reflexion of Man in Literature, 1982; (Hg.in) The Phenomenology of Man and the Human Condition, 1983; (Hg.in) Soul and Body in Husserlian Phenomenology: Man and Nature, 1983; Logos and Life, 1988; Man within his Life-World, 1989; Man's Self-interpretation-in-existence, 1990.
Literatur: E.M. Barth: Women Philosophers (Bibliographie), 1992; WP.

Ursula I. Meyer

Tysenis aus Sybaris
griechische Pythagoreerin

Wird bei Iamblichos als eine der 17 Pythagoreerinnen aufgeführt.
→ Habroteleia von Tarent

U

Unzer, Johanna Charlotte
deutsche Philosophin, *1725, †1782

U. wurde als Johanna Charlotte Ziegler am 27. November 1725 in Halle geboren, als Tochter eines Schülers von Johann Sebastian Bach. Sie wuchs in einem intellektuellen und künstlerisch offenen Milieu auf und gehörte dem Kreis der Aufklärer um Alexander Gottlieb Baumgarten und G. F. Meier an. Darüber hinaus wurde sie als Dichterin berühmt. Sie starb am 29. Januar 1782 in Altona.

Ihre philosophische Ausbildung wurde von drei Akademikern gefördert: Johann Gottlob Krüger, ihr Onkel und Prof. für Medizin, Johann August Unzer, Dr. der Medizin und später ihr Gatte, und dem obengenannten Philosophieprofessor Meier. Dieser Philosoph, Schüler von Baumgarten, nahm eine eindeutige Stellung gegen die Vorurteile gegenüber Frauen ein und mag auf U. einen großen Einfluß ausgeübt haben.

Aus ihren philosophischen Studien ist 1751 eine Philosophie für Damen entstanden mit dem Titel: *Grundriß einer Weltweisheit für das Frauenzimmer*, deren zweite Auflage 1767 in Halle erschien.

Die sogenannte Damenphilosophie, war eine charakteristische Gattung der Aufklärung, die den Anspruch auf Verbreitung der ›vernünftigen Wissenschaften‹ auf einen möglichst großen LeserInnenkreis mit der Forderung nach Bildung auch für die Frauen vereinbarte. Die erste ›Damenphilosophie‹ wurde von Bernard le Bouvier de Fontenelle verfaßt und 1730 ins Deutsche übersetzt *Gespräche von Mehr als einer Welt zwischen einem Frauenzimmer und einem Gelehrten*. Dieses Werk wird häufig von U. zitiert. Der *Grundriß* bietet eine Zusammenfassung und Erklärung der gesamten damaligen ›Weltweisheit‹, d.h. auf der einen Seite die ›Hauptwissenschaft‹, Philosophie, die nach dem Modell Wolffs folgende Teile beinhaltet: Ontologie (Grundwissenschaft), Kosmologie (Weltwissenschaft), Psychologie (Seelenlehre) und Naturtheologie; und auf der anderen Seite die ›Naturlehre‹, die sich mit der Naturgeschichte von Linnäus (Tiere, Pflanzen usw.) und Naturlehre (Physik) von Krüger beschäftigt. Sie behandelt nicht die praktische Philosophie.

Dem *Grundriß* gehen zwei Vorreden voran, eine von Krüger, ihrem Onkel, und eine von der Verfasserin selbst, die eher widersprüchlich als aufschlußreich sind. U. schrieb das Buch zwar ›auf Zwang und Befehl‹ ihres Onkels – so ihre Worte – doch ihr Interesse und Engagement, »die Ehre des Frauenzimmers zu retten«, ist nicht zu übersehen. U. behauptet, daß »die natürliche Fähigkeit der Seele bei beiden Geschlechtern gleich« sei. Der Unterschied bestehe lediglich darin, daß die Frauen »ihre Gemütskräfte nicht wie die Mannespersonen zu der Erlernung der Wissenschaft anwenden«. Der männliche Vorzug – schreibt sie – ist »eine bloße Mode« (1).

Die Frauen sollen also ihre natürliche Fähigkeit, ihren Verstand entwickeln, indem sie denken lernen, nur sollen sie nicht allzu viel lernen. U. steht deutlich zwischen aufklärerischen Anforderungen und tradierten Weiblichkeitsvorstellungen. So warnt sie ihre Leserinnen davor, durch die Erlernung der Weltweisheit Gelehrte zu werden.

Der *Grundriß einer Weltweisheit für das Frauenzimmer* faßt die Philosophie als Wissenschaft von den ›Beschaffenheiten der Dinge‹ auf. U. folgt dem Wolffschen Modell und insbesondere der Metaphysik seines Schülers Baumgarten. Die Autorin präsentiert und erklärt allmählich alle Grundbegriffe der Philosophie und baut das ganze System der ›Weltweisheit‹ mit großem pädagogischen Geschick auf, indem sie zahlreiche bildliche Beispiele, Anmerkungen, Zusammenfassungen und Wiederholungen anbringt. Im Gegensatz zur Baumgartenschen Metaphysik, die in rein mathemathischem Stil – etwa wie die Ethik von Spinoza – aus Sätzen und Paragraphen besteht, die sich voneinander logisch ableiten, ist es U. auch wirklich gelungen diese streng akademische Disziplin verständlich und interessant darzustellen. Dabei ersetzt sie systematisch alle Fach- und Fremdwörter, z.B. Ontologie, Psychologie, Prädikat usw., durch geläufigere Wörter aus ihrer Muttersprache: Grundwissenschaft, Seelenlehre, Beschaffenheit. U. ist fest davon überzeugt, daß die Philosophie nicht schwierig sei, man brauche nur »einen guten natürlichen Verstand und ein wenig Überlegung«.

Werk: Grundriß einer natürlichen Historie und eigentlichen Naturlehre für das Frauenzimmer, 1751 (2. ergänzte Ausgabe, 1767); Versuch in Scherzgedichten, 1751 (Name der Verfasserin am Ende des Vorworts); Versuch in sittlichen und zärtlichen Gedichten, 1754 (erweiterte Auflage, 1766); Fortgesetzte Versuche in sittlichen und zärtlichen Gedichten, 1766; Grundriß einer Weltweisheit für das Frauenzimmer, hg. v. H. Bennent-Vahle, 1995 (Neubearbeitung der Auflage von 1767).
Literatur: T. A. Gehring: Johanne Charlotte Unzer-Ziegler 1725 bis 1782. Ein Ausschnitt aus dem literarischen Leben in Halle, Göttingen und Altona, Diss. Frankfurt 1973.

Maria Luisa P. Cavana

V

Valcarcel, Amelia
spanische Philosophin, *1950

V. wurde 1950 in Oviedo (Spanien) geboren. Sie gehört zu den herausragenden Personen in der neuen Ethik und der feministischen Politik Spaniens. V. hat einen Lehrstuhl für Ethik an der Universität Oviedo. 1993 wurde sie zur Kulturrätin des Landes Asturien ernannt. Für ihr Buch *Hegel y la ética. Sobre la superación de la ›mera moral‹*, 1988 (Hegel und die Ethik. Über die Aufhebung der ›reinen Moral‹) wurde ihr der nationale Essay-Preis verliehen. *Sexo y Filosofía. Sobre ›Mujer y poder‹* 1991 (Geschlecht und Philosophie. Über ›Frau und Macht‹) konsolidierte ihr Prestige als feministische Denkerin.

Hegel und die Ethik ist eine kritische Studie der moralischen Evolution dieses Autors und dessen Ablehnung der kantischen Moral als eines rein formalistischen Universalismus.
V. beschränkt sich jedoch nicht darauf, die Ideen Hegels darzustellen, sondern sie verteidigt die kritisierte ›reine Moral‹, indem sie die Sittlichkeit der Rechtsphilosophie als falsche Objektivität entlarvt, welche von einem tiefen gegen-aufklärerischen Konformismus getragen wird.
Sexo y Filosofía, ein Ergebnis ihrer Arbeiten innerhalb des Forschungsprojektes ›Frau und Macht‹ des *Consejo Superior de Investigaciones Científicas*, erweist sich als ein solides Werk des philosophischen Feminismus. Nach V. muß man aus dem Feminismus eine politische Theorie, eine Machttheorie, entwickeln. Der Feminismus als eine politische Philosophie der aufklärerischen Tradition muß für die Frauen Individualität beanspruchen, eine Kategorie, die den Frauen immer abgesprochen wurde. Mit diesem Ziel verbindet V. die Frage nach der Konstruktion des Geschlechts (género-sexo). In diesem

Sinne wird im ersten Kapitel → Simone de Beauvoir in Erinnerung gebracht und gewürdigt, weil sie zum erstenmal eine Phänomenologie der Frau, so wie sie vom Mann gedacht wurde, zum Ausdruck gebracht habe. V. weist darauf hin, daß der erste Feminismus seine Prämissen aus dem westlichen Individualismus nimmt, der die transzendentalen Subjekte, die gleichberechtigten BürgerInnen hervorgebracht hat. Individualismus wird somit als Synonym der Autonomie und nicht als Unsolidarität verstanden.

Auf die fundamentale Frage des Feminismus: Wie wird die Frau definiert, um politisch agieren zu können? antwortet V., daß die soziale Gruppe ›Frauen‹ nicht essentialistisch konstruiert werden solle. Es handelt sich einfach darum, daß Frauen die von Männern auferlegte Bezeichnung ›Frausein‹, eine Phänomenologie, teilen, jedoch keine Essenz.

Die Autorin lehnt in ihrem Buch die Auffassung der Macht als einer dunklen, bösen Instanz ab. Diese Definition aus der 68er Bewegung stellt innerhalb der Ethik ›Wollen‹ und ›Können‹ als gegensätzliche Begriffe dar. Daher haben einige Theoretikerinnen des Feminismus der Differenz behauptet, sie wollen keine Macht. Diese irreführende Auffassung der Macht als einer politischen, ökonomischen und militaristischen, hätte uns in eine Sackgasse geführt. Demgegenüber schlägt V. eine an Spinoza orientierte Definition der Macht des Willens vor, die das moderne Denken prägt: »eine nicht verlogene Ethik soll sich von der Ablehnung der Macht befreien«. Macht existiert auf verschiedene Weisen, auch der Widerstand ist eine Macht. Die wichtigste Aufgabe des Feminismus besteht darin, den naturalistischen Definitionen vom Geschlecht ein Ende zu setzen, indem die politischen Kategorien der Demokratie auf die Familie übertragen werden. Um dieses zu erreichen, muß die Bereitschaft entwickelt werden, Pakte miteinander zu schließen. Für V. ist es unbedingt notwendig, wenn die Geschlechtsstereotypen endgültig beseitigt werden sollen, eine Individualität zu entwickeln. Dies würde mit der Verwirklichung des aufklärerischen Ideals von Gleichberechtigung, d.h. mit der Integration der bisher ausgeschlossenen Hälfte der Menschheit, zusammenhängen.

Werk: Es el feminismo una teoría política? in: *Desde el feminismo* 1, 1986; La filosofía de Simone de Beauvoir, in: *Mujeres*, Ministerio de Cultura, 1986; Hegel y la ética. Sobre la superación de la ›mera moral‹, 1988; Del miedo a la Igualdad, in: *La Balsa de la Medusa* 5–6, 1988; Las figuras de la heteronomía: del vosotras al yo, in: *Mujers y hombres en la formación del pensamiento occidental* 1, 1989; Mentiras, versiones y verdades, in: *El discurso de la mentira*, hg. v. C. Castillo del Pino, 1989; Sobre la herencia de la igualdad, in: *La herencia de la Ilustración*, hg. v. C. Thiebaut, 1991; Sexo y filosofía. Sobre ›Mujer y Poder‹, 1991; Misoginia romántica: Hegel, Schopenhauer, Kierkegaard, Nietzsche, in: *La Filosofía contemporánea desde una perspectiva no androcéntrica*, hg. v. A. Puleo, 1993; Sobre revolución y misoginia, in: *Actas del Seminario Permanente ›Feminismo e Ilustración‹ 1988–1992*, Instituto de Investigaciones Feministas, 1993; Etica y obscenidad, in: *La Obscenidad*, hg. v. C. Castilla del Pino, 1993.
Literatur: C. Amorós: El poder en la mujer, in: *El Pais*, 12.9.1992; R. Cobo Bedia: Mujer y poder (El debate feminista en la actual Filosofía política espanola), in: *Revista Internacional de Filosofía Política* 1, 1993.

Alicia Puleo
(Übers. M. L. P. Cavana)

Verati, Laura Maria Caterina Bassi →Bassi Verati, Laura Maria Caterina

Varano Sforza, Costanza
italienische Gelehrte, *1426/28, †1447

V. war die Enkelin der Gelehrten →Battista Malatesta da Montefeltro. 1426 kam sie als Tochter von Elisabetta Malatesta und Piergentile Varano in Camerino zur Welt. Die Familie Varano gehörte den Guelfen an und herrschte über Camerino.
Das Geburtsjahr V.s ist umstritten. Guiniforte Barzizza behauptete in einem Brief, sie sei im Jahre 1428 geboren. Auf dieses Datum beziehen sich spätere Biographen, wie Ratti, Domenico Michiel und King. Feliciangeli datiert ihre Geburt zwei Jahre früher. Er verläßt sich dabei auf das Lied eines

Unbekannten, dessen Kenntnisse genauer Details überzeugend wirken und darauf schließen lassen, daß es sich bei ihm um einen nahen Verwandten handelte.

Nachdem ihr Vater 1433 bei einem Bruderzwist ums Leben kam, floh ihre Mutter ein Jahr später mit vier kleinen Kindern, darunter V., ihr Bruder Rodolfo und Giulio Cesare, dem Sohn ihres Onkels Giovanni II., in ihre Heimatstadt Pesaro. Dort erhielt V. ihre Erziehung, teils durch ihre Großmutter Battista, teils durch das Interesse ihrer Mutter, die viel Wert auf die Erziehung ihrer Kinder legte. Sie engagierte angesehene Lehrer wie Antonio De Strullio da Coldazzo, der schon lange für die Stadt Pesaro und die Familie Malatesta arbeitete und V. in Grammatik unterrichtete. Tommaso Seneca da Camerino, von 1440–1454 Sekretär der Malatesta di Rimini, führte sie in die Wissenschaften der Logik und Astrologie ein. Mit Vorliebe las sie römische Literatur, darunter Sallust und Livius und schließlich die Werke Vergils.

Als eine ausgezeichnete Lateinschülerin bekannt, schrieb V. ihre erste lateinische Rede im Alter von 14 Jahren, zu der ihr Guiniforte Barzizza am 2. Juni 1442 gratulierte. Im Namen ihres Bruders Rodolfo bat sie Francesco Sforza, den Herzog von Mailand und späteren Schwager, um die Rückerstattung Camerinos. Nachdem sie am 8. Dezember 1444 Alessandro Sforza, den Herrscher von Pesaro, heiratete, gab Francesco den Varanos die Herrschaft über Camerino, das sich bis 1444 in seiner Gewalt befunden hatte, zurück. Unter der Herrschaft Rodolfos und Giulio Cesares hielt die Familie in Camerino den Frieden, bis 1502 Cesare Borgia die Stadt eroberte.

Im Frühling 1446 brachte V. ihre Tochter Battista zur Welt, die später die zweite Frau des berühmten Federico da Montefeltro wurde.

Während der langen Abwesenheitsperioden ihres Mannes Alessandro regierte V. die Stadt Pesaro. Als am 5. Juli 1447 ihr Sohn Costanzo zur Welt kam, starb sie nur acht Tage später im Alter von 21 Jahren im Kindbett.

Alle ihre Briefe, Reden und Gedichte, die überliefert wurden, stammen aus der Zeit vor ihrer Hochzeit mit Alessandro, was darauf schließen läßt, daß die Ehe ihre Karriere als Gelehrte beendete. Wie schon bei ihrer Großmutter Battista, so ging auch ihr es in ihren Briefen oft um persönliche Angelegenheiten.

Mit 16 Jahren verfaßte sie eine lateinische Rede an Bianca Maria Visconti. Der Brief entstand 1442 vor ihrer Heirat mit Alessandro Sforza. Bianca Maria Visconti war seit 1441 mit Francesco Sforza, dem späteren Herzog von Mailand, verheiratet. Auch in dieser Rede ging es um die Rückgabe Camerinos an die Familie Varano. Diese Bitte wurde in einem Brief an Alfonso von Aragon, König von Neapel, wiederholt.

Der ausschlaggebende Faktor für die Rückgabe Camerinos waren aber nicht ihre literarischen Bemühungen, als vielmehr ihre Heirat mit Alessandro Sforza.

Die Wiedererlangung Camerinos war Anlaß einer weiteren Rede V.s an das Volk ihrer Heimatstadt, die jedoch nie öffentlich vorgetragen wurde. Sie entschuldigt sich für die Ignoranz und Unfähigkeit ihrer Familie, die ihr Volk ins Unglück stürzte.

V. korrespondierte nicht nur mit politischen Führern, sondern auch mit HumanistInnen der damaligen Zeit. Unter anderem ist ein Brief sowie ein Gedicht in 20 Hexametern an die Gelehrte → Isotta Nogarola überliefert. V. war die einzige weibliche Bewunderin Isottas und lobte deren Gelehrsamkeit, die ihrer Meinung nach die der männlichen Kollegen übertraf. Den Entschluß Isottas, sich aus dem gesellschaftlichen Leben zurückzuziehen und körperliche Enthaltsamkeit zu praktizieren, erkannte V. als den einzigen Weg an, intellektuelle Wünsche erfüllen zu können. Die meisten Männer interpretierten Isottas Rückzug fälschlicherweise nur als traditionelle Hinwendung zum Glauben, aber nicht als Hingabe zum Studium. Wenn auch V. die Ehe wählte, so unterstützte sie Isotta dennoch in ihrer Entscheidung und verglich sie mit berühmten Männern, wie Lactantius, Quintilian und Cicero, die denselben Weg eingeschlagen hatten.

Literatur: M. A. Cannon: The Education of Women during the Renaissance, 1981; J. Dennistoun: Memoirs of the Dukes of Urbino, 1851; B. Feliciangeli: Notizie sulla vita e sugli scritti di Constanza

Varano-Sforza (1426–1447), in: *Goirnale storico della letteratura italiana* 23, 1894, S. 1–75; M.L. King: The Religious Retreat of Isotta Nogarola (1418–1466): Sexism and its Consequences in the Fifteenth Century, in: *Signs* 3, 1978, S. 807–822; M.L. King/A. Rabil (Hg. Innen): Her Immaculate Hand. Selected Works by and about the Women Humanists of Quattrocento Italy, Medieval and Renaissance Texts and Studies 20, 1983; U.I. Meyer (Hg.in): Die Welt der Philosophin II, 1996; WP.

Larissa Reinold

W

Walther, Gerda
deutsche Philosophin und Parapsychologin, *1897, †1977

W. wurde am 18. März 1897 in Nordrach geboren. Ihr Vater war Dr. med. Otto Walther (Gründer einer Lungenheilanstalt); ihre Mutter Ragnhild Walther, geb. Bajer war Dänin, Tochter des Politikers und pazifistischen Nobelpreisträgers (1908) Frederik Bajer und der Gründerin der dänischen Frauenbewegung Mathilde Bajer.

W. wuchs in der sogenannten ›Nordrach-Colonie‹, der Lungenheilanstalt ihres Vaters im badischen Schwarzwald auf. Der Vater, ein Duzfreund August Bebels und der Familie Kautsky, erzog seine Tochter ganz im Sinne der sozialistischen und atheistischen Ideen des Marxismus und der Sozialdemokratie der Jahrhundertwende. Sie erhielt vorwiegend Privatunterricht bzw. lernte selbständig auf der Grundlage väterlicher Literaturhinweise. Die internationale Verwandtschaft und Bekannte in aller Welt bedingten, daß W. schon frühzeitig verschiedene Fremdsprachen erlernte und später mindestens sechs Sprachen beherrschte. Nach kurzen Aufenthalten im Mädchenpensionat ›Prinz Ludwigshöhe‹ in München und dem ›Wedel's Gymnasium‹ für Mädchen in Kopenhagen, besuchte sie ›Privatgymnasialkurse für Mädchen‹ in München, um dann dort am Realgymnasium 1915 das Abitur abzulegen. Schon in Kopenhagen, dann in München als Gymnasiastin und Studentin beteiligte sie sich an der sozialdemokratischen Jugendarbeit, hielt insbesondere Vorträge über den dialektischen und historischen Materialismus und Marx' ökonomische Lehre und verfolgte die politischen Ereignisse.

Im Wintersemester 1915/16 begann sie ihr Studium der Nationalökonomie an der Ludwig-Maximilian-Universität in München mit dem Ziel, wissenschaftlich die geistigen Grundlagen zu studieren, um Agitatorin für den Sozialismus zu werden. Dort hörte sie verschiedene Vorlesungen, u.a. eine ›Einführung in die Psychologie‹ von Prof. Alexander Pfänder. Pfänder beeindruckte sie durch seine Lehre und vor allem sein Credo von der vollkommenen Vorurteilslosigkeit als der grundlegenden Vorbedingung jeglicher Forschung so, daß sie ihre Studien nach einiger Zeit mit dem Hauptfach Philosophie fortsetzte. Angeregt durch Pfänder beschäftigte sie sich mit den Werken Edmund Husserls und studierte bei ihm ab 1917 in Freiburg. Für ihn erarbeitete sie ein Sachregister zu seinen *Ideen*, das 1923 in einer Neuauflage dieses Werkes und auch als Sonderdruck erschien. Im Herbst 1919 setzte sie ihr Studium in München bei Pfänder fort, um dort zu promovieren, denn bei Husserl erhielt sie nicht die dafür erforderliche Selbständigkeit. 1921 legte sie ihre Dissertation mit dem Titel *Zur Ontologie der sozialen Gemeinschaften* vor und erhielt das Prädikat ›Summa cum laude‹.

In dieser Arbeit kritisiert sie die klassische liberale Auffassung, wonach der Mensch seinem Wesen nach ein autonomes Individuum sei und sich aus mehr oder weniger praktischen Gründen mit anderen isolierten Individuen zusammenschließt, um eine Gemeinschaft zu bilden. Ihrer Meinung nach ist der Mensch seiner Natur nach ein soziales Wesen, und sie versucht, das Wesen der Gemeinschaft, das, was die Gemeinschaft mit anderen konstituiert, zu ergründen. Dabei kommt sie zu dem Ergebnis, daß es eine innere geistige Verbindung zwischen den einzelnen menschlichen Wesen geben muß. Mit dieser These entfernt sie sich sowohl von Husserl als auch vom dogmatischen Materialismus.

Konsequent setzte W. ihre Forschungen zu Problemen der Mystik in Darmstadt fort, angeregt auch durch eigene mystische Erlebnisse. Hier studierte sie die Mystiker des Mittelalters, um nicht nur über das eigene Erleben zu berichten, sondern in ›Quellenstudien‹ zu untersuchen, »was die großen Mystiker der Vergangenheit erlebt und über ihr Erleben ausgesagt hatten.« (1)

Ab Anfang 1923 studierte sie an der Universität in Heidelberg, hier auch im Seminar bei Karl Jaspers und Heinrich Rickert. In diesem Jahr erschien ihre Schrift *Zur Phänomenologie der Mystik*, die Vorarbeiten dazu hatte sie bereits 1920 als Manuskript mit dem Titel *Die innere Bewußtseinskonstitution des eigenen Grundwesens als Kern der Persönlichkeit (und Gottes als Wesensgrund des Grundwesens)* abgeschlossen. W. will die Mystik als ein Urphänomen »völlig vorurteilslos ins Auge fassen«, das mystische Erleben erforschen, das, »was an diesem Erleben wesentlich ist, hervorheben und die einzelnen wesentlichen Merkmale dieses Erlebens scharf abheben und charakterisieren, damit es seinem ureigensten Eigensinne nach zur Erfassung kommt und in seinem Eigenwesen besser, als das bisher möglich war, von äußerlich scheinbar ähnlichen, aber von ihm wesensverschiedenen anderen Gegebenheiten unterschieden werden kann.« (2)

Durch die Inflation in Deutschland verlor sie ihr vom Vater ererbtes Vermögen und damit auch die ökonomische Grundlage für die weitere Arbeit an der Universität. Das bedeutete für W., daß sie ihre in Angriff genommene Habilitation abbrechen mußte. Nicht nur an diesem Wendepunkt registrierte sie die Ungerechtigkeiten, die die Frauen betrafen. Angeregt durch ihre dänische Großmutter hatte sie sich bereits in jungen Jahren mit Emanzipation und Frauenrecht beschäftigt. Ihr eigenes Leben sah sie als Beweis dafür an, daß Frauen zu geistiger und selbständiger Arbeit fähig sind.

1924 kehrte sie nach kurzem Aufenthalt in Dänemark und Schweden nach Deutschland zurück. Von nun an mußte sie ihren Lebensunterhalt mit Stellungen und anderen Arbeiten wie Übersetzungen verdienen. Sie arbeitete als Schwester in einer Berliner Augenklinik, als Sekretärin bei einer Berliner

Politikerin, im Leipziger Buchhandel und auf der Leipziger Messe, als Stenotypistin bei Prof. Hellpach im badischen Kultusministerium, Ende 1925 dann als Stenotypistin in der Heil- und Pflegeanstalt Emmendingen (Baden). Hier beschäftigte sie sich mit Fragen der Astrologie und der Schizophrenie. Mit dem Vortrag *Zur innerpsychischen Struktur der Schizophrenie* trat sie im Oktober 1926 auf einer Tagung der ›Südwestdeutschen Psychiater‹ auf. Sie erregte Aufsehen und Mißfallen, weil sie als Nichtmedizinerin und Stenotypistin einen solchen Vortrag gehalten hatte. Sie kündigte und begann im April 1927 als wissenschaftliche Sekretärin bei Dr. Hans Prinzhorn in Frankfurt/M. Danach arbeitete W. bei Dr. med. A. Freiherrn v. Schrenck-Notzing bis zu dessen Tode im Februar 1929. Hier vertiefte sie sich weiter in parapsychologische Untersuchungen, nahm an den Sitzungen teil, wo sich Schrenck-Notzing vor allem auf die Demonstration der ›physikalischen‹ Phänomene beschränkte, sie sich aber mehr für die ›geistigen‹ Phänomene interessierte. Später kümmerte sie sich in wissenschaftlicher Hinsicht um die Herausgabe seines Nachlasses.

Ab April 1932 arbeitete sie als freie Schriftstellerin und beschäftigte sich mit Artikeln und Rezensionen für internationale Fachzeitschriften, hielt Vorträge in Nord- und Mitteleuropa, unter anderem auf dem 5. Internationalen Parapsychologie-Kongreß in Oslo 1935. In dieser Zeit interessierte sie sich zunehmend für Fragen der Theosophie. Später trat sie der anthroposophischen Christengemeinschaft bei.

Während der Zeit des Nationalsozialismus, den W. völlig ablehnte, meldete sie sich freiwillig zur Arbeit in der militärischen Auslandsbriefprüfstelle in München, um der Einberufung zum Dienst in Munitionsfabriken zu entgehen. Obwohl sie selbst kurzzeitig inhaftiert wurde, sie war sowohl wegen ihrer sozialistischen Herkunft als auch wegen ihrer Forschungen zur Parapsychologie suspekt, versuchte sie hier erfolgreich, anderen Menschen zu helfen.

Nach dem Ende des Zweiten Weltkrieges lebte sie weiter in München. 1955 erschien eine zweite Auflage der *Phänomenologie der Mystik*, eine erweiterte Auflage folgte 1976. 1960

veröffentlichte sie ihre Autobiographie *Zum anderen Ufer.* Bis zu ihrem Tode, sie starb 1977 (drei Monate vor ihrem 80. Geburtstag) in München, lebte sie zurückgezogen vom geistigen Leben und ihren Freunden, aber weiter schreibend und korrespondierend.
Ihr Nachlaß befindet sich in der Bayrischen Staatsbibliothek in München.

Werk: Zur Ontologie der sozialen Gemeinschaften, in: *Husserls Jahrbuch für Philosophie und Phänomenologische Forschung* VI, 1923, S. 1–158; Zur Phänomenologie der Mystik, 1923 (2); Zur Psychologie der sogenannten ›moral insanity‹, in: *Japanisch-deutsche Zeitschrift für Wissenschaft und Technik* 5/III, 1925, S. 174–184; Zur innerpsychischen Struktur der Schizophrenie, in: *Zeitschrift für die gesamte Neurologie und Psychiatrie* C VIII/1–3, 1927, S. 56–85; Ludwig Klages und sein Kampf gegen den Geist, in: *Philosophischer Anzeiger* III/i, 1928, S. 48–90; Parapsychologie und Mystik, in: *Zeitschrift für Parapsychologie,* 1928; On the Psychology of Telepathy, in: *Psychic Research,* Oktober 1931, S. 438–446; Die Bedeutung der phänomenologischen Methode Edmund Husserls für die Parapsychologie, in: *Psychophysikalische Zeitschrift* 1/2 und 3, 1955, S. 22–29, 37–30 (Nachdruck in: *Parapsychologie,* 1966, S. 683–697); Zum anderen Ufer: Vom Marxismus und Atheismus zum Christentum, 1960 (1).

Karin Aleksander

Warnock, Helen Mary
englische Philosophin, *1924

W. studierte klassische Philologie in Oxford. 1949 heiratete sie den Philosophen Geoffrey Warnock und wurde Philosophieprofessorin im St. Hugh's College. In den 60er Jahren wurde W. durch ihre Bücher *Modern Ethics* (1960), *Sartre* (1963) und *Existentialism* (1966) bekannt. Sie hat als Forscherin gearbeitet und lehrt zur Zeit am Girton College in Cambridge.
Durch ihre Arbeiten im Bereich der Ethik und der Bildung wurde sie Mitarbeiterin und Beraterin in Staatskommissio-

nen für Themen wie z. B. Sondererziehung in den siebziger Jahren, Tierversuche (1979–86), Umweltverschmutzung (1979–84), und insbesondere im Beratungsausschuß für das Problem der künstlichen Befruchtung (1982–84), was im *Warnock Report* zum Ausdruck kam. Ihre weiteren Veröffentlichungen zeigen die verschiedenen Themen, die sie behandelt hat: *Imagination* (1976), *School of Thought* (1977), *Education: a Way Forward* (1979), *A Question of Life* (1985), *Memory* (1987), *A Common Policy of Education* (1988), *Universities: knowing our minds* (1989) und *The Uses of Philosophy* (1992).

Das Ziel ihres Buches *Memory* ist es, eine Antwort zu der Frage »warum schätzen wir so sehr die Fähigkeit, die Vergangenheit zu erinnern?« Die Antwort liegt für W. in der Beziehung, die zwischen den Begriffen Gedächtnis und persönliche Identität besteht, und die von DichterInnen, PhilosophInnen und SchriftstellerInnen beschrieben wurde. Aus diesem Grund analysiert sie die Rolle des Gedächtnisses durch die Literatur.

In *Universities: Knowing our Minds* philosophiert W. über die Zukunft der Hochschulbildung in ihrem Land und macht Veränderungsvorschläge. Sie meint, daß die Universitäten aus staatlichen Mitteln finanziert werden sollen und daß die Forschung viel mehr gefördert werden müsse.

Im Juli 1978 wurde in England das erste durch künstliche Befruchtung gezeugte Baby geboren. Diese Situation verlangte die Formulierung juristischer und ethischer Grundlagen durch das ›Committee of the Enquiry into Human Fertilization‹. 1984 wurde der *Warnock Report* veröffentlicht, in dem W. ethische, religiöse und soziale Fragen dieser Problematik diskutiert. Es ist ein schwieriges Thema, denn die Philosophen sind sich nicht einig, was die Fragen der Ethik und der Moral anbelangt. Für einige ist es eine Frage des Gefühls, für andere stehen bestimmte Regeln im Vordergrund, aber in diesem Fall gibt es keine bindende Regel.

Eine mögliche Alternative und eine theoretische Lösung scheint der Utilitarismus zu bieten. ›The Principle of Utility‹

besagt, daß eine Handlung gut ist, wenn sie nützlich für andere Menschen ist und wenn sie niemandem schadet. Viele WissenschaftlerInnen, die mit menschlichen Embryonen forschen, haben sich auf dieses Prinzip berufen, um ihre Arbeiten zu rechtfertigen: damit beglücken sie einige Menschen, die Kinder haben wollen, und gleichzeitig tragen sie zur besseren Kenntnis der genetischen Krankheiten bei.

Für W. gibt es im Prinzip keine Lösung dieses moralischen Dilemmas, das mit der Manipulierung und dem Gebrauch von menschlichen Embryonen verbunden ist. Das Komitee kam zu dem Schluß, daß man sich auf die moralischen Gefühle berufen müsse, und daß sie ausgedrückt und gerechtfertigt werden müssen.

Werk: Existentialism, 1970; Imagination, 1976; A Question of Life: The Warnock Report on Human Fertilization and Embriology, 1985; Memory, 1989; Universities: Knowing our Minds. What the Government Should do about Higher Education, 1990.
Literatur: A.C. Baier: Review of Memory by Mary Warnock, in: *Philosophical Review*, Juli 1990, S. 436–439; J. Hoyland: Voices of a Dissenter, in: *New Scientist*, 2. Dez. 1989.

Rosa Gonzàlez Colilla
(Übers. M.L.P. Cavana)

Weil, Simone Adolphine

französische Philosophin, *1909, †1943

W. wurde am 3. Februar 1909 in Paris geboren. Sie stammte aus einer jüdischen Arztfamilie und wuchs in sehr enger Beziehung zu ihrem älteren Bruder André auf. Wegen ihrer schwächlichen Gesundheit und dem Beginn des Ersten Weltkrieges konnte die wißbegierige W. erst mit 8 Jahren ins Lyzeum in Laval eingeschult werden. Ihr Schulbesuch war eher sporadisch und sie profitierte am meisten von der mit ihrem Bruder praktizierten ›Selbsterziehung‹.

Seit ihrem 12. Lebensjahr litt W. an immer wieder auftretenden heftigen Kopfschmerzen, die ihr Leben stark beeinträchtigten. Mit 15 Jahren bestand sie die Bakkalaureatsprüfung in Latein und Griechisch und schrieb sich als Externe am Lycée Victor Durny in Paris für das Fach Philosophie ein. Sie war auch sehr an Mathematik interessiert, deren Gebrauch für sie eine natürliche Fähigkeit des Menschen war und deren Unkenntnis sie nicht akzeptierte.

1925 schloß sie das Bakkalaureat in Philosophie ab und wechselte an das Lycée Henri IV., wo sie ihrem wichtigsten Lehrer begegnete, Alain. Dieser Philosoph hatte Generationen von Linksintellektuellen in Frankreich unterrichtet und beeinflußt, u. a. auch → Beauvoir und Sartre. Alain unterstützte W. in ihrer Arbeit und ermutigte sie zu schreiben.

1928 bestand sie die Aufnahmeprüfung an der École Normale, wo sie Beauvoir persönlich kennenlernte. Allerdings waren beide Frauen zu unterschiedlich, um eine freundschaftliche Beziehung zu entwickeln.

1929 erschien W.s erste Publikation in den von Alain herausgegebenen *Libre Propos* mit dem Titel *De la perspective au l'aventure de Protée*. Alle von W. veröffentlichten Arbeiten und natürlich ihre zahlreichen Tagebuchaufzeichnungen und Briefe spiegeln in sehr direktem Maße ihre jeweilige Lebensphase und ihre Gedankengänge wider. In ihren Arbeiten ist die Entwicklung von der radikalen kommunistischen Kämpferin zur mystischen Gläubigen ebenso nachzuvollziehen, wie in ihrem Leben.

1931 legte W. die Staatsprüfung für das Lehramt ab, die sie als eine der wenigen erfolgreich abschloß; damit erhielt sie die Zulassung zum höheren Schuldienst. Ihre erste Lehrerinnenstelle führte W. in die Provinz, nach Le Puy an der Loire. Bereits während ihres Studiums in Paris hatte W. damit begonnen, unentgeltlich an einer Volksbildungseinrichtung zu lehren. Diese Arbeit war ihr ungemein wichtig und sie setzte sich auch später sehr für die Bildung von ArbeiterInnen ein. Ihr Ziel war es, die Lebensbedingungen der unteren Schichten zu verbessern, und sie machte deshalb auch Vorschläge zur Reformierung des Schulsystems.

Auch in den von ihr unterrichteten Schulklassen führte W. neuen Lehrstoff ein, was ihr Konflikte mit Eltern und Vorgesetzten einbrachte, da sie Marx und das Kommunistische Manifest behandelte. W., bereits während ihrer Studienzeit als rote Jungfrau verschrien, machte sich durch ihre politischen Aktivitäten auch weiterhin unbeliebt. Sie trug bei Arbeiterdemonstrationen die rote Fahne und wurde wegen ihrer politischen Arbeit von der Schulbehörde zweimal strafversetzt.

Während dieser Zeit begann sie auch mit der Arbeit an ihrer ersten umfangreichen Publikation *Réflexions sur les causes de la liberté et de l'oppression sociale.*

W.s Interesse an den ArbeiterInnen und ihrem Leben wurde noch gesteigert, als sie 1932 ein Bergwerk besichtigte. Allerdings wurde ihr Gesuch, selbst dort zu arbeiten, abgelehnt, weil Frauen nicht unter Tage gehen durften.

Neben ihrem Interesse an der Situation der ArbeiterInnen befaßte sich W. sehr intensiv mit der europäischen Politik. Die Entwicklung des Faschismus war Thema vieler Diskussionen mit ihren FreundInnen und Bekannten und 1932 fuhr W. nach Deutschland, um sich vor Ort zu informieren. Sie veröffentlichte mehrere scharfsinnige Analysen in verschiedenen Zeitschriften, wobei sie Analogien zwischen der NSDAP und der KPD aufzeigte. Allerdings stufte sie die faschistische Bewegung mehr sozialrevolutionär als nationalistisch ein, die Geschichte hat dies als Irrtum bewiesen.

Auf der Grundlage ihrer Beobachtungen der kommunistischen Gruppierungen in Deutschland entwickelte W. eine umfassende Kritik der Marxschen Doktrin, die sie in zwei Essays publizierte: *Perspektiven. Gehen wir einer proletarischen Revolution entgegen?* und *Reflexionen. Über die Ursachen der Freiheit und sozialen Unterdrückung.*

W.s Kritik am kommunistischen Manifest ähnelt der Trotzkis, der das sowjetische System in Frage stellt und dessen offizielle Zielsetzung kritisiert. Sie entwickelt eine Totalitarismustheorie, wie sie später auch von → Arendt aufgestellt wurde. W. untersucht das ›bürokratische Phänomen‹ und stellt fest, daß die Dualität Proletariat und Kapital zugunsten einer Dreiteilung aufgehoben wurde. Entgegen der Marxschen Doktrin entlarvt W. in ihren *Reflexionen* nicht die Ökonomie, sondern den politisch-militärischen Machtkampf als Triebkraft der Geschichte.

Durch ihre intensive Beschäftigung mit der Arbeiterklasse entstand in W. der Wunsch, dieses Leben auch in seiner Praxis kennenzulernen, da sie als Intellektuelle bisher nur darüber theoretisieren konnte. Deshalb ließ sie sich 1934 vom Schuldienst beurlauben und begann als Hilfsarbeiterin in einem Elektrowerk; ihre Erfahrungen beschreibt sie in *Fabriktagebuch*. Die körperlich anstrengende Arbeit machte W. aufgrund ihrer schwächlichen Konstitution über die Maßen zu schaffen. Bedingt durch den Prozeß der Abstumpfung, der auch bei ihr selbst einsetzte, vermißte sie die Solidarität der Arbeiter untereinander und kritisierte die herrschaftliche Position der Vorgesetzten. W. kommt zu dem Schluß, daß die Unterdrückung der ArbeiterInnen nicht zur Auflehnung, sondern zur Resignation führe.

Da W. diese Arbeit aus körperlichen Gründen nicht fortsetzen konnte, wurde sie 1935 arbeitslos und wurde als Fräserin bei Renault eingestellt. Auch dort konstatierte sie mangelnde Solidarität, was ihren Glauben an die Revolution insgesamt erschütterte.

Diese Erfahrungen führten W. dazu, ihre bisherigen Prinzipien zu überdenken, und es zeichnete sich bereits eine erste Hinwendung zum Christentum ab.

Als 1936 der spanische Bürgerkrieg begann, ging W. nach Spanien, um den Kampf der Republikaner zu unterstützen. Allerdings war sie als Soldatin ungeeignet und durch ihre Kurzsichtigkeit auch bei sonstigen Arbeiten gehandicapt. Ergebnis dieser Kriegserfahrungen ist ihr *Spanisches Tagebuch*, das als ›Stenogramm einer wachsenden Enttäuschung‹ bezeichnet wird. Aus der ersten Begeisterung wird schnell eine Ablehnung der dort herrschenden ›Mordlust‹, die auch die Franko-Gegner erfaßt hatte.

Auch nachdem sich W. der anarchistischen Miliz Kataloniens angeschlossen hatte, änderten sich ihre Erfahrungen nicht und sie stellte fest, von ihrem ›naiven Patriotismus‹ geheilt zu sein.

Selbst zur Pazifistin geworden, erlebte W. den Zweiten Weltkrieg aus einer kritischen Haltung heraus. Sie hinterfragte die Unterschätzung des Krieges von marxistischer Seite, den Militarismus und den entstehenden Totalitarismus. Vor allem für das Proletariat sei der Krieg gefährlich und W. sprach sich für internationale Solidarität und Neutralität aus.

Ihre Meinung äußerte W. auch in einem Brief an die Petain-Regierung und sie unterstützte deren Nicht-Widerstand gegen die deutsche Besatzungsmacht. Erst der militärische Zusammenbruch Frankreichs brachte die Wende in W.s Denken, sie gab ihre pazifistischen Ideen auf und ging in den französischen Widerstand. Sie entwarf Pläne zur Unterwanderung der deutschen Front. Von der Widerstandsbewegung erhoffte sie sich wieder das alte Solidaritätsideal, das auch Zentrum der neuen Gesellschaft werden sollte. Wie für alle ihre Vorhaben setzte sie sich auch für den Widerstand mit ihren ganzen Energien ein.

In dieser Zeit begann in stärkerem Maße, was sich in W.s Denken bereits seit mehreren Jahren abzeichnete, ihre Hinwendung zum Religiösen. Bereits 1937 besuchte sie während einer Italienreise christliche Stätten und nahm an einer Messe im Vatikan teil. Ihre besondere Verehrung galt Franz von Assisi, dessen asketische Lebensweise sie beeindruckte. W. hatte auch religiöse Visionen, in denen ihr Christus erschien. Wahrscheinlich bedingt durch den inzwischen zum moralischen Prinzip erhobenen Hunger, steigerte sie sich in einen religiösen Mystizismus. Ihre Glaubensprobleme teilte sie in vielen Gesprächen dem Dominikanerpater Jean-Marie Perrin mit und verarbeitete sie in ihrer *Geistlichen Autobiographie*, die 1942 erschien. Darin spart sie auch nicht mit Kritik an der gesellschaftlichen Funktion der Kirche. Für sie kommt vor allem dem diesseitigen Leben Bedeutung zu und sie sieht es als Ziel, die Welt lebenswerter zu gestalten. Sie spricht sich für eine das ganze Universum umfassende Liebe aus, die sich nicht in Emotionen, sondern in Freundschaft äußern sollte.

Der bisher im Mittelpunkt ihres Denkens stehende Freiheitsbegriff wurde darin abgelöst von religiösem Gehorsam. Den

Verzicht auf den eigenen Willen erklärte sie zum Ziel ihres Denkens; Vorbild waren dabei auch östliche Religionen wie beispielsweise der Buddhismus. Neben ihren religiösen und theologischen Überlegungen stand aber dennoch weiterhin die Gesellschaft im Zentrum ihres Denkens. In ihrer unvollendeten Tragödie *Das gerettete Venedig* geht es um die Rettung eines vom Untergang bedrohten Volkes.

Durch Perrin lernte sie auch den Religionsphilosophen Thibon kennen, auf dessen Gut in Südfrankreich sie einige Zeit lebte und arbeitete. Während der Kriegszeiten entwickelte W. eine immer größer werdende moralische Strenge, nach der nicht nur sie selbst lebte, sondern die sie auch von anderen verlangte. Befremdlich war für viele ihre Ablehnung der verfolgten Juden. Sie verweigerte jede Kooperation mit den Unterdrückten und bedachte sie mit den klassischen antisemitischen Vorwürfen.

1942 verließ W. Frankreich, um zusammen mit ihren Eltern über Casablanca in die USA auszureisen. Sie verließ die Staaten im gleichen Jahr wieder und reiste nach London, wo sie sich wieder dem Widerstand anschloß. Dort verfaßte sie eine umfassende Analyse Frankreichs, die als ›Beitrag zur Orientierung der Résistance‹ gedacht war. *Die Einwurzelung* enthält eine Kritik der nationalistischen Psyche und Sitten und nimmt ihre früher formulierte Kritik des Kommunismus wieder auf.

Im Jahr 1943 verschlechterte sich W.s körperliche Verfassung rapide, sie hungerte sich praktisch zu Tode und starb am 24. August 1943 an Unterernährung und Lungentuberkulose.

Werk: Schwerkraft und Gnade, 1954; Das Unglück und die Gottesliebe, 1961; Vorchristliche Schau, 1959; I Premiers écrits philosophiques, 1988, II Écrits historiques et politiques, 1988 (Gesamtausgabe in 16 Bänden, hg. v. A. A. Devaux/F. de Lussy).
Literatur: H. Abosch: Simone Weil zur Einführung, 1990 (Bibliographie); R. Cabaud: Simone Weil. Die Logik der Liebe, 1968; R. Coles: Simone Weil. A Modern Pilgrimage, 1987; A. Krogmann: Simone Weil, 1991 (ausführliche Bibliographie); J. P. Little: Simone Weil. A Bibliography, 1973/1979; Simone Weil: Philosophie – Religion –

Politik, hg. v. H. R. Schlotte/A. A. Devaux, 1985; A. Moulakis: Simone Weil, die Politik der Askese, 1981; M. Wicki-Vogt: Simone Weil. Eine Logik des Absurden, 1983.

Ursula I. Meyer

Weisshaupt, Brigitte
schweizerische, feministische Philosophin, *1939

W. wurde im Jahr 1939 in Gevelsberg geboren. Nach ihrer Schulzeit in Essen nahm sie 1960 das Studium der Philosophie, Germanistik, Romanistik und Kunstgeschichte in Freiburg auf. Weitere Studienorte waren München und Heidelberg, bis sie im Jahr 1967 bei Professor Fink mit einer Arbeit über den Zeitbegriff bei Aurelius Augustinus promovierte. Daran anschließend beteiligte sie sich an wissenschaftlichen Projektarbeiten der Professoren Tugendhat und Henrich in Heidelberg und legte parallel dazu im Jahr 1968 das Staatsexamen für das Lehramt an Gymnasien in Philosophie und Germanistik ab. 1968 war zugleich das Jahr ihrer Heirat mit dem Schweizer Philosophen Kurt Weisshaupt und das Jahr ihrer Übersiedlung nach Zürich, wo sie bis heute lebt und von wo aus sie ihren vielfältigen philosophischen Lehr- und Vortragstätigkeiten nachgeht. In den Jahren 1969 bzw. 1971 brachte W. einen Sohn und eine Tochter zur Welt.
Die Philosophin ist aktives Mitglied in verschiedenen philosophischen Vereinigungen, wobei ein Schwerpunkt ihrer Arbeit in der theoretischen Ausarbeitung und praktischen Förderung feministischer Philosophie liegt. 1974 war sie maßgeblich an der Gründung der Internationalen Assoziation von Philosophinnen (IAPh) beteiligt. Als Vorstandsmitglied dieser Organisation wirkt sie bis heute engagiert bei der Planung und Gestaltung von Kongressen und bei der Herausgabe zentraler Schriften zur feministischen Philosophie mit. Seit 1989 machte sie sich außerdem bis 1991 als Präsidentin der Schweizerischen Philosophischen Gesellschaft und bis heute als Präsidentin der Philosophischen Gesell-

schaft Zürich verdient. Auch im Rahmen dieser Organisationen schafft die Denkerin Foren für das theoretische Anliegen des Feminismus.
Von 1971 an bis in die Gegenwart nahm W. neben einer regen Vortragstätigkeit zahlreiche und vielfältige Lehraufträge an den Universitäten Zürich, Luzern, Fribourg, Freiburg und Hamburg wahr. Daneben ging sie einer kontinuierlichen philosophischen Lehrtätigkeit an verschiedenen Schulen und Institutionen nach.

Zentrale Themen im philosophischen Schaffen W.s sind Fragen der Subjektkonstitution, der Ausbildung persönlicher Identität sowie der Intersubjektivität. Schon in einem frühen Text 1969 geht W. in der Auseinandersetzung mit der Sozialontologie Theunissens dem Versuch nach, ein dem Subjekt ursprüngliches Verhältnis zu anderen darzulegen. In Abgrenzung zur Husserlschen Intersubjektivitätstheorie geht es hier um die Möglichkeit, den Anderen oder die Andere in Überwindung des Solipsismus als gleichursprünglich mit dem Selbst und mithin als echte PartnerInnen zu denken. Schon hier leistet W. einen ersten kritischen Vorstoß gegen den Allgemeinheitsanspruch neuzeitlicher Subjekttheorie, die sie in vielen ihrer späteren Veröffentlichungen einer differenzierten Analyse unterzieht. Insbesondere der aufklärerische Typus eines vernünftigen, selbstverantwortlichen Subjekts der Reflexion ist Gegenstand ihrer kritischen Erörterungen. In Anlehnung an die Kritische Theorie Horkheimers und Adornos legt sie dar, inwiefern die Genese des autonomen Subjekts eng an die Ausbildung eines unbedingten Herrschaftswillens gegenüber der äußeren und inneren Natur gekoppelt ist. Freiheit und Stärke des Subjekts gewinnen sich nur im Zuge einer Verhärtung und Desensibilisierung im Hinblick auf die Verlockungen des Natürlichen. Die Momente von Herrschaft und Unterdrückung wenden sich aber nicht allein gegen Natur, sondern setzen sich in repressiven Verhältnissen innerhalb der Gesellschaften bzw. im Verhältnis der westlichen Zivilisation zu anderen Kulturen fort.
Im Anschluß an die Kritik eines übersteigerten Autonomie-

modells zielen W.s Überlegungen dahin, neue Denkansätze zu entwickeln. Gegenwärtig ist eine umfassende Krise des Subjekts zu konstatieren, die sich im Zeichen tiefgreifender Veränderungen der Moderne vollzieht. Psychoanalyse, ökologische Katastrophen, Veränderungen der Arbeitswelt sowie die grundlegende Wandlung menschlicher Kommunikation durch Massenmedien und elektronische Systeme sind nur einige der Faktoren, die die Stabilität personaler Selbstbestimmung heute in Frage stellen. W. begreift diese Krise aber nicht als Anlaß, den Tod des Subjekts zu betrauern bzw. durch philosophische Dekonstruktion noch gezielt voranzutreiben, sondern als Chance, zu einem neuen flexibleren Verständnis der Ich-Identität zu gelangen. Lernt das Ich sich als genetisch verankert in der Natur und mithin auch als abhängiges, außengesteuertes Ich zu begreifen, so gibt es seinen übertriebenen Herrschaftsanspruch preis und vermag einen kommunikativen Umgang mit der eigenen inneren Natur zu entwickeln bzw. die äußere Natur als Existenzgrundlage zu erfassen und sie so aus ihrem Objektstatus zu befreien. Der heute von Umweltschützern geforderte Einstellungswechsel gegenüber der Natur ist demnach laut W. nur erreichbar, wenn das Ich sich grundlegend transformiert, d. h. die subjektiven Voraussetzungen zur sympathetischen Naturnähe erringt.

Ein weiterer zentraler Kritikpunkt an den aufklärerischen Konzepten von Subjektivität liegt für W. in der Vergessenheit und Verdrängung einer Abhängigkeit vom weiblichen Gegenüber. Als eine der wichtigsten Protagonistinnen der feministischen Aufklärungskritik zeigt sie auf, inwiefern die Herausbildung eines weiblichen Geschlechtscharakters gegen Ende des 18. Jahrhunderts eng mit der neuartigen Konstitution des menschlich-männlichen Selbst verknüpft ist, d. h. inwieweit sich über den Entwurf eines weiblichen Gegenpols die Ausgrenzung weiter lebensweltlicher Erfahrungsräume aus dem Selbstverständnis aufklärerischer Rationalität vollzieht. Weiblichkeit wird hierbei nicht als differente Form des Subjektseins gedacht, sondern als unbewußte, nur-natürliche, mithin selbstlose Existenzweise. Für die reale Frau bedeutet dies den weitgehenden Ausschluß von Bürgerrechten und die Festlegung auf dienende Funktionen im Reproduktionsbereich. Selbstlosigkeit als zentrales Merkmal des Weiblichen beschäftigt W. also zum einen in der historischen Genese als dialektische Entsprechung zum männlichen Herrschaftssubjekt und Autonomiemodell, zum anderen aber als Ausgangsbasis einer feministischen Reflexion über die Möglichkeiten eines anderen zwangloseren Selbstseins. Dem Entwurf ungezwungener Ich-Identität nachspürend, trägt W. in ihren jüngeren Arbeiten Wesentliches zum Unternehmen feministischer Vernunftkritik bei. Geleitet von der Absicht, den historischen Fehlschluß einer Identifizierung des männlichen Denkens mit Denken schlechthin aufzuzeigen, versucht sie, dem ontogenetisch Verdrängten im abendländischen Vernunftdenken habhaft zu werden. Sie demontiert die ontologisierenden Wesensbestimmungen der Frau, ohne ihrerseits ein neues Selbstverständnis der Frau antizipatorisch festschreiben zu wollen. In Anlehnung an → Irigaray, → Kristeva, Gilligan, Habermas, Adorno und Foucault reflektiert sie Perspektiven der Befreiung der inneren Natur, der uneinheitlichen Leiberfahrung und der (kommunikativen) Subjektentgrenzung im anderen. Auf diese Weise verfolgt sie das Projekt der Moderne als einer noch zu schreibenden Phänomenologie der Differenzierungen des Vernunftbegriffs.

In Verbindung mit ihrer Subjektkritik problematisiert W. auch den Wissenschaftsbegriff der Moderne, der das Prinzip der Forschungsfreiheit zur obersten Leitregel erhoben hat und so zum Ausschluß der Ethik aus der Forschung führte. W.s Analysen gehen dahin, unter Bezugnahme auf konkrete Forschungsgebiete, wie z.B. Genforschung und Reproduktionstechnologien, die Wertneutralität der Wissenschaft als Fehleinschätzung zu entlarven bzw. die impliziten Werturteile des Wissenschaftsbetriebes offenzulegen. Sie leistet damit die Kritik eines Erkenntnis- und Wirklichkeitsbegriffs, der aus der Selbstverabsolutierung aufklärerischer Rationalität hervorgegangen ist. Indem vernunftbestimmte Subjektivität sich fraglos als universell, objektiv und interessenfrei begreift, wird der Blick verstellt für die versteckte Parteilichkeit und Wertgerichtetheit der neu entstehenden

Forschungs- und Produktionsmentalität. Auf diese Weise gelang es, die Ethik aus der Wissenschaftspraxis herauszuhalten, das heißt, sie immer erst nachträglich zu Rate zu ziehen, eine Verfahrensweise, die sich heute in zunehmendem Maße als bedrohlich erweist.

Werk: Der Andere. Zur intersubjektiven Konstitution des alter ego, in: *Reformatio*, Evangelische Zeitschrift für Kultur und Politik, 1969; Sisyphos ohne Pathos. Selbsterhaltung und Selbstbestimmung im Alltag, in: *Studia Philosophica* 40/81, 1980; Reflexionen zum Vernunftbegriff, in: *Jahrbuch I der Internationalen Assoziation von Philosophinnen, Von Wegen ins 3. Jahrtausend*, hg. v. M. Maren-Grisebach/U. Menzer, 1982; Du kannst mir nicht die Träume nehmen. Untersuchungen zu einer anderen Gegenwart, in: *FRAU-Realität und Utopie*, hg. v. C. Köppel/R. Sommerauer, 1984; Überlegungen zur Diskursethik von Jürgen Habermas, in: *Studia Philosophica* 44/85, 1985; Dissidenz als Aufklärung, in: *Was Philosophinnen denken II*, hg. v. J. Conrad/U. Konnertz, 1986; Die Krise des modernen Ich, in: *Reformatio*, Evangelische Zeitschrift für Kultur und Politik, 36. Jg, Feb. 1987; Spuren jenseits desselben, Identität und Dissidenz, in: *Bei Lichte betrachtet wird es finster, Frauenansichten*, hg. v. Psychoanalytischen Seminar Zürich, 1987; Schatten des Geschlechts über der Vernunft, in: *Die Revolution hat nicht stattgefunden*, hg. v. A. Deuber-Mankowsky, 1989; Genetik und Gen Ethik. Ethik als Legitimation oder Alibi? in: *Schweizer Heilpädagogische Rundschau*, März 1989; Vernunft und selbstloses Selbstsein. Zur Dialektik der Identität von Frauen, in: *Jahresbericht 1990 der Theologischen Fakultät Luzern*, 1990; Ethik und Technologie am Lebendigen, in: *Grenzen der Moral*. Ansätze feministischer Vernunftkritik, hg. v. U. Konnertz, 1991; Zur ungedachten Dialektik von Eros und Logos. Die Ausschließung des Weiblichen durch Logofizierung der Liebe, in: *Die Philosophin* 6, 1992.

Heidemarie Bennent-Vahle

Wentscher, Else
schlesische Philosophin, *1877, †1941

W. wurde als Else Schwedler am 31. Januar 1877 in Schlesien geboren. Sie studierte Philosophie bei B. Erdmann, dessen Arbeiten zur Psychologie des Denkens und zur Philosophiegeschichte auch in den Schriften W.s Niederschlag fanden; das Schlußkapitel ihrer 1921 erschienenen *Geschichte des Kausalproblems* behandelt Erdmanns Kausalitätslehre. Mit ihrem Ehemann, dem Philosophen Max Wentscher, teilte sie das Interesse an ethischen und pädagogischen Fragestellungen.

In kritischer Auseinandersetzung mit zeitgenössischen Psychologien (Ebbinghaus, Münsterberg, H. Spencer, W. James u.a.) analysiert W. in *Der Wille* (1910) das Phänomen des menschlichen Willens im Hinblick auf eine Pädagogik auf psychologischer Basis. Ihre Theorie grenzt sich von der sogenannten Assoziationspsychologie dadurch ab, daß der Erkenntnis von Wertgefühlen ein wesentlicher Anteil an Willensentscheidungen zugesprochen wird. Menschliches Wollen besteht so nicht nur aus Reaktionen auf Reize, aus Erinnern und Assoziieren, sondern aus den Synthesen mehr oder weniger komplexer intellektueller und psychischer Vorgänge. Willenshandlungen sind nicht absolut undeterminiert, da sie nach erforschbaren inneren Gesetzen zustandekommen; sie erhalten ihre Bedeutung aber erst durch das Spezifikum menschlichen Wollens, der Mitwirkung anerkannter sittlicher Ideale.

Die *Grundzüge der Ethik* (1913) knüpfen nach einer Übersicht über die ethischen Theorien (Antike, Aufklärung) an die Analyse des menschlichen Wollens an. Die ethische Forderung, als Persönlichkeit, d.h. sittlichen Idealen gemäß zu handeln, entspreche der psychologischen Gesetzlichkeit, daß sittliche Werte am menschlichen Wollen mitwirken. Grundlage der Sittlichkeit ist individuelle Verantwortlichkeit, die in der Erziehung zur Persönlichkeit umzusetzen ist.

Neben philosophisch-pädagogischen Schriften verfaßte W. Arbeiten zur Philosophiegeschichte, wie die von der Preussischen Akademie preisgekrönte *Geschichte des Kausalproblems in der neueren Philosophie* (1921), eine eingehende Studie zu den Theorien vom Beginn des 17. bis Anfang des 20. Jahrhunderts, oder den Band *Englische Philosophie* (1924), die der Kölner Philosophischen Fakultät für die Verleihung des Ehrendoktors gewidmet ist.

W. starb vermutlich im Kriegsjahr 1941.

Werk: Phänomenalismus und Realismus, 1903; Das Kausalproblem in Lotzes Philosophie, 1903; Fühlen und Wollen, in: *Frauenbildung* 7/8, 1909; Ethik und Pädagogik, in: *Frauenbildung* 8/9, Bd. XI; Der Wille, Versuch einer psychologischen Analyse, 1910; Grundzüge der Ethik mit besonderer Berücksichtigung der pädagogischen Probleme, in: *Aus Natur und Geisteswelt* 397, 1913/1919; Geschichte des Kausalproblems in der neueren Philosophie, 1921; Das Problem des Empirismus dargestellt an J. St. Mill, 1922; Englische Philosophie, ihr Wesen und ihre Entwicklung, in: *Handbuch der englisch-amerikanischen Kultur*, hg. v. W. Dibelius, 1924; Mutterschaft und geistige Arbeit, 1926; Die ethischen Grundlagen von Schleiermachers Pädagogik, Pädagog. Magazin 1222, 1928; Eltern und Kinder, Eine Studie zur Familienerziehung, 1929; J. St. Mills Stellung zur Religion, in: *Störrig-Festschrift*, 1930; Gedanken zum Ichproblem, in: *Zeitschrift für romanische Philologie*, 1930; Englische Wege zu Kant, 1931; Das Ich als Seeleneinheit, in: *Archiv für Geschichte der Philosophie*, 1937; Die Frau im Urteil großer Männer, 1937; Im Wandel der Zeiten, ein Briefwechsel zweier Generationen, 1939; Relative oder absolute Wahrheit? 1940.

Adelheid Bühler

Wheeler, Anna
irische, feministisch-politische Philosophin, *1785, †1848

W. wurde 1785 in Clonbeg, Co. Tipperary, in Irland als Tochter eines anglikanischen Priesters geboren. Sie erhielt keine Ausbildung, sondern eignete sich ihr Wissen autodidaktisch an. Mit 15 Jahren heiratete sie den Grundbesitzer F. M. Wheeler. Sie brachte 6 Kinder zur Welt, von denen 4 starben. Nach zwölf Jahren häuslichen Martyriums (Alkoholismus ihres Mannes), floh sie zu ihrem Onkel, der Gouverneur auf Guernsey war.

Ihr Selbststudium umfaßte Schriften von → Mary Wollstonecraft, W. Godwin, Ch. Fourier, R. Owen, der Saint-Simonisten und Utilitaristen. Sie knüpfte intellektuelle Freundschaften, z. B. mit → Flora Tristan und schrieb für die Owen'sche Zeitschrift The Crisis. Sie hielt Vorträge: »always on one subject ... the present condition of women and their rights as members of society and equals with men.« (immer über einen Gegenstand ... die momentane Lage der Frauen und ihre Rechte als Mitglieder der Gesellschaft und als Menschen.) Durch Jeremy Bentham lernte sie William Thompson *(Inquiry into the Principles of the Distribution of Wealth)*, irischer Grundbesitzer, studierter Ökonom und Sozialreformer, kennen: Relevantestes Ergebnis ihrer Kooperation war der rechtsphilosophische radikal-feministische *Appeal of one Half the Human Race, Women, Against the Pretensions of the Other Half, Men, to Retain Them in Political, and Thence in Civil and Domestic Slavery*, womit beide bewußt an Mary Wollstonecraft anknüpften.

Anlaß war James Mills Artikel *On Government* (Encyclopedia Britannica), 1825 erneut in Umlauf gebracht. Dieser plädiert für politische Rechte ›aller‹ Männer und für den Ausschluß ›aller‹ Frauen: sein grundlegendes Ideologem ist die Fiktion von Interessenidentität fast aller Frauen mit der ihrer Ehemänner bzw. Väter; damit erklärt er die politische Repräsentation des weiblichen Volkes für überflüssig. »Offensive antisocial« (Widerlich antisozial), »barbarism under the guise of philosophy« (Barbarei unter der Maske der Philosophie), »doctrines which disgrace the principle of utility« (Eine Doktrin, die das Prinzip der Nützlichkeit entehrt), »degradation of one half the human race,« (Degradierung der einen Hälfte der menschlichen Rasse) urteilen Thompson/ Wheeler.

Mills anthropologische und politische Prämisse lautet: »*the demands of power of all human beings over their fellow-creatures, where not restrained by checks, is boundless, as well in the number of persons over whom it would extend, as in its degree over the actions of each; and would reduce each and all, if unrestrained, at least to the conditions of negroes in the West Indies ... Still, however ...* this male philosopher maintains, that, with respect to one haf the human race, women, this universal disposition of man to use power for his own exclusive benefit ceases, and his knowledge with respect to them, invariably shows him that their happiness coincides with his, and is included in it! This exception of one half from the influence of the general rule of the disposition to misuse power, is certainly a pretty large exception, requiring all the boldness of an English philosopher. In any other hands, so large an exception would go far to destroy the rule. An exception of one half!« (*die Forderungen aller menschlichen Wesen nach Macht über ihre Mitmenschen ist unbegrenzt, wenn sie nicht durch Kontrolle eingeschränkt wird; auch dann, wenn sie nur über eine Zahl von Personen ausgedehnt wäre, die über den Handlungen aller anderen stehen; sie würde, wenn sie nicht eingeschränkt wird, alle und jeden wenigstens auf den Stand der Neger in Westindien herabsetzen ... Trotzdem ... hält dieser männliche Philosoph die Meinung aufrecht, daß, mit Rücksicht auf die eine Hälfte der menschlichen Rasse, Frauen diese generelle Neigung des Menschen, seine Macht für seinen eigenen ausschließlichen Nutzen einzusetzen, aufgeben, und sein Wissen mit Rücksicht auf sie, ihm stets zeigt, daß ihr Glück mit dem des Mannes zusammenfällt und darin enthalten ist! Diese Ausnahme von einer Hälfte vom Einfluß der allgemeinen Regel, von der Neigung zum Machtmißbrauch, ist sicherlich eine sehr große Ausnahme, die die Dreistigkeit eines englischen Philosophen verlangt. In jedem anderen Fall würde eine so große Ausnahme zur Zerstörung der Regel führen. Eine Ausnahme von einer Hälfte!*) Mills Behauptung, daß schrankenlose, politisch unkontrollierte Machtausübung von ›Männern über Frauen‹ Wohlfahrt und Glück der letzteren sichere, wird von Thompson/Wheeler durch Fakten und konsistente Argumente widerlegt, seine ›Begründung‹ der Nicht-Repräsentation als logisch unhaltbar dekuvriert. 1. Frauen ohne Väter/Ehemänner, folglich ohne Interessenvertretung im Parlament, müßten eigene politische Rechte haben, wenn Mill konsequent wäre. 2. Erwachsene Töchter haben ebensowenig wie erwachsene Söhne die gleichen Interessen (wie ihre Väter). Für Söhne erfindet Mill ›keine Fiktion‹ von Interessenidentität, sie erhalten eigene politische Rechte. Wer sie Töchtern verweigert, müsse sie auch Söhnen vorenthalten oder sie beiden zuerkennen. 3. Im Mittelpunkt steht die angebliche Interessenidentität von Ehefrauen und Ehemännern, die zu radikaler, oft sarkastischer Ehekritik führt: »the existing system of marriage under which ... women are reduced to domestic slavery, without will of their own, or power of locomotion, otherwise than permitted by their respective masters.« (das bestehende Heiratssystem, unter dem ... Frauen zu häuslicher Sklaverei unterdrückt werden, ohne eigenen Willen oder der Kraft zu einem anderen Bewegungsspielraum, als dem durch ihre jeweiligen Herren erlaubten.)

Mit physischer und ideologischer, mit ökonomischer und legaler Gewalt machen Ehemänner ihre Frauen zu »nützlichen Instrumenten« ihrer egoistischen, barbarischen Interessen: »Each man yokes a woman to his establishment, and calls it a *contract*. Audacious falsehood! A contract! Where are any of the attributes of contracts, of equal and just contracts, to be found in this transaction? A contract implies the voluntary assent of both contracting parties. Can even both parties ... by agreement alter the terms, as to *indissolubility* and *inequality*, of this pretended contract? Can any individual man divest himself ... of his power of despotic control? ... Have women been consulted as to the terms of this pretended contract? A contract, all of whose enjoyments ... are on one side, while all of its pains and privations are on the other side; to the other, unqualified obedience, and enjoyments meted out or withheld at the caprice of the ruling and enjoying party. Such a contract, as the owners of *slaves* in the West Indies ... enter into with their slaves – the law of the stronger imposed on the weaker, *in contempt* of the interest of the weaker. As little as slaves have had to do ... in the enacting of slave-codes, have women in any part of the world had to do with the partial codes of selfishness and ignorance, which every where dispose of their right ... in favor of those who made the regulation; particularly that most unequal and debasing code, absurdly called the *contract of marriage*.« (Jeder Mann unterjocht eine Frau für seinen eigenen Haushalt und nennt es einen Vertrag. Unverschämte Lüge! Ein Vertrag! Wo findet man bei diesem Geschäft irgendwelche Merkmale von gleichen und rechtschaffenen Verträgen? In einem Vertrag ist die willentliche Zustimmung beider Vertragsparteien eingeschlossen. Können nicht sogar beide Parteien ... durch Übereinkunft Begriffe, wie Unauflöslichkeit und Ungleichheit, dieses angeblichen Vertrages verändern? Kann jedes männliche Individuum selbst ... auf seine Macht der despotischen Kontrolle verzichten? ... Wurden die Frauen zu den Bedingungen dieses angeblichen Vertrages befragt? Ein Vertrag, bei dem alles Vergnügen ... auf einer Seite ist, während alle Schmerzen und Entbehrungen auf der anderen Seite liegen; für die anderen unbeschränkte Unterwerfung und Vergnügen, bemessen oder vorenthalten nach den Launen der herrschenden und genießenden Partei. Solch ein Vertrag, wie die Sklavenhalter in Westindien ... mit ihren Sklaven eingehen – das Gesetz der Stärkeren wird den Schwächeren auferlegt, in Mißachtung der Interessen der Schwachen. Ein bißchen wie Sklaven ... denen ein Sklavenkodex erlassen wurde, haben Frauen in allen Teilen der Welt mit dem parteiischen Kodex von Selbstsucht und Ignoranz zu kämpfen, welche überall ihrem Recht zugeordnet werden ... zum Gefallen derjenigen, die die Regelungen machen; besonders dieser ungleiche und erniedrigende Kodex, der absurderweise Ehevertrag genannt wird.) Das Diktat dieser Bedingungen, so kritisieren Thompson/Wheeler, macht Männer in jeder Hinsicht zu Eigentümern, Herren und Meistern, Frauen zu ihrem beweglichen Eigentum und gehorsamsten Dienerinnen. »The great majority of adult women must marry on whatever terms their masters have willed, or starve« (Die große Mehrheit der erwachsenen Frauen muß heiraten unter welchen Bedingungen auch immer ihre Herren wollen, oder sie verhungern) oder, denn kraft »male-created laws« und »man's public opinion« haben Männer Frauen fast aller Möglichkeiten beraubt, Eigentum zu erwerben, sei es durch Kenntnisse und Fertigkeiten, sei es durch Nachfolge und Erbe. »A domestic, a civil, a political slave, in the plain unsophisticated sense of the word – in no metaphorical sense – is every married women ... that high prerogative of human nature, the faculty of self-government ... is to her wanting« – »What *man* could long endure to live on such terms?« (Ein häuslicher, ein bürgerlicher, ein politischer Sklave, in dem einfachen unkomplizierten Sinn

des Wortes – nicht metaphorisch – ist jede verheiratete Frau ... das hohe Vorrecht der menschlichen Natur, die Kraft der Selbstbestimmung ... das fehlt ihr. – Welcher Mann könnte es lange aushalten, unter solchen Bedingungen zu leben?)
Nur politische Rechte, ›self-government‹ durch eigene Vertretung eigener Interessen, kann die weibliche Hälfte der Menschheit vor »excessive abuse of despotic power« (dem exzessiven Mißbrauch der despotischen Macht) schützen. Realistisch und kenntnisreich, engagiert und mit schneidender Logik analysieren Thompson/Wheeler die Mißstände des englischen Regierungssystems von der Basis (Ehe) bis zum Gesetzgebungsmonopol. Im historischen und politisch-philosophischen Kontext stellt ihre Analyse massivste Kritik an den scheinrationalen bürgerlich-patriarchalen Kontrakt- oder Rechtsstaatstheorien dar. Es gibt keine deutsche Übersetzung dieses Werkes.

Werk: W. Thompson/A. Wheeler: Appeal of one Half the Human Race, Women, Against the Pretensions of the Other Half, Men, to Retrain Them in Political and Thence in Civil and Domestic, Slavery, 1825/1983, (eingel. v. R. Pankhurst); Rights of Women, in: The *British Cooperator* 1, 1830, S. 1,2, 12–15, 33–36.
Literatur: M. McFadden: Anna Doyle Wheeler (1785–1848): Philosopher, Socialist, Feminist, in: *Hypathia* 4/1, Spring 1989, S. 91–101; W. Thompson/A. Wheeler: Protest der einen Hälfte der Menschheit, Frauen ... in: *Die Frau ist frei geboren*, Bd 1, hg. v. H. Schröder, 1979 (Textauszug und Kommentar).

Hannelore Schröder

Whiton Calkins, Mary
amerikanische Philosophin und Psychologin, *1863, †1930

W. wurde am 30. März 1863 in Hardford (Connecticut) geboren. Sie war das älteste von fünf Kindern des presbyterianischen Pfarrers Wolcott Calkins und Charlotte Whiton. Sie heiratete nie und lebte immer in der Nähe ihrer Familie.

Ihre wissenschaftliche Laufbahn begann W. am Smith College, das sie 1885 mit dem BA und 1888 mit dem MA abschloß (1886 studierte sie ein Jahr in Leipzig). Von 1887 bis 1890 studierte sie in Harvard, wo sie 1895 promovierte. Sie begann 1887 am Wellesley College zu arbeiten, sowie von 1887–1890 Griechisch und bis 1894 Psychologie zu unterrichten. 1898–1929 war sie Professorin für Psychologie und Philosophie in Wellesley. Sie engagierte sich sehr in ihrer Arbeit und veränderte während ihrer 31-jährigen Lehrzeit die Erziehungspolitik des Colleges nachhaltig. Von 1928 bis 1930 widmete sie sich in erster Linie ihren Forschungen. 1905 wurde sie erste weibliche Präsidentin der American Psychological Association, 1918 wählte man sie zur Präsidentin der American Philosophical Association und 1928 wurde sie Ehrenmitglied der British Psychological Association. W. starb am 26./27. Februar 1930 in Newton.

W. ist eine wichtige Vertreterin des amerikanischen Idealismus des 19. und 20. Jahrhunderts. Ihr philosophisches Denken ist in erster Linie metaphysisch und wurde beeinflußt von dem Philosophen Royce.
In ihrer Arbeit *The Good Man and the Good* entwickelt W. einen ethischen Ansatz, der nicht auf die Bildung abstrakter Werte, wie Tugendhaftigkeit und Gutsein abhebt, sondern auf das individuelle Handeln des Menschen. Als Grundvoraussetzung für das gute Handeln kennzeichnet sie die Stärke als Fähigkeit zur willentlichen Selbstkontrolle menschlicher Instinkte. Dadurch könne der Mensch sich selbst und der Gesellschaft treu bleiben.
Leitbild ihres Ansatzes ist der ›socially virtuous‹ Mensch, der Repräsentant einer gerechten und nach Wahrhaftigkeit strebenden Gesellschaft.
Ein zentraler Gedanke in W.s Philosophie ist der ›absolute Personalismus‹. Sie folgt dem cartesianischen Schluß ›Ich denke, also bin ich‹ und entwickelt daraus einen Idealismus, der davon ausgeht, daß es ein alles umschließendes Sein gibt. Das Universum umschließt alles Sein und ist durch und durch geistig, damit ist es ein alles einschließendes Selbst,

eine absolute Person. Dieses absolute Sein setzt W. aber nicht mit Gott gleich.

Sie geht von der Annahme aus, daß das Universum unterschiedliche geistige Realitäten beinhaltet und daß der Geist von einer niedrigeren Ebene der Existenz zu einer höheren gelangen kann. Dadurch erreicht er eine neue Ordnung der Existenz, welche ihre besonderen Verhaltensmuster enthält. Diese geistigen Realitäten sind ausschließlich persönlich, da das Bewußtsein niemals unpersönlich sein kann. W. schließt daraus, daß das Universum, da es durch und durch geistig ist, auch persönlich sein muß.

Ihrer Konzeption des Selbst geht dessen sehr klare Analyse vom psychologischen und philosophischen Standpunkt voraus, was als eine große Leistung für das amerikanische Denken gewürdigt wird.

Werk: An Introduction to Psychology, 1901; Metaphysical System of Hobbes, 1905; The Persistent Problems of Philosophy, 1907; The Good Man and the Good, 1918.

Ursula I. Meyer

Wittig, Monique
französische Schriftstellerin, Feministin und Essayistin, *1935

Die feministische Theorie W.s geht von dem Versuch aus, die Unterdrückung der Frauen als eine direkte Konsequenz der Auffassung der Frauen als ›natürliche Gruppe‹ zu zeigen. Diese Auffassung zwingt die Frauen dazu, sich der Idee der Natur, die für sie festgelegt wurde, anzupassen. Deutlich macht W. diesen Gedankengang in ihrem Artikel *On ne naît pas femme*, der → Beauvoirs Idee der Aneignung des Geschlechts weiterentwickelt.

Die Basis der Unterdrückung besteht in der Annahme der Heterosexualität als Grundlage für die menschliche Gesellschaft. Demgegenüber vertritt W. die Theorie, daß die lesbische Gesellschaft die Tatsache beweist, daß die binäre Gegenüberstellung von Männern und Frauen eine politische

Teilung ist. Die Geschlechter sind politische Kategorien, d. h. sie sind nicht ewig. Die Frauen wurden ideologisch konstruiert als eine ›natürliche Gruppe‹.

Das Ziel der Schriften W.s ist nicht eine nicht-heterosexuelle Gesellschaft, sondern eine Gesellschaft ohne Geschlechter. Die Kategorie des Geschlechts bestimmt die Sklaverei der Frauen. W. stellt eine Parallele zwischen dieser Sklaverei und der der Schwarzen her. Die Auffassung von der ›Frau‹ ist ein mythisches Konstrukt, ein ›imaginäres Gebilde‹, »das die physischen Züge durch das Netz der Beziehungen, in welchen sie wahrgenommen werden, wieder auslegt«. Sie werden als Schwarze gesehen, also sind sie Schwarze; sie werden als Frauen gesehen, also sind sie Frauen. Aber bevor sie auf diese Weise gesehen werden, ist es notwendig, eine vorausgehende Konstruktion von ihnen als Schwarze und Frauen aufzustellen. Der Begriff der Heterosexualität als eine Voraussetzung der menschlichen Identität, die als natürliche Tatsache verkleidet ist, wird in ihrem Buch *Le corps lesbien* beschrieben. Dort versucht W., die wichtigen Unterscheidungen zur Ausbildung der sexuellen Identität neu zu definieren. Sie fordert die verschiedenen Teile des Körpers als Quelle der erotischen Lust und damit schafft sie die Beschränkung der Zwangsheterosexualität ab. W. trägt sich, warum wir als ›sexuell‹ ausschließlich die funktionellen Züge bezeichnen, die zur Fortpflanzung dienen.

Sehr wichtig sind auch ihre Forschungen zum Geschlecht als grammatikalischer Kategorie. Sie unternimmt eine komparative Studie des grammatikalischen Geschlechts im Französischen und im Englischen und zeigt, wie in beiden Sprachen das Geschlecht eine ursprünglich ontologische Kategorie darstellt.

In ihrem ersten Buch *L'opoponax* untersucht W. den Begriff des Subjekts. Sie benutzt zunächst das unbestimmte Pronomen ›un‹ oder ›une‹ (man) mit einer verallgemeinernden Absicht, aber am Ende des Buches zieht sie die Form ›I‹ vor. Denn wenn die GesprächspartnerIn eine Frau ist, wird durch das Verallgemeinernde nicht gezeigt, daß die Frau zu der unterdrückten Klasse gehört. Die abstrakte Form, das Allge-

meine, das Universelle wird vom Mann für sich alleine beansprucht.
In ihrem Werk *Les guerrillères* bezeichnet W. die individualisierten Frauen mit dem Wort ›elles‹ (sie). Für W. ist das Geschlecht das einzige lexikalische Zeichen, das sich auf eine unterdrückte Gruppe bezieht, deswegen sollte dieser Rahmen abgeschafft werden. Eine Abschaffung oder Modifizierung des Geschlechts in der Sprache ist ein Teil der Aufgabe, die sie sich als Schriftstellerin stellt.

Werk: L'opoponax, 1964; Les guerrillères, 1969; Le corps lesbien, 1973; Brouillon pour un dictionnaire des amantes (mit S. Zeig), 1975; Virgile, non, 1985; La pensée straight, in: *Questions féministes* 7, Februar 1980; The Category of Sex, in: *Feminist Issues*, Fall 1982; The Mark of Gender, in: *Feminist Issues*, Fall 1985; On ne naît pas femme, in: *Questions féministes* 8, Mai 1980.

Matilde Sáenz
(Übers. M. L. P. Cavana)

Wollstonecraft, Mary
englische, feministisch-politische Philosophin, *1759, †1797

W. wurde am 27. April 1759 in Epping Forest geboren. Ihre Mutter Elizabeth hatte sieben Kinder, sie starb früh; ihr Vater, unstet und unverantwortlich, vergeudete sein Erbe, trank und war gewalttätig. W. wurde ›helper and protector‹ ihrer Mutter und Geschwister. Ihre Ausbildung beschränkte sich auf etwas schulische Bildung und autodidaktische Studien. In den Familien ihrer Freundinnen Jane Arden und Fanny Blood fand sie menschliches Verständnis und intellektuelle Anregung.
1778 wurde W. Gouvernante in Bath; 1780 mußte sie zurück ins Vaterhaus, um ihre Mutter zu pflegen. 1784 gründete sie mit Fanny Blood eine Schule in Newington Green. Doch ihre Freundin heiratete und starb im Kindbett. W. half ihrer Schwester bei der Flucht aus der Ehe und riskierte damit Gefängnis. Die Schule mußte geschlossen werden. W. wurde Gouvernante in Irland.

Ihre erste Arbeit *Thoughts on the Education of Daughters* wurde 1787 von dem Verleger Joseph Johnson publiziert; er engagierte sie als Mitarbeiterin und Autorin und förderte ihre intellektuelle Entwicklung durch konstruktive Kritik. W. wurde Autorin pädagogischer und literarischer Werke, Übersetzerin und Rezensentin. Sie erregte Aufsehen mit ihrer Replik auf Burkes *Reflections on the Revolution in France: A Vindication of the Rights of Men*, 1790. Noch größeres Aufsehen, vehemente Verdammung und wütende Diffamierung ihrer Person erregte ihre *Vindication of the Rights of Woman: with Strictures on Political and Moral Subjects*, 1792 (sogleich ins Französische übersetzt). Johnson entsandte sie nach Paris, um über die Revolution zu berichten; 1794 veröffentlichte sie *Historical and Moral View of the Origin and Progress of the French Revolution*, heiratete in Frankreich den Amerikaner G. Imlay, der sie und ihre Tochter Fanny (*1794) bald verließ. 1795 kehrte W. zurück nach London: Imlays Untreue trieb sie in einen Selbstmordversuch. Zwar reiste sie in seinen Geschäften nach Skandinavien, doch nach ihrer Rückkehr versuchte sie wiederum, sich das Leben zu nehmen. 1796 lernte sie William Godwin kennen, den sie 1797 heiratete. W. starb zehn Tage nach der Geburt ihrer zweiten Tochter Mary in London.

In der Geschichte der feministisch-politischen Philosophie gebührt W.s *Vindication of the Rights of Women* ein prominenter Platz: sie ist als Klassikerin zu beurteilen. Was sie von (fast) allen männlichen Philosophen trennt und sie mit → Olympe de Gouges verbindet, ist ihre Überzeugung, daß »one half of the human species«, Frauen ›Menschen‹ sind, weil fähig zur Vernunft und daß sie legitimerweise Freiheit und Gleichheit, Bürgerinnenrechte beanspruchen. Die Tatsache, daß die Revolution der männlichen Hälfte Vernunft und Rechte zuerkennt, der weiblichen Hälfte jedoch abspricht, widerspricht der Vernunft: »... on what does your constitution rest? If the abstract rights of man will bear discussion and explanation, those of woman, by parity of reasoning, will not shrink from the same test: though a different opinion prevails in this country, built on the very arguments which you use to justify the oppression of women – prescription.« – »Concider ... whether, when men contend for their freedom, and to be allowed to judge for themselves respecting their own happyness, it be not inconsistent and unjust to subjugate women ...? Who made man the exclusive judge, if woman partake with him the gift of reason? – In this style, argue tyrants of every denomination, from the weak king to the weak father of a family; they are eager to crush reason; yet always assert that they usurp its throne only to be useful. Do you not act a similar part, when you *force* all women, denying them civil and political rights, to remain immured in their family groping in the dark?« – »Women may be convenient slaves, but slavery will have its constant effect, degrading the master and the abject dependent. – But, if women are to be excluded, without having a voice, from a participation of the natural rights of mankind [generisch – H. S.], prove first, to ward off the charge of injustice and inconsistency, that they want reason – else this flaw in your *new constitution* will ever shew that man must ... act like a tyrant, and tyranny, in whatever part of society it rears its brazen front, will ever undermine morality.« Vernunft – anstelle von Unvernunft und Tyrannei – verlangt die Anerkennung der Rechte der Frauen, »and loudly demands *justice* for one half of the human race« (worauf ruht sich Eure Verfassung aus? Wenn die abstrakten Rechte der Männer Diskussion und Erklärung zulassen, werden die der Frauen, bei einer Gleichheit des Urteilens, nicht vor dem gleichen Test zurückschrecken: obwohl eine Meinung in diesem Land die Oberhand hat, die auf den Argumenten, die Ihr gebraucht, um die Unterdrückung der Frauen zu rechtfertigen, aufgebaut ist. – Überlegt ... ob, wenn Männer für ihre Freiheit kämpfen, und sie die Erlaubnis haben, sich für ihr eigenes Glück zu entscheiden, es dann nicht unvereinbar und ungerecht ist, die Frauen zu unterjochen ...? Wer machte den Mann zum ausschließlichen Richter, wenn die Frau mit ihm am Geschenk der Vernunft teilhat? – In diesem Stil argumentieren Tyrannen jeder Klasse, vom schwachen König bis zum schwachen Familienvater; sie sind begierig danach, die

Vernunft zu vernichten; denn immer behaupten sie, daß sie den Thron nur erobert haben, um nützlich zu sein. Handelt ihr nicht auf eine ähnliche Weise, wenn ihr alle Frauen zwingt, in ihrer Familie eingekerkert zu bleiben und im Dunkeln zu tappen und ihnen bürgerliche und politische Rechte verweigert? – Frauen sind vielleicht angenehme Sklaven, aber Sklaverei wird ihre dauernden Folgen haben, sie erniedrigt den Herren und den gemeinen Abhängigen. – Aber, wenn Frauen, ohne eine Stimme zu besitzen, von der Teilhabe an den natürlichen Rechten der Menschheit ausgeschlossen werden sollen, beweist erst, um die Last der Ungerechtigkeit und Unvereinbarkeit abzuwenden, daß ihr Vernunft wollt – sonst wird dieser Makel in eurer neuen Verfassung immer zeigen, daß Männer ... wie Tyrannen handeln müssen und Tyrannei, in welchem Teil der Gesellschaft auch immer sie ihre Front errichtet, immer die Moral untergraben wird.) (1)

Damit umreißt W. das Programm ihrer egalitär-feministischen Philosophie. Wie viele Autorinnen vor und nach ihr, kritisiert sie die herrschende dualistisch-anthropologische Ideologie: was statischer, männlich/weiblicher ›Sexualcharakter‹ zu sein scheint, ist nicht Natur, sondern Kultur, Ergebnis langer Tyrannei und Unterdrückung u.a. mit Hilfe eines falschen Systems der Erziehung, propagiert von Männern (Milton, Rousseau u.v.a.), die Frauen »not as part of the human species«, sondern als vernunftunfähige Instrumente ihrer eigenen Interessen definieren und zu ›subordinate beings‹, ›gentle, domestic brutes‹, ›coquetish slaves‹ machen. Dieser anthropologische Dualismus, diese Vorurteile, sind die – unhaltbare – Prämisse eines Systems doppelter Tugendnormen und Moralgesetze: W. verwirft beides: »to obtain a character as a human being, regardless of the distinction of sex« (eine Art menschliches Sein, ungeachtet der Geschlechtsunterschiede zu erlangen) (1), zufolge gleicher Normen und gleichen moralischen Maßstabes, ist Postulat wahrer Vernunft und ihre höchste Ambition für Frauen. Sie erachtet »truth and fortitude, the corner stones of all human virtue« (Wahrheit und Mut als die Eckpfeiler aller menschlichen Tugend), »cunning, softness, gallantry and blind obedience« (Schlauheit, Weichheit, Galanterie und blinde Unterwerfung) als verwerflich, bei Frauen und bei Männern. Das Mittel zur Menschenbildung ist gemeinsame Erziehung zufolge gleicher Prinzipien, Inhalte und Ziele. Erst zu erwerbende Vernunft und gleiche Tugenden, zwecks Selbstkontrolle der Leidenschaften, unterscheiden Menschen von Tieren. Konsequent kritisiert W. den demoralisierenden Effekt der Libertinage, besonders für Frauen. Und »the libertine ... entertain(s) the meanest opinion of the sex.« - »There must be more equality established in society, or morality will never gain ground, and this virtuous equality will not rest firmly even when founded on a rock, if one half of mankind [i.e. humankind - H. S.] are chained to its bottom ... It is vain to expect virtue from women till they are, in some degree, independent of men ...« - »The conclusion which I wish to draw, is obvious; make women rational creatures, and free citizens ...« (der Zügellose ... hegt die niedrigste Meinung von einem Geschlecht. - Es muß mehr Gleichheit in der Gesellschaft aufgebaut werden oder die Moral wird niemals Land gewinnen, und diese tugendhafte Gleichheit wird nicht standhaft bleiben, sogar wenn sie auf einem Stein errichtet wird, wenn eine Hälfte der Menschheit auf ihren Boden gekettet ist ... Es ist nichtig, von Frauen Tugend zu erwarten, solange sie nicht von Männern unabhängig sind ... Der Schluß, den ich ziehen möchte, ist offensichtlich; macht die Frauen zu vernünftigen Kreaturen und freien Bürgerinnen ...) (1)

W. wollte *A Vindication of the Rights of Woman*, geschrieben in sechs Wochen, in einem zweiten Band fortsetzen; ihr früher Tod ist eine persönliche und politische Tragödie.

Werk: Posthumous Works, hg. v. W. Godwin, 4 Bände, 1798; The Collected Letters of Mary Wollstonecraft, hg. v. R. M. Wardle, 1979; The Works of Mary Wollstonecraft, Bände 1-7, hg. v. J. Todd/ M. Butler, 1989 (1); Verteidigung der Menschenrechte (1790), 1996.
Literatur: E. Flexner: Mary Wollstonecraft. A Biography, 1972.

Hannelore Schröder

Woolf, Virginia Adeline
englische Schriftstellerin und Philosophin, *1882, †1941

W. wurde am 25. Januar 1882 unter dem Namen Stephen in London geboren. Da sie keine Schule besuchen konnte, erhielt sie etwas Unterricht von ihrer Mutter Julia Stephen, die acht Kinder zur Welt brachte und jung starb: »she died of overwork at forty-nine«. Ihr Vater, Sir Leslie Stephen, Cambridge don, philosophischer Autor und egoistischer Haustyrann, vernachlässigte die Bildung seiner Töchter sträflich. Nach seinem Tode waren sie mittellos: »I had made my living by cadging odd jobs...I had earned a few pounds by addressing envelopes, reading to old ladies, making artificial flowers, teaching the alphabeth to small children... Such were the chief occupations that were open to women before 1918« (Zuvor hatte ich davon gelebt, mir wunderliche Jobs von Zeitungen zu erbetteln ... ich hatte ein paar Pfund damit verdient, Umschläge zu adressieren, alten Damen vorzulesen, künstliche Blumen herzustellen, den Kleinen im Kindergarten das Alphabet beizubringen. Das waren hauptsächlich die Beschäftigungen, die Frauen vor 1918 offenstanden) (1). Eine kleine Erbschaft von einer Tante rettete sie aus der bitteren Armut, ermöglichte W. eine bescheidene, aber ›freie‹ Existenz, die Grundlage ihrer literarischen Produktion. Mit ihrer Schwester Vanessa schaffte sie sich einen Kreis, in dem sie kulturelle und politische Probleme, Pazifismus und Feminismus diskutierten: die *Bloomsbury Group*.

1912 heiratete W. Leonhard Woolf. Gemeinsam bauten sie die *Hogarth Press* auf, womit sie sich unabhängig von etablierten Verlegern machten: »I am the only woman in England free to write what I like« (Ich bin die einzige Frau in England, die die Freiheit hat, zu schreiben was sie will) (Woolf, 1925). W. war feministische Philosophin, Romanautorin, Literaturkritikerin und -theoretikerin und Verlegerin.

»I can't fight any longer«, schrieb sie in ihrem letzten Brief; W. starb am 28. März 1941 in Rodmell, Sussex, durch Selbstmord.

Erst die neuen feministischen Bewegungen haben international zu W.s Würdigung durch Neuauflagen, Übersetzungen und Forschung geführt. Hier sind ihre politisch-philosophischen Schriften zu behandeln: 1. *A Room of One's Own*, 1928; 2. *Three Guineas*, 1938. In beiden Teilen entfaltet W. ihre feministisch-materialistische Kritik des modernen Patriarchats und seiner Rechtfertigungsideologien in historischer Perspektive. W. thematisiert die Korrelation von Armut und Destruktion der Kreativität von Frauen: »a woman must have money and a room of her own if she is to write ...« (eine Frau muß Geld haben und ein Zimmer für sich allein, wenn sie schreiben will ...) Dieser minimalen Voraussetzungen sind Frauen durch die Geschichte hin bis in die Gegenwart beraubt, im Gegensatz zu Vätern und Söhnen. Auch der öffentliche Reichtum der Väter fließt – zu Gunsten ihres Geschlechts – in Universitäten, Bibliotheken und Stipendien, von denen sie Töchter ausschließen; die Armut der Mütter ist das ›Erbe‹ der Töchter. Diese ökonomische, politische Konstellation ist die Ursache der intellektuellen Verelendung, nicht die als ›Wissenschaft‹ verkündete angeblich natürliche »mental, moral and physical inferiority of women«. (geistige, moralische und physische Unterlegenheit der Frauen.) – »England is under the rule of a patriarchy ... the power, the money and the influence,« (England befindet sich unter der Herrschaft des Patriarchats ... die Macht, das Geld und der Einfluß) (1) sind das Monopol von Patriarchen. Wissenschaften sind Machtmittel, gerichtet gegen Frauen; sie bestimmen das Herrschaftsverhältnis von akademischen Vätern zu ihren Töchtern: sie betrachtet Akademiker als mächtigste Prototypen des Patriarchats, die wütend männliche ›Superiorität‹ verteidigen: »Hence the enourmous importance to a patriarch who has to conquer, who has to rule, of feeling that great numbers of people, half the human race indeed, are by nature inferior to himself. It must indeed be one of the chief sources of his power« (Deshalb ist die enorme Bedeutung eines Patriarchen, der erobert, der regiert, von einer großen Zahl von Leuten zu spüren, in der Tat ist die Hälfte der menschlichen Rasse ihm

von Natur aus unterlegen. Das muß wirklich eine der Hauptquellen seiner Macht sein) (1).
W. beschreibt die Zerstörung des weiblichen Selbst durch Armut und Unfreiheit: »the hardness of the work«, »the difficulty of living on the money«, »the poison of fear and bitterness«, »always to bedoing work that one did not wish to do, and to do it like a slave, flattering and fawning ... the thought of that one gift which it was death to hide ... perishing and with it my self, my soul«. (ich muß nicht im einzelnen beschreiben, wie hart die Arbeit war, noch die Schwierigkeiten schildern, von dem Geld so zu leben [oder] das Gift der Angst und Verbitterung [beschreiben] ... Vor allem, immer Arbeiten machen zu müssen, die man nicht machen wollte, und sie wie ein Sklave zu tun, schmeichelnd und kriechend ... und dann der Gedanke daran, daß die eine Begabung, die zu verstecken Tod bedeutete ... untergehen könnte und mit ihr ich selbst, meine Seele.) (1) Sie begreift die Vernichtung potentiell kreativer Frauen als historischen und kollektiven Prozeß: eingeschlossen ins Haus, ausgeschlossen von Welterfahrung, »tortured and pulled asunder« (1), werden sie in Wahnsinn und Tod getrieben. »Intellectual freedom depends upon material things. Poetry [wie alle geistige Produktivität – H. S.] depends upon intellectual freedom. And women have always been poor, not for twohundred years merely ... Women have had less intellectual freedom than the sons of Athenian slaves. Women, then, have not had a dogs chance of writing poetry ...« (Intellektuelle Freiheit hängt von materiellen Dingen ab. Dichtung hängt von intellektueller Freiheit ab. Und Frauen sind immer arm gewesen, nicht nur seit zweihundert Jahren ... Frauen hatten weniger intellektuelle Freiheit als die Söhne der Sklaven aus Athen. Frauen haben also nicht die geringste Chance gehabt, Gedichte zu schreiben ...) (1), »books of travel and adventure, and research and scholarship, and history and biography, and criticism and philosophy and science« (Berichte von Reisen und Abenteuern, Forschung und Gelehrsamkeit, Geschichte und Biographie, Kritik, Philosophie und Wissenschaft) (1).

2. W. setzt ihre Patriarchatsanalyse 1938 in *Three Guineas*, angesichts verschärften Antifeminismus', (mancher will das Frauenwahlrecht wieder abschaffen), noch eindringlicher fort. Jetzt rufen Patriarchen im Namen des Vaterlands den ›Einfluß‹ von Frauen zu Hilfe, um gemeinsam den Krieg zu verhindern und die intellektuelle Freiheit zu retten. W. distanziert sich von der unterstellten Gemeinsamkeit, analysiert »what we do not share«, expliziert die divergente Weltsicht als Folge des ›ungleichen Status‹ von Patriarchen und Frauen: »though we look at the same things, we see them differently«. (obwohl wir die gleichen Dinge ansehen, nehmen wir sie unterschiedlich wahr.) (2) Das gilt für den Militarismus: Krieg als Beruf, wird sogar als Glück und Abenteuer und als »outlet for manly qualities, without which men would deteriorate« (Einsatzmöglichkeiten für männliche Tugenden, ohne die die Menschen verkümmern würden) (2) geschätzt; »to fight has always been the man's habit, not the women's. Scarcely a human being in the course of history has fallen to a woman's rifle; the vast majority of beasts have been killed by you, not by us«. ([doch] war es immer der Mann, der kämpfte, nicht die Frau. Selten ist im Lauf der Geschichte ein Mensch dem Gewehr einer Frau zum Opfer gefallen; die meisten Vögel und wilden Tiere wurden von Euch getötet, nicht von uns.) (2) Militarismus ist das Konzept und die Verantwortung von Männern. – Das gilt auch für ihren Patriotismus: »liberty«, »democracy«, »an Englishman's Home is his Castle« usw., sind Normen und Interessen nur von Patriarchen und keineswegs gemeinsame, universale. W. weist das Ansinnen an Frauen, sich dem Patriotismus anzuschließen, zurück: »as a woman I have no country ...« – »Our country throughout the greater part of its history has treated me as a slave; it has denied me education or any share in its possession«. (als Frau habe ich in Wahrheit gar kein Land ... Unser Land hat mich den größten Teil der Geschichte hindurch wie eine Sklavin behandelt; hat mir die Erziehung und jeden Anteil an seinen Besitztümern verweigert.) Sie spricht von »Tyranny of the patriarchal state« (der Tyrannei des patriarchalen Staates) (2) und folglich vom Kampf »be-

tween the victims of the patriarchal system and the patriarchs, of the daughters against the fathers«. (zwischen den Opfern des patriarchalen Systems und den Patriarchen, [vom Kampf] der Töchter gegen die Väter.) (2) Diesen Antagonismus definiert sie folgendermaßen: »your class (of educated men) possesses in its own right ... practically all the capital, all the land, all the valuables, and all the patronage in England. Our class possesses in its own right ... practically none of the capital, none of the land, none of the valuables, and none of the patronage in England;« (eure Klasse besitzt durch Geburt ... praktisch alles Kapital, allen Grundbesitz, alle Wertgegenstände und alle Patronatsrechte in England. Unsere Klasse besitzt durch Geburt ... praktisch kein Kapital, keinen Grundbesitz, keine Wertgegenstände und keine Patronatsrechte in England;) (2) nicht einmal »the right to earn one's living« (2). Durch die Jahrhunderte hin lauten die Verdikte des Patriarchats: »You shall not learn; you shall not earn; you shall not own; you shall not ... (Du sollst nicht lernen; Du sollst nicht verdienen; Du sollst nicht besitzen; Du sollst nicht ...) (2) Die Diktatur über Frauen umfaßt Haus und Öffentlichkeit: «I suggest that the public and the private worlds are inseparately connected; that the tyrannies and servilities of the one are the tyrannies and servilities of the others«. (Ich schlage vor, daß die öffentliche und private Welt untrennbar miteinander verbunden werden; daß die Tyranneien und Unterwürfigkeiten der einen zu den Tyranneien und Unterwürfigkeiten der anderen werden.) (2) Und sie umfaßt die Geschichte von der Antike bis in die Gegenwart: Creon läßt Antigone lebendig begraben, moderne Tyrannen werfen die Suffragetten ins Gefängnis, jetzt ins Konzentrationslager. – Welche Art von Frieden muß das Ziel sein? – «It is to assert the right of all – women and men – to the respect in their persons of the great principles of Justice and Equality and Liberty«. (... die Rechte aller – aller Männer und Frauen – auf Respektierung der großen Prinzipien Gerechtigkeit, Gleichheit und Freiheit in einer Person [müssen erklärt werden].) (2)

Werk: A Room of One's Own, 1928/1975 (1) (dt: Ein Zimmer für sich allein, 1986); Three Guineas, 1938/1979 (2) (dt: Drei Guineen, 1978); Die Jahre, 1954; Granit und Regenbogen, 1960; To the Lighthaus, 1967 (dt: Die Fahrt zum Leuchtturm, 1986); Collected Essays, 1968; The Voyage out, 1971; Moments of Being (Autobiographie), 1978; Flush, 1980; Jacobs Raum, 1981; Die Dame im Spiegel, 1984; Augenblicke, 1984; Die Wellen, 1986; Mrs. Dalloway, 1986; Orlando, 1986; Zwischen den Akten, 1986; Das Mal an der Wand, 1989; Die Fahrt hinaus, 1989; Frauen und Literatur, 1989; Ein verwunschenes Haus, 1990; Phyllis und Rosamund, 1990; Blau & Grün, 1991; London: Bilder einer großen Stadt, 1992; A Woman's essays, 1992; Die schmale Brücke der Kunst, 1994.
Literatur: M. Müller: Woolf mit Lacan, 1993; R. Saxton (Hg.In): Woolf and Lessing, 1994; J.J. Wilson: *Virginia Woolf*, in: *Dictionary of Literary Biography*, Bd. 36, 1985; L. Woolf: Mein Leben mit Virginia Woolf, 1994.

Hannelore Schröder

Z

Zambrano, Maria

spanische Philosophin, *1904, †1991

Z. wurde 1904 in Vélez (Málaga) geboren. Sie lebte in Segovia und später in Madrid. Dort studierte sie Philosophie bei Ortega y Gasset, M. García Morente, J. Besteiro und X. Zubiri und wurde 1931 Dozentin an der ›Universidad Central‹.
Als Verfechterin der Republik mußte sie 1939 ins Exil gehen. Sie lebte in Paris, Havanna und Mexico und arbeitete an den dortigen Universitäten. Später ging sie nach Rom (1953) und schließlich in die Schweiz. 1984 kam sie zurück nach Madrid, wo sie bis zu ihrem Tod lebte.
1981 wurde ihr der Preis ›Príncipe de Asturias‹ und 1988 der Literaturpreis ›Cervantes‹ verliehen.

Mit ihrem Werk gewinnt Z. die älteste philosophische Tradition wieder, die Suche nach dem Wissen als Antwort auf die rätselhaften Fragen: Was sind wir? Worin besteht unser Wesen? Sie steht also in der Tradition sowohl der antiken Griechen als auch der Neuzeit. In Anlehnung an Ortega geht es auch Z. um die Transparenz des Wortes, die sie jedoch in Bereichen erreichen wollte, in welche das philosophische Wort selten eindringt. Darin liegt auch ihre Originalität in bezug auf Ortega. Z.s Ausgangspunkt liegt in der Nähe der phänomenologischen Hermeneutik Heideggers. Von dort aus gewinnt sie eine durch exzessiven Rationalismus in Verruf geratene Metaphysik wieder. Dazu hat auch ihre aufmerksame Lektüre von Texten der Stoiker, Augustinus von Hiponas und von Spinoza sowie die Kenntnis der Jungschen Psychoanalyse beigetragen. Außerdem wurde sie auch von der christlichen Mystik, insbesondere von Autoren wie San Juan de la Cruz und Miguel de Molinos, und von den Vertretern einer ›Philosophia Perennis‹ wie R. Guénon, Massignon, H. Corbin und M. Eliade, beeinflußt.

In den zentralen Themen Z.s – die Geschichte, die Träume, das Göttliche, die Beziehung zwischen Philosophie und Poesie – kann man zwei prinzipielle Fragen wiederfinden: die Schöpfung der Person und die Reform des Verstandes durch die ›poetische Vernunft‹

Ihr Buch *El hombre y lo divino* (Der Mensch und das Göttliche) stellt eine Phänomenologie des Göttlichen durch die abendländische Geschichte dar. ›Das Göttliche‹ steht für die verschiedenen Formen, mit denen der Mensch das ›rein Heilige‹ im Laufe der Geschichte benannt hat, d. h. die radikale Realität mit der der Mensch sich auseinandersetzen muß. Die Geschichte ist der Prozeß von dem nacheinanderfolgenden Erscheinen und Verschwinden des Göttlichen. Der Prozeß endet mit der Wiedereroberung des rein Heiligen an der Stelle, in der sich das Sein und das Nichts identifizieren.

Der Mensch leidet an der Realität, in der er sich befindet, ebenso wie er am Anfang durch die Verfolgung der Götter gelitten hat. Der historische Prozeß muß auch durch das Bewußtsein erfolgen. In *Persona y democracia* zeigt Z. wie die Bewußtwerdung und die Verantwortung des Menschen innerhalb der Gesellschaft durch verschiedene Stadien zustandekommt. Das erste Stadium, die absolutistische Gesellschaft, die Opfer verlangt, wird durch die Demokratie ersetzt, aber das Instrument des Absolutismus, der Rationalismus, muß ebenso überwunden werden. Der Rationalismus, dieser Absolutismus der Vernunft, hält die Geschichte an, denn er abstrahiert die Zeit, verzichtet auf sie. Ohne die Zeit spürt der Mensch keine Angst, er erlebt jedoch in ihr ein Traumstadium. Die Zeit, so Z., muß wiedererobert werden, denn sie ist das ›Medium‹ des menschlichen Lebens: Zeit und Freiheit hängen eng zusammen. Es geht also darum, die Geschichte und das persönliche Leben zu humanisieren.

Der Mensch ist ein Wesen, das unter seiner eigenen Transzendenz leidet. Er ist ein Wesen, das sich selbst schöpfen muß. Das Erschaffen der Person beginnt in einem ›schöpferischen Nichts‹, in dem das Bewußtsein die versteckten Dimensionen wiederfindet. Das Individuum muß seine eigene Geschichte in den verschiedenen Zeiten des menschlichen Lebens ausarbeiten: 1. die sukzessive Zeit oder die Zeit des Bewußtseins und der Freiheit in ihren drei Dimensionen (Vergangenheit–Gegenwart–Zukunft); 2. die Zeit der Psyche oder die ursprüngliche Zeitlosigkeit, d. h. die Zeit der Träume, in der es keinen Platz für die Gedanken und für die Freiheit gibt. In dieser Zeitlosigkeit wird das Subjekt von den Umständen bewegt; 3. die schöpferische Zeit, eine andere Art von Zeitlosigkeit, die jedoch schöpferisch ist.

Die zeitliche Struktur ist mit einer anderen Struktur verbunden: der der Träume. Die ›Orexis-Träume‹ und die ›Hindernis-Träume‹ entsprechen der Zeitlosigkeit der Psyche, während die ›Träume der Person‹, die auch ›Erwachen-Träume‹ oder ›Ziel-Träume‹ genannt werden, der Person die nötige Vision geben, um sie zu erfüllen. Wenn die Träume während des Wachzustandes erscheinen, heißen sie ›reale Träume‹ und müssen entziffert werden. Die Erfüllung des Schicksals der Person besteht gerade in diesem ›Entziffern‹. Die logisch-diskursive Vernunft ist jedoch unzureichend für diese Aufgabe. Z. ist der Überzeugung, daß der Verstand kritisiert werden muß, um »einen neuen Gebrauch der Vernunft zu entdecken, einen komplexen und feinen, der in sich selbst seine eigene ständige Kritik trägt, müßte er also vom Bewußtsein der Relativität begleitet werden.« Es geht Z. darum, einen Relativismus zu schaffen, »der nicht in Skeptizismus verfällt, d.h. einen positiven Relativismus«. Dieses Modell wird von ihr ›poetische Vernunft‹ genannt. Die poetische Vernunft ist eine enthüllende Vernunft, eine symbolische und metaphorische, deren Methode der Erkenntnis sie ›morgenrötlich‹ (auroral) nennt, d.h. eine Methode, die uns als Führung beim Entziffern unserer Realität dient.

Z. hat nicht nur dieses poetische Modell der Vernunft vorgeschlagen, sondern sie hat es in ihrem Werk praktiziert. Es ist ihr gelungen, ein Netz von Symbolen zu bilden, die musikalisch bis zum Zentrum führen, bis zu diesem Herzen, das von der akademischen Philosophie so verachtet wird. So wird es in *Claros del bosque* (Waldlichtungen) und *De la aurora* (Von der Morgenröte) dargestellt.

Werk: Los intelectuales y el drama de España, 1937; Filosofía y poesía, 1939; El pensamiento vivo de Séneca, 1944; La agonía de Europa, 1945; Hacia un saber sobre el alma, 1950; El hombre y lo divino, 1955; Persona y democracia, 1958; La España de Galdós, 1960; El sueño creador, 1965; España, sueño y verdad, 1965; Claros del bosque, 1977; Notas de un método, 1989; De la aurora, 1986; Delirio y destino, 1989; Algunos lugares de la pintura, 1989; Los bienaventurados, 1990; Los suenos y el tiempo, 1992.

Literatur: J.F. Ortega Munoz (Hg): Maria Zambrano o la metafísica recuperada, 1982; P. de Almagro: El pensamiento de Maria Zambrano, 1983; Maria Zambrano, 1983; Cuadernos Hispanoamericanos, Bd. CXXXVIII, 1984; Anthropos, Nr. 70–71, 1987; Maria Zambrano, premio Miguel de Cervantes, 1988; Jabega, Diputación Provincial, Nr. 65, 1989; Litoral, Nr. 124–126, 1983; Los cuadernos del Norte, ano II, Nr. 8, 1981; Ch. Maillard: El monte Lu en LLuvia y niebla. Maria Zambrano y lo divino, 1991; Philosophica Malacitana, Departamento de Filosofía de la Universidad de Málaga, Bd. IV, 1991; M. Gómez Blesa/M.F. Santiago Bolanos (Hg): Maria Zambrano: el canto del laberinto, 1992; Ch. Maillard: La creación por la metáfora. Introducción a la razón-poética, 1992; J.F. Ortega Munoz: Maria Zambrano. Su vida y su obra, 1992; Waldlichtungen, 1992.

Chantal Maillard
(Übers. M.L.P. Cavana)

Zetkin, Clara
deutsche Politikerin und feministische Theoretikerin, *1857, †1933

Z. wurde unter dem Namen Eißner 1857 geboren und wuchs in Wiederau, einem Dorf im Erzgebirge, unter verelendeten HeimarbeiterInnen auf. Ihre Mutter, Sympathisantin der Revolution von 1848 und engagiert im Frauenverein, erzog Z. mit emanzipatorischen Ideen. Ihr Vater unterrichtete sie als Lehrer der Dorfschule. Z.s Mutter vermittelte ihr einen Platz an Auguste Schmidts Lehrerinnenseminar in Leipzig. Dort diskutierte Z. mit Schmidt und → Louise Otto über Frauenfragen, kam aber auch in Kontakt mit revolutionären Kreisen. Sie befreundete sich mit dem russischen Emigranten Ossip Zetkin, der sie in die marxistische Theorie einführte. Z. engagierte sich im Kreis führender Sozialdemokraten wie Bebel, Engels und Liebknecht. Mit den Sozialistengesetzen 1878 kamen unruhige Jahre: Ossip wurde ausgewiesen, Z. konnte keine Hauslehrerinnenstelle erhalten. 1882 schmuggelte sie aus Zürich für die *Rote Feldpost* sozialistische Literatur nach Deutschland. 1883 zog sie zu Ossip nach Paris und nahm ohne Heirat den Namen Zetkin an. Die beiden lebten karg, Z. brachte zwei Söhne zur Welt. Ab 1886 trat sie mit Schriften und Vorträgen an die Öffentlichkeit. Nach Ossips Tod 1889 versorgte Z. die Kinder mit Hilfe politischer Freunde und widmete sich ganz der Partei. Die Frauenpolitik der II. Internationale bestimmte sie durch ihr Grundsatzreferat wesentlich mit. 1890 durfte Z. nach Deutschland zurückkehren, fand aber als Frau bei der SPD keine Arbeit. Erst nach zweijähriger Verlagsarbeit erhielt sie mit der Redaktion der *Gleichheit* eine Plattform zur Organisation der Arbeiterinnen. Sie leistete enorme Agitationsarbeit mit bis zu 300 Vorträgen im Jahr.

Z. schloß enge Freundschaft mit → Rosa Luxemburg. 1899 heiratete sie den viel jüngeren Maler Georg Zundel. In der SPD bekämpfte sie den Revisionismus und wurde zunehmend als ›erbittert‹ dargestellt.

Z. brach mit der Partei, als die SPD den Kriegskrediten zustimmte. Sie agitierte gegen den Krieg und organisierte eine internationale sozialistische Frauenkonferenz. Mit ihrem Übertritt zur USPD verlor Z. 1917 die Herausgeberschaft der *Gleichheit*. Sie trat 1919 der KPD bei und war von 1920 bis 1933 Reichstagsabgeordnete. Immer mehr Zeit verbrachte sie in der Sowjetunion. Ihre letzten Kräfte setzte sie gegen die drohende Machtergreifung der NSDAP ein. 1932 eröffnete sie als Alterspräsidentin den Reichstag mit dem Aufruf zur ›Einheitsfront gegen die Faschisten‹. Im Juni 1933 starb Z. in Archangelskoje/Moskau.

Z. war unter den ersten Frauen, die sozialistische Theoriebildung maßgeblich mitbestimmt haben. Sie schrieb zu Tagespolitik, Grundsatzdebatten, Literaturkritik, Frauenfrage und Pädagogik. Zentrales Anliegen ist ihr dabei die Entwicklung der sozialistischen Emanzipationstheorie. Von Kind an war sie mit bürgerlichen Emanzipationskonzepten vertraut. Weil Z. aber auch eine Lösung des Klassenproblems sucht, wendet sie sich ganz der marxistischen Theorie zu. Die historisch materialistische Perspektive ermöglicht ihr die Lösung von Ideologien, die die Rolle der Frau als naturgegeben und unwandelbar festschreiben. Eine Entfaltung weiblicher Sonderveranlagung erwartet Z. erst bei voller Gleichberechtigung. Angelpunkt ihres Emanzipationskonzeptes und Voraussetzung neuer Geschlechterrollen ist allein die Arbeit der Frau. Selbst Emanzipationsansprüche begründet Z. nicht mehr mit natürlichem, sondern ›sozialem‹ Recht durch Arbeit. Damit sitzt Z. jedoch zwischen den Stühlen: auf klassenübergreifende Frauensolidarität und liberale Emanzipationstradition kann sie nicht mehr zurückgreifen; den Sozialisten gegenüber befindet sie sich im Rechtfertigungszwang für weiblichen Separatismus. Obwohl Z. alle Gemeinsamkeit mit ›Frauenrechtlerei‹ ablehnt, bestimmt die Spannung zwischen liberalfeministischer und sozialistischer Tradition, zwischen Geschlecht und Klasse, Z.s äußerlich loyal marxistische Emanzipationstheorie.

Z. setzt bei Engels und Bebel an, die im Anschluß an Bachofen und Morgan das Geschlechterverhältnis historisch rekonstruiert und mit Besitzverhältnissen verknüpft hatten.

Seit Beginn des Privateigentums sei die Frau als männlicher ›Besitz‹ definiert; damit habe ihre patriarchale Unterdrückung begonnen. Dieses Besitzverhältnis sei ideologisch durch Christentum, Idealismus und Naturrechtslehre festgeschrieben worden. Einziger Ausweg aus der ›Geschlechtssklaverei‹ sei die Berufstätigkeit der Frau, die ihr wirtschaftliche Unabhängigkeit gewährt. Proletarierinnen sind durch die industrielle Produktion in weitem Umfang berufstätig. Z. ignoriert andere geschlechtsspezifische Unterdrückungsformen und setzt die Anerkennung ihrer Gleichberechtigung seitens proletarischer Männer voraus. Durch ihre Klassenlage haben Arbeiterinnen aber nur ›den Herren gewechselt‹ und sind wie ihre Männer von Kapitalisten abhängig. ›Gleichheit‹, Leitbegriff Z.s, ist für Proletarierinnen erst in einer sozialistischen Gesellschaft verwirklichbar. Primat ist daher der Klassenkampf. Bürgerliche Frauen dagegen sind zu Z.s Zeit selten berufstätig und damit von ihren Männern abhängig. Daher unterscheiden sich ihre Emanzipationsinteressen: Auf der Basis finanzieller Sicherheit fordern sie von ihren Männern Gleichberechtigung. Diese Forderungen sind für Arbeiterinnen rein reformistisch. Z. sucht eine ›reinliche Scheidung‹ von der bürgerlichen Frauenbewegung. Engels und Bebel wirft sie reaktionäre Klischees vor, als sie zu weiblicher Solidarisierung aufrufen, und bezeichnet ›Schwesterlichkeit‹ als ›ideologischen Brei‹. Dennoch schließt sie sich bürgerlichen Positionen an, immer unter Betonung unterschiedlicher Interessen. So begründet sie die Forderung nach rechtlicher und politischer Gleichstellung der Frau ebenso wie das Ziel, »das Proletariat körperlich, geistig und sittlich zu heben«, als strategische Waffen im Klassenkampf.

Z. erklärt ihre gesamte Frauenpolitik mit dem Eigeninteresse des Sozialismus. Die Arbeiterin ist Kampfgenossin des Mannes. Z.s Strategie zielt auf Gleichheit durch gleiche Arbeit und gemeinsamen Kampf. Einerseits opfert sie dieser Solidarität die Vertretung spezifisch weiblicher Interessen. Andererseits liegt in der Kampfgemeinschaft der Geschlechter ein enormer Emanzipationsschritt, den Z. selbstverständlich vollzieht. In Abhebung von Engels, Bebel und vielen Frauenrechtlerinnen besteht sie auf völliger Gleichbehandlung. Selbst Arbeitsschutzgesetze lehnt sie weitgehend ab. Z. wehrt sich mit der Warnung vor erneuter Geschlechtssklaverei heftig gegen SPD-Theoretiker (z.B. Edmund Fischer), die Frauenarbeit als Symptom kapitalistischer Ausbeutung nach erfolgreichem Klassenkampf beenden wollen. Auch wirtschaftliche Argumente weist Z. zurück: prinzipiell bedeute Frauenarbeit eine Mehrung des Wohlstandes bzw. Verminderung der allgemeinen Arbeitszeit. Nur durch kapitalistische Manipulation werde die berufstätige Frau zur Konkurrentin des Mannes.

Frauenarbeit bedingt eine Neuorganisation der Kinderbetreuung, und hier setzt Z.s Pädagogik an. Sie zielt nicht auf Abschaffung der Familie, sondern argumentiert eher konservativ: im Einklang mit progressiven bürgerlichen Frauen will sie die Familie von einer ökonomischen zur sittlichen Einheit reformieren. Doch die Berufstätigkeit beider Eltern impliziere auch hier radikale Emanzipationsschritte: in der Arbeiterfamilie werde die ›vaterrechtliche‹ Organisation durch gemeinsame Kinderbetreuung abgelöst. In geschickter Wendung ihres Emanzipationskonzeptes begrüßt Z. den Mann »nun endlich als Genossen der Frau«. Voraussetzung für die »Emanzipation des Mannes von seiner Ungeschicklichkeit« im Haushalt sei gleiche Erziehung von Kindern beiden Geschlechts. Z. begrüßt geschlechtsspezifische Unterschiede im Erziehungsstil und versteht Erziehung als ›Elternwerk‹. Damit distanziert sie sich vom Mutterkult ihrer Zeit, der Kinderbetreuung allein auf mütterliche Instinkte gründet. Neben der familiären Erziehung macht volle Berufstätigkeit außerdem öffentliche Kinderbetreuung notwendig, die Z. als sinnvolle Ergänzung betrachtet. Während die Familie vor allem Individualität fördert, soll außerfamiliäre Erziehung Gemeinschaft bilden und qualifizierte Ausbildung ermöglichen. Z. greift auf frühsozialistische Konzepte zurück, fordert unentgeltliche Betreuung und macht detaillierte Vorschläge, wie Koedukation, Arbeitsunterricht, Sexualaufklärung und volle Weltlichkeit der Schule. Ihre Vorschläge zur Wertschätzung allen Lebens erinnern an aktuelle Forderungen der Umwelterziehung.

Z. ist als eine der wenigen Frauen ihrer Zeit nicht in Vergessenheit geraten. Dies verdankt sie der Kontinuität ihrer politischen Linie, zunächst in der UdSSR, dann vor allem in der DDR. In der BRD hat die Zetkin-Rezeption unter der politischen Polarisierung gelitten. Ihre Konzepte werden fast nie im Kontext anderer Frauenbewegungen ihrer Zeit diskutiert. Die Trennung, die Z. so streng verfolgt hat, ist bis heute nicht überwunden. In der distanzierteren anglo-amerikanischen Rezeption hat Z. als klassenspezifische Theoretikerin Bedeutung. Ihre Position wird auch heute als Warnung vor einer Universalisierung von Emanzipationskonzepten privilegierter Frauen verstanden. Vor allem entflammen an Z.s Person aber lebhafte Debatten über die Wirksamkeit verschiedener feministischer Strategien.

Werk: Erinnerungen an Lenin, 1929; Ausgewählte Reden und Schriften. 3 Bde, 1957–60; (Hg. in): Die Gleichheit. Zeitschrift für die Interessen der Arbeiterinnen, 1.1892–24.1917.

Barbara Helm

Zeittafel

	Hippo/Hippe (mythische Zeit)	Prophetin
	Phemonoe (mythische Zeit)	Pythia
600 v. u. Z.	Themistokleia (um 600 v. u. Z.)	Priesterin
	Kleobuline von Rhodos (um 570 v.u.Z.)	Rhetorikerin
	Theano von Kroton/Theano I/ Theano II (ab 550 v. u. Z.)	Pythagoreerin
	Aglaonike/Aganike (ca. 6./5. Jh. v. u. Z.)	Astronomin
500 v. u. Z.	Arignote von Samos (um 500 v. u. Z.)	Pythagoreerin
	Damo (um 500 v. u. Z.)	Pythagoreerin
	Myia (um 500 v. u. Z.)	Pythagoreerin
	Babelyka von Argos (zw. 500 v. u. Z. u. 200 n. u. Z.)	Pythagoreerinnen Boio von Argos Ekkelo von Lukanien Habroteleia von Tarent Kleiachme Okkelo von Lukanien Peisirrhode von Tarent Philtys Theadusa Tysenis aus Sybaris
	Melissa (500 v. u. Z–100 n. u. Z.)	Pythagoreerin
	Bitale (um 480 v. u. Z.)	Pythagoreerin
	Aspasia von Milet (ca. *470, †410 v. u. Z.)	Rhetorikerin
	Arete von Kyrene (ca. 400–330 v. u. Z.)	Kyrenaikerin

400 v. u. Z.	Diotima von Mantinea (um 400 v. u. Z.)	Priesterin
	Echekrateia von Phliasien (4. Jh. v. u. Z.)	Pythagoreerin
	Lastheneia von Mantinea (4. Jh. v. u. Z.)	Platonikerin
	Timycha (4. Jh. v. u. Z.)	Pythagoreerin
	Periktione I (ca. 4./3. Jh. v. u. Z.)	Pythagoreerin
	Periktione II (4./3. Jh. v. u. Z.)	Pythagoreerin
	Themista (4./3. Jh. v. u. Z.)	Epikureerin
	Axiothea von Phlius (um 350 v. u. Z.)	Platonikerin
300 v. u. Z.	Argia (um 300 v. u. Z.)	Dialektikerinnen
	Artemisia (3./2. Jh. v. u. Z.)	
	Menexene (3./2. Jh. v. u. Z.)	
	Pantakleia (3./2. Jh. v. u. Z.)	
	Theognis (3./2. Jh. v. u. Z.)	
	Nikarete von Megara (um 300 v. u. Z.)	Megarikerin
	Hipparchia von Maroneia (um 300 v. u. Z.)	Kynikerin
	Leontion (ca. 300–250 v. u. Z.)	Epikureerin
200 v. u. Z.	Phintys von Sparta (3. Jh. v. u. Z.)	Pythagoreerin
	Agallis von Kerkyra (3./2. Jh. v. u. Z.)	Grammatikerin
	Aisara von Lukanien (3.–1. Jh. v. u. Z.)	Pythagoreerin
100 v. u. Z.	Porcia (†42 v. u. Z.)	Stoikerin
	Caerellia (*ca. 45 v. u. Z.)	Platonikerin
0	Fannia (1. Jh. n. u. Z.)	Stoikerin
	Pamphila von Epidauros (1. Jh. n. u. Z.)	Philosophiegeschichte
	Arria die Ältere I. (†42 n. u. Z.)	Stoikerin
	Berenike (*28 n. u. Z.)	Gelehrte
	Arria die Jüngere I. (*vor 30, †nach 96 n. u. Z.)	Stoikerin
	Pan Chao (*ca. 45, †120 n. u. Z.)	Gelehrte

100 n.u.Z.	Clea (1.–2. Jh. n.u.Z.)	Priesterin
	Eurydike von Illyrien (1.–2. Jh. n.u.Z.)	Gelehrte
	Magnilla (ca. 1.–2. Jh. n.u.Z.)	Gelehrte
	Ptolemais von Kyrene (1./2. Jh. n.u.Z.)	Pythagoreerin
200 n.u.Z.	Arria III/Arrhia (Ende 2./Anfang 3. Jh. n.u.Z.)	Platonikerin
	Julia Domna (*170, †217 n.u.Z.)	Gelehrte
	Gemina I+II (3. Jh. n.u.Z.)	Platonikerin
300 n.u.Z.	Katharina von Alexandrien (*ca. 287, †305/7 n.u.Z.)	Rhetorik
	Amphikleia/Amphilia (4. Jh. n.u.Z.)	Neuplatonikerin
	Sosipatra (4. Jh. n.u.Z.)	Neuplatonikerin
	Makrina die Jüngere (*ca. 327, †380 n.u.Z.)	Seelenlehre
400 n.u.Z.	Hypatia von Alexandria (*ca. 370, †415 n.u.Z.)	Mathematik, Neuplatonismus
	Asklepigeneia (5. Jh. n.u.Z.)	Neuplatonikerin
	Tochter des Olympiodoros (5. Jh. n.u.Z.)	Peripathetikerin
	Eudokia/Athenais (*ca. 401, †ca. 460 n.u.Z.)	Gelehrte
900	Roswitha von Gandersheim (ca. *932, †1000)	Mystikerin
	Shikibu, Murasaki (*973/5, †1014)	Gelehrte
1000	Comnena, Anna (*1083, †1148)	Historikerin, Gelehrte
	Hildegard von Bingen (*1098, †1179)	Mystikerin
1100	Héloïse (*1100/01, †1164)	Gelehrte
	Herrad von Hohenburg (12. Jh.)	Gelehrte
1200	Hadewijch von Antwerpen (1. Hälfte 13. Jh.)	Mystikerin
	Beatrijs von Nazareth (*um 1200, †1268)	Mystikerin
	Mechthild von Magdeburg (*ca. 1210, †1282)	Mystikerin

1200	Mechthild von Hackeborn (*1241/2, †1299)	Mystikerin
	Angela von Foligno (*1248/9, †1309)	Mystikerin
	Porète, Marguerite (*ca. 1255, †1310)	Mystikerin
	Gertrud von Helfta (*1256, †1301/2)	Mystikerin
1300	Birgitta von Schweden (*1302, †1373)	Mystikerin
	Juliana von Norwich (*ca. 1342, †1413/20)	Mystikerin
	Katharina von Siena (*1347, †1380)	Mystikerin
	Bucca, Dorothea (ca. 1360, †1436)	Moralphilosophie
	Christine de Pizan (1365, †1430)	Gleichberechtigung
	Malatesta da Montefeltro, Battista (*1383, †1448/50)	Humanismus
1400	Nogarola, Isotta (*1418, †1466)	Humanismus
	Varano Sforza, Costanza (*1426/28, †1447)	Humanismus
	Fedele, Cassandra (*1465, †1558)	Humanismus, Frauenbildung
	Galindo, Beatriz (*1475, †1534)	Humanistin, Gelehrte
	Cereta, Laura (*1469, †1499)	Humanismus, Frauenbildung
	d'Aragona, Tullia (*1508/10, †1556)	Gelehrte
1500	Teresa von Avila (*1515, †1582)	Gelehrte
	Morata, Olympia Fulvia (*1526, †1555)	Humanistin
	Molza, Tarquinia (*1542, †1617)	Gelehrte
	Fonte, Moderata (*1555, †1592)	Gelehrte
	Sabuco de Nantes y Barrera, Oliva (*1562)	Gelehrte
	Jars de Gournay, Marie le (*1565/66, †1645)	Feministische Aufklärung

1500	Marinelli, Lucrezia (*1571, †1653)	Gleichberechtigung
1600	Schurmann, Anna Maria van (*1607, †1678)	Gelehrte
	Dupré, Marie (17. Jh.)	Naturphilosophie, Descartes
	Elisabeth von Böhmen (*1618, †1680)	Naturphilosophie, Descartes
	Cavendish, Margaret (*1623, †1673)	Naturphilosophie
	Christina von Schweden (*1626, †1689)	Gelehrte
	Sophie von der Pfalz (*1630, †1714)	Gelehrte
	Finch Conway, Anne (*1631, †1679)	Aufklärung
	Serment, Louise-Anastasia (*1642, †1692)	Naturphilosophie, Descartes
	Cornaro Piscopia, Elena Lucrezia (*1646, †1684)	Gelehrte
	Grignan de Sévigné, Françoise Marguerite (*1646, †1705)	Naturphilosophie, Descartes
	Juana Inès de la Cruz (*1651, †1695)	Erkenntnistheorie
	Dacier Lefèvre, Anne (*1654, †1720)	Gelehrte
	Cudworth Masham, Damaris (*1659, †1708)	Feministische Aufklärung
	Astell, Mary (*1666, †1731)	Frauenbildung
	Sophie Charlotte von Preußen (*1668, †1705)	Gelehrte
	Trotter Cockburn, Catherine (*1679, †1749)	Aufklärung
	Lavigne, Anne de (*1684)	Naturphilosophie, Descartes
1700	Barbapiccola, Guiseppa Eleonora (*ca. 1702)	Naturphilosophie, Descartes
	Châtelet-Lomont, Gabrielle-Emilie du (*1706, †1749)	Naturwissenschaften, Metaphysik

1700	Bassi Verati, Laura Maria Caterina (*1711, †1778)	Gelehrte
	Leporin Erxleben, Dorothea Christina (*1715, †1762)	Frauenbildung
	Agnesi, Maria Gaetana (*1718, †1799)	Mathematik, Aufklärung
	Unzer, Johanna Charlotte (*1725, †1782)	Aufklärung
	Sawbridge Macauley, Catherine (*1731, †1791)	Aufklärung
	Gouges, Olympe de (*1748, †1793)	politische Philosophie, Feminismus
	Holst, Amalie (*1758, †1829)	Frauenbildung
	Wollstonecraft, Mary (*1759, †1797)	Politische u. feministische Philosophie
	Staël, Anne Louise Germaine de (*1766, †1817)	Gelehrte
	Schlözer-Rodde, Dorothea (*1770, †1825)	Aufklärung
	Germain, Sophie (*1776, †1831)	Mathematik, Wissenschaftstheorie
	Somerville Fairfax, Mary (*1780, †1872)	Wissenschaftstheorie
	Wheeler, Anna (*1785, †1848)	Politische u. feministische Philosophie
1800	Beecher, Catherine Esther (*1800, †1878)	Moralphilosophie, Frauenrechtlerin
	Démar, Claire (*1801, †1833)	politische Philosophie, Feminismus
	Martineau, Harriet (*1802, †1876)	Praktische Philosophie, Erziehung
	Tristan, Flora (*1803, †1844)	Sozialismus, Feminismus
	Taylor Mill, Harriet (*1807, †1858)	Politische Philosophie

1800	Fuller Ossoli, Sarah Margaret (*1810, †1850)	Frauenrechtlerin
	Cady Stanton, Elezabeth (*1815, †1902)	Feministin
	Eliot, George (*1819, †1880)	Religions-philosophie
	Otto-Peters, Louise (*1819, †1895)	Frauenrechtlerin
	Arenal, Concepción (*1820, †1893)	Frauenrechtlerin
	Anthony, Susan B. (*1820, †1906)	Frauenrechtlerin
	Brown Blackwell, Antoinette Louisa (*1825, †1921)	Metaphysik, Frauenbewegung
	Royer, Clémence (*1830, †1902)	Ethik
	Blavatska, Helena Petrovna (*1831, †1891)	Theosophie, indische Philosophie
	Dohm, Hedwig (*1831, †1919)	Frauenrechtlerin
	Suttner, Bertha von (*1843, †1914)	Frauenrechtlerin, Sozialistin
	Besant, Annie (*1847, †1933)	Theosophie, indische Philosophie
1850	Pardo Bazan, Emilia de (*1852, †1921)	Gelehrte
	Bender, Hedwig (*1854, †um 1918)	Frauenrechtlerin
	Druskowitz, Helene (*1856, †1918)	Frauenrechtlerin
	Zetkin, Clara (*1857, †1933)	Frauenrechtlerin
	Pankhurst, Emmeline (*1858, †1928)	Frauenrechtlerin
	Mayreder, Rosa (*1858, †1938)	Feministische Theorie
	Andreas-Salomé, Lou (*1861, †1937)	Geschlechter-theorie, Psychoanalyse
	Whiton Calkins, Mary (*1863, †1930)	Idealismus

1850	Simmel, Gertrud (*1864, †1938)	Geschlechtertheorie
	Braun, Lily (*1865, †1916)	Feministin, Sozialistin
	Oakley, Hilda Diana (*1867, †1950)	Ethik
	Akselrod, Ljubov Izaakovna (*1868, †1946)	Politische Philosophie
	Stöcker, Helene (*1869, †1943)	Ethik, Frauenrechtlerin
	Luxemburg, Rosa (*1871, †1919)	Politische Philosophie
	Kollontai, Alexandra (*1872, †1952)	Sozialismus, Feminismus
	Susman, Margarete (*1872, †1966)	Lebensphilosophie
	Bäumer, Gertrud (*1873, †1954)	Frauenrechtlerin
	Stein, Gertrude (*1874, †1946)	Sprachphilosophie
	Wentscher, Else (*1877, †1941)	Ethik
	Landmann-Kalischer, Edith (*1877, †1951)	Erkenntnistheorie, Ethik
	Märten, Lu (*1879, †1970)	Ästhetik
	Sachs, Eva (*1882, †1936)	Philosophiegeschichte
	Woolf, Virginia Adeline (*1882, †1941)	Feministische Theorie
	Stebbing, Lizzie Susan (*1885, †1943)	Analytische Philosophie
	Gilbert, Katherine (*1886, †1952)	Ästhetik
	Conrad-Martius, Hedwig (*1888, †1966)	Phänomenologie
	Stein, Edith (*1891, †1942)	Phänomenologie
	Langer, Susanne Katharina (*1895, †1985)	Erkenntnistheorie, Ästhetik
	Hamburger, Käte (*1896, †1992)	Ästhetik, Sprachphilosophie
	Walther, Gerda (*1897, †1977)	Phänomenologie
1900	Tymieniecka, Anna-Theresa (*um 1900)	Phänomenologie
	Kanthack, Katharina (*1901, †1986)	Metaphysik

1900	Zambrano, Maria (*1904, †1991)	Phänomenologie
	Rand, Ayn (*1905, †1982)	Objektivismus
	Arendt, Hannah (*1906, †1975)	Politische Philosophie
	Richter, Liselotte (*1906)	Religionsphilosophie
	Beauvoir, Simone Bertrande de (*1908, †1986)	Existentialismus, Feminismus
	Weil, Simone Adolphine (*1909, †1943)	Politische Philosophie
1910	Grene, Marjorie (*1910)	Existentialismus
	Hersch, Jeanne (*1910)	Existenzphilosophie
	Tielsch, Elfriede Walesca (*1910, †1993)	Feministische Philosophie
	Rodríguez Carballeira, Hildegart (*1914, †1933)	Politische Philosophie
	Barnes, Hazel Estella (*1916)	Existentialismus
	Anscombe, Gertrude Elizabeth Margaret (*1919)	Sprachphilosophie
	Murdoch, Iris Jean (*1919)	Analytische Philosophie
1920	Dinnerstein, Dorothy (*1923, †1992)	Feministische Philosophie
	Warnock, Helen Mary (*1924)	Ethik
	Barth, Else Margarete (*1928)	Logik
	Daly, Mary F. (*1928)	Feministische Philosophie
	Ströker, Elisabeth (*1928)	Wissenschaftstheorie
	Heller, Agnes (*1929)	Politische Philosophie
1930	Sontag, Susan (*1933)	Moralphilosophie
	Kofmann, Sarah (*1934, †1995)	Sprachphilosophie
	Millett, Kate (*1934)	Feministische Theorie
	Harding, Sandra (*1935)	Feministische Wissenschaftstheorie

1930	Schröder, Hannelore (*1935)	Politische u. feministische Philosophie
	Wittig, Monique (*1935)	Feministische Theorie
	Fox Keller, Evelyn (*1936)	Feministische Wissenschaftstheorie
	Thürmer-Rohr, Christina (*1936)	Feministische Theorie
	Cixous, Hélène (*1937)	Feministische Philosophie
	Weisshaupt, Brigitte (*1939)	Feministische Philosophie
	Breitling, Gisela (*1939)	Kunsttheorie, Feminismus
	Lloyd, Genevieve (20.Jh.)	Feministische Philosophie
	Irigaray, Luce (*1939)	Feministische Philosophie
1940	Camps, Victoria (*1941)	Ethik
	Kristeva, Julia (*1941)	Sprachphilosophie, feministische Theorie
	Amorós, Celia (*1944)	Feministische Philosophie
	Badinter, Elisabeth (*1944)	Feministische Philosophie
	Nagl-Docekal, Herta (*1944)	Feministische Philosophie
	List, Elisabeth (*1946)	Feministische Philosophie
	Craven Nussbaum, Martha (*1947)	Ethik
1950	Benhabib, Seyla (*1950)	Feministische Philosophie
	Valcarcel, Amelia (*1950)	Ethik, feministische Philosophie
	Jauch, Ursula Pia (*1959)	Feministische Philosophie

Allgemeine Literaturhinweise und Abkürzungen

A History of Women Philosophers, Band I–III, hg. v. Mary Ellen Waithe, Dordrecht 1991 (**HWP**)

Alic, M.: *Hypathia's Töchter*, 1986

Baader, Renate: *Dames de Lettres*. Autorinnen des preziösen, hocharistokratischen und modernen Salons (1649–1698): Mlle de Scudéry – Mlle de Montpensier – Mme d'Aulony, 1987

Bailey Ogilvie, Marilyn: *Women in Science*. Antiquity through the Nineteenth Century. A Biographical Dictionary with Annoted Bibliography, London 1986

Barth, Else M.: *Women Philosophers*. A Bibliography of Books through 1990, Bowling Green 1992

Beard, Mary R.: *Woman as Force in History*. A Study in Traditions and Realities, New York 1946

Beyond their Sex. Learned Women of the European Past, hg. v. Patricia Labalme, New York 1984

Der Kleine Pauly. Lexikon der Antike. Auf der Grundlage von Paulys Realencyclopädie der classischen Altertumswissenschaft, hg v K. Ziegler/W. Sontheimer, 5 Bde. 1979

Die Chronik der Frauen, 1992

Die berühmtesten Frauen der Welt von A–Z, hg. v. Jean-François Chiappe, Gütersloh 1976

Eine eigene Geschichte, 2 Bände, hg. v. B.S. Anderson/J.P. Zinsser, Zürich 1992

Geschichte der Frauen, 5 Bände, hg. v. Georges Duby/Michelle Perrot, Frankfurt 1993ff

Große Frauen der Weltgeschichte, Klagenfurt 1987

Heloise und ihre Schwestern. Acht Frauenporträts aus dem Mittelalter, hg. v. Ferruccio Bertini, 1991

Hoffmann, Gabriele: *Frauen machen Geschichte*. Von Kaiserin Theophanu bis Rosa Luxemburg, Bergisch Gladbach 1991

Hoyrup, Else: *Women of Science, Technology and Medicine*. A Bibliography, Roskilde 1987

Kersey, Ethel M.: *Women Philosophers.* A Bio-critical Source Book, New York 1989 **(WP)**

Lexikon der Alten Welt, Bd. 1–3, 1965/1990 **(LAW)**

Lexikon der Frau, hg. v. Gustav Keckeis, 2 Bände, Zürich 1953/54 **(LdF)**

Mozans, H. J.: *Woman in Science,* London 1991

Paulys Realencyclopädie der classischen Altertumswissenschaft. Neue Bearbeitung begonnen v. G. Wissowa, fortgeführt v. W. Kroll/K. Mittelhaus, hg. v. K. Ziegler/W. John, 1. Reihe (A–Q) 1, 1 (1893) – XXIV (1963); 2. Reihe (P–Z), I A, 1-XA (1914–1972); 15 Suppl.-Bde. 1903–1978; Register der Nachträge und Supplemente, hg. v. H. Gärtner/A. Wünsch, 1980 **(RE)**.

Philosophinnen. Von der Antike bis zur Aufklärung, hg. v. Marit Rullmann, Dortmund 1993

Schmale, Irene: *Große Frauengestalten der abendländischen Geschichte,* Düsseldorf 1987

Stenton, Doris Mary: *The English Women in History,* New York 1977

The Continuum Dictionary of Women's Biography, hg. v. Jennifer S. Uglow, New York 1989 **(WomBio)**

Utrio, Kaari: *Evas Töchter.* Die weibliche Seite der Geschichte, Wiesbaden 1987

Women from the Greeks to the French Revolution, hg. v. Susan Groag Bell, Stanford 1973

400 Outstanding Women of the World, hg. v. Minna Moscherosch Schmidt, Chicago 1933

Autorinnen

Aleksander, Karin, geb. 1953, verheiratet, drei Kinder; Philosophiestudium in Leipzig; Spezialgebiete: Erkenntnistheorie, Dialektik, philosophische Probleme der Naturwissenschaften; ab 1976 an der Humboldt-Universität Berlin; 1989 Promotion zur Dr. phil. mit einer Arbeit zum dialektischen Charakter der Newtonschen Grundgesetze; ab 1990 am Zentrum für interdisziplinäre Frauenforschung der HUB im Bereich Information/Dokumentation.

Ambros, Gerda, geb. 1960 in Klagenfurt; Lektorin der Philosophie und Germanistik in Klagenfurt und Wien; lebt heute in Wien; Publikationen zu Ästhetik, Architektur- und Medientheorie sowie politischer Philosophie; zusammen mit Helga Gantsching Hg. in: *Lektion der Dinge, 33 Autorinnen*, 1991.

Amorós, Celia, arbeitet als Professorin für Philosophie an der Universidad Complutense Madrid. Veröffentlichungen im Bereich der feministischen Philosophie: *Hacia una critica de la razón patriarchal*, 1985; *Sören Kierkegaard a la subjectividad del caballero*, 1987.

Bennent-Vahle, Heidemarie, geb. 1954; Studium der Philosophie und Germanistik in Aachen; promovierte 1984; 3 Jahre Lektorinnentätigkeit in Frankreich; 2 Kinder; lebt in Henri-Chapelle (Belgien); zur Zeit wechselnde Lehraufträge in Philosophie an verschiedenen Universitäten, Lehrtätigkeit am Euregio-Kolleg, Aachen.

Bühler, Adelheid E., Lic. phil. I, geboren 1961 in Zürich; Studium der Philosophie und Germanistik mit Schwerpunkt in älterer deutscher Literatur an der Universität Zürich; arbeitet als kaufmännische Angestellte.

Campillo, Neus, Promotion im Fach Philosophie; Dozentin an der Universität Valencia; Spezialistin für Saint-Simon, Kant und die Aufklärung; zahlreiche Veröffentlichungen im Bereich Frauenforschung.

Cavana, Maria Luisa P., Promotion im Fach Philosophie; Lehr- und Forschungsauftrag an der Universidad Complutense Madrid zum Thema Feminismus und deutsche Aufklärung. Veröffentlichungen:

Der Konflikt zwischen dem Begriff des Individuums und der Geschlechtertheorie bei G. Simmel und Ortega Y Gasset, 1991.

Cobo, Rosa, Promotion im Fach Philosophie; zur Zeit Dozentin an der soziologischen Fakultät der Universität La Coruña. Zahlreiche Artikel über Jean-Jacques Rousseau, Mary Wollstonecraft und politische Philosophie.

Cramer, Yvonne, Studium der Germanistik und Slavistik an den Universitäten Warschau und Köln; spricht mehrere Fremdsprachen; arbeitet zur Zeit als Management-Assistentin in der High-Tech-Branche; freie Übersetzerin mehrerer Publikationen in der Fachpresse; ihr besonderes Interesse gilt der Problematik der Frauen.

Faubel, Ursula, geb. 1966; Studium der Philosophie, Anglistik und Vergleichenden Religionswissenschaft in Bonn; Mitarbeit beim Projekt Feministische Philosophie und im Feministischen Archiv Bonn; Arbeit in Bildungs- und Beratungseinrichtungen.

Femenias, Maria Luisa, Dozentin an der Universität von Buenos Aires (Argentinien); Spezialistin für Aristoteles.

Fietze, Katharina, Dr., arbeitet auf dem Gebiet der historischen und philosophischen Frauenforschung. Seit 1993 ist sie wissenschaftliche Assistentin am Fachbereich Sportwissenschaft der Universität Hamburg.

Friedrich, Nora, geb. 1934 in Stuttgart; Besuch des Gymnasiums und der Dolmetscherschule bis 1954; gleichzeitig Ausbildung als Schauspielerin; 1965 Heirat, ein Kind; ab 1971 als radikale Feministin in der Frauenbewegung aktiv; ab 1975 Besuch feministischer Seminare an der Frankfurter Universität; Gründung der feministischen Initiative lohnloser Mütter in Stuttgart 1977; lebt heute in Stuttgart.

Gössmann, Elisabeth, geb. 1928; Studium der Philosophie, Theologie und Germanistik in Münster und München; 1954 Dr. theol.; ab 1955 Tätigkeit als Dozentin/Professorin in Tokyo; 1978 Habilitation in Philosophie; 1985 Dr. theol. h.c. (Graz); seit 1990 auch apl. Prof. der Universität München; 1994 Dr. phil. h.c. (Frankfurt). Schwerpunkte: Japanische Religionsgeschichte, das europäische Mittelalter, Frauenforschung.

Hebel, Kirsten, geb. 1960; Studium der Philosophie, Kunstgeschichte und Literaturwissenschaft in Marburg und Hamburg; arbeitet derzeit an einer Dissertation zum Problem von Subjektivität und Gegenwart bei Nietzsche und Foucault.

Helm, Barbara, geb. 1966; ab 1986 Studium der Philosophie und Biologie in Tübingen; 1989/90 Studienaufenthalt in Boston; 1991 Initiierung eines Arbeitskreises zu feministischer Philosophie. 1993/94 Studienaufenthalt in Philadelphia. Sie lebt zur Zeit mit ihrem Mann und beiden Kindern in Tübingen und arbeitet über die Theoriebildung der ersten Frauenbewegung.

Hümbs, Agnes, Jahrgang 1955; Philosophin und Germanistin; früher Lehrerin, heute Inhaberin einer Philosophischen Praxis in Bremen; Mitglied der Internationalen Assoziation von PhilosophInnen.

Jimenez Perona, Angeles, Promotion im Fach Philosophie; arbeitet an der Universidad Complutense in Madrid als Assistentin; Koordinatorin des Seminars Feminismus und Aufklärung. Veröffentlichungen über Popper, politische Philosophie und Condorcet.

Jonge, Else de, geb. 1961; studiert Logik und analytische Philosophie an der Reichsuniversität Groningen; Schülerin von Else Barth. Interessengebiete: Empirische Logik, Argumentationstheorie, Verbindungen zwischen Repräsentationssystemen und Repressionserscheinungen; Mitglied der Groninger Gesellschaft für Empirische Logik und analytische Philosophie.

Klens, Ulrike, geb. 1958, studierte von 1978-85 Mathematik, Philosophie und Soziologie in Bonn, promovierte 1992 in Augsburg zum Thema: Mathematikerinnen im 18. Jahrhundert – Fallstudien zur Wechselwirkung von Wissenschaft und Philosophie (1994); arbeitet zur Zeit als Lehrerin für Mathematik und Philosophie in Bonn.

Kösters, Barbara, 1944 in Höchenschwand geboren; studierte Pädagogik und Sozialwissenschaften in Frankfurt und Berlin (Lehrerinnen-Staatsexamen, 1969); Dokumentarfilm über emanzipatorischen Unterricht mit dem SFB; seit 1985 Studium der Philosophie, Kunstgeschichte und Germanistik in Essen/Düsseldorf (Promotion 1992) seit dem Sommersemester 1992 Lehrauftrag an der Kunstakademie Düsseldorf.

Krbek, Franziska-Sophie von, geb. in Berlin, Gymnasium in Berlin, literatur- und kunstgeschichtliches Studium in England und Frankreich; Studium der Rechtswissenschaft mit 1. und 2. Staatsexamen und Promotion; Assistenzprofessorin für Bürgerliches Recht, Handelsrecht und Verfahrensrecht, Rechtsphilosophie; Professorin.

Meier-Seethaler, Carola, geb. 1927 in München; Philosophin, Psychologin, Psychotherapeutin; 1957 Heirat und Übersiedlung in die Schweiz, zwei Töchter; 1967–80 Lehrtätigkeit in Bern; seit 1978 private psychotherapeutische Praxis; lebt in Bern; bekannt geworden durch ihr Buch *Ursprünge und Befreiungen. Eine dissidente Kulturtheorie*, 1988, im Taschenbuch seit 1992.

Meyer, Ursula I., geb. 1961; Ingenieurstudium im Fach Versorgungstechnik an der FHT Esslingen; anschließend Studium der Fächer Philosophie, Klassische Archäologie, Vor- und Frühgeschichte an der Universität Würzburg, Abschluß MA 1989; lebt und arbeitet zur Zeit als Verlegerin und Autorin in Aachen. Veröffentlichungen: *Das Symbol gibt zu denken, Paul Ricoeur, Studienführer Philosophie, Einführung in die feministische Philosophie, Philosophinnen-Lexikon* (Hg. in), *Die Welt der Philosophin* (Hg. in).

Miguel, Ana de, Promotion im Fach Philosophie; zur Zeit Dozentin an der soziologischen Fakultät der Universität La Coruña. Spezialthemen John Stuart Mill und sozialistische Feministinnen, insbesondere Alexandra Kollontai.

Möbuß, Susanne, Dr. phil., 1963 in Hannover geboren; Studium der Geschichte und Philosophie; Promotion über jüdische Philosophie des Mittelalters; Forschungsschwerpunkte: Jüdische und christliche Mystik und Philosophie sowie französische Gegenwartsphilosophie; zur Zeit Arbeit an der Untersuchung zur Renaissancephilosophie; Lehrbeauftragte an der Universität Hannover.

Molina, Cristina, Promotion im Fach Philosophie. Veröffentlichungen: *Elements para una dialéctica feministe de la Illustración*, 1993.

Montealegre, Rosa Garciá, Studium der Philosophie an der Universidad Complutense Madrid; Spezialistin für Rationalismus des 17. Jahrhunderts, mit Schwerpunkt Descartes; sie arbeitet in Madrid als Gymnasiallehrerin. Monographie: *El Cogito en Descartes*.

Moog, Hanna, geb. 1946; Studium der Volkswirtschaft zur Diplom-Volkswirtin; sieben Jahre Leitung einer Galerie in Köln; arbeitet heute als Übersetzerin und freie Lektorin; hält Vorträge und Seminare mit Schwerpunkt I Ging.

Müller, Claudia, geb. 1963; Studium der Philosophie, Germanistik und Ethnologie in Bonn; Gründungsmitglied im *Projekt Feministische Philosophie* an der Uni Bonn; Magisterarbeit zu *Geschlechtlichkeit und*

Geschlechtsdifferenz in der philosophischen Anthropologie des 20. Jahrhunderts; zur Zeit Volontariat bei einer Tageszeitung.

Nühlen, Maria, Prof. Dr. phil., geb. 1954, Studium der Sozialpädagogik, Philosophie, Pädagogik und Soziologie (MA) in Aachen; seit April 1993 Professorin an der Fachhochschule Merseburg, Fachbereich Sozialwesen, für Pädagogik und Ethik. Veröffentlichungen: *Philosophische Grundlagen der Gerontologie*, 1990; *Zwei sozialwissenschaftliche Studien zur Studiensituation von Studentinnen, zum Berufseinstieg und Berufsverbleib Studierender geisteswissenschaftlicher Fächer an der RWTH Aachen*, 1992/93, verschiedene Aufsätze. Forschungsschwerpunkte: Philosophinnen der griechischen Antike; Lebensgestaltung im Alter, Älterwerden in den neuen Bundesländern.

Osborne, Raquel, Soziologin; Dozentin an der UNED-Universität. Zahlreiche Veröffentlichungen zu den Themen Sexualität, Pornographie und Prostitution.

Posada Kubissa, Luisa, Promotion im Fach Philosophie; arbeitet als Philosophielehrerin. Veröffentlichungen über Kant und feministische Epistemologie.

Puleo, Alicia, Promotion im Fach Philosophie; Leiterin des Seminars *Discurso sobre sexualidad y crítica feministe* des Instituts für feministische Forschung in Madrid. Veröffentlichungen: *Cómo leer a Schopenhauer*, 1991; *Dialéctica de la sexualidad. Género y sexo en la Filosofía contemporánea*, 1992; (Hg. in) *La Illución olideda. La polémica de los sexos en el siglo XVIII*, 1993.

Reinold, Larissa, geb. 1963; Studium der Fächer Kunstgeschichte, Philosophie und Italienisch mit Abschluß Magistra Artium; Schwerpunkt: italienische Renaissance; alleinerziehende Mutter.

Rensoli, Lourdes, Absolventin im Fach Hispanistik an der Universität Havanna; 1972–1991 Dozentin und Professorin in Havanna und Leipzig; nationaler Preis für literarische Kritik in Kuba, Preis für die wissenschaftliche Arbeit an der Uni Havanna; seit 1991 Exil in Spanien wegen ›ideologischer Probleme‹; zur Zeit Asylantin in Spanien; hält Vorträge für Philosophie und Literatur an der Universidad Complutense in Madrid; zahlreiche wissenschaftliche Publikationen.

Roldán, Concha, Dr. phil.; Studium und Promotion an der Universität Complutense Madrid; Forschungs- und Lehraufträge an den Universitäten Complutense, Berlin, Hannover, Mainz und Münster; Vizepräsidentin der spanischen Leibnizgesellschaft. Sie forscht derzeit am philosophischen Institut des C.S.I.C. Madrid; Spezialistin für Philosophie des 17. Jahrhunderts mit Schwerpunkt deutsche Aufklärung. Veröffentlichungen über Spinoza, Leibniz, Crusius, Kant u. a.

Rost, Helga, geb. 1944 in Bratislava (CSFR); Chefsekretärin an der Universität Köln; neben dem Beruf Abitur am Abendgymnasium 1991 und Studium der Literaturwissenschaften, Philosophie und Psychologie; Autorin (Lyrik und Kurzprosa); Literaturpreisträgerin des Kulturamtes der Stadt Köln, November 1993.

Sander, Angelika Barbara, Jahrgang 1960, verheiratet, zwei Kinder; studierte Theologie und Philosophie in München, Hamburg und Durham/GB; sie arbeitet zur Zeit an einer Promotion über Max Scheler.

Schlette, Ruth, geb. 1933; Studium der Geschichte, Philosophie, Kunstgeschichte u. a. m.; 1959 Promotion zur Dr. phil. (Uni München) mit einer Arbeit über F. A. Trendelenburg; 1958–1960 wissenschaftliche Assistentin am Historischen Seminar der Universität Münster; 1960–1971 Hausfrau und Mutter, nebenberuflich Lehraufträge an der PH Bonn und EWH Koblenz (u. a. Geschichte der Frauenbewegung, Idee des Friedens); 1971–1993 Wissenschaftliche Referentin in einer Entwicklungshilfe-Organisation.

Schröder, Hannelore, Dr. phil., geb. 1935 in Halle/Saale; 1975 Promotion an der Universität Frankfurt: *Die Rechtlosigkeit der Frau im Rechtsstaat;* 1972 Wiederentdeckung der *Erklärung der Rechte der Frau und Bürgerin* von Olympe de Gouges; 1977 Erstpublikation in der BRD. Berufsverbot führt 1978 zu ihrer Emigration; seither an der Universiteit van Amsterdam. Publikationen zur politischen Philosophie: Rekonstruktion feministischer Theorien und Kritik patriarchaler Ideologien; Mitglied im Beirat von *Ethik und Sozialwissenschaften*.

Stickler, Ursula, geboren 1964 in Kärnten (Österreich); Studium der Philosophie und Volkskunde in Graz; Diplomarbeit über Mary Daly; Dissertationsstudium bei Elisabeth List über feministische Ethik; seit September 1993 in Sheffield/GB, MA-Studium. Publikationen: Psychiatrie, Philosophie und Gesellschaft.

Strauß, Elisabeth, geb. 1954; Abitur auf dem 2. Bildungsweg; Studium der Philosophie, Musikwissenschaft, Soziologie und Volkskunde in München und Berlin; 1989 Magistra Artium; Vorstandsmitglied der Internationalen Assoziation von Philosophinnen (IAPh); arbeitet zur Zeit an einer Dissertation über Ethik und Wissenschaftskritik von Margaret Cavendish.

Suchsland, Inge, geb. 1957 in Baiersbronn; Studium der Skandinavistik, Germanistik, Sprachwissenschaft und Philosophie in Münster, Uppsala und Bonn; Veröffentlichungen: ›*At elske og at kunne*‹. *Weiblichkeit und symbolische Ordnung in der Lyrik von Edith Södergran*, 1990; *Julia Kristeva zur Einführung*, 1992.

Thiessen, Susanne, geb. 1964; Studium der Germanistik, Anglistik/Amerikanistik und Philosophie an der FU Berlin; arbeitet zur Zeit an einer Dissertation mit dem Thema *Fallgeschichten. Grenzgänge zwischen Literatur und Psychoanalyse*.

Vretscher, Michaela, geb. 1960; 2 Kinder; Ausbildung zur Grundschullehrerin in Graz; Studium der Pädagogik, Philosophie und Psychologie in Würzburg; Abschluß MA 1993, Thema: Philosophieren mit Kindern; unterrichtet derzeit an einer Ganztagsvolks(grund)schule in Wien.

Wolfskeel, Cornelia wurde 1930 in Ryswyk geboren; nach der Ausbildung am Gymnasium Utrecht hat sie an der dortigen Universität Altphilologie studiert. Von 1954 bis 1966 arbeitete sie als Studienrätin. 1973 promovierte sie in Philosophie; zwischen 1966 und 1991 war sie als Dozentin für Philosophie des Altertums der Universität Utrecht verbunden. In ihrer wissenschaftlichen Arbeit hat sie sich vor allem mit Augustinus beschäftigt.

Zirden, Ellen, wurde 1961 geboren; hat in Köln, Bonn und Chicago Germanistik, Anglistik und Philosophie studiert. Seit 1990 ist sie Mitglied des Projekts Feministische Philosophie an der Universität Bonn. Sie hat unter anderem als Übersetzerin, Journalistin und Lehrerin für Deutsch als Fremdsprache gearbeitet. Zur Zeit ist sie Studienreferendarin.

Weitere Autorinnen: Fina Birules, Mercè Otero Vidal, Christina Borowski, Doris Beyrich, Rosa Rius Gatell, Rosa Gonzàlez Colilla, Matilde Sáenz, Chantal Amillard, Amelia Valcarcel.

Dargestellte Philosophinnen

Agallis von Kerkyra 9
Aglaonike 9
Agnesi, Maria Gaetana 11
Aisara von Lukanien 16
Akselrod, Ljubov Izaakovna 17
Amorós, Celia 19
Amphikleia 23
Andreas-Salomé, Lou 24
Angela von Foligno 29
Anscombe, Gertrude Elizabeth Margaret 31
Anthony, Susan B. 33
Arenal, Concepción 35
Arendt, Hannah 37
Arete von Kyrene 43
Argia 45
Arignote von Samos 46
Arria I 47
Arria II 48
Arria III 48
Artemisia 49
Asklepigeneia 50
Aspasia von Milet 50
Astell, Mary 53
Axiothea von Phlius 59

Babelyka von Argos 60
Badinter, Elisabeth 60
Bäumer, Gertrud 63
Barbapiccola, Guiseppa Eleonora 67
Barnes, Hazel Estella 69
Barth, Else Margarete 73
Bassi Verati, Laura Maria Caterina 78

Beatrijs von Nazareth 81
Beauvoir, Simone Bertrande de 85
Beecher, Catherine Esther 90
Bender, Hedwig 95
Benhabib, Seyla 98
Berenike 102
Besant, Annie 102
Birgitta von Schweden 104
Bitale 110
Blavatska, Helena Petrovna 111
Boio von Argos 113
Braun, Lily 113
Breitling, Gisela 118
Brown Blackwell, Antoinette Louisa 121
Bucca, Dorothea 125

Cady Stanton, Elizabeth 126
Caerellia 129
Camps, Victoria 130
Cavendish, Margaret 132
Cereta, Laura 136
Châtelet-Lomont, Gabrielle-Emilie du 141
Christina von Schweden 145
Cixous, Hélène 148
Clea 153
Comnena, Anna 153
Conrad-Martius, Hedwig 155
Cornaro Piscopia, Elena Lucrezia 160
Craven Nussbaum, Martha 162
Cudworth Masham, Damaris 164

Dargestellte Philosophinnen

Dacier Lefèvre, Anne 167
Daly, Mary F. 169
Damo 173
d'Aragona, Tullia 174
Démar, Claire 177
Dinnerstein, Dorothy 180
Diotima von Mantinea 182
Dohm, Hedwig 184
Druskowitz, Helene 187
Dupré, Marie 191

Echekrateia von Phliasien 191
Ekkelo von Lukanien 192
Eliot, George 193
Elisabeth von Böhmen 197
Eudokia 200
Eurydike von Illyrien 202

Fannia 202
Fedele, Cassandra 203
Finch Conway, Anne 206
Fonte, Moderata 210
Fox Keller, Evelyn 215
Fuller Ossoli, Sarah Margaret 220

Galindo, Beatriz 225
Gemina I+II 227
Germain, Sophie 227
Gertrud von Helfta 232
Gilbert, Katherine 236
Gouges, Olympe de 239
Grene, Marjorie 243
Grignan de Sévigné, Françoise Marguerite 246

Habroteleia von Tarent 247
Hadewijch von Antwerpen 247
Hamburger, Käte 253
Harding, Sandra 254
Heller, Agnes 258
Héloïse 263

Herrad von Hohenburg 266
Hersch, Jeanne 269
Hildegard von Bingen 272
Hipparchia von Maroneia 277
Hippo 278
Holst, Amalie 279
Hypatia von Alexandria 282

Irigaray, Luce 285

Jars de Gournay, Marie le 291
Jauch, Ursula Pia 297
Juana Inés de la Cruz 298
Julia Domna 303
Juliana von Norwich 305

Kanthack, Katharina 310
Katharina von Alexandrien 315
Katharina von Siena 316
Kleaichma 319
Kleobuline von Rhodos 319
Kofman, Sarah 321
Kollontai, Alexandra 325
Kristeva, Julia 328

Landmann-Kalischer, Edith 331
Langer, Susanne Katharina 333
Lastheneia von Mantinea 337
Lavigne, Anne de 338
Leontion 339
Leporin Erxleben, Dorothea Christiana 340
List, Elisabeth 343
Lloyd, Genevieve 346
Luxemburg, Rosa 347

Märten, Lu 351
Magnilla 355
Makrina die Jüngere 355
Malatesta da Montefeltro, Battista 357

Dargestellte Philosophinnen

Marinelli, Lucrezia 359
Martineau, Harriet 361
Mayreder, Rosa 367
Mechthild von Hackeborn 374
Mechthild von Magdeburg 378
Melissa 384
Menexene 385
Millett, Kate 385
Molza, Tarquinia 387
Morata, Olympia Fulvia 389
Murdoch, Iris Jean 395
Myia 397

Nagl-Docekal, Herta 398
Nikarete von Megara 400
Nogarola, Isotta 401

Oakley, Hilda Diana 406
Okkelo von Lukanien 408
Tochter des Olympiodoros 409
Otto-Peters, Louise 410

Pamphila von Epidauros 418
Pan Chao 419
Pankhurst, Emmeline 422
Pantakleia 427
Pardo Bazan, Emilia de 427
Peisirrhode von Tarent 429
Periktione 429
Periktione I 429
Periktione II 431
Phemonoe 432
Philtys 434
Phintys von Sparta 434
Pizan, Christine de 436
Porcia 439
Porète, Marguerite 439
Ptolemais von Kyrene 443

Rand, Ayn 444
Richter, Liselotte 448
Rodríguez Carballeira, Hildegart 451

Roswitha von Gandersheim 452
Royer, Clémence 455

Sabuco de Nantes y Barrera, Oliva 458
Sachs, Eva 460
Sawbridge Macauley, Catherine 463
Schlözer-Rodde, Dorothea 465
Schröder, Hannelore 468
Schurmann, Anna Maria van 471
Serment, Louise-Anastasia 476
Shikibu, Murasaki 477
Simmel, Gertrud 481
Somerville Fairfax, Mary 485
Sontag, Susan 490
Sophie von der Pfalz 495
Sophie Charlotte von Preußen 499
Sosipatra 504
Staël, Anne Louise Germaine de 505
Stebbing, Lizzie Susan 508
Stein, Edith 510
Stein, Gertrude 514
Stöcker, Helene 518
Ströker, Elisabeth 522
Susman, Margarete 525
Suttner, Bertha von 528

Taylor Mill, Harriet 533
Teresa von Avila 538
Theadusa 540
Theano von Kroton 541
Theano I 541
Theano II 543
Themista 544
Themistokleia 544
Theognis 545
Thürmer-Rohr, Christina 545

Tielsch, Elfriede Walesca 547
Timycha 552
Tristan, Flora 552
Trotter Cockburn,
    Catherine 555
Tymieniecka,
    Anna-Theresa 558
Tysenis aus Sybaris 561

Unzer, Johanna Charlotte 561

Valcarcel, Amelia 564
Varano Sforza, Costanza 566

Walther, Gerda 569
Warnock, Helen Mary 573
Weil, Simone Adolphine 575
Weisshaupt, Brigitte 581
Wentscher, Else 585
Wheeler, Anna 587
Whiton Calkins, Mary 592
Wittig, Monique 594
Wollstonecraft, Mary 596
Woolf, Virginia Adeline 601

Zambrano, Maria 606
Zetkin, Clara 610

RECLAM-BIBLIOTHEK

Reiner Wimmer
Vier jüdische Philosophinnen

Rosa Luxemburg, Simone Weil,
Edith Stein, Hannah Arendt.

397 Seiten. Mit 4 Photographien.
RBL 1575. 24,– DM
ISBN 3-379-01575-X

Biographie, Ideengeschichte und Zitate wechseln sich in jeder der vier Abhandlungen ab, so daß die Lektüre so unterhaltsam wie informativ und empfehlenswert sowohl als Lebensabriß wie auch als philosophische Einführung zu vier bedeutenden Frauen ist.

Dialog (Internet)

Spannungsreich und vielschichtig wird Wimmers Buch durch die geschickte und kontrastierte Mischung von historischen, biographischen und philosophischen Texten.

Stuttgarter Zeitung